EUROPA-FACHBUCHREIHE
für wirtschaftliche Bildung

Versicherungen und Finanzen 1

von
Armin Heyder, Rolf Schmalohr

VERLAG EUROPA-LEHRMITTEL
Nourney, Vollmer GmbH & Co. KG
Düsselberger Straße 23
42781 Haan Gruiten

Europa-Nr.: 22257

Autoren:

Dipl.-Hdl. Armin Heyder
Dipl.-Kfm., Dipl.-Hdl. Rolf Schmalohr

Korrekturen und Aktualisierungen zu Band 1 finden Sie auf
http://www.europa-lehrmittel.de/22257 unter dem gleichlautenden Auswahlpunkt.

7. Auflage 2018

Druck 5 4 3 2 1

Alle Drucke derselben Auflage sind parallel einsetzbar, da bis auf die Behebung von Druckfehlern untereinander unverändert.

ISBN 978-3-8085-2225-7

http://www.europa-lehrmittel.de

Umschlaggestaltung, Satz und Grafiken: Typework Layoutsatz & Grafik GmbH, 86167 Augsburg
Umschlagkonzept: tiff.ang GmbH, 10999 Berlin
Umschlagfoto: © hxdyl-Shutterstock.com
Druck: Medienhaus Plump GmbH, 53619 Rheinbreitbach

Vorwort

Das bewährte **Programm »Versicherungen und Finanzen«** besteht aus umfassenden Lehr- und Lernbüchern, die sich am aktuellen Rahmenlehrplan und der ab August 2014 gültigen teilnovellierten Ausbildungsordnung für den Ausbildungsberuf Kaufmann/Kauffrau für Versicherungen und Finanzen orientieren.

Das Programm der 7. Auflage ist auf das bei der schriftlichen Prüfung zur Anwendung kommende Bedingungswerk »**Proximus 4**« ausgerichtet.

Das Programm ist geeignet für den Einsatz

- in der **Ausbildung zum Kaufmann/zur Kauffrau für Versicherungen und Finanzen,**
- im **Studium an Berufsakademien und Fachhochschulen** (aufgrund der vielen Zusatzinformationen),
- als umfassendes **Nachschlagewerk in der Praxis.**

Der vorliegende **Band 1** (7. Auflage) deckt die **Lernfelder 1, 2, 5, 8, 12** und die **Versicherungsaufsicht** ab.

Die in diesem Band behandelten **Lernfelder sind unter folgenden Kapitelüberschriften** dargestellt:

- **Ausbildung und Arbeit**
- **Versicherungsvertrag**
- **Agenturgründung**
- **Agenturbetrieb**
- **Agentursteuerung**
- **Versicherungsaufsicht**

Folgende Merkmale kennzeichnen das Programm »Versicherungen und Finanzen«:

- **Lernsituationen** am Ende jedes Hauptabschnitts
- **Zusätzliche Aufgaben** innerhalb der Lernfelder
- **Hinweise auf Gesetze und Paragrafen** am Rand des Textes
- **Zusatzinformationen im Kleindruck**
- **Lernfeldkompass im vorderen Buchdeckel**
- **Inhalts- und Sachwortverzeichnis**

Im Vergleich zur Vorauflage (6. Auflage) wurden geändert:

- Neuregelungen im VVG, der VersVermV, dem VAG und der GewO aufgrund der Insurance Distribution Directive (IDD)
- Einarbeitung der Datenschutzvorgaben durch die DSGVO
- Änderungen/Erweiterungen im Rahmen der Versicherungsaufsicht durch das neue VAG
- Änderungen wirtschaftlicher Daten und gesetzlicher Rahmenbedingungen bis Ende Oktober 2018 sind eingearbeitet.

Ihr Feedback ist uns wichtig. Für Anregungen und konstruktive Kritik sind wir jederzeit dankbar. Bitte senden Sie uns diese unter lektorat@europa-lehrmittel.de.

Düsseldorf, November 2018 — Autoren und Verlag

Inhaltsverzeichnis

A Ausbildung und Arbeit

B Versicherungsvertrag

C Agenturgründung

D Agenturbetrieb

E Agentursteuerung

F Versicherungsaufsicht

Anhang: Kaufmännisches Rechnen

A Ausbildung und Arbeit

1 Ausbildungsberuf Kaufmann/ Kauffrau für Versicherungen und Finanzen

1.1 Ziele und Struktur der Ausbildung

Beispiel: Stellenausschreibung für einen Ausbildungsplatz

Proximus
Bezirksdirektion Düsseldorf

Ausbildungsangebot

Ausbildungsberuf Kaufmann/Kauffrau für Versicherungen und Finanzen

Unser Unternehmen

Die Proximus Versicherung AG ist 1951 aus der der Dresdner Feuerversicherung AG (von 1885) entstanden und hat sich im Laufe der Jahre durch Übernahme weiterer Versicherungszweige zu einem bedeutenden Kompositversicherer entwickelt. In jüngerer Zeit folgte auch das Bausparkassengeschäft sowie die Gründung weiterer Gesellschaften in Belgien, Dänemark, Frankreich, Grossbritannien, Niederlande und Polen.

Mit den Gründungen der Proximus Invest GmbH (1998), der Proximus Kreditversicherung AG (2008) und der Proximus Vertriebs-GmbH (2014) umfasst das Dienstleistungsangebot jetzt auch den Bereich Finanzen.

Der Zuständigkeitsbereich der Proximus Bezirksdirektion Düsseldorf umfasst die Städte Düsseldorf und Krefeld sowie den Rhein-Kreis Neuss und den Kreis Mettmann. In der Bezirksdirektion sind 175 Mitarbeiterinnen und Mitarbeiter, davon 22 Auszubildende, tätig.
63 selbstständige Handelsvertreter im Tätigkeitsgebiet der Bezirksdirektion vermitteln ausschliesslich für die Proximus Versicherungsgesellschaften.
Zu 14 Maklern und Mehrfachvermittlern bestehen Geschäftsbeziehungen.

Ihre Ausbildung bei der Proximus Bezirksdirektion

- Sie lernen, mit den Versicherten sowie unseren Vertriebspartnern, telefonisch, schriftlich und persönlich zu kommunizieren und deren Anliegen kundenorientiert zu bearbeiten
- Wir zeigen Ihnen, wie man professionelle Vertriebsanrufe und -gespräche gestaltet, Angebote erstellt, Risiken einschätzt und Versicherungstarife kalkuliert
- Sie nehmen an Azubi-Seminaren und Angeboten zur Prüfungsvorbereitung teil

Das bringen Sie mit:

- Fachabitur/Abitur mit einem Notendurchschnitt von mindestens 3,0
- Alternativ einen sehr guten Realschulabschluss
- Die Freude, Menschen telefonisch und persönlich zu beraten und Lösungen aufzuzeigen
- Kommunikationsstärke sowie eine sehr gute mündliche und schriftliche Ausdrucksweise
- Sie möchten gerne in einem engagierten Service-Team arbeiten

Das bieten wir Ihnen:

- Gleitzeit sowie zahlreiche Sport- und Gesundheitsangebote, Zuschuss zum Jobticket
- Gute Übernahmechancen und vielseitige Karriereperspektiven in der Kundenberatung
- Offene, ehrliche und vertrauensvolle Zusammenarbeit mit Kolleginnen/Kollegen und Ausbildern

Durchführungswege der Ausbildung:

- Regelmäßig findet die Ausbildung als **Vollzeitausbildung** statt
- Unter bestimmten Voraussetzungen kann auch eine **Teilzeitausbildung** vereinbart werden
- Überdurchschnittlich motivierten und leistungsbereiten Bewerberinnen und Bewerbern mit Allgemeiner Hochschulreife oder Fachhochschulreife bieten wir auch die Möglichkeit des ausbildungsintegrierten Studiums (**Duales Studium,** das zum Berufsabschluss und Hochschulabschluss führt)

Informationen zur Bewerbung:

Gehen Sie jetzt den ersten Schritt in Ihre berufliche Zukunft und bewerben Sie sich – bitte ausschließlich umweltfreundlich online über unser Formular oder per E-Mail!

Ansprechpartner:
Proximus Bezirksirektion
Helmut Schwager
0211 333030
helmut.schwager@proximus.de

a) Merkmale des Berufsbildes und Ziele der Ausbildung

Das Berufsbild Kaufmann/Kauffrau für Versicherungen und Finanzen in seiner jetzigen Form berücksichtigt die Veränderungen der rechtlichen, technischen und wirtschaftlichen Rahmenbedingungen.

Der anspruchsvolle Kunde hat nicht nur den Preis für das Produkt sondern auch dessen Qualität im Vergleich zu Mitbewerbern im Auge. Der Kundenbedarf muss deshalb bei einer Beratung gründlich analysiert und die Vorteile des angebotenen Produkts für die Bedarfsdeckung herausgearbeitet werden. Neugewinnung von Kunden, aber auch das Erhalten der Kundenbeziehung stehen im Mittelpunkt des Handelns. Neben der Beratung werden deshalb weitere Dienstleistungen für den Kunden, z.B. Vertragsänderungen oder Schadenaufnahme und -regulierung am »point of sale« erbracht, also von der Vertriebseinheit (z. B. Versicherungsagentur), die den Vertrag mit dem Kunden geschlossen hat. Das führt zu einem größeren Bedarf an qualifizierten Mitarbeitern in den Vertriebseinheiten.

Für die finanzielle Vorsorge (z. B. Altersvorsorge) ist eine Beratung sinnvoll, die sich nicht nur auf die versicherungstechnischen Möglichkeiten beschränkt, sondern auch andere Finanzprodukte einbezieht. Deshalb hat sich das ehemalige Berufsbild »Versicherungskaufmann/-kauffrau« in »Kaufmann/Kauffrau für Versicherungen und Finanzen« gewandelt.

Um den Anforderungen des Berufes zu genügen sind im Wesentlichen folgende **Kompetenzbereiche** als Ziele der Ausbildung angesprochen:

- **Verkaufskompetenz**
  - Fähigkeit, die Kundensituation und -daten systematisch zu analysieren
  - Ausgeprägte Verkaufstechniken, wie z. B. Terminierung, Gesprächsführung, Abschlusstechnik
  - Beherrschung standardisierter Verkaufsgespräche
- **Servicekompetenz**
  - Direktpolicierung, Kundendatenpflege, Sofortschadenregulierung
  - Herstellung langfristiger Kundenbindungen
- **Produktwissen**
  - Spartenübergreifendes Produktwissen inkl. Finanzdienstleistungen
  - Überblick über Fremdprodukte
- **Technikkompetenz**
  - Beherrschung von Kundenverwaltungsprogrammen, Angebots- und Dokumentationsprogrammen
  - Kundenorientierte Anwendung neuer Medien und Kommunikationsmittel
- **Allgemeinwissen**
  - Betriebswirtschaftliche Zusammenhänge
  - Unternehmens- und Produkt-Ratings
  - Kundenorientierte Argumentation zu unterschiedlichen Rechtsformen
- **Übergreifende Einstellungen und Verhalten**
  - Hohe Selbstständigkeit
  - Eigeninitiative
  - Bereitschaft zu selbstgesteuertem und permanentem Lernen

b) Struktur der Ausbildung

Bei der Ausbildung der Kaufleute für Versicherungen und Finanzen kann zwischen zwei Fachrichtungen gewählt werden:

- Fachrichtung Versicherung
- Fachrichtung Finanzberatung

In der Regelausbildungszeit von drei Jahren werden in den ersten beiden Ausbildungsjahren wichtige **Kernqualifikationen** erworben, die für beide Fachrichtungen gleich sind. Im dritten Ausbildungsjahr sind die Ausbildungsinhalte dann spezifisch auf die **gewählte Fachrichtung** ausgerichtet. Dazu zählen ein **Pflichtbereich** sowie zwei **Wahlqualifikationseinheiten,** für die man sich entscheiden kann.

Die nachstehende Grafik liefert einen Überblick zur Ausbildung in der jeweiligen Fachrichtung:

Struktur der Ausbildung Kaufmann/Kauffrau für Versicherungen und Finanzen (ab 1. August 2014)

Internetquelle: https://www.bwv.de/fileadmin/user_upload/BWV/Allgemein_BWV_Verband/Qualifikationen/Kaufmann_VF/2014_Strukturmodell_KVF_farbig.pdf

1.2 Rechtliche Rahmenbedingungen der Berufsausbildung

Übersicht: Rahmenbedingungen der Berufsausbildung

Duales System der Berufsausbildung

- Lernort Betrieb
- Lernort Berufsschule

Rechtsgrundlagen

- Berufsbildungsgesetz
- Verordnung über die Berufsausbildung »Kaufmann/Kauffrau für Versicherungen und Finanzen«
  - Ausbildungsordnung
  - Ausbildungsrahmenplan
- Ausbildungsvertrag
- Jugendarbeitsschutzgesetz

- Schulgesetze
- Rahmenlehrplan
  oder
- Lehrplan des jeweiligen Bundeslandes

1.2.1 Duales Ausbildungssystem und Berufsbildungsgesetz

In Deutschland kennt man die **duale Berufsausbildung** (lat. duo = zwei). Das System der dualen Berufsausbildung ist im **Berufsbildungsgesetz (BBiG)** geregelt.

Unter der **dualen Berufsausbildung** versteht man die **Ausbildung an den zwei Lernorten Betrieb** und **Berufsschule**.

a) Lernort Betrieb

Der Betrieb bildet, auf das jeweilige Unternehmen bezogen, betriebspraktisch aus. Dabei sind die **Ausbildungsordnung** (vgl. A 1.2.2) und der **Rahmenlehrplan** (vgl. A 1.2.3) sowie die Vorschriften des BBiG zu beachten, damit eine einheitliche Berufsausbildung gewährleistet ist.

BBiG §§ 27 f., § 30, § 32

Nach dem Berufsbildungsgesetz erhält derjenige Betrieb, der sachlich für eine bestimmte Ausbildung geeignet ist und auch einen **persönlich und fachlich geeigneten Ausbilder** dafür einsetzen kann, die Erlaubnis zur Berufsausbildung im dualen System. Die Entscheidung darüber trifft die **zuständige Stelle**, z. B. die Industrie- und Handelskammer (IHK).

Um die betriebliche Ausbildung zu fördern, bieten die Kammern interessierten Angestellten Lehrgänge an, die mit der Ausbildereignungsprüfung abgeschlossen werden können. Heute dürfen im Allgemeinen nur solche Personen ausbilden, die eine Ausbildereignungsprüfung, eine Meisterprüfung oder ein entsprechendes Examen an einer Hochschule oder Berufsakademie bzw. Dualen Hochschule abgelegt haben.

b) Lernort Berufsschule

Die Berufsschule nimmt den schulischen Teil der Berufsausbildung wahr. In Deutschland haben die Länder nach dem Grundgesetz die Kulturhoheit. Die Bundesländer sind deshalb berechtigt, eigene Lehrpläne zu entwickeln. Damit der schulische Teil der Berufsausbildung in den Bundesländern möglichst einheitlich verläuft, hat die Ständige Konferenz der Kultusminister und -senatoren (KMK) einen **Rahmenlehrplan** (vgl. A 1.2.3) für den berufsbezogenen Unterricht der Berufsschule beschlossen, der auch mit der Ausbildungsordnung abgestimmt ist. Die Länder können diesen Rahmenlehrplan unmittelbar übernehmen oder in eigene Lehrpläne einarbeiten.

1.2.2 Ausbildungsordnung für die betriebliche Ausbildung

Die Verordnung über die Berufsausbildung zum Kaufmann für Versicherungen und Finanzen/zur Kauffrau für Versicherungen und Finanzen geht auf § 5 BBiG zurück und wird kurz als **Ausbildungsordnung** bezeichnet. Sie wurde im Jahr 2014 durch eine sog. **Änderungsverordnung** aktualisiert.

In der so aktualisierten und heute gültigen Fassung der Ausbildungsordnung sind u. a. geregelt:

- die **Bezeichnung des Ausbildungsberufes,** der staatlich anerkannt wird,
- die **Ausbildungsdauer;** sie soll nicht mehr als drei und nicht weniger als zwei Jahre betragen,
- die beruflichen Fertigkeiten, Kenntnisse und Fähigkeiten, die mindestens Gegenstand der Berufsausbildung sind **(Ausbildungsberufsbild)**,
- eine Anleitung zur sachlichen und zeitlichen Gliederung der Vermittlung der beruflichen Fertigkeiten, Kenntnisse und Fähigkeiten (**Ausbildungsrahmenplan**),
- die Prüfungsanforderungen.

Staatliche Anerkennung des Ausbildungsberufes

Der Ausbildungsberuf »Kaufmann für Versicherungen und Finanzen/Kauffrau für Versicherungen und Finanzen« ist staatlich anerkannt, wobei in folgenden Fachrichtungen ausgebildet werden kann:

- Versicherung
- Finanzberatung

Ausbildungsdauer

Regelfall ist eine Ausbildungsdauer von drei Jahren **(Vollzeitausbildung)**. Sie endet mit dem Ablauf der Ausbildungszeit oder mit dem Bestehen der Abschlussprüfung, wenn diese vor Ablauf der Ausbildungszeit abgelegt wurde. BBiG § 21 § 37 (1)
Bei Nichtbestehen der Abschlussprüfung verlängert sich die Ausbildungszeit bis zur nächsten Abschlussprüfung, höchstens jedoch um ein Jahr. Die Abschlussprüfung darf höchstens zweimal wiederholt werden.

Auf gemeinsamen Antrag vom Auszubildenden und Ausbildenden hat die zuständige Stelle die Ausbildungszeit zu kürzen, wenn zu erwarten ist, dass das Ausbildungsziel in der gekürzten Zeit erreicht wird. Verkürzungen um ein Jahr oder ein halbes Jahr sind häufig üblich, wenn zuvor die Hochschulreife oder Fachhochschulreife erworben wurde. § 8

Auf Antrag kann aber auch eine Verlängerung der Ausbildungszeit vereinbart werden, wenn das Erreichen des Ausbildungsziels sonst gefährdet ist.

Wird der Auszubildende im Anschluss an das Ausbildungsverhältnis ohne vorherige ausdrückliche Vereinbarung weiterbeschäftigt, so gilt ein Arbeitsverhältnis auf unbestimmte Zeit als begründet. Der Arbeitgeber hat spätestens einen Monat nach dem Beginn des Arbeitsverhältnisses die wesentlichen Vertragsbedingungen schriftlich niederzulegen, die Niederschrift zu unterzeichnen und dem Arbeitnehmer auszuhändigen. § 24 NachwG § 2

Besonderheiten:
(1) Erwerb eines Berufsabschlusses in Teilzeit

Das BBiG sieht die Möglichkeit der **Teilzeitberufsausbildung** vor. Sie ist für Menschen gedacht, die aufgrund privater Umstände eine Vollzeitausbildung nicht wahrnehmen können und wird deshalb folgenden Personengruppen ermöglicht: BBiG § 8

- junge Mütter und Väter
- Menschen, die Angehörige pflegen
- Menschen mit Behinderung

Es **gibt zwei Durchführungswege:**

- **Reguläre Ausbildungszeit bei verkürzter Arbeitszeit** (6 Stunden täglich, 25 – 30 Stunden wöchentlich)
  Die Berufsschulzeit wird nicht verkürzt.
- **Verlängerte Ausbildungszeit bei verkürzter Arbeitszeit** (mind. 20 Stunden pro Woche)
  Die Berufsschulzeit wird nicht verkürzt.

Die Teilzeitberufsausbildung bedarf einer individuellen Vereinbarung zwischen Auszubildendem und Ausbildendem, wobei betriebliche Belange und die persönlichen Gegebenheiten des Auszubildenden zu berücksichtigen sind.

Der Ausbildungsvertrag wird um die schriftliche Vereinbarung der Teilzeitberufsausbildung ergänzt, der auch die zuständige IHK zustimmen muss. Die Berufsschule ist dann entsprechend zu informieren.

(2) Duales Studium

Ausbildungswillige mit großer Leistungsbereitschaft wünschen häufig eine praktische und akademische Ausbildung, die mit einem Dualen Studiengang realisiert werden kann. Auch Versicherungsunternehmen haben diese Interessenlage und den Nutzen dual ausgebildeter junger Nachwuchskräfte erkannt und sie bieten deshalb die Möglichkeit an, ein **ausbildungsintegriertes Duales Studium** zu absolvieren.

Dieser Studiengang führt zu einer Doppelqualifikation, nämlich **Berufsabschluss** (Abschlussprüfung als Kaufmann/Kauffrau für Versicherungen und Finanzen) und **Hochschulabschluss** (Bachelor an der Hochschule oder Akademie).

Voraussetzung ist ein Ausbildungsvertrag mit einem Versicherungsunternehmen und die Immatrikulation an einer Hochschule oder Akademie.

Im Rahmen der beruflichen Fort- und Weiterbildung kennt man auch noch im Rahmen eines dualen Studiums das **praxisintegrierte Studium** und das **berufsintegrierte Studium** (vgl. hierzu A 1.3)

➤ Anrechnung beruflicher Vorbildung auf die Ausbildungszeit

Die Anrechnung von Vorbildungen ist üblicherweise durch eine Rechtsverordnung der jeweiligen Landesregierung geregelt.

➤ Ausbildungsberufsbild

Das Ausbildungsberufsbild wird durch § 4 der Ausbildungsordnung konkretisiert. Es zeigt in übersichtlicher Form die durch den Ausbildenden zu vermittelnden Ausbildungsinhalte.

In Absatz 1 sind zunächst sind die **gemeinsamen Ausbildungsinhalte** der Fachrichtung Versicherung und der Fachrichtung Finanzberatung unter folgenden Hauptüberschriften aufgeführt.

- Der Ausbildungsbetrieb
- Stellung, Rechtsform, Struktur des Ausbildungsbetriebes
- Arbeitsgestaltung, kaufmännische Steuerung und Kontrolle
- Kundenberatung und Verkauf
- Versicherungs- und Finanzprodukte

Unter jeder dieser Hauptüberschriften finden sich dann nähere Angaben zu den gemeinsamen Ausbildungsinhalten.

Die **fachrichtungsbezogen** zu vermittelnden Fertigkeiten, Kenntnissen und Fähigkeiten sind in Absatz 2 in Verbindung mit Absatz 4 für die **Fachrichtung Versicherung** und Absatz 3 in Verbindung mit Absatz 5 für die **Fachrichtung Finanzberatung** geregelt.

Jede der beiden Fachrichtungen sieht einen **Pflichtbereich** und zwei im Ausbildungsvertrag festzulegende **Wahlqualifikationseinheiten** vor, die aus einer Auswahlliste in Absatz 4 für die Fachrichtung Versicherung bzw. einer Auswahlliste in Absatz 5 für die Fachrichtung Finanzberatung gewählt werden müssen.

Beispiele:

Fachbereich Versicherung

Pflichtbereich: Schaden- und Leistungsbearbeitung
Gewählte Wahlqualifikationseinheiten: Marketing; Vertrieb von Versicherungsprodukten für Gewerbekunden

Fachbereich Finanzberatung

Pflichtbereich: Anlage in Finanzprodukte
Gewählte Wahlqualifikationseinheiten: Finanzberatung von gewerblichen Kunden; Vertrieb von Produkten der betrieblichen Altersvorsorge

➤ Ausbildungsrahmenplan und Ausbildungsplan

In § 5 der Ausbildungsordnung findet sich eine Anleitung für die **zeitliche und sachliche Gliederung** des Ausbildungsplans, den der Ausbildungsbetrieb nach § 6 für den Auszubildenden zu erstellen hat.

Die IHK stellt regelmäßig den Ausbildungsbetrieben solche Ausbildungspläne zur Verfügung, die den Normen entsprechen und dem Ausbildungsvertrag beigefügt werden.

➤ Ausbildungsnachweis

BBiG § 13 Nr. 7 § 11 (1) Nr. 10

Der Auszubildende ist verpflichtet einen Ausbildungsnachweis zu führen. Dies geschah früher üblicherweise schriftlich in Form eines Berichtsheftes. Seit dem 01. Oktober 2017 kann zwischen einem schriftlichen oder elektronischen Ausbildungsnachweis gewählt werden. Die gewählte Form ist schriftlich im Ausbildungsvertrag festzuhalten.

Hinweis:

Die »Ausbildungsordnung vom 17.05.2006« und die dazu erlassene »Änderungsverordnung vom 27.05.2014« steht im Internet »unter folgender **Webadresse** zur Verfügung:
https://www.bwv.de/qualifikationen/kaufmann-vf/inhalte/ausbildungsordnung/

1.2.3 Rahmenlehrplan (bzw. länderspezifischer Lehrplan) für den schulischen Teil der Ausbildung

Aktuell gültig ist Rahmenlehrplan für den Ausbildungsberuf Kaufmann für Versicherungen und Finanzen und Kauffrau für Versicherungen und Finanzen (Beschluss der Kultusministerkonferenz vom 08.03.2006 i. d. F. vom 27.09.2013). Der Rahmenlehrplan ist nach **Lernfeldern** gegliedert.

Dieser Rahmenlehrplan für den berufsbezogenen Unterricht der Berufsschule ist durch die Ständige Konferenz der Kultusminister und -senatoren der Länder (KMK) beschlossen worden und auf die Ausbildungsordnung (vgl. A 1.2.2) abgestimmt.

Hinweis:

Auf der Innenseite des vorderen Buchdeckels eines jeden Buches dieser Lehrbuchreihe sind in einer Übersicht die Lernfelder des Rahmenlehrplans in der linken Spalte abgedruckt; denn die Lehrbuchreihe ist nach den Lernfeldern des Rahmenlehrplans aufgebaut. Diese Übersicht, als »Lernfeldkompass« bezeichnet, zeigt auch an, in welchem Ausbildungsjahr das jeweilige Lernfeld zu vermitteln ist und in welchem Band sich die Informationen zu dem jeweiligen Lernfeld befinden.

Die **Lernfelder 1–13** weisen die gemeinsamen Inhalte für beide Fachrichtungen aus. Für beide Fachrichtungen gibt es ferner jeweils ein **Lernfeld 14** und ein **Lernfeld 15,** die sich inhaltlich unterscheiden, da sie auf die angestrebten Ausbildungsinhalte der jeweiligen Fachrichtung bezogen sind.

Für den Unterricht nach diesem Rahmenlehrplan wird die sog. **Handlungsorientierung** gefordert. Im Kern geht es darum, dass der/die Auszubildende lernt, notwendige Handlungen, die das Berufsleben fordert, möglichst selbstständig zu planen, durchzuführen, zu überprüfen, ggf. zu korrigieren und zu bewerten. **Handlungssituationen** stehen deshalb im Mittelpunkt des Unterrichts.

Hinweis:

Der Rahmenlehrplan ,steht im Internet zum Download unter folgender **Webadresse** zur Verfügung: **https://www.bwv.de/fileadmin/user_upload/BWV/Allgemein_BWV_Verband/Qualifikationen/Kaufmann_VF/Rahmenlehrplan_KVF_vom_27.09.2013.pdf**

1.2.4 Berufsausbildungsvertrag

BBiG § 11

Das BBiG regelt die Mindestinhalte des Ausbildungsvertrages. Diese wesentlichen Inhalte sind vom Ausbildenden unverzüglich nach Abschluss des Berufsausbildungsvertrages, spätestens aber vor Beginn der Berufsausbildung schriftlich niederzulegen. Die elektronische Form ist ausgeschlossen. Die Niederschrift ist vom Ausbildenden, dem Auszubildenden und ggf. dessen gesetzlicher Vertreter/gesetzliche Vertreterin zu unterzeichnen.

Ausbildende haben den Auszubildenden und deren gesetzlichen Vertretern und Vertreterinnen eine Ausfertigung der unterzeichneten Niederschrift unverzüglich auszuhändigen.

a) Mindestinhalte

Folgende **Mindestinhalte** kennzeichnen den Ausbildungsvertrag:

- **Art, sachliche und zeitliche Gliederung sowie Ziel der Berufsausbildung, insbesondere die Berufstätigkeit, für die ausgebildet werden soll**
  Die sachliche und zeitliche Gliederung ist in der bereits beschriebenen Ausbildungsordnung geregelt (siehe A 1.2.2, Unterpunkt Ausbildungsrahmenplan und Ausbildungsplan).

  Zur Vereinfachung hat die IHK Ausbildungspläne für den jeweiligen Ausbildungsberuf in Anlehnung an den Ausbildungsrahmenplan entwickelt und fügt diese dem Ausbildungsvertrag bei.

- **Beginn und Dauer der Berufsausbildung**
  Die Ausbildung beginnt mit dem im Ausbildungsvertrag genannten Zeitpunkt. Das ist regelmäßig der 01. August oder der 01. September eines Kalenderjahres.

  Zur Dauer der Ausbildung (Vollzeitausbildung oder Teilzeitberufsausbildung): Siehe die Ausführungen in A 1.2.2, Unterpunkt Ausbildungsdauer.

- **Ausbildungsmaßnahmen außerhalb der Ausbildungsstätte**
  Im Gegensatz zur Ausbildung in Fertigungsbetrieben spielt diese Ausbildungsmaßnahme im Bereich Wirtschaft und Verwaltung eher eine untergeordnete Rolle. Denkbar ist, dass Auszubildende von Agenturen für einen gewissen Zeitraum in die Hauptverwaltung (Direktion) zur Ausbildung bestellt werden, was dann aber zuvor im Ausbildungsvertrag festgehalten sein muss.

- **Dauer der regelmäßigen täglichen Ausbildungszeit**
  Die tägliche regelmäßige Arbeitszeit ist von der gewählten Ausbildungsform (Vollzeitausbildung oder Teilzeitberufsausbildung) abhängig und davon, ob es sich um einen Jugendlichen oder Erwachsenen handelt. Jugendliche dürfen nicht mehr als acht Stunden täglich und nicht mehr als 40 Stunden wöchentlich beschäftigt werden (vgl. A 1.2.5). JArbSchG § 8 (1)

- **Dauer der Probezeit**
  Die Probezeit muss mindestens einen Monat und darf höchstens vier Monate betragen. BBiG § 20

- **Zahlung und Höhe der Vergütung**
  Auszubildenden ist eine angemessene Vergütung zu gewähren und diese ist so zu bemessen, dass sie mit fortschreitender Berufsausbildung, mindestens jährlich, ansteigt. Die Vergütung für den laufenden Kalendermonat ist spätestens am letzten Arbeitstag des Monats zu zahlen. §§ 17, 18

- **Dauer des Urlaubs**
  Der Urlaubsanspruch für erwachsene Auszubildende richtet sich nach dem Tarif- oder Ausbildungsvertrag, während Jugendlichen ein Erholungsurlaub nach den Bestimmungen des JArbSchG zu gewähren ist, wenn der Tarifvertrag nicht eine günstigere Regelung kennt. JArbSchG § 19

- **Voraussetzungen, unter denen der Berufsausbildungsvertrag gekündigt werden kann**
  Während der **Probezeit** kann das Berufsausbildungsverhältnis jederzeit ohne Einhaltung einer Kündigungsfrist und ohne Angabe von Gründen von den Vertragspartnern gekündigt werden. BBiG § 22

  Diese Regelung wurde geschaffen, damit das Ausbildungsverhältnis sofort beendet werden kann,

  - wenn der/die Auszubildende während der Probezeit feststellt, dass der Ausbildungsberuf nicht seinem Berufswunsch entspricht,
  - wenn der/die Ausbildende die Nichtgeeignetheit des/der Auszubildenden für den Beruf festellt.

  Nach der Probezeit hat **nur der/die Auszubildende** ein **ordentliches Kündigungsrecht,** wenn er/sie die Berufsausbildung aufgeben oder sich für eine andere Berufstätigkeit ausbilden lassen will. Die Kündigungsfrist beträgt vier Wochen.

  Ausbildende und Auszubildende haben ein Recht auf **fristlose Kündigung,** wenn ein wichtiger Grund vorliegt.

> **Beispiele:**
> Kündigung durch Ausbildenden: Ständige Unpünktlichkeit trotz Abmahnung, wiederholtes Fernbleiben von der Berufsschule, Verrat von Betriebsgeheimnissen, Diebstahl
>
> Kündigung durch Auszubildenden: Keine oder mangelhafte Ausbildung nach dem Ausbildungsrahmenplan, keine Freistellung für die Berufsschule, Nichtzahlung der Ausbildungsvergütung

Die Kündigung muss schriftlich und bei der ordentlichen sowie fristlosen Kündigung unter Angabe der Kündigungsgründe erfolgen.

BBiG § 23 Wer die vorzeitige Auflösung des Ausbildungsverhältnisses nach Ablauf der Probezeit verschuldet, ist schadenersatzpflichtig.

Beispiele:

- Der Ausbildende kommt seiner Ausbildungspflicht nicht nach. Der Auszubildende löst den Vertrag; schadenersatzpflichtig ist der Ausbildende.
- Der Auszubildende verlässt mehrfach unbefugt seine Ausbildungsstelle. Der Ausbildende löst den Vertrag und kann Schadenersatz fordern.

§ 22 (2) Auszubildende sind nicht schadensersatzpflichtig, wenn sie aus wichtigem Grund kündigen oder die Ausbildung aufgeben bzw. eine andere Ausbildung anstreben.

- **Hinweis auf die Tarifverträge, Betriebs- oder Dienstvereinbarungen, die auf das Berufsausbildungsverhältnis anzuwenden sind**
  Für Agenturen gilt regelmäßig der **Tarifvertrag für das Versicherungsvermittlergewerbe (BVK)** und für die Direktion (auch Landesdirektion oder Bezirksdirektion) der **Tarifvertrag für das private Versicherungsgewerbe** (vgl. A 2.5.3). In den jeweiligen Gehaltstarifen dieser Tarifverträge ist auch die Höhe der Ausbildungsvergütungen während der Ausbildungsjahre geregelt.

- **Form des Ausbildungsnachweises**
  § 13 Nr. 7, § 11 (1) Nr. 10 Das BBiG sieht vor, dass der Ausbildungsnachweis schriftlich oder elektronisch geführt werden kann. Die vereinbarte Form des Ausbildungsnachweises ist im Ausbildungsvertrag festzuhalten.

b) Rechte und Pflichten aus dem Ausbildungsvertrag

b1) Rechte des Auszubildenden (Pflichten des Ausbildenden)

➤ Ausbildung

§ 14 Der Ausbildende hat den Auszubildenden in allen beim Betrieb des Geschäftes vorkommenden kaufmännischen Arbeiten selbst oder durch einen ausdrücklich damit beauftragten, persönlich und fachlich geeigneten Vertreter (Ausbilder) zu unterweisen. Die Ausbildung hat, planmäßig, zeitlich und sachlich gegliedert, die theoretischen Kenntnisse, praktischen Fertigkeiten und personalen Fähigkeiten (berufliche Handlungsfähigkeit) zu vermitteln, die zum Erreichen des Ausbildungszieles erforderlich sind. Die Ausbildung kann auch in geeigneten Einrichtungen außerhalb der Ausbildungsstätte durchgeführt werden.

Der Ausbildende hat dem Auszubildenden kostenlos die Ausbildungsmittel zur Verfügung zu stellen, ihn zum Besuch der Berufsschule und zum Führen eines Ausbildungsnachweises anzuhalten und diesen durchzusehen. Für den Besuch der Berufsschule und für die Teilnahme an Prüfungen müssen die Auszubildenden freigestellt werden.

➤ Fürsorge

§ 17 Der Ausbildende muss dem Auszubildenden eine angemessene, mindestens jährlich ansteigende Vergütung zahlen, ihm den vertraglich bzw. gesetzlich zustehenden Urlaub gewähren und ihn zur Sozialversicherung anmelden sowie die Beiträge dafür entrichten.

Er hat dafür zu sorgen, dass der Auszubildende charakterlich gefördert sowie gesundheitlich und sittlich nicht gefährdet wird.

Zeugnis

Bei Beendigung der Ausbildung hat der Ausbildende ein Zeugnis über Art, Dauer und Ziel der Ausbildung sowie die erworbenen Fertigkeiten und Kenntnisse **(einfaches Zeugnis)** auszustellen. Auf Verlangen des Auszubildenden ist es auch auf Führung, Leistung und besondere fachliche Fähigkeiten zu erweitern **(qualifiziertes Zeugnis).** BBiG § 16

b2) Pflichten des Auszubildenden (Rechte des Ausbildenden)

Bemühung

Der Auszubildende hat sich zu bemühen, die Kenntnisse und Fertigkeiten zu erwerben, die erforderlich sind, um das Ausbildungsziel zu erreichen. Deshalb muss er den ihm im Rahmen der Berufsausbildung erteilten Weisungen folgen und die ihm übertragenen Verrichtungen sorgfältig ausführen. Insbesondere hat er die Berufsschule regelmäßig und pünktlich zu besuchen und seinen Ausbildungsnachweis laufend zu führen. § 13

Treue und Verschwiegenheit

Der Auszubildende hat die Betriebsordnung zu beachten, die Vorteile des Geschäftes wahrzunehmen und über Geschäftsgeheimnisse (versicherte Personen, Provisionen, Gehälter, usw.) Stillschweigen zu wahren. Ohne Einwilligung des Ausbildenden darf er weder ein eigenes Handelsgeschäft betreiben (**Handelsverbot**) noch im Geschäftszweig des Ausbildenden Geschäfte für eigene oder fremde Rechnung machen (**Wettbewerbsverbot**).

1.2.5 Jugendarbeitsschutzgesetz

Durch das Jugendarbeitsschutzgesetz werden junge Menschen unter 18 Jahren geschützt, auch wenn sie aufgrund eines Ausbildungs- oder Arbeitsvertrages beschäftigt werden.

Das Gesetz unterscheidet dabei zwischen Kindern und Jugendlichen. JArbSchG § 2

- Wer noch keine 15 Jahre alt ist, gilt vor dem Gesetz als **Kind.**
- Wer zwischen 15 und 18 Jahren alt ist, ist **Jugendlicher.**
- Für Jugendliche, die noch vollzeitschulpflichtig sind, gelten die gleichen Bestimmungen wie für Kinder.

Das Mindestalter ist grundsätzlich 15 Jahre für eine **reguläre Beschäftigung im Betrieb.** §7
Ist jemand bei der Schulentlassung noch nicht 15 Jahre alt, darf er oder sie aber im Rahmen eines Berufsausbildungsverhältnisses beschäftigt werden.

Der Arbeitger hat einen Abdruck des Jugendarbeitsschutzgesetzes im Betrieb auszulegen, wenn er Jugendliche beschäftigt.

Arbeitszeit

Die tägliche Arbeitszeit ohne Ruhepausen darf acht Stunden, die Wochenarbeitszeit 40 Stunden nicht übersteigen. § 8
An Tagen, die für die erwachsenen Arbeitnehmer des Betriebes arbeitsfrei sind, dürfen auch Jugendliche nicht beschäftigt werden. § 16
An Samstagen sowie Sonn- und Feiertagen dürfen Jugendliche bis auf die nach Gesetz zulässigen Ausnahmen nicht beschäftigt werden.

Werden Jugendliche am Samstag beschäftigt, ist ihnen die Fünf-Tage-Woche durch Freistellung an einem anderen berufsschulfreien Arbeitstag derselben Woche sicherzustellen. Mindestens zwei Samstage im Monat sollen beschäftigungsfrei bleiben.

Ruhepausen

JArbSchG § 11 Sie müssen bei einer Arbeitszeit von mehr als viereinhalb bis sechs Stunden 30 Minuten, bei mehr als sechs Stunden 60 Minuten betragen. Die erste Pause muss spätestens nach viereinhalb Stunden stattfinden.

Freizeit

§§ 13–18 Nach Beendigung der täglichen Arbeitszeit ist eine ununterbrochene Freizeit von mindestens 12 Stunden zu gewähren. Zwischen 20:00 Uhr und 06:00 Uhr dürfen Jugendliche nicht beschäftigt werden.

§§ 16 f., 27 Ausnahmen gelten für mehrschichtige Betriebe, für Schank- und Gaststätten und im übrigen Beherbergungsgewerbe, für Bäckereien, Konditoreien und Friseure. Darüber hinaus kann die Aufsichtsbehörde weitere Ausnahmen bewilligen.

Berufsschulzeit

§ 9 Der Arbeitgeber hat den Jugendlichen für die Teilnahme am Berufsschulunterricht freizustellen. Die Unterrichtszeit einschließlich der Pausen wird auf die Arbeitszeit angerechnet. Beträgt die Schulzeit mehr als fünf Unterrichtsstunden, so ist einmal in der Woche der restliche Tag arbeitsfrei. Ein solcher Tag wird mit 8 Stunden auf die Arbeitszeit angerechnet. Beginnt der Unterricht vor 9:00 Uhr, so darf der Jugendliche
§ 10 vorher nicht beschäftigt werden. Auch der letzte Arbeitstag, welcher der schriftlichen Abschlussprüfung unmittelbar vorangeht, ist frei.

Urlaub

§ 19 Jugendliche, die zu Beginn des Kalenderjahres noch nicht 16 Jahre alt sind, haben Anspruch auf mindestens 30 Werktage Urlaub; wenn Sie noch nicht 17 Jahre alt sind, auf mindestens 27 Werktage; wenn Sie noch nicht 18 Jahre alt sind, auf mindestens 25 Werktage (6 Werktage = 1 Woche). Der Urlaub ist erstmals nach einer ununterbrochenen Beschäftigung von mehr als drei Monaten zu gewähren. Der Urlaub soll zusammenhängend, bei Berufsschülern in der Zeit der Schulferien, gegeben werden. Soweit er nicht in den Berufsschulferien gegeben wird, besteht für jeden Berufsschultag, an dem die Berufsschule während des Urlaubs besucht wird, Anspruch auf einen weiteren Urlaubstag. Während des Urlaubs darf keine dem Urlaubszweck widersprechende Erwerbstätigkeit ausgeübt werden.

Gesundheitliche Betreuung

§§ 32 f. Vor Aufnahme der Beschäftigung und nach einjähriger Beschäftigung sind für den Jugendlichen kostenfreie ärztliche Untersuchungen vorgeschrieben, deren Ergebnis den Erziehungsberechtigten mitgeteilt wird. Der Arbeitgeber erhält eine Bescheinigung, dass die Untersuchung stattgefunden hat. In ihr sind die Arbeiten vermerkt, durch deren Ausübung der Arzt die Gesundheit für gefährdet hält. Ohne Nachweis der ärztlichen Untersuchung darf der Ausbildungsvertrag von der IHK nicht eingetragen werden.

Beschäftigungsbeschränkungen

§§ 22 ff. Das Gesetz verbietet die Beschäftigung eines Jugendlichen mit Arbeiten, die seine körperlichen Kräfte übersteigen oder bei denen er sittlichen Gefahren ausgesetzt ist. Ausdrücklich ist die Beschäftigung mit Akkord- und Fließbandarbeit verboten. Personen, die die bürgerlichen Ehrenrechte nicht besitzen, dürfen Jugendliche nicht beschäftigen und nicht im Rahmen eines Beschäftigungsverhältnisses anweisen oder beaufsichtigen.

Zusammenfassung: Rahmenbedingungen der Berufsausbildung

Jugendarbeitsschutzgesetz (JarbSchG) — **Gesetzliche Grundlagen** — **Schulgesetze**

Berufsbildungsgesetz (BBiG)

Duales System: Lernorte

Betrieb

Vertrag über die Berufsausbildung

- Ausbildungsplan
- Beginn, Dauer
- Arbeitszeit
- Probezeit
- Vergütung
- Urlaub
- Kündigung
- Rechte/Pflichten
  - des Auszubildenden
  - des Ausbildenden

Ausbildungsordnung

- Staatliche Anerkennung des Ausbildungsberufes
- Ausbildungsdauer
- Ausbildungsberufsbild
- Ausbildungsrahmenplan und Ausbildungsplan
- Ausbildungsnachweis

Schule

entweder

Rahmenlehrplan

- geordnet nach Lernfeldern
- Handlungsorientiertes Lernen

oder

Länderspezifischer Lehrplan

- Er muss den Rahmenlehrplan beachten
- Handlungsorientiertes Lernen

1.3 Beruf und lebenslanges Lernens

1.3.1 Notwendigkeit der ständigen Fort- und Weiterbildung

Früher reichten häufig eine befriedigende Schulbildung und eine Berufsausbildung, um ein Leben lang eine bestimmte Erwerbsarbeit verrichten zu können. Wer heute auf Dauer in seinem Beruf bestehen oder aufsteigen will, muss **ein Leben lang lernen.**

Bildungsmaßnahmen, die erforderlich werden, um die **Qualifikation** von Angestellten an die **veränderten Anforderungen anzupassen**, nennt man **Weiterbildung**.

Neue Technologien, neuartige Arbeitsformen in Wirtschaft und Verwaltung, die Globalisierung der Beschaffungs- und Absatzmärkte und die dadurch erforderliche Anpassung an internationale Regelungen und Gepflogenheiten lassen den Umfang benötigter Kenntnisse und Fähigkeiten stark anwachsen.

Wenn wir in unserer Volkswirtschaft den heutigen Lebensstandard erhalten wollen und unsere Lebensverhältnisse weiter mitbestimmen möchten, so müssen alle arbeitenden Menschen in zunehmendem Maße zur Weiterbildung bereit sein. Tatsächlich ist eine große Bereitschaft zum Erlernen des Neuen in der Bevölkerung festzustellen.

1.3.2 Betriebliche und überbetriebliche Weiterbildung

a) Betriebliche Weiterbildung – Personalentwicklung »on the job«

Viele Unternehmen beschaffen sich höher qualifizierte Arbeitskräfte durch Aus- und Weiterbildung im Betrieb. Hierbei werden Aus- und Weiterbildungsmaßnahmen so kombiniert, dass diese zum Teil während der Arbeitszeit, zum Teil aber auch während der Freizeit durchgeführt werden. Dadurch wird vom Mitarbeiter die Bereitschaft zur Weiterbildung demonstriert und das Unternehmen kann aus diesem Kreis Mitarbeiter für Führungsfunktionen gewinnen.

Beispiel:

Bei einem Weiterbildungskurs werden die Fähigkeiten und Aktivitäten der Teilnehmer dadurch getestet, dass diese Referate anfertigen und vortragen müssen. Solche Referate mit anschließenden Diskussionsbeiträgen werden auf Video aufgezeichnet und ausgewertet.

b) Überbetriebliche Weiterbildung – Personalentwicklung »off the job«

Zur Erlernung von Handlungskompetenz (Fachkenntnisse, Organisationstalent, soziales Verantwortungsgefühl, Teamfähigkeit) führen vor allem Betriebe der Versicherungen, der Industrie und der Banken überbetriebliche Lehrgänge durch. Dies kann geschehen in Form von

- Lernprogrammen,
- Übungsfirmen,
- Planspielen,
- Seminaren,
- Abendkursen,
- E-Learning.

Träger der überbetrieblichen Weiterbildung können sein

- die Betriebe selbst,
- Gewerkschaften,
- Berufsverbände,
- Volkshochschulen,
- Industrie- und Handelskammern.

Beispiel:

Fremdsprachenkurse der Volkshochschulen, Ausbildung zum Fachwirt/zur Fachwirtin durch die Industrie- und Handelskammern.

1.3.3 Spezielle Bildungsangebote für Berufstätige im Versicherungs- und Finanzdienstleistungssektor

a) Geprüfte/-r Fachwirt/Fachwirtin für Versicherungen und Finanzen

Die Fortbildung zum Fachwirt/zur Fachwirtin eröffnet gute Perspektiven für eine Karriere im Versicherungs- und Finanzdienstleistungssektor.

Die typischen Tätigkeitsfelder hierfür sind:

- Produktmanagement
- Vertriebsmanagement
- Risikomanagement
- Schaden- und Leistungsmanagement

Man qualifiziert sich durch diese Fortbildung zunächst in **drei grundlegenden Bereichen:**

- Steuerung und Führung im Unternehmen
- Marketing und Vertrieb von Versicherungs- und Finanzprodukten für Privatkunden
- Personalführung, Qualifizierung und Kommunikation

Eine **individuelle Spezialisierung** erfolgt dann im Bereich Produktmanagement für Versicherungs- und Finanzprodukte; denn hier kann ein **Qualifikationsschwerpunkt** ausgewählt werden.

Beispiele:
– Sachversicherungen für private und gewerbliche Kunden
– Vermögensversicherungen für private und gewerbliche Kunden

Schließlich ist für die Fortbildung noch ein **betrieblicher Kernprozess** auszuwählen.

Beispiel:
– Vertriebsmanagement

Die Fortbildung findet berufsbegleitend statt.

b) Expertenseminare der Deutschen Versicherungsakademie (DVA)

Die Expertenseminare (DVA) sind speziell für die Weiterbildung vertriebsorientierter Mitarbeiterinnen und Mitarbeiter gedacht. Man kann sich in folgenden Sachgebieten als **Experte (DVA)/ Expertin (DVA)** qualifizieren:

- Betriebliche Altersversorgung
- Generationsberatung
- Kranken- und Pflegeversicherung
- Private Altersvorsorge
- Sach- und Vermögensversicherung im Gewerbekundengeschäft

c) Spezialistenstudiengänge der Deutschen Versicherungsakademie (DVA)

Bei den Spezialisten- und Expertenstudiengängen der Deutschen Versicherungsakademie (DVA) steht als Weiterbildungsangebot für Mitarbeiterinnen und Mitarbeitern ein hoher Spezialisierungsgrad und eine praxisnahe Gestaltung im Mittelpunkt.

Qualifizierung als **Spezialist (DVA)/Spezialistin (DVA)** sind in folgenden Sachgebieten möglich:

- Betriebliche Altersversorgung
- Kranken- und Pflegeversicherung
- Personenversicherung
- Technischer Underwriter der gewerblichen und industriellen Sachversicherung
- Haftpflicht Underwriter
- Transportversicherung
- Betrugsbekämpfung
- Schaden

d) Duales Studium in der Versicherungswirtschaft

Das **ausbildungsintegrierte duale Studium** ist bereits im Zusammenhang mit der Berufsausbildung zum Kaufmann/zur Kauffrau für Versicherungen und Finanzen vorgestellt worden (vgl. hierzu A 1.2.2, Unterpunkt: Besonderheiten, (2) Duales Studium).

Neben diesem Studiengang kennt man noch folgende berufsbegleitende duale Studiengänge:

- **Praxisintegriertes Studium**
  Dieser Studiengang führt zu einem Hochschulabschluss (Bachelor) und ist dadurch gekennzeichnet, dass Praxisphasen im Versicherungsunternehmen das Studium begleiten.

  Voraussetzung ist ein Vertrag mit einem Versicherungsunternehmen über Praxisphasen und die Immatrikulation an einer Hochschule oder Akademie.

- **Berufsintegriertes Studium**
  Dieser Studiengang führt zu einem Hochschulabschluss (Bachelor) und ist durch parallele Berufstätigkeit mit inhaltlichem Bezug zum Studium gekennzeichnet.

  Voraussetzung ist ein Vertrag zwischen Hochschule, Versicherungsunternehmen und Studierendem.

e) Bachelorstudiengänge in der Versicherungswirtschaft

Der Versicherungs- und Finanzdienstleistungssektor erwartet für die Zukunft einen noch größeren Bedarf an hochqualifizierten Mitarbeiterinnen und Mitarbeitern. Deshalb wurden im Rahmen verzahnter und durchlässiger Weiterbildungssysteme verschiedene Möglichkeiten geschaffen, den akademischen Titel Bachelor of Arts zu erwerben.

Detaillierte Information zu den Bachelorstudiengängen und auch zu den anderen vorbeschriebenen Fort- und Weiterbildungsmöglichkeiten finden sich auf der Website des BWV Bildungsverbands unter dem Menüpunkt Qualifikationen).

Internetadresse: www.bwv.de

1.3.4 Bildungsangebote für Neueinsteiger in den Vertrieb

Die nachstehenden Bildungsangebote sind für Personen gedacht, die ihre berufliche Zukunft im Vertrieb von Versicherungs- und Finanzprodukten sehen und hierfür einen Sachkundenachweis, den die Gewerbeordnung u. a. vorsieht, erbringen müssen.

Für die Vorbereitung auf die Sachkundeprüfung durch die IHK werden kostenpflichtige Lehrgänge an verschiedenen Standorten angeboten.

Folgende Abschlüsse könen erworben werden:

a) Geprüfte/-r Versicherungsfachmann/-frau IHK

b) Geprüfte/-r Finanzanlagenfachmann/-frau IHK

c) Geprüfte/-r Fachmann/-frau für Immobiliardarlehensvermittlung IHK

Nähere Einzelheiten zu Voraussetzungen, Lehrgangsinhalten, Prüfung und Lehrgangsangeboten können auf der Website des BWV Bildungsverbands eingesehen werden.

Internetadresse: www.bwv.de

Lernkontrollen zu A 1.1 bis A 1.3

Rechtliche Rahmenbedingungen der Berufsausbildung

1 Der Personalleiter der Proximus Versicherung AG hat mit dem minderjährigen Paul Berger und dessen Eltern in einem Vorstellungsgespräch am 10. März d. J. vereinbart, dass Paul Berger ab 01. September d. J. bei der Proximus eine Berufsausbildung zum Kaufmann für Versicherungen und Finanzen beginnt. Paul Berger beginnt die Ausbildung zum genannten Zeitpunkt. Am 10. September d. J. erhält er auf dem Postweg den schriftlichen Ausbildungsvertrag.

Die Zusendung des Ausbildungsvertrages nach Ausbildungsbeginn verunsichert Paul Berger ein wenig. Er will daher von Ihnen wissen, ob und ggf. wann der Ausbildungsvertrag zustande gekommen ist und ob er ihn noch rechtzeitig erhalten hat.

2 Im Ausbildungsvertrag eines Bekannten findet sich eine Probezeit von vier Wochen. Er fragt Sie, ob diese Regelung der gesetzlichen Anforderung entspricht.

3 Im Gespräch mit Mitarbeitern müssen Sie feststellen, dass es unterschiedliche Auffassungen über die Freistellung von Auszubildenden für die Teilnahme am Berufsschulunterricht gibt. Zeigen Sie den Mitarbeitern, wo und wie die entsprechende Pflicht des Ausbildenden geregelt ist.

4 Die Auszubildende Meike Müller (17 Jahre) besucht die Berufsschule von 07:50 Uhr bis 12:10 Uhr (5 Unterrichtsstunden). Sie möchte von Ihnen wissen, ob sie anschließend in den Betrieb gehen muss.

5 Die Auszubildenden Sven und Alexandra haben vor fünf Monaten bei der Proximus Versicherung AG eine Berufsausbildung als Kaufmann/Kauffrau für Versicherungen und Finanzen begonnen. Da Sven eine höhere Ausbildungsvergütung bei einem Makler lockt, möchte er sobald wie möglich die Ausbildung bei diesem fortsetzen. Der Ausbilder der Proximus ist jedoch mit dem Wechsel nicht einverstanden.

a) Prüfen Sie, ob Sven seinen Ausbildungsvertrag kündigen kann.

b) Alexandra stellt fest, dass ihr der Beruf nicht liegt. Sie beabsichtigt, ein Studium an der Fachhochschule zu beginnen. Begründen Sie, ob sie sich auch gegen den Wunsch des Ausbilders aus dem Ausbildungsverhältnis lösen kann.

6 Auf einer Seminarveranstaltung der Proximus Versicherung AG berichten Auszubildende, dass sich die Geschäftsstelle Bahlingen in einer angespannten wirtschaftlichen Situation befinden soll. Um die Kosten zu senken, plane man u. a. die Zahl der Mitarbeiter herabzusetzen. Auch zwei anwesende Auszubildende befürchten, entlassen zu werden. Mit dem einen wurde der Ausbildungsvertrag vor drei Wochen, mit dem anderen vor einem Jahr geschlossen. Die Auszubildenden fragen Sie, ob Sie sich in dieser rechtlichen Frage auskennen.

7 Sie haben gehört, dass einem Auszubildenden Ihres Ausbildungsjahrgangs die außerordentliche Kündigung zugegangen ist. Mit einem anderen Kollegen überlegen Sie, welche Vorkommnisse eine solche Kündigung nach einem Jahr der Ausbildung wohl rechtfertigen könnten. Beziehen Sie Stellung.

8 Überprüfen Sie, ob und ggf. welche der folgenden Arbeitszeiten und Pausenregelungen für Jugendliche nicht zulässig sind. Begründen Sie Ihre Antwort.

Arbeitsbeginn	Pausen	Arbeitsende
08:00 Uhr	12:00 – 13:00 Uhr	16:00 Uhr
08:00 Uhr	12:30 – 13:30 Uhr	16:00 Uhr
08:00 Uhr	13:00 – 14:00 Uhr	16:00 Uhr
08:00 Uhr	10:00 – 10:30 Uhr und 13:30 – 14:00 Uhr	16:00 Uhr
08:00 Uhr	08:45 – 09:00 Uhr und 12:15 – 13:00 Uhr	16:00 Uhr

Auszug aus dem Jugendarbeitsschutzgesetz:

§ 11 Ruhepausen, Aufenthaltsräume

(1) Jugendlichen müssen im Voraus feststehende Ruhepausen von angemessener Dauer gewährt werden. Die Ruhepausen müssen mindestens betragen

1. 30 Minuten bei einer Arbeitszeit von mehr als viereinhalb bis zu sechs Stunden,
2. 60 Minuten bei einer Arbeitszeit von mehr als sechs Stunden.

Als Ruhepause gilt nur eine Arbeitsunterbrechung von mindestens 15 Minuten.

(2) Die Ruhepausen müssen in angemessener zeitlicher Lage gewährt werden, frühestens eine Stunde nach Beginn und spätestens eine Stunde vor Ende der Arbeitszeit. Länger als viereinhalb Stunden hintereinander dürfen Jugendliche nicht ohne Ruhepause beschäftigt werden.

(3) Der Aufenthalt während der Ruhepausen in Arbeitsräumen darf den Jugendlichen nur gestattet werden, wenn die Arbeit in diesen Räumen während dieser Zeit eingestellt ist und auch sonst die notwendige Erholung nicht beeinträchtigt wird.

9 Die Auszubildende Pia Klein ist am 10. Februar d.J. 17 Jahre alt geworden. Sie tritt am 26. Juni d.J. ihren Jahresurlaub an. Laut Ausbildungsvertrag gilt für sie die gesetzliche Urlaubsregelung nach dem Jugendarbeitsschutzgesetz und dem Bundesurlaubsgesetz.

Wann muss sie wieder in den Betrieb kommen? (Zusatzinformation: Die erste Woche des Urlaubs liegt außerhalb der Sommerferien. Die Auszubildende Klein geht trotz Urlaub am Montag und am Mittwoch zur Berufsschule.)

Juni

Mo	Di	Mi	Do	Fr	Sa	So
			01	02	03	04
05	06	07	08	09	10	11
12	13	14	15	16	17	18
19	20	21	22	23	24	25
26	27	28	29	30		

Juli

Mo	Di	Mi	Do	Fr	Sa	So
					01	02
03	04	05	06	07	08	09
10	11	12	13	14	15	16
17	18	19	20	21	22	23
24	25	26	27	28	29	30
31						

Auszug aus dem Jugendarbeitsschutzgesetz:

§ 19 Urlaub

(1) Der Arbeitgeber hat Jugendlichen für jedes Kalenderjahr einen bezahlten Erholungsurlaub zu gewähren.

(2) Der Urlaub beträgt jährlich

1. mindestens 30 Werktage, wenn der Jugendliche zu Beginn des Kalenderjahres noch nicht 16 Jahre alt ist,
2. mindestens 27 Werktage, wenn der Jugendliche zu Beginn des Kalenderjahres noch nicht 17 Jahre alt ist,
3. mindestens 25 Werktage, wenn der Jugendliche zu Beginn des Kalenderjahres noch nicht 18 Jahre alt ist.

Jugendliche, die im Bergbau unter Tage beschäftigt werden, erhalten in jeder Altersgruppe einen zusätzlichen Urlaub von drei Werktagen.

(3) Der Urlaub soll Berufsschülern in der Zeit der Berufsschulferien gegeben werden. Soweit er nicht in den Berufsschulferien gegeben wird, ist für jeden Berufsschultag, an dem die Berufsschule während des Urlaubs besucht wird, ein weiterer Urlaubstag zu gewähren.

(4) Im übrigen gelten für den Urlaub der Jugendlichen § 3 Abs. 2, §§ 4 bis 12 und § 13 Abs. 3 des Bundesurlaubsgesetzes. ...

Auszug aus dem Bundesurlaubsgesetz:

§ 3 Dauer des Urlaubs

(1) Der Urlaub beträgt jährlich mindestens 24 Werktage.

(2) Als Werktage gelten alle Kalendertage, die nicht Sonn- oder gesetzliche Feiertage sind.

Fort- und Weiterbildungsmöglichkeiten

10 Ein neuer Auszubildender möchte wissen, welche Fort- und Weiterbildungsmöglichkeiten das Berufsbildungswerk (BWV) der Deutschen Versicherungswirtschaft (kurz: BWV-Bildungsverband) bietet.

Beraten Sie ihn.

11 Sie werden beim Mittagessen in der Kantine in ein Gespräch über Weiterbildungsmaßnahmen verwickelt. Die Gesprächsteilnehmer diskutieren darüber, ob Entwicklung »on the job« oder Entwicklung »off the job« für die Weiterbildung wirkungsvoller sei.

Man möchte Ihre Meinung hierzu erfahren.

2 Arbeitsrecht und Arbeitsvertrag

2.1 Rechtsquellen des Arbeitsrechts

a) Normen und ihre Rangordnung

Die rechtlichen Beziehungen zwischen Arbeitgeber und Arbeitnehmer werden durch das Arbeitsrecht geregelt. Es gibt in Deutschland kein eigenständiges Gesetzbuch, das alle Regelungen zum Arbeitsrecht enthält. Vielmehr sind diese sowohl in gesetzlichen Rechtsnormen des privaten und des öffentlichen Rechts als auch in vertraglichen Regelungen (Tarifvertrag, Betriebsvereinbarungn, Einzelarbeitsvertrag) verankert.

Aus der nachstehenden Übersicht können die bedeutendsten Rechtsgrundlagen in ihrer Rangordnung entnommen werden:

Übersicht

- **EU-Recht**
  Europäische Union
- **Grundgesetz**
- **Arbeitsgesetzgebung**
  Staat
- **Tarifvertrag**
  Arbeitgeber(verband) ⟷ Gewerkschaft
- **Betriebsvereinbarung**
  Arbeitgeber ⟷ Belegschaft eines Betriebes (Betriebsrat)

An oberster Stelle steht das **europäische Recht** mit seinen Richtlinien und Verordnungen sowie die Rechtsprechung durch den Europäischen Gerichtshof zum Arbeits- und Sozialrecht. Es steht noch über dem nationalen Verfassungsrecht **(Grundgesetz und Länderverfassungen)**. Die **Arbeitsgesetzgebung** und die dazu ergangene Rechtsprechung der Gerichte steht im Rang nach dem nationalen Verfassungsrecht, hat aber wiederum Vorrang vor dem **Tarifvertrag** (vgl. A 2.5); der Tarifvertrag hat wiederum Vorrang vor einer **Betriebsvereinbarung** (vgl. A 2.7.4).

Der **Einzelarbeitsvertrag** als letzte Stufe dieser Rangordnung muss alle Regelungen der ranghöheren Stufen beachten, soweit diese zwingend sind. Ansonsten können auch anderslautende Vereinbarungen getroffen werden.

b) Erlaubte Abweichungen von der Rangordnung

Von dem Rangprinzip des Arbeitsrechts darf im Regelfall dann abgewichen werden (sog. **nachgiebiges Recht**), wenn die **Regelung** in einer rangtieferen Rechtsnorm für den Arbeitnehmer **günstiger** ist als die Regelung in der ranghöhreren Rechtsquelle. Man spricht deshalb auch vom **Günstigkeitsprinzip,** welches das nachgiebige Recht auszeichnet.

Beispiel:

In einem Einzelarbeitsvertrag werden 35 Tage Urlaub vereinbart. Wenn nach Tarifvertrag diesem Arbeitnehmer 28 Tage und nach dem Bundesurlaubsgesetz mindestens 24 Tage zustehen würden, so gilt zunächst die einzelvertragliche Regelung und erst, wenn hier nichts vereinbart wurde, der Tarifvertrag bzw. das Bundesurlaubsgesetz.

Zwingende Normen können durch Vertrag nicht geändert werden.

Beispiel:

Nach dem Mutterschutzgesetz dürfen Mütter bis acht Wochen nach der Entbindung nicht beschäftigt werden. Die Mutter darf auch nicht durch einzelvertragliche Regelung darauf verzichten.

c) Individual- und Kollektivarbeitsrecht

Das **Individualarbeitsrecht** umfasst sämtliche Regelungen, die das Arbeitsverhältnis zwischen Arbeitgeber und Arbeitnehmer betreffen.

Das **Kollektivarbeitsrecht** umfasst alle die Rechtsbeziehungen, bei denen nicht ein Arbeitnehmer als Einzelperson, sondern jeweils eine Gruppe (»Kollektiv«) von Arbeitnehmern betroffen ist. Das können alle Arbeitnehmer eines Betriebs oder eines Unternehmens sein, aber auch z. B. nur alle schwerbehinderten Arbeitnehmer.

Bedeutendste Beispiele für Kollektivarbeitsrecht sind

- der **Tarifvertrag** (vgl. A 2.5), den die Gewerkschaft für die Arbeitnehmer, z. B. einer Branche, mit dem Arbeitgeberverband dieser Branche aushandelt,
- die **Betriebsvereinbarung** (vgl. A 2.7.4), die der Betriebsrat für die Arbeitnehmer des Betriebes mit dem Arbeitgeber aushandelt.

d) Arbeitsschutzrecht

Das Arbeitsschutzrecht dient der Sicherheit und Gesundheit der Beschäftigten bei der Arbeit.

Im weiteren Sinne zählt auch hierzu das **Arbeitszeitrecht,** da zunehmend eine Arbeitszeit gewünscht ist, die zum Leben passt.

Die gesetzlichen Regelungen finden sich

- im Arbeitsschutzgesetz (vgl. A 2.3),
- in zahlreichen Spezialgesetzen (vgl. A 2.3).

e) Arbeitsverwaltungsrecht

Das Arbeitsverwaltungsrecht wird insbesondere wahrgenommen durch

- **Ministerium für Arbeit und Soziales** im Bund und in den Ländern
- **Bundesagentur für Arbeit**
  Sie erbringt Leistungen für den Arbeitsmarkt (Arbeitsvermittlung, Arbeitsförderung) und regelt für die deutsche Arbeitslosenversicherung die finanziellen Ersatzleistungen, z. B. Arbeitslosengeld.

f) Arbeitsgerichtsbarkeit

Die Arbeitsgerichtsbarkeit wird in **Arbeitssachen** nach dem **Arbeitsgerichtsgesetz (ArbGG)** tätig (vgl. A 2.4.2 d).

ArbGG § 1

Gerichte für Arbeitssachen sind

- die **Arbeitsgerichte,**
- die **Landesarbeitsgerichte,**
- das **Bundesarbeitsgericht.**

Zusammenfassung: Rechtsgebiete des Arbeitsrechts

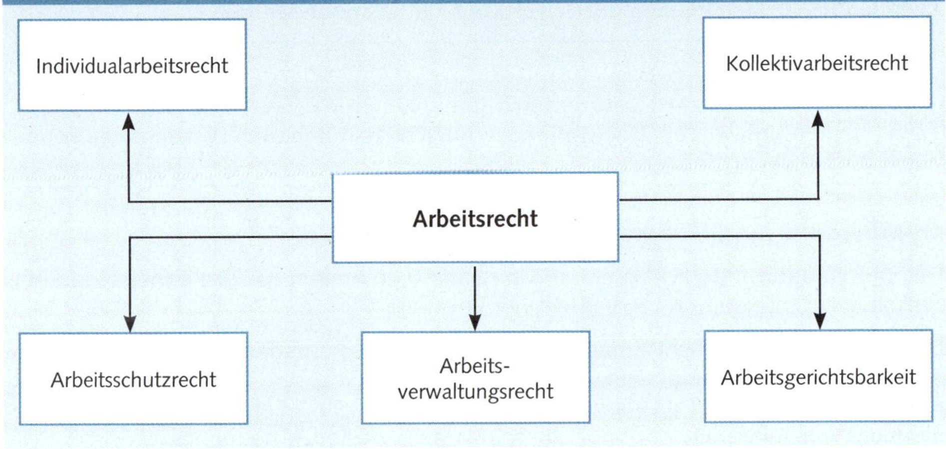

2.2 Arbeitsvertrag

Situationsbeispiel:

Katja Mohr hat sich nach erfolgreicher Ausbildung zur Kauffrau für Versicherungen und Finanzen, Fachrichtung Versicherung, auf ein Stellenangebot der *Hartmut Knauer Versicherungsmakler GmbH, Köln* beworben. Das Aufgabengebiet entspricht ihren Vorstellungen über die berufliche Tätigkeit und sie hofft deshalb, dass das anstehende Vorstellungsgespräch zu einem Arbeitsvertrag führt.

Um beim Vorstellungsgespräch auch über ihre Rechte und Pflichten aus einem Arbeitsvertrag informiert zu sein, nimmt sie noch einmal das Lehrbuch aus der Berufsschulzeit zur Hand und recherchiert im Internet.

Zwei Wochen nach erfolgreichem Vorstellungsgespräch hält sie ihren ersten Arbeitsvertrag in Händen.

2.2.1 Vertragliche und gesetzliche Rechtsgrundlagen

Vorbemerkung:

Grundsätzlich unterscheidet man:

- **Einzelarbeitsvertrag ohne Tarifbindung**
  Der Arbeitsvertrag wird zwischen Arbeitnehmer und Arbeitgeber ausgehan-

delt, da es keinen Tarifvertrag zwischen den Sozialpartnern gibt oder ein solcher für dieses Arbeitsverhältnis nicht beachtet werden muss.

- **Einzelarbeitsvertrag mit Tarifbindung**
  Dem Arbeitsvertrag liegt ein zwischen den Sozialpartnern (Arbeitgeberverband und Gewerkschaft) ausgehandelter Tarifvertrag (vgl. A 2.5) zugrunde.

Bei dem in A 2.2.2 b abgebildeten Arbeitsvertrag handelt es sich um einen Einzelarbeitsvertrag ohne Tarifbindung, wie man ihn regelmäßig bei Versicherungsmaklern antrifft, während die Versicherungswirtschaft ansonsten drei verschiedene Tarifverträge kennt (siehe A 2.5.3).

2.2.2 Anbahnung und Inhalt des Arbeitsvertrages

a) Anbahnung und Abschluss, notwendige Unterlagen für die Einstellung

Die **Anbahnung** des Arbeitsvertrages besteht i. d. R. aus der **Bewerbung** und dem **Vorstellungsgespräch**.

Wenn das Unternehmen und der Bewerber sich grundsätzlich geeinigt haben, wird ein **Arbeitsvertrag** zwischen beiden Partnern abgeschlossen. Dieser kann ein befristeter oder unbefristeter **Arbeits-** oder **Angestelltenvertrag** über Vollzeit- oder Teilzeitarbeit sein.

Bei der Einstellung und Eingruppierung von Mitarbeitern hat der **Betriebsrat** ein **Mitwirkungsrecht** (vgl. A 2.7.2). BetrVG § 99

Um einen neuen Arbeitnehmer bei den richtigen Sozialversicherungsträgern anmelden und um seine Abzüge ordnungsgemäß ermitteln und abführen zu können, muss der Arbeitnehmer dem neuen Arbeitgeber folgende Unterlagen vorzeigen/übergeben:

- seinen Sozialversicherungsausweis,
- seine Steuer-Identifikationsnummer.

Ferner muss er dem Arbeitgeber

- seine Krankenkasse,
- seine Bankverbindung

benennen.

In manchen Fällen muss er außerdem eine ärztliche Bescheinigung vorlegen, und zwar bei Tätigkeiten im Nahrungsmittelhandwerk und -handel oder als jugendlicher Arbeitnehmer nach dem Jugendarbeitsschutzgesetz.

b) Form und Inhalt des Arbeitsvertrages

Situationsbeispiel (1. Fortsetzung)

Arbeitsvertrag

Zwischen der *Hartmut Knauer Versicherungsmakler GmbH, Bismarckstr. 5, 50672 Köln* vertreten durch den Geschäftsführer Hartmut Knauer (nachfolgend »Arbeitgeber« genannt)

und

Frau Katja Mohr, Everhardstr. 12, 50823 Köln (nachfolgend »Arbeitnehmerin« genannt),

wird folgender Arbeitsvertrag geschlossen:

§ 1 Beginn des Arbeitsverhältnisses

Das Arbeitsverhältnis beginnt am 01. Oktober 20..

§ 2 Probezeit

Das Arbeitsverhältnis wird auf unbestimmte Zeit geschlossen. Die ersten drei Monate gelten als Probezeit. Während der Probezeit kann das Arbeitsverhältnis beiderseits mit einer Frist von zwei Wochen gekündigt werden.

§ 3 Tätigkeit

Die Arbeitnehmerin wird als kaufmännische Angestellte eingestellt und vor allem mit folgenden Arbeiten beschäftigt:

- Erledigung anfallender Büro- und Verwaltungsaufgaben
- Kundenberatung
- Schadens- und Leistungsfälle bearbeiten
- Vertragsabschlüsse
- Controlling

§ 5 Arbeitszeit

Die regelmäßige wöchentliche Arbeitszeit beträgt 38 Stunden. Beginn und Ende der täglichen Arbeitszeit richten sich nach der betrieblichen Einteilung.

§ 4 Arbeitsvergütung

Die Arbeitnehmerin erhält eine monatliche Bruttovergütung von 2.700,00 € und wird am Monatsende gezahlt.

§ 6 Urlaub

Die Arbeitnehmerin hat Anspruch auf einen gesetzlichen Mindesturlaub von derzeit 24 Arbeitstagen im Kalenderjahr – ausgehend von einer Fünf-Tage-Woche. Der Arbeitgeber gewährt zusätzlich einen vertraglichen Urlaub von weiteren 6 Arbeitstagen. Bei der Gewährung von Urlaub wird zuerst der gesetzliche Urlaub eingebracht.

Der Zusatzurlaub mindert sich für jeden vollen Monat, in dem die Arbeitnehmerin keinen Anspruch auf Entgelt bzw. Entgeltfortzahlung hat oder bei Ruhen des Arbeitsverhältnisses um ein Zwölftel.

Für den vertraglichen Urlaub gilt abweichend von dem gesetzlichen Mindesturlaub, dass der Urlaubsanspruch am 31.12. des jeweiligen Kalenderjahres auch dann verfällt, wenn er wegen Arbeitsunfähigkeit der Arbeitnehmerin nicht genommen werden kann. Der gesetzliche Urlaub verfällt in diesem Fall erst 15 Monate nach Ende des Urlaubsjahres.

Die rechtliche Behandlung des Urlaubs richtet sich im Übrigen nach den gesetzlichen Bestimmungen.

§ 7 Krankheit

Ist die Arbeitnehmerin infolge unverschuldeter Krankheit arbeitsunfähig, so besteht Anspruch auf Fortzahlung der Arbeitsvergütung bis zur Dauer von sechs Wochen nach den gesetzlichen Bestimmungen. Die Arbeitsverhinderung ist dem Arbeitgeber unverzüglich mitzuteilen. Dauert die Arbeitsunfähigkeit länger als drei Kalendertage, hat die Arbeitnehmerin eine ärztliche Bescheinigung über das Bestehen sowie deren voraussichtliche Dauer spätestens an dem auf den dritten Kalendertag folgenden Arbeitstag vorzulegen. Diese Nachweispflicht gilt auch nach Ablauf der sechs Wochen. Der Arbeitgeber ist berechtigt, die Vorlage der Arbeitsunfähigkeitsbescheinigung früher zu verlangen.

§ 8 Verschwiegenheitspflicht

Die Arbeitnehmerin verpflichtet sich, während der Dauer des Arbeitsverhältnisses und auch nach dem Ausscheiden, über alle Betriebs- und Geschäftsgeheimnisse Stillschweigen zu bewahren.

Verstößt die Arbeitnehmerin gegen seine Verschwiegenheitspflicht, kann dies zur Kündigung führen. Der Arbeitgeber weist den Arbeitnehmer ferner darauf hin, dass Geheimnisverrat nach § 17 UWG strafbar ist.

§ 9 Nebentätigkeit

Die Arbeitnehmerin verpflichtet sich, jede entgeltliche oder das Arbeitsverhältnis beeinträchtigende Nebenbeschäftigung vor ihrer Aufnahme dem Arbeitgeber gegenüber in Textform anzuzeigen. Sie ist nur mit Zustimmung des Arbeitgebers zulässig.

Der Arbeitgeber erteilt die Einwilligung, wenn die Wahrnehmung der dienstlichen Aufgaben durch die Nebenbeschäftigung nicht behindert und sonstige berechtigte Interessen des Arbeitgebers nicht beeinträchtigt werden.

Der Arbeitgeber kann seine Einwilligung jederzeit widerrufen, wenn sein betriebliches Interesse, auch unter Berücksichtigung der Interessen der Arbeitnehmerin, dies erfordert.

§ 10 Kündigung

Nach Ablauf der Probezeit beträgt die Kündigungsfrist vier Wochen zum 15. oder Ende eines Kalendermonats. Jede gesetzliche Verlängerung der Kündigungsfrist zugunsten der Arbeitnehmerin gilt in gleicher Weise auch zugunsten des Arbeitgebers. Die Kündigung bedarf der Schriftform. Vor Antritt des Arbeitsverhältnisses ist die Kündigung ausgeschlossen.

Das Arbeitsverhältnis endet ohne Kündigung spätestens mit Ablauf des Monats, in dem die Arbeitnehmerin das für sie gesetzlich festgelegte Renteneintrittsalter vollendet hat.

§ 11 Vertragsänderungen und Nebenabreden

Stillschweigende, mündliche oder schriftliche Nebenabreden wurden nicht getroffen. Änderungen und Ergänzungen dieses Vertrages bedürfen der Textform.

Sollten einzelne Bestimmungen dieses Vertrages unwirksam sein oder werden, wird hierdurch die Wirksamkeit des Vertrages im Übrigen nicht berührt.

Die Arbeitnehmerin verpflichtet sich, dem Arbeitgeber unverzüglich über Veränderungen der persönlichen Verhältnisse wie Familienstand, Kinderzahl und Adresse Mitteilung zu machen.

Köln, 12. September 20..

Hartmut Knauer	*Katja Mohr*
....	....
Unterschrift Arbeitgeber	Unterschrift Arbeitnehmerin

Für die Wirksamkeit eines Arbeitsvertrages ist Schriftform keine Voraussetzung. Grundsätzlich könnte der Arbeitsvertrag auch mündlich abgeschlossen werden. Soll aber ein befristeter Arbeitsvertrag geschlossen werden, ist die Befristung als solche schriftlich zu vereinbaren.

NachwG § 2

Aufgrund der Bestimmungen des Nachweisgesetzes (NachwG) hat der Arbeitnehmer aber einen Anspruch darauf, die wesentlichen vertraglichen Bestimmungen in Schriftform ausgehändigt zu bekommen. Deshalb muss der Arbeitgeber eine von ihm unterzeichnete **Niederschrift** spätestens einen Monat nach dem vereinbarten Beginn des Arbeitsverhältnisses dem Arbeitnehmer aushändigen, die laut NachwG enthalten muss:

- Name und Anschrift der Vertragsparteien
- Zeitpunkt des Beginns des Arbeitsverhältnisses
- Vorhersehbare Dauer des Arbeitsverhältnisses bei befristeten Arbeitsverhältnissen
- Arbeitsort, ggf. Hinweis darauf, dass der Arbeitnehmer an verschiedenen Orten beschäftigt werden kann
- Kurze Charakterisierung oder Beschreibung der vom Arbeitnehmer zu leistenden Tätigkeit
- Zusammensetzung und die Höhe des Arbeitsentgelts einschließlich der Zuschläge, der Zulagen, Prämien und Sonderzahlungen sowie anderer Bestandteile des Arbeitsentgelts und deren Fälligkeit
- Vereinbarte Arbeitszeit
- Dauer des jährlichen Erholungsurlaubs
- Fristen für die Kündigung des Arbeitsverhältnisses
- Hinweis auf Tarifverträge, Betriebs- oder Dienstvereinbarungen, die auf das Arbeitsverhältnis anzuwenden sind.

Da eine solche Niederschrift vom Arbeitnehmer nicht zu unterschreiben ist, stellt sie keinen Vertrag dar.

Aus Gründen der Praktibilität wird der Arbeitsvertrag regelmäßig schriftlich geschlossen und die geforderten Inhalte des Nachweisgesetzes in diesen eingefügt, so dass die Niederschrift entbehrlich wird.

2.2.3 Rechtsstellung des Arbeitnehmers

Rechtliche Grundlage für das Angestelltenverhältnis ist der Arbeitsvertrag. Im **Einzelarbeitsvertrag** verpflichtet sich der **einzelne Arbeitnehmer** dem **Arbeitgeber** gegenüber zur Leistung von Diensten gegen Entgelt. Die Grundlagen des Arbeitsverhältnisses werden nachstehend am Beispiel des **kaufmännischen Angestellten** behandelt. ArbGG §§ 2, 3

Kaufmännischer Angestellter ist, wer **für einen Kaufmann nach HGB gegen Entgelt kaufmännische Dienste** leistet.

a) Rechte des kaufmännischen Angestellten (= Pflichten des Arbeitgebers)

➤ Beschäftigung

Der Arbeitgeber hat den Angestellten (im HGB mit Handlungsgehilfe bezeichnet) am vereinbarten Ort zur vereinbarten Zeit mit der vereinbarten Tätigkeit zu betrauen. HGB § 59

➤ Vergütung

Die Hauptvergütung besteht in einem **festen Gehalt,** das am Ende eines jeden Monats zu zahlen ist. Kürzere Zeiträume können vereinbart werden, längere dagegen nicht. Die Vergütung kann noch erhöht werden durch Provisionen (Verkäufer, Handlungsreisende, angestellte Versicherungsvertreter), Gewinnbeteiligung (Geschäftsführer, Filialleiter), Pensionen und Gratifikationen. Während Provision, Gewinnbeteiligung und Pensionszusagen vertraglich vereinbart sein müssen, besteht ein Anspruch auf Gratifikation auch dann, wenn eine solche branchenüblich ist oder längere Zeit ohne Vorbehalt gewährt wurde (Weihnachtsgratifikation, Bilanzgratifikation). Besteht für das Angestelltenverhältnis kein Tarifvertrag, wie im Situationsbeispiel, so muss die Höhe der Vergütung im Arbeitsvertrag vereinbart werden. Ist jedoch ein Tarifvertrag (vgl. A 2.5) vorhanden, so bestimmt er die Mindesthöhe der Vergütung. § 64

➤ Lohnfortzahlung

Der Angestellte hat nach dem Entgeltfortzahlungsgesetz (EntgFG) Anspruch auf 100 % der Vergütung, wenn er durch eigene Krankheit seine Arbeit im Betrieb nicht ausüben kann. EntgFG §§ 1, 3, 4

Der Anspruch besteht jedoch nicht länger als sechs Wochen.

➤ Weiterbildung

Der Arbeitgeber hat dem Angestellten den ihm tariflich zustehenden Bildungsurlaub zu gewähren.

➤ Fürsorge

Der Arbeitgeber hat die Pflicht, in seinem Betrieb auf die Erhaltung der Gesundheit des Angestellten zu achten, ihn zur Sozialversicherung anzumelden, die Beiträge dafür vom Entgelt abzuziehen und abzuführen und ihm den gesetzlich oder vertraglich zustehenden Erholungsurlaub zu gewähren. HGB § 62 BUrlG § 1

➤ Zeugnis

Bei Beendigung des Arbeitsverhältnisses kann der Angestellte ein Zeugnis über die Art und Dauer der Beschäftigung **(einfaches Zeugnis)** fordern. Auf seinen Wunsch ist GewO § 109 es auch auf Führung und Leistung auszudehnen **(qualifiziertes Zeugnis).** Hierbei sind mindestens Angaben zu machen über Arbeitsqualität und -quantität, Arbeitssorgfalt und -einsatz sowie über das Verhalten und die Zusammenarbeit mit Kollegen und Vorgesetzten. Der Arbeitgeber haftet für Schäden aus unwahren Zeugnisangaben. Die Erteilung eines Zeugnisses in elektronischer Form ist ausgeschlossen.

b) Pflichten des kaufmännischen Angestellten (= Rechte des Arbeitgebers)

➤ Dienstleistung

HGB § 59

Der Angestellte ist verpflichtet, die ihm übertragenen Arbeiten pünktlich, gewissenhaft und seinen Fähigkeiten entsprechend auszuführen. Die Art und Dauer der Tätigkeit richtet sich nach dem Arbeitsvertrag.

➤ Weiterbildung

Der Angestellte soll seine beruflichen Fähigkeiten und Fertigkeiten dem neuesten Stand der Entwicklung anpassen und ergänzende Kenntnisse auf neuen Gebieten erwerben.

➤ Treue und Verschwiegenheit

UWG § 17

Der Angestellte ist verpflichtet, zum Vorteil des Geschäftes zu handeln und über Geschäftsangelegenheiten zu schweigen, damit der Geschäftsinhaber nicht geschädigt wird.

Der Verrat von Geschäfts- oder Betriebsgeheimnissen kann zu einer Freiheits- oder Geldstrafe führen.

➤ Handels- und Wettbewerbsverbot

HGB § 60

(1) Handelsverbot. Der Angestellte darf ohne Einwilligung des Arbeitgebers kein eigenes Handelsgewerbe, auch nicht außerhalb des Geschäftszweiges des Arbeitgebers, betreiben.

> **Beispiel:**
> Ein angestellter Kaufmann für Versicherungen und Finanzen darf ohne ausdrückliche oder stillschweigende Genehmigung seines Arbeitgebers nicht Inhaber einer Versicherungsagentur sein, auch nicht, wenn die Agentur von seiner Frau geleitet wird.

(2) Wettbewerbsverbot. Dem Angestellten ist es außerdem verboten, im Geschäftszweig des Arbeitgebers dauernd oder gelegentlich Geschäfte für eigene oder fremde Rechnung zu machen oder zu vermitteln, es sei denn, dass der Arbeitgeber seine ausdrückliche Einwilligung dazu gibt.

> **Beispiel:**
> Der Angestellte der Versicherungsgesellschaft A vermittelt für die Versicherungsgesellschaft B gegen Zahlung einer Provision Versicherungspolicen.

§ 61

Bei einer Pflichtverletzung durch den Angestellten hat der Arbeitgeber das Recht zur fristlosen Entlassung. Er kann gegebenenfalls Schadenersatz fordern.

c) Vertragliche Wettbewerbsabrede (Konkurrenzklausel)

Soll ein Wettbewerbsverbot auch **nach Beendigung** des Arbeitsverhältnisses gelten, so bedarf dies einer vertraglichen Regelung. HGB § 74

Die Konkurrenzklausel darf aber das berufliche Fortkommen und die Wahl des künftigen Arbeitsplatzes nicht wesentlich erschweren. Das Verbot darf sich auf höchstens zwei Jahre erstrecken. Im Falle eines Minderverdienstes hat der Angestellte das Recht auf eine angemessene Entschädigung. § 74a

2.2.4 Beendigung von Arbeitsverhältnissen

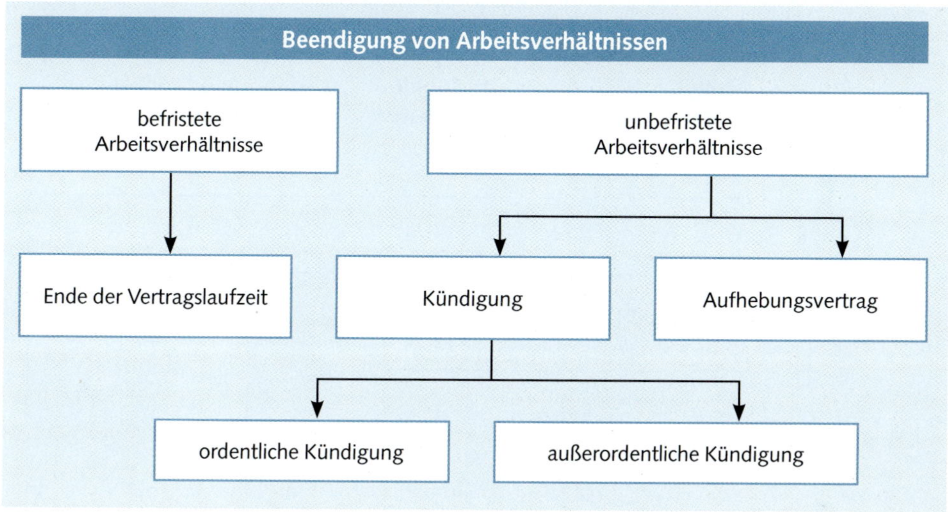

Befristete Arbeitsverhältnisse enden ohne Kündigung, wenn der Zeitpunkt der Beendigung schon bei Vertragsabschluss festgelegt wird (Aushilfsbeschäftigung, Praxissemester, Ferienarbeit).

Unbefristete Arbeitsverhältnisse können gelöst werden durch *Kündigung* oder *Aufhebungsvertrag.*

➤ Kündigung

Unter der **Kündigung** eines Arbeitsvertrages versteht man eine **einseitige Willenserklärung** des Arbeitgebers oder Arbeitnehmers, dass er den **Arbeitsvertrag lösen** will.

Es wird zwischen der *ordentlichen* und der *außerordentlichen Kündigung* unterschieden.

a) Bei einer **ordentlichen Kündigung** sind folgende Fristbestimmungen möglich:

1. **Gesetzliche Kündigungsfrist.** Es kann zum 15. eines Monats oder zum Monatsende mit einer Frist von vier Wochen gekündigt werden. Die Kündigung muss schriftlich ausgesprochen werden und rechtzeitig zugegangen sein. BGB §§ 622 ff.

Beispiele:

späteste Kündigungstermine	3. Jan.	18. Jan.	31. Jan./ 1. Feb.	15./16. Feb.
Kündigungs-frist	28 Tage	28 Tage	28 Tage	28 Tage
Ende des Arbeitsverhältnisses	31. Jan.	15. Feb.	28./29. Feb.	15. März

2. **Besondere Kündigungsfristen.** Sie gelten nur für den Arbeitgeber bei langjährigen Mitarbeitern. Diese betragen, jeweils auf das Monatsende, nach einer Beschäftigungsdauer von

2 Jahren: 1 Monat, 10 Jahren: 4 Monate, 15 Jahren: 6 Monate,
5 Jahren: 2 Monate, 12 Jahren: 5 Monate, 20 Jahren: 7 Monate.
8 Jahren: 3 Monate,

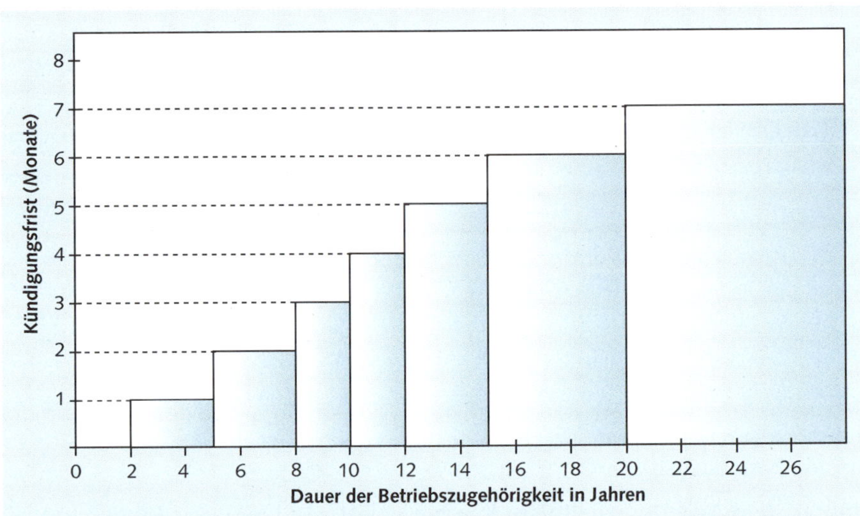

Die gesetzliche Regelung, dass nur die Dauer der Betriebszugehörigkeit gerechnet wird, die nach der Vollendung des 25. Lebensjahres liegt, darf nach einem Urteil des EuGH nicht mehr angewendet werden. Da durch diese Regelung jüngere Arbeitnehmer wegen ihres Alters diskriminiert werden, verstößt sie gegen EU-Recht und ist deswegen unzulässig.

Beispiel:

Eine 30-jährige Arbeitnehmerin, die seit 10 Jahren im Unternehmen beschäftigt ist, kann selbst am 3. Mai zum 31. Mai kündigen, der Arbeitgeber erst zum 30. September.

3. **Vertragliche Kündigungsfrist.** Dabei ist zu beachten:
   - Die Kündigungsfrist kann länger als die gesetzliche Frist sein.
   - Für die Kündigung des Arbeitsverhältnisses durch den Arbeitnehmer darf aber keine längere Frist vereinbart werden als für die Kündigung durch den Arbeitgeber.

b) Die **außerordentliche Kündigung (fristlose Kündigung)** löst das Arbeitsverhältnis in der Regel mit sofortiger Wirkung. Die vereinbarten oder gesetzlichen Kündigungsfristen brauchen nicht eingehalten zu werden. Die außerordentliche Kündigung ist jedoch nur in Ausnahmefällen zulässig, und zwar, wenn ein **wichtiger Grund** für sie gegeben ist. Ein wichtiger Grund ist anzunehmen, wenn Tatsachen vorliegen, aufgrund derer dem Kündigenden unter Berücksichtigung aller Umstände die Fortsetzung des Arbeitsverhältnisses nicht zugemutet werden kann. BGB §§ 626 ff.

Wenn der Arbeitgeber das gesetz- oder vertragswidrige Verhalten des Arbeitnehmers als so schwerwiegend beurteilt, dass er deswegen die Gefahr einer fristlosen Kündigung sieht, muss er den Arbeitnehmer davon in einer **ausdrücklichen schriftlichen Abmahnung** benachrichtigen.

Wichtige Gründe für die fristlose Kündigung durch

1. **Arbeitgeber:**
   - alle strafbaren Handlungen, die betriebliche Auswirkungen haben (z.B. Diebstahl, Unterschlagung, Vortäuschen einer Erkrankung, grobe Beleidigung, tätlicher Angriff),
   - beharrliche Arbeitsverweigerung,
   - dauerndes Zuspätkommen,
   - vorsätzliche Geschäftsschädigung, üble Nachrede,
   - vorsätzliche Sachbeschädigung,
   - Konkurrenztätigkeit.
2. **Arbeitnehmer:**
   - grobe Ehrverletzung,
   - Verletzung der Vergütungs- oder Fürsorgepflicht,
   - Handgreiflichkeiten.

Beispiele:

- Der Mitarbeiter in der Schadenabteilung verlässt seinen Arbeitsplatz grundlos ohne Kündigung. Er hat ein Monatsgehalt von 2766,00 €. Die Versicherungsgesellschaft stellt den neuen Angestellten B mit einem Monatsgehalt von 2891,00 € ein. Sie kann vom Angestellten A den Unterschiedsbetrag von 115,00 € so lange verlangen, bis der Angestellte A aufgrund einer fristgerechten Kündigung die Stelle hätte verlassen dürfen.
- Der Mitarbeiter kündigt das Arbeitsverhältnis, weil der Agenturinhaber ihm den zustehenden Urlaub nicht gewährt. Der Angestellte kann die Weiterzahlung der vertragsgemäßen Vergütung verlangen, bis er eine neue Stelle gefunden hat oder bis zur nächstmöglichen Beendigung des Arbeitsverhältnisses durch ordentliche Kündigung.

c) Die **Änderungskündigung** ist eine besondere Form der Kündigung. Hierbei kündigt der Arbeitgeber das Arbeitsverhältnis fristgerecht, bietet aber im Zusammenhang mit der Kündigung die Fortdauer des Vertragsverhältnisses zu geänderten Bedingungen an.

Beispiel:

Durch eine Änderung in der Verkaufsorganisation wird dem Außendienstmitarbeiter gekündigt, ihm aber gleichzeitig die Stelle eines Kundenberaters in der Vertriebsabteilung angeboten.

Wer selbst vertragswidrig das Arbeitsverhältnis auflöst oder durch sein vertragswidriges Verhalten die Aufhebung des Arbeitsverhältnisses durch den anderen veranlasst, ist schadenersatzpflichtig.

Eine **Kündigung** seitens des Arbeitgebers ist **unwirksam,** wenn

BetrVG § 102

- die Anhörung des Betriebsrates (vgl. A 2.7.2) nicht in der im Betriebsverfassungsgesetz vorgeschriebenen Form erfolgte oder
- die Kündigungsschutzbestimmungen nicht beachtet wurden.

➤ Aufhebungsvertrag

Er ist eine einvernehmliche Auflösung des Arbeitsverhältnisses. Eine Mitwirkung des Betriebsrates, der Behörden (bei Schwangeren oder schwerbehinderten Menschen) oder des Arbeitsgerichtes ist nicht erforderlich.

Dadurch erspart sich der Arbeitgeber die Prüfung, ob die Kündigung sozial gerechtfertigt ist, und damit einen eventuell folgenden Prozess vor dem Arbeitsgericht. Oft zahlt der Arbeitgeber dem Arbeitnehmer eine Abfindung.

Für den Arbeitnehmer hat diese Art der Beendigung des Arbeitsverhältnisses folgende Nachteile:

- Er verliert den Kündigungsschutz.
- Bei Arbeitslosigkeit erhält er erst nach Ablauf einer zwölfwöchigen Sperrfrist Arbeitslosengeld.
- Hohe Abfindungen werden zum Teil auf das Arbeitslosengeld angerechnet.

Lernkontrollen zu A 2.1 und A 2.2

Individual- und Kollektivarbeitsrecht

1 In Ihrer Berufsschulklasse arbeiten Sie häufig mit Patrizia Klahr zusammen. Patrizia Klahr ist Auszubildende bei dem größten Versicherungsmakler der Stadt. Sie erzählt heute von einem Gespräch mit ihrem Chef, bei dem ihr verschiedene Dinge nicht klar geworden sind:

a) Die Mitarbeiter des Betriebes sind als Angestellte tätig. In die Arbeitsverträge der neuen Mitarbeiter soll nun folgende Klausel aufgenommen werden: »Bei Kündigungen durch den Arbeitgeber gilt eine Kündigungsfrist von zwei Wochen; die Kündigung kann zum Monatsende ausgesprochen werden. Ansonsten gelten die gesetzlichen Bestimmungen.«

Patrizia ist sich nicht sicher, ob diese Regelung zulässig ist.

b) In dem Gespräch mit ihrem Chef wurde Patrizia auch ein befristeter Arbeitsvertrag für ein Jahr nach ihrer Ausbildung angeboten. In diesen Arbeitsvertrag soll ein »Wettbewerbsverbot« aufgenommen werden.

Patrizia fragt, was dieses Verbot genau bedeutet und ob sich für sie hieraus Nachteile ergeben könnten.

2 Ein Arbeitskollege, dem gekündigt wurde, legt Ihnen folgenden Text vor und bittet um Ihre Mithilfe. Er möchte sich beim Chef über dieses Zeugnis beschweren und auch Vorschläge machen, wie es besser formuliert werden sollte.

> Herr Mike Deling, geboren am 10. September 1976, trat am 1. April 2006 in unsere Dienste.
>
> Herr Deling wurde zunächst im Bereich Mahnungen und Inkasso eingesetzt. Er war hier verantwortlich für die Kontrolle der Zahlungseingänge. Am 1. Dezember 2007 versetzten wir ihn in die Betriebsbuchhaltung. Hier war er für die Provisionsabrechnungen für unsere nebenberuflichen Vertreter zuständig.
>
> Herr Deling bemühte sich, die ihm gestellten Aufgaben sorgfältig zu erledigen. Er führte alle Arbeiten mit großem Fleiß und Interesse durch und hat sich im Rahmen seiner Fähigkeiten eingesetzt.
>
> Die Zusammenarbeit mit Vorgesetzten, Mitarbeitern und Vertretern verlief ohne Beanstandungen.
>
> Herr Deling scheidet mit dem heutigen Tage aus unserem Unternehmen aus.
>
> Köln, den 31. Dezember 20.. Unterschrift

Arbeitsanweisung:

Recherchieren Sie im Internet, um unzulässige Formulierungen feststellen zu können und geeignete Formulierungen zu finden. Wählen Sie alternative Formulierungen, die Herr Deling bei seinem Gespräch mit dem Arbeitgeber als Änderungsvorschläge einbringen kann.

2.3 Arbeitszeit und Arbeitsschutz

Übersicht: Gesetzliche Regelungen zur Arbeitszeit und zum Arbeitsschutz

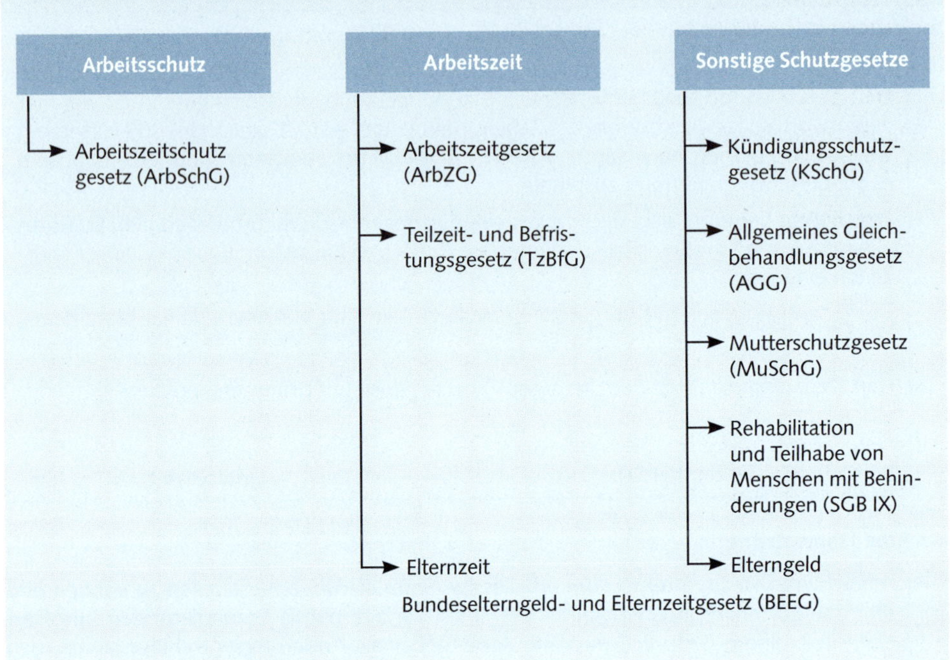

2.3.1 Arbeitsschutz

ArbSchG § 1 Der Arbeitsschutz ist im Arbeitschutzgesetz (ArbSchG) geregelt.

Dieses Gesetz bezweckt, die Sicherheit und den Gesundheitsschutz der Beschäftigten bei der Arbeit durch Maßnahmen des Arbeitsschutzes zu sichern und zu verbessern.

§§ 3 ff. Arbeitgeber sind verpflichtet, die erforderlichen Maßnahmen des Arbeitsschutzes unter Berücksichtigung der Umstände zu treffen, welche die Sicherheit und Gesundheit der Beschäftigten bei der Arbeit beeinflussen. Dabei ist die Arbeit so zu gestalten, dass eine Gefährdung für das Leben und die Gesundheit möglichst vermieden wird.

Beispiele:

Gute Beleuchtung, ausreichende Lüftung, Beseitigung von Stäuben, Dünsten, Gasen und Abfällen. Schutzvorrichtungen sollen die Arbeitnehmer gegen gefährliche Berührungen mit Maschinen und gegen die Gefahren bei Fabrikbränden schützen.

§ 21 **Gewerbeaufsichtsämter** überwachen die Einhaltung der Bestimmungen und sorgen für die Beseitigung von Missständen.

Berufsgenossenschaften warnen durch Merkblätter, Schaubilder, Zeitschriften, Vorträge und Filme vor Gefahren. Verhütungsvorschriften verpflichten die Unternehmen zur Einführung von Schutzmaßnahmen. Die Unfallverhütungsvorschriften müssen vom Arbeitgeber an geeigneter Stelle im Betrieb aufgelegt oder ausgehändigt werden. Aufsichtsbeamte überwachen deren Einhaltung, unterrichten, beraten, beanstanden und fordern Abhilfe unter Fristsetzung. Gegen zuwiderhandelnde Unternehmen werden Ordnungsstrafen verhängt.

Sicherheitsbeauftragte im Betrieb haben darüber zu wachen, dass die Unfallverhütungsvorschriften eingehalten werden. ArbSchG § 13

Vorläufige Unfallzahlen 2017

Unfallversicherung (UV) der gewerblichen Wirtschaft und der öffentlichen Hand

Bezeichnung	Zahl der Fälle		Veränderung von 2016 auf 2017	
	2016	2017	absolut	%
Meldepflichtige Unfälle				
Arbeitsunfälle	**877.071**	**873.562**	**– 3.509**	**– 0,4**
davon: gewerbliche Berufsgenossenschaften	802.016	801.258	– 758	– 0,1
UV-Träger der öffentlichen Hand	75.055	72.304	– 2.751	– 3,7
Wegeunfälle	**186.070**	**190.095**	**+ 4.025**	**+ 2,2**
davon: gewerbliche Berufsgenossenschaften	159.502	164.123	+ 4.621	+ 2,9
UV-Träger der öffentlichen Hand	26.568	25.972	– 596	– 2,2
Zusammen	**1.063.141**	**1.063.657**	**+ 516**	**+ 0,1**

Quelle: https://www.dguv.de/de/zahlen-fakten/vorlaeufige_zahlen/allgemeine-uv/index.jsp

Betriebsärzte und staatliche **Landesgewerbeärzte** beraten die Betriebe bei der Verbesserung der Gesundheitsfürsorge (Gewerbehygiene). Sie widmen sich besonders der ärztlichen Berufsberatung, der Verhinderung und Behandlung von Berufskrankheiten. § 11

2.3.2 Arbeitszeit

a) Arbeitszeitgesetz (ArbZG)

Dieses Gesetz bezweckt:

- die Sicherheit und den Gesundheitsschutz bei der Arbeitszeitgestaltung zu gewährleisten und die Rahmenbedingungen für flexible Arbeitszeiten zu verbessern; ArbZG § 1
- den Sonntag und die staatlich anerkannten Feiertage als Tage der Arbeitsruhe und der seelischen Erholung.

Nach dem Gesetz gilt der **8-Stunden-Tag.** Mit **Zustimmung des Betriebsrates** kann die Arbeitszeit für einen längeren Zeitraum **auf bis zu 10 Stunden erhöht** werden. Eine Überschreitung dieser Grenze aus betriebstechnischen Gründen bedarf der Genehmigung des Gewerbeaufsichtsamtes oder der Vereinbarung in einem Tarifvertrag oder in einer Betriebsvereinbarung. § 3

Verlängerte Arbeitszeiten müssen innerhalb von sechs Monaten **durch kürzere Arbeitszeiten** an anderen Tagen **ausgeglichen** werden. Für bis zu 60 Werktagen

§§ 10 ff. jährlich ist auch ein **finanzieller Ausgleich** möglich, wenn die Tarifpartner dies vereinbaren. Sonn- und Feiertagsarbeit ist dann erlaubt, wenn technische Gegebenheiten eine ununterbrochene Produktion erfordern oder ein Betrieb sonst seine internationale Konkurrenzfähigkeit verlieren würde.

b) Teil- und Befristungsgesetz (TzBfG)

TzBfG § 1 Ziel des Gesetzes ist, Teilzeitarbeit zu fördern, die Voraussetzungen für die Zulässigkeit befristeter Arbeitsverträge festzulegen und die Diskriminierung von teilzeitbeschäftigten und befristet beschäftigten Arbeitnehmern zu verhindern.

§§ 2, 3 Viele Menschen wünschen eine Arbeitzeit die zum Leben passt, da auch noch andere Verpflichtungen bestehen können (z.B. Kindererziehung, Pflege eines Angehörigen). Deshalb wurde die Teilzeitarbeit geschaffen. Davon zu unterscheiden ist das befristete Arbeitsverhältnis.

Teilzeitbeschäftigt ist ein Arbeitnehmer, dessen regelmäßige Wochenarbeitszeit kürzer ist als die eines vergleichbaren vollzeitbeschäftigten Arbeitnehmers und auch ein Arbeitnehmer, der eine geringfügige Beschäftigung ausübt.

Befristet beschäftigt ist ein Arbeitnehmer mit einem auf bestimmte Zeit geschlossenen Arbeitsvertrag.

c) Gesetzentwurf zur Brückenteilzeit

In Teilzeit Beschäftigte haben das Risiko, nicht wieder zur Vollzeitbeschäftigung zurückkehren zu können, da veränderte betrieblichen Umstände vorliegen. Mit dem im Gesetzgebungsverfahren befindlichen Gesetz zur Brückenteilzeit soll diese Rückkehrmöglichkeit erleichtert werden. Die Geltung des Gesetzes ist ab dem Jahr 2019 vorgesehen.

d) Elternzeit

BEEG §§ 15 – 21 Mit der **Elternzeit** kann die Erwerbstätigkeit vorübergehend unterbrochen werden, es besteht Kündigungsschutz. Die hierzu erlassenen Regelungen finden sich in Abschnitt 4 des Bundeselterngeld- und Elternzeitgesetzes (BEEG).

Jeder Elternteil hat Anspruch auf Elternzeit zur Betreuung und Erziehung seines Kindes bis dieses sein drittes Lebensjahr vollendet hat. Für die Elternzeit hat der Arbeitgeber den Arbeitnehmer oder die Arbeitnehmerin freizustellen. Es ruhen dann die Hauptpflichten des Arbeitsverhältnisses; denn das Arbeitsverhältnis als solches bleibt bestehen und nach Ablauf der Elternzeit besteht ein Anspruch auf Rückkehr zur früheren Arbeitszeit.

Während der Elternzeit gleicht das staatlicherseits gewährte **Elterngeld** fehlendes Einkommen aus (vgl. A 2.3.3 e)

2.3.3 Sonstige Schutzgesetze

a) Kündigungsschutz (KSchG)

Als **Auswahlkriterien** bei einer Kündigung sind die Leistung, die Dauer der Betriebszugehörigkeit, das Lebensalter, die Unterhaltspflichten und der Grad der Behinderung des Arbeitnehmers zu berücksichtigen.

➤ Allgemeiner Schutz vor sozial ungerechtfertigter Kündigung

Diesen Schutz genießen die Arbeitnehmer in Betrieben mit fünf und mehr Beschäftigten, sofern sie länger als 6 Monate in demselben Betrieb beschäftigt sind. Für Arbeitnehmer, die seit dem 1. Januar 2004 eingestellt werden, gilt der allgemeine Kündigungsschutz nur noch in Betrieben mit **mehr als 10 Arbeitnehmern**.

Beispiel:
Eine Versicherungsgesellschaft will einen 50-jährigen Mitarbeiter entlassen, mit der Begründung, dass nicht mehr genügend Anträge zur Risikoprüfung vorliegen. Dies ist nicht möglich, wenn der Betrieb gleichzeitig mit mehreren 20-Jährigen wegen einer Anstellung verhandelt.

Eine Kündigung muss nicht sozial gerechtfertigt sein, wenn sie durch die Person oder das Verhalten des Arbeitnehmers oder durch dringende betriebliche Erfordernisse bedingt ist.

Beispiele:
- Personenbedingte Gründe für eine Kündigung: länger andauernde Krankheit, Abnahme der geistigen und körperlichen Leistungsfähigkeit.
- Verhaltensbedingte Gründe für eine Kündigung: nicht vertragsgemäßes Verhalten des Arbeitnehmers gegenüber Kunden, Kollegen oder Vorgesetzten sowie Arbeitspflichtverletzungen und Störung des Betriebsfriedens.
- Betriebsbedingte Gründe für eine Kündigung: starker Umsatzrückgang, Auflösung einer Abteilung oder Filiale, Umstrukturierung des Betriebes.

➤ Besonderer Kündigungsschutz

Besonderen Kündigungsschutz genießen:

- **Betriebsratsmitglieder** und Mitglieder der Jugend- und Auszubildendenvertretung während ihrer Amtszeit und bis ein Jahr danach; Kandidaten zur Wahl des Betriebsrates bis zur Bekanntgabe des Wahlergebnisses; nicht gewählte Kandidaten bis sechs Monate nach der Wahl. KSchG § 15
- **Frauen** während der Schwangerschaft, sofern der Arbeitgeber von ihr Kenntnis hat oder innerhalb von 2 Wochen nach der Kündigung Kenntnis bekommt. Außerdem während vier Monate nach der Entbindung und während der Elternzeit. MuSchG § 9

  Will die Arbeitnehmerin zum Ende der Elternzeit kündigen, muss sie eine Frist von drei Monaten einhalten. BEEG § 18
- **Schwerbehinderte Menschen** (mindestens 50 % Grad der Behinderung). Ihnen kann nur mit Zustimmung des Integrationsamtes gekündigt werden (auch bei außerordentlicher Kündigung). Die Kündigungsfrist muss mindestens vier Wochen betragen. SGB IX §§ 85 ff.
- **Auszubildende.** Ihnen kann nach der Probezeit nicht ordentlich gekündigt werden.

b) Allgemeines Gleichbehandlungsgesetz (AGG)

Das Allgemeine Gleichbehandlungsgesetz soll Benachteiligungen aus Gründen der *Rasse* oder wegen der *ethnischen Herkunft*, des *Geschlechts*, der *Religion* oder *Weltanschauung*, einer *Behinderung*, des *Alters* oder der *sexuellen Identität* verhindern oder beseitigen. U. a. schützt es Beschäftigte im Unternehmen davor, dass sie aus den genannten Gründen *ohne Vorliegen von sachlichen Gründen* benachteiligt werden. Der AGG §§ 1 bis 20

Arbeitgeber hat Stellenausschreibungen und Arbeitsplätze entsprechend zu gestalten, damit es zu keiner Benachteiligung einzelner Personengruppen kommt. Andernfalls haben die Benachteiligten Anspruch auf Entschädigung und Schadenersatz.

Beispiel:
Ein ausländischer Bewerber um einen Ausbildungsplatz zum Kaufmann für Versicherungen und Finanzen darf nicht wegen seiner Herkunft abgelehnt bzw. benachteiligt werden.

Außerdem soll das Allgemeine Gleichbehandlungsgesetz der Würde von Frauen und Männern durch den **Schutz vor sexueller Belästigung** am Arbeitsplatz bewahren. Verantwortlich für den Schutz sind Arbeitgeber und Dienstvorgesetzte. Sie haben die im Einzelfall angemessenen *arbeitsrechtlichen Maßnahmen* wie Abmahnung, Umsetzung, Versetzung oder Kündigung zu ergreifen.

c) Mutterschutzgesetz (MuSchG)

MuSchG § 1 Dieses Gesetz schützt die Gesundheit der Frau und ihres Kindes am Arbeits-, Ausbildungs- und Studienplatz während der Schwangerschaft, nach der Entbindung und in der Stillzeit.

Die berufstätige Frau genießt durch das Arbeitsrecht einen besonderen Schutz.

§§ 3 ff. Werdende und stillende Mütter dürfen nach dem Gesetz zum Schutz der erwerbstätigen Mütter (MuSchG) nicht zu schwerer körperlicher Arbeit, zu Mehrarbeit, Akkord- und Fließbandarbeit, Nacht- und Sonntagsarbeit herangezogen werden. Werdende Mütter dürfen grundsätzlich sechs Wochen vor der Entbindung, junge Mütter bis acht Wochen nach der Entbindung nicht beschäftigt werden.

d) Schutz schwerbehinderter Menschen

Um schwerbehinderte Menschen (mindestens 50 % Grad der Behinderung) wieder in
SGB IX § 71 den Arbeitsprozess einzugliedern, müssen alle privaten und öffentlichen Arbeitgeber, die über mindestens zwanzig Arbeitsplätze verfügen, mindestens 5 % mit schwerbehinderten Menschen besetzen. Für jeden unbesetzten Pflichtplatz muss der Arbeitgeber
§ 77 eine monatliche **Ausgleichsabgabe** an das Integrationsamt entrichten; die Pflicht zur Einstellung wird jedoch dadurch nicht aufgehoben.

§ 81 Die Arbeitgeber haben die schwerbehinderten Menschen so zu beschäftigen, dass diese ihre Fähigkeiten und Kenntnisse möglichst voll anwenden und weiter entwickeln können. Außerdem haben sie für eine behindertengerechte Einrichtung und Unterhaltung der Arbeitsstätten einschließlich der Betriebsanlagen sowie für eine behindertengerechte Gestaltung der Arbeitsplätze zu sorgen.

§ 125 Schwerbehinderte Menschen haben einen Anspruch auf einen bezahlten zusätzlichen Urlaub von fünf Arbeitstagen im Jahr. Außerdem haben sie einen Anspruch auf Teilzeitbeschäftigung, wenn die kürzere Arbeitszeit wegen der Art oder der Schwere der Behinderung notwendig ist.

e) Elterngeld (nach dem BEEG)

BEEG §§ 15, 16 Nach der Geburt des Kindes kann die Mutter und/oder der Vater bzw. der Lebenspartner nach dem Bundeselterngeld- und Elternzeitgesetz (BEEG) eine **Elternzeit** und **Elterngeld** beanspruchen.

Das Elterngeld soll fehlendes Einkommen ausgleichen, wenn Eltern ihr Kind nach der Geburt betreuen.

Das Elterngeld gehört zu den Familienleistungen in Deutschland und sichert die wirtschaftliche Existenz der Familien. Es bezweckt, dass Familie und Beruf durch Väter und Mütter besser miteinander vereinbart werden können.

Man unterscheidet zwischen **Elterngeld (Basiselterngeld)** und **ElterngeldPlus.**

➤ Elterngeld (Basiselterngeld)

Den Eltern stehen gemeinsam für insgesamt 14 Monate Elterngeld zu, wenn sich beide an der Betreuung beteiligen und dadurch Einkommen wegfällt. Sie können die Monate frei untereinander aufteilen. Ein Elternteil kann dabei mindestens zwei und höchstens zwölf Monate für sich in Anspruch nehmen.

➤ ElterngeldPlus

Das ElterngeldPlus verbessert noch einmal die Vereinbarkeit von Beruf und Familie. Es unterstützt die Pläne derjenigen, die schon während des Elterngeldbezugs wieder in Teilzeit arbeiten wollen.

Beim ElterngeldPlus wird das zustehende Elterngeld monatlich nur in maximal halber Höhe ausgezahlt, so dass sich die Bezugszeit verdoppelt. Aus einem Elterngeldmonat werden also zwei ElterngeldPlus-Monate und die geplante Arbeitszeit kann wegen der längeren Bezugsdauer flexibler gestaltet werden.

Eltern, die sich für ein partnerschaftliches Zeitarrangement entscheiden, erhalten einen Partnerschaftsbonus in Form von vier zusätzlichen ElterngeldPlus-Monaten. Voraussetzung ist, dass sie gleichzeitig zwischen 25 und 30 Wochenstunden arbeiten.

Lernkontrollen zu A 2.3

Bestimmungen zum Schutz der Arbeitnehmer

1 Julia Groß (23) macht mit Ihnen eine Ausbildung als Kauffrau für Versicherungen und Finanzen bei der Proximus Versicherung AG. Sie befindet sich noch in der Probezeit, als sie am 10. Oktober d.J. erfährt, dass sie schwanger ist. Glücklicherweise haben Sie sich gerade mit dem Thema Arbeitsschutz befasst.

a) Julia fragt Sie, ob sie wohl mit einer Kündigung des Ausbildenden rechnen muss. Sie können ihr die Frage unter Angabe der Rechtsquelle beantworten.

b) Könnte es Umstände geben, die die Proximus Versicherung AG bezüglich der Arbeitsbedingungen und des Arbeitsplatzes der Julia Groß ändern muss, sobald die Information über die Schwangerschaft eingegangen ist?

c) Der berechnete Geburtstermin ist der 5. Mai des nächsten Jahres. Julia möchte wissen, ab wann sie danach frühestens wieder ihre Ausbildung aufnehmen kann (unterstellt, dass dieser Termin tatsächlich verwirklicht wird).

2

Glückauf Versicherungsverein a.G.

– Generalagentur Schmidt + Müller –

Leitung der Generalagentur:	Innendienst:	Außendienst:	Aushilfen (je 10 Std. pro Woche):
Harald Schmidt, Klaus Müller.	Vera Schneider, Heiner Groß, Rita Klein, Werner Senn, Rüdiger Weber.	Andreas Kopf, Markus Herbert, Stefan Kurz, Bernd Schulz, Nina Romberg.	Annika Alt, Petra Fischer.

Auszubildende: Tina (17) ist im ersten Ausbildungsjahr, Simone (18) und Mark (19) sind im zweiten Ausbildungsjahr.

Anmerkung: Die Leiter der Generalagentur sind selbstständige Kaufleute. Alle Mitarbeiter sind Angestellte der Generalagentur. Auch die Azubis haben ihren Ausbildungsvertrag mit der Generalagentur geschlossen. Vera Schneider ist die Betriebsobfrau (= Betriebsrat).

Hintergrundinformationen

Harald Schmidt, 43, ist seit 4 Jahren in der Geschäftsführung. Er ist verheiratet, hat zwei Kinder. Seine Ehefrau ist Lehrerin.

Klaus Müller, 38, ist neu in der Generalagentur (3 Wochen). Er ist geschieden und zahlt Unterhalt für drei Kinder.

Vera Schneider, 30, arbeitet seit 4 Jahren in der Generalagentur. Sie ist alleinerziehende Mutter eines 7-jährigen Sohnes.

Heiner Groß, 34, ist seit 3 Jahren hier beschäftigt. Er ist sehr freizeitorientiert, d.h., bei Überstunden o.Ä. winkt er ab. Er ist verheiratet und hat keine Kinder.

Rita Klein, 24, ist seit 3 Jahren in der Agentur. Der Beruf kommt bei ihr an erster Stelle. Sie ist sehr ehrgeizig und engagiert. Verheiratet, keine Kinder.

Werner Senn, 45, arbeitet seit Gründung der Agentur im Unternehmen. Er verrichtet seine Arbeit, aber stets nur das, was man ihm sagt. Er hat drei Kinder. Seine Ehefrau ist nicht berufstätig.

Rüdiger Weber, 28, arbeitet seit 10 Monaten hier. Er ist bisher weder positiv noch negativ aufgefallen. Er ist gehbehindert.

Andreas Knopf, 47, ist seit 4 Jahren hier beschäftigt. Er ist ein zuverlässiger Mitarbeiter. Er ist verheiratet, hat keine Kinder; die Ehefrau ist Hausfrau.

Markus Herbert, 34, seit 3 Jahren in der Generalagentur, ist Junggeselle.

Stefan Kurz, 26, seit 4 Jahren beschäftigt, ist verheiratet. Er hat zwei kleine Kinder. Er ist besonders interessiert an modernen Kommunikationstechnologien.

Bernd Schulz, 35, lebt mit seiner Freundin zusammen. 2 Kinder. Er ist seit 2 Jahren im Unternehmen. Er ist Alkoholiker. Zwei Entziehungskuren blieben ohne Erfolg.

Nina Romberg, 36, ist seit 5 Monaten im Betrieb. Sie ist verheiratet und erwartet ein Baby.

Annika Alt, 23, ist seit zwei Jahren als Aushilfe tätig. Sie hat einen einjährigen Sohn. Sie ist verheiratet.

Petra Fischer, 29, hat vor zehn Jahren ihre Ausbildung in einer anderen Generalagentur gemacht. Sie ist seit der Geburt ihres Sohnes vor vier Jahren nur noch als Aushilfe tätig.

Harald Schmidt ist Ihr Cousin. Anlässlich einer Familienfeier offenbart er Ihnen, dass Müller und er aus Kostengründen planen, die im Jahr 2008 gegründete Generalagentur zu verkleinern. Es sollen drei Mitarbeiter entlassen werden. Er bezieht Sie in seine Überlegungen zur Mitarbeiterkündigung ein.

Es sollen drei Mitarbeiter/innen entlassen werden. Sie beide überlegen nun gemeinsam, bei welchen Mitarbeitern eine Kündigung angesichts des allgemeinen und des besonderen Kündigungsschutzes wohl möglich ist.

2.4 Durchsetzung ausbildungsrechtlicher und arbeitsrechtlicher Ansprüche

2.4.1 Institutionen zur Durchsetzung ausbildungsrechtlicher Ansprüche

a) Betriebsrat, Jugend- und Auszubildendenvertretung

Der **Betriebsrat** hat die Belange von jugendlichen Arbeitnehmern zu fördern.

BetrVG §§ 60 ff.

Die **Jugend- und Auszubildendenvertretung** soll alle Maßnahmen der Berufsausbildung fördern und muss die Einhaltung der Bestimmungen zugunsten der Jugendlichen und Auszubildenden (Jugendschutzgesetz, Tarifvertrag) überwachen (vgl. A 2.7.3).

b) Industrie- und Handelskammern

Die **zuständige Stelle** hat u. a. folgende Aufgaben:

BBiG §§ 27 ff.

- Führung eines Verzeichnisses der Berufsausbildungsverhältnisse.
- Abnahme der Zwischen- und Abschlussprüfungen.
- Überwachung, dass Auszubildende nur von Personen ausgebildet werden, welche die Ausbildereignungsprüfung besitzen und im Besitz der bürgerlichen Ehrenrechte sind.
- Erteilung von Rechtsauskünften in Ausbildungsfragen.

2.4.2 Institutionen zur Durchsetzung arbeitsrechtlicher Ansprüche

a) Betriebsrat

BetrVG § 80

Der Betriebsrat hat die allgemeine Aufgabe, die betrieblichen Interessen der Beschäftigten zu vertreten (vgl. A 2.7.2).

b) Gewerkschaften

Gewerkschaften vertreten die wirtschaftlichen und sozialen Interessen ihrer Mitglieder gegenüber den Arbeitgebern. Dazu gehören der Abschluss von Tarifverträgen, Rechtshilfe und Rechtsschutz für Arbeitnehmer und Auszubildende vor dem Arbeits- und Sozialgericht, die Durchsetzung von Mitbestimmungsrechten in den Betrieben (vgl. A 2.7).

c) Gewerbeaufsichtsamt

Das Gewerbeaufsichtsamt überwacht die Einhaltung von arbeitsrechtlichen Bestimmungen und Arbeitsschutzbestimmungen. Die Gewerbeaufsichtsämter werden von den Berufsgenossenschaften und dem Betriebsrat durch Anregung und Beratung unterstützt.

d) Arbeitsgerichtsbarkeit

Die Arbeitsgerichte gewährleisten eine sachgemäße Behandlung (Fachkammern für bestimmte Berufe) und eine einheitliche Rechtsprechung in arbeitsrechtlichen Streitigkeiten. Gegenüber den ordentlichen Gerichten ist das Verfahren wegen der kürzeren Fristen rascher und wegen der niedrigeren Gerichtskosten preiswerter. Kommt es zu einem Vergleich, werden überhaupt keine Gerichtskosten erhoben.

Übersicht: Arbeitsgerichtsbarkeit

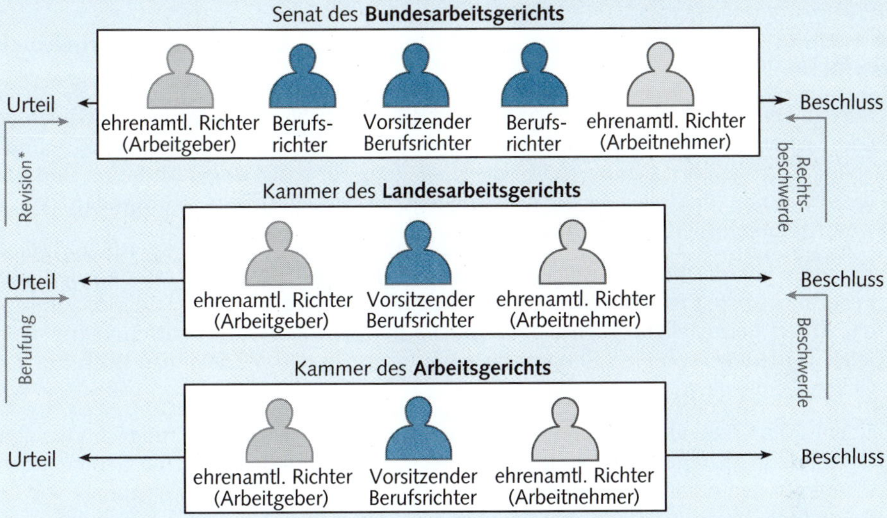

*nur, wenn das Landesarbeitsgericht bei grundsätzlicher Bedeutung die Revision zulässt

Die Arbeitsgerichtsbarkeit wird ausgeübt durch Arbeitsgerichte, Landesarbeitsgerichte (Berufungsinstanz) und das Bundesarbeitsgericht (Revisionsinstanz) in Erfurt.

In **erster** Instanz besteht **kein Anwaltszwang,** jedoch können Vertreter der Arbeitgeber- und Arbeitnehmerverbände und auch Rechtsanwälte die Prozessvertretung übernehmen. In **zweiter** und **dritter** Instanz besteht **Anwaltszwang;** während in zweiter Instanz noch Vertreter der Verbände als Prozessbevollmächtigte zugelassen sind, können solche in dritter Instanz nur noch Rechtsanwälte sein. ArbGG §§ 1, 11

➤ Zuständigkeit der Arbeitsgerichte

Örtlich zuständig ist das Gericht, in dessen Bezirk der Beklagte seinen Wohnsitz oder seinen Arbeitsplatz hat. **Sachlich zuständig** sind die Gerichte für

- Streitigkeiten zwischen einzelnen Arbeitgebern und Arbeitnehmern aus dem Arbeits- oder Berufsausbildungsvertrag und aus unerlaubten Handlungen, soweit sie mit diesen Verträgen zusammenhängen (Lohn, Urlaub, Gesundheitsschädigung).
- Streitigkeiten zwischen Tarifvertragsparteien (Gültigkeit des Tarifvertrages, Koalitionsfreiheit, Streik).
- Streitigkeiten zwischen Arbeitnehmern aus gemeinsamer Arbeit und wegen unerlaubter Handlungen, soweit sie mit dem Arbeitsverhältnis zusammenhängen (Gruppenakkord).
- Streitigkeiten aus dem Betriebsverfassungsgesetz, z. B. Errichtung, Zusammensetzung, Geschäftsführung und Auflösung des Betriebsrates.
- Streitigkeiten aus dem Mitbestimmungsgesetz, z. B. über die Wahl von Vertretern der Arbeitnehmer in den Aufsichtsrat und deren Abberufung.

Lernkontrollen zu A 2.4

Institutionen zur Durchsetzung ausbildungsrechtlicher und arbeitsrechtlicher Ansprüche

1 Kollege Lauterbach aus dem Innendienst ist aus »betrieblichen Gründen« entlassen worden. Seiner Meinung nach wurde bei der Kündigung die soziale Auswahl nicht gründlich genug durchgeführt. Darum hält er die Kündigung für sozial ungerechtfertigt und damit für unwirksam. Im Kollegenkreis wird überlegt, wohin der Kollege sich wenden kann. Sie werden aufgefordert, Ihre Sichtweise darzustellen.

2 Sie hören von der Kollegin Brückmann, die Mitglied des Betriebsrats ist, dass der Arbeitgeber nicht bereit ist, die schwangere Kollegin vor dem errechneten Geburtstermin von der Arbeit freizustellen. Auch die Gespräche mit dem Betriebsrat hatten keinen Erfolg. Jetzt werden Sie von Frau Brückmann gefragt, ob Sie wissen, was man noch tun kann. Geben Sie die gewünschte Auskunft.

3 Einem guten Freund von Ihnen wird bereits zum dritten Mal der vertraglich vereinbarte Jahresurlaub nicht gewährt. Als letztes Mittel erscheint ihm der Weg zum Gericht, doch er scheut vor den damit verbundenen hohen Anwalts- und Gerichtskosten zurück und fragt Sie um Rat.
Klären Sie ihn auf.

2.5 Tarifverträge, Tarifautonomie und Sozialpartner

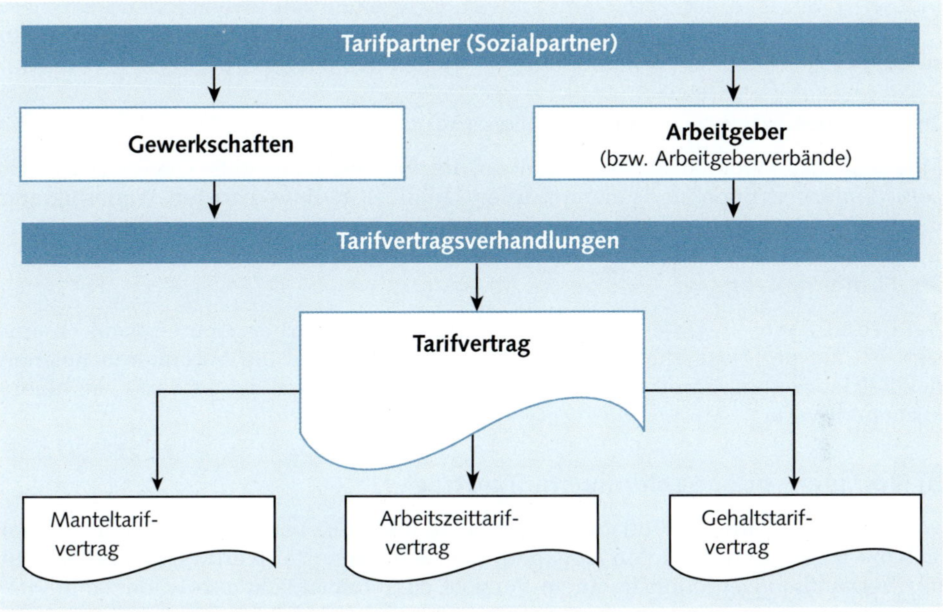

Der **Tarifvertrag** ist ein **Kollektivarbeitsvertrag zwischen den Tarifpartnern (Sozialpartnern)**, in dem die Arbeits- und Entgeltbedingungen für gewöhnlich ganze Berufsgruppen eines Wirtschaftszweiges in freien Verhandlungen einheitlich festgelegt werden.

Als **Sozialpartner** werden Arbeitgeber (Arbeitgeberverbände) und die Gewerkschaften (Arbeitnehmerverbände) bezeichnet.

Das **Tarifvertragsgesetz (TVG)** regelt u. a. Inhalt und Form der Tarifverträge, definiert die Tarifvertragsparteien und bestimmt, dass ein Tarifregister zu führen ist.

2.5.1 Arten, Wirkung und Bedeutung von Tarifverträgen

a) Ausgewählte Arten von Tarifverträgen

➤ Flächen-/Branchentarifvertrag

Als Flächentarifvertrag gilt ein Tarifvertrag, der für ganze Branchen oder bestimmte regionale Bereiche (z. B. Nordrhein-Westfalen) gilt.

Ein Flächentarifvertrag kann sowohl für nur eine oder aber auch für mehrere Wirtschaftszweige, wie z. B. die gesamte Metall- und Elektroindustrie, gelten. Man spricht dann auch vom **Branchentarifvertrag.**

➤ Lohn- und Gehaltstarifvertrag

Im Lohn- und Gehaltstarifvertrag sind die Lohn- und Gehaltsgruppen nit ihren jeweiligen Lohn- und Gehaltssätzen, und die Ausbildungsvergütungen sowie Zusatzleistungen (z. B. Höhe der vermögenswikrsamen Leistung des Arbeitgebers) geregelt. Sie haben nur eine kurze Laufzeit, die in der Regel ein Jahr beträgt und sind deshalb ständig Gegenstand der Verhandlungen zwischen den Sozialpartnern.

➤ Rahmentarifvertrag (Manteltarifvertrag)

Er enthält allgemeine Arbeitsbedingungen, die für längere Zeit gleich bleiben (Arbeitszeit, Mehrarbeit, Sonn- und Feiertagsarbeit, Urlaub, Kündigungsfristen, Weiterbildung u. a.), sowie Bestimmungen über ein Schiedsgericht zur Beilegung von Streitigkeiten.

➤ Firmentarifvertrag

Bei Bedarf kann ein Unternehmen, das nicht in einem Arbeitgeberverband organisiert ist, mit der zuständigen Fachgewerkschaft einen auf die besonderen Belange des Betriebes abgestimmten Tarifvertrag vereinbaren. Man spricht dann von einem Firmentarifvertag.

b) Notlagen- oder Sanierungstarifvertrag

Soll eine wirtschaftliche Notlage oder gar eine Insolvenz vermieden werden, einigen sich die Sozialpartner auf den Notlagen- oder Sanierungstarifvertrag. Häufig besteht das Verhandlungsergebnis in einem Verzicht oder Teilverzicht auf Sonderzahlungen sowie Arbeitszeitverlängerung (ohne Lohnausgleich), wobei der Arbeitgeber im Gegenzug auf betriebsbedingte Kündigungen verzichtet.

c) Andere Tarifverträge

Soweit noch spezielle Regelungstatbestände gesehen werden, wird die Ergänzung eines bestehenden Tarifvertrages (z. B. Manteltarifvertrag) oder ein eigenständiger Tarifvertrag für das Regelungsproblem angestrebt.

Derzeit (Juni 2018) strebt beispielsweise die Gewerkschaft ver.di einen **Digitalisierungstarifvertrag** mit dem Arbeitgeberverband der Versicherungsunternehmen an, da man einen großen Strukturwandel und damit einen Einfluss auf die Arbeitsplätze bei privaten Versicherungsunternehmen erwartet.

d) Wirkungen der Tarifverträge

➤ Erfüllungspflicht

Die Vertragsparteien sind verpflichtet, dafür zu sorgen, dass ihre Mitglieder die Verträge verwirklichen und sich an ihre Bestimmungen halten. Dabei ist der Grundsatz der
TVG § 4 Unabdingbarkeit zu beachten. Danach dürfen die Bedingungen eines Einzelarbeitsvertrages für den Arbeitnehmer nicht ungünstiger sein als die des Tarifvertrages, auch wenn der einzelne Arbeitnehmer mit einer Schlechterstellung einverstanden wäre.

➤ Friedenspflicht

§ 3 Während der Gültigkeit des Vertrages dürfen keine Kampfmaßnahmen gegen die Vereinbarungen ergriffen werden.

Nachwirkung

Der Tarifvertrag endet mit Ablauf der in ihm festgelegten Zeitdauer, bei Abschluss auf unbestimmte Zeit durch Kündigung oder durch Abschluss eines neuen Tarifvertrags. Die Bestimmungen des alten Tarifvertrags bleiben auf jeden Fall solange in Kraft, bis ein neuer Tarifvertrag abgeschlossen ist. TVG § 4

e) Bedeutung der Tarifverträge

Die **Bedeutung** der Tarifverträge liegt im Wesentlichen in den folgenden drei Funktionen:

- **Schutzfunktion.** Der Tarifvertrag soll den einzelnen Arbeitnehmer davor schützen, dass der wirtschaftlich stärkere Arbeitgeber bei der Festlegung der Arbeitsbedingungen einseitig seine Forderungen durchsetzt. Der Tarifvertrag dient damit der Chancengleichheit zwischen Arbeitnehmer- und Arbeitgeberseite.
- **Ordnungsfunktion.** Die Tarifverträge führen zu einer Typisierung der Arbeitsverträge, zu einer Überschaubarkeit der Personalkosten und damit zu einer autonomen Ordnung des Arbeitslebens.
- **Friedensfunktion.** Der Tarifvertrag schließt während seiner Laufzeit Arbeitskämpfe und neue Forderungen hinsichtlich der in ihm geregelten Bedingungen aus.

2.5.2 Sozialpartner und Tarifautonomie

Unter **Tarifautonomie** versteht man das **Recht der Sozialpartner** (Tarifvertragsparteien), **eigenständig in Tarifverträgen Arbeitsbedingungen festzusetzen**.

Als Sozialpartner werden Arbeitgeber- und Arbeitnehmerverbände bezeichnet.

a) Arbeitgeberverbände (Unternehmerorganisationen)

Sie dienen zur Wahrung der Interessen der Unternehmer gegenüber den Arbeitnehmern (Tarifverträge) oder gegenüber dem Staat (Gesetzgebung).

Es gibt folgende **Unternehmerverbände:**

- Organisationen mit **beruflich-fachlichen** Aufgaben, z. B. Bundesverband der Deutschen Industrie (BDI), Verband der privaten Krankenversicherung e. V. und die Zentralverbände der übrigen Wirtschaftszweige;
- Organisationen mit **tarif- und sozialpolitischen** Aufgaben. In der Bundesvereinigung der Deutschen Arbeitgeberverbände (BDA) sind 56 Bundesfachverbände und 14 Landesvereinigungen zusammengeschlossen.

Beispiele:

Arbeitgeberverband der Versicherungsunternehmen e.V. in Deutschland, München; Hauptverband der Deutschen Bauindustrie e.V., Berlin; Zentralverband des Deutschen Handwerks e.V., Berlin; Hauptverband des Deutschen Einzelhandels e.V., Berlin; Arbeitgeberverband des privaten Baugewerbes e.V., Köln; Bundesverband des Deutschen Groß- und Außenhandels e.V., Berlin.

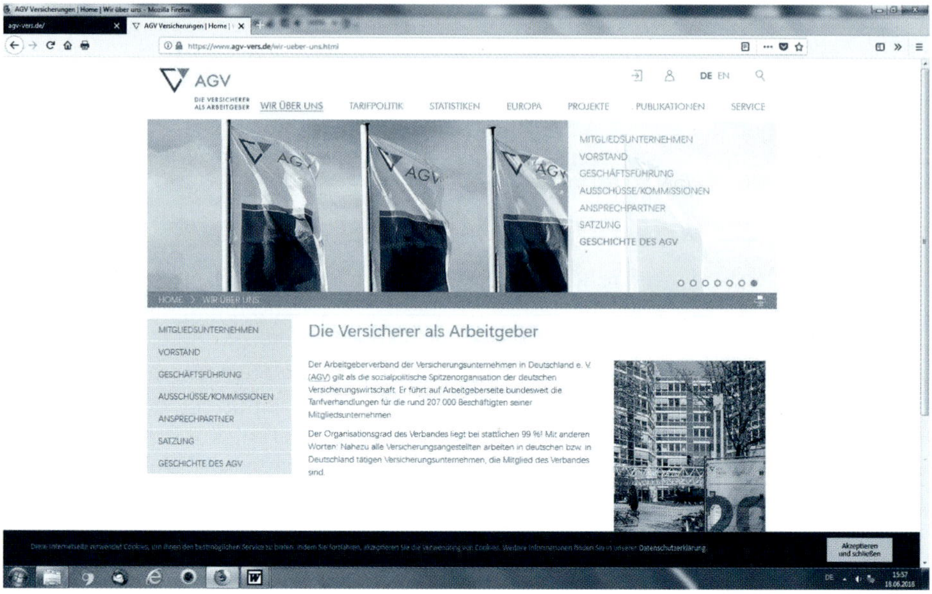

Quelle: www.agv-vers.de

b) Arbeitnehmerverbände (Gewerkschaften)

GG Art. 9 (3)

Die Gewerkschaften sind Vereinigungen der Arbeitnehmer zur Förderung und Wahrung der Arbeits- und Wirtschaftsbedingungen. Das Recht zum Zusammenschluss ist im Grundgesetz verankert **(Koalitionsfreiheit).** Der Beitritt zu einer Gewerkschaft ist freiwillig.

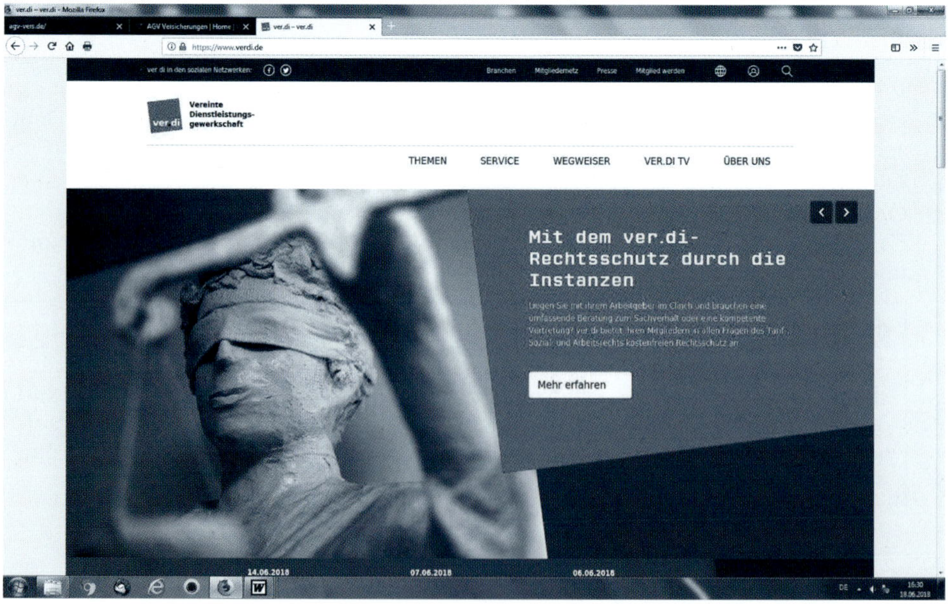

Quelle: www.verdi.de

Im Einzelnen haben sich die Gewerkschaften folgende **Aufgaben** gestellt:

- **Kampfaufgabe:** Verbesserung der Lohn- und Arbeitsbedingungen, um die Lebensqualität der Arbeitnehmer zu heben (Lohn- und Gehaltserhöhung, Arbeitszeitverkürzung, Mitbestimmung), gegebenenfalls mithilfe des Streiks, des klassischen Kampfmittels der Gewerkschaften.
- **Bildungsaufgabe:** berufliche Weiterbildung und Umschulung, Leistungssteigerung durch Vorträge, Kurse, Arbeitsgemeinschaften, Berufswettkämpfe, Mitwirkung im Berufsbildungsausschuss und in den Prüfungsausschüssen.
- **Rechtliche Aufgabe:** Abschluss von Tarifverträgen, Rechtshilfe und Rechtsschutz für die Arbeitnehmer und Auszubildenden bei den Arbeitsgerichten, Mitbestimmungsrecht in den Betrieben.
- **Wirtschaftspolitische Aufgabe:** Verbesserung der Wirtschafts- und Sozialordnung (Förderung der Vermögensbildung der Arbeitnehmer, Sozialversicherungsreform).

c) Aufgabe der Verbände als Sozialpartner

Die Aufgabe der Verbände als Sozialpartner ergibt sich aus der im Grundgesetz geregelten Befugnis, **Tarifverträge** auszuhandeln und abzuschließen. Verhandlungsgegenstand sind **allgemeine Arbeitsbedingungen, Löhne und Gehälter, Arbeitszeiten** sowie **Sonderleistungen**. GG Art. 9 (3)

2.5.3 Tarifverträge in der Versicherungswirtschaft

Übersicht: Tarifbereiche in der privaten Versicherungswirtschaft

Privates Versicherungsgewerbe	Versicherungs-vermittlergewerbe	Angestellte im Versicherungs-außendienst

a) Tarifvertrag für Unternehmen des privaten Versicherungsgewerbes

- **Tarifpartner**
  Arbeitgeberverband der Versicherungsunternehmen in Deutschland e.V. (AGV
  Vereinte Dienstleistungsgewerkschaft ver.di e.V.

- **Geltungsbereich**
  Der Tarifvertrag (Manteltarifvertrag und Gehaltstarifvertrag) gilt für die Unternehmen des privaten Versicherungsgewerbes

Der Mantel- und Gehaltstarifvertrag sowie weitere Informationen finden sich auf der Website des AGV.

Internetadresse: https://www.agv-vers.de/

b) Tarifvertrag für das Versicherungsvermittlergewerbe

- **Tarifpartner**
  Bundesverband Deutscher Versicherungskaufleute (BVK)
  Vereinte Dienstleistungsgewerkschaft ver.di e.V.

- **Geltungsbereich**
  Der Tarifvertrag (Manteltarifvertrag und Gehaltstarifvertrag) regelt die Arbeitsverhältnisse der Beschäftigten einschließlich der Auszubildenden in Unternehmen des Versicherungsvermittlergewerbes.

Der Mantel- und Gehaltstarifvertrag sowie weitere Informationen finden sich auf der Website des BVK. Manche Informationen sind allerdings nur den Mitgliedern zugänglich.

Internetadresse: https://www.bvk.de

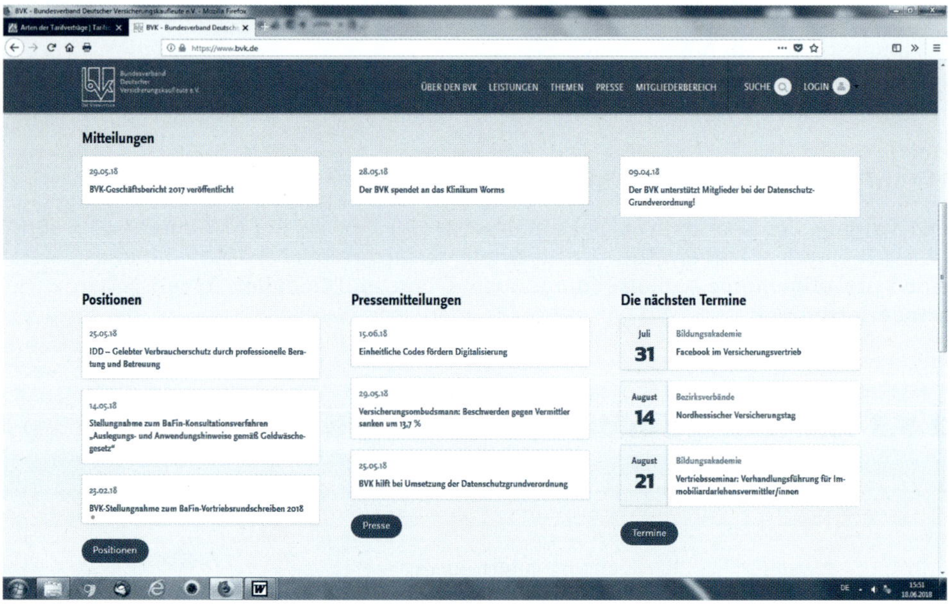

c) Tarifvertrag für Angestellte im Versicherungsaußendienst

Dieser Tarifvertrag wurde zwischen **AGV** und **ver.di** speziell für die ca. 34 000 Außendienstangestellten geschlossen, da das Entgelt, ander als bei Innendienstbeschäftigten, regelmäßig aus einem Fixum und einer Erfolgsbeteiligung (Provision) besteht, wobei ein Mindesteinkommen tarifvertraglich festgelegt ist.

2.6 Mittel zur Durchsetzung tarifrechtlicher Forderungen

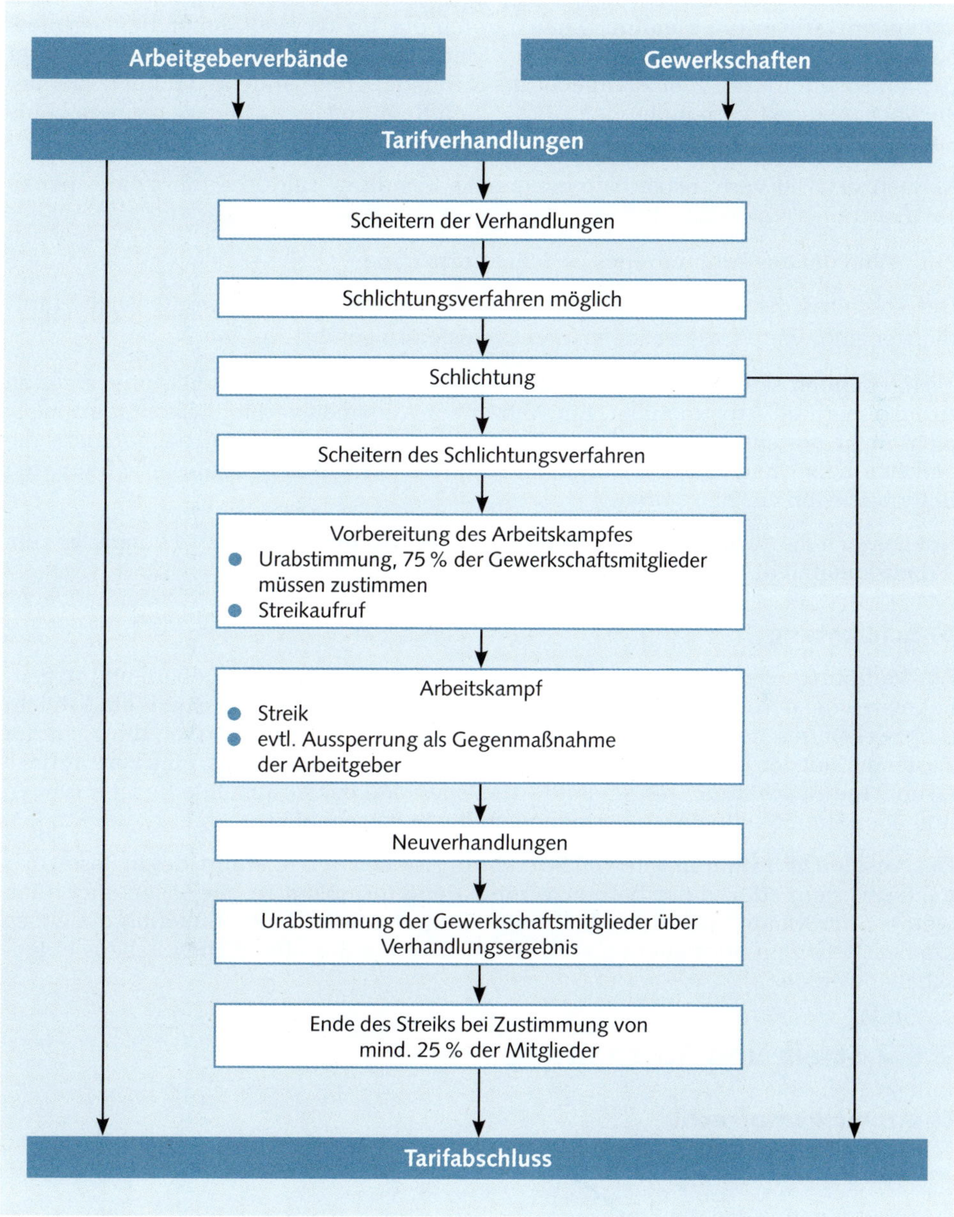

2.6.1 Tarifverhandlungen und Schlichtung

a) Tarifverhandlungen

Tarifverhandlungen werden notwendig, wenn eine der Vertragsparteien den noch laufenden Tarifvertrag **kündigt.** Danach treten die **Tarifkommissionen** der Vertragsparteien zu Verhandlungen zusammen. Meist steht den Maximalforderungen der Gewerkschaften das Minimalangebot der Arbeitgeberverbände gegenüber. Ziel der oft wochenlangen Verhandlungen ist es, einen Kompromiss zu finden, bei dem beide Seiten dieses Verhandlungsergebnis als Erfolg darstellen können.

Können sich die Vertragsparteien einigen, so kommt es zum Abschluss eines **neuen Tarifvertrages** (vgl. A 2.5.1).

TVG § 1 Zur Gültigkeit des Tarifvertrages ist **Schriftform** nötig.

§ 6 Der Abschluss, die Änderung und die Aufhebung der Tarifverträge werden in die Tarifregister eingetragen, die bei den Arbeitsministerien geführt werden.

§ 3 **Tarifgebunden** sind die Mitglieder der Tarifvertragsparteien, also die organisierten Arbeitgeber und Arbeitnehmer. Ein Antrag auf Allgemeinverbindlichkeit wird meist nicht mehr gestellt, da die Arbeitgeber den nicht organisierten Arbeitnehmern die gleichen Lohn- und Arbeitsbedingungen einräumen wie den organisierten, um den Betriebsfrieden nicht zu stören.

Können sich die Tarifpartner bei den Verhandlungen nicht einigen, so kommt es zum **Arbeitskampf** (vgl. A 2.6.2).

b) Schlichtung

Zur Verhütung oder Beilegung von Streitigkeiten zwischen Arbeitgebern und Arbeitnehmern oder deren Verbänden bei Vertragsverhandlungen wurde eigens ein Schlichtungswesen geschaffen. Es ist nur für solche Streitigkeiten anwendbar, die nicht der Zuständigkeit der Arbeitsgerichte unterliegen. Seine Aufgabe ist es, eine **vertragliche Grundlage zu schaffen,** während die Arbeitsgerichte das bestehende Recht auslegen und über Streitigkeiten nach bestehendem Recht entscheiden.

Das **Ausgleichsverfahren** wird von Schlichtungsstellen durchgeführt, deren Besetzung im Tarifvertrag oder in der Betriebsvereinbarung festgelegt ist. Sie sollen angerufen werden, um Meinungsverschiedenheiten zu klären. Wird keine Einigung erzielt, so können Behörden oder anerkannte Persönlichkeiten des öffentlichen Lebens eingeschaltet werden.

2.6.2 Streik und Aussperrung

a) Arbeitskampfrecht

➤ Streik

Das Kampfmittel der Arbeitnehmer zur Erreichung arbeitsrechtlicher Ziele ist der Streik. Man versteht darunter die gemeinsame, planmäßige Arbeitsniederlegung der Arbeitnehmer. Ein Streik kann unter folgenden Voraussetzungen geführt werden:

- **Auslaufen des Tarifvertrages** bzw. Scheitern der Schlichtungsverhandlungen.
- **Urabstimmung,** d.h., 75 % der abstimmungsberechtigten Gewerkschaftsmitglieder eines Tarifbezirks müssen sich für den Streik entscheiden. Oft muss der Hauptvorstand der Gewerkschaft diesen Beschluss noch genehmigen.

- **Organisation** des Streiks durch die Gewerkschaft (Tarifvertragspartei).

Treffen diese Voraussetzungen nicht zu, spricht man von »wildem« Streik.

Streiktage weltweit

(im Durchschnitt der Jahre 2006 bis 2015 durch Arbeitskämpfe verloren gegangene Arbeitstage je 1000 Arbeitnehmer)

Quelle: iw

Arten des Streiks:

- **Voll- oder Flächenstreik:** Alle Arbeitnehmer eines Tarifgebiets legen die Arbeit nieder.
- **»Mini-Max«-Streik (Schwerpunktstreik):** Die Gewerkschaft bestreikt mit minimalem Aufwand die Zulieferindustrie eines größeren Wirtschaftsbereichs, um eine maximale Wirkung zu erzielen.

> **Beispiel:**
> Bestreikung der Hersteller von Autobatterien und -kühlern, um die Automobilindustrie stillzulegen.

- **Flexi-Streik:** Dabei werden tageweise abwechselnd Betriebe des Fahrzeugbaus, dann der Metall- und Elektroindustrie und schließlich Betriebe des Mittelstandes bestreikt. Die Gewerkschaft will mit diesen Kurzstreiks verhindern, dass es zu einer »kalten Aussperrung« (vgl. nachstehend unter Aussperrung) kommt. Zugleich will sie ihre Streikkosten so gering wie möglich halten.

- **Warnstreik:** kurzfristige Arbeitsniederlegung, um die Streikentschlossenheit zu demonstrieren. Dieser Streik kann auch während der Friedenspflicht stattfinden.

Aussperrung

Das Kampfmittel der **Arbeitgeber** ist die **Aussperrung,** d. h. die vorübergehende Aufhebung der Arbeitsverhältnisse der Arbeitnehmer bestimmter Betriebe oder aller Betriebe einer Branche. Die Aussperrung ist rechtlich nur **gültig** als Kampfmittel der Arbeitgeber gegen Schwerpunktstreiks der Gewerkschaften. Die Aussperrung ist nur **zulässig** in einem Umfang, der sich nach dem Grundsatz der Verhältnismäßigkeit richtet **(Übermaßverbot).**

Das Mittel der Aussperrung ist nicht unumstritten. So verbietet die Landesverfassung von Hessen in Artikel 29 die Aussperrung. Auch haben die Gewerkschaften versucht, durch Verfahren vor dem Bundesarbeits- und Bundesverfassungsgericht die Aussperrung für unzulässig erklären zu lassen.

Bei der **kalten Aussperrung** stellen die Arbeitgeber die Arbeit ein und sperren die Arbeitnehmer ohne Bezahlung aus, da eine Weiterarbeit wegen Arbeitskämpfen in den Zuliefer- oder Abnehmerbetrieben nicht möglich ist.

b) Wirksamkeit von Arbeitskämpfen

Streik und Aussperrung sind nur wirksam, wenn die jeweiligen Interessenverbände geschlossen und entschlossen für ihre Ziele kämpfen. Außerdem hängt die Wirksamkeit der Arbeitskampfmaßnahmen von der Arbeitsmarktsituation und der Ertragslage der Unternehmen ab. Ist das Angebot an Arbeitskräften knapp und stehen die Arbeitnehmer geschlossen hinter ihrer Gewerkschaft, so werden sie (bei guter Auftrags- und Ertragslage der Unternehmen) ihre Forderungen leicht durchsetzen. Ist dagegen die Auftrags- und Ertragslage der Unternehmen schlecht und herrscht Arbeitslosigkeit, so können hohe Forderungen nicht durchgesetzt werden.

c) Auswirkungen von Arbeitskämpfen

Auswirkungen auf das Arbeitsverhältnis

Die **Arbeitsverhältnisse** der streikenden oder ausgesperrten Arbeitnehmer sind während des Arbeitskampfs unterbrochen. Deshalb erhalten diese keine Arbeitsentgelte. Die Gewerkschaft zahlt an ihre Mitglieder Streikunterstützung, die sich nach der Beitragshöhe und der Mitgliedsdauer richtet. Arbeitswillige haben Anspruch auf Entlohnung. Er entfällt, wenn sie wegen des Streiks nicht beschäftigt werden können.

Um auch privatrechtliche Folgen für einzelne Arbeitnehmer zu vermeiden, bemühen sich die Gewerkschaften, jeden Streik durch einen Vergleich zu beenden, der ein Verbot der Maßregelung und ein Gebot der Wiedereinstellung aller Arbeitnehmer enthält.

Auswirkungen auf die Gesamtwirtschaft

Allgemein gesehen können bei einem Arbeitskampf wegen seiner Auswirkungen auf unbeteiligte Dritte negative Reaktionen der Öffentlichkeit erfolgen.

Streiks und Aussperrungen verursachen hohe Kosten für die Wirtschaft. Die Gewerkschaften müssen für die streikenden und ausgesperrten Mitglieder Streikgelder bezahlen. Die Unternehmen erleiden Verluste, da keine Erzeugnisse produziert und verkauft werden und Kunden sich eventuell anderweitig eindecken.

Mit den Tariferhöhungen soll das Einkommen der Arbeitnehmer gesteigert werden. Da bei einer Tarifsteigerung von brutto 100,00 € jeweils etwa 40,00 € für Steuern und Sozialversicherungsbeiträge aufzuwenden sind, bleiben für den Arbeitnehmer nur etwa 60,00 €.

Werden Forderungen durchgesetzt, welche die Unternehmen nicht auffangen oder als zusätzliche Kosten über die Preise abwälzen können, so besteht die Gefahr, dass teurer gewordene Arbeitskräfte durch Maschinen ersetzt werden oder die Produktion ins Ausland verlagert wird.

Können Unternehmen die erhöhten Arbeitskosten auf die Preise abwälzen, so wird das gewerkschaftliche Ziel, die Realeinkommen der Arbeitnehmer zu erhöhen, nicht erreicht. Dies kann zu neuen Forderungen führen.

Lernkontrollen zu A 2.6

Mittel zur Durchsetzung tarifrechtlicher Forderungen

1 Sie machen Ihre Ausbildung bei der Proximus Versicherung AG. Sie haben gehört, dass es für die Versicherungsbranche einen Tarifvertrag gibt und Sie haben gehört, dass die Proximus Versicherung AG auch dem entsprechenden Arbeitgeberverband angeschlossen ist. Sie sind jedoch nicht gewerkschaftlich organisiert. Ihre Freunde möchten wissen, ob Sie trotzdem die tariflich vereinbarte Ausbildungsvergütung bekommen.

2 In der Tageszeitung stand, dass der Manteltarifvertrag des Versicherungsgewerbes von der Arbeitgeberseite gekündigt wurde. Ihre Freundin fürchtet um den geplanten Urlaub. Was sagen Sie ihr?

3 Vor wenigen Tagen wurden die Verhandlungen über den neuen Tarifvertrag der Versicherungsbranche für gescheitert erklärt. – Anlässlich einer Seminarveranstaltung Ihres Versicherers stellt sich heraus, dass Ihre Ausbildungsgruppe mit dem Ablauf von Tarifverhandlungen sowie den Kampfmaßnahmen der Parteien nicht vertraut ist. Sie erhalten vom Ausbildungsleiter die Aufgabe, zu diesem Thema eine Präsentation vorzubereiten. (Verwenden Sie – soweit vorhanden – das Programm PowerPoint).

2.7 Mitwirkung und Mitbestimmung

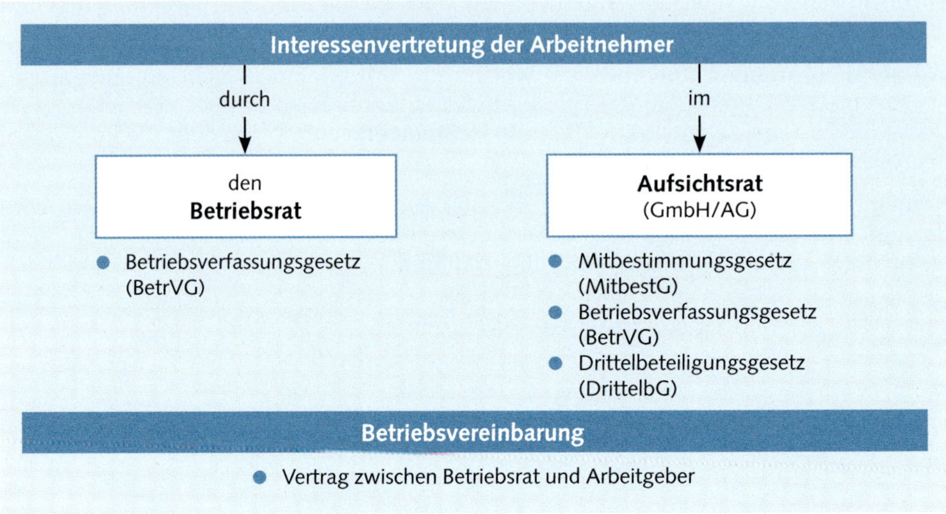

2.7.1 Mitwirkungs- und Mitbestimmungsmöglichkeiten des einzelnen Arbeitnehmers

BetrVG §§ 81–86

Einzelne oder **mehrere** Arbeitnehmer können an Entscheidungen **ohne die Einschaltung des Betriebsrates** beteiligt werden.

➤ Mitwirkung

Im Betriebsverfassungsgesetz sind die Individualrechte des einzelnen Arbeitnehmers gesetzlich festgelegt. Es handelt sich hierbei um Unterrichtungs-, Anhörungs- und Erörterungsrechte, die den einzelnen Arbeitnehmer und seinen Arbeitsplatz betreffen.

Beispiel:
Wenn ein Versicherungsbetrieb neue Computerprogramme einsetzt und festgestellt wird, dass die beruflichen Kenntnisse und Fertigkeiten des Arbeitnehmers zu deren Nutzung nicht ausreichen, muss der Arbeitgeber mit dem Arbeitnehmer erörtern, wie dessen berufliche Kenntnisse und Fähigkeiten den künftigen Anforderungen angepasst werden können.

➤ Mitbestimmung (betreffend Arbeitsplatz)

Diese Arbeitsplatzmitbestimmung wird von der betrieblichen Seite gefördert. Man will damit eine aktive Beteiligung der Mitarbeiter an Entscheidungen erreichen, die ihren Arbeitsplatz betreffen. Das dient der Motivation der Arbeitnehmer und kann zur Leistungssteigerung im Betrieb führen.

Beispiel:
Ein Angestellter beschwert sich über die langen Informationswege. Auf seinen Vorschlag hin erhält jeder Angestellte eine E-Mail-Adresse, an die die Informationen gesendet werden.

2.7.2 Mitwirkungs- und Mitbestimmungsrechte des Betriebsrats

Größe des Betriebsrats nach § 9 Betriebsverfassungsgesetz (BetrVG)	
Anzahl wahlberechtigte Arbeitnehmer	**Anzahl der Betriebsratsmitglieder**
5 bis 20	1
21 bis 50	3
51 bis 100	5
101 bis 200	7
201 bis 400	9
401 bis 700	11
701 bis 1000	13
1001 bis 1500	15
1501 bis 2000	17
2001 bis 2500	19
2501 bis 3000	21
3001 bis 3500	23
3501 bis 4000	25
4001 bis 4500	27
4501 bis 5000	29
5001 bis 6000	31
6001 bis 7000	33
7001 bis 9000	35
Mit dieser Größe endet im BetrVG die tabellarische Zuordnung der Arbeitnehmerzahl zu den Betriebsratsmitgliedern. Nunmehr wird allgemein vorgegeben, dass je angefangene 3000 Mitarbeiter 2 Betriebsratsmitglieder hinzukommen, was bei einer sinngemäßen Fortsetzung bedeutet:	
9001 bis 12000	37
12001 bis 15000	39

Um das Interesse der Arbeitnehmer an ihrem Betrieb zu steigern, um ihnen Gelegenheit zu geben, am innerbetrieblichen Geschehen mitzuwirken, ja eventuell mitzubestimmen, und um ihre Stellung gegenüber dem Arbeitgeber durch eine gemeinsame Vertretung zu festigen, wurden im Betriebsverfassungsgesetz die Wahl und die Aufgaben eines **Betriebsrats** einheitlich geregelt. Ein Zwang zur Wahl eines Betriebsrats besteht jedoch nicht, wenn die Arbeitnehmer von ihrem Recht keinen Gebrauch machen wollen. Sie verlieren damit aber die Chance, gesetzlich verankerte innerbetriebliche Mitbestimmung zu praktizieren.

Neben dieser betriebsinternen Mitbestimmung gibt es noch die Mitbestimmung im **Aufsichtsrat** und **Vorstand.** Hier geht es um die Frage, inwieweit Vertreter der Arbeitnehmer in die wirtschaftlichen Angelegenheiten des Unternehmens eingebunden werden sollen. Man könnte von der unternehmerischen Mitbestimmung sprechen.

a) Wahl des Betriebsrates

BetrVG §§ 1, 14 § 21 In allen Betrieben mit mindestens fünf ständigen wahlberechtigten Arbeitnehmern wird in geheimer und unmittelbarer Wahl ein Betriebsrat auf vier Jahre gewählt.

§ 7 **Wahlberechtigt** sind alle Arbeitnehmer des Betriebes, die das 18. Lebensjahr vollendet haben, ferner bestimmte Arbeitnehmer eines anderen Arbeitgebers, die zur Arbeitsleistung überlassen wurden.

§ 8 **Wählbar** sind alle Arbeitnehmer, die mindestens ein halbes Jahr dem Betrieb angehören. Arbeiter und Angestellte wählen ihre Vertreter gemeinsam.

§ 9 § 38 Die **Zahl** der Betriebsratsmitglieder richtet sich nach der Zahl der Arbeitnehmer. In Betrieben mit über 200 Beschäftigten ist eine bestimmte Anzahl der Mitglieder von der Berufstätigkeit freizustellen.

§§ 10, 15 Der Betriebsrat soll sich möglichst aus Arbeitnehmern der einzelnen Organisationsbereiche und der verschiedenen Beschäftigungsarten der im Betrieb tätigen Arbeitnehmer **zusammensetzen**. Das Geschlecht, das in der Belegschaft in der Minderheit ist, muss mindestens entsprechend seinem zahlenmäßigen Verhältnis im Betriebsrat vertreten sein, wenn dieser aus mindestens drei Mitgliedern besteht.

EBRG § 22 § 21 In Unternehmen mit EU-weit mindestens 1000 Arbeitnehmern (davon in zwei Mitgliedsstaaten jeweils mindestens 150 Mitarbeiter) muss ein **Europäischer Betriebsrat** nach dem »Europäische-Betriebsräte-Gesetz« (EBRG) gewählt werden. Europäische Betriebsräte sind nicht etwa ein Ersatz nationaler Betriebsräte, sondern Arbeitnehmervertretungen auf europäischer Unternehmensebene. Im Europäischen Betriebsrat geht es um Information und Anhörung, nicht um Mitbestimmung.

b) Zusammenarbeit von Arbeitgeber und Betriebsrat

BetrVG § 74 Arbeitgeber und Betriebsrat sollen mindestens einmal im Monat zusammentreten und bei strittigen Fragen mit dem ernsten Willen zur Einigung verhandeln und Vorschläge für die Beilegung von Meinungsverschiedenheiten machen. Der Betriebsrat
§ 43 muss einmal in jedem Kalendervierteljahr in einer **Betriebsversammlung**, zu der alle Arbeitnehmer einzuladen sind, einen Bericht über seine Tätigkeit geben. Für einzelne Betriebsteile können auch **Abteilungsversammlungen** stattfinden.

Zur Beilegung von Meinungsverschiedenheiten zwischen dem Betriebsrat und dem Arbeitgeber, z.B. bei Verweigerung der Zustimmung zu betrieblichen Maßnahmen,
§ 76 wird eine **Einigungsstelle** gebildet. Sie besteht aus einem unparteiischen Vorsitzenden und aus Beisitzern, die je zur Hälfte vom Arbeitgeber und vom Betriebsrat bestellt werden. Der Spruch der Einigungsstelle ersetzt die Einigung zwischen Arbeitgeber und Betriebsrat. Gegen diesen Spruch kann beim Arbeitsgericht Klage erhoben werden.

Rund 75 % aller Verfahren können ohne Einschaltung der Arbeitsgerichte durch die Einigungsstellen beigelegt werden.

c) Allgemeine Aufgaben des Betriebsrats

§ 80
- Er hat die betrieblichen Interessen der Beschäftigten zu vertreten. Insbesondere hat er darüber zu wachen, dass die zugunsten der Arbeitnehmer geltenden Gesetze, Verordnungen, Unfallverhütungsvorschriften, Tarifverträge und Betriebsvereinbarungen durchgeführt werden.

- Er hat die Belange von schwerbehinderten Menschen, Jugendlichen, älteren und ausländischen Arbeitnehmern zu fördern.
- Außerdem hat sich der Betriebsrat mit Fragen der Frauenförderung zu befassen und in diesem Bereich für die bessere Vereinbarkeit von Familie und Beruf zu sorgen.

d) Rechte des Betriebsrats

➤ Mitbestimmung in sozialen Angelegenheiten

BetrVG § 87

Betriebliche Maßnahmen werden erst mit seiner Zustimmung wirksam.

Beispiele:

Beginn und Ende der täglichen Arbeitszeit einschließlich der Pausen, Urlaubsplan, Lohngestaltung, Einführung von Arbeitszeiterfassungsgeräten, Telefondatenerfassung, betriebliche Regelungen über den Gesundheits- und Unfallschutz, Erhöhung der täglichen Arbeitszeit über 8 Stunden hinaus und die damit verbundene Festlegung des Ausgleichszeitraumes, Einführung von Personalfragebogen, Grundsätze für die Durchführung von Gruppenarbeit.

➤ Mitwirkung in personellen Angelegenheiten

§§ 99 ff.

Der Betriebsrat kann aus bestimmten Gründen betrieblichen Maßnahmen widersprechen bzw. die Zustimmung verweigern. Diese werden dadurch jedoch nicht unwirksam, sondern das Arbeitsgericht oder die Einigungsstelle entscheidet.

Beispiele:

Kündigungen; Änderung der Arbeitsplätze, des Arbeitsablaufes oder der Arbeitsumgebung; Einstellung, Eingruppierung und Versetzung in Betrieben mit mehr als 20 wahlberechtigten Arbeitnehmern.

➤ Beratung in wirtschaftlichen Angelegenheiten

§ 90 (1)

Der Arbeitgeber muss den Betriebsrat unterrichten und sich mit ihm beraten.

Beispiele:

Planung von Bauten, technischen Anlagen, neuen Arbeitsverfahren, Arbeitsabläufen; Einführung neuer Techniken (der Arbeitgeber muss hier auch mit dem einzelnen Arbeitnehmer über Weiterbildungsmaßnahmen beraten); Personalplanung; Berufsbildung; Einschränkung, Stilllegung und Verlegung des Betriebs oder von Betriebsteilen (Aufstellung eines Sozialplanes, um nachteilige Folgen für die Arbeitnehmer zu verhindern).

➤ Information in wirtschaftlichen Angelegenheiten

§ 90 (2)

Der Betriebsrat oder der Wirtschaftsausschuss kann verlangen, dass er über betriebliche Vorgänge unterrichtet wird oder ihm die erforderlichen Unterlagen unterbreitet werden.

Beispiele:

Unterrichtung des Wirtschaftsausschusses über wirtschaftliche Angelegenheiten, Unterrichtung des Betriebsrats bei der Einstellung leitender Angestellter.

2.7.3 Mitwirkungs- und Mitbestimmungsrechte der Jugend- und Auszubildendenvertretung

BetrVG §§ 60–73

In Betrieben mit mindestens fünf Arbeitnehmern unter 18 Jahren oder mit Personen, die sich in Ausbildung befinden und das 25. Lebensjahr noch nicht vollendet haben, werden **Jugend- und Auszubildendenvertretungen** gewählt. Mitglieder dieser Vertretung können nicht gleichzeitig Mitglieder des Betriebsrates sein. Eine wichtige Aufgabe dieser Vertretung ist die Förderung von Maßnahmen der Berufsausbildung und die Überwachung der Einhaltung von Bestimmungen zugunsten der oben genannten Personen (Jugendschutzgesetz, Tarifvertrag). Die Jugend- und Auszubildendenvertretung kann zu allen Sitzungen des Betriebsrates einen Vertreter entsenden. Bei Tagesordnungspunkten, die Jugendliche oder Auszubildende betreffen, hat die gesamte Jugend- und Auszubildendenvertretung Teilnahme- und Stimmrecht.

Zusammenfassung: Mitwirkung und Mitbestimmung des Betriebsrates

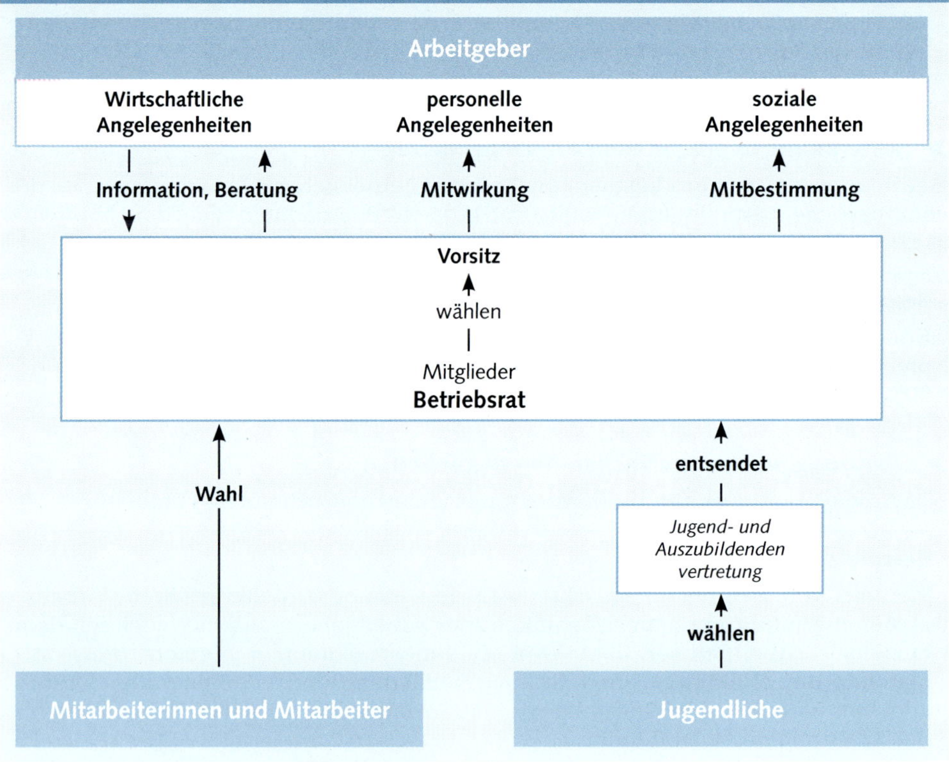

2.7.4 Betriebsvereinbarung

Neben gesetzlichen und tarifvertraglichen Regelungen, die überbetriebliche Geltung besitzen, können auch innerhalb des Betriebes Vereinbarungen zwischen dem Betriebsrat und dem Arbeitgeber getroffen werden.

In **Betriebsvereinbarungen** werden die Arbeitsbedingungen zwischen dem **Betriebsrat** und dem **Arbeitgeber** eines bestimmten Unternehmens geregelt.

Sie dürfen den Bestimmungen des Tarifvertrages nicht entgegenstehen, sondern sollen diese ergänzen, erläutern und den besonderen Verhältnissen des Betriebes anpassen. Ihr Inhalt regelt die Entgelt- und Arbeitsbedingungen, den Beginn und das Ende der täglichen Arbeitszeit und der Pausen, den Zeitpunkt der Entgeltzahlung, die Aufstellung eines Urlaubsplanes, die Maßnahmen zur Verhütung von Betriebsunfällen und Gesundheitsschädigungen, die Errichtung von Sozialeinrichtungen, das Verhalten der Arbeitnehmer im Betrieb, z. B. Rauchen, Kantinenbesuch, Telefon- und Parkplatzbenutzung. Durch Betriebsvereinbarungen werden insbesondere **Betriebsordnungen** und **Dienstordnungen** aufgestellt. Sie müssen an geeigneter Stelle im Betrieb ausgehängt oder den Betriebsangehörigen beim Eintritt in den Betrieb ausgehändigt werden.

Neuerdings erlauben Betriebsvereinbarungen, von tariflichen Leistungen abzuweichen, um im Gegenzug Arbeits- und Ausbildungsplätze zu sichern **(Öffnungsklausel in Flächentarifverträgen).**

Nicht tarifgebundene Unternehmen gehen vermehrt dazu über, **Einzelvereinbarungen** zum **Arbeitsverdienst** und zur **Arbeitszeit** mit dem Betriebsrat zu treffen, um sich nicht mehr an tarifliche Abmachungen anzulehnen.

Betriebsvereinbarungen haben im Zuge der **Flexibilisierung der Arbeitszeit** zusätzliche Bedeutung gewonnen. Zwischen Betriebsrat und Geschäftsleitung wird dabei ein Arbeitszeitrahmen vereinbart, in dem keine Mehrarbeitszuschläge anfallen, auch nicht für Samstagsarbeit. Die Mitarbeiter erhalten ein Zeitkonto. Dieses können die Mitarbeiter in Abhängigkeit vom anfallenden Arbeitsumfang mit Stunden auffüllen oder unterschreiten, ohne eine Ober- oder Untergrenze einhalten zu müssen; erst zum Jahresende sollte das Zeitkonto ausgeglichen werden.

Auf diese Weise sollen im Rahmen der »Verbetrieblichung der Tarifpolitik« betriebliche Anforderungen, Kundeninteresse und persönliches Interesse der Mitarbeiter in Einklang gebracht werden.

2.7.5 Mitbestimmung der Arbeitnehmer im Aufsichtsrat

Für die Arbeitnehmer in Aktiengesellschaften und Gesellschaften mit beschränkter Haftung ist die Mitbestimmung im Aufsichtsrat des Unternehmens eine Möglichkeit, an der Führung des Unternehmens teilzuhaben (vgl. Exkurs in C 2.1).

Zielsetzung für ihre Tätigkeit ist, auf einen **Ausgleich der Interessen** zwischen Kapitalgebern und Arbeitnehmern hinzuwirken. Dies geschieht im Rahmen der Kontrolle des Vorstandes und der Mitbestimmung bei unternehmenspolitischen Entscheidungen durch den Aufsichtsrat. Ihr Einfluss hängt von der Verteilung der Aufsichtsratssitze ab. Während die Gewerkschaften die paritätische (gleichberechtigte) Besetzung des Aufsichtsrates fordern, versuchen die Kapitalgeber, dies in der Gesetzgebung zu verhindern.

- Der Aufsichtsrat einer AG oder GmbH, die **mehr als 2 000 Arbeitnehmer** beschäftigen, muss **je zur Hälfte** aus Vertretern der Anteilseigner und der Arbeitnehmer gebildet werden. In diesen Unternehmen wird ein Arbeitsdirektor als gleichberechtigtes Mitglied des Vorstandes bzw. der Geschäftsführung bestellt. MitbestG §§ 1, 7, 33
- In einer AG oder GmbH, die **mindestens 500,** aber **nicht mehr als 2 000 Arbeitnehmer** beschäftigt, muss ein Aufsichtsrat gebildet werden, der **zu einem Drittel** aus Vertretern der Arbeitnehmer besteht. DrittelbG §1

Lernkontrollen zu A 2.7

Mitwirkung und Mitbestimmung der Arbeitnehmer

1 In Ihrer Generalagentur mit 44 Mitarbeitern, davon 5 Auszubildende (ein 17-Jähriger, eine 19-Jährige, zwei 23-Jährige und ein 24-Jähriger), werden demnächst Betriebsratswahlen durchgeführt. Alle Mitarbeiter (außer dem 17- und der 19-jährigen Auszubildenden, die noch in der Probezeit sind) gehören seit mindestens zwei Jahren dem Betrieb an und sind volljährig. Sie setzen sich nun mit den einschlägigen Regelungen des Betriebsverfassungsgesetzes auseinander, denn Sie möchten wissen:

a) wie viele Kolleginnen und Kollegen wahlberechtigt sind;

b) wie viele Kolleginnen und Kollegen für den Betriebsrat wählbar sind;

c) ob auch eine Jugend- und Auszubildendenvertretung gewählt werden könnte.

2 Während einer betrieblichen Feier wird über Sinn und Unsinn der Wahl eines Betriebsrates diskutiert. Stellen Sie sich auf die Seite der Befürworter und unterstützen Sie Ihre Argumentation mit den Mitbestimmungsrechten des Betriebsrates.

3 Die Auszubildenden Ihrer Generalagentur halten die Wahl einer Jugend- und Auszubildendenvertretung für wünschenswert. Sie werden von der Gruppe gebeten in diesem Sinne vorbereitend tätig zu werden.

Setzen Sie sich mit den Aufgaben der Jugend- und Auszubildendenvertretung auseinander und entwerfen Sie dann ein Anschreiben an den Betriebsrat und die Geschäftsleitung, in dem Sie die Auffassung der Auszubildenden begründen.

Lernsituationen

Die Berufsausbildung mitgestalten und auf die Rolle als Arbeitnehmer vorbereiten

Lernsituation 1:

»Du musst ja öfter in den Betrieb als ich. Kann das denn möglich sein?«

Sie haben am 01. August d.J. mit der Ausbildung zum Kaufmann bzw. zur Kauffrau für Versicherungen und Finanzen begonnen. Gleich am ersten Tag des Berufsschulunterrichts haben Sie sich mit zwei anderen Azubis (Tim Reimann und Maja Sieler) angefreundet. Sie drei wollen sich auch regelmäßig treffen, um den Unterrichtsstoff der Berufsschule aufzuarbeiten. Doch bereits beim Versuch den ersten Termin zu finden, haben Sie Schwierigkeiten. Der Nachmittag nach dem ersten Berufsschultag würde Ihnen und Tim gut passen, doch Maja muss an jedem Nachmittag in den Betrieb. Sie kommen ins Gespräch über Ihre Arbeitszeiten, Ihre Ausbildungsvergütung und stellen fest, dass es da Unterschiede gibt.

Gehen Sie den erkennbar werdenden Unterschieden der Ausbildungsverträge von Tim Reimann und Maja Sieler auf den Grund. Klären Sie aber auch die Gemeinsamkeiten, die es bezüglich des Ausbildungsvertrages und Ihrer Rechte und Pflichten im Ausbildungsverhältnis gibt. Fassen Sie die Ergebnisse Ihrer Arbeit in übersichtlicher und informativer Form zusammen.

Hilfsmittel:

- Lehrbuch (siehe insbesondere Abschnitt A 1.1)
- Ausbildungsverträge, Auszüge aus dem Gehalts- und Manteltarifvertrag Versicherungen (siehe nachstehend)
- Vorschriften aus dem Berufsbildungsgesetz, dem Jugendarbeitsschutzgesetz, dem Arbeitszeitgesetz und dem Bundesurlaubsgesetz (siehe Gesetzessammlung).

Vorschlag für eine mögliche Struktur eines Infoblattes (Größe ist anzupassen):

	Maja Sieler	Tim Reimann	Begründung der Unterschiede
Dauer der Ausbildung			
Abschluss des Ausbildungsvertrages			
Gemeinsame Inhalte des Ausbildungsvertrages (insbes. Rechte + Pflichten)			
Ausbildungsvergütung			
Arbeitszeiten und Pausenzeiten			
Urlaubsregelungen			

IHK Industrie- und Handelskammer zu Düsseldorf

Berufsausbildungsvertrag

(§§ 10, 11 Berufsbildungsgesetz – BBiG)

Zwischen dem/der Ausbildenden (Ausbildungsbetrieb)
Öffentlicher Dienst ☐

KNR	IHK-Firmenident-Nr.	Tel.-Nr.
	987333	0211 / 202030

Anschrift des/der Ausbildenden (Ausbildungsbetrieb)
Versicherungsmakler + Finanzberater
Schöning & Partner GmbH

Straße, Haus-Nr.: Graf-Adolf-Str. 120
PLZ: 40210 Ort: Düsseldorf
E-Mail-Adresse des/der Ausbildenden (Angabe freiwillig):

Verantwortliche/r Ausbilder/in	Geburtsjahr
Schöning Barbara	1970

und dem/der Auszubildenden **männlich** ☐ **weiblich** ☒
Berufsausbildung im Rahmen eines dualen Studiums ☐

Name	Vorname
Sieler	Maja

Straße, Haus-Nr.: Fischerstr. 19
PLZ: 40477 Ort: Düsseldorf

Geburtsdatum	Staatsangehörigkeit
29.03.1996	deutsch

E-Mail-Adresse (Angabe freiwillig): Mobil-/Tel.-Nr. (Angabe freiwillig):

Gesetzlicher Vertreter[1]
Eltern ☐ Vater ☐ Mutter ☐ Vormund ☐ .
Namen, Vornamen der gesetzlichen Vertreter:
Straße, Haus-Nr.:
PLZ: Ort:

wird nachstehender Vertrag zur Ausbildung im Ausbildungsberuf	Kauffrau für Versicherungen und Finanzen
mit der Fachrichtung / dem Schwerpunkt / der Wahlqualifikation / dem/den Wahlbaustein/en etc. **nach Maßgabe der Ausbildungsordnung[2] geschlossen.**	Fachrichtung Versicherung

Änderungen des wesentlichen Vertragsinhaltes sind vom/von der Ausbildenden unverzüglich zur Eintragung in das Verzeichnis der Berufsausbildungsverhältnisse bei der Industrie- und Handelskammer anzuzeigen.

Die beigefügten Angaben zur sachlichen und zeitlichen Gliederung des Ausbildungsablaufs (Ausbildungsplan) sowie die umseitigen Regelungen sind Bestandteil dieses Vertrages.

A Die Ausbildungszeit beträgt nach der Ausbildungsordnung 36 Monate.
☒ Es wird eine Verkürzung der Ausbildungszeit um 12,0 Monate beantragt
Verkürzungsgrund: Vollzeitschulische Berufsausbildung

Das Berufsausbildungsverhältnis beginnt am 01.08.2018 und endet am 31.07.2020 .

B Die Probezeit (Nr. 1.2) beträgt 3,0 Monate.[3]

C Die Ausbildung findet in [Name/ Anschrift der Ausbildungsstätte(n)]
Versicherungsmakler + Finanzberater
Schöning & Partner GmbH, Graf-Adolf-Str. 120, 40210 Düsseldorf
und den mit dem Betriebssitz für die Ausbildung üblicherweise zusammenhängenden Bau-, Montage- und sonstigen Arbeitsstellen statt.

D Ausbildungsmaßnahmen außerhalb der Ausbildungsstätte(n) sind für den folgenden Zeitraum in der/den folgenden Ausbildungsstätte(n) vorgesehen (hierzu zählen auch Auslandsaufenthalte) (Nr. 3.12):

E Der/Die Ausbildende zahlt dem/der Auszubildenden eine angemessene Vergütung (Nr. 5); diese beträgt zurzeit monatlich brutto

€	€ 853,00	€ 919,00		
im	ersten	zweiten	dritten	vierten

Ausbildungsjahr.

F Die regelmäßige Ausbildungszeit in Stunden beträgt täglich[4] 8,0 und wöchentlich 40,0 .
Teilzeitausbildung wird beantragt (Nr. 6.2): ja ☐ nein ☒

G Es besteht ein Urlaubsanspruch

im Kalenderjahr	2018	2019	2020		
Werktage					
Arbeitstage	10	24	14		

H Der Ausbildungsnachweis wird wie folgt geführt:
schriftlich ☐ elektronisch ☒

I Hinweise auf anzuwendende Tarifverträge und Betriebsvereinbarungen; sonstige Vereinbarungen (Nr. 11):

J Die umseitigen Bestimmungen sind Gegenstand dieses Vertrages und werden anerkannt.

Ort, Datum: Düsseldorf, 31. März 2018

Der/Die Ausbildende: Schöning
Versicherungsmakler + Finanzberater
Schöning & Partner GmbH
Graf-Adolf-Str. 120
40210 Düsseldorf
Stempel und Unterschrift

Der/Die Auszubildende: Maja Sieler
Vor- und Familienname

Der/Die gesetzlichen Vertreter/in des/der Auszubildenden:

Vater und Mutter/Vormund

1) Vertretungsberechtigt sind beide Eltern gemeinsam, sowie nicht die Vertretungsberechtigung nur einem Elternteil zusteht. Ist ein Vormund bestellt, so bedarf dieser zum Abschluss des Ausbildungsvertrages der Genehmigung des Vormundschaftsgerichtes.
2) Solange die Ausbildungsordnung nicht erlassen ist, sind gem. § 104 Abs. 1 BBiG die bisherigen Ordnungsmittel anzuwenden.
3) Die Probezeit muss mindestens einen Monat und darf höchstens vier Monate betragen.
4) Das Jugendarbeitsschutzgesetz sowie für das Ausbildungsverhältnis geltende tarifvertragliche Regelungen und Betriebsvereinbarungen sind zu beachten.

3. Blatt = Ausfertigung für den Auszubildenden, Seite 1 von 2

Industrie- und Handelskammer
zu Düsseldorf

Berufsausbildungsvertrag

(§§ 10, 11 Berufsbildungsgesetz – BBiG)

Zwischen dem/der Ausbildenden (Ausbildungsbetrieb)
Öffentlicher Dienst ☐

und dem/der Auszubildenden **männlich** ☒ **weiblich** ☐
Berufsausbildung im Rahmen eines dualen Studiums ☐

Ausbildende/r	
KNR	
IHK-Firmenident-Nr.	632777
Tel.-Nr.	0211 / 202030
Anschrift des/der Ausbildenden (Ausbildungsbetrieb)	Proximus Versicherung AG Geschäftsstelle Düsseldorf
Straße, Haus-Nr.	Völklinger Str. 55
PLZ	40219
Ort	Düsseldorf
E-Mail-Adresse des/der Ausbildenden (Angabe freiwillig)	
Verantwortliche/r Ausbilder/in	Schwager, Helmut
Geburtsjahr	1970

Auszubildende/r	
Name	Reimann
Vorname	Tim
Straße, Haus-Nr.	Insterburger Str. 23
PLZ	41516
Ort	Grevenbroich
Geburtsdatum	02.01.2002
Staatsangehörigkeit	deutsch
E-Mail-Adresse (Angabe freiwillig)	
Mobil-/Tel.-Nr. (Angabe freiwillig)	
Gesetzlicher Vertreter[1]	Eltern ☒ Vater ☐ Mutter ☐ Vormund ☐ .
Namen, Vornamen der gesetzlichen Vertreter	Reimann Thomas, Reiman Gabriele
Straße, Haus-Nr.	Insterburger Str. 23
PLZ	41516
Ort	Grevenbroich

wird nachstehender Vertrag zur Ausbildung im Ausbildungsberuf Kaufmann für Versicherungen und Finanzen

mit der Fachrichtung / dem Schwerpunkt / der Wahlqualifikation / dem/den Wahlbaustein/en etc. **nach Maßgabe der Ausbildungsordnung[2] geschlossen.** Fachrichtung Versicherung

Änderungen des wesentlichen Vertragsinhaltes sind vom/von der Ausbildenden unverzüglich zur Eintragung in das Verzeichnis der Berufsausbildungsverhältnisse bei der Industrie- und Handelskammer anzuzeigen.

Die beigefügten Angaben zur sachlichen und zeitlichen Gliederung des Ausbildungsablaufs (Ausbildungsplan) sowie die umseitigen Regelungen sind Bestandteil dieses Vertrages.

A Die Ausbildungszeit beträgt nach der Ausbildungsordnung 36 Monate.

☐ Es wird eine Verkürzung der Ausbildungszeit um ____ Monate beantragt

Verkürzungsgrund: Vollzeitschulische Berufsausbildung

Das Berufsausbildungsverhältnis beginnt am 01.08.2018 und endet am 31.07.2021 .

B Die Probezeit (Nr. 1.2) beträgt 3,0 Monate.[3]

C Die Ausbildung findet in [Name/ Anschrift der Ausbildungsstätte(n)]

Proximus Versicherung, 40219 Düsseldorf, Völklinger Str. 55

und den mit dem Betriebssitz für die Ausbildung üblicherweise zusammenhängenden Bau-, Montage- und sonstigen Arbeitsstellen statt.

D Ausbildungsmaßnahmen außerhalb der Ausbildungsstätte(n) sind für den folgenden Zeitraum in der/den folgenden Ausbildungsstätte(n) vorgesehen (hierzu zählen auch Auslandsaufenthalte) (Nr. 3.12):

E Der/Die Ausbildende zahlt dem/der Auszubildenden eine angemessene Vergütung (Nr. 5); diese beträgt zurzeit monatlich brutto

€	€ 972,00	€ 1.047,00	€ 1.131,00	
im	ersten	zweiten	dritten	vierten

Ausbildungsjahr.

F Die regelmäßige Ausbildungszeit in Stunden beträgt

täglich[4] 7,6 und wöchentlich 38,0 .

Teilzeitausbildung wird beantragt (Nr. 6.2): ja ☐ nein ☒

G Es besteht ein Urlaubsanspruch

im Kalenderjahr	2018	2019	2020	2021	
Werktage	13	30	30	18	
Arbeitstage					

H Der Ausbildungsnachweis wird wie folgt geführt:

schriftlich ☐ elektronisch ☒

I Hinweise auf anzuwendende Tarifverträge und Betriebsvereinbarungen; sonstige Vereinbarungen (Nr. 11):

J Die umseitigen Bestimmungen sind Gegenstand dieses Vertrages und werden anerkannt.

Ort, Datum: Düsseldorf, 31. März 2018

Der/Die Ausbildende: ppa. Müller

Proximus Versicherung AG
Geschäftsstelle Düsseldorf
Völklinger Str. 55
40219 Düsseldorf

Stempel und Unterschrift

Der/Die Auszubildende:

Tim Reimann

Vor- und Familienname

Der/Die gesetzlichen Vertreter/in des/der Auszubildenden:

Thomas Reimann, Gabriele Reimann

Vater und Mutter/Vormund

1) Vertretungsberechtigt sind beide Eltern gemeinsam, sowie nicht die Vertretungsberechtigung nur einem Elternteil zusteht. Ist ein Vormund bestellt, so bedarf dieser zum Abschluss des Ausbildungsvertrages der Genehmigung des Vormundschaftsgerichtes.
2) Solange die Ausbildungsordnung nicht erlassen ist, sind gem. § 104 Abs. 1 BBiG die bisherigen Ordnungsmittel anzuwenden.
3) Die Probezeit muss mindestens einen Monat und darf höchstens vier Monate betragen.
4) Das Jugendarbeitsschutzgesetz sowie für das Ausbildungsverhältnis geltende tarifvertragliche Regelungen und Betriebsvereinbarungen sind zu beachten.

3. Blatt = Ausfertigung für den Auszubildenden, Seite 1 von 2

1 – Ausbildungszeit

1.1 Dauer (siehe A*)

1.2 Probezeit (siehe B*)
Die Probezeit muss mindestens einen Monat und darf höchstens vier Monate betragen (§ 20 S. 2 BBiG). Wird die Ausbildung während der Probezeit um mehr als ein Drittel dieser Zeit unterbrochen, so verlängert sich die Probezeit um den Zeitraum der Unterbrechung.

1.3 Vorzeitige Beendigung des Berufsausbildungsverhältnisses
Besteht der/die Auszubildende vor Ablauf der unter Nr. 1.1 vereinbarten Ausbildungszeit die Abschlussprüfung, so endet das Berufsausbildungsverhältnis mit Bekanntgabe des Ergebnisses durch den Prüfungsausschuss (§ 21 Abs. 2 BBiG).

1.4 Verlängerung des Berufsausbildungsverhältnisses
Besteht der/die Auszubildende die Abschlussprüfung nicht, so verlängert sich das Berufsausbildungsverhältnis auf sein/ihr Verlangen bis zur nächstmöglichen Wiederholungsprüfung, höchstens um ein Jahr (§ 21 Abs. 3 BBiG). Bei Inanspruchnahme der Elternzeit verlängert sich die Ausbildungszeit um die Zeit der Elternzeit (§ 20 BEEG).

2 – Ausbildungsstätte(n)
(siehe C*)

3 – Pflichten des/der Ausbildenden

Der/Die Ausbildende verpflichtet sich,

3.1 Ausbildungsziel
dafür zu sorgen, dass dem/der Auszubildenden die Fertigkeiten, Kenntnisse und Fähigkeiten vermittelt werden, die zum Erreichen des Ausbildungszieles nach der Ausbildungsordnung erforderlich sind, und die Berufsausbildung nach den Angaben zur sachlichen und zeitlichen Gliederung des Ausbildungsablaufs so durchzuführen, dass das Ausbildungsziel in der vorgesehenen Ausbildungszeit erreicht werden kann;

3.2 Ausbilder/in
selbst auszubilden oder eine/n persönlich und fachlich geeignete/n Ausbilder/in ausdrücklich damit zu beauftragen und diese/n dem/der Auszubildenden schriftlich bekanntzugeben;

3.3 Ausbildungsordnung
dem/der Auszubildenden vor Beginn der Ausbildung die Ausbildungsordnung kostenlos auszuhändigen;

3.4 Ausbildungsmittel
dem/der Auszubildenden kostenlos die Ausbildungsmittel, insbesondere Werkzeuge, Werkstoffe und Fachliteratur zur Verfügung zu stellen, die für die Ausbildung in den betrieblichen und überbetrieblichen Ausbildungsstätten und zum Ablegen von Zwischen- und Abschlussprüfungen, auch soweit solche nach Beendigung des Berufsausbildungsverhältnisses und in zeitlichem Zusammenhang damit stattfinden, erforderlich sind;

3.5 Besuch der Berufsschule und von Ausbildungsmaßnahmen außerhalb der Ausbildungsstätte
den/die Auszubildende/n zum Besuch der Berufsschule anzuhalten und freizustellen. Das gleiche gilt, wenn Ausbildungsmaßnahmen außerhalb der Ausbildungsstätte vorgeschrieben oder nach Nr. 3.12 durchzuführen sind;

3.6 Führen eines schriftlichen bzw. elektronischen Ausbildungsnachweises
dem/der Auszubildenden vor Ausbildungsbeginn und später die schriftlichen bzw. elektronischen Ausbildungsnachweise für die Berufsausbildung kostenfrei zur Verfügung zu stellen sowie die ordnungsgemäße Führung durch regelmäßige Durchsicht zu überwachen, soweit das Führen von Ausbildungsnachweisen im Rahmen der Berufsausbildung verlangt wird;

3.7 Ausbildungsbezogene Tätigkeiten
dem/der Auszubildenden nur Aufgaben zu übertragen, die dem Ausbildungszweck dienen und seinen/ihren körperlichen Kräften angemessen sind;

3.8 Sorgepflicht
dafür zu sorgen, dass der/die Auszubildende charakterlich gefördert sowie sittlich und körperlich nicht gefährdet wird;

3.9 Ärztliche Untersuchungen
von dem/der jugendlichen Auszubildenden sich Bescheinigungen gemäß §§ 32, 33 Jugendarbeitsschutzgesetz darüber vorlegen zu lassen, dass diese/r
a) vor der Aufnahme der Ausbildung untersucht und
b) vor Ablauf des ersten Ausbildungsjahres nachuntersucht worden ist;

3.10 Eintragungsantrag
unverzüglich nach Abschluss des Berufsausbildungsvertrages die Eintragung in das Verzeichnis der Berufsausbildungsverhältnisse bei der IHK zu beantragen. Eine Kopie der Vertragsniederschrift ist beizufügen. Bei Auszubildenden unter 18 Jahren ist ferner eine Kopie oder Mehrfertigung der ärztlichen Bescheinigung über die Erstuntersuchung gemäß § 32 Jugendarbeitsschutzgesetz beizufügen. Entsprechendes gilt bei späteren Änderungen des wesentlichen Vertragsinhaltes;

3.11 Anmeldung zu Prüfungen
den/die Auszubildende/n rechtzeitig zu den Zwischen- und Abschlussprüfungen anzumelden und für die Teilnahme freizustellen sowie der Anmeldung zur Zwischenprüfung bei Auszubildenden unter 18 Jahren eine Kopie oder Mehrfertigung der ärztlichen Bescheinigung über die erste Nachuntersuchung gemäß § 33 Jugendarbeitsschutzgesetz beizufügen;

3.12 Ausbildungsmaßnahmen außerhalb der Ausbildungsstätte
zu organisieren, soweit sie nicht im vollen Umfang in der Ausbildungsstätte (siehe Punkt C*) vermittelt werden können.

4 – Pflichten des/der Auszubildenden

Der/Die Auszubildende muss sich bemühen, die Fertigkeiten, Kenntnisse und Fähigkeiten zu erwerben, die erforderlich sind, um das Ausbildungsziel zu erreichen. Er/Sie verpflichtet sich insbesondere

4.1 Lernpflicht
die ihm/ihr im Rahmen seiner/ihrer Berufsausbildung übertragenen Aufgaben sorgfältig auszuführen;

4.2 Berufsschulunterricht, Prüfungen und sonstige Maßnahmen
am Berufsschulunterricht und an Prüfungen sowie an Ausbildungsmaßnahmen außerhalb der Ausbildungsstätte teilzunehmen, für die er/sie nach Nr. 3.5, 3.11 und 3.12 freigestellt wird; sein/ihr Berufsschulzeugnis unverzüglich dem/der Ausbildenden zur Kenntnisnahme vorzulegen und ist damit einverstanden, dass sich Berufsschule, IHK und Ausbildungsbetrieb über seine/ihre Leistungen unterrichten;

4.3 Weisungsgebundenheit
den Weisungen zu folgen, die ihm/ihr im Rahmen der Berufsausbildung vom/von der Ausbildenden, vom Ausbilder/von der Ausbilderin oder von anderen weisungsberechtigten Personen erteilt werden, soweit sie als weisungsberechtigt bekannt gemacht worden sind.

4.4 Betriebliche Ordnung
die für die Ausbildungsstätte geltende Ordnung zu beachten;

4.5 Sorgfaltspflicht
Werkzeug, Maschinen und sonstige Einrichtungen pfleglich zu behandeln und sie nur zu den ihm/ihr übertragenen Arbeiten zu verwenden;

4.6 Betriebsgeheimnisse
über Betriebs- und Geschäftsgeheimnisse Stillschweigen zu wahren;

4.7 Führen eines schriftlichen bzw. elektronischen Ausbildungsnachweises
einen vorgeschriebenen schriftlichen bzw. elektronischen Ausbildungsnachweis ordnungsgemäß zu führen und regelmäßig dem/der Ausbilder/in zur Kenntnis und Durchsicht zu geben;

4.8 Benachrichtigung bei Fernbleiben
bei Fernbleiben von der betrieblichen Ausbildung, vom Berufsschulunterricht oder von sonstigen Ausbildungsveranstaltungen dem/der Ausbildenden unter Angabe von Gründen unverzüglich Nachricht zu geben und ihm/ihr Arbeitsunfähigkeit und deren voraussichtliche Dauer unverzüglich mitzuteilen. Dauert die Arbeitsunfähigkeit länger als 3 Kalendertage, hat der/die Auszubildende eine ärztliche Bescheinigung über die bestehende Arbeitsunfähigkeit sowie deren voraussichtliche Dauer spätestens an dem darauffolgenden Arbeitstag vorzulegen. Der/Die Ausbildende ist berechtigt, die Vorlage der ärztlichen Bescheinigung früher zu verlangen;

*) Die Buchstaben verweisen auf den entsprechenden Text der ersten Seite des Ausbildungsvertrags.

4.9 Ärztliche Untersuchungen
soweit auf ihn/sie die Bestimmungen des Jugendarbeitsschutzgesetzes Anwendung finden, sich gemäß §§ 32 und 33 dieses Gesetzes ärztlich
a) vor Beginn der Ausbildung untersuchen zu lassen,
b) vor Ablauf des ersten Ausbildungsjahres nachuntersuchen zu lassen und die Bescheinigungen hierüber dem/der Ausbildenden vorzulegen.

4.10 Benachrichtigung nach Ende der Abschlussprüfung
unverzüglich nach dem Ende der Abschlussprüfung den/die Ausbildende/n über das Ergebnis zu informieren und die "vorläufige Bescheinigung über das Prüfungsergebnis" der IHK bzw. das IHK-Abschlusszeugnis vorzulegen.

5 – Vergütung und sonstige Leistungen

5.1 Höhe und Fälligkeit (siehe E*)
Eine über die vereinbarte regelmäßige Ausbildungszeit hinausgehende Beschäftigung wird besonders vergütet oder wird durch entsprechende Freizeit ausgeglichen.
Die Vergütung wird spätestens am letzten Arbeitstag des Monats gezahlt.
Die Beiträge für die Sozialversicherung tragen die Vertragsschließenden nach Maßgabe der gesetzlichen Bestimmungen.

5.2 Sachleistungen
Soweit der/die Ausbildende dem/der Auszubildenden Kost und/oder Wohnung gewährt, gilt als Anlage beigefügte Regelung (ggf. Anlage beifügen).

5.3 Kosten für Maßnahmen außerhalb der Ausbildungsstätte
Der/Die Ausbildende trägt die Kosten für Maßnahmen außerhalb der Ausbildungsstätte gemäß Nr. 3. 5. Ist eine auswärtige Unterbringung erforderlich, so können dem/der Auszubildenden anteilige Kosten für Verpflegung in dem Umfang in Rechnung gestellt werden, in dem diese/r Kosten einspart. Die Anrechnung von anteiligen Kosten und Sachbezugswerten nach § 17 Abs. 2 BBiG darf 75 % der vereinbarten monatlichen Bruttovergütung nicht übersteigen.

5.4 Berufskleidung
Wird vom/von der Ausbildenden eine besondere Berufskleidung vorgeschrieben, so wird sie von ihm/ihr zur Verfügung gestellt.

5.5 Fortzahlung der Vergütung
Dem/Der Auszubildenden wird die Vergütung auch gezahlt
a) für die Zeit der Freistellung gem. Nr. 3.5 und 3.11 dieses Vertrages sowie gem. § 10 Abs. 1 Nr. 2 und § 43 Jugendarbeitsschutzgesetz,
b) bis zur Dauer von 6 Wochen, wenn er/sie
 aa) sich für die Berufsausbildung bereithält, diese aber ausfällt,
 bb) aus einem sonstigen in seiner/ihrer Person liegenden Grund unverschuldet verhindert ist, seine/ihre Pflichten aus dem Berufsausbildungsverhältnis zu erfüllen.

5.6 Entgeltfortzahlung im Krankheitsfall
Bei unverschuldeter Arbeitsunfähigkeit infolge Krankheit wird dem/der Auszubildenden die Vergütung gemäß den Vorschriften des Entgeltfortzahlungsgesetzes gezahlt.

6 – Ausbildungszeit und Urlaub

6.1 Tägliche, wöchentliche Ausbildungszeit (siehe F*)

6.2 Teilzeitausbildung (siehe F*)

6.3 Urlaub (siehe G*)

6.4 Lage des Urlaubs
Der Urlaub soll zusammenhängend und in der Zeit der Berufsschulferien erteilt und genommen werden. Während des Urlaubs darf der/die Auszubildende keine dem Urlaubszweck widersprechende Erwerbstätigkeit leisten.

7 – Kündigung

7.1 Kündigung während der Probezeit
Während der Probezeit kann das Berufsausbildungsverhältnis ohne Einhaltung einer Kündigungsfrist und ohne Angabe von Gründen gekündigt werden.

7.2 Kündigungsgründe
Nach der Probezeit kann das Berufsausbildungsverhältnis nur gekündigt werden
a) aus einem wichtigen Grund ohne Einhalten einer Kündigungsfrist,
b) von dem/der Auszubildenden mit einer Kündigungsfrist von 4 Wochen, wenn er/sie die Berufsausbildung aufgeben oder sich für eine andere Berufstätigkeit ausbilden lassen will.

7.3 Form der Kündigung
Die Kündigung muss schriftlich und nach 7.2 unter Angabe der Kündigungsgründe erfolgen.

7.4 Unwirksamkeit einer Kündigung
Eine Kündigung aus einem wichtigen Grund ist unwirksam, wenn die ihr zugrundeliegenden Tatsachen dem/der zur Kündigung Berechtigten länger als 2 Wochen bekannt sind. Ist ein Schlichtungsverfahren gem. Nr. 9 eingeleitet, so wird bis zu dessen Beendigung der Lauf dieser Frist gehemmt.

7.5 Schadenersatz bei vorzeitiger Beendigung
Wird das Berufsausbildungsverhältnis nach Ablauf der Probezeit vorzeitig gelöst, so kann der/die Ausbildende oder der/die Auszubildende Ersatz des Schadens verlangen, wenn der/die andere den Grund für die Auflösung zu vertreten hat. Das gilt nicht bei Kündigung wegen Aufgabe oder Wechsels der Berufsausbildung (Nr. 7.2 b). Der Anspruch erlischt, wenn er nicht innerhalb von 3 Monaten nach Beendigung des Berufsausbildungsverhältnisses geltend gemacht wird.

7.6 Aufgabe des Betriebes, Wegfall der Ausbildungseignung
Bei Kündigung des Berufsausbildungsverhältnisses wegen Betriebsaufgabe oder wegen Wegfalls der Ausbildungseignung verpflichtet sich der/die Ausbildende, sich mit Hilfe der Berufsberatung der zuständigen Arbeitsagentur rechtzeitig um eine weitere Ausbildung im bisherigen Ausbildungsberuf in einer anderen geeigneten Ausbildungsstätte zu bemühen.

8 – Zeugnis

Der/Die Ausbildende stellt dem/der Auszubildenden bei Beendigung des Berufsausbildungsverhältnisses ein Zeugnis aus (§ 16 BBiG). Es muss Angaben enthalten über Art, Dauer und Zeit der Berufsausbildung sowie über die erworbenen Fertigkeiten, Kenntnisse und Fähigkeiten des/der Auszubildenden, auf Verlangen des/der Auszubildenden auch Angaben über Verhalten und Leistung.

9 – Beilegung von Streitigkeiten

Bei Streitigkeiten aus dem bestehenden Berufsausbildungsverhältnis ist vor Inanspruchnahme des Arbeitsgerichts der nach § 111 Abs. 2 des Arbeitsgerichtsgesetzes errichtete Schlichtungsausschuss anzurufen, sofern ein solcher bei der IHK besteht.

10 – Erfüllungsort

Erfüllungsort für alle Ansprüche aus diesem Vertrag ist der Ort der Ausbildungsstätte.

11 – Sonstige Vereinbarungen
(siehe H*)

Rechtswirksame Nebenabreden, die das Berufsausbildungsverhältnis betreffen, können nur durch schriftliche Ergänzung dieses Berufsausbildungsvertrages getroffen werden.

3. Blatt = Ausfertigung für den Auszubildenden, Seite 2 von 2

Auszug aus dem Manteltarifvertrag für das private Versicherungsgewerbe

§ 11 Arbeitszeit, Ausgleich für schwere Arbeit

1. Regelmäßige Arbeitszeit

Für die Angestellten im Innendienst (ausgenommen Hausmeister und Heizer) beträgt die regelmäßige Arbeitszeit 38 Stunden in der Woche. Pausen gelten nicht als Arbeitszeit. Die regelmäßige wöchentliche Arbeitszeit verteilt sich gleichmäßig auf die Tage Montag bis Freitag.

§ 13 Erholungsurlaub

1. Urlaubsdauer, Abgeltung

Die Angestellten haben für jedes Kalenderjahr Anspruch auf Erholungsurlaub von 30 Arbeitstagen. Wird dieser nicht zusammenhängend genommen, soll er in größere Abschnitte aufgeteilt werden, von denen einer mindestens 15 Arbeitstage umfasst.

Während der beruflichen Erstausbildung soll der Erholungsurlaub in der Zeit der Berufsschulferien gewährt werden. Soweit dies aus betrieblichen Gründen nicht möglich ist, muss für jeden Berufsschultag, an dem die Berufsschule während des Urlaubs besucht wird, ein weiterer Urlaubstag gewährt werden.

Schwerbehinderte erhalten den ihnen nach dem Sozialgesetzbuch IX zustehenden zusätzlichen Urlaub.

Die Samstage sowie der 24. und 31. Dezember sind keine Arbeitstage im Sinne der Urlaubsbestimmungen.

Auszug:
Gehaltstarifvertrag
für das private Versicherungsgewerbe (gültig ab 01. Dezember 2018)

§ 1 Monatsbezüge für Angestellte nach Teil II des Manteltarifvertrages

Berufsjahr	Gehaltsgruppe							
	I €	II €	III €	IV €	V €	VI €	VII €	VIII €
im 1.	2595	2621	2701	2765	–	–	–	–
im 2. und 3.	–	2766	2776	2881	–	–	–	–
im 4. und 5.	–	–	2929	2993	3171	–	–	–
im 6. und 7.	–	–	3085	3104	3285	3464	3648	–
im 8. und 9.	–	–	–	3213	3423	3644	3861	4203
im 10. und 11.	–	–	–	3324	3574	3829	4083	4492
im 12. und 13.	–	–	–	3433	3725	4015	4308	4778
vom 14. an	–	–	–	–	3880	4203	4528	5068

Anmerkung: Der vorstehende Gehaltstarifvertrag gilt bis zum 31. Dezember 2019

§ 2 Vergütung für Auzubildende

gültig ab 01. Dezember 2018
im 1. Ausbildungsjahr 972 €
im 2. Ausbildungsjahr 1047 €
im 3. Ausbildungsjahr 1131 €

§ 2a Fahrtkostenzuschuss

Die Angestellten erhalten zu ihren nachgewiesenen Kosten für Fahrten zwischen Wohnung und Arbeitsstätte mit öffentlichen Verkehrsmitteln im Linienverkehr einen Zuschuss in Höhe von maximal 20 € monatlich, die Auszubildenden von maximal 25 € monatlich. Betriebliche Leistungen werden angerechnet.

Dieser Zuschuss wird so lange gezahlt, wie dafür Steuer- und Sozialversicherungsfreiheit gegeben ist.

Lernsituation 2:

»Uns beiden liegt diese Ausbildung nicht. Wir kündigen!«

Ihr Arbeitsteam mit Tim Reimann (Auszubildender im Innendienst einer Geschäftsstelle der Proximus VersicherungAG) und Maja Sieler (Auszubildende bei einem Makler) hat sich zwar in der Berufsschule gut bewährt, doch Tim und Maja sind beide mit der Ausbildung nicht glücklich. Tim möchte zu einem anderen Versicherer wechseln, da er mehr eine Ausbildung im Außendienst wünscht. Maja hingegen möchte unbedingt ein Studium an der Fachhochschule aufnehmen.

Am 15. November wollen Sie sich nun gemeinsam über die Möglichkeiten einer Kündigung informieren und jeweils ein entsprechendes formgerechtes Kündigungsschreiben aufsetzen.

TIPP: Informieren Sie sich im Internet über die Anforderungen an ein halbprivates Schreiben.

Zusatzauftrag:

Überlegen Sie auch, wie die beiden Kündigungen möglicherweise auf die Ausbildenden wirken könnten. Zeigen Sie in dem Anschreiben Verständnis für die Interessenlage der anderen Seite.

Hilfsmittel:

- Lehrbuch (siehe insbesondere Abschnitt A 1.2 und A 1.4)
- Ausbildungsverträge (siehe Ausbildungsverträge bei der Lernsituation 1)
- Berufsbildungsgesetz, Bürgerliches Gesetzbuch (siehe Gesetzessammlung)
- Nachstehender § 111 BGB

§111 BGB

Einseitige Rechtsgeschäfte

Ein einseitiges Rechtsgeschäft, das der Minderjährige ohne die erforderliche Einwilligung des gesetzlichen Vertreters vornimmt, ist unwirksam. Nimmt der Minderjährige mit dieser Einwilligung ein solches Rechtsgeschäft einem anderen gegenüber vor, so ist das Rechtsgeschäft unwirksam, wenn der Minderjährige die Einwilligung nicht in schriftlicher Form vorlegt und der andere das Rechtsgeschäft aus diesem Grunde unverzüglich zurückweist. Die Zurückweisung ist ausgeschlossen, wenn der Vertreter den anderen von der Einwilligung in Kenntnis gesetzt hatte.

B Versicherungsvertrag

1 Rechts- und Geschäftsfähigkeit

Rechts- und Geschäftsfähigkeit sind grundlegende Voraussetzungen jedes rechtlichen Handelns.

1.1 Rechtsfähigkeit

Rechtsfähigkeit ist die Fähigkeit von Personen, Träger von Rechten und Pflichten zu sein.

Bei den Personen unterscheidet man:

- **Natürliche Personen** BGB § 1
  Jeder Mensch ist eine natürliche Person und von der Vollendung der Geburt bis zum Tode rechtsfähig.
- **Juristische Personen**
  Hierbei handelt es sich um Personenvereinigungen und Vermögensmassen, die von der Rechtsordnung als Personen behandelt werden. Ihre Rechtsfähigkeit beginnt mit der Gründung und endet mit der Auflösung.

Beispiel:
Eine Aktiengesellschaft wird durch Eintragung ins Handelsregister begründet und damit rechtsfähig.

Juristische Personen sind insbesondere durch folgende Merkmale gekennzeichnet:

- Sie handeln durch Organe, die mit natürlichen Personen besetzt sind.
- Sie tragen einen rechtlich geschützten Namen, unter dem sie klagen und verklagt werden können.

1.2 Geschäftsfähigkeit

Geschäftsfähigkeit bedeutet, dass man rechtsgeschäftliche Willenserklärungen abgeben und entgegennehmen kann.

Willenserklärungen sind auf einen Rechtserfolg gerichtet (vgl. B 3.1.1), indem ein Rechtsverhältnis begründet, geändert oder aufgehoben werden soll.

Beispiele:
Antrag auf Abschluss einer Versicherung
Änderung des Bezugsrechts in der Lebensversicherung
Kündigung des Versicherungsvertrages

➤ Geschäftsunfähigkeit

BGB § 104 Geschäftsunfähig sind

- Personen bis zum vollendeten 7. Lebensjahr,
- dauernd Geisteskranke.

Die Willenserklärung eines Geschäftsunfähigen ist deshalb in rechtlicher Hinsicht nichtig, damit er vor den Rechtsfolgen geschützt ist. Für einen Geschäftsunfähigen handelt der gesetzliche Vertreter (Eltern, Vormund).

➤ Beschränkte Geschäftsfähigkeit

Beschränkt geschäftsfähig sind

§ 106 – Personen vom vollendeten 7. bis zum vollendeten 18. Lebensjahr.

In diesen jungen Jahren macht der Mensch einen Reifeprozess durch, der mit Vollendung des 18. Lebensjahres in rechtlicher Hinsicht zur vollen Geschäftsfähigkeit führt. Auf diese volle Geschäftsfähigkeit soll er vorbereitet werden. Deshalb kann er in bestimmten Fällen Willenserklärungen mit voller Rechtsgültigkeit abgeben, in anderen Fällen benötigt er die Zustimmung des gesetzlichen Vertreters.

Im folgenden Fällen sind die von einem beschränkt Geschäftsfähigen (Minderjährigen) abgegebenen Willenserklärungen für ein Rechtsgeschäft ohne eine weitere Zustimmung des gesetzlichen Vertreters rechtswirksam:

§ 107 ● **Rechtsgeschäfte, durch die der Minderjährige nur einen rechtlichen Vorteil erlangt.**

> **Beispiel:**
> Der Patenonkel möchte seinem beschränkt geschäftsfähigen Neffen ein Fahrrad schenken. Die Annahme dieser Schenkung (Willenserklärung) führt zu keiner Verpflichtung sondern nur zu einem rechtlichen Vorteil.

Die Schenkung eines Mofas könnte der Neffe im vorliegenden Beispiel nicht annehmen, da er dann Kraftfahrzeughalter und damit die Gefährdungshaftung nach dem Straßenverkehrsgesetz übernehmen würde.

§ 110 ● **Verträge, die der Minderjährige mit Mitteln erfüllt, die ihm zur freien Verfügung oder zu diesem Zweck überlassen worden sind (Taschengeldparagraf).**

> **Beispiel:**
> Von seinem Taschengeld kauft der Minderjährige eine Eintrittskarte für das Kino. Der Patenonkel schenkt seinem Neffen 100,00 € zum Geburtstag, die dieser für den Kauf von Musik-CDs verwendet.

§ 112 ● **Ermächtigt der gesetzliche Vertreter mit Zustimmung des Vormundschaftsgerichts den Minderjährigen zum selbstständigen Betrieb eines Erwerbsgeschäftes, so kann der Minderjährige alle solche Rechtsgeschäfte tätigen, die der Geschäftsbetrieb mit sich bringt.**

> **Beispiel:**
> Im Betrieb muss ein defekter Elektroanschluss repariert werden. Der Minderjährige kann den Auftrag an einen Elektriker erteilen.

Diese weitgehende Erlaubnis, wonach der Minderjährige wie ein voll Geschäftsfähiger handelt, wurde bei der Entwicklung des BGBs als notwendig angesehen, damit beispielweise beim frühen Tod des Vaters der Minderjährige im elterlichen Betrieb unterstützend tätig sein kann.

- **Ermächtigt der gesetzliche Vertreter den Minderjährigen, in Dienst oder Arbeit zu treten, so ist der Minderjährige für solche Rechtsgeschäfte unbeschränkt geschäftsfähig, welche die Eingehung, die Erfüllung oder die Aufhebung des Dienst- bzw. Arbeitsverhältnisses der gestatteten Art oder die Erfüllung der damit einhergehenden Verpflichtungen betreffen.** BGB § 113

Beispiel:
Der gesetzliche Vertreter gestattet, dass der Minderjährige in den Ferien in einem Lebensmittelmarkt aushilft. Der Minderjährige kann jetzt ein solches Arbeitsverhältnis eingehen und ggf. auch zu einem anderen Lebensmittelmarkt wechseln, wo er mehr verdienen kann. Er könnte aber beispielweise nicht in eine Kfz-Werkstatt wechseln.

Berufsausbildungsverhältnisse sind kein Dienst- oder Arbeitsverhältnis und fallen daher nicht unter die Bestimmung des § 113 BGB.

Aufgrund der Schulpflicht und einer ggf. anschließenden Berufsausbildung sind Dienst- bzw. Arbeitsverhältnisse bei Minderjährigen in der Regel nur bei Ungelernten und als Nebentätigkeiten anzutreffen.

Für alle anderen Rechtsgeschäfte, als den vorbeschriebenen, bedarf ein Minderjähriger der **Zustimmung des gesetzlichen Vertreters.** § 107

Die Zustimmung des gesetzlichen Vertreters vor Eingehung des Rechtsgeschäftes durch den Minderjährigen heißt **Einwilligung**, die nachträgliche Zustimmung heißt **Genehmigung**.

Schließt der Minderjährige ein zustimmungspflichtiges Rechtsgeschäft ohne Einwilligung ab, so ist dieses bis zur Genehmigung durch den gesetzlichen Vertreter **schwebend unwirksam**. Es wird durch die nachträgliche Zustimmung voll wirksam. § 108

Bei Kredit- und Ratengeschäften sowie bei Verträgen, die länger als ein Jahr nach dem Eintritt der Volljährigkeit fortdauern sollen, bedarf es noch der Zustimmung des Familiengerichts. Der letztgenannte Fall kann bei einem Versicherungsvertrag, bei dem der Minderjährige Versicherungsnehmer sein soll, zutreffen (vgl. B 1.3). § 1643 i. V. m. § 1822

➤ Unbeschränkte Geschäftsfähigkeit

Die unbeschränkte Geschäftsfähigkeit tritt mit der Vollendung des 18. Lebensjahres sein (Ausnahme: Geschäftsunfähigkeit wegen dauernder Geisteskrankheit).

Für einen Volljährigen, der körperlich, geistig oder seelisch behindert (also nicht geisteskrank) ist, kann vom Betreuungsgericht ein Betreuer bestellt werden, um in den Bereichen für den Behinderten zu handeln, die dieser selbst nicht wahrnehmen kann. Die unbeschränkte Geschäftsfähigkeit wird dadurch nicht berührt. §§ 1896 ff.

Juristische Personen (z. B. Aktiengesellschaften) sind von ihrer Gründung bis zur Auflösung unbeschränkt geschäftsfähig.

1.3 Versicherungsverträge mit Minderjährigen

BGB §§ 104–106

Nur derjenige kann einen **Versicherungsantrag** rechtsverbindlich **unterschreiben** und somit selbstständig einen Versicherungsvertrag abschließen, der **voll geschäftsfähig** ist (nach Vollendung des 18. Lebensjahres); denn der Versicherungsvertrag ist nicht nur mit Rechten sondern auch Pflichten (z. B. Zahlung der Beiträge bzw. Prämien) verbunden.

- **Geschäftsunfähige** (bis zur Vollendung des 7. Lebensjahres) können keine Verträge abschließen, für sie muss der gesetzliche Vertreter – in der Regel die Eltern – handeln.
- **Beschränkt Geschäftsfähige** (**Minderjährige** vom 7. bis zum 18. Lebensjahr) bedürfen der elterlichen Zustimmung, um selbst Verträge abschließen zu können.

a) Zustimmung der Eltern in ihrer Eigenschaft als gesetzlicher Vertreter

Schließt der Minderjährige **ohne** die Einwilligung der Eltern einen Vertrag ab, so ist die Willenserklärung des Minderjährigen grundsätzlich **schwebend unwirksam**, bis die Genehmigung der Eltern vorliegt.

§§ 107, 108

Die Zustimmung für die Rechtswirksamkeit des Vertrages kann also vor oder nach Abschluss des Vertrages erfolgen. Die vorherige Zustimmung heißt **Einwilligung**, die nachträgliche Zustimmung heißt **Genehmigung**.

Der Zustimmung der Eltern bedarf es nicht, wenn der Minderjährige durch den Vertrag lediglich einen rechtlichen Vorteil erlangt (keine Pflichten). Dies trifft auf den Versicherungsvertrag nicht zu, weil er den VN verpflichtet, Beiträge (Prämien) zu zahlen. Der Versicherungsvertrag eines Minderjährigen bedarf deshalb grundsätzlich der Zustimmung der Eltern, soweit nicht sogar das Familiengericht zustimmen muss (siehe unter c).

In der Regel enthalten die Antragsvordrucke eine Unterschriftszeile für den gesetzlichen Vertreter. Beide Elternteile müssen zustimmen; natürlich können sie sich gegenseitig vertreten, sodass dann nur eine Elternunterschrift notwendig ist.

b) Zahlung des Versicherungsbeitrags mit Mitteln des Taschengeldes

§ 110

Schließt der Minderjährige eine Versicherung ab, die er für eine gewisse Dauer mit seinem Taschengeld bezahlen kann, so ist Folgendes zu unterscheiden:

- Abschluss einer **Schadenversicherung,** z. B. einer Hausratversicherung: Der Vertrag ist für die laufende Versicherungsperiode rechtswirksam, wenn der Minderjährige den gesamten Beitrag mit Mitteln bewirkt, die ihm zur freien Verfügung überlassen worden waren (»Taschengeld«).

  Für weitere Perioden, für die dann Folgebeiträge zu entrichten sind, ist jedes Mal zu prüfen, ob diese durch den Taschengeldparagraphen abgedeckt werden. Die Zahlung eines Jahresbeitrages durch den Minderjährigen macht einen Hausratversicherungsvertrag mit dreijähriger Dauer aber nur für 1 Jahr gültig. Kann der Minderjährige einen Folgebeitrag nicht mit Taschengeld bezahlen, erlischt der Vertrag. Das gilt nicht, wenn die Genehmigung der Eltern vorliegt.

LG Bochum 1969

- Abschluss einer **Todes- oder Erlebensfallversicherung:** Selbst wenn der Minderjährige hier für die laufende Versicherungsperiode die Beiträge mit Taschengeld bewirkt hat, bedürfen derartige Verträge der elterlichen Zustimmung. Denn die Beitragshöhe wird hier nach dem Eintritts- und Endalter berechnet, eine Teilbarkeit des Vertrages in Versicherungsperioden ist deshalb zu verneinen. Hinzu kommt, dass bei kapitalbildenden Lebensversicherungen eine Kündigung schon nach wenigen Jahren mit vermögensrechtlichen Einbußen verbunden ist, weil der Rückkaufswert im Verhältnis zu den eingezahlten Beiträgen gering ist.

c) Familiengerichtliche Genehmigung langfristiger Verträge

Bei Versicherungsverträgen mit mehrjähriger Laufzeit, an die der Minderjährige ohne Kündigungsmöglichkeit länger als ein Jahr über das 18. Lebensjahr hinaus gebunden sein soll, reicht nicht einmal die Zustimmung der Eltern aus. Dies gilt – unabhängig von einer jährlichen Kündigungsmöglichkeit – grundsätzlich auch für Lebensversicherungsverträge, selbst wenn die Eltern dem Vertragsabschluss zugestimmt und vielleicht auch die Beitragszahlungen übernommen haben. BGB § 1643 (1) i. V. m. § 1822 Nr. 5

Andererseits bleibt den Eltern die Möglichkeit, den Vertrag im eigenen Namen auf das Leben des Kindes abzuschließen, das dann bei Volljährigkeit den Vertrag als Versicherungsnehmer fortsetzen kann.

Wird die Zustimmung des Familiengerichts nicht eingeholt – dies ist fast die Regel –, ist der Vertrag zunächst schwebend unwirksam. Wird der Minderjährige volljährig, so kann er selbst entscheiden, ob er die Genehmigung ablehnt oder den Vertrag genehmigt und damit rückwirkend wirksam werden lässt. § 1829 (3)

- Bei der Ablehnung ist der Vertrag endgültig von Anfang an unwirksam. Der jetzt Volljährige kann die bereits bezahlten Beiträge inkl. Zinsen zurückfordern. § 812 (1)
- Die Fortsetzung der Beitragszahlungen nach Erreichung der Volljährigkeit kann dagegen als stillschweigende Genehmigung des Vertrages gewertet werden. Dies setzt allerdings voraus, dass der VR den VN nach Vollendung des 18. Lebensjahres entsprechend belehrt und unterrichtet hat; dem Volljährigen die schwebende Unwirksamkeit des Vertrages bei der Beitragszahlung also bekannt ist. Ohne diese Belehrung kann sich der Volljährige trotz fortgesetzter Beitragszahlungen auch weiterhin auf die schwebende Unwirksamkeit des Vertrages berufen und die Genehmigung deshalb ablehnen. Rechtsmissbräuchlich wäre ein solches Verfahren erst dann, wenn die Beiträge nach Volljährigkeit jahrzehntelang weiterbezahlt wurden. LG Frankfurt VersR 99, 702

Beispiel 1: Genehmigung erforderlich

Der 15-jährige Jens will eine Lebensversicherung mit einer Laufzeit von 15 Jahren abschließen; die Eltern erteilen ihre Zustimmung.

Hier ist die Genehmigung des Familiengerichts erforderlich, weil die Laufzeit **länger als ein Jahr über das 18. Lebensjahr** hinausgeht. Gegebenenfalls könnte die Genehmigung des Familiengerichts auch dadurch umgangen werden, dass bei einem mehrjährigen Abschluss der Beitrag für die gesamte Versicherungsdauer im Voraus bezahlt wird. BGB § 1822 Nr. 5

Beispiel 2: Genehmigung nicht erforderlich

Der 15-jährige Jens schließt eine Haftpflichtversicherung auf 3 Jahre ab mit der Verlängerungsklausel, dass der Vertrag sich jeweils um 1 Jahr verlängert, sofern er nicht frist- und termingerecht gekündigt wird. § 1822 Nr. 5

Die Zustimmung des Familiengerichtes ist hier nicht erforderlich, da der Vertrag vor der Vollendung des 19. Lebensjahres endet, wenn er frist- und termingerecht zum Ablauf gekündigt wird.

d) Folgeerklärungen bei Verträgen mit Minderjährigen

- **Willenserklärungen des VR gegenüber dem Minderjährigen** werden nicht wirksam bevor sie dem gesetzlichen Vertreter zugehen. Der Zugang bei einem Elternteil genügt. BGH 1977

BGB § 131

> **Beispiel:**
> Der minderjährige VN, der die Beiträge nicht bezahlt, erhält ein Mahn- und Kündigungsschreiben. Empfänger ist der minderjährige VN, die Erklärung muss aber seinem gesetzlichen Vertreter zugehen. Andernfalls ist die Mahnung nicht wirksam, und der Versicherungsschutz bleibt bestehen.

Nur wenn die Eltern ihre Zustimmung zum Empfang im Voraus erteilt haben (Zustimmung als Einwilligung) genügt der Zugang beim Minderjährigen.

§ 111

- Sämtliche **Willenserklärungen des Minderjährigen gegenüber dem VR** nach Vertragsabschluss – z. B. Erklärungen, die darauf gerichtet sind, den Vertrag zu ändern oder zu beendigen – bedürfen der elterlichen Zustimmung. Eine Kündigung des Minderjährigen ohne elterliche Einwilligung ist unwirksam. Der VR kann die Kündigung zurückweisen, wenn der Minderjährige die elterliche Einwilligung nicht in schriftlicher Form vorlegt.

Lernkontrollen zu B 1

Rechts- und Geschäftsfähigkeit

1 Prüfen Sie, welche der folgenden Personen oder Institutionen juristische Personen sind:

a) Sportgemeinschaft Neukirchen/Hülchrath e.V.

b) Vorstandsmitglied einer AG

c) Land Nordrhein-Westfalen

d) Deltamind GmbH

e) Richter beim Amtsgericht

2 Der 17-jährige Bernd Maaßen möchte in den Sommerferien nachmittags in einem Ausflugslokal als Aushilfe arbeiten. Die Eltern sind hiermit einverstanden. Kann er in den nachfolgenden Fällen eine rechtswirksame Willenserklärung ohne Zustimmung der Eltern abgeben?

a) Von der Vergütung und den Trinkgeldern möchte er das gebrauchte Mofa seines Freundes kaufen, um schneller an seine Arbeitsstelle zu kommen.

b) In dem Ausflugslokal kann er nach Dienstschluss ein Abendessen zum Selbstkostenpreis bekommen.

c) Ein Brauereivertreter bietet ihm an, gegen bessere Bezahlung in der Brauerei als Aushilfe bei der Flaschenprüfung zu arbeiten, da dort wegen der Ferienzeit dringend Hilfe benötigt wird.

d) Wegen Ausfall einer Kellnerin soll Bernd nach den Wünschen des Ausflugslokals nicht nachmittags sondern abends arbeiten.

e) Die Serviertätigkeit ist Bernd zu anstrengend, sodass er den Job aufgeben und stattdessen mit seinen Freunden ins Schwimmbad gehen will. Die Eltern sind der Auffassung, dass Arbeit nicht schade und sind deshalb nicht einverstanden.

3 Heike Ohlert, 16 Jahre, ist Auszubildende für den Ausbildungsberuf Kauffrau für Versicherungen und Finanzen. Angeregt durch die Ausbildungsinhalte möchte sie folgende Versicherungen abschließen und die Beiträge aus ihrer Ausbildungsvergütung bezahlen:

a) Für monatlich 12,00 € eine Unfall-Versicherung nach Proximus-Tarif 30 mit dreijähriger Laufzeit (dadurch 10 % Laufzeitrabatt).

b) Für einen Einmalbeitrag in Höhe von 14,00 € eine Auslandsreisekrankenversicherung für den 14-tägigen Urlaub nach Mallorca.

c) Für eine Risikolebensversicherung nach dem Proximus-Tarif S 33 (jährlich 200,00 €).

Prüfen Sie, ob und ggf. welche Zustimmung erforderlich ist.

4 Sie sind Mitarbeiter/-in der Abteilung Privatkundengeschäft der Proximus Versicherung AG. Ihnen liegt der folgende Vorgang zur Bearbeitung vor:

Ihre Kundin, Martina Grosse, Auszubildende im Restaurant- und Gaststättengewerbe, hatte drei Monate vor ihrem Geburtstag, bei dem sie 17 Jahre alt wurde, eine fondsgebundene Rentenversicherung mit einer Laufzeit von 50 Jahren abgeschlossen. Als Versicherungsbeginn war der nächste Monatserste vereinbart. Die monatlichen Raten von 25,00 € zahlte Martina Grosse pünktlich von ihrem Konto durch SEPA-Lastschrift.

Aus den Unterlagen können sie ersehen, dass die Eltern mit dem Vertragsabschluss einverstanden waren und ihn mit einem Schreiben an die Proximus Versicherung AG genehmigten.

Jetzt verlangt Martina mit Schreiben vom 20.04. d. J. die Rückzahlung der genau zwei Jahre lang gezahlten Monatsprämien zzgl. Zinsen.

Prüfen und beschreiben Sie die Rechtslage.

5 Sie sind Auszubildende/er der Agentur Stefan Meier. Bernd Buchfink, Sohn des Agenturkunden Manfred Buchfink, kommt in die Agentur und erzählt freudig, dass ihm sein Patenonkel zum 17. Geburtstag ein Moped geschenkt hat. Er hat ihm auch das Geld gegeben, um die erste Prämie für das Versicherungskennzeichen zahlen zu können. Bernd Buchfink bittet um dieses Versicherungskennzeichen.

Der Agenturinhaber klärt Bernd Buchfink darüber auf, dass ihn als Halter des Mopeds die sog. Gefährdungshaftung trifft. »Läuft beispielsweise ein Kleinkind unverhofft zwischen parkenden Autos auf die Straße und wird es von ihm deshalb unverschuldet angefahren, muss er haften, was die Mopedversicherung aber übernehmen würde.«

Zu Ihnen gewandt fragt der Agenturinhaber: »Was sagen Sie dazu. Würden Sie das Kennzeichen mitgeben?«

Beschreiben und begründen Sie, wie Sie bezüglich des Kundenwunsches weiter vorgehen.

2 Rechtsgrundlagen des Versicherungsvertrages

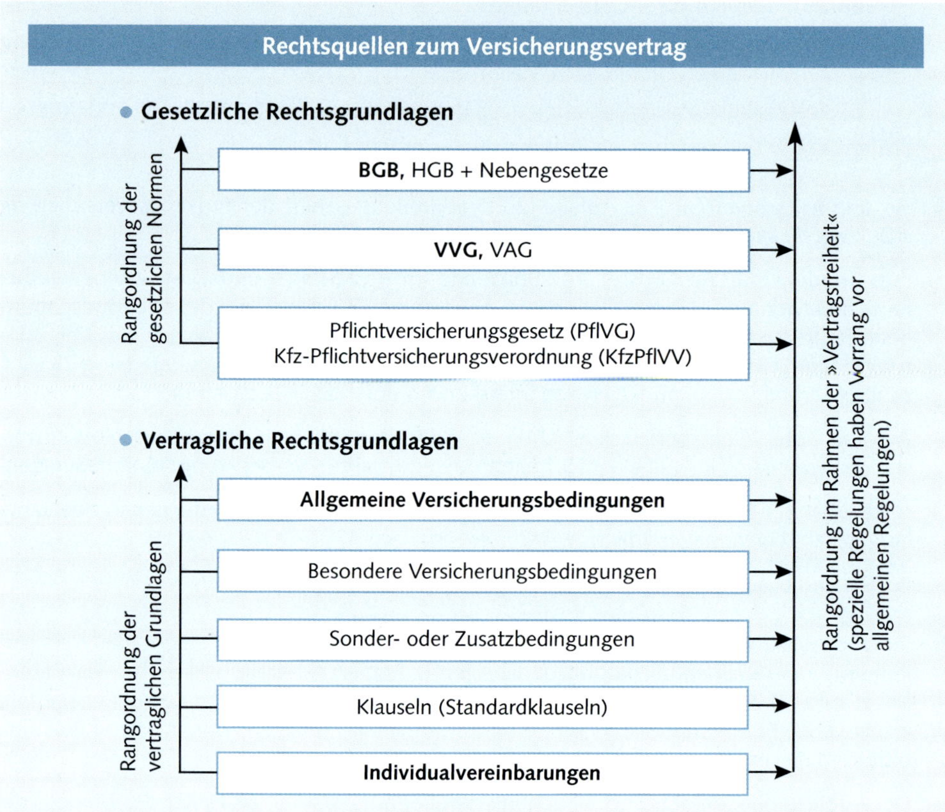

2.1 Gesetzliche Grundlagen

2.1.1 Bürgerliches Gesetzbuch (BGB) und Handelsgesetzbuch (HGB)

a) Bürgerliches Gesetzbuch

Im BGB selbst sind nur wenige spezielle versicherungsrechtliche Bestimmungen enthalten, u. a.:

BGB

- § 330 Auslegungsregeln bei Leibrenten- oder Lebensversicherungsvertrag;
- § 331 Leistung nach Todesfall;
- § 332 Änderung durch Verfügung von Todes wegen bei Vorbehalt;
- § 1045 Versicherungspflicht des Nießbrauchers;
- § 1046 Nießbrauch an der Versicherungsforderung;
- §§ 1127 ff. Erstreckung der Hypothek auf die Versicherungsforderung bei Gebäudeversicherungen, bei sonstigen Schadenversicherungen und Wiederherstellungsklauseln.

Die Vorschriften des BGB finden immer dann Anwendung, wenn das **Versicherungsvertragsgesetz** (siehe weiter unten) keine Sonderregelung getroffen hat oder auf das BGB verwiesen wird.

Beispiele:

- Ein 16-Jähriger schließt einen Versicherungsvertrag ab. Da das VVG keine Regelung über die Geschäftsfähigkeit enthält, gelten die Bestimmungen des BGB.
- In § 4 VVG wird auf § 808 BGB im Zusammenhang mit der Ausstellung eines Versicherungsscheins auf den Inhaber verwiesen.

b) Handelsgesetzbuch (HGB)

Die Vorschriften des HGB über beiderseitige Handelsgeschäfte greifen ein, sofern der VR in der Rechtsform einer AG oder eines großen VVaG auftritt und auch für den VN der Versicherungsvertrag ein Handelsgeschäft darstellt.

2.1.2 Versicherungsvertragsgesetz (VVG)

Durch das Versicherungsvertragsgesetz sind speziell auf den Versicherungsvertrag abgestimmte Regelungen geschaffen worden, die als **spezielles** Recht dem **generellen** Recht des Bürgerlichen Gesetzbuches bzw. Handelsgesetzbuches vorgehen. Das VVG wurde mit Wirkung ab 01.01.2008 umfassend neu geregelt und hat zwischenzeitlich weitere Änderungen erfahren.

a) Geltungsbereich

Das VVG gilt für alle Zweige der Versicherung, mit Ausnahme der **Seeversicherung** und der **Rückversicherung**. VVG § 209

Bei den letztgenannten Versicherungen hielt der Gesetzgeber den Schutzgedanken, der das VVG wie ein roter Faden zum Schutz des VN durchzieht, für nicht erforderlich, weil sich hier Kaufleute (bei der Seeversicherung) oder Versicherungsfachkräfte (bei der Rückversicherung) gegenüberstehen.

b) Beschränkungen der Vertragsfreiheit

Sowohl das 2. Buch des BGB (Recht der Schuldverhältnisse) als auch das VVG gehen zunächst grundsätzlich von der Vertragsfreiheit der Parteien aus. Man kann durch vertragliche Regelungen (Allgemeine Versicherungsbedingungen usw.) von den gesetzlichen Bestimmungen abweichen. Insbesondere zum **Schutz unerfahrener Vertragspartner** kennt man jedoch gewisse Einschränkungen der Vertragsfreiheit.

Im VVG wird der VN in bestimmten Fällen durch **zwingende Vorschriften**, die nicht abgeändert werden dürfen, und **halbzwingende Vorschriften**, die nur zum Vorteil des VN geändert werden können, geschützt. Alle übrigen Normen des VVG, die anderslautend vereinbart werden können, bezeichnet man als **abdingbare** Normen.

➤ Zwingende Vorschriften

Vertragliche Abweichungen von der gesetzlichen Vorschrift sind weder zum Vorteil noch zum Nachteil des Versicherungsnehmers möglich.

Beispiel für eine zwingende VVG-Vorschrift:
Ein VR möchte die Schadenregulierungskosten senken und hat deshalb seine Mitarbeiter aufgefordert, Vorschläge zu entwickeln. Ein Mitarbeiter macht folgenden Vorschlag: Bei Schäden bis 2 000,00 € soll zukünftig keine Prüfung mehr stattfinden, ob Unterversicherung besteht. Die VN sollen im Gegenzug auf eine evtl. Verzinsung der Schadenersatzforderung verzichten, wenn es zu Verspätungen bei der Schadenregulierung aus anderen Gründen kommt.

VVG § 14 (3) Eine Vereinbarung, wonach der VR von der Zahlung von Verzugszinsen befreit wird, ist unwirksam; denn die zitierte Regelung ist eine zwingende Vorschrift. Sie kann vertraglich nicht anderslautend vereinbart werden.

Man erkennt zwingende Vorschriften im VVG an Worten: ... ist unwirksam, ... ist nichtig, ... kann nicht, ... ist erforderlich, ... ist insoweit nichtig.

Bei Verstößen sieht das Gesetz vor, dass entweder – wegen der Schwere des Verstoßes – der ganze Vertrag nichtig ist oder nur die Vereinbarung nichtig ist.

➤ Halbzwingende Vorschriften

Vertragliche Abweichungen von der gesetzlichen Vorschrift sind nur zum Vorteil des Versicherungsnehmers möglich, nicht aber zum Nachteil.

Beispiel für eine halbzwingende VVG-Vorschrift:
Nach § 3 Abs. 4 VVG kann der VN jederzeit Abschriften von Erklärungen fordern. Vereinbart ein VR mit seinem VN, dass dieser auf Abschriften aus Gründen der Rationalisierung verzichtet, so kann er sich auf diese Vereinbarung aber nicht berufen, wenn der VN eine Abschrift verlangt. § 3 Abs. 4 VVG ist nämlich nach § 18 VVG eine halbzwingende Vorschrift, von der nicht zum Nachteil des VN abgewichen werden darf. Es gilt somit die gesetzliche Regelung. Der VN kann jederzeit Abschriften von Erklärungen fordern.

Die als halbzwingend geltenden Vorschriften sind im VVG in der Regel am Ende eines Abschnitts explizit (ausdrücklich) genannt.

Eine abweichende Vereinbarung ist unwirksam und es gilt dann die entsprechende Vorschrift im VVG.

§ 210 Die Beschränkungen der Vertragsfreiheit nach VVG (halbzwingende und zwingende Vorschriften) gelten nicht für die Versicherung von Großrisiken und für die **laufende Versicherung**. In einer laufenden Versicherung sind ständig wechselnde Einzelrisiken (z. B. Transport verschiedener Güter bei einer Spedition) versichert.

➤ Abdingbare Vorschriften

Anstelle der gesetzlichen Vorschrift kann eine vertragliche Vereinbarung geschlossen werden, die den VN besser oder schlechter stellt.

Beispiel für eine abdingbare VVG-Vorschrift:

In **§ 75 VVG** heißt es: »Ist die Versicherungssumme erheblich niedriger als der Versicherungswert zur Zeit des Eintrittes des Versicherungsfalles, ist der Versicherer nur verpflichtet, die Leistung nach dem Verhältnis der Versicherungssumme zu diesem Wert zu erbringen.«

In der Praxis bezeichnet man den vorbeschrieben Sachverhalt kurz als **Unterversicherung**.

In »Allgemeine Wohngebäude-Versicherungsbedingungen für Privatkunden (VGB 2016 – Wert 1914)« heißt es in **Ziffer 15.2.1:**

»Wenn die Versicherungssumme ›Wert 1914‹ nach Ziffer 15.1 ermittelt und nach Ziffer 14.1.1 vereinbart wird, gilt ein Unterversicherungsverzicht. Der Versicherer verzichtet dann auf einen Abzug wegen Unterversicherung. Das gilt auch für die Kosten und den Mietausfall.«

§ 75 VVG ist weder eine zwingende noch eine halbzwingende Vorschrift. Die Vorschrift ist abdingbar und hiervon wird u.a. in der Hausrat- und der Wohngebäudeversicherung Gebrauch gemacht (vgl. Band 2, 6. Auflage, A 3.1.3 und B 2.7.1.3).

2.1.3 Sonstige Gesetze

Neben dem VVG sind das **Versicherungsaufsichtsgesetz (VAG)**, das **Pflichtversicherungsgesetz (PflVG)** und die **Kraftfahrzeug-Pflichtversicherungsverordnung (KfzPflVV)** von Bedeutung:

a) Versicherungsaufsichtsgesetz (VAG)

Das VAG enthält einige Vorschriften, die unmittelbar den Versicherungsvertrag berühren.

Beispiel:

Bei einer Insolvenz des Versicherers gelten nach § 16 Abs. 2 VVG die Vorschriften des Versicherungsaufsichtsgesetzes über die Wirkungen der Insolvenzeröffnung (z.B. § 312 VAG).

Die Allgemeinen Versicherungsbedingungen (AVB) unterliegen der **Missstandskontrolle** der BaFin. Sie kann deshalb nach §§ 298, 305 VAG deren Vorlage verlangen (vgl. B 2.2.2 a).

b) Pflichtversicherungsgesetz (PflVG)

Das Pflichtversicherungsgesetz regelt insbesondere die Versicherungspflicht für Kraftfahrzeuge und Anhänger, wenn diese auf öffentlichen Wegen oder Plätzen in Gebrauch sind, die Pflichten der Kfz-Haftpflichtversicherer (z.B. Auskunftsstelle) und die Entschädigung von bestimmten Inlands- und Auslandsunfällen durch den Entschädigungsfonds bzw. die Entschädigungsstelle.

c) Kraftfahrzeug-Pflichtversicherungsverordnung (KfzPflVV)

Die KfzPflVV enthält insbesondere Bestimmungen zum Leistungsstandard der Kfz-Haftpflichtversicherung, damit das sog. Verkehrsopfer geschützt ist.

d) VVG-Informationspflichtenverordnung (VVG-InfoV)

Die Einzelheiten sind in Abschnitt B 3.3.2 dargestellt.

2.2 Vertragliche Grundlagen

2.2.1 Formen der Versicherungsbedingungen

2.2.1.1 Allgemeine Versicherungsbedingungen als Form der Allgemeinen Geschäftsbedingungen

Allgemeine Versicherungsbedingungen (AVB) sind die Allgemeinen Geschäftsbedingungen (AGB) der Versicherer.

Allgemeine Versicherungsbedingungen sind **vorformulierte** Vertragsbedingungen, die ohne Rücksicht auf besonders geartete Einzelwagnisse einer unbegrenzten Zahl von Versicherungsverträgen eines Versicherungszweiges zugrunde gelegt werden.

BGB § 305

Damit dienen die AVB der »Produktbeschreibung« bzw. der Rationalisierung des Geschäftsbetriebs und führen vor allem zu gleichförmigen Verträgen im Interesse einer möglichst gleichen Behandlung der VN. Vielfach ersetzen sie auch die fehlende gesetzliche Regelung, denn nicht alle Sparten (Versicherungszweige) haben im VVG eine eigenständige Regelung erfahren.

Beispiele für AVB:

- Allgemeine Hausrat Versicherungsbedingungen (VHB 2016 – Versicherungssummenmodell)
- Allgemeine Wohngebäude Versicherungsbedingungen für Privatkunden (VGB 2016 Privat – Wert 1914 »Gleitender Neuwert«)
- Allgemeine Bedingungen für die kapitalbildende Lebensversicherung (ALB)
- Allgemeine Versicherungsbedingungen (AVB), Bedingungsteil MB/KK 2009 für die Krankheitskostenversicherung und für die Krankenhaustagegeldversicherung
- Allgemeine Unfallversicherungs-Bedingungen (AUB 2017)
- Allgemeine Versicherungsbedingungen für die Haftpflichtversicherung privater Risiken 2016
- Allgemeine Bedingungen für die Kfz-Versicherung (AKB 2015)

Die Zahl (z. B. 2016) gibt das Jahr an, ab dem die Bestimmungen zum Einsatz kommen.

Praktische Gründe haben dazu geführt, bestimmte Sachverhalte aus den AVB auszugliedern und in separaten Bedingungen (Zusatzbedingungen, Besonderen Bedingungen oder Klauseln genannt) zu regeln.

Nach der Rechtsprechung zählen diese auch zu den Allgemeinen Versicherungsbedingungen (AVB); denn ihr Wesen besteht darin, dass sie zu vielen Versicherungsverträgen im Bedarfsfall vereinbart werden können.

a) Zusatzbedingungen

Sie können zusätzlich zu den AVB eines Versicherungszweiges vereinbart werden und dienen regelmäßig der Erweiterung und Verbesserung des Versicherungsschutzes oder seiner Anpassung an spezielle Risiken.

Beispiel:

Zusatzbedingungen für die einfache Betriebsunterbrechungs-Versicherung (Klein-BU-Versicherung ZKBU 2010)

b) Besondere Versicherungsbedingungen (BVB)

Sie sind auf einen **bestimmten Bereich von Versicherungsverträgen** zugeschnitten.

Beispiel:
Besondere Versicherungsbedingungen für die Reiserücktrittkostenversicherung 2008/2018 (VB-Reiserücktritt 2008/2018)

c) Standardklauseln

Standardklauseln, auch **echte** oder **vorgedruckte** Klauseln genannt, dienen zum Einschluss standardisierter Fälle in den Versicherungsschutz.

Beispiel:
Klausel PK 7361 zu den VGB 2016 Privat – Wert 1914
Gebäudebeschädigungen durch unbefugte Dritte (Wohngebäudeversicherung)

2.2.1.2 Individualvereinbarungen

Es handelt sich hierbei um Einzelfallregelungen zu Versicherungsverträgen, die individuell ausgehandelt werden (auch **handschriftliche** oder **wilde** Klauseln genannt). Da sie nicht vorformuliert sind, zählen sie nicht zu den AVB. BGB § 305 (1) S. 3

2.2.2 Kontrolle, Inhalt, Auslegung und Änderung von Versicherungsbedingungen

a) Inhaltliche Kontrolle der Allgemeinen Versicherungsbedingungen (sog. Inhaltskontrolle)

➤ Kontrolle durch staatliche Versicherungsaufsicht

Die Aufsichtsbehörde (vgl. Abschnitt F) hat die Aufgabe, Missstände zu vermeiden, die eine Gefährdung der Versicherteninteressen darstellen. Die verwendeten AVB und Klauseln werden deshalb von Fall zu Fall durch die BaFin überprüft **(Missstandsaufsicht)**. Die Aufsicht ist allerdings auf Verstöße gegen gesetzliche Vorschriften beschränkt **(Rechtskontrolle)**, d.h., nur bei Rechtsverstößen (z.B. gegen das VVG, die Verbraucherschutzbestimmungen des BGB) kann die Aufsichtsbehörde auf eine Änderung hinwirken. VAG § 298 (1), 305 § 294

Da der Versicherungsmarkt eine Vielzahl von Versicherungsbedingungen kennt, ist Markttransparenz nicht gegeben. Für die Versicherungswirtschaft besteht daher die Möglichkeit, Muster-AVB auf Verbandsebene aufzustellen.

Die **Musterbedingungen** des Gesamtverbandes der Versicherungswirtschaft (GDV) stehen für Informationszwecke und zum Download unter www.gdv.de bereit.

➤ Schutzvorschriften des BGB

BGB §§ 305–310

Da dem VN die festgelegten AVB einseitig vom VR (»Verwender«) auferlegt werden, ohne dass sie zuvor im Einzelnen ausgehandelt wurden, handelt es sich bei den AVB um Geschäftsbedingungen im Sinne von §§ 305 ff. BGB. Insbesondere gilt:

Überraschungsklausel

BGB § 305 c (1)

Ungewöhnliche Bestimmungen in den AVB, mit denen der VN insbesondere nach dem äußeren Erscheinungsbild des Vertrages nicht zu rechnen braucht, haben keine Gültigkeit.

Unangemessene Benachteiligung

§ 307 S. 1

Bestimmungen in den AVB, die den VN entgegen den Geboten von Treu und Glauben unangemessen benachteiligen, sind unwirksam.

Beispiel:
In den AVB einer Reisekrankenversicherung war geregelt, dass keine Leistungspflicht für solche Krankheiten besteht, die bereits vor Reisebeginn »akut behandlungsbedürftig« waren. Ein Versicherter, der während der Reise erstmals von der Krankheit erfährt, hätte danach keinen Versicherungsschutz.

BGH 1994

Der BGH sah in der beschriebenen Vertragsklausel eine unangemessene Benachteiligung, die gegen das Gebot von Treu und Glauben verstößt, da sie dem Grundgedanken einer Reisekrankenversicherung, bei Reisen im Krankheitsfall versichert zu sein, widerspricht.

Transparenzgebot und Bestimmtheitsgebot

Die AVB bzw. Klauseln müssen klar und verständlich sein. Die Rechte und Pflichten des VN müssen klar bestimmt sein.

BGH 123, 83, 85 u. a.

Leitgedanke dabei ist die Rechtsprechung des BGH, dass Allgemeine Versicherungsbedingungen nicht »gesetzesähnlich« auszulegen sind, sondern so, wie ein durchschnittlicher Versicherungsnehmer sie bei verständiger Würdigung, aufmerksamer Durchsicht und Berücksichtigung des erkennbaren Sinnzusammenhangs verstehen muss. Dabei kommt es auf die Verständnismöglichkeiten eines Versicherungsnehmers ohne versicherungsrechtliche Spezialkenntnisse und damit – auch – auf seine Interessen an. Dieser Grundsatz erfährt eine Ausnahme, wenn die Rechtssprache mit dem verwendeten Ausdruck einen fest umrissenen Begriff verbindet.

AVB-Bestimmungen als Vertragsbestandteil

BGB § 305 (2)

AVB-Bestimmungen werden dann **Bestandteil des Versicherungsvertrages, wenn dem VN die AVB rechtzeitig im Sinne von § 7 Abs. 1 VVG zur Verfügung gestellt wurden** und er die Möglichkeit hat, von dem Inhalt Kenntnis zu nehmen, und wenn weiter der VN mit der Geltung der AVB für den Versicherungsvertrag einverstanden ist. In der Versicherungspraxis wird diese Voraussetzung in der Weise erfüllt, dass

(1) die AVB **rechtzeitig vor der Vertragserklärung** in Textform ausgehändigt werden,

(2) im **Antragsformular** auf die AVB **hingewiesen** wird,

(3) der VN sich mit ihrer Geltung **einverstanden** erklärt.

Erhält der VN die AVB erst nach der Vertragserklärung (Antragstellung) aber vor Zugang der Police (Versicherungsschein), ist die Einbeziehung in den Vertrag nach herrschender Meinung noch zu bejahen, wenn für den VN genügend Zeit verbleibt, um die AVB mit zur Grundlage seiner Entscheidung zu machen. Begründet wird dies damit, dass Versicherungsverträge auf AVB beruhen und dies allgemein bekannt ist, der VN also nicht überrascht wird. Werden die AVB erst der Police beigefügt, was in der Praxis kaum zu erwarten ist, wäre der Versicherungsvertrag ohne AVB geschlossen.

VVG § 49 (2) S. 1

Bei einer vorläufigen Deckungszusage (vgl. B 4.2.3) werden die AVB auch dann Vertragsbestandteil, wenn sie bei Abschluss des Vertrages nicht übermittelt wurden. Es gelten dann die dem beantragten Hauptvertrag zugrunde liegenden AVB, sofern grundsätzlich keine Zweifel bestehen, welche AVB für den Vertrag gelten sollen.

➤ Ausnahmeregelungen für Versicherungsverträge

Für Versicherungsverträge gilt nicht das Verbot des Preiserhöhungsvorbehalts, d. h., der vereinbarte Beitrag kann auch schon innerhalb von 4 Monaten nach dem Vertragsabschluss erhöht werden (Beitragsanpassungsklauseln in AVB). BGB § 309 Nr. 1

Versicherungsverträge sind auch ausgenommen von der Regelung der maximalen Laufzeit bei Dauerschuldverhältnissen. Nr. 9

Nach dem Versicherungsvertragsgesetz (VVG) können allerdings Verträge, die mit einer Laufzeit von mehr als drei Jahren geschlossen werden, zum Schluss des dritten oder jedes darauf folgenden Jahres mit Dreimonatsfrist gekündigt werden. VVG § 11 (4)

b) Inhalt der Allgemeinen Versicherungsbedingungen (AVB)

Seit 2015 ist ein bestimmter Mindestinhalt nicht mehr vorgeschrieben. Umfang und Inhalt der dem VN vor Abgabe seiner Vertragserklärung zu erteilenden Informationen sind in der Verordnung über Informationspflichten bei Versicherungsverträgen (VVG-InfoV) geregelt (siehe B 3.3.2). § 7

Bei Versicherungsvereinen auf Gegenseitigkeit (VVaG) und öffentlich-rechtlichen Versicherern können die AVB auch in den Satzungen enthalten sein. VAG § 197

Auf die sog. Großrisiken findet § 7 VVG keine Anwendung. VVG § 7 (5)

Lernkontrollen zu B 2

Rechtsgrundlagen des Versicherungsvertrages

1 a) Erläutern Sie, wie die Vorschriften des VVG unter dem Gesichtspunkt der Vertragsfreiheit eingeteilt werden können, und nennen Sie je ein Beispiel.

b) Für welche Versicherungszweige sind die VVG-Normen nicht anwendbar (mit Begründung)?

2 Neben dem VVG kommen noch andere Rechtsquellen – u. a. die AVB – infrage.

a) Nennen Sie diese Rechtsquellen, und zwar in der Rangfolge, in der sie im Versicherungsbereich anzuwenden sind.

b) Erklären Sie, was man unter Allgemeinen Versicherungsbedingungen (AVB) versteht und welchem Zweck sie dienen.

c) Nennen Sie fünf Punkte, die in AVB zu regeln sind.

d) Unter welcher Voraussetzung werden AVB Bestandteil des einzelnen Versicherungsvertrages?

e) Nehmen Sie zu der folgenden Aussage Stellung: »Auch Klauseln stellen rechtlich AVB dar.«

3 Sven Müller möchte folgende Versicherungen abschließen.

- Hausratversicherung mit Einschluss von Fahrraddiebstahl, Überspannungsschäden durch Blitz, Versicherung von Elementarschäden sowie eine Glasversicherung
- Kapital-Lebensversicherung mit planmäßiger Erhöhung der Beiträge und Leistungen ohne erneute Gesundheitsprüfung sowie Unfall-Zusatzversicherung
- Privathaftpflichtversicherung

Prüfen Sie anhand der Proximus-Versicherungsbedingungen, welche vertraglichen Rechtsgrundlagen den Versicherungen voraussichtlich zugrunde gelegt werden.

3 Abschluss eines Versicherungsvertrages

Übersicht: Besonderheiten beim Abschluss eines Versicherungsvertrages

➤ Abschluss eines Vertrages allgemein

Verpflichtungsgeschäft

siehe B 3.1 B 3.6

- Antrag (Willenserklärung)
- Annahme (Willenserklärung)

➤ Besonderheiten beim Abschluss des Versicherungsvertrages

- Informations-, Beratungs- und Dokumentationspflicht
  - des Versicherungsvermittlers (B 3.2)
  - des Versicherers (B 3.3)

B 3.4 B 3.7

- Vertragserklärung
  - Antragsmodell
  - Invitatiomodell
- Versicherungsschein

B 3.4.3 B 3.7.2

- Widerrufsrecht des Versicherungsnehmers
- Billigungsklausel und Widerspruchsrecht

Versicherungsnehmer macht von einem Recht (z. B. Widerruf) keinen Gebrauch:

Versicherungsvertrag ist zustande gekommen

3.1 Willenserklärungen

3.1.1 Antrag und Annahme

Ein Vertrag kommt durch **übereinstimmende** Willenserklärungen (Antrag und Annahme) zustande, die dem Vertragspartner **zugehen** müssen; er ist ein **zweiseitiges** Rechtsgeschäft.

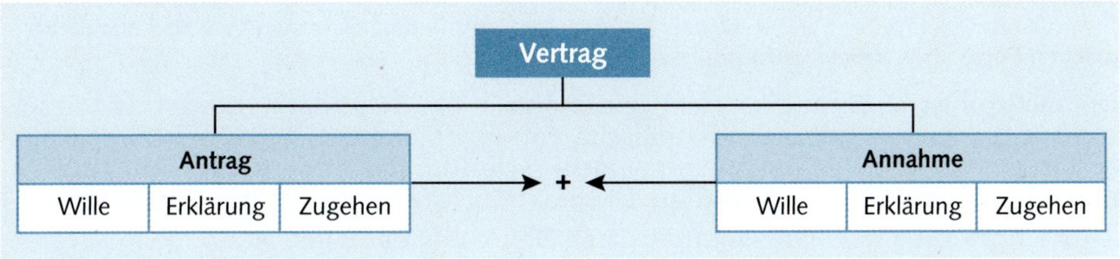

Die auf den Vertragsschluss gerichtete Willenserklärung des VN wird im VVG als **Vertragserklärung** bezeichnet.

a) Wille

Der Erklärende muss etwas Rechtserhebliches wollen, z. B. Abschluss eines Vertrages.

Eine wirksame Willenserklärung setzt außerdem **Geschäftsfähigkeit** voraus (vgl. B 1.2).

Keine Willenserklärung liegt vor, wenn lediglich gestellte Fragen beantwortet oder Auskünfte erteilt werden sollen. In diesen Fällen ist keine Willenserklärung, sondern eine **Wissenserklärung** abzugeben.

So ist der VN beispielsweise verpflichtet, im Rahmen der vorvertraglichen Anzeigepflicht die Antragsfragen zum Risiko wahrheitsgemäß zu beantworten (vgl. B 6.2). Seine Antworten stellen Wissenserklärungen dar. Verletzt der VN diese Anzeigepflicht, gibt er also eine unvollständige oder falsche Wissenserklärung ab, kann dies für ihn zu nachteiligen Rechtsfolgen in Bezug auf den Versicherungsvertrag führen (vgl. B 6.2.3).

b) Erklärung

Die Erklärung des Willens kann entweder **ausdrücklich** oder durch **schlüssiges Verhalten** geschehen. Unter einer schlüssigen oder konkludenten Handlung versteht man ein Verhalten, aus dem die Abgabe einer Willenserklärung zu schließen ist.

Beispiel:
Dem Werbeprospekt einer Reisegepäckversicherung ist ein Überweisungsformular beigefügt mit dem Hinweis, dass nach Überweisung Versicherungsschutz besteht. Ein Reisewilliger überweist daraufhin den Beitrag, um Versicherungsschutz zu erlangen.

Die Erklärungshandlung ist **grundsätzlich formfrei**; jedoch fordert das Gesetz in einigen Fällen entweder die **Schriftform** bzw. **Textform**, die **Beglaubigung** oder die **Beurkundung**.

c) Willenserklärungen in Textform oder elektronischer Form

Zur Anpassung an den modernen Rechtsgeschäftsverkehr (Onlineabschluss und -abwicklung über Internet, E-Commerce usw.) wurden die **Elektronische Form** und die **Textform** in das BGB eingefügt (Zur Form der Rechtsgeschäfte, vgl. C 4.3.2). BGB § 126a, § 126b

Das VVG erlaubt an vielen Stellen die **Textform.**

Beispiel:
§ 8 Abs. 1 VVG: »Der Widerruf ist in Textform gegenüber dem Versicherer zu erklären …«

Bestimmte Erklärungen müssen dann nicht per Brief geschrieben und eigenhändig unterzeichnet werden. Es reicht aus, wenn diese Schriftzeichen lesbar sind, die Person des Erklärenden genannt und der Abschluss der Erklärung durch Nachbildung der Namensunterschrift oder anders erkennbar gemacht werden (Faksimile oder Zusatz »Diese Erklärung ist nicht unterschrieben.«). Unter Textform sind somit sowohl Papierdokumente, also der übliche Brief, aber auch Kopien, Faxe, E-Mails oder Computer-Faxe denkbar. Bei der Textform bedarf es im Unterschied zur **elektronischen Form** auch keiner elektronischen Signatur.

Die **elektronische Form** entspricht grundsätzlich der Schriftform. Soweit das Gesetz nicht im konkreten Fall die elektronische Form verbietet (z. B. bei einer Bürgschaftserklärung, vgl. § 766 BGB) kann also eine in Schriftform geforderte Erklärung in elektronischer Form abgegeben werden. Die elektronische Form wird gewahrt, wenn

- die **Erklärung** in einem elektronischen Dokument enthalten ist,
- der Aussteller der Erklärung seinen **Namen** hinzufügt,
- das elektronische Dokument mit einer **qualifizierten Signatur** nach dem Signaturgesetz versehen ist.

Bei einem Vertrag müssen beide Vertragsparteien das gleichlautende Vertragsdokument elektronisch signieren.

Besonderheit: Bindefristen

Normalerweise ist man an einen Antrag (Willenserklärung) eine bestimmte Zeit gebunden. Sofern die Bindewirkung nicht ausdrücklich ausgeschlossen oder eine bestimmte Bindefrist nicht vereinbart wurde, gelten die Regelungsvorschriften der §§ 145 bis 150 BGB hierzu.

Im Versicherungsbereich war es vor Einführung des VVG von 2008 üblich, Bindefristen zu vereinbaren. Sie waren in der Regel in die Antragsformulare fest eingedruckt.

Die Bindefristen betrugen in der Sachversicherung zwei Wochen, in der HUK-Versicherung einen Monat und in der Lebens- und Krankenversicherung sechs Wochen oder einen Monat.

Nach den Bestimmungen des VVG hat der VN im Normalfall ein Widerrufsrecht (vgl. B 3.4.3). Der Gesetzgeber will damit erreichen, dass der VN vor Ablauf der Widerrufsfrist noch einmal prüfen kann, ob der vorliegende Versicherungsvertrag auch tatsächlich seinen Wünschen und Bedürfnissen entspricht. Der Vertragsschluss steht also unter einer auflösenden Bedingung, so dass die Vereinbarung einer Bindefrist nichts bewirken würde.

Die Vereinbarung einer Bindefrist ist nur dann sinnvoll, wenn das Widerrufsrecht ausgeschlossen ist (z. B. bei der Versicherung von Großrisiken).

VVG-InfoV § 1 (1) Nr. 12

Werden sie verwendet, muss der VR im Rahmen seiner Informationspflichten darauf hinweisen.

---

d) Zugehen

Die Vertragserklärung (Willenserklärung) des VN auf Abschluss eines Versicherungsvertrages gilt im Rahmen des sog. Antragsmodells bereits als abgegeben, wenn der VN den Antrag in Richtung auf den VR auf den Weg gebracht hat (vgl. B 3.4.1).

BGB § 130

Ansonsten gilt regelmäßig die allgemeine Regelung des BGB. Danach muss eine Willenserklärung dem Vertragspartner zugehen, um wirksam zu sein; denn der Vertragspartner muss Kenntnis von der Willenserklärung erlangen können. Zugegangen ist eine Willenserklärung dann, wenn sie so in den Herrschaftsbereich des Empfängers gelangt ist, dass dieser darüber verfügen kann (z. B. Briefkasten). Ein Brief, der in einem Briefkasten liegt, ist zugegangen, auch wenn der Adressat ihn nicht gleich liest, weil er z. B. verreist ist.

Dagegen ist ein eingeschriebener Brief, der dem Empfänger nicht ausgehändigt werden kann, nicht zugegangen. Er gilt als zugegangen, wenn der Brief bei der Post abgeholt wurde. Dies gilt nicht, wenn man den eingeschriebenen Brief absichtlich nicht annimmt oder nicht abholt.

Zu beachten ist, dass derjenige, der das Absenden eines Briefes durch Zeugenaussagen beweisen kann, damit noch nicht den Beweis für den Zugang des Schreibens beim Empfänger erbracht hat. LG Rottweil 1990

Muss der Zugang einer Willenserklärung oder eines sonstigen Schreibens beim Empfänger bewiesen werden, dann empfiehlt sich eine Zustellung per Gerichtsvollzieher; denn diese Form der Zustellung gilt nach dem BGB als zugegangen. Die Einzelheiten dieses Zustellungsverfahrens sind in der ZPO geregelt. BGB § 132 (1) ZPO § 192 f.

Ist der **Aufenthalt** des Empfängers nicht festzustellen und eine Zustellung der Willenserklärung (Brief) nicht möglich, so kann der Brief auch durch **öffentliche Zustellung** zugehen (§ 132 BGB i. V. m. §§ 185 ff. ZPO). Die Ausführung der öffentlichen Zustellung ist im § 186 (2) ZPO geregelt.

3.1.2 Abschlussfreiheit und Abschlusspflicht

a) Abschlussfreiheit

Nach dem Grundsatz der Vertragsfreiheit ist es jedem Menschen grundsätzlich freigestellt, ob er sich z. B. gegen Feuerschäden oder Unfallfolgen versichern lässt.

Beispiel:

Ein Juwelier, der Schmuckstücke in Reparatur nimmt, ist nicht verpflichtet, diese gegen Raub zu versichern.

Er ist aber, falls er das Verlustrisiko durch Diebstahl oder Raub nicht oder nicht in voller Höhe abgedeckt hat, verpflichtet, die Kunden darauf hinzuweisen. Unterlässt er dies, so haftet er. OLG Frankfurt 1985

b) Abschlusspflicht

Gerade im Bereich des Versicherungsrechts gibt es aber Ausnahmen von den Grundsätzen der Abschlussfreiheit und der inhaltlichen Gestaltungsfreiheit. Mehrere gesetzliche, aber auch standesrechtliche Bestimmungen verpflichten hier zum Abschluss eines Versicherungsvertrages. Es steht dem Interessenten aber frei, bei welchem VR er Deckungsschutz sucht.

- Auf gesetzlichen Versicherungspflichten beruhen z. B. die Haftpflichtversicherungen der Kraftfahrzeughalter, Luftverkehrsunternehmen, Jäger, Steuerberater, der Betreiber von Kernkraftwerken usw. Für diese **Pflichtversicherungen** enthält das VVG Sondervorschriften, die vor allem dem Schutz des geschädigten Dritten dienen. VVG §§ 113 ff.
- Ärzte haben kraft Standesrechts eine Berufs-Haftpflichtversicherung abzuschließen.
- Nach der Gewerbeordnung darf die Erlaubnis für eine Tätigkeit als Versicherungsvermittler versagt werden, wenn der Nachweis einer Berufs-Haftpflichtversicherung (Vermögensschaden-Haftpflichtversicherung) nicht erbracht werden kann (Einzelheiten und Ausnahmen, siehe C 1.2.2). GewO § 34 d (5) S. 1 Nr. 3

c) Annahmezwang

Soweit den VR eine Abschlusspflicht trifft, wird regelmäßig von Annahmezwang oder Annahmepflicht gesprochen. Ein solcher **Kontrahierungszwang** besteht nur, wenn er vom **Gesetz** angeordnet ist. Das ist z. B. für die Kfz-Haftpflichtversicherung in § 5 PflVG PflVG § 5 (3), (4) geschehen. Wird diese im gesetzlich vorgeschriebenen Umfang beantragt, darf der VR den Antrag nur aus bestimmten, gesetzlich aufgezählten Gründen ablehnen oder wegen einer nachweisbar höheren Gefahr ein vom Tarif abweichendes Gegenangebot unterbreiten (vgl. Bd. 3, C 2.1.3). Sachlich begründete Beitragsdifferenzierungen sind auch bei Pflichtversicherungen möglich (z. B. höhere Beiträge für Führerschein-Anfänger).

VVG § 198 Ausnahmsweise kann auch im Bereich freiwilliger Versicherungen ein Kontrahierungszwang bestehen, wie z. B. bei der Krankenversicherung neugeborener Kinder.

3.2 Informations-, Beratungs- und Dokumentationspflicht des Versicherungsvermittlers

Situationsbeispiel:

Stefan Klein ist vor 6 Wochen Vater geworden und macht sich nun Gedanken, welche Vorsorge für seine Familie zweckmäßig ist, falls ihm etwas zustoßen sollte. Er ruft daher den ihm von einem Kollegen empfohlenen Versicherungsvertreter Hilmar Krause von der Proximus Versicherung AG an und bittet um Beratung. Er weist aber sofort darauf hin, dass ihm im Moment nur ein begrenzter Spielraum an finanziellen Möglichkeiten zur Verfügung steht, da seine Frau ihre Berufstätigkeit vorübergehend aufgegeben und Elternzeit in Anspruch genommen hat.

Hilmar Krause stellt sich nach Ankunft bei Herrn Klein zunächst als Versicherungsvertreter der Proximus Versicherung AG vor und erklärt, dass er nur für diese Gesellschaft tätig ist.

Nachdem Hilmar Krause die personenbezogenen Daten erfasst und erfahren hat, dass Herr Klein nur eine Hausrat- und eine Privat-Haftpflichtversicherung bei einem anderen Versicherer unterhält, klärt er zunächst noch einmal, welches Bedürfnis Herrn Klein für den Beratungswunsch veranlasst hat. Da es Herrn Klein um die Absicherung seiner Familie geht, stellt er weitere anlassbezogene Fragen und erfährt, dass Herr Klein als Arbeitnehmer über die Sozialversicherung abgesichert ist und ferner einen Riester-Altersvorsorgevertrag abgeschlossen hat.

Aufgrund dieser Informationen weist Herr Krause darauf hin, dass die Sozialversicherung bei Verminderung der Arbeitskraft (Berufsunfähigkeit, Erwerbsminderung etc.) oder vorzeitigem Tod von Herrn Klein zum jetzigen Zeitpunkt nur geringe oder gar keine Leistungen erbringen wird, und dass der Altersvorsorgevertrag für diese beiden Risiken keine Leistungen vorsähe.

Wegen dieser Versorgungslücke erteilt er den Rat, die beiden Risiken zunächst abzudecken und bietet entsprechende Versicherungsprodukte für den Fall der Berufsunfähigkeit und des vorzeitigen Todes von Herrn Klein an. Dabei informiert er ausdrücklich, dass seine Empfehlungen auf den entsprechenden Produktangeboten der Proximus Lebensversicherung AG basieren.

Herr Klein erkennt die Notwendigkeit der Absicherung beider Risiken, muss aber feststellen, dass ihm der hierfür zu zahlende Beitrag im Moment zu hoch ist. Daraufhin empfiehlt Herr Krause, mindestens im jetzigen Zeitpunkt das Todesfallrisiko durch eine Risikoversicherung abzudecken, da der Tod und der damit verbundene finanzielle Bedarf meist unerwartet eintritt, die Beiträge zur Risikoversicherung dagegen recht günstig sind.

Herr Klein ist mit diesem Vorschlag einverstanden und man beschließt, so zu verfahren und die Deckung des Berufsunfähigkeitsrisikos für später zurückzustellen.

Während der Beratung hat Herr Krause den Inhalt des Beratungsgesprächs und insbesondere seine erteilten Ratschläge auf einem vorbereiteten Formular dokumentiert, welches er später Herrn Klein aushändigen wird.

(Das Situationsbeispiel wird in Abschnitt B 3.3.2 fortgesetzt.)

Der Versicherungsvermittler ist verpflichtet, bei einer Vertragsanbahnung die gesetzlich geregelten Informations-, Beratungs- und Dokumentationspflichten zu erfüllen. Sie werden in den weiteren Ausführungen gemäß der nachstehenden Übersicht dargestellt:

Übersicht: Information, Beratung und Dokumentation durch Versicherungsvermittler

- **Rechtsgrundlagen** und Basis der Versicherungsvermittlung — siehe B 3.2.1
- **Erstinformationen** bei Kontaktaufnahme — B 3.2.2
- **Beratungsablauf** — C 3.2.3
  - **Bedarfsbezogene Beratung** Ermittlung des Versicherungsbedarfs — C 3.2.3.1
  - **Produktbezogene Beratung** Beratung über die angebotenen Versicherungen — C 3.2.3.2
  - **Begründung** der Produktempfehlung — C 3.2.3.3
  - **Informationen** durch den Versicherungsvermittler — C 3.2.3.4
  - **Dokumentation** des Beratungsvorganges — C 3.2.3.5

Bestandteile des Beratungsprozesses

Darüber hinaus kennt das Gesetz auch bestimmte Informations-, Beratungs- und Dokumentationspflichten des Versicherers, die im VVG und der VVG-InfoV geregelt sind und die häufig durch den Versicherungsvertreter erfüllt werden (vgl. B 3.3).

VVG §§ 6 ff. VVG-InfoV

3.2.1 Rechtsgrundlagen und Basis der Versicherungsvermittlung

VVG § 59 (2), (3)

Vorbemerkung: Die Vertriebswege der Versicherungsbranche sind grundlegend in Abschnitt C 1.2 dargestellt. An dieser Stelle werden nur Sachverhalte behandelt, soweit sie für die Darstellung der Informations-, Beratungs- und Dokumentationspflichten erforderlich sind.

3.2.1.1 Gesetzliche Regelungen zum Vertriebsprozess

Mit Inkrafttreten des Gesetzes zur Neuregelung des Versicherungsvermittlerrechts am 22. Mai 2007 wurde eine Erlaubniserteilung und Registrierungspflicht für Versicherungsvermittler und -berater eingeführt. Die notwendigen Regelungen erfolgten durch eine Änderung der Gewerbeordnung **(GewO)**, des Versicherungsvertragsgesetzes **(VVG)**, des Versicherungsaufsichtsgesetzes **(VAG)** und einer eigenständigen Versicherungsvermittlerverordnung **(VersVermV)**.

Zuvor war der Berufsstand des Versicherungsvermittlers ungeregelt. Berufszugangsvoraussetzungen fachlicher Art bestanden nicht. Gleichwohl überprüften die VR aufgrund aufsichtsrechtlicher Anordnung die Zuverlässigkeit ihrer Vermittler.

Durch das Inkrafttreten der **Versicherungsvertriebsrichtlinie** – Insurance Distribution Directive (IDD) – der Europäischen Union (EU) zum 23.02.2018 sind erneut Änderungen der o. g. Gesetze notwendig geworden. Die auch anzupassende Versicherungsvermittlerverordnung ist noch nicht verabschiedet und liegt derzeit mit Bearbeitungsstand Juni 2018 vor. Die geplanten Änderungen der Versicherungsvermittlerverordnung sind nachstehend schon vermerkt und mit der Abkürzung **VersVermV-E** (E steht für Entwurfsfassung) kenntlich gemacht.

Auswirkungen der IDD auf das VAG sind im Abschnitt F und die notwendig gewordenen Änderungen der GewO sind im Abschnitt C behandelt.

3.2.1.2 Vermittlung durch Versicherungsvertreter und Basis des Vermittlungsprozesses

a) Vermittlungsverhältnis

Der Versicherungsvertreter wird von einem Versicherer oder einem anderen Vertreter mit der **gewerbsmäßigen Vermittlung** und ggf. Abschluss von Versicherungsverträgen auf der Grundlage eines Geschäftsbesorgungsvertrages (§ 675 BGB) betraut. Soweit der Vertrag zwischen einem Versicherer und einem hauptberuflichen Vertreter geschlossen wird, spricht man auch von einem **Agenturvertrag**.

Nebenberufliche Vertreter fallen ebenfalls unter den Vertreterbegriff, soweit sie aufgrund eines Geschäftsbesorgungsvertrages gewerbsmäßig vermitteln.

Der **Einfirmenvertreter**, auch **Ausschließlichkeitsvertreter** genannt, ist nur für eine Versicherungsunternehmung (als Versicherungsvertreter) bzw. einen Versicherungskonzern (als Konzernvertreter) tätig.

Der **Mehrfachvertreter** vertritt mehrere Versicherer, die sogar der gleichen Branche angehören dürfen.

Einzelheiten zum Einfirmen- und Mehrfachvertreter sind in C 1.1.1 b dargestellt.

b) Basis des Vermittlungsprozesses

Der **Ausschließlichkeitsvertreter** kann seiner Beratung nur die Versicherungsprodukte des von ihm vertretenen Versicherers zugrundelegen. Seine Empfehlung kann sich daher auch nur auf ein von ihm ausgewähltes und für sinnvoll erachtetes Produkt der zur Verfügung stehenden Produktpalette beziehen.

Eine Ausnahme gilt nur, wenn der vertretene VR das adäquate Produkt nicht anbietet und der Vertreter von der sog. **Ventillösung** Gebrauch macht (vgl. C 1.1.1 b).

VVG § 60 (2) S. 2

Der Ausschließlichkeitsvertreter muss den VN informieren, dass er ausschließlich für einen VR tätig ist und diesen VR exakt bezeichnen. Dies geschieht in der Praxis regelmäßig beim ersten Geschäftskontakt mit dem VN in Textform (z. B. Visitenkarte oder Informationsflyer mit allen Angaben). Die erteilte Information wird üblicherweise auch in der Dokumentation festgehalten (vgl. B 3.2.3.5).

§ 60 (2) S. 1

Beim **Mehrfachvertreter** ergibt sich die Beratungsgrundlage aus den Angeboten derjenigen VR, mit denen ein Agenturvertrag besteht. Im Rahmen der Beratung hat er die Namen der seinem Rat zu Grunde gelegten VR anzugeben. In der Praxis geschieht dies regelmäßig dadurch, dass der Mehrfachvertreter dem VN einen sog. Informationsflyer aushändigt, der alle Angaben zu der im VVG geforderten Mitteilungspflicht über die **Markt- und Informationsgrundlage** seiner Leistung enthält. Die erteilte Information wird üblicherweise auch in der Dokumentation festgehalten (vgl B 3.2.3.5).

Will der Mehrfachvertreter seine Beratungsgrundlage einschränken, muss er ausdrücklich darauf hinweisen, welche Versicherer er im konkreten Fall zugrunde legen wird. Für den VN muss diese vom Mehrfachvertreter vorgenommene Einschränkung als solche erkennbar sein, so dass er ggf. auch dazu auffordern kann, die nicht berücksichtigten VR einzubeziehen.

3.2.1.3 Vermittlung durch Versicherungsmakler und Basis des Vermittlungsprozesses

a) Vermittlungsverhältnis

Der Versicherungsmakler wird vom Versicherungsinteressenten (das VVG spricht im Zusammenhang mit den Informations-, Beratungs- und Dokumentationspflichten vom Versicherungsnehmer) mit der Vermittlung oder dem Abschluss eines Versicherungsvertrages betraut. Soweit er seine Tätigkeit gewerbsmäßig ausführt, gilt er als Versicherungsvermittler mit den entsprechenden Pflichten nach VVG. Die Rechtsbeziehung zwischen VN und Makler beruht auf einem Maklervertrag.

b) Basis des Vermittlungsprozesses

Der VN kann zunächst grundsätzlich davon ausgehen, dass der Versicherungsmakler seiner Beratung eine hinreichende Anzahl von angebotenen Versicherungsverträgen und Versicherern zu Grunde legt und nach fachlichen Kriterien eine Empfehlung abgibt, welcher Versicherungsvertrag seine Bedürfnisse in geeigneter Weise erfüllt. VVG § 60 (1), (2) S. 1

Um den Beratungsaufwand im Einzelfall in vertretbaren Grenzen zu halten, hat der Versicherungsmakler die Möglichkeit, den VN vor Abgabe der Vertragserklärung darauf hinzuweisen, dass seiner Beratung nur eine **eingeschränkte Versicherer- und Vertragsauswahl** zu Grunde liegt. Für diesen Fall muss er den VN informieren, auf welcher Markt- und Informationsgrundlage er seine Leistungen erbringt und welche VR er einbezogen hat. Diese Information wird üblicherweise auch in der Dokumentation festgehalten (vgl. B 3.2.3.5).

3.2.1.4 Informationsverzicht des VN

Der VN kann auf die genannten Informationen, nämlich § 60 (3)

- Mitteilung des Vermittlers über die Markt- und Informationsgrundlage,
- Namen der berücksichtigen VR,
- Namen des/der VR, mit dem/mit denen ein Agenturvertrag besteht,
- Hinweis auf die Tätigkeit als Ausschließlichkeitsvertreter,

durch gesonderte schriftliche Erklärung verzichten. In der Praxis hat diese Vorschrift jedoch keine große Bedeutung, da der Versicherungsvermittler neben der persönlichen Vorstellung üblicherweise Informationsmaterial in Textform (Visitenkarte/Informationsflyer) und später in Form der Dokumentation aushändigt, so dass alle notwendigen Informationen vorliegen.

3.2.2 Erstinformationen bei der Kontaktaufnahme

Der Vermittler als Gewerbetreibender muss beim **ersten Geschäftskontakt** mit dem Kunden diverse Angaben machen. Das sind u. a.: Vers VermV § 11 Vers VermV-E § 15

- sein vollständiger Namen sowie ggf. den Namen der Firma, in denen er als geschäftsführender Gesellschafter tätig ist und seine betriebliche Anschrift,
- sein Status (Versicherungsmakler, Ausschließlichkeitsvertreter),
- seine Registrierungsnummer, die Registerbehörde und wie sich seine Eintragung überprüfen lässt,

- dass er eine Beratung anbietet,
- die Art seiner Vergütung und ob sie direkt vom Kunden zu zahlen oder als Provision in der Versicherungsprämie enthalten ist,
- ob er eine andere Art von Zuwendungen als Vergütung erhält,
- die Anschrift der zuständigen Schlichtungsstelle (Ombudsmann), die bei Streitigkeiten angerufen werden kann.

Zu den Besonderheiten der Erstinformation beim Betreiben einer Website, vgl. C 1.3.5.

3.2.3 Beratungsablauf

Der Beratungsablauf wird im Wesentlichen durch fünf Teilpflichten geprägt, die der Versicherungsvermittler erfüllen muss:

fragen	beraten	begründen	informieren	dokumentieren

(1) Wünsche und Bedarf des Kunden sind durch eine **Befragung** zu ermitteln, soweit hierfür Anlass besteht (**sog. bedarfsbezogene Beratung**).
(2) Es ist eine angemessene **Beratung** des Kunden vorzunehmen (**sog. produktbezogene Beratung**).
(3) Aufgrund der Teilschritte (1) und (2) ist eine **begründete Empfehlung** für ein bestimmtes **Versicherungsprodukt** abzugeben.
(4) Die im Zusammenhang mit der Beratung stehenden **Informationspflichten** nach VVG sind zu erfüllen.
(5) Bedarfsermittlung, Beratung und Empfehlung sind zu **dokumentieren**.

3.2.3.1 Bedarfsbezogene Beratung

VVG § 61 (1)

Der Versicherungsvermittler hat unter Berücksichtigung der **Schwierigkeit** der angebotenen Versicherung und der **Situation des VN** diesen nach seinen **Wünschen** und **Bedürfnissen** zu befragen (**anlassbezogene Fragepflicht**), soweit die konkreten Umstände hierzu erkennbar Anlass geben. Diese Verpflichtung ist eingeschränkt, wenn der VN Fachkenntnisse aufzeigt oder klare Vorstellungen über ein bestimmtes Produkt hat. Umgekehrt kann sich ein Mehrbedarf an Beratung ergeben, wenn die Befragung weitere Risiken offen legt.

Beispiele:

- Einem unerfahrenen Versicherungsinteressenten, der erklärt, dass er eine Familie gründen und diese absichern will, ist nach eingehender Befragung (z. B. zu vorhandenen Risikodeckungen) aufzuzeigen, welche typischen Risiken drohen und welcher Versicherungsschutz angemessen ist.
- Ein VN, der den Versicherer seiner Kraftfahrtversicherung wechseln möchte, wendet sich an die Agentur, um zu erfahren, ob dort die Beiträge günstiger sind. Der Vermittler wird hier relativ schnell auf den produktbezogenen Beratungsteil übergehen können.

Für den Versicherungsmakler stellt die vorangehende Beratung und Bedarfsermittlung eine Hauptleistungspflicht dar; denn der VN wendet sich regelmäßig dann an einen Makler, wenn er seine Risikosituation selbst nicht einschätzen kann, aber eine adäquate Deckung sucht. Das setzt eine umfassende Ermittlung des Versicherungsbedarfs voraus.

3.2.3.2 Produktbezogene Beratung

Der Umfang der produktbezogenen Beratung richtet sich nach **Art, Umfang** und **Komplexität** des konkreten Produkts sowie nach der Person des VN.

Hinsichtlich des Umfangs der Beratung darf der Versicherungsvermittler ein angemessenes Verhältnis zwischen Beratungsaufwand und vom VN zu zahlender Prämie berücksichtigen.

Beispiele:

Für eine Reisekrankenversicherung, deren Leistungen leicht verständlich sind und die zudem noch preisgünstig erworben werden kann, wird man vom Versicherungsvermittler erheblich weniger an Beratungsaufwand erwarten dürfen als für eine Lebensversicherung, die zur Altersversorgung dienen soll.

Die Möglichkeit, ein angemessenes Verhältnis zwischen Beratungsaufwand und der vom VN zu zahlenden Prämie zu berücksichtigen, bezieht sich nicht auf die **anlassbezogene Fragepflicht**.

Für den **Versicherungsmakler** liegt der Schwerpunkt der produktbezogenen Beratung auf einem **Produktvergleich**. Der Makler hat nämlich unter angemessener Berücksichtigung der Prämienhöhe das Angebot zu ermitteln, welches den Interessen des VN am ehesten entspricht.

3.2.3.3 Begründung der Produktempfehlung

Am Ende der Beratung steht regelmäßig die Empfehlung (Erteilung eines Rates) des Versicherungsvermittlers für ein bestimmtes Produkt, das den ermittelten Bedarf deckt. Die Begründung muss geeignet sein, dass der VN die für die Empfehlung sprechenden Gründe nachvollziehen kann. VVG § 61 (1)

Für den Mehrfachvertreter und insbesondere für den Versicherungsmakler ist die Wahl des Versicherers ein wesentlicher Bestandteil der Begründung.

3.2.3.4 Informationen durch den Versicherungsvermittler

Die mit der Beratung in Zusammenhang stehenden Informationspflichten des Versicherungsvermittlers sind bereits angesprochen worden (vgl. B 3.2.1 und B 3.2.2). Sie werden regelmäßig im Laufe des Beratungsgespräches erfüllt. Das Gesetz regelt u. a., wann sie spätestens erfüllt sein müssen.

Die über die Erstinformationen hinausgehenden Informationspflichten des Versicherungsvermittlers sind nachstehend noch einmal zusammengefasst dargestellt:

➤ Informationspflichten nach § 60 Abs. 2 VVG

Der Gesetzgeber sieht die nachstehend dargestellten Informationspflichten vor, die üblicherweise in der Dokumentation (siehe B 3.2.3.5) mit festgehalten werden, da sie in Textform zu übermitteln sind. § 60 (2)

- Sowohl der **Versicherungsmakler** als auch der **Mehrfachvertreter** müssen mitteilen, auf welcher **Markt- und Informationsgrundlage** sie ihre Leistung erbringen und welche VR sie ihrem Rat zugrundelegen.
- Legt der **Versicherungsmakler** nur eine **eingeschränkte Auswahl von Versicherern** zugrunde, muss er auch darauf hinweisen.

- Soweit es sich bei dem Versicherungsvertreter um einen **Ausschließlichkeitsvertreter** handelt, muss dieser ferner angeben, für welchen VR er seine Tätigkeit ausübt und ob er für diesen ausschließlich tätig wird.

➤ Informationspflichten nach § 61 Abs. 1 VVG

VVG § 61 (1) Der Gesetzgeber sieht in § 61 Abs. 1 VVG vor, dass der Inhalt des Beratungsgesprächs (anlassbezogene Fragen, erteilter Rat und Gründe hierfür) zu dokumentieren ist. In § 62 Abs. 1 VVG heißt es: »... die Informationen nach § 61 Abs. 1 ... in Textform zu übermitteln.« Der VN ist also über den Inhalt des Beratungsgespräches zu informieren, was durch die Übermittlung der Dokumentation in Textform erfüllt wird (vgl. B 3.2.3.5), wobei sich der Umfang der Informationspflicht aus § 61 Abs. 1 VVG ergibt.

➤ Zeitpunkt und Form der Information

§ 62 (1) Das VVG trennt in § 62 Abs. 1 VVG hinsichtlich Zeitpunkt und Form der Informationen danach, ob es sich um Informationen nach § 60 Abs. 2 VVG oder nach § 61 Abs. 1 VVG handelt.

Die **Informationspflichten des Versicherungsvermittlers nach § 60 Abs. 2 VVG** müssen **vor Abgabe der Vertragserklärung** erfüllt werden.

Die **Informationspflichten nach § 61 Abs. 1 VVG** sind **vor Abschluss des Vertrages** zu erfüllen.

Die genannten Informationen sind klar und verständlich **in Textform**, wie bereits festgestellt, zu übermitteln.

§ 62 (2) Die **Information** darf **mündlich** erfolgen, **wenn der VN dies wünscht** oder wenn der VR eine **vorläufige Deckung** gewährt. Sie muss dann in Textform unverzüglich nach Vertragsschluss, spätestens aber mit dem Versicherungsschein übermittelt werden. Die Übermittlung in Textform nach Vertragsabschluss wird nicht für Verträge über vorläufige Deckung zu einer Pflichtversicherung (z.B. Kfz-Haftpflichtversicherung) gefordert.

3.2.3.5 Dokumentation der Beratung

a) Inhalt der Dokumentation

§ 62 (1) Der Versicherungsvermittler ist verpflichtet, seine gemäß § 61 Abs. 1 VVG durchgeführte Bedarfsermittlung, Produktberatung und -empfehlung, sowie die **Gründe für jeden** zu einer bestimmten Versicherung erteilten **Rat** zu dokumentieren (vgl. in diesem Zusammenhang auch die Ausführungen in vorstehendem Abschnitt B 3.2.3.4, Unterabschnitt »Informationspflichten nach § 61 Abs. 1 VVG«).

Die Dokumentation ist in verständlicher Form rechtzeitig **vor Vertragsabschluss** in **Textform** zu übermitteln.

Da die Informationen nach § 60 Abs. 2 VVG ebenfalls in Textform vor Abgabe der Vertragserklärung zu übermitteln sind, werden diese regelmäßig mit in der Dokumentation festgehalten und die Dokumentation dann vor Abgabe einer Vertragserklärung ausgehändigt.

Die Dokumentation ist vor allen Dingen dann hilfreich, wenn der VN eine Falschberatung mit daraus folgenden Schadenersatzansprüchen geltend macht (siehe B 3.2.4)

b) Einzelheiten zur Übermittlung des erteilten Rates und der Begründung hierfür

Vorbemerkung: Die Einzelheiten der Übermittlung des erteilten Rates und die Gründe hierfür (im VVG zusammenfassend auch als **Auskünfte** bezeichnet) sind in § 6a der allgemeinen Vorschriften des VVG geregelt und gelten nach § 59 Abs. 1 VVG auch für den Versicherungsvermittler.

Sie gelten nach § 66 VVG nicht für den Versicherungsvermittler in Nebentätigkeit. Er hat die dort näher bestimmten Informationspflichten zu erfüllen.

➤ Übermittlung auf Papier

§ 6a Abs. 1 VVG sieht vor, dass die Auskünfte grundsätzlich auf **Papier, klar, genau,** für den VN **verständlich** und **unentgeltlich** zu übermitteln sind. VVG § 6a

Für die Auskunft gilt die Sprache des Landes **(Amtssprache)**, in der das Risiko belegen ist oder in dem die Verpflichtung eingegangen wurde. VN und VR können aber auch eine andere Sprache vereinbaren.

➤ Zulässige andere Übermittlungsformen und ihre Voraussetzungen

Der elektronische (und damit papierlose) Informationsaustausch und Datenverkehr nimmt ständig zu, da ein immer größer werdender Personenkreis die technischen Voraussetzungen hierfür besitzt. Da ist es naheliegend, die in Rede stehende Dokumentation auf diesem Wege statt auf Papier zu übermitteln, wenn das zugrunde liegende Geschäft auch auf diesem Wege erfolgte. Das Gesetz spricht davon, dass diese Übermittlungsform dann **angemessen** ist.

Die Dokumentation ist für den VN ein bedeutendes Beweismittel, wenn er z.B. Schadenersatz wegen einer Falschberatung erlangen will. Damit dieses Beweismittel auch bei papierloser Übermittlung erhalten bleibt, sah sich der Gesetzgeber aufgrund einer Vorgabe in den IDD gezwungen, die jetzt in § 6a VVG anzutreffenden Regelungen zu schaffen, wenn eine papierlose Übermittlung gewünscht ist.

Das VVG unterscheidet und regelt folgende papierlose Medienauskünfte:

Übermittlung auf einem anderen dauerhaften Datenträger (Papierersatz)

§ 6a (2) Nr. 1

> **Beispiel:**
> Der VN einer Gruppenversicherung wünscht, dass die Auskünfte auf einem USB-Stick statt auf Papier übermittelt werden, zumal im Vorfeld schon andere Informationen für ihn und die Gruppenmitglieder elektronisch bereitgestellt wurden.

Die Übermittlung auf dem dauerhaften Datenträger USB-Stick ist zulässig, da sich der VN zwischen Papier und dauerhaften Datenträger entscheiden konnte und die Nutzung des USB-Sticks **im Rahmen des getätigten Geschäfts angemessen** ist.

Zur **Angemessenheit** siehe weiter unten.

Übermittlung über eine Website, deren Zugang für den VN personalisiert ist

§ 6a (2) Nr. 2 erster Halbsatz

> **Beispiel:**
> Für den VN wird auf der Website des Versicherers ein sicherer Speicherbereich eingerichtet, der die Auskünfte enthält und auf den er nur nach Eingabe von Benutzernamen und Passwort zugreifen kann.

Dieses Übermittlungsverfahren ist vor allem beim Online-Vertragsabschluss gebräuchlich. Dabei richtet der VN üblicherweise den Speicherbereich (Postfach) durch Eingabe von Benutzernamen und Passwort ein, wodurch er konkludent seine Zustimmung für das Übermittlungsverfahren gibt.

Übermittlung über eine nicht personalisierte, dafür aber eindeutig benannte Website mit Angabe zur Fundstelle der Auskünfte

> **Beispiel:**
> Die Firma Severing hat sich als sog. InsureTech am Markt etabliert und bietet bestimmten Personengruppen für die Risikodeckung online eine Beratung mit passender Versicherungslösung an. Der Kunde Amelung ist mit der Auskunfterteilung über die Website der InsureTech-Firma einverstanden.

Diese Übermittlungsform ist zulässig, wenn folgende Voraussetzungen erfüllt sind:

- Die Übermittlungsform ist **im Rahmen des getätigten Geschäfts angemessen.**
- Der VN hat hierzu seine Zustimmung erteilt.
- Adresse der Website und dortige Fundstelle der Auskunft werden elektronisch mitgeteilt.
- Die Auskünfte bleiben auf der Website solange abrufbar, wie sie für den VN vernünftigerweise abrufbar sein müssen.

Zur **Angemessenheit:** siehe weiter unten.

VVG § 6a (2) Nr. 4 — Bei einem telefonischen Kontakt müssen die Auskünfte unmittelbar nach Abschluss des Vertrages auf Papier oder ggf. auf einer Website erteilt werden.

§ 6a (3)

➤ Angemessenheit einer Medienübermittlung im Rahmen des getätigten Geschäftes

Das VVG erachtet den Medieneinsatz anstelle von Papier im Rahmen des getätigten Geschäfts in folgenden Fällen als angemessen:

- Der VN hat regelmäßig Internetzugang.
  Wenn das Geschäft über das Internet geschlossen wurde, kann dies vorausgesetzt werden.
- Der VN hat für Zwecke des Geschäftes seine E-Mailadresse mitgeteilt.
  Diese Mitteilung gilt als Nachweis für einen regelmäßigen Internetzugang.

c) Verzicht des Versicherungsnehmers auf Beratung oder Dokumentation

§ 61 (2) — Der VN ist berechtigt, auf die Beratung oder die Dokumentation zu verzichten. Für diesen Fall muss er eine ausdrückliche **schriftliche Erklärung** abgeben, in der er auf die möglichen nachteiligen Folgen bei der Durchsetzung eines Schadenersatzanspruches gegen den Versicherungsvermittler wegen Falschberatung hingewiesen wird.

> **Beispiel für eine Verzichtserklärung:**
> Ich verzichte ausdrücklich auf eine Beratung, Information und Dokumentation nach den §§ 60–62 VVG im Zusammenhang mit der gewünschten Wohngebäudeversicherung, da ich als Immobilienkaufmann mit der Materie vertraut bin.
>
> Ich bin ausdrücklich darauf hingewiesen worden, dass sich der Verzicht nachteilig auf die Geltendmachung von Schadenersatzansprüchen nach § 63 VVG auswirken kann.
>
> *Eigenhändige Unterschrift*

Hinweis: »Arbeitskreis Beratungsprozesse«

Der Arbeitskreis Beratungsprozesse ist eine gemeinsame Initiative mehrerer Vermittlerverbände und Servicegesellschaften mit dem Ziel, Versicherungs- und Finanzvermittler in ihrer Arbeit zu unterstützen.
Die Internetadresse lautet: **www.beratungsprozesse.de**
Auf dieser Internetseite stellen die Initiatoren u. a. praxisnahe Empfehlungen und Werkzeuge für die **Beratung** und **Dokumentation** kostenfrei bereit.
Musterdokumentationen und die **Erläuterungen zur Beratungsdokumentation** unterstützen den Vermittler bei der Erfüllung der Dokumentationspflichten nach dem VVG. Für alle relevanten Sparten hat der Arbeitskreis **Risikoanalysebögen** entwickelt, damit der Vermittler die Risikoverhältnisse des Kunden systematisch erfragen kann.

Zur Initiative des Arbeitskreises heißt es im Internet:

»Aktuell setzt der Arbeitskreis versicherungs- und finanzrelevante Beratungsaspekte mit typischen Lebenssachverhalten in Verbindung, um so typisierte Bedarfssituationen zu erkennen, die abhängig von der Lebenssituation spartenübergreifend bedarfsdeckende Versicherungs- und Finanzlösungen indizieren. Daraus sollen Standards zur ganzheitlichen und kundenorientierten Beratung bei Versicherungen und Finanzdienstleistungen entwickelt werden. Standardisierte Beratungsprozesse können den Vermittlern helfen, ihre Beratung effizienter und mit weniger Haftungsrisiko durchzuführen.«

3.2.4 Schadenersatzpflicht des Versicherungsvermittlers

Verletzt der Versicherungsvermittler die ihm auferlegten Beratungs-, Dokumentations- und Informationspflichten **schuldhaft** und ist dem Versicherungsinteressenten dadurch ein Schaden entstanden, **haftet** er **persönlich** mit seinem Vermögen. Damit diese Haftung mangels Masse beim Versicherungsvermittler nicht ins Leere greift, sieht die Gewerbeordnung vor, dass die Erlaubnis zur Tätigkeit als Versicherungsvermittler nur erteilt werden darf, wenn eine ensprechende Berufs-Haftpflichtversicherung oder eine gleichwertige Garantie nachgewiesen wird. Für Ausschließlichkeitsvertreter kennt die Gewerbeordnung eine Sonderregelung (siehe weiter unten und vgl. C 1.2.2).

VVG § 63

GewO § 34d (5) Nr. 3

§ 34d (7) Nr. 1

Eine schuldhafte Verletzung der Beratungs- und Dokumentationspflicht ist z. B. in folgenden Fällen gegeben:

- Die vorgegebene Beratungsgrundlage wird nicht ausgeschöpft.

Beispiel:

Ein Mehrfachvertreter oder ein Versicherungsmakler berücksichtigen ohne Wissen des VN nur das Angebot eines VR oder weniger VR. Der VN erwirbt dadurch eine zu teure Versicherung.

- Der Versicherungsbedarf des VN wird nicht ordnungsgemäß ermittelt bzw. der VN nicht ordnungsgemäß beraten.

Beispiel:

Beim Abschluss einer Wohngebäudeversicherung weist der Vermittler nicht auf das Risiko des Heizöltanks im Keller hin oder er rät nicht zum Abschluss einer Gewässerschäden-Haftpflichtversicherung, da nur diese das Risiko deckt.

- Die Bedarfsermittlung, Beratung oder Empfehlung wird nicht hinreichend dokumentiert.

Bei einem **Ausschließlichkeitsvertreter** tritt neben seine persönlichen Haftung gem. § 63 VVG regelmäßig die **Haftung des Versicherers**, da dem VR das Verhalten seines Vertreters zugerechnet wird (Haftung für den Erfüllungsgehilfen nach § 278 BGB).

Für **Ausschließlichkeitsvertreter i. S. von § 34 d Abs. 7 Nr. 1 GewO** übernimmt der VR vertraglich (Agenturvertrag) die uneingeschränkte Haftung aus der Vermittlertätigkeit (**Haftungsdach**). Sie bedürfen keiner besonderen Erlaubnis und damit keiner Berufs-Haftpflichtversicherung.

Die VR von Berufs-Haftpflichtversicherungen für Versicherungsvermittler wiederum sehen in ihren Versicherungsbedingungen gelegentlich die Dokumentation der Beratung als vor dem Versicherungsfall zu erfüllende Obliegenheit vor. Damit soll sichergestellt werden, dass der Vermittler mit entsprechender Sorgfalt berät.

VVG § 65 § 66 § 68 S. 1

Die Bestimmungen über die Schadenersatzpflicht des Versicherungsvermittlers gelten nicht für die Vermittlung von **Großrisiken** sowie für **Versicherungsvermittler in Nebentätigkeit** i. S. von § 34 d Abs. 8 Nr. 1 GewO. Auf **Versicherungsberater** finden sie dagegen entsprechende Anwendung.

3.3 Informations-, Beratungs- und Dokumentationspflichten des Versicherers

Vorbemerkung: Die vorstehend genannten Pflichten des VR sind in den §§ 6 ff. VVG und der VVG-InfoV geregelt. Sie decken sich im Wesentlichen mit den gleichlautenden Pflichten des Versicherungsvermittlers nach § 61 VVG, sehen aber durch die Vorschriften der VVG-InfoV weitere Informationspflichten für den VR vor (siehe nachstehend unter B 3.3.2 c).

3.3.1 Beratung vor Vertragsabschluss

§§ 6, 6a

Das VVG sieht vor, dass auch den Versicherer Beratungspflichten vor dem Abschluss des Vertrages treffen. Sie setzen sich, wie bei einer Beratung durch den Vermittler, aus den anlassabhängigen Befragungs-, Beratungs- und Begründungspflichten zusammen. Das Ergebnis der Beratung muss ebenfalls dokumentiert und übermittelt werden.

§ 6 (3) S. 1

Der VN hat auch die Möglichkeit, auf die Beratung und Dokumentation durch gesonderte **schriftliche** Erklärung zu verzichten.

Setzt der VR, wie praxisüblich, Versicherungsvertreter (Versicherungsvermittler nach § 59 Abs. 2 VVG) oder angestellte Vermittler für diese Beratung ein, handeln diese in bezug auf die Pflichten des VR als sog. Erfüllungsgehilfen (§ 278 BGB). Der VR muss sich das Verhalten seiner Erfüllungsgehilfen anrechnen lassen.

Bei der schuldhaften Verletzung einer solchen Pflicht können für den geschädigten VN folgende Schadenersatzpflichtige in Frage kommen:

(1) Der VR hat die Pflicht verletzt.
Nur der VR muss für den Ersatz des Schadens nach § 6 Abs. 5 VVG eintreten.

(2) Ein Versicherungsvertreter (Versicherungsvermittler nach § 59 Abs. 2 VVG) hat die Pflicht verletzt.

Der VR haftet für das Verschulden des Vertreters nach § 278 BGB (Haftung für den Erfüllungsgehilfen).

Der Vermittler haftet nach § 63 VVG, soweit die verletzte Pflicht auch nach § 61 VVG vorgesehen ist.

VR und Vermittler haften für diesen Fall als Gesamtschuldner. Der Geschädigte wird sich mit seinen Ansprüchen vermutlich an den VR als leistungsstärkeren Schuldner wenden.
Handelt es sich um einen Ausschließlichkeitsvertreter i. S. von § 34 d Abs. 7 Nr. 1 GewO, für den der VR die uneingeschränkte Haftung aus seiner Vermittlertätigkeit übernommen hat, haftet der VR neben der Haftung nach § 278 BGB auch aus dieser Haftungsübernahme. Der Ausschließlichkeitsvertreter kann dann einen Haftungsanspruch gegen ihn an den VR weiterreichen.

(3) Ein angestellter Vermittler hat die Pflicht verletzt.
Der VR haftet nach § 278 BGB für das Verschulden des Angestellten als seinen Erfüllungsgehilfen.
Eine Haftung nach § 63 VVG entfällt, da der angestellte Vermittler kein Versicherungsvermittler nach § 59 Abs. 2 VVG ist.

In folgenden Fällen besteht **keine Beratungspflicht des Versicherers:** VVG § 6 (6)

- Es handelt sich um ein Großrisiko im Sinn von § 210 VVG.
- Der Vertrag wird von einem Versicherungsmakler vermittelt.

  Wird der VN von einem Makler beraten, ist der VR insoweit von seinen Beratungspflichten befreit; denn er kann davon ausgehen, dass dieser die ihm als Vermittler obliegenden Frage- und Beratungspflichten erfüllt.

3.3.2 Informationspflichten des Versicherers vor Vertragsabschluss

Situationsbeispiel (1. Fortsetzung):

Versicherungsvertreter Hilmar Krause stellt Herrn Klein die von der Proximus Lebensversicherung AG angebotenen Tarife für Risikoversicherungen vor. Nach Abwägung des Für und Wider entscheidet sich Herr Klein für einen der Tarife.

Daraufhin händigt Hilmar Krause eine Informationsmappe zu diesem Tarif aus, in der sich u. a. neben einer Versicherungsinformation die Allgemeinen Bedingungen für die Risikoversicherung (AVB-Risiko) und ein Produktinformationsblatt befinden. Er lässt sich den Empfang der Unterlagen durch Unterschrift bestätigen und empfiehlt dann Herrn Klein, sich diese Materialien in den nächsten Tagen anzuschauen, um sich letzte Klarheit zu verschaffen.

(Das Situationsbeispiel wird in Abschnitt B 3.4.1 fortgesetzt.)

Die vorvertraglichen Informationspflichten des Versicherers sind im VVG und in der VVG-Informationspflichtenverordnung (VVG-InfoV) geregelt (siehe nachstehend unter c). § 7 VVG-InfoV

Die Informationspflicht gilt nicht bei einem Versicherungsvertrag über ein Großrisiko nach § 210 Abs. 2 VVG. Ist bei einem solchen Vertrag der VN eine natürliche Person, hat ihm der VR vor Vertragsschluss lediglich das **anwendbare Recht** und die **zuständige Aufsichtsbehörde** in **Textform** mitzuteilen. VVG § 7 (5)

a) Form der Information

Die Informationen sind in **Textform** zu erteilen. § 7 (1) S. 2

Folgende Formen können daher in Frage kommen:

- Überlassung in Papierform
- Übersendung per E-Mail
- Überlassung eines Datenträgers (z. B. CD-Rom, USB-Stick)
- Speicherung auf der Website (Voraussetzungen: siehe B 3.2.3.5 b).

  Die für Jedermann zugängliche Darstellung auf der Homepage des VR genügt der Pflicht nicht.

b) Zeitpunkt der Information

Das VVG sieht vor, dass die **Informationspflicht** des Versicherers **rechtzeitig vor** Abgabe der **Vertragserklärung** durch den VN zu erfolgen hat. Zweck dieser Vorschrift ist, dass der VN eine informierte Entscheidung treffen kann, ob der beabsichtigte Vertrag seinen Bedürfnissen entspricht oder nicht. Ggf. gibt er also erst gar keine Vertragserklärung ab. Der nicht gewollte Vertrag wird also durch schlichtes »Unterlassen« abgewendet.

Der Versicherungsnehmer kann durch eine gesonderte schriftliche Erklärung auf eine Information vor Abgabe seiner Vertragserklärung ausdrücklich verzichten. Diese muss dann unverzüglich nach Vertragsschluss nachgeholt werden (§ 7 (1) S. 3 VVG). In der Praxis geschieht dies in einem solchen Fall regelmäßig mit der Zusendung des Versicherungsscheins.

Durch das im VVG vorgesehene **Widerrufsrecht nach Vertragsschluss** (vgl. B 3.4.3) schützt der Gesetzgeber den VN ein weiteres Mal vor einem vielleicht ungewollten Vertrag. Ohne Zusendung der vorbeschriebenen Informationen würde die Widerrufsfrist auch bei ansonsten richtiger Belehrung erst gar nicht zu laufen beginnen (§ 8 Abs. 2 Nr. 1 VVG).

Um den mit der Informationspflicht verbundenen Aufwand ggf. reduzieren zu können, kennt die Praxis das **Antragsmodell** und das **Invitatiomodell** (siehe B 3.4).

Hinweis:

Erfolgt die Vertragsanbahnung nach dem **Antragsmodell** (der VN stellt nach der Beratung einen Antrag, der seine Vertragserklärung darstellt), ist es regelmäßig in der Praxis üblich, dass der Versicherungsvertreter die Informationspflichten für den VR durch Überlassung der entsprechenden Unterlagen erfüllt. Er handelt insoweit als Erfüllungsgehilfe.

Zweckmäßigerweise lässt sich der Vertreter die Aushändigung der Informationsunterlagen durch Unterschrift des VN bestätigen.

---

c) Informationspflichten nach dem VVG und nach der VVG-Informationspflichtenverordnung (VVG-InfoV)

VVG § 7

VVG-InfoV

Das **VVG** beschäftigt sich mit der Überlassung der **Vertragsbestimmungen** einschließlich der **AVB**, der **Form** und dem **Zeitpunkt** der Information, während die **VVG-InfoV** die nachstehenden Einzelheiten zum **Umfang der Information** regelt.

Übersicht: Umfang der Informationspflichten

Die Informationspflichten des Versicherers im Zusammenhang mit der **Vertragsanbahnung** werden in der VVG-InfoV wie folgt eingeteilt:

- Informationspflichten bei allen Versicherungszweigen (sog. Versicherungsinformation)
- Informationspflichten bei der Lebensversicherung, der Berufsunfähigkeitsversicherung und der Unfallversicherung mit Prämienrückgewähr (weitere Informationen)
- Informationspflichten bei der Krankenversicherung (weitere Informationen)
- Produktinformationsblatt
- Informationspflichten bei Telefongesprächen

Informationspflichten bei allen Versicherungszweigen

Hierzu zählen insbesondere: VVG-InfoV § 1

- Angaben zur Identität, ladungsfähige Anschrift und Hauptgeschäftstätigkeit des VR, mit dem der Vertrag geschlossen werden soll;
- Angaben zu wesentlichen Merkmalen der Versicherungsleistung (z. B. geltende AVB und Tarifbestimmungen; Art, Umfang, Fälligkeit und Erfüllung der Leistung; Gesamtpreis der Versicherung, ggf. getrennt nach mehreren selbstständigen Versicherungsverträgen; Zahlungsweise, Beginn, Laufzeit der Versicherung, Beendigung des Vertrages; Bestehen oder Nichtbestehen eines Widerrufsrechts;
- Anschrift der Aufsichtsbehörde als mögliche Beschwerdestelle.

Die Informationen zur ladungsfähigen Anschrift, zum Widerrufsrecht und zur Beendigung des Vertrages müssen deutlich hervorgehoben sein. § 1 (2)

Informationspflichten bei der Lebensversicherung, der Berufsunfähigkeitsversicherung und der Unfallversicherung mit Prämienrückgewähr

Hierzu zählen insbesondere: § 2

- Angaben zur Höhe der **Kosten** für die Vermittlung und den Abschluss des Vertrages in Euro.
- Angaben zur **Überschussbeteilung** (vgl. Band 2, C 5.3 und C 5.4) und zu **Rückkaufswerten** (vgl. Band 2, C 6.4.1) sowie den dabei garantierten Leistungen.
- Angaben zur Umwandlung in eine **beitragsfreie Versicherung** (vgl. Band 2, C 6.3).
- Allgemeine Angaben über die für die Versicherungsart geltende **Steuerregelung** (vgl. Band 2, C 9).
- Modellrechnungen i. S. von § 154 (1) VVG (vgl. Band 2, C 5.3.7).

Informationspflichten bei der Krankenversicherung

Hierzu zählen insbesondere:

- Angaben zur Höhe der **Kosten** für die Vermittlung und den Abschluss des Vertrages in Euro. § 3
- Angaben über die Auswirkungen steigender Krankheitskosten auf die **zukünftige Beitragsentwicklung.**
- Hinweise auf die Möglichkeiten zur **Beitragsbegrenzung im Alter** (z. B. Wechsel in den Basistarif).Hinweis, dass ein Wechsel von der privaten Krankenversicherung (PKV) in die gesetzliche Krankenversicherung (GKV) ausgeschlossen ist und ein Wechsel innerhalb der PKV mit höheren Beiträgen verbunden sein kann.
- Übersicht über die **vergangene Beitragsentwicklung** (i. d. R.. in den vorangehenden zehn Jahren).

Nähere Einzelheiten sind in Band 2, Abschnitt E Krankenversicherung, dargestellt.

Produktinformationsblatt für Verbraucher

Der VR hat Versicherungsnehmern, die als **Verbraucher** gelten, zusätzlich ein Produktinformationsblatt zur Verfügung zu stellen, dass alle diejenigen Informationen enthält, die für den Abschluss oder die Erfüllung des Versicherungsvertrages von besonderer Bedeutung sind. § 4

EU 2017/1469 Für **Nichtlebensversicherungen** gilt seit dem 23.02.2018 das »Informationsblatt zu Versicherungsprodukten«.

Für **Lebensversicherungen,** die keine Versicherungsanlageprodukte sind, enthält das Informationsblatt u. a. die Angaben zu den Kosten (Abschluss- und Vertriebskosten, Verwaltungskosten, sonstige Kosten) in Euro.

Für **Versicherungsanlageprodukte** (vgl. B 3.3.4.2) gilt seit 01.01.2018 das Basisinformationsblatt nach der PRIIP-Verordnung (Packaged Retail and Insurance-based Investment Products: Verordnung für Versicherungsanlageprodukte).

AltZertG § 7 Für **private Vorsorgeprodukte** (Altersvorsorgeverträge, wie z. B. die private Riester-Rente oder Basisrentenverträge, wie die Rürup-Rente; vgl. Band 2, C2) gilt seit 01.01.2017 das Produktinformationsblatt nach dem Gesetz über die Zertifizierung von Altersvorsorge- und Basisrentenverträgen (AltZertG).

➤ Informationspflichten bei Telefongesprächen

VVG-InfoV § 5 Bei telefonischem Kontakt muss der VR seine Identität und den geschäftlichen Zweck des Kontaktes bereits zu Beginn eines jeden Gesprächs ausdrücklich offen legen. Im Übrigen gelten für den telefonischen Kontakt eingeschränkte Informationspflichten.

Aufgrund seines Vertretungsverhältnisses muss auch der Versicherungsvertreter bei telefonischem Kontakt den dann geforderten Informationspflichten nachkommen.

VVG § 7 (1) S. 3 Wird ein Vertrag auf Verlangen des VN telefonisch oder unter Verwendung eines anderen Kommunikationsmittels geschlossen, ist die Informationspflicht unverzüglich nachzuholen, wenn zuvor eine rechtzeitige Übermittlung nicht möglich war.

3.3.3 Beratung und Informationen nach Vertragsabschluss

§ 6 (4) Für den VR erstreckt sich die Beratungs- und Informationspflicht auch auf die Zeit nach Vertragsabschluss, also während der Dauer des Vertragsverhältnisses, soweit für eine Nachfrage und Beratung bzw. Information Anlass besteht.

Beispiel:
Der VN einer Hausratversicherung teilt mit, dass sein Sohn jetzt an der Universität Marburg studiere und mit einem Teil des Hausrats nach dort gezogen sei. Der VR wird nachfragen müssen, ob der Sohn in Marburg einen eigenen Hausstand gegründet hat oder ob er sich dort nur vorübergehend während des Studiums aufhält. Nur im letzteren Fall besteht nämlich Versicherungsschutz über die Hausratversicherung des Vaters. Ansonsten muss eine eigene Hausratversicherung abgeschlossen werden.

VVG § 6 (4) S. 2, § 6 (3) S. 2, Der VN kann auf eine Beratung nach Vertragsabschluss im Einzelfall **schriftlich** verzichten, bei Fernabsatzverträgen in Textform.

§ 6 (6) **Keine Beratungspflicht des Versicherers** während der Vertragslaufzeit besteht **in folgenden Fällen**, die auch schon in Abschnitt B 3.3.1 dargestellt wurden: Großrisiko, Vermittlung durch einen Makler.

Das Gesetz kennt **keine Beratungspflicht des Vertreters während der Vertragslaufzeit**. Gleichwohl wird er bestrebt sein, den Kunden weiter zu betreuen, um ihn nicht als Bestandskunden zu verlieren.

Besondere **Informationspflichten** gibt es für die Lebens- und Krankenversicherung (siehe Band 2).

3.3.4 Besondere Beratungs- und Informationspflichten

3.3.4.1 Querverkäufe

Man unterscheidet bei Paketen oder gebündelten Produkten, ob die Versicherung das Haupt- oder nur das Nebenprodukt bildet: VVG § 7a

a) Versicherung ist das Hauptprodukt

Beispiel:
Die Assistance-Leistungen (Nicht-Versicherungs-Produkt) werden **zusammen** mit der Unfall-Versicherung (Hauptprodukt) angeboten.

Das Gesetz verbietet weder diese Bündelung noch eine Koppelung als Paket. Es sind nur besondere Beratungs- und Informationspflichten zu beachten: § 7a (1)

- Hinweis, ob auch ein getrennter Verkauf möglich ist.
- Ist er möglich, muss eine Beschreibung der Bestandteile der Vereinbarung oder des Pakets zur Verfügung gestellt werden, ferner für jeden Bestandteil ein gesonderter Nachweis über Kosten und Gebühren.
- Beschreibung, wie sich die Versicherungsdeckung im Paket von einer Versicherungsdeckung ohne diese Paketform unterscheidet und wie das Paket die Versicherungsdeckung ändert. § 7a (2)

b) Versicherung ist das Nebenprodukt

Beispiel:
Eine Handy-Versicherung (Nebenprodukt) wird als **Ergänzung** zum Handy (Hauptprodukt) angeboten.

Hier ist die Bündelung erlaubt, nicht aber die Koppelung: § 7a (3) S. 1

- Der Kunde muss die Möglichkeit haben, die Ware oder die Dienstleistung (das Nicht-Versicherungs-Produkt) auch gesondert zu kaufen (kein Paketzwang).
- Der dafür vorgesehene Preis ist dem Kunden mitzuteilen.

Diese Regelung gilt nur dann nicht, wenn die Versicherungsleistung bestimmte Finanzdienstleistungen (Wertpapierdienstleistung, Kreditvertrag, Zahlungskonto) ergänzt. § 7a (3) S. 2

c) Versicherungsanlageprodukte als Querverkauf

Sie unterliegen **insgesamt** den besonderen Beratungspflichten, weil »Pakete« von Dienstleistungen oder Produkten nur empfohlen werden dürfen, wenn das Gesamtpaket für den Kunden geeignet oder angemessen ist. § 7c (2) S. 2

d) Restschuldversicherung als Querverkauf

Eine Woche nach Abgabe seiner Vertragserklärung ist der VN erneut in Textform über sein Widerrufsrecht zu belehren. Auch das Produktinformationsblatt ist mit dieser Belehrung erneut zur Verfügung zu stellen. Die Widerrufsfrist beginnt nicht vor Zugang dieser Unterlagen. § 7a (4)

3.3.4.2 Besondere Pflichten bei Versicherungsanlageprodukten

Gemeint sind damit Lebensversicherungsprodukte, die Fälligkeitswerte oder Rückkaufswerte bieten, die vollständig oder teilweise direkt oder indirekt Marktschwankungen ausgesetzt sind.

Keine Versicherungsanlageprodukte sind Lebensversicherungen, die wie reine Risikolebensversicherungen nur im Todesfall, oder bei Arbeitsunfähigkeit infolge von Körperverletzung, Krankheit oder Gebrechen leisten.

BaFin Journal August 2017

Folglich sind mit Versicherungsanlageprodukte auf jeden Fall die fondsgebundenen Lebensversicherungen gemeint. Die BaFin hat aber klargestellt, dass sie auch die klassischen Renten- und Lebensversicherungen als Versicherungsanlageprodukte ansieht.

➤ Informationspflichten

VVG § 7b (1)

- Vor Abschluss des Vertrages sind dem VN **angemessene** Informationen über den Vertrieb von Versicherungsanlageprodukten und sämtliche Kosten und Gebühren zur Verfügung zu stellen.

§ 7b (2)

- Während der Vertragslaufzeit müssen dem VN regelmäßig, mindestens aber jährlich, Informationen zur Verfügung gestellt werden, die bestimmte Mindestinhalte haben.

  In **zusammengefasster** und **verständlicher** Form sind alle Kosten und Gebühren, einschließlich die nicht durch das zugrunde liegende Marktrisiko verursacht werden, sowie deren kumulative Wirkung auf die Anlagerendite, mitzuteilen. Der VN kann auch eine Aufstellung der Kosten und Gebühren gesondert verlangen.

➤ Frage-, Prüfungs-, Warn- und Dokumentationspflichten

§ 7c (1)	**Empfehlung:**	Nur Versicherungsanlageprodukte empfehlen, die für den VN **geeignet** sind und insbesondere dessen **Risikotoleranz** und dessen **Fähigkeit, Verluste** zu ertragen, entsprechen.
	Fragepflicht:	Die dafür nötigen Informationen muss der Vertreiber bei der Beratung erfragen, nämlich die **Präferenzen, Ziele** und andere **kundenspezifischen Merkmale.**
§ 7c (2)	**Angemessenheitsprüfung:**	Prüfung, ob das Versicherungsanlageprodukt für den VN angemessen, also **zweckmäßig** ist. Zur Beurteilung müssen Informationen über Kenntnisse und Erfahrung im Anlagebereich in Bezug auf den speziellen Produkttyp oder den speziellen Typ der Dienstleistung **erfragt** werden. Beim Ergebnis, dass das Produkt für den VN unangemessen ist, ist der VN zu **warnen.** Die Warnung kann in einem standardisierten Format erfolgen.
§ 7c (3)	**Angemessenheitserklärung:**	Sie muss dem VN vor Vertragsschluss auf einem **dauerhaften Datenträger** zur Verfügung gestellt werden. Darin müssen die erbrachten Beratungsleistungen und die berücksichtigten Präferenzen, Ziele und anderen kundenspezifischen Merkmale aufgeführt sein. Für die Beratung findet § 6a VVG Anwendung. Allerdings kann die Angemessenheitserklärung nicht über eine Website erbracht werden.

➤ Vertrieb ohne Angemessenheitsprüfung

Versicherungsanlageprodukte können unter bestimmten Bedingungen auch **ohne** die vorgesehene **Angemessenheitsprüfung** vertrieben werden, und zwar:

- Es handelt sich nicht um ein komplexes Versicherungsanlageprodukte im Sinne der Richtlinie 2014/65/EU, d.h. es weist keine komplexe Struktur auf, die es dem VN erschwert, die mit der Anlage einhergehenden Risiken zu verstehen.
- Die Vertriebstätigkeit erfolgt auf Veranlassung des VN.
- Der VN wurde eindeutig darüber in Kenntnis gesetzt, dass der Vertreiber keine Angemessenheitsprüfung durchgeführt hat.
- Der Vertreiber kommt seinen Pflichten zur Vermeidung von Interessenkonflikten nach.

➤ Regelmäßige Beurteilung der Eignung

Wird eine Eignung regelmäßig beurteilt, muss der Bericht jeweils eine **aktualisierte** Erklärung dazu enthalten, inwieweit das Versicherungsanlageprodukt den Präferenzen, Zielen und anderen kundenspezifischen Merkmalen des VN entspricht. VVG § 7c (3) S. 3

➤ Aufzeichnung der Vereinbarungen

Der Versicherer muss eine Aufzeichnung erstellen, aus der die Vereinbarungen mit dem Versicherungsnehmer über die Rechte und Pflichten der Parteien sowie die Bedingungen, zu denen das Versicherungsunternehmen Dienstleistungen für den Versicherungsnehmer erbringt, ersichtlich sind. § 7c (4)

Die Rechte und Pflichten der Vertragsparteien können durch einen Verweis auf andere Dokumente oder Rechtstexte geregelt werden.

Der Bericht ist dem VN auf einem dauerhaften Datenträger zur Verfügung zu stellen. § 7c (5) S. 1

Diese Berichte enthalten **regelmäßig** auch Mitteilungen an den VN, die die Art und die Komplexität der jeweiligen Versicherungsanlageprodukte sowie die Art der für den VN erbrachten Dienstleistung berücksichtigen, und gegebenenfalls die Kosten, die mit den getätigten Geschäften und den erbrachten Dienstleistungen verbunden sind. § 7c (5) S. 2

➤ Abschluss bei Verwendung eines Fernkommunikationsmittels

Ist die vorherige Aushändigung der Angemessenheitserklärung nicht möglich, kann sie dem VN auf einem dauerhaften Datenträger unverzüglich nach Abschluss des Vertrags zur Verfügung gestellt werden, wenn die folgenden Bedingungen erfüllt sind: § 7c (5)

1. der VN hat dieser Vorgehensweise zugestimmt und
2. dem VN wurde angeboten, den Zeitpunkt des Vertragsabschlusses zu verschieben, damit er die Angemessenheitserklärung vorher erhalten kann.

3.3.4.3 Regelungen für Restschuldversicherungen

Beratung und Information: Der VN eines Gruppenversicherungsvertrages hat gegenüber der versicherten Person die Beratungs- und Informationspflichten eines Versicherers. § 7d

Widerrufsrecht: Die versicherte Person hat die Rechte eines VN, insbesondere das Widerrufsrecht. Über dieses Widerrufsrecht ist eine Woche nach Abgabe der Vertragserklärung erneut in Textform zu belehren. Auch das Produktinformationsblatt ist mit dieser Belehrung erneut zur Verfügung zu stellen. Die Widerrufsfrist beginnt nicht vor Zugang dieser Unterlagen.

3.4 Vertragserklärung und Widerrufsrecht des Versicherungsnehmers

Als Vertragserklärung gilt die in den Versicherungsvertrag eingehende Willenserklärung des VN. Für die Abgabe dieser Vertragserklärung kennt man in der Versicherungspraxis das Antragsmodell und das Invitatiomodell.

3.4.1 Antragsmodell

Situationsbeispiel (2. Fortsetzung):

Versicherungsvertreter Hilmar Krause hat dem Kunden Stefan Klein die AVB, die Versicherungsinformation und alle produktbezogenen Informationen zu der Risikoversicherung nach dem gewählten Tarif und auch die während der Beratung erstellte Dokumentation ausgehändigt.

Stefan Klein entscheidet sich, den Versicherungsantrag sofort zu stellen, zumal er von Hilmar Krause erfährt, dass er seine Vertragserklärung nach Zugang des Versicherungsscheins noch widerrufen kann. »Da es sich um eine Lebensversicherung handelt beträgt die Widerrufsfrist sogar 30 Tage nach Zugang des Versicherungsscheins. Auf dieses Recht werden Sie aber auch noch mit dem Zugang des Versicherungsscheins hingewiesen«, sagt er hierzu.

Beim Antragsmodell händigt der Versicherungsvermittler bzw. der Versicherer dem zukünftigen VN vor dessen Unterschrift unter dem Antrag (also **vor** der Vertragserklärung) alle geforderten Vertragsinformationen gem. § 7 Abs. 1 VVG in Textform aus, damit er sich umfassend über die beabsichtigte Versicherung informieren kann. Entschließt sich der VN daraufhin, die beabsichtige Versicherung zu beantragen, unterschreibt er den entsprechenden Versicherungsantrag. Abgegeben ist die durch seine Unterschrift zum Ausdruck gebrachte Vertragserklärung aber erst, wenn der VN den Antrag in Richtung auf den Versicherer auf den Weg gebracht hat (vgl. Prölss/Martin, Kommentar zum VVG, § 7 Rn. 7). In der Praxis geschieht dies überwiegend durch Aushändigung des unterschriebenen Antrags an den Versicherungsvermittler.

Phasen des Vertragsabschlusses:

Befragung, Beratung und Angebot	Übergabe der Informationen in Textform	**Vertragserklärung** (Antrag) des Kunden	Zustellung der Police durch VR (Vertragsabschluss)

Zum Inhalt des Antrages, vgl. B 3.5.

Police = Versicherungsschein, vgl. B 3.7.

Ausgehändigte Unterlagen beim Beratungsgespräch:

- Versicherungsbedingungen
- Versicherungsinformation
- Produktinformationsblatt
- Produktbezogene Informationen
- Beratungsprotokoll
- ggf. Kopie des Versicherungsantrages

3.4.2 Invitatiomodell

Beim Invitatiomodell (lat. invitatio = Einladung) wird der zukünftige VN (Kunde), wie auch beim Antragsmodell, zunächst beraten. Besteht Klarheit über den gewünschten Versicherungsschutz wird dem Kunden ein Vertragsvorschlag zur Unterschrift vorgelegt. Die Unterschrift des Kunden unter diesen Vertragsvorschlag ist rechtlich noch keine Vertragserklärung, also kein Antrag, sondern eine Aufforderung an den VR, ein verbindliches Vertragsangebot zu unterbreiten (sog. **Aufforderung zur Offerte**). Der VR prüft die Versicherbarkeit anhand der Angaben im Vertragsvorschlag und stellt ggf. einen Versicherungsschein (vgl. B 3.7) aus, der alle gesetzlich geforderten Informationen beigefügt werden. Dieser Versicherungsschein ist **rechtlich ein Antrag.** Vom Verhalten des Kunden hängt jetzt ab, ob der Vertrag zustande kommt. Reagiert er nicht, kommt kein Vertrag zustande. Unterschreibt er die vom VR vorbereitete Annahmeerklärung und sendet diese zurück, gilt sie mit Zugang beim VR als Vertragserklärung des VN. Zahlt er die sog. Einlösungsprämie ohne Absendung der Annahmeerklärung, gilt dies als sog. konkludente (schlüssige) Handlung, die als Vertragserklärung angesehen werden kann.

Phasen des Vertragsabschlusses:

Befragung, Beratung und Vertragsvorschlag	Anforderung eines Angebots vom Kunden beim VR	Zustellung einer Police (= Antrag des VR) und der Informationen in Textform	Annahme durch Kunden (meist konkludent durch Prämienzahlung) = **Vertragserklärung**

Ausgehändigte Unterlagen beim Beratungsgespräch:

- Beratungsprotokoll
- Kopie der Anforderung eines Angebotes vom VR

Auf Wunsch erhält der Kunde auch schon die Versicherungsbedingungen, die produktbezogenen Informationen und das Produktinformationsblatt.

Spätestens mit dem Versicherungsschein folgen:

- Versicherungsbedingungen
- Produktbezogene Informationen
- Produktinformationsblatt

Der Vertragsabschluss nach dem Invitatiomodell hat aus verwaltungstechnischer Sicht den Vorteil, dass beim Versicherungsvermittler kein größerer Vorrat an Versicherungsbedingungen usw. bereitgehalten werden muss; denn das Informationsmaterial fügt der VR der Police (= Antrag des VR) bei. Für Mehrfachvertreter und insbesondere Versicherungsmakler bedeutet dies eine sehr große Entlastung, da ansonsten das Material von vielen Versicherern gelagert werden müsste.

Das Verfahren schließt nicht aus, dass einem Kunden auf Wunsch das Informationsmaterial beschafft wird, bevor er eine Aufforderung zur Offerte abgibt.

3.4.3 Widerruf der Vertragserklärung

a) Dauer und Beginn der Widerrufsfrist

VVG §§ 8, 152

Der VN kann seine Vertragserklärung innerhalb von **14 Tagen** (Vertragserklärung zur **Lebensversicherung** innerhalb von **30 Tagen**) widerrufen. Der Widerruf ist in Textform zu erklären; zur Fristwahrung genügt, die rechtzeitige Absendung.

Die Widerrufsfrist beginnt zu dem Zeitpunkt, zu dem der VN folgende Unterlagen erhalten hat (Zugang):

- **Versicherungsschein** und Vertragsbestimmungen einschl. der AVB sowie die **weiteren Informationen** nach § 7 Abs. 1 u. 2 VVG
- deutlich gestaltete **Belehrung** über das Widerrufsrecht und die Rechtsfolgen des Widerrufs

  An die Belehrung werden bestimmte Anforderungen gestellt (siehe nachstehend unter b).

  Das Gesetz sagt nicht, zu welchem Zeitpunkt die Belehrung erfolgen muss. Üblicherweise erfolgt sie zeitgleich mit der Vertragserklärung des VN. Sie ist auf dem Antragsformular oder einem separaten Formular abgedruckt. Durch seine Unterschrift bestätigt der VN die Belehrung. Beim Invitatiomodell ist sie regelmäßig in einem für die Annahmeerklärung des VN vorgesehenen Formular enthalten.

Der Nachweis über den Zugang der Unterlagen obliegt dem VR. Zweckmäßigerweise wird er sich daher die Aushändigung durch Unterschrift bestätigen lassen.

Durch das Widerrufsrecht hat der VN die Möglichkeit, auch noch **nach Vertragsschluss** (Vertragsschluss ist beim Antragsmodell der Zugang des Versicherungsscheins, beim Invitatiomodell der Zugang der Annahmeerklärung des VN beim VR oder die schlüssige Prämienzahlung des VN nach Policenerhalt) seine Vertragserklärung zu widerrufen, wenn er mit Hilfe des Informationsmaterials zu dem Ergebnis kommt, dass die Versicherung doch nicht seinen Bedürfnissen entspricht.

Der VN wird durch das Gesetz auch **vor Abgabe seiner Vertragserklärung**, wie in Abschnitt B 3.3.2 b aufgezeigt, schon geschützt, da das Informationsmaterial rechtzeitig vor Abgabe der Vertragserklärung ausgehändigt worden sein muss, damit der VN sich im Vorfeld ausführlich mit dem beabsichtigten Vertrag auseinandersetzen kann.

Das Widerrufsrecht besteht nicht

- bei Versicherungsverträgen mit einer Laufzeit von weniger als einem Monat (z. B. kurzfristige Reisegepäckversicherung),
- bei Versicherungsverträgen über vorläufige Deckung (ausgenommen bei einem Fernabsatzvertrag; vgl. B 3.8),
- bei Versicherungsverträgen bei Pensionskassen, die auf arbeitsvertraglichen Regelungen beruhen (ausgenommen bei einem Fernabsatzvertrag),

  Das hängt damit zusammen, dass wegen der arbeitsvertraglichen Vorgaben kein Recht auf freie Wahl des Versicherers besteht. Zum Wesen der Pensionskasse, vgl. Band 2, C 3.3.2.4; zum Geltungsbereich des VVG für Pensionskassen; siehe § 211 VVG.
- bei Versicherungsverträgen über ein Großrisiko im Sinn des § 210 Abs. 2 VVG.

Das Widerrufsrecht erlischt, wenn der Vertrag von beiden Seiten auf **ausdrücklichen** Wunsch des VN vollständig erfüllt ist, und er sein Widerrufsrecht noch nicht ausgeübt hat.

Beispiel:

Der VN plant eine vierwöchige Ausstellung und hat eine Veranstalter-Haftpflichtversicherung abgeschlossen. Den Einmalbeitrag hat er sofort bezahlt. Wegen mangelnden Interesses bricht er die Ausstellung schon nach einer Woche ab und bittet den VR, die Versicherung zu beenden, da er den Versicherungsschutz nicht mehr benötigt.

Die Vorschrift wird damit begründet, dass es widersprüchlich wäre, wenn der VN noch ein Widerrufsrecht hätte, nachdem er zuvor den VR in Kenntnis seines Widerrufsrechts zur Leistung (den Versicherungsschutz) veranlasst und er selbst seine Leistung (den Beitrag) erbracht hat.

b) Inhalt der Belehrung und Nachweis

Das Gesetz stellt an die Belehrung bestimmte Anforderungen. Hierzu zählen: VVG § 8 (2) Nr. 2

- Dem VN sind seine **Rechte deutlich** zu machen (VVG: »deutlich gestaltete Belehrung ... entsprechend den Erfordernissen des eingesetzten Kommunikationsmittels«).
- **Anschrift des VR**, an die der Widerruf zu richten ist (VVG: »Namen und ladungsfähige Anschrift desjenigen, demgegenüber der Widerruf zu erklären ist«)
- Hinweis auf den **Fristbeginn**
- Folgende weitere Hinweise: Erklärung des Widerrufs in **Textform**, **keine Begründung** für den Widerruf erforderlich, **rechtzeitige Absendung genügt** für die Fristwahrung. § 8 (1)

Die Belehrung genügt den Anforderungen, wenn das in der **Anlage zum VVG** abgedruckte **Muster für die Widerrufsbelehrung** in Textform verwendet wird. § 8 (5)

Wurden die geforderten Informationen nicht bereitgestellt oder ist der VN über sein Widerrufsrecht nicht ordnungsgemäß belehrt worden, beginnt die Widerrufsfrist nicht zu laufen. Praktisch kann der VN in einem solchen Fall seine Vertragserklärung noch nach Jahren widerrufen (siehe nachstehend unter e).

c) Vertragliche Ansprüche während der Widerrufsfrist

Sobald der Vertrag geschlossen ist (z. B. durch Zugang des Versicherungsscheins mit allen erforderlichen Informationen beim Antragsmodell), ist dieser (schwebend) wirksam, solange das Widerrufsrecht noch nicht abgelaufen ist. Damit auch der Versicherungsschutz beginnen kann, sehen die Antragsvordrucke regelmäßig vor, dass sich der VN mit dem Beginn des Versicherungsschutzes vor Ablauf der Widerrufsfrist einverstanden erklärt. Der VN erwirbt also einen Anspruch auf Leistung, auch wenn die Widerrufsfrist noch läuft oder wegen Formmängeln noch nicht begonnen hat und er die Voraussetzungen für den Beginn des Versicherungsschutzes (z. B. unverzügliche Zahlung der Erstprämie, wenn die erweiterte Einlösungsklausel vereinbart ist – vgl. hierzu B 4.2.2) erfüllt. Andererseits kann der VR die Prämienzahlung verlangen, soweit diese fällig ist.

d) Rechtsfolgen des Widerrufs

Erklärt der VN fristgerecht den **Widerruf**, wandelt sich der Vertrag in ein **Rückgewährsschuldverhältnis** um, d. h. erbrachte Leistungen müssen zurückgewährt werden, sofern nicht etwas anderes vereinbart ist.

In § 9 Abs. 1 S. 1 VVG werden die Rechtsfolgen geregelt für den Fall, dass sich der VN mit dem **Beginn des Versicherungsschutzes vor Ablauf der Widerrufsfrist** einverstanden erklärt hat. Der VR muss dann nur den **Teil der Prämie erstatten**, der auf die Zeit nach Zugang des Widerrufs fällt; vorausgesetzt, er hat den VN

- ordnungsgemäß über sein Widerrufsrecht belehrt,
- die Rechtsfolgen des Widerrufs dargestellt und
- den zu zahlenden Betrag für den Versicherungsschutz bis zum Ablauf der Widerrufsfrist mitgeteilt.

Beispiel:
Der VN hat eine Hausratversicherung mit einer Jahresprämie von 182,50 € abgeschlossen und diese auch sofort bezahlt. Am 10. Tag nach Beginn der Widerrufsfrist geht dem VR der Widerruf des VN zu. Der VR hat nur Anspruch auf 10 Tage der Jahresprämie für 365 Tage, also auf 5,00 €. Er muss 177,50 € zurückerstatten.

Die Erstattung muss unverzüglich, spätestens 30 Tage nach Zugang des Widerrufs erfolgen.

VVG § 152 (2) Bei einer Lebensversicherung kann der VN zusätzlich den Rückkaufswert einschließlich der Überschussanteile (vgl. Band 2, C 5 Lebensversicherung) verlangen. Hat der VR eine Hinweispflicht im Zusammenhang mit der Widerrufsbelehrung verletzt, kann der VN den Rückkaufswert einschließlich der Überschussanteile oder, wenn dies für ihn günstiger ist, die für das erste Jahr gezahlten Prämien verlangen.

e) »Ewiges« Widerrufsrecht in bestimmten Fällen

Hat der VR eine Pflicht im Zusammenhang mit den auszuhändigen Unterlagen (siehe unter a) verletzt, beginnt die Widerrufsfrist nicht zu laufen. Der VN hat dann quasi ein »ewiges« Widerrufsrecht.

Hinsichtlich der Pflichtverletzung und ihrer **Verletzungsfolge** ist danach zu unterscheiden, ob der Mangel im Fehlen der Vertragsbestimmungen und Informationen (nachstehend **Informationsmangel** genannt) oder der ordnungsgemäßen Belehrung (nachstehend **Belehrungsmangel** genannt) liegt.

➤ Widerruf nach einem Informationsmangel

Beispiel:
Der VR hat eine Informationspflicht nach der VVG-InfoV (z. B. Aushändigung des Produktinformationsblattes) verletzt. Der VN bemerkt diesen Mangel in der Mitte des zweiten Versicherungsjahres und widerruft daraufhin seine Vertragserklärung.

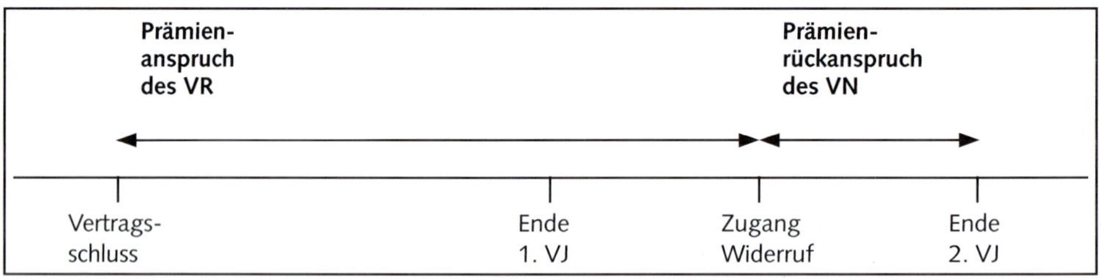

Der Widerruf wird mit Zugang beim VR wirksam, da die Widerrufsfrist wegen des Mangels nie zu laufen begonnen hat. Der VR ist verpflichtet, die Prämie des zweiten Versicherungsjahres zeitanteilig vom Zugang des Widerrufs bis zum Ende des Versicherungsjahres zu erstatten.

Dass der VR die erhaltenen Prämien vor Wirksamwerden des Widerrufs behalten darf liegt darin begründet, dass er Versicherungsschutz gewährt hat, der ja spätestens mit Einlösung des Versicherungsscheins (Einlösungsprinzip nach § 37 Abs. 2 VVG) entstanden ist.

➤ Widerruf nach einem Belehrungsmangel

Beispiel:

Der VR hat die Belehrungspflicht zum Widerrufsrecht verletzt. Im Übrigen stellt sich die Situation wie im vorangegangenen Beispiel dar.

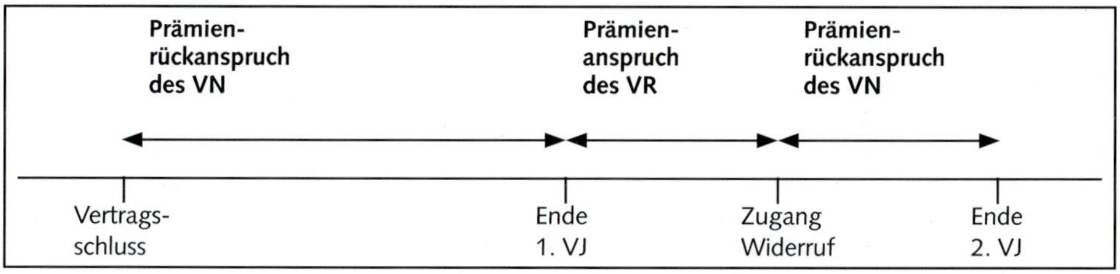

Auch hier ist der Widerruf mit Zugang wirksam, da die Widerrufsfrist wegen des Mangels nie begonnen hat. Im Gegensatz zum vorangegangenen Beispiel ist der VR aber verpflichtet, neben der zuviel gezahlten Prämie für die Zeit nach Zugang des Widerrufs auch noch die Prämie für das erste Versicherungsjahr zu erstatten. Diese zusätzliche Erstattungspflicht gilt nur dann nicht, wenn der VN Leistungen aus dem Versicherungsvertrag in Anspruch genommen hat. VVG § 9 (1) S. 2

Mit der Pflicht zur Erstattung der ersten Jahresprämie soll sanktioniert werden, dass der VR eine Hinweisobliegenheit verletzt hat.

3.5 Einzelheiten zum Versicherungsantrag

3.5.1 Form und Inhalt

In der Praxis stellt in der Regel die Person den Versicherungsantrag, die VN des Vertrages werden will. Der Antrag, der gesetzlich an keine bestimmte Form gebunden ist, wird regelmäßig auf einem Vordruck aufgenommen. Die Gesellschaften haben für die verschiedenen Sparten Antragsformulare entworfen, deren äußere Gestaltung und deren Inhalt von der Aufsichtsbehörde im Rahmen einer Missbrauchsaufsicht überwacht wird. Der Antragsteller ist verpflichtet, die gestellten Fragen richtig und vollständig zu beantworten; denn der Antrag sieht nicht nur die **Vertragserklärung** und **weitere Willenserklärungen** (z.B. Einzugsermächtigung) des VN sondern auch dessen **Wissenserklärungen** (Angaben über das zu versichernde Risiko) vor. Mit der Abgabe des Antrags unterwirft sich der Antragsteller den AVB des VR und den für ein Risiko der betreffenden Art angewandten Zusatzbedingungen, Besonderen Bedingungen und Klauseln.

Viele VR ermöglichen den VN für bestimmte Versicherungsarten auch eine **Antragstellung** »online« (elektronische Willenserklärung).

Mit dem Antrag nicht zu verwechseln ist ein sog. **Probeantrag**. Er gilt nur als unverbindliche Anfrage des VN nach Umfang, Übernahme und Kosten des Versicherungsschutzes. Man kennt den Probeantrag z.B. in der privaten Krankenversicherung, wenn ein nicht mehr krankenversicherungspflichtiger Arbeitnehmer von der gesetzlichen Krankenversicherung in die private Krankenversicherung wechseln will.

Übersicht: Inhalt des Versicherungsantrages

Eigentlicher, auf den Abschluss des Vertrages gerichteter Antrag (Vertragserklärung):

- **Vertragspartner**
  insbesondere Name und Anschrift des VN, denn der VR ist im Antragsvordruck schon genannt
- **Umfang des gewünschten Versicherungsschutzes**
  Sparte (bzw. Sparten bei Sammelversicherungsanträgen), Tarifart, Einschluss bestimmter Risiken/ Leistungserweiterungen
- **Versicherungsobjekt**
- **Versicherte Person**(en) in der Personenversicherung und ggf. die bezugsberechtigte Person
- **Versicherungssumme** (ggf. mit Dynamik), Deckungssummen in der Haftpflichtversicherung
  Unter Umständen unterschiedliche Versicherungssummen, z. B. in der Unfallversicherung für Todesfallleistung und Invaliditätsleistung
- **Beginn und Dauer** (z. B. 3 Jahre); im Fall der Lebensversicherung Angabe des Endalters, Prämienangabe, Zahlungsweise
  Fehlt die Prämienangabe, unterwirft sich der Antragsteller dem Prämientarif des VR.
  Die Prämie kann aber auch einer späteren Vereinbarung vorbehalten werden.
- **Anerkenntnis der Versicherungsbedingungen**

Fragen zur Erfüllung der vorvertraglichen Anzeigepflicht (Wissenserklärung):

- **Angaben über das Risiko**
  z. B. in der Lebensversicherung u. a. Alter, Geschlecht, Größe, Gewicht, Vorerkrankungen
- **Vorversicherung** und ggf. andere Versicherungen für dieses Risiko, Angaben zu Vorschäden

Abgabe von Ermächtigungserklärungen und sonstige Bestätigungen:

- Datenverarbeitung, Schweigepflichtentbindungsklauseln, Einzugsermächtigung
- **Belehrung über das Widerrufsrecht**
  Sofern der VR nicht das Muster für die Widerrufsbelehrung gem. Anlage zu § 8 Abs. 5 Satz 1 VVG einsetzt, ist diese auf dem Antragsformular abgedruckt.
- **Bestätigung über den rechtzeitigen Erhalt der Versicherungsbedingungen und des Informationsmaterials**
  Die Bestätigung der Aushändigung kann im Antragsformular vorgesehen sein, sofern kein separates Bestätigungsformular verwendet wird.
- **SEPA-Lastschriftmandat**
- **Bindefrist**, soweit kein Widerrufsrecht besteht

Unterschrift des Antragstellers
Unterschrift des gesetzlichen Vertreters, soweit der Antragsteller minderjährig ist, ggf. Unterschrift der zu versichernden Person; Unterschrift des Vermittlers

3.5.2 Willenserklärungen und Bestätigungen im Antrag

a) Vertragserklärung

Beim Antragsmodell stellt der vom VN unterschriebene Antrag seine Vertragserklärung dar, d.h. seine auf den Abschluss eines Versicherungsvertrages gerichtete Willenserklärung.

Der Antragsvordruck bezeichnet in auffälliger Weise (Fettdruck) den Versicherungszweig (z.B. Hausratversicherung, Kapital-Lebensversicherung, Rentenversicherung). Er ist so aufgebaut, dass alle vertragsrelevanten Daten durch Ausfüllen des Antrags festgehalten werden. Hierzu zählen insbesondere Name und Anschrift des VN als Vertragspartner des VR, Höhe der Versicherungssumme, Beginn und Dauer der Versicherung, Höhe des Beitrages, Zahlungsweise (z.B. halbjährlich), Bezugsrecht in der Lebens- und Unfallversicherung. Diese Gestaltungsmerkmale des Vertrages stellen zusammen mit dem Anerkenntnis der AVB den Inhalt der Vertragserklärung dar.

b) Ermächtigungserklärungen des Antragstellers

Neben seiner Vertragserklärung gibt der VN regelmäßig mit seiner Unterschrift weitere Erklärungen ab.

➤ Datenschutzerklärungen

Sie gestatten dem VR, die im Zusammenhang mit der beantragten Versicherung stehenden Daten zu speichern und an Rück-VR, andere VR, den Gesamtverband der Versicherungswirtschaft (GDV), an die Unternehmen der gleichen Versicherungsgruppe und an Vertreter zu übermitteln, soweit dies für die ordnungsgemäße Vertragsdurchführung erforderlich ist.

➤ Schweigepflichtentbindungsklausel

Zur Nachprüfung der über die Gesundheitsverhältnisse gemachten Angaben (Personenversicherung) ist es dem VR erlaubt, alle Ärzte, Zahnärzte, Krankenhäuser und andere Personen-VR zu befragen.

Da die Entbindung von der ärztlichen Schweigepflicht über den Tod hinausreicht, kann der VR im Bedarfsfall auch Feststellungen über die Todesursache des Versicherten einholen.

➤ SEPA-Lastschriftmandat

Sie berechtigt den VR zum Abruf der Prämien vom Konto des VN.

Damit ermöglicht sie ein reibungsloses und kostengünstiges Verfahren für die Prämienzahlung im Interesse beider Vertragspartner.

c) Sonstige Bestätigungen

- Soweit die **Belehrung über das Widerrufsrecht** im Antrag abgedruckt ist, bestätigt der VN mit seiner Unterschrift auch diese.
- Regelmäßig bestätigt er den **Erhalt der AVB** und ggf. **des Informationsmaterials**.
- Ferner bestätigt er die Verantwortlichkeit für den Antragsinhalt (**Rechtsfolgenbelehrung** für den Fall der **Verletzung der vorvertraglichen Anzeigepflicht**; siehe nachstehend unter d).

- Ferner kann er sich in widerruflicher Weise damit einverstanden erklären, **telefonisch** und/oder per **Email** zum beantragten Versicherungsverhältnis und auch zu sonstigen Dienstleistungen des VR **informiert** und **beraten** zu werden.

d) Wissenserklärungen

Durch seine Wissenserklärungen, d. h. durch vollständige und richtige Beantwortung der Antragsfragen zum Risiko, das versichert werden soll, erfüllt der VN seine vorvertragliche Anzeigepflicht (zu Einzelheiten, siehe B 6.2).

Besonderheit: Abschluss eines Vertrages durch einen Ehegatten

BGB § 1357

Jeder Ehegatte ist berechtigt, Geschäfte zur angemessenen Deckung des Lebensbedarfs der Familie zu besorgen.

Durch **solche Geschäfte** werden **beide** Ehegatten **berechtigt** und **verpflichtet,** es sei denn, dass sich aus den Umständen etwas anderes ergibt. Entscheidend ist, ob Dritte nach allgemeiner Verkehrsauffassung davon ausgehen können, ein Ehegatte handele im mutmaßlichen Einverständnis des anderen **(vermutete Vollmacht).** Auszuscheiden sind insbesondere die der beruflichen Sphäre sowie der Vermögensanlage dienenden Geschäfte, vor allem auch Abzahlungskäufe und die Aufnahme von Bankdarlehen.

Der Abschluss von **Versicherungsverträgen** gehört aber **nicht zur Deckung** des **angemessenen Lebensbedarfs** der **Familie,** auch nicht im Falle einer sog. Jedermannversicherung (Hausrat, Privathaftpflicht), denn über die Eingehung von Versicherungsverträgen findet in der Regel eine Verständigung zwischen den Ehegatten statt, zumal solche Verträge längerfristige Bindungen erzeugen.

3.5.3 Bündelung und Kombination von Vertragsformen im Antrag

Gebündelte Versicherung	Kombinierte (verbundene) Versicherung
Mehrere Gefahren/Sparten in einem Antragsformular und in einer Police • **mehrere Verträge** (einzeln kündbar) • **mehrere** Bedingungswerke und mehrere Prämien	Mehrere Gefahren in einem Antrag und in einer Police • **ein Vertrag** (i. d. R. nur insgesamt kündbar) • **ein** Bedingungswerk und **eine** Prämie

➤ Bündelung

Aufgrund eines einzigen Antragsformulars können **mehrere Versicherungsverträge** abgeschlossen werden, wobei ein einziger Versicherungsschein (Police) ausgestellt wird. Man spricht hier von einer **Bündelung**, wobei es sich um getrennte Versicherungsverträge handelt, die auch ein gesondertes rechtliches Schicksal haben können (z. B. unterschiedliche Kündigungsrechte). Auch die einzelnen Prämien und die hierauf jeweils entfallende Versicherungsteuer sind getrennt auszuweisen.

Beispiel:
Geschäftsinhaltsversicherung mit Klein-Betriebsunterbrechungsversicherung.

➤ Kombination

Eine kombinierte (verbundene) Versicherung liegt vor, wenn nur ein **einziger Versicherungsvertrag** besteht, der eine Kombination ursprünglich verschiedener Versicherungszweige darstellt. Es liegt ein **einheitliches Bedingungswerk** zugrunde.

> **Beispiel:**
> Die Hausratversicherung versichert als kombinierte Versicherung u. a. die Gefahren Feuer, Leitungswasser, Einbruchdiebstahl, Sturm, Hagel.

Die Einzelkündigung einer Sparte ist ohne Aufkündigung der übrigen Zweige nicht möglich.

3.6 Antragsannahme

3.6.1 Bindefristen

Vorbemerkung:

Die Vereinbarung einer Bindefrist, die den VN an seinen Antrag bindet, ist für den VN ohne rechtliche Bedeutung, wenn er ein Widerrufsrecht hat. Sie ist allerdings auch **Annahmefrist** und schafft dadurch Klarheit. Der VN hat eine Orientierung, innerhalb welchen Zeitraums er mit einer Antwort des VR bezüglich der Vertragsannahme rechnen darf. VVG § 8

Die **Vereinbarung einer Bindefrist** ist rechtlich von Bedeutung, wenn kein Widerrufsrecht besteht. Das ist z. B. bei der Versicherung von Großrisiken der Fall. Der Antragsteller ist dann bis zum Ablauf der vereinbarten Annahme- bzw. Bindefrist an seinen Antrag gebunden.

Fehlt es an einer Annahme- bzw. Bindefrist, so ist der Antragsteller nach § 147 Abs. 2 BGB nur so lange an seinen Antrag gebunden, wie er den Eingang einer Annahmeerklärung »unter regelmäßigen Umständen« erwarten darf. BGB § 147 (2)

Die Bindefrist beginnt mit der Aushändigung des unterschriebenen Antragsformulars an den Vermittler oder dem Posteingang beim VR bei direkter Zusendung durch den VN.

Da der VR die Annahmefristen für die **Risikoprüfung** (objektive und subjektive Gefahrenmerkmale) und zur **Tarifierung** benötigt, muss es ihm auch gestattet sein, sie voll auszunutzen. Nach Ablauf der Frist weiß der Antragende, woran er ist, weil sein Antrag erloschen ist. Er kann jetzt anderweitig einen Versicherungsvertrag abschließen, ohne der Gefahr doppelter Prämienzahlung ausgesetzt zu sein.

Ein dem VR gemachter Antrag auf Schließung, Verlängerung oder Änderung des Vertrages erlischt, wenn er abgelehnt bzw. nicht innerhalb der Bindefrist angenommen wird. Allerdings gilt die **verspätete Annahme** des VR als **neuer Antrag**, den der VN nun wiederum konkludent durch Prämienzahlung annehmen kann. § 148 § 150 (1)

3.6.2 Annahme des Antrages

Grundsätzlich kann die Annahme des Versicherungsvertrages **formlos** durch eine Erklärung dem VN mitgeteilt werden. In der Praxis geschieht dies regelmäßig beim **Antragsmodell** durch Zusendung des Versicherungsscheins (vgl. B 3.7).

Beim **Invitatiomodell** gilt die Zusendung des Versicherungsscheins rechtlich als Antrag des Versicherers (vgl. B 3.4.2). Zeitgleich übersendet der VR regelmäßig ein vorbereitetes **Annahmeformular**, dass der VN unterschrieben als seine **Vertragserklä-**

rung an den VR zurücksendet. Zeitpunkt des Vertragsabschlusses ist dann der Zugang dieser Annahmeerklärung beim VR. Denkbar ist auch, dass der VN den Antrag des VR durch Zahlung der Erstprämie annimmt.

Beide Formen des Vertragsabschlusses sind nicht unproblematisch im Hinblick auf das Widerrufsrecht; denn dieses beginnt mit dem Vertragsschluss, der für den VN in den genannten Fällen nicht eindeutig bestimmbar ist.

Der zustande gekommene Vertrag ist als »schwebend wirksam« anzusehen, solange noch ein Widerrufsrecht besteht und die Widerrufsfrist nicht abgelaufen ist (vgl. B 3.4.3).

3.7 Versicherungsschein (Police)

3.7.1 Wesen des Versicherungsscheins

VVG § 3 (1)

Obwohl der Versicherungsvertrag nicht formbedürftig ist, hat der VR dem VN einen Versicherungsschein, in der Praxis auch als Police bezeichnet, über den abgeschlossenen Versicherungsvertrag zu übermitteln. Diese Vorschrift ist jedoch vertraglich abdingbar, wovon bei kurzfristigen Versicherungen häufig Gebrauch gemacht wird.

Nach dem VVG reicht die **Textform** für den Versicherungsschein. **Nur auf Verlangen** des VN ist eine **Urkunde** auszustellen.

Aus Rationalisierungsgründen ist die Nachbildung der eigenhändigen Unterschrift des VR (Faksimile) ausreichend.

Der Zweck des Versicherungsscheins ist es, die im Versicherungsvertrag getroffenen Vereinbarungen wiederzugeben.

Der Versicherungsschein ist stets **Beweisurkunde;** denn die widerlegbare Vermutung spricht dafür, dass der beurkundete Vertrag zustandegekommen und der beurkundete Inhalt richtig ist.

Widerlegbar ist diese Vermutung, wenn der VN beweisen kann, dass etwas anderes vereinbart worden ist (vgl. B 3.7.2).

Weitere Bedeutung besitzt der Versicherungsschein als:

a) Schuldschein

- **Einfacher** Schuldschein: Der VR kann vom Anspruchsteller verlangen, dass dieser den Versicherungsschein im Leistungsfall vorlegt und nach Beendigung des Versicherungsvertrages zurückgibt.

BGB § 371 VVG § 4 (2)

- **Qualifizierter** Schuldschein: Liegt eine **vertragliche** Regelung vor, wonach die Rückgabe zu erfolgen hat, so muss sogar der VR die Leistung von der Rückgabe des Versicherungsscheins abhängig machen.

ALB § 7 (1)

> **Beispiel:**
>
> **»Allgemeine Bedingungen für die kapitalbildende Lebensversicherung« (ALB)**
>
> »Wird eine Leistung aus dem Vertrag beansprucht, können wir verlangen, dass uns der Versicherungsschein . . . vorgelegt . . . (wird).«

Hier eignet sich der Versicherungsschein als Mittel der **Kreditsicherung,** denn der VN kann ihn **verpfänden,** und der Kredit**geber** ist geschützt, weil der VR an den VN, wenn dieser den Versicherungsschein nicht zurückgibt, **nicht** mit befreiender Wirkung leisten kann.

b) Ausweispapier (Legitimations- oder »hinkendes« Inhaberpapier)

Grundsätzlich ist davon auszugehen, dass ein Versicherungsschein nur **Beweisurkunde** und Schuldschein sein soll **(Sachversicherung)**. Wird er jedoch ausnahmsweise auf den Inhaber ausgestellt, so kann er nur ein sog. »hinkendes Inhaberpapier« nach § 808 BGB sein. In der **Lebensversicherung** ist dies anzutreffen (vgl. z. B. »Allgemeine Bedingungen für die kapitalbildende Lebensversicherung« (ALB), § 8 Abs. 2). Mit der Inhaberklausel gilt dort die Vereinbarung, dass der VR demjenigen, der den Versicherungsschein vorweist, als Berechtigten ansehen darf, über die Ansprüche aus dem Versicherungsvertrag zu verfügen und die Versicherungsleistung des Versicherers in Empfang zu nehmen.

BGB § 808

ALB § 8 (2)
VVG § 4 (1)

Man spricht vom so genannten »hinkenden Inhaberpapier«, denn der VR ist andererseits auch dem Inhaber gegenüber berechtigt, den Nachweis der Verfügungs- und Empfangsberechtigung zu verlangen.

Der Lebensversicherer **kann** die Versicherungssumme bei der Lebensversicherung **ohne Bezugsberechtigung** an die Person (Inhaber) zahlen, die den Versicherungsschein vorlegt, d. h., er braucht keine Erben zu ermitteln. Nur wenn der Versicherungsschein von einem offenbar nicht Berechtigten vorgewiesen wird, darf der VR nicht leisten, da er sonst wider besseres Wissen bzw. entgegen Treu und Glauben handeln würde. Der Inhaber kann seinerseits die Leistung nur dann verlangen, wenn er sein Gläubigerrecht darlegt, ggf. durch Vorlage des Erbscheins. Schließlich kann der VR mit befreiender Wirkung auch an den materiell berechtigten Nichtinhaber leisten.

c) Wertpapier

Der Versicherungsschein kann in seltenen Fällen **(Transportversicherung)** ein echtes Wertpapier, und zwar **Order- oder Inhaberpapier** sein.

Bei einem **Orderpapier** erfolgt die Übertragung der Rechte durch Indossament **(Übertragungsvermerk)** auf dem Orderpapier, während bei einem echten **Inhaberpapier** die Rechte mit der Übergabe übertragen werden. Der VR muss an den Inhaber leisten.

3.7.2 Billigungsklausel

Übersicht: Billigungsklausel gemäß § 5 VVG

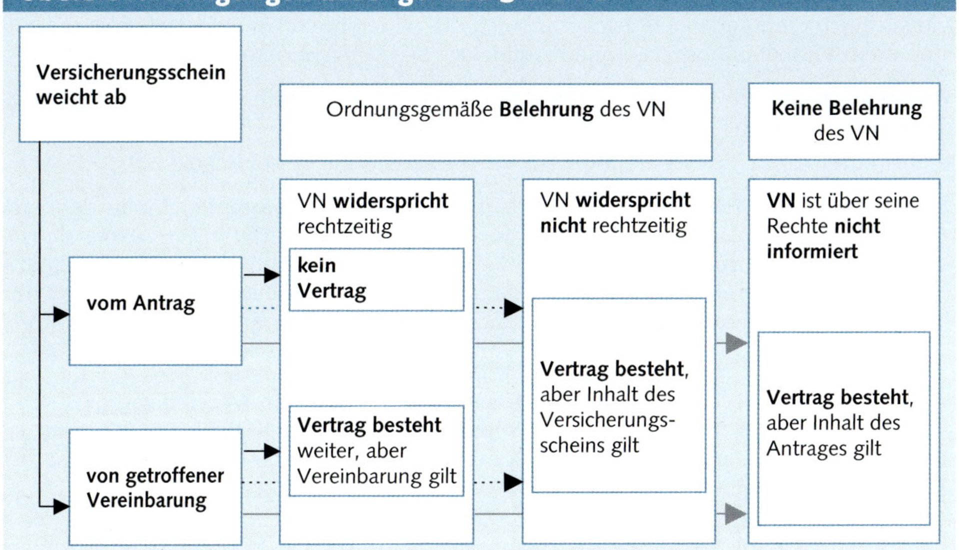

BGB § 150 (2) Der Inhalt des Versicherungsscheins kann vom gestellten Antrag abweichen. Nach **BGB**-Recht gilt eine abweichende Annahme eines Antrags auf Vertragsabschluss grundsätzlich als Ablehnung des Antrags, verbunden mit einem neuen Antrag. Diese Regelung wird aber den Besonderheiten des Versicherungsgeschäftes als Massengeschäft nicht gerecht. Daher sieht das **VVG** eine **Spezialregelung** vor, nach der das **Änderungsangebot** des VR dann als **genehmigt** gilt, wenn der VN nicht innerhalb eines Monats nach Empfang des Versicherungsscheins in Textform widerspricht. Voraussetzung ist aber auch hier wieder eine ordnungsgemäße Belehrung des VN durch den VR. (VVG § 5 (1))

Innerhalb der Monatsfrist kann der Widerspruch auch noch nach Zahlung der Prämie oder Eintritt des Versicherungsfalls erfolgen. Die Prämienzahlung selbst ist keine schlüssige Annahme (§ 151 BGB) des abweichenden Versicherungsscheins. Sie sorgt nur für Versicherungsschutz rechtzeitig zu dem im Versicherungsschein genannten Beginn. Dem VN bleibt es deshalb unbenommen, den Vertrag durch rechtzeitigen Widerspruch wieder zu Fall zu bringen. Dieses Recht wird er sicherlich dann nicht wahrnehmen, wenn zwischenzeitlich der Versicherungsfall schon eingetreten ist.

a) Arten der Abweichung

Eine Abweichung liegt vor, wenn der VR

- mit Vorlage des Versicherungsscheins die Annahme des Antrags **zwar rechtzeitig erklärt, aber vom Antrag abweicht** (z. B. andere als die beantragten Prämiensätze oder Risikoausschlüsse) oder – abweichend vom Regelfall –
- **vorher** den Antrag, z. B. durch eine gesonderte Annahmebestätigung, schon rechtzeitig antragsgemäß angenommen hatte und erst **später** im nachgereichten Versicherungsschein von **den getroffenen Vereinbarungen** abweicht.

Keine Abweichung liegt vor, wenn im Versicherungsschein übliche Lücken des Antrags durch die übliche Regelung (z. B. Tarifprämie) ausgefüllt werden.

Die Abweichung ist schließlich rechtlich unerheblich, wenn sie den VN ausschließlich **günstiger** stellt.

b) Rechtsfolgen der Abweichung bei ordnungsgemäßer Belehrung

§ 5 (2) Hat der VR den VN ordnungsgemäß bei Aushändigung des Versicherungsscheins darüber belehrt, dass Abweichungen als genehmigt gelten, wenn der VN nicht innerhalb eines Monats nach Empfang des Versicherungsscheins widerspricht, dann entscheidet der VN durch sein Verhalten über das weitere Schicksal des Versicherungsverhältnisses.

BGB § 150 (2) **Widerspricht** der VN **rechtzeitig** (innerhalb eines Monats nach Zugang des Versicherungsscheins), so ist

- bei einer **Antragsabweichung kein Vertrag** zustande gekommen,
- bei einer **Abweichung** von den **getroffenen Vereinbarungen** der Inhalt des vom VR schon vorher angenommenen Antrags auch weiterhin gültig. Die zuvor erfolgte unveränderte Annahme des Antrags kann z. B. durch schriftliche Annahmebestätigung des VR erfolgt sein. Es bleibt dann bei einem **Versicherungsvertrag auf der Grundlage des Antrags.** Da der Versicherungsschein unrichtig ist, kann der VN einen neuen, d. h. antragsgemäßen Versicherungsschein verlangen.

Widerspricht der VN **nicht** oder **nicht rechtzeitig,** so ist ein **Versicherungsvertrag auf der Grundlage des Versicherungsscheininhalts** zustande gekommen. Damit ist der eigentliche Zweck der Billigungsklausel – Schweigen gilt ausnahmsweise als Annahme – erreicht.

c) Rechtsfolgen der Abweichung bei nicht ordnungsgemäßer Belehrung

Hat der VR den VN nicht ordnungsgemäß, d.h. in auffälliger Weise, belehrt – ein in der Praxis sicherlich seltener Fall –, so ist ein **Versicherungsvertrag auf der Grundlage des Antrages** zustande gekommen, der Versicherungsschein ist zu berichtigen. Das gilt auch dann, wenn der VN die Abweichung bemerkt und widerspricht. VVG § 5 (3) BGH 1982

Beispiel für eine ordnungsgemäße Belehrung im Versicherungsschein:

»An den rot kenntlich gemachten Stellen weicht der Versicherungsschein von dem Antrag ab. Wenn nicht innerhalb eines Monats nach Empfang des Versicherungsscheins in Textform widersprochen wird, gelten die Abweichungen als genehmigt.«

Der VR muss den VN also nicht nur auf die einzelnen Abweichungen besonders aufmerksam machen – wie im Beispiel durch einen auffälligen Vermerk im Versicherungsschein –, er muss den VN darüber hinaus auch über die Rechtsfolgen eines fehlenden Widerspruchs innerhalb der Monatsfrist aufklären.

3.8 Vertragsschluss im Internet (Fernabsatzvertrag)

a) Willenserklärungen

Grundsätzlich können Willenserklärungen des VN und des VR über das Internet erfolgen. Das verbindliche Angebot eines VR im Internet ist aber die Ausnahme; da der VR vor dem Vertragsschluss das Risiko prüfen will.

Die **Versicherungsschutzangebote im Internet** sind daher regelmäßig als **Aufforderung zur Offerte** zu verstehen. Die Antragstellung wird dadurch vereinfacht, dass üblicherweise ein elektronisches Antragsformular vorgesehen ist, welches online ausgefüllt wird oder ausgedruckt und ausgefüllt an den VR gesandt werden kann. Die Annahme des VR kann per Email oder durch Zusendung des Versicherungsscheins erfolgen.

Soweit keine Annahmefrist im Antrag vorgesehen ist, handelt es sich beim Online-Antrag um einen Antrag unter Anwesenden, der nur sofort angenommen werden kann. BGB § 147 (1) S. 2

Für die **Einbeziehung der AVB** einschließlich Klauseln genügt es nach herrschender Meinung, wenn der VN diese vor Vertragsschluss **von der Homepage des VR** herunterladen kann.

b) Informationspflichten

Die **Informationspflichten** nach § 7 Abs. 1 VVG und der VVG-InfoV sind bekanntlich vor der Vertragserklärung des VN zu erfüllen (vgl. B 3.3.2 b). Bei **Fernabsatzverträgen** ist dies jedoch problematisch, weshalb § 7 Abs. 1 Satz 3 VVG eine Regelung für den Fall vorsieht, dass der Vertrag auf Verlangen des VN über ein Kommunikationsmittel geschlossen wird. VVG § 7 (1) S. 3

Bei **telefonischen Verträgen** muss die Information unverzüglich nach Vertragsschluss nachgeholt werden.

Für den **Abschluss im Internet** stehen die Informationen regelmäßig zum Download bereit. Da aber nicht sichergestellt ist, dass der VN sie zur Kenntnis nimmt, muss der VR die vorgeschriebenen Unterlagen sofort nach seiner Annahmeerklärung nachreichen.

c) Widerrufsrecht

VVG § 8 (4) Für den Beginn der Widerrufsfrist zu einem Vertrag im elektronischen Geschäftsverkehr kennt das VVG neben den bereits dargestellten Pflichten des VR (vgl. B 3.4.3 a) weitere besondere Pflichten aus § 312 g Abs. 1 Satz 1 BGB, die vom VR erfüllt sein müssen. Hierzu zählen insbesondere:

- Es muss die Möglichkeit bestehen, Eingabefehler rechtzeitig zu erkennen und zu korrigieren.
- Es muss die Möglichkeit verschafft werden, die Vertragsbestimmungen einschl. AVB bei Vertragsschluss abzurufen und in wiedergabefähiger Form zu speichern.

d) Schlichtungsstelle

§ 214 Die Schlichtung von Verbraucherstreitigkeiten bei Fernabsatzverträgen über Versicherungen ist nach der VVG-Schlichtungsstellenverordnung (SStellV-VVG) für die private Kranken- und Pflegeversicherung auf den »Ombudsmann für die private Kranken- und Pflegeversicherung« und im Übrigen auf den »Versicherungsombudsmann e. V.« übertragen worden.

Das VVG sieht vor, dass weitere Schlichtungsstellen eingerichtet werden können.

Lernkontrollen zu B 3

Willenserklärungen

1 Es gibt keine gesetzlichen Formvorschriften für das Zustandekommen eines Versicherungsvertrages. Wie kommt dieser aber in der Regel zustande (mit Begründung)?

Informations-, Beratungs- und Dokumentationspflichten

2 Im Zusammenhang mit den Beratungs- und Dokumentationspflichten unterscheidet man nach

- Erstinformationen,
- Beratung,
- Informationspflicht bei der Beratung,
- Dokumentation.

a) Welche Beratungspflichten treffen die Versicherungsvermittler?

b) Welche Informationspflicht bei der Beratung hat der Versicherungsvermittler?

c) Welchen Inhalt und welche rechtliche Bedeutung hat die Dokumentation?

3 Sie sind Auszubildende/r beim Versicherungsmakler Bernd Helten und werden vom Kunden Franz Mühlens besucht.

Herr Mühlens möchte eine Rentenversicherung als Ergänzung für seine Altersvorsorge abschließen. Das Maklerbüro hat sich in bezug auf Rentenversicherungen auf das Angebot von drei Versicherern spezialisiert.

Sie erkennen, dass Herr Mühlens in Versicherungsfragen einen recht unerfahrenen Eindruck macht.

Beschreiben Sie stichwortartig, welche Informations-, Beratungs- und Dokumentationspflichten Sie jetzt haben.

4 Sie sind Auszubildender/e in der Agentur Krusenbaum der Proximus Versicherung AG und werden von der Kundin Gabriele Pauly besucht.

Frau Pauly möchte eine Unfallversicherung abschließen. Sie hat sich im Internet informiert und klare Vorstellungen, was sie will. Sie bittet deshalb darum, sofort »zur Sache zu kommen« und den Versicherungsantrag aufzunehmen, zumal sie es eilig habe.

Welche Belehrungen sind erforderlich und welche Erklärungen der Kundin werden Sie dennoch einholen?

5 Der VR hat erweiterte Informationspflichten gegenüber dem angehenden Kunden (VN) zu beachten.

Beschreiben Sie diese vorvertraglichen Informationspflichten des VR (Zeitpunkt und Inhalt), wenn der angehende Kunde eine Privathaftpflichtversicherung bzw. eine Lebensversicherung beantragt hat.

Widerrufsrecht

6 Am 11. Okt. d.J. hat ein Vertreter bei dem Kunden K Anträge für folgende Versicherungen nach dem Antragsmodell aufgenommen:

a) eine Privathaftpflichtversicherung (Laufzeit 3 Jahre);

b) eine Valorenversicherung (Versicherung von Wertgegenständen) für die Dauer von 3 Wochen.

Die jeweiligen Versicherungsscheine gehen am 15. Okt. d.J. zu. K widerruft mit Schreiben vom 24. Okt. d.J. – Eingang beim VR 26. Okt. d.J. – beide Anträge. Prüfen Sie, ob der Widerruf nach dem VVG in beiden Fällen wirksam ist (mit Begründung).

7 a) Erklären Sie – jeweils anhand eines Beispiels – den Unterschied zwischen einer »kombinierten« und einer »gebündelten« Versicherung.

b) Ihnen liegen folgenden Daten zur Hausrat-Versicherung des Kunden Meier aus diesem Kalenderjahr vor:

Unterschrift unter den Antrag	22. Mai
Eingang des Versicherungsantrages	25. Mai
Vertragslaufzeit	3 Jahre
Erhalt der AVB, Verbraucherinformation und Belehrung bei Antragsstellung	22. Mai
Zugang des Versicherungsscheines	22. Juni
Übereinstimmung Versicherungsschein und Antrag	Ja
Beantragter und dokumentierter Versicherungsbeginn	1. Juli

Kann Herr Meier aufgrund der Datenlage noch von seinem Widerrufsrecht Gebrauch machen?

8 Herr Franz Albers hat am 15. Mai d.J. das einer Mailwerbung beiliegende weitgehend standardisierte Formular für eine Sterbegeldversicherung (Versicherungsbeginn 1. Juni d.J., VS 10000,00 €, Fälligkeit der Versicherungsleistung bei Tod, Beitragszahlung längstens bis zum 85. Lebensjahr) ausgefüllt und dem VR zugesandt, damit dieser das endgültige Versicherungsangebot mit Angabe der Beitragshöhe zusendet. Der VR teilt am 6. Juni mit, dass Herr Albers angenommen wird und übersendet den Versicherungsschein zusammen mit den AVB und den notwendigen Verbraucherinformationen.

Da Herr Albers unerwartet arbeitslos geworden ist, möchte er von dieser Form der Lebensversicherung Abstand nehmen.

a) Prüfen Sie die Rechtslage und geben Sie Herrn Albers eine Verhaltensempfehlung (mit Begründung).

Versicherungsschein/Billigungsklausel

9 Welche Bedeutung hat

a) der Versicherungsschein grundsätzlich,

b) die Inhaberklausel eines Versicherungsscheins zur Lebensversicherung?

10 A beantragt am 28. Nov. d.J. eine Krankenversicherung ohne Ausschlüsse zu Beginn des neuen Jahres. Am 27. Dez. d.J. erhält er den Versicherungsschein, der allerdings einen Ausschluss für Herz-Kreislauf- und Gefäßerkrankungen enthält. Am 29. Dez. d.J. bezahlt er den Erstbeitrag.

Anmerkung: A wurde schon bei Antragsstellung informiert (Aushändigung der Verbraucherinformationen und der AVB).

a) Wozu ist der VR bei Antragsabweichung verpflichtet?

b) Welche Rechtsfolgen würden eintreten, wenn der VR dieser Verpflichtung nicht nachgekommen wäre?

c) Welches ist der eigentliche Zweck des § 5 Abs. 1 VVG (Billigungsklausel)?

d) Der VR ist seiner Verpflichtung nachgekommen. Deshalb widerspricht der VN der Antragsabweichung, und zwar

d1) am 25. Jan. d. n. J.

d2) am 30. Jan. d. n. J.

Prüfen Sie jeweils (mit Begründung), ob hier ein Vertrag besteht. Erläutern Sie auch, zu welchem Zeitpunkt und auf welcher Basis der Vertrag ggf. zustande kam.

4 Versicherungsbeginn

4.1 Beginnarten

In den Antragsformularen ist meistens ein Leerfeld vorgesehen, in das der Versicherungsbeginn eingetragen werden muss. Gemeint ist damit – nach der bisherigen herrschenden Ansicht – der so genannte technische Versicherungsbeginn; denn in der Versicherungswirtschaft unterscheidet man verschiedene Arten des Versicherungsbeginns.

Beispiel:
Der VN stellt am 10. Jan. d. J. den Antrag auf Abschluss einer Versicherung, die am 01. Febr. d. J. beginnen soll. Der VR erklärt am 03. Febr. d. J. die Annahme der Versicherung durch Zugang der Police. Am 05. Febr. d. J. löst der VN die Police durch Zahlung der Erstprämie ein.

a) Technischer Beginn

Technischer Beginn ist der Beginn des **prämienbelasteten Zeitraumes.** Von hier ab muss der VN die Prämie zahlen (01. Febr. d. J.). Er bestimmt auch den Beginn der Versicherungsperiode.

Falls nicht die Prämie nach kürzeren Zeitabschnitten bemessen ist, dauert die **Versicherungsperiode** ein Jahr. Das Versicherungsverhältnis verlängert sich – sog. Verlängerungsklausel (Prolongation) – jeweils um ein Jahr, wenn es nicht vor Ablauf gekündigt wird. VVG §§ 11 (1), 12

Der technische Beginn bestimmt damit **indirekt** auch den Fälligkeitstermin der Jahresprämie und den Beginn einer weiteren Versicherungsperiode, sofern der Vertrag nicht zum Ablauf der vorausgegangenen Versicherungsperiode gekündigt wurde.

b) Formeller Beginn

Formeller Beginn ist der Zeitpunkt des **Vertragsabschlusses.** In der Regel ist dies die Annahme des Antrages durch den VR (hier: 03. Febr. d. J.).

Hierbei ist jedoch noch wie folgt zu unterscheiden:

- In der Regel hat der VN ein Widerrufsrecht. Die Annahme des VR (z. B. durch Zusendung des Versicherungsscheins) stellt dann zunächst den Beginn des »schwebend« wirksamen Vertrages dar.
- Erst nach Ablauf der Widerrufsfrist wandelt er sich in den Beginn des auf bestimmte (bzw. unbestimmte) Zeit wirksamen Vertrages um.
- Hat der VN kein Widerrufsrecht (z. B. bei einem Versicherungsvertrag über ein Großrisiko) stellt der formelle Beginn von Anfang an den Beginn des auf bestimmte (bzw. unbestimmte) Zeit wirksamen Vertrages dar.

c) Materieller Beginn

Der materielle Beginn ist der **Haftungsbeginn** (Gefahrtragungsbeginn).

Soweit keine andere vertragliche Regelung getroffen wurde sieht das VVG vor, dass bei Verträgen mit einer zeitlich befristeten Dauer die Haftung um 0 Uhr des Tages, an dem der Vertrag geschlossen wurde (= formeller Beginn), beginnt und um 24 Uhr des Tages endet, an dem die Vertragsdauer abläuft (sog. **Mitternachtsregel**). § 10

Früher kannte das VVG die sog. **Mittagsregel** (Beginn und Ende um 12 Uhr mittags an den vorstehend genannten Tagen). Da § 10 VVG in der jetzigen Fassung abdingbar ist, kann die Mittagsregel auch weiterhin vereinbart sein.

Aus Sicht des VN sollte der Haftungsbeginn regelmäßig mit dem beantragten bzw. policierten Beginn (= technischer Beginn) übereinstimmen; denn ab diesem Beginn muss er auch die Prämien zahlen.

Viele AVB kennen daher die sog. **erweiterte Einlösungsklausel** (vgl. B 4.2.2).

VVG § 37 (2)

Dennoch kann sich der tatsächliche Haftungsbeginn erheblich verzögern, wenn das **strenge Einlösungsprinzip nach dem VVG** (sog. **Einlösungsklausel**) zur Anwendung kommt, die AVB also keine abweichende Regelung in Form der erweiterten Einlösungsklausel vorsehen. Das strenge Einlösungsprinzip macht den Haftungsbeginn grundsätzlich davon abhängig, dass der VN zum Zeitpunkt des im Versicherungsschein genannten Versicherungsbeginns die Erstprämie schon bezahlt hat. Ist dies nicht der Fall beginnt der Versicherungsschutz erst mit Zahlung der Erstprämie.

Nach VVG muss der VR den VN auf die Rechtsfolge der Nichtzahlung der Erstprämie durch gesonderte Mitteilung in Textform oder in auffälliger Weise im Versicherungsschein hinweisen, wenn er sich auf Leistungsfreiheit wegen nicht rechtzeitiger Zahlung der Erstprämie berufen will.

Beispiel:

Der VN aus dem o. a. Beispiel zahlt am 05. Febr. d. J. um 16.30 Uhr die Erstprämie mit Hilfe eines Zahlscheins am Bankschalter ein. Die Haftung beginnt dann auch erst am 05. Febr. d. J., wenn er zuvor darüber belehrt wurde, dass der Versicherungsschutz erst mit der Zahlung der Erstprämie beginnt.

Wäre dagegen die Zustellung des Versicherungsscheins und die Prämienzahlung vor dem 01. Febr. d. J. erfolgt, so bestünde Versicherungsschutz antragsgemäß schon ab 01. Febr. d. J.

Sonderregelung in der Krankenversicherung:

MB/KK 2009 § 3

- Der Haftungsbeginn wird durch sog. Wartezeiten aufgeschoben, um den VR vor einer Leistungspflicht für Krankheiten zu schützen, die beim Versicherten zum Zeitpunkt des Versicherungsabschlusses bereits vorgelegen haben.

§ 2

MB/PPV 2014 § 2 (1)

- Bei Krankenversicherungen **ohne Wartezeiten** beginnt der Versicherungsschutz grundsätzlich unabhängig von der Beitragszahlung mit dem im Versicherungsschein genannten Beginn (technischer Beginn), jedoch nicht vor Abschluss des Vertrages (formeller Beginn). Das Einlösungsprinzip ist durch diese Versicherungsbedingung praktisch aufgehoben. Dies gilt nicht für die **Pflegeversicherung**. Hier gilt das **strenge Einlösungsprinzip**.

Besonderheit: Beginn des Versicherungsschutzes vor Ende der Widerrufsfrist

Die Antragsformulare enthalten häufig im Abschnitt über Schlusserklärung und Unterschrift folgende vorformulierte Erklärung (siehe z. B. Antrag bei der Proximus Lebensversicherung AG, der der VN durch seine Unterschrift auf dem Antrag zustimmt:

»Sie stimmen zu, dass der Versicherungsschutz zu Ihrem Vertrag bereits vor Ende der Widerrufsfrist beginnt.«

VVG § 9

Erst durch diese Erklärung hat der VR Anspruch auf den Teil der Prämie, der der Zeit des gewährten Versicherungsschutzes entspricht, wenn die Versicherung materiell vor Ablauf der Widerrufsfrist begonnen hat und der VN dann von seinem Widerrufsrecht Gebrauch macht (s. auch B 3.4.3).

d) Rückdatierung

Man spricht von Rückdatierung, wenn der **technische** Versicherungsbeginn vor den **formellen** gelegt wird und sich damit für den VN Vorteile bieten, die außerhalb der Gefahrentragung des VR liegen. Im Interesse dieser Vorteile nimmt es der VN in Kauf, **Prämien für die Vergangenheit** zu zahlen, obwohl **Versicherungsschutz nur für die Zukunft** geboten wird.

Rückdatierungen sind z. B. möglich:

- in der **Lebensversicherung** und in der **Krankenversicherung,** um ein günstigeres Eintrittsalter zu erreichen, damit der Prämiensatz geringer wird.
- in der **Kfz-Versicherung** wird der Vertrag (Anfängerwagnisse) vielfach bis zur Jahresmitte (1. Juli) bzw. 31. Dez. des Vorjahres technisch rückdatiert, um bei Unfallfreiheit im laufenden Kalenderjahr zu Beginn des folgenden Jahres bereits das Aufrücken in eine günstigere Schadenfreiheitsklasse (aus Klasse 0 in SF-Klasse 1/2 bzw. SF-Klasse 1) zu ermöglichen (vgl. Band 3, C Kraftfahrtversicherung).

4.2 Sonderregelungen für den Beginn des Versicherungsschutzes

4.2.1 Rückwärtsversicherung

Wird nicht nur der **technische,** sondern auch der **materielle** Beginn vor den **formellen** Beginn (bzw. Tag der Antragstellung) gelegt, spricht man von einer Rückwärtsversicherung. VVG § 2

Sie muss **ausdrücklich** im Vertrag vereinbart worden sein. Meist wird mit der Rückwärtsversicherung zugleich eine Vorwärtsversicherung vereinbart.

Beispiel:

Ein Architekt beantragt am 10. Jan. d. J. eine **Berufs-Haftpflichtversicherung.** Der materielle Beginn (Beginn des Versicherungsschutzes) soll aber bereits der 01. Juli des Vorjahres sein, da der Architekt schon zu diesem Zeitpunkt seine berufliche Tätigkeit aufnahm. Der VR nimmt den Antrag am 03. Febr. d. J. an. Am 05. Febr. d. J. zahlt der VN die Erstprämie.

Eine rückwirkende Deckung wurde hier deshalb beantragt, weil in der **Berufs-Haftpflichtversicherung** als sog. **Vermögensschaden-Haftpflichtversicherung,** der **Verstoß als Versicherungsfall** gilt (vgl. Band 3, A 5.2.2 b). Der Verstoß (z. B. Planungsfehler des Architekten) muss in den Versicherungszeitraum fallen und **nicht** wie in der Allgemeinen Haftpflichtversicherung **das spätere Schadenereignis** (z. B. die aufgetretenen Baumängel als Folge des Verstoßes).

Geregelt wird die Rückwärtsversicherung im § 2 VVG. Sie darf nur unter der Voraussetzung vereinbart werden, dass **beide Parteien** über einen möglicherweise schon eingetretenen Versicherungsfall **subjektiv im Ungewissen** sind, d. h.:

- Der **VR weiß** bei Abgabe seiner Vertragserklärung **nicht,** dass der Eintritt des Versicherungsfalls bereits ausgeschlossen ist. Ansonsten hat der VR keinen Anspruch auf Prämie.
- Der **VN weiß** bei Abgabe seiner Vertragserklärung **nicht,** dass der Versicherungsfall bereits eingetreten ist. Ansonsten ist der VR leistungsfrei.

  Versicherungsfälle, die zwischen der Stellung des Antrags durch den VN und der Annahme durch den VR (nach Versicherungsbeginn) eintreten, sind auf jeden Fall gedeckt.

Der Sinn dieser Regelung liegt auf der Hand. Die Versichertengemeinschaft soll nicht mit einem Versicherungsanspruch belastet werden, der dem VN gar nicht zusteht (nur ein ungewisses Ereignis ist versicherbar).

Die Rückwärtsversicherung hat ihren **Ursprung im Seerecht.** Häufig waren Schiffe in Übersee zu versichern, von denen man am Ort der Versicherungsnahme nicht wusste, ob sie am Tag des Vertragsabschlusses entweder ihren Abfahrtshafen bereits verlassen und gegebenenfalls schon einen Schaden erlitten oder ihren Bestimmungshafen bereits unversehrt erreicht hatten. Mit Einführung der Telegrafie und dem Aufkommen schneller Dampfschiffe hat sie dann – im Hinblick auf die Voraussetzungen von § 2 VVG – ihre Bedeutung verloren. Anwendungen findet sie u. a. noch beim kombinierten Binnen-Seetransport, wenn Ware nach Abschluss des Landtransportes erst im Verschiffungshafen versichert wird. Rückwirkend versichert sind dann auch nicht erkannte Schäden des Landweges.

MB/KK 2009 § 3 (5)

Obwohl eine Rückwärtsversicherung in der **Krankenversicherung** grundsätzlich nicht möglich ist, ist sie jedoch für den speziellen Fall eines Übertritts von der GKV zur PKV bedingungsgemäß vorgesehen **(sog. Übertrittsversicherung).** Hier beginnt der Versicherungsschutz auch um 0 Uhr (Beginn des Eintrittstages), damit ein ununterbrochener Versicherungsschutz (GKV/PKV) gewährleistet werden kann.

4.2.2 Erweiterte Einlösungsklausel

a) Wesen der erweiterten Einlösungsklausel

Durch die erweitere Einlösungsklausel – die allerdings vertraglich (AVB) vereinbart sein muss – wird erreicht, dass der **technische** Beginn mit dem **materiellen** Versicherungsbeginn zusammenfällt. Sie ist in der Schaden- und Unfallversicherung regelmäßig anzutreffen.Voraussetzung ist, dass der Erstbeitrag **unverzüglich** gezahlt wird.

b) Vorbetrachtung: Unverzüglichkeit

In § 121 Abs. 1 BGB findet sich eine Legaldefinition. Dort heißt es: »... ohne schuldhaftes Zögern **(unverzüglich)** ...«. Für die Erfüllung der Unverzüglichkeit ist die subjektive Zumutbarkeit des alsbaldigen Handelns entscheidend. Von Gerichten wird in der Regel ein Zeitraum von zwei Wochen als Obergrenze angesehen.

In § 33 Abs. 1 VVG heißt es: »Der Versicherungsnehmer hat eine einmalige Prämie oder ... die erste Prämie **unverzüglich** nach Ablauf von 14 Tagen nach Zugang des Versicherungsscheins zu zahlen.«

Die genannten 14 Tage sind Ausdruck des dem VN generell eingeräumten 14-tägigen Widerrufsrechts nach § 8 Abs. 1 VVG. Schwintowski/Brömmelmeyer verbinden die anschließende **unverzügliche** Zahlungspflicht in ihrem Praxiskommentar zum Versicherungsvertragsgesetz, 2008, (§ 33 Rn 4), mit einem Zeitraum von zwei bis drei Tagen.

Im Profil der **Proximus Versicherung AG** (siehe **Proximus 3 Bedingungswerk**) heißt es zur **Unverzüglichkeit:**

Die Proximus Versicherung AG nimmt im Falle der Einlösung der Erstprämie an, dass für den Begriff »unverzüglich« eine Dauer von 3 Tagen anzusetzen ist, es sei denn, dass besondere Umstände eine spätere Zahlung entschuldigen.

Ist die erweiterten Einlösungsklausel vertraglich vereinbart, muss exakt anhand des Wortlautes der jeweiligen AVB geprüft werden, wann die Pflicht zur unverzüglichen Zahlung beginnt.

c) Erweiterte Einlösungsklausel am Beispiel der Privathaftpflichtversicherung

Auszug aus:

»Allgemeine Versicherungsbedingungen für die Haftpflichtversicherung privater Risiken 2016 (AHB PR 2016)

Teil B

1. Beginn des Versicherungsschutzes
   Der Versicherungsschutz beginnt zu dem im Versicherungsschein angegebenen Zeitpunkt, wenn der Versicherungsnehmer die erste oder einmalige Prämie rechtzeitig im Sinne von Ziffer 2 zahlt.

AHB PR 2016 B Abschn. 1 Ziffer 1

2. Fälligkeit der Erst- oder Einmalprämie

Ziffer 2

2.1 Die im Versicherungsschein genannte erste oder einmalige Prämie wird unverzüglich nach Ablauf von 14 Tagen nach Zugang des Versicherungsscheins fällig.

2.2 Zahlt der Versicherungsnehmer die erste oder einmalige Prämie nicht rechtzeitig, sondern zu einem späteren Zeitpunkt, beginnt der Versicherungsschutz erst ab diesem Zeitpunkt.

Beispiel:

Am 27. Jan. d.J. beantragt ein Versicherungsinteressent eine Privathaftpflichtversicherung mit Versicherungsbeginn zum 01. Febr. d.J. Am 10. Febr. d.J. erhält er den Versicherungsschein. Die darin angeforderte Prämie zahlt der VN 15 Tage später am 25. Febr. d.J. durch Banküberweisung.

Die unverzügliche Zahlungspflicht beginnt nach den AHB PR 2016 hier 14 Tage nach Zugang des Versicherungsscheins und wird vom VN erfüllt (unverzüglich, d.h. bis 3 Tage). Die Zahlung ist damit **rechtzeitig** im Sinne von Ziffer 2 AHB PR 2016 B.

Da die AHB PR 2016 die erweiterte Einlösungsklausel einschließen, beginnt der Versicherungsschutz wegen **rechtzeitiger** Zahlung rückwirkend ab technischem Beginn zum 01. Febr. d.J., d.h. vor der Zahlung der Erstprämie am 25. Febr. d.J. und sogar vor dem Vertragsabschluss am 10. Febr. d.J. Tritt z.B. ein Tag nach dem im Versicherungsschein genannten Beginn – also am 02. Febr. d.J. – ein Versicherungsfall ein, ist der VR leistungspflichtig, weil der VN hier den Beitrag bedingungsgemäß unverzüglich nach Erhalt des Versicherungsscheins und Ablauf von weiteren 14 Tagen einzahlt. Zahlt der VN den angeforderten ersten oder einmaligen Beitrag nicht unverzüglich und damit **nicht rechtzeitig** im Sinne von Teil B, Abschnitt 1 Ziffer 2.2 der AHB PR 2016, sondern zu einem späteren Zeitpunkt, besteht kein Versicherungsschutz aus der erweiterten Einlösungsklausel.

Der VN ist in Textform oder durch einen auffälligen Hinweis im Versicherungsschein darüber zu informieren, dass der VR für einen vor Zahlung des Beitrages/der Prämie eingetretenen Versicherungsfall nicht leistungspflichtig ist, wenn die Prämie **schuldhaft** nicht rechtzeitig gezahlt wurde. Der Versicherungsschutz beginnt dann erst nach der strengen Einlösungsklausel des § 37 Abs. 1 VVG, d.h. mit der Zahlung der Prämie.

VVG § 37 (2) S. 2 AHB PR 2016 B Abschn. 1 Ziff. 2.2 5.3

Wird der VN nach beantragtem Beginn erst zur Zahlung aufgefordert, kann er durch rechtzeitige Zahlung sicherstellen, dass Versicherungsschutz ab dem beantragten Beginn besteht.

d) Vergleich: Strenge Einlösungsklausel – erweiterte Einlösungsklausel

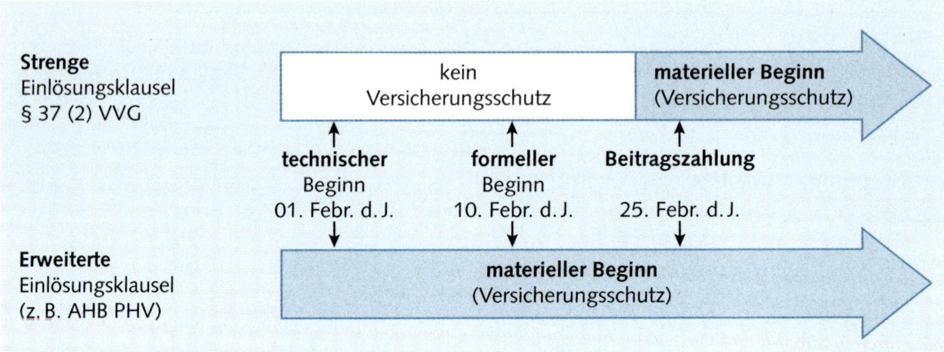

Zusammenfassung: Beginnarten und Einlösungsklauseln

27. Jan. d. J.	**Vertragserklärung** des VN nach dem **Antragsmodell** (AVB und alle Informationen wurden zuvor rechtzeitig übermittelt) Es soll gelten: **Strenge Einlösungsklausel**	**Erweiterte Einlösungsklausel**
01. Febr. d. J.	Zeitpunkt, der als **Versicherungsbeginn in der Police** festgesetzt ist • **technischer Beginn**	• **technischer Beginn** und • **materieller Beginn**, wenn Prämie rechtzeitig nach Policenerhalt gezahlt wird
10. Febr. d. J.	Zugang der **Annahmebestätigung des VR** (z. B. Zugang des Versicherungsscheins) • **formeller Beginn** des zunächst schwebend w irksamen Vertrages (bei Widerrufsrecht)	
25. Febr. d. J.	**Zahlung der Erstprämie** (Einlösungsprämie) durch den VN • **materieller Beginn** am 25. Febr. d. J. (strenges Einlösungsprinzip)	• **materieller Beginn am 01. Febr. d. J.** im Sinne der erweiterten Einlösungsklausel wegen rechtzeitiger Zahlung Bei nicht rechtzeitiger Zahlung (z. B. erst am 28. Febr. d. J.) und entsprechender Belehrung beginnt der Versicherungsschutz (= materieller Beginn) nach dem strengen Einlösungsprinzip (also am 28. Febr. d. J.)

4.2.3 Vorläufige Deckungszusage (VDZ)

a) Gründe für vorläufige Deckung

Häufig benötigt der Kunde schon mit Antragstellung oder kurze Zeit danach Versicherungsschutz; der VR will aber nicht übereilt über Annahme oder Ablehnung des Antrags entscheiden. Vielmehr will er den beantragten Versicherungsschutz einer genaueren Prüfung des Risikos unterziehen. In diesem Fall ist eine VDZ, die der VR auf Antrag des Kunden erteilt, unerlässlich. Aufgrund der **vorläufigen Deckung** besteht Versicherungsschutz bereits vor Abschluss der Risikoprüfung und vor völliger Einigung über den endgültigen Inhalt (Deckungsumfang und Prämie) der beantragten Versicherung.

Im VVG ist die VDZ in einem eigenen Abschnitt (Abschnitt 5, §§ 49–52) geregelt.

Beispiel:

Ein Schreinermeister hat den Feuerversicherungsantrag für seinen Betrieb nicht so rechtzeitig gestellt, dass bis zum beantragten Beginn am 01. Febr. d. J. mit dem Abschluss der Risikoprüfung bzw. Zustellung der Police zu rechnen ist. Der VR erteilt deshalb eine VDZ, die vereinbarungsgemäß ab 01. Febr. d. J. für 2 Wochen bestehen soll.

Am 03. Febr. d. J. tritt ein Versicherungsfall ein. Kurze Zeit danach scheitern die Verhandlungen über den endgültigen Versicherungsvertrag (Hauptvertrag). Dieser kommt nicht zustande. Dennoch muss der VR den schon eingetretenen Versicherungsfall im Rahmen der VDZ entschädigen.

Das ist der wesentliche Unterschied zur erweiterten Einlösungsklausel bzw. Rückwärtsversicherung. Zwar gewähren auch diese Sonderregelungen Versicherungsschutz vor Prämienzahlung. Sie setzen aber voraus, dass der zugrunde liegende Versicherungsvertrag überhaupt zustande kommt, und dies ist nicht, wie die Prämienzahlung, allein vom VN zu beeinflussen.

Die VDZ kommt mit Ausnahme der Krankenversicherung für fast sämtliche Versicherungszweige in Betracht. Besondere Bedeutung hat sie aber bei der Versicherung von gewerblichen Risiken und in der Kraftfahrtversicherung (siehe unter f).

b) VDZ als eigenständiger Vertrag

Durch die vorläufige Deckungszusage werden weder der VR noch der VN daran gehindert, den Abschluss des eigentlichen Versicherungsvertrages abzulehnen. Das durch die VDZ geschaffene Rechtsverhältnis und der spätere Versicherungsvertrag **(Hauptvertrag)** sind zwei **selbstständige** Rechtsverhältnisse, wie aus dem Wortlaut des § 49 Abs. 1 VVG abgeleitet werden kann, auch wenn die Prämie und die Zeit der vorläufigen Deckung in den Versicherungsschein einbezogen werden. Die vorläufige Deckungszusage ist also in rechtlicher Hinsicht ein selbstständiger, wenn auch nur kurzzeitiger, Versicherungsvertrag.

Schon vor Einführung der Regelungen im VVG zur VDZ hat die Rechtsprechung die sog. **Trennungstheorie** entwickelt, wonach VDZ und Hauptvertrag zwei rechtlich selbstständige Verträge darstellen. OLG Hamburg 1988

Die Haftung aus der vorläufigen Deckungszusage beginnt **sofort,** d. h. mit **Zugang der Zusage** beim VN, also auch vor Zahlung der Erstprämie aus dem Hauptvertrag.

Im VVG ist ausdrücklich geregelt, dass der VR den Beginn des Versicherungsschutzes aus der vorläufigen Deckung von einer Prämienzahlung abhängig machen kann (sog. **Vorkassemodell**). **Hierauf ist der VN** durch gesonderte Mitteilung in Textform oder in auffälliger Weise im Versicherungsschein **aufmerksam zu machen**. Für den Beginn des Versicherungsschutzes aus der vorläufigen Deckung gilt dann die strenge Einlösungsklausel nach § 37 Abs. 2 VVG, d. h. kein Versicherungsschutz im Versicherungs- VVG § 51 (1) fall, wenn der VN seine Prämienzahlungspflicht aus dem Vertrag über die vorläufige Deckung nicht zuvor erfüllt hat (vgl. B 5.3.1.3). Bei nicht rechtzeitiger Zahlung kann der VR vom Vertrag über die vorläufige Deckung zurücktreten.

c) Erleichterungen bei den Dokumentations- und Informationspflichten für eine VDZ

Die VDZ verfolgt den Zweck, den gewünschten vorläufigen Versicherungsschutz möglichst rasch beginnen zu lassen. Müsste der VR vor der entsprechenden Vertragserklärung des VN die üblicherweise vorgesehenen Dokumentations- und Informationspflichten erfüllen, käme es zu Verzögerungen. Das VVG sieht daher **Erleichterungen** vor:

➤ Erleichterungen bei der Dokumentationspflicht

VVG § 6 (2) S. 2 S. 3 § 62 (2)

Der für eine VDZ erteilte Rat und die Gründe hierfür dürfen mündlich übermittelt werden. Erst nach Vertragsschluss sind dem VN die Angaben in Textform zu übermitteln. Kommt der Hauptvertrag nicht zustande oder bezieht sich die VDZ auf einen Vertrag im Rahmen einer Pflichtversicherung (z. B. Kfz-Haftpflichtversicherung) darf auf die Übermittlung in Textform ganz verzichtet werden.

➤ Erleichterungen bei der Informationspflicht

§ 49 (1) S. 1

Für die VDZ kann vereinbart werden, dass die Informationen nach § 7 Abs. 1 VVG und nach der VVG-InfoV nur auf Anforderung durch den VN und spätestens mit dem Versicherungsschein zu übermitteln sind. Dies gilt auch für die Vertragsbestimmungen (AVB).

§ 7 (1) S. 3

Diese Informationserleichterung gilt aber nicht für einen Fernabsatzvertrag. Wird z. B. eine vorläufige Deckung über das Internet beantragt (sog. **Fernabsatzvertrag**), sind die vollständigen **Informationen nach Vertragsschluss unverzüglich zu übermitteln**.

d) Inhalt der VDZ und Prämie

Der Inhalt der VDZ richtet sich in der Regel nach dem beantragten Deckungsumfang, es sei denn, dass eine Einschränkung ausdrücklich vereinbart wird.

§ 49 (2) S. 1

Nach VVG gelten für eine vorläufige Deckung die hierbei üblicherweise verwendeten AVB, bei Fehlen solcher AVB die AVB für den Hauptvertrag, wenn die Bedingungen bei Vertragsabschluss noch nicht übermittelt wurden. Im Zweifelsfalle sind die für den VN günstigsten AVB Vertragsbestandteil.

Die Prämie wird meistens im Rahmen der VDZ zunächst gestundet (sog. **deckende Stundung**) und nach Abschluss des Hauptvertrages rückwirkend für die gesamte Dauer des Versicherungsvertrages abgerechnet, sofern nicht das Vorkassemodell vereinbart wurde (siehe vorstehend unter b).

Kommt der Hauptvertrag nicht zustande, hat der VR einen zeitanteiligen Prämienanspruch (siehe nachstehend unter e).

e) Dauer und Beendigung des Vertrages über die VDZ

Die VDZ ist im Regelfall von vornherein zeitlich befristet (siehe weiter unten).

§ 52 (4)

Wurde sie für eine **unbestimmte** Zeit vereinbart, können beide Vertragsparteien ohne eine Kündigungsfrist kündigen. Die Kündigung des VN wird sofort, die des VR erst zwei Wochen nach Zugang wirksam. Bei einer Kündigung durch den VR muss dem VN nämlich Zeit verbleiben, anderweitig Versicherungsschutz zu beschaffen.

Kündigungsmotive für den VR könnten sein, dass er sich aus dem Risiko für die Zukunft befreien will, sofern die Vertragsverhandlungen allzu lange dauern oder dass das Risiko nach genauerer Prüfung langfristig überhaupt nicht übernommen werden kann.

Die **zeitlich befristete vorläufige Deckung** wird zwar nicht ausdrücklich im VVG behandelt. Ihre rechtliche Zulässigkeit lässt sich jedoch indirekt aus § 52 Abs. 4 VVG ableiten.

Der Intention des VVG entsprechend, den VN u. a. möglichst umfassend zu informieren, sollte der VR aber auf die Beendigung des Versicherungsschutzes aus einer zeitlich befristeten vorläufigen Deckung in Textform hinweisen.

Nach dem VVG endet die vorläufige Deckung VVG § 52

- **spätestens** zu dem Zeitpunkt, zu dem ein gleichartiger Versicherungsschutz aus dem Hauptvertrag oder einer erneuten **vorläufigen** Deckung beginnt;
- **spätestens** mit Eintritt des Prämienzahlungs**verzuges**, wenn der Beginn des Versicherungsschutzes aus dem Hauptvertrag oder der erneuten vorläufigen Deckung von einer Prämienzahlung abhängig ist;

  Hierauf ist der VN durch gesonderte Mitteilung in Textform oder in auffälliger Weise im Versicherungsschein aufmerksam zu machen.

  »**Spätestens**« bedeutet, dass auch ein rückwirkender Fortfall der VDZ vereinbart werden kann. Dies ist bei der VDZ im Rahmen der Kfz-Haftpflichtversicherung üblich (siehe unter f).

  Voraussetzungen, dass der **Prämienzahlungsverzug** vorliegt, sind:

  - Der Hauptvertrag muss wirksam zustande gekommen sein.
  - Der Versicherungsschutz aus dem Hauptvertrag ist von der rechtzeitigen Zahlung der Prämie abhängig.
  - Die Prämie muss fällig sein.
  - Die Prämie wurde nicht oder nicht rechtzeitig gezahlt.
  - Es müssen die Verzugsvoraussetzungen nach § 286 BGB vorliegen.
  - Der VN ist auf die Rechtsfolgen der nicht rechtzeitigen Zahlung ausdrücklich hingewiesen worden.

Beispiel:

Der VR hat ab 01. März d. J. eine VDZ gewährt. Die Prämie ist erst nach Zugang des Versicherungsscheins für den gleichzeitig beantragten Hauptvertrag fällig. Am 10. März d. J. geht dem VN der Versicherungsschein mit Zahlungsaufforderung und Belehrung über die Folgen einer nicht rechtzeitigen Zahlung zu. In der ausdrücklichen Belehrung heißt es u. a.: »Die Prämie in Höhe von … ist mit Zugang des Versicherungsscheins fällig und nach § 33 Abs. 1 VVG unverzüglich nach Ablauf von 14 Tagen nach Zugang des Versicherungsscheins zu zahlen ist. Ist die Prämie nach Ablauf der 14-Tage-Frist ab Zugang des Versicherungsscheins nicht rechtzeitig gezahlt und haben Sie die Nichtzahlung zu vertreten (§ 286 Abs. 4 BGB), tritt der Verzug nach § 286 Abs. 2 Nr. 2 BGB ein mit der Folge, dass die vorläufige Deckung und damit der Versicherungsschutz endet.«

Auszug aus § 286 Abs. 2 BGB:

»Der Mahnung bedarf es nicht, wenn

1. …
2. der Leistung ein Ereignis vorauszugehen hat und eine angemessene Zeit für die Leistung in der Weise bestimmt ist, dass sie sich von dem Ereignis an nach dem Kalender berechnen lässt, …«

Das Ereignis besteht im Zugang des Versicherungsscheins mit Zahlungsaufforderung und Belehrung. Der Ablauf der 14-Tage-Frist lässt sich kalendermäßig ab dem genannten Zugang bestimmen. Im Beispiel läuft die Frist am 24. März d. J. ab.

Aus § 33 Abs. 1 VVG, wonach eine **unverzügliche** Zahlung nach Ablauf von 14 Tagen verlangt wird, folgt nicht, dass dem VN für den Hauptvertrag (Folgevertrag) noch eine zusätzliche Zahlungsfrist eingeräumt werden soll (vgl. Prölss/Martin, Kommentar zum VVG, 28. Aufl. 2010, § 52 Rn 19).

»**Unverzüglich**« bedeutet nach § 121 Abs. 1 BGB »**ohne schuldhaftes Zögern**«. Üblicherweise fasst man hierunter einen Zeitraum von 2 bis 3 Tagen, sofern nichts anderes bestimmt ist. Würde man diesen Zeitraum im Falle des vorgenannten Beispiels auch noch zugestehen, wäre der Fristablauf kalendermäßig nicht mehr eindeutig bestimmbar und es würde einer zusätzlichen Mahnung mit Fristsetzung bedürfen, um den VN in Verzug zu setzen. Der VN soll aber das Ende der vorläufigen Deckung nicht hinauszögern können, zumal er mit der rechtzeitigen Prämienzahlung für den Hauptvertrag den Versicherungsschutz lückenlos fortsetzen kann.

- wenn der VN den Hauptvertrag oder den Vertrag über erneute vorläufige Deckung mit einem anderen VR schließt;
- wenn der VN seine Vertragserklärung widerruft oder einer Annahme des Vertrages unter Änderungen (siehe Billigungsklausel) widerspricht;

  Die vorläufige Deckung endet für diesen Fall mit Zugang des Widerrufs bzw. des Widerspruchs.
- wenn der Vertrag über eine vorläufige Deckung auf unbestimmte Zeit von einem der Vertragspartner gekündigt wird.

  Die Kündigung des VR wird jedoch erst zwei Wochen nach Zugang wirksam.

Die Vorschriften nach § 52 VVG sind halbzwingend. Weitere Beendigungsgründe können daher nicht vereinbart werden.

Scheitern die Verhandlungen über den Hauptvertrag, ist das kein Beendigungsgrund für den Vertrag über die VDZ. Der VR muss vielmehr den Vertrag über die VDZ kündigen.

VVG § 50

Bei Nichtzustandekommen des Hauptvertrages hat der VR nach VVG einen **Prämienanspruch**, der sich **pro rata temporis** (zeitanteilig) nach der Prämie für den Hauptvertrag bestimmt, wenn dieser zustande gekommen wäre.

Beispiel:

Angenommen, die Jahresprämie zu dem im vorangegangenen Beispiel in Rede stehenden Hauptvertrag würde 730,00 € betragen. Der VR kann für die vorläufige Deckung zeitanteilig für 14 Tage 28,00 € in Rechnung stellen (730,00 € · 14 Tage / 365 Tage).

Allerdings kann der VR auch die Abrechnung nach einem **Kurzzeittarif** vereinbaren; denn § 50 VVG ist abdingbar.

f) Vorläufiger Versicherungsschutz in der Kfz-Haftpflichtversicherung.

KfzPflVV § 9 AKB 2015 B.2

In der Kfz-Haftpflichtversicherung ist die VDZ Voraussetzung für die Zulassung eines Fahrzeugs, da ein endgültiger Vertrag (Hauptvertrag) auch hier regelmäßig erst nach der Zulassung des Fahrzeugs zustande kommt. Für die Kfz-Haftpflichtversicherung gibt es auch eine Regelung zur VDZ in der KfzPflVV. Ferner ist sie in den AKB 2015 geregelt, wobei die Bestimmungen der KfzPflVV eingeflossen sind.

Beispiel:

Alex Möller beantragt am 5. April d. J. eine Kfz-Haftpflichtversicherung für seinen gerade gekauften Gebrauchtwagen und erhält sofort eine Versicherungsbestätigungsnummer, mit der er noch am gleichen Tag der Zulassungsstelle das Bestehen des Versicherungsschutzes für die Zulassung seines neuen Fahrzeuges nachweisen kann.

Am 02. Mai geht ihm der Versicherungsschein mit Aufforderung zur Zahlung des Erstbeitrages und Rechtsfolgenbelehrung für den Fall der verspäteten Zahlung zu.

Er zahlt die Prämie

a) bereits am nächsten Tag durch Banküberweisung;

b) erst 1 Monat später und zwar genau am 02. Juni d. J.

Auszug aus:

»Allgemeine Bedingungen für Kfz-Versicherung (AKB 2015)«

Übergang des vorläufigen in den endgültigen Versicherungsschutz

B.2.3 Sobald Sie die erste oder einmalige Prämie nach C.1.1 gezahlt haben, geht der vorläufige in den endgültigen Versicherungsschutz über. AKB 2015 B.2.3

Rückwirkender Wegfall des vorläufigen Versicherungsschutzes

B.2.4 Der vorläufige Versicherungsschutz entfällt rückwirkend, wenn wir Ihren Antrag unverändert angenommen haben und Sie die im Versicherungsschein genannte erste oder einmalige Prämie nicht unverzüglich nach Ablauf von 14 Tagen nach Zugang des Versicherungsscheins bezahlt haben. Sie haben dann von Anfang an keinen Versicherungsschutz; dies gilt nur, wenn Sie die nicht rechtzeitige Zahlung zu vertreten haben. B.2.4

Aufgrund der Bestimmungen in den zitierten AKB 2015 ist im Fall b) die vorläufige Deckung rückwirkend zum 5. April d. J. außer Kraft getreten, da der Antrag unverändert angenommen, die erste Prämie aber nicht unverzüglich im Sinne der AKB gezahlt wurde. Voraussetzung hierfür ist allerdings, dass der VN die nicht rechtzeitige Zahlung zu vertreten hat, ihn also ein Verschulden trifft.

Die verspätete Zahlung bewirkt allerdings, dass der Versicherungsschutz aus dem Hauptvertrag aufgrund der Einlösungsklausel am 02. Juni d. J. beginnt. Ein Unfall, der sich in der Zeit vom 5. April d. J. bis zur Einlösung des Versicherungsscheins ereignet hat, ist im Fall b) jedoch nicht mehr gedeckt.

Vergleich	Vorläufige Deckungszusage (VDZ)	Erweiterte Einlösungsklausel
Rechtsgrundlage	rechtlich selbstständiger Vertrag neben dem späteren Hauptvertrag	Klausel als Bestandteil des Vertrages
Versicherungsschutz	auch wenn Hauptvertrag nicht zustande kommt (Prämienabrechnung i. d. R. nach Kurztarif)	ab beantragtem Beginn (technischem Beginn) wenn der Vertrag zustande kommt und die Prämie unverzüglich nach Policenerhalt bezahlt wird

Sonderregelung in der Lebensversicherung:

Auch in der Lebensversicherung kennt man einen **vorläufigen Versicherungsschutz** ab Antragstellung (vgl. Exkurs in Band 2, C Lebensversicherung).

Lernkontrollen zu B 4

Versicherungsbeginn

1 Nennen und erläutern Sie allgemein die drei Versicherungsbeginne.

2 A stellt am 14. Nov. d. J. einen Antrag auf eine Hausratversicherung mit einjähriger Vertragsdauer zum 01. Jan. des nächsten Jahres; den Versicherungsschein erhält er am 26. Nov. d. J. Den Einlösungsbeitrag zahlt er am 04. Dez. d. J.

a) Bestimmen Sie die drei Versicherungsbeginne.

b) Besteht Versicherungsschutz für einen Leitungswasserschaden, der am 20. Dez. d. J. eintrat (mit Begründung)?

3 Die Kundin M stellt am 02. Nov. d. J. einen Antrag auf Abschluss einer Lebensversicherung zum 01. Dez. d. J. Den Versicherungsschein erhält sie am 25. Nov. d. J. Den Erstbeitrag zahlt sie am 22. Dez. d. J. per Zahlschein bei ihrer Bank ein. Zwei Stunden später, um 12.30 Uhr, verunglückt sie tödlich. Laut Versicherungsschein erhält der Ehemann im Todesfall der versicherten Person die Versicherungsleistung.

Prüfen Sie unter Zuhilfenahme der nachstehend auszugsweise wiedergebenen »Allgemeine Bedingungen für die kapitalbildende Lebensverssicherung« (ALB), ob der bezugsberechtigte Ehemann die Auszahlung der Versicherungssumme verlangen kann.

Auszug aus:

»Allgemeine Bedingungen für die kapitalbildende Lebensversicherung« (ALB)

§ 3

Wann beginnt Ihr Versicherungsschutz?

Ihr Versicherungsschutz beginnt, wenn Sie den Vertrag mit uns abgeschlossen haben, jedoch besteht vor dem im Versicherungsschein angegebenen Versicherungsbeginn kein Versicherungsschutz. Allerdings kann unsere Leistungspflicht entfallen, wenn Sie den Beitrag nicht rechtzeitig zahlen (siehe § 10 Absatz 2 und 3 und § 11).

§ 10

Was müssen Sie bei der Beitragszahlung beachten?

(2) Den ersten Beitrag oder den Einmalbeitrag müssen Sie unverzüglich (d.h. ohne schuldhaftes Zögern) nach Abschluss des Vertrages zahlen, jedoch nicht vor dem mit Ihnen vereinbarten, im Versicherungsschein angegebenen Versicherungsbeginn.

(3) Sie haben den Beitrag rechtzeitig gezahlt, wenn Sie bis zum Fälligkeitstag (siehe Absatz 2) alles getan haben, damit der Beitrag bei uns eingeht.

Sonderregelungen für den Beginn des Versicherungsschutzes

Erweiterte Einlösungsklausel

4 Die Kundin Sabine Meier stellt am 25. Jan. d. J. einen Antrag auf Privathaftpflichtversicherung mit einer einjährigen Vertragsdauer. Beantragter Versicherungsbeginn ist der 01. Febr. d. J.

Am 02. Febr. d. J. fährt sie mit einem Fahrrad einen Fußgänger versehentlich an, der sich daraufhin in ärztliche Behandlung begeben muss. Der Versicherungsschein wird Frau Meier am 04. Febr. d. J. zugestellt. Auf die Rechtsfolgen bei Nichtzahlung der Prämie wurde sie hingewiesen. Laut den dem Vertrag zugrunde liegenden Versicherungsbedingungen gilt die erweiterte Einlösungsklausel.

Bestimmen Sie die verschiedenen Versicherungsbeginne anhand der Datumsangaben und prüfen Sie unter Zuhilfenahme der in Abschnitt B 4.2.2.c auszugsweise abgedruckten »AHB PR 2016 Teil B, Abschnitt 1, Ziffer 1 und Ziffer 2.1«, ob der Versicherungsfall vom 02. Febr. d. J. gedeckt ist, wenn folgende Alternativen gelten:

a) Frau Meier zahlt die Einlösungsprämie am 18. Febr. d. J.

b) Frau Meier zahlt die Einlösungsprämie am 03. März d. J.

5 Barbara Heinen beantragt am 16. März d. J. eine Hausratversicherung und eine Privathaftpflichtversicherung mit einem Antragsformular. Beide Versicherungen sollen am 1. Apr. d. J. beginnen. Die Versicherungsscheine mit Zahlungsaufforderung gehen am 31. März d. J. zu.

Da sie eine der Zahlungsaufforderungen verlegt hat, überweist sie am 3. Apr. d. J. zunächst nur die Prämie für die Hausratversicherung. Fünf Wochen später findet sie auch die zweite Zahlungsaufforderung und zahlt daraufhin die Prämie zur Privathaftpflichtversicherung.

Prüfen Sie unter Zuhilfenahme von »Allgemeine Hausrat Versicherungsbedingungen (VHB 2016 – Versicherungssummenmodell) Ziff. 15.2« und »AHB PR 2016 Teil B, Abschnitt 1, Ziffer 1 und Ziffer 2.1«, ob der VR für die nachstehenden grundsätzlich versicherten Ereignisse schon leistungspflichtig ist:

a) Am 2. April, also einen Tag vor Zahlung der ersten Prämie, haben Einbrecher ihre Wohnung heimgesucht und den Laptop entwendet.

b) Ihr in der Privathaftpflichtversicherung mitversicherter Sohn hat am 15. Apr. d. J. beim Fußballspielen auf der Straße eine Fensterscheibe beim Nachbarn zerstört.

Rückwärtsversicherung/Rückdatierung

6 In einigen Versicherungszweigen kennt man die Rückwärtsversicherung.

a) Welchen Zweck erfüllt sie?

b) Welche rechtlichen Besonderheiten hinsichtlich der Versicherungsbeginne bestehen hier?

c) Welche Voraussetzungen müssen gegeben sein, damit sie rechtswirksam ist?

d) Nennen und erläutern Sie zwei Beispiele zur Rückwärtsversicherung.

7 Von der Rückwärtsversicherung ist die Rückdatierung zu unterscheiden.

a) Was ist hier zur zeitlichen Abfolge der Versicherungsbeginne zu sagen?

b) Nennen Sie Beispiele und Gründe für eine Rückdatierung (2 Sparten).

Vorläufige Deckungszusage

8 Vorläufige Deckungszusage

a) Welche Rechtsnatur hat sie?

b) Nennen Sie drei Möglichkeiten, durch die sie endet.

c) Unterscheiden Sie die »vorläufige Deckungszusage« (VDZ) und die »erweiterte Einlösungsklausel«.

d) Für welchen Versicherungszweig ist die VDZ von besonderer Bedeutung (mit Begründung)?

9 Jan Müller hat sich ein neues Auto gekauft. Er stellt einen Antrag auf Kfz-Haftpflichtversicherung und bekommt daraufhin vom Vertreter eine Versicherungsbestätigungsnummer, eine Belehrung über die Folgen nicht rechtzeitiger Beitragszahlung im Zusammenhang mit der VDZ sowie die AVB und gesetzlich vorgesehenen Informationen ausgehändigt. Laut Versicherungsbestätigung, die als vorläufige Deckung gestaltet ist, genießt er Versicherungsschutz ab Zulassungstag, das ist der 10. April d. J. Schon einen Tag nach der Zulassung verschuldet er einen Unfall mit Sachschaden. Der Versicherungsschein wird ihm durch den VR erst am 26. April d. J. zur Einlösung vorgelegt.

Bestimmen Sie jeweils die verschiedenen Versicherungsbeginne für den Vertrag über die VDZ (Vorvertrag) und den Hauptvertrag und prüfen Sie unter Zuhilfenahme der in Abschnitt B 4.2.3 f auszugsweise abgedruckten »AKB 2015 B.2.3 und B.2.4«, ob der Unfall vom 11. April d. J. gedeckt ist, wenn Jan Müller die fällige Prämie

a) am 27. April d. J. durch Banküberweisung zahlt;

b) wegen Geldknappheit erst am 26. Mai d. J. zahlt.

5 Prämienzahlungspflicht und Rechtsfolgen bei Nichtzahlung

5.1 Prämienschuld

Die Prämie ist die Gegenleistung des Versicherungsnehmers für die Absicherung eines Risikos durch eine Leistung des Versicherers. VVG § 1

Man unterscheidet nach der **Art der Prämie** zwischen der Einmalprämie und der laufenden Prämie (siehe unter a). Hinzu kommen **Nebengebühren**, soweit vertraglich vereinbart) und die gesetzlich vorgesehene **Versicherungsteuer** (siehe unter b).

Prämie (siehe nachstehend a)
+ evtl. vertraglich vereinbarte Nebengebühren (siehe nachstehend b)
= **Versicherungsentgelt**
+ gesetzlich vorgesehene Versicherungsteuer (siehe nachstehend b)
= **»Prämienschuld« (Gesamtpreis der Versicherung)**

Die Aufschlüsselung des Gesamtpreises der Versicherung nach ihren Bestandteilen (Prämie, sonstige Preisbestandteile, Steuern) zählt zu den Informationspflichten des VR nach der VVG-InfoV. Soweit das Versicherungsverhältnis mehrere rechtlich selbstständige Versicherungsverträge umfasst, sind die Prämien einzeln auszuweisen. VVG-InfoV § 1 (1) Nr. 7

Der Zeitraum, für den der Gesamtpreis gilt, ist zu benennen (z. B. jährliche oder halbjährliche Zahlung).

In der Praxis wird anstelle von Prämie häufig von **Beitrag** gesprochen. Damit ist auch der **Beitrag** eines Mitgliedes zu einem Versicherungsverein auf Gegenseitigkeit gemeint.

Hinweis:
Verwendung der Begriffe Prämie bzw. Beitrag in Rechtsgrundlagen

Das VVG sowie die Bedingungswerke der Sachversicherung verwenden durchgängig den Begriff Prämie, während in den übrigen Bedingungswerken von Beitrag gesprochen wird.

Im VAG wird im Zusammenhang mit dem Versicherungsverein auf Gegenseitigkeit der Begriff Beitrag (siehe z. B. § 24 VAG), ansonsten der Begriff Prämie verwendet (siehe z. B. § 11 VAG).

Im Rahmen dieser Lehrbuchreihe wird jeweils der Begriff verwendet, wie er sich in der Rechtsquelle findet, auf die Bezug genommen wird.

---

a) Arten der Prämie

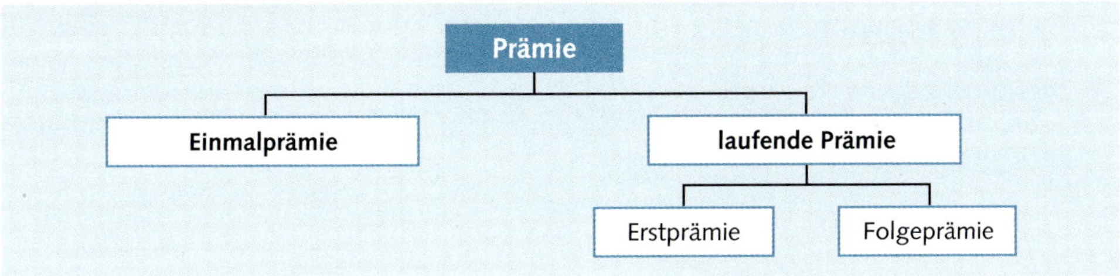

VVG §§ 37, 38

Die **Einmalprämie** – sie gilt für die ganze Versicherungszeit und wird im Voraus bezahlt – kommt hauptsächlich bei **kurzfristigen** Verträgen, z. B. Transport- und Reiseversicherung, infrage. Eine gewisse Bedeutung hat sie auch in der Lebensversicherung.

In der Regel werden aber **laufende** Prämien erhoben. Hier ist zwischen **Erstprämie** und **Folgeprämie** zu unterscheiden.

Diese Unterscheidung ist von grundsätzlicher Bedeutung, da bei nicht rechtzeitiger Zahlung einer Folgeprämie die Verzugsfolgen für den VN wesentlich milder sind als bei nicht rechtzeitiger Zahlung von Einmal- oder Erstprämie.

Bei laufender Prämienzahlung wird die gesamte Versicherungsdauer in Zeitabschnitte unterteilt – man spricht von **Versicherungsperioden.** Für diese Zeitabschnitte wird dann die im Voraus zu zahlende Prämie berechnet.

VVG § 12

Falls die Prämie nicht nach kürzeren Zeitabschnitten berechnet wird, gilt nach VVG der Zeitraum eines Jahres als Versicherungsperiode. Die Prämien werden also in der Regel für den Zeitraum eines Jahres kalkuliert (sog. **echte Jahresprämien**). Häufig ist in den AVB vorgesehen, dass diese echte Jahresprämie in Raten gezahlt werden kann (sog. halbjährliche, vierteljährliche oder monatliche **Zahlungsweise**).

In der Krankenversicherung herrschen dagegen **echte Monatsprämien** vor. Die Prämie wird in diesem Fall für einen Monat kalkuliert und die **Versicherungsperiode** beträgt **ein Monat.**

b) Weitere Bestandteile der geschuldeten Leistung

Die vom VN vertraglich geschuldete Geldleistung enthält neben der eigentlichen Prämie auch noch folgende Bestandteile, für die bei Nichtzahlung die gleichen Rechtsfolgen gelten, wie wenn die eigentliche Prämie nicht entrichtet wird:

- **Nebengebühren inkl. Mahngebühren, Verzugszinsen**

  Sie bedürfen grundsätzlich der Vereinbarung zwischen dem VN und dem VR. Sie werden in der Regel aber nur für sonstige Leistungen des VR erhoben.

  § 3 (5)

  Nicht zulässig ist die Erhebung einer Ausfertigungsgebühr für den Versicherungsschein bei Abschluss des Vertrages. Dagegen wird dem VR die Gebühr für eine Ersatzurkunde oder für Abschriften schon nach Gesetz zugebilligt.

  Für den Fall, dass der VN mit der Prämienzahlung in Verzug gerät, ist der VR berechtigt, Mahnkosten und Verzugszinsen in Rechnung zu stellen (vgl. B 5.3.2.2 b).

- **Versicherungsteuer**

  VersStG § 4

  Alle Prämien- bzw. Beitragszahlungen inkl. Nebengebühren, ausgenommen zur Lebens-, Kranken-, Pflege- und Rückversicherung, sind steuerpflichtig. Der VN hat zusätzlich zur Prämie bzw. zum Beitrag Versicherungsteuer an den VR zu zahlen.

  Das Versicherungsteuergesetz (VersStG) kennt bestimmte Ausnahmen von der Steuerpflicht, wenn der VN nicht seinen Wohnsitz bzw. seine Betriebsstätte in Deutschland hat. Die Verwaltungskompetenz für die Versicherung- und Feuerschutzsteuer liegt seit dem 1. Juli 2010 beim Bundeszentralamt für Steuern, an das die jeweilige Steuer vom VR abzuführen ist.

  Die Versicherungsteuersätze sind in § 6 VersStG geregelt. § 5 VersStG sieht für bestimmte Versicherungszweige vor, das nur ein prozentualer Anteil des Versicherungsentgelts steuerpflichtig ist. Das ist bei Versicherungszweigen der Fall, in denen die Gefahr Feuer versichert ist, denn in die Prämien hierfür ist ein Anteil an der Feuerschutzsteuer einkalkuliert.

Übersicht: Versicherungsteuersätze und Berechnungsgrundlage

Stand Sept. 2018	Steuersatz nach § 6 VersStG	Steuerberechnung nach § 5 VersStG	effektiver Versicherung-steuersatz
allgemein	19 %	vom Versicherungsentgelt	**19 %**
Feuer- und FBU-Versicherung	22 %	von 60 % des Versicherungs-entgelts	**13,2 %**
Wohngebäude-versicherung	19 %	von 86 % des Versicherungs-entgelts	**16,34 %**
Hausratversicherung	19 %	von 85 % des Versicherungs-entgelts	**16,15 %**
Versicherung von **Schäden** gegen **Hagelschlag, Sturm, Starkfrost, Starkregen, Überschwemmungen**	0,3 ‰	von der Versicherungssumme	**0,3 ‰**
Versicherung von **Glasdeckungen über Bodenerzeugnissen** gegen bestimmte Gefahren	0,3 ‰	von der Versicherungssumme	**0,3 ‰**
Seeschiffskaskoversi-cherung bestimmter Schiffe	3 %	vom Versicherungsentgelt	**3 %**
Unfallversicherung mit Prämien-rückgewähr	3,8 %	vom Versicherungsentgelt	**3,8 %**

c) Höhe der Prämie

Die Prämienhöhe richtet sich nach dem **vereinbarten Tarif,** in dem der VR die Prämien für die verschiedenen Risikogruppen (z. B. in der Lebensversicherung u. a. nach Eintrittsalter und Geschlecht) berechnet hat. VAG § 138

Einige Versicherungsbedingungen (z. B. Allgemeine Bedingungen für die Kfz-Versicherung, Allgemeine Versicherungsbedingungen (AVB), Bedingungsteil MB/KK 2009 für die Krankheitskostenversicherung und für die Krankenhaus-Tagegeldversicherung) bestimmen, dass eine Anpassung der tariflich bestimmten Beitragssätze an veränderte Aufwandssituationen auch für den laufenden Vertrag gelten soll.

d) Prämienschuldner

Prämienschuldner ist der **VN,** u. a. aber auch der Erwerber der versicherten Sache (vgl. Band 2, B 2.7.6.3 a). VVG § 95

Nach VVG kann die Prämie aber auch durch Dritte erbracht werden, wenn diese ein Interesse an der Aufrechterhaltung des Versicherungsvertrages haben. Das ist z. B. der Versicherte in der Schaden- oder Unfallversicherung für fremde Rechnung oder der Bezugsberechtigte in der Lebensversicherung, der ein Recht auf die Leistung erworben hat (das ist beim unwiderruflichen Bezugsrecht der Fall), aber auch der Pfandgläubiger in der Sachversicherung. Sie alle können fällige Prämien mit Wirkung für den VN leisten, ohne dass der VR ihre Zahlungen zurückweisen darf, da sie aufgrund ihrer Beziehung zu dem Versicherungsvertrag ein Interesse an dessen Bestehen haben. § 34

§ 43 ff. Eine **Versicherung für fremde Rechnung** liegt vor, wenn der VN eine Versicherung im eigenen Namen für einen anderen, mit oder ohne Benennung der Person des Versicherten schließt. Typische Anwendungsfälle sind die Versicherungsverträge der Spediteure oder Lagerhalter für die von Kunden übergebenen oder eingelagerten Waren. Der Versicherte kann nur mit Zustimmung des VN seine Rechte (z. B. auf Entschädigu ng aus der Versicherung nach einem versicherten Schadensfall) geltend machen.

GwG § 2 (1) Nr. 7, Nr. 8 In der Lebensversicherung und der Unfallversicherung mit Prämienrückgewähr haben VR und ggf. auch Versicherungsvermittler das Gesetz über das Aufspüren von Gewinnen aus schweren Straftaten (**Geldwäschegesetz**) zu beachten.

e) Prämienausgleich durch Aufrechnung mit einer Versicherungsleistung

BGB § 387 ff. Der VN kann gegen Prämienforderungen mit **anerkannten Entschädigungsansprüchen** aufrechnen.

Umgekehrt ist aber auch der VR **berechtigt,** von einer zu zahlenden Entschädigung die fällige Prämie abzuziehen.

VVG § 35, § 115 (1), § 117 (1), § 121 Der VR ist sogar dann zur Aufrechnung berechtigt, wenn die Versicherungsleistung an einen Dritten zu erbringen ist. Dritter in diesem Sinne kann der Versicherte (Fremdversicherung) oder der Bezugsberechtigte in der Lebensversicherung sein, nicht aber das so genannte »Verkehrsopfer« (vgl. Band 3, B 2.2). Verkehrsopfer ist derjenige, der als geschädigter Dritter (z. B. durch ein Kfz geschädigter Passant) aufgrund gesetzlicher Bestimmung einen unmittelbaren Schadenersatzanspruch gegen den VR (z. B. Kfz-Haftpflichtversicherung) des Schädigers (z. B. versicherte Person in der Kfz-Haftpflichtversicherung) hat. Rückständige Prämien zu der Versicherung dürfen nicht mit dem Schadenersatzanspruch aufgerechnet werden.

Der VR kann sogar zur Aufrechnung **verpflichtet** sein, bevor er sich im Schadensfall wegen Prämienzahlungsverzug auf Leistungsfreiheit beruft.

In dieser Frage hatte der BGH eine Entscheidung zu treffen, der folgender Fall zugrunde lag: Ein VN hatte am 04. Jan. d. J. eine vorläufige Deckung für sein Kfz (Kfz-Haftpflicht- und Kaskoversicherung) abgeschlossen. Die vorläufige Deckung sollte nach den AVB des VR bis zur rechtzeitigen Einlösung der Police gelten. Nachdem der VN die Police am 17. Jan. d. J. erhalten hatte, reichte er dem VR schon am 18. Jan. d. J. einen **Kaskoschaden** in Höhe von ca. 2000,00 € zur Regulierung ein. Der Schaden war am 16. Jan. d. J. eingetreten. Dennoch zahlte der VN die Prämie verspätet erst am 20. Febr. d. J., obwohl er über die Verzugsfolgen auf dem Versicherungsschein belehrt worden war. Da der VN die Prämie nicht innerhalb der angegebenen 14-Tage-Frist bezahlt hatte, berief sich der VR auf einen rückwirkenden Wegfall der vorläufigen Deckungszusage.

BGH 12. Juni 1985 Im anschließenden Rechtsstreit entschied sich der BGH gegen den VR, denn dieser sei zur Aufrechnung verpflichtet. Schließlich habe der VN innerhalb der 14-Tage-Frist – also zu einem Zeitpunkt, zu dem noch Versicherungsschutz bestand – einen Ersatzanspruch gegen den VR erworben, der die Höhe des rückständigen Kaskobeitrages deutlich überschreite.

5.2 Rechtzeitigkeit der Prämienzahlung und Tilgung der Prämienschuld

a) Leistungsort für die Zahlung der Prämie

VVG § 36 Leistungsort für die Zahlung der Prämie ist nach den Bestimmungen des VVG der jeweilige Wohnsitz bzw. Ort der gewerblichen Niederlassung des Versicherungsnehmers. Die Prämie ist dennoch keine Holschuld, sondern eine **Schickschuld;** denn der VN hat sie auf

- seine Kosten (er trägt z. B. die Überweisungsgebühren) und
- seine Gefahr dem VR zu übermitteln.

> **Beispiel:**
> Der VN erteilt seiner Bank den Auftrag, die Prämie an den VR zu überweisen. Die Bank führt den Auftrag gebührenpflichtig aus.

Ist die Prämie zuletzt vom VR eingezogen worden, so liegt kraft tatsächlicher Übung zum Vorteil des Versicherungsnehmers eine **Holschuld** vor. Die Übung des Einzugs muss der VR gegen sich gelten lassen, sobald er wenigstens zwei Prämien abgeholt hat. Der VR kann jederzeit vom Einzugsverfahren abgehen, indem er den VN **in Textform** auffordert, die Prämie zu übermitteln. VVG § 33 (2)

Durch Vereinbarung des Lastschriftverfahrens wird die Schickschuld vertraglich in eine **Quasi-Holschuld** umgewandelt; denn die Regeln über den Leistungsort sind abdingbar.

b) Rechtzeitigkeit der Prämienzahlung

Für den **Beginn des Versicherungsschutzes** im Sinne des strengen Einlösungsprinzips **(»materieller«** Beginn) bzw. für das Wiederaufleben des Versicherungsschutzes bei Folgeprämienverzug kommt es darauf an, dass die Prämie rechtzeitig gezahlt wird. Als rechtzeitige Zahlung gilt eine **Leistungshandlung** am **Leistungsort,** die geeignet ist, dass die Prämie demnächst beim VR ankommt. Das ist z. B. der Fall, wenn die Prämie für Überweisungszwecke am Bankschalter eingezahlt wird. Der VN hat das Erforderliche getan und die Leistungshandlung ist abgeschlossen (das Geld hat den Verfügungsbereich des VN verlassen).

Soll die Prämie durch **Lastschriftverfahren** eingezogen werden, so geht ein verspäteter Prämieneinzug durch den VR nicht zu Lasten des VN. Der VN hat hier schon rechtzeitig geleistet, wenn am Fälligkeitstag der geschuldete Betrag von seinem Konto abgebucht werden kann **(Kontodeckung),** d. h., er hat hier keine Übermittlungspflicht. In den AVB ist regelmäßig vorgesehen, dass der VR die Lastschriftvereinbarung in Textform kündigen kann, wenn **wiederholte** Versuche, die Prämie einzuziehen, erfolglos blieben.

c) Tilgung der Prämienschuld

Von der Leistungshandlung ist die **Erfüllungshandlung** (Tilgung der Prämienschuld) zu unterscheiden.

Getilgt ist die Prämienschuld erst mit Eingang des Geldes beim VR, d. h. im bargeldlosen Zahlungsverkehr **mit** der **Gutschrift auf dem Konto** des Versicherers und bei Ausstellung eines Schecks mit dessen Einlösung. Der VN trägt jetzt nicht mehr die Gefahr der Übermittlung (Gefahrenübergang).

> **Beispiel:**
> Der VN bezahlt die Prämie per Banküberweisung. Hier ist mit der Prämieneinzahlung bei der Bank am Leistungsort des VN die Leistungshandlung (rechtzeitige Zahlung) zwar abgeschlossen, getilgt ist die Prämienschuld aber erst mit der Gutschrift des Geldes auf dem Konto des Versicherers (Gefahrenübergang).

Der VN ist also verantwortlich, dass der VR die Prämie erhält. Geht die Prämie unterwegs verloren, muss der VN dafür einstehen. Bei einer Bank- oder Postbanküberweisung wird er sich aufgrund des Geschäftsbesorgungsvertrages mit diesen Instituten aber schadlos halten können.

Zahlungsart	Rechtzeitigkeit der Prämienzahlung	Tilgung der Prämienschuld
Barzahlung	Zahlung an den Inkassobevollmächtigten (Quittung)	Zahlung an den Inkassobevollmächtigten
Halbbare Zahlung (Bareinzahlung bei der Bank)	Einzahlung bei der Bank. Geld muss demnächst beim VR ankommen bzw. ihm gutgeschrieben werden.	**Gutschrift** auf dem Konto des VR
Bargeldlose Zahlung (Banküberweisung, Online-Banking, Kartenzahlung)	Wenn der Überweisungsauftrag in den Machtbereich der Bank gelangt ist **(Deckung vorausgesetzt)**, spätestens mit Abbuchung vom Konto des VN (nicht Gutschrift beim VR).	erst mit **Gutschrift** auf dem Konto des VR
SEPA-Lastschriftmandat	Wenn am Fälligkeitstag der geschuldete Betrag vom Konto des VN **eingezogen werden kann** und der VN einer berechtigten Einziehung nicht widerspricht.	erst mit **Lastschrift** auf dem Konto des VN
Absendung eines Verrechnungsschecks **(gedeckt)**	Gilt lt. BGH mit Absendung (Aufgabe der uneingeschränkten Verfügungsgewalt) des Schecks als rechtzeitige Zahlung.	erst mit **Gutschrift** auf dem Konto des VR

d) Anrechnung der Leistung auf mehrere Prämienforderungen

BGB § 366

Wird die Prämie zu mehreren Verträgen geschuldet und reicht die Geldleistung des VN zur vollständigen Schuldentilgung nicht aus, richtet sich die Anrechnung der Leistung nach den Bestimmungen des BGB. Danach ist zunächst die Prämienschuld zu tilgen, die der VN bei seiner Leistung bestimmt hat. Entspricht beispielsweise die Leistungshöhe exakt der fälligen Prämie zu einem der Verträge, ist diese Schuld zu tilgen.

Ist der Willen des VN zur Anrechnung seiner Leistung nicht bestimmt bzw. bestimmbar, ist im BGB das folgende Verfahren vorgesehen:

1. Anrechnung auf eine **fällige** Schuld.
2. Bei mehreren fälligen Schulden Anrechnung auf diejenige Schuld, die dem VN **geringere Sicherheit** bietet.

> **Beispiel:**
> Fällig sind die Prämien zur Hausrat- und zur Wohngebäudeversicherung. Wegen einer qualifizierten Mahnung zur Hausratversicherung droht dort bereits der Verlust des Versicherungsschutzes. Die Anrechnung muss zunächst hier erfolgen, da der Versicherungsschutz der Hausratversicherung bedroht ist (geringere Sicherheit).

3. Unter mehreren gleich sicheren Schulden ist die **lästigere** Schuld zu tilgen.

> **Beispiel:**
> Die Prämien zur Kfz-Haftpflichtversicherung und zur Kaskoversicherung sind fällig. Da bei Nichtzahlung der Kfz-Haftpflichtprämie die Zwangsstilllegung des Kfz droht, liegt hier die lästigere Schuld.

4. Unter mehreren gleich lästigen Schulden ist die **ältere** Schuld zu tilgen.
5. Bei gleichem Alter ist jede Schuld **verhältnismäßig** zu tilgen.

5.3 Prämienzahlungsverzug

5.3.1 Nichtzahlung der Erstprämie (Erste oder einmalige Prämie)

Übersicht: Zahlungsverzug bei Erstprämie (§ 37 VVG)

VN hat trotz Aufforderung die Erstprämie *nicht rechtzeitig* **gezahlt**

	VN hat die Nichtzahlung **zu vertreten**	VN hat die Nichtzahlung **nicht zu vertreten**
Vertrag	**Rücktrittsrecht** des VR	**kein Rücktrittsrecht** des VR
Leistung	**Leistungsfreiheit** des VR, wenn **Belehrungserfordernis erfüllt** war **Leistungspflicht** des VR, wenn **Belehrungserfordernis nicht erfüllt** war	**Leistungspflicht** des VR
Prämie	nur Anspruch auf **angemessene Geschäftsgebühr** bei Rücktritt des VR (§ 39 Abs. 1 S. 3 VVG)	**Prämienanspruch** besteht, da Vertrag besteht (ggf. Aufrechnung mit der Leistung)

5.3.1.1 Fälligkeit der Erstprämie

Nach VVG ist die erste oder einmalige Prämie **unverzüglich** nach Ablauf von 14 Tagen (in der Lebensversicherung nach Ablauf von 30 Tagen) nach Zugang des Versicherungsscheins zu zahlen, d. h. die Prämie ist dann fällig. Der Aufschub von 14 Tagen bzw. 30 Tagen steht im Zusammenhang mit dem Widerrufsrecht des VN. Danach muss der VN die Leistungshandlung **unverzüglich** vornehmen. VVG §§ 33 (1), 152 (3)

»Unverzüglich« bedeutet nach dem BGB »ohne schuldhaftes Verzögern«. Hierunter versteht man allgemein, dass die Leistungshandlung dann innerhalb von zwei bis drei Tagen erfolgt.

§ 33 Abs. 1 VVG ist abdingbar. So ist in praxisgebräuchlichen AVB auch folgende Formulierung anzutreffen:

»Die erste oder einmalige Prämie ist – unabhängig von dem Bestehen eines Widerrufsrechts – unverzüglich nach dem Zeitpunkt des vereinbarten und im Versicherungsschein angegebenen Versicherungsbeginns zu zahlen.«

Im **Proximus 4 Bedingungswerk** wird, wie auch in § 33 VVG, auf den **Zugang des Versicherungsscheins** abgestellt (siehe z. B. Ziff. 15.2.1 VHB 2016).

Der VN ist zur Zahlung der Erstprämie nur **gegen Aushändigung des Versicherungsscheines** verpflichtet (er hat ein Zurückbehaltungsrecht), es sei denn, dass die Ausstellung eines Versicherungsscheins vertraglich abbedungen wurde. BGB § 273

VVG § 5 Weicht der Inhalt des Versicherungsscheins vom Inhalt des Antrages ab, hat der VN bekanntlich ein Widerspruchsrecht mit einer Frist von einem Monat. Diese Widerspruchsfrist bewirkt, dass die Prämie erst nach deren fruchtlosen Ablauf fällig ist.

5.3.1.2 Abgrenzung Erstprämie – Folgeprämie

Manchmal ist es zweifelhaft, ob eine bestimmte Prämienschuld eine Erstprämie oder eine Folgeprämie ist. Aber gerade von dieser Unterscheidung hängt es ab, ob ein Versicherungsfall, der sich vor der Zahlung der Prämie ereignet hat, gedeckt oder nicht gedeckt ist.

Die Unterscheidung zwischen Erst- und Folgeprämie ist wichtig wegen der abweichenden Rechtsfolgen bei Verzug. § 37 VVG gilt deshalb nur für die Erstprämie, während § 38 VVG den Folgeprämienverzug regelt. Die strengeren Verzugsfolgen des § 37 VVG lassen sie damit begründen, dass der VN von vornherein keinen Anspruch auf Versicherungsschutz haben soll, wenn er trotz Belehrung noch nicht einmal die erste Prämie nach Fälligkeit an den VR bezahlt.

Neben der **Einmalprämie** und der **Prämie für die erste Versicherungsperiode** bei Verträgen mit Verlängerungsklausel oder auf unbestimmte Zeit, handelt es sich u. a. in den folgenden Fällen um eine Erstprämie:

- Prämie für eine **vorläufige Deckungszusage**
- die Prämie für eine Unfallversicherung, die äußerlich durch »Nachtrag« mit der bestehenden Haftpflichtversicherung zusammengefasst wird
- die **erste Rate einer echten Jahresprämie,** wenn im Vertrag **von vornherein generell Zahlung in Raten** (Halb-, Vierteljahres-, Monatsraten) vorgesehen war

  Nur die erste Rate ist hier Erstprämie, alle weiteren Raten sind Folgeprämien i. S. des VVG.

  Ist dagegen die Jahresprämie als Gesamtprämie – wie im Versicherungsschein ausgewiesen – **fällig,** wird **aber** ein Teil der Zahlung **gestundet,** dann sind sämtliche Raten zusammengenommen als Erstprämie anzusehen, mit der Folge, dass bei Nichtzahlung einer Rate die strengen Folgen des Erstprämienverzuges eintreten.
- die erste Prämie für einen **Vertrag, der einen anderen Vertrag ersetzen soll,** z. B. bei der Umwandlung einer Teilkasko- in eine Vollkaskoversicherung

  OLG Köln 1990 Das Gleiche gilt, wenn nach Ablauf eines Vertrages ein zweiter neuer Vertrag geschlossen werden soll, z. B. wenn der VN nach Anschaffung eines neuen Kfz einen neuen Antrag auf Abschluss einer Kfz-Versicherung stellt, auch wenn noch ein Restbeitrag aus dem früheren Vertrag anzurechnen ist.

  Dagegen liegt bei **Vertragsänderungen keine Erstprämie** vor, z. B. wenn die Versicherungssumme erhöht wird.

  Ebenso haben versicherungs**technische** Vorgänge in der Regel keinen Einfluss auf versicherungsrechtliche Vorgänge, jedenfalls solange die Parteien dies nicht beabsichtigen. Wird z. B. ein teurerer Zweitwagen auf die schon lange bestehende Versicherung eines billigeren Erstwagens umgeschrieben, um in den Genuss des günstigen Rabatts dieser Versicherung zu kommen, so ist der erste Beitrag nach Abschluss des »Neuvertrages« dennoch ein ganz normaler Folgebeitrag und nicht, wie es versicherungstechnisch den Anschein hat, Erstbeitrag. Der VN hat im Zweifelsfall mit der Umschreibung keine versicherungs**rechtliche** Änderung beabsichtigt, die ihn im Verzugsfall den strengen Regelungen wegen Nichtzahlung der Erstprämie unterwerfen würde.

5.3.1.3 Rechtsfolgen bei Nichtzahlung der Erstprämie

Vorbemerkung:

Das VVG verwendet als Überschrift zu § 37 die Bezeichnung »Zahlungsverzug bei Erstprämie«. Die aufgeführten Rechtsfolgen sind aber keine Verzugsfolgen wie in § 38 VVG, sondern Folgen aufgrund nicht rechtzeitiger Prämienzahlung.

Verzug setzt nach BGB-Recht eine Mahnung, wenn die Fälligkeit nicht kalendermäßig bestimmt oder berechenbar ist, und Vertretenmüssen (Verschulden) voraus. Kein Verschulden könnte vorliegen bei schwerer Krankheit, Verkehrssperre usw. BGB § 286

In § 37 VVG wird für die Rechtsfolgen bei nicht rechtzeitiger Zahlung grundsätzlich auf das Verschulden des VN abgestellt. Will sich der VR auf Leistungsfreiheit berufen, muss er den VN zuvor belehrt haben (siehe weiter unten).

Rechtsfolgen nach § 37 VVG bei nicht rechtzeitiger Zahlung der Erstprämie:

- **Rücktrittsrecht des VR**

  Der VR kann den Rücktritt vom Vertrag **erklären,** der dann von Beginn an aufgehoben wird **(Aktivrücktritt** bzw. **erklärter Rücktritt**). VVG § 37 (1)

  Nach VVG kann der VR aber nur dann vom Vertrag zurücktreten, wenn der VN die Nichtzahlung zu vertreten hat.

  Hat der VN die nicht rechtzeitige Zahlung nicht zu vertreten (z. B. weil er wegen Bewusstseinsstörungen im Krankenhaus weilte), hat der VR kein Rücktrittsrecht. Der Prämienanspruch bleibt dann weiter bestehen.

- **Leistungsfreiheit des VR (Einlösungsprinzip)**

  Ist die Prämie zur Zeit des Eintritts des Versicherungsfalles noch nicht bezahlt, tritt nach VVG Leistungsfreiheit nur dann ein, wenn § 37 (2)

  - der VN die Nichtzahlung zu vertreten hat,
  - der VN durch gesonderte Mitteilung in Textform oder durch einen auffälligen Hinweis im Versicherungsschein auf die Rechtsfolge der Nichtzahlung aufmerksam gemacht wurde (sog. **Belehrung**).

Im Umkehrschluss bedeutet § 37 Abs. 2 VVG, dass der VR für einen Versicherungsfall leistungspflichtig ist, wenn die Erstprämie (erste oder einmalige Prämie) bezahlt, der Versicherungsschein also eingelöst wurde (sog. **Einlösungsklausel**).

  Ausnahmen zur VVG-Regelung gelten nur, wenn der VN und der VR eine der folgenden Vereinbarungen getroffen hat:

  - **Erweiterte Einlösungsklausel** (vgl. B 4.2.2)
  - **Deckende Stundung:** Hatte der VR dem VN die Erstprämie gestundet, so tritt die Leistungsfreiheit nicht sofort ein wenn z. B. die 2. Rate des lediglich nur gestundeten **Gesamtbetrages** der ersten Jahresprämie nicht rechtzeitig gezahlt wird.

    Die Rechtsprechung fordert hier zunächst eine warnende Mahnung gegenüber dem VN, ohne die er den Versicherungsschutz nicht verlieren soll.
  - **Vorläufige Deckungszusage** (vgl. B 4.2.3)

- **Anspruch auf angemessene Geschäftsgebühr bei Rücktritt**

  Der VR kann bei Rücktritt für seine Aufwendungen im Zusammenhang mit dem Vertragsschluss eine angemessene Geschäftsgebühr verlangen. Die Höhe ist gesetzlich nicht geregelt, muss aber gerichtlich überprüfbar bleiben.

Besonderheit: Gerichtliche Geltendmachung (Prämienklage) anstelle von Rücktritt

Der VR kann den Prämienanspruch – bei Verzug inkl. Kosten und Verzugszinsen – gerichtlich geltend machen, d. h. der VR erhebt Klage bzw. beantragt erst einmal einen Mahnbescheid. Dann hat er allerdings kein Rücktrittsrecht, da er mit der Prämienklage zum Ausdruck bringt, dass er auf Vertragserfüllung besteht. BGB § 288

5.3.2 Nichtzahlung der Folgeprämie

Übersicht: Zahlungsverzug bei Folgeprämie (§ 38 VVG)

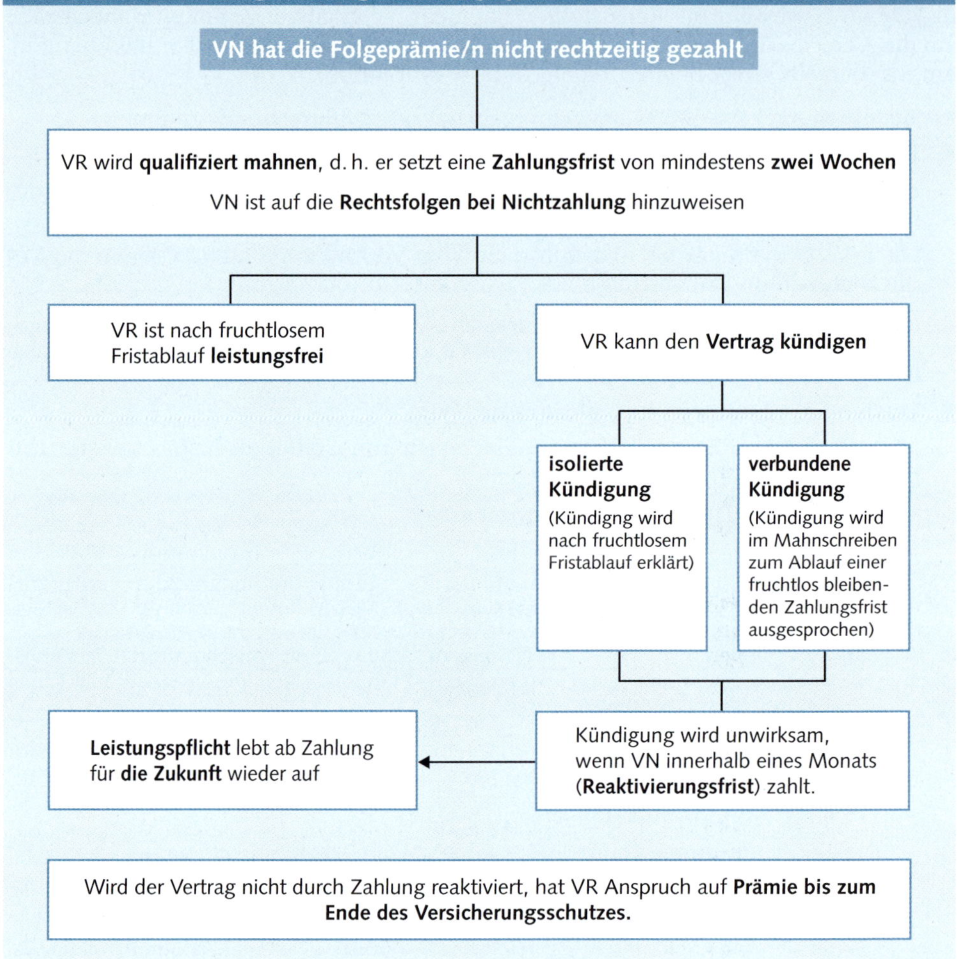

Folgeprämien sind alle Prämien, die nicht Prämien nach § 37 VVG sind. Dazu gehören u. a. auch die Zuschlagsprämien nach einer Gefahrerhöhung, die Nachzahlung bei Prämienregulierung in der Haftpflichtversicherung (siehe zur Prämienregulierung, Band 3, A 5.3.1.3).

5.3.2.1 Fälligkeit einer Folgeprämie

Die Fälligkeit der Folgeprämie ist im Gegensatz zur Fälligkeit der Erstprämie nicht im VVG geregelt. Sie wird daher vertraglich vereinbart.

BGB § 271 (2) Die Folgeprämien sind jeweils **zu Beginn** der **vertraglich** festgelegten **Versicherungsperioden** zu entrichten, bzw. zum vertraglich vereinbarten Fälligkeitstag.

> **Beispiel:**
> **»Allgemeine Unfallversicherungsbedingungen (AUB) 2017«**
> 11.2.1 Die Folgeprämien werden zu dem jeweils vereinbarten Zeitpunkt fällig.

AUB 2017 Ziff. 11.2.1

Als Versicherungsperiode gilt, falls nicht die Prämie nach kürzeren Zeitabständen bemessen ist, der **Zeitraum eines Jahres.** VVG § 12

5.3.2.2 Verzug

Zahlt der VN die Folgeprämie nicht rechtzeitig, so kann der VR den VN **qualifiziert mahnen** (siehe hierzu auch das Mustermahnschreiben auf der übernächsten Seite).

a) Zugang der qualifizierten Mahnung

Die qualifzierte Mahnung muss dem VN zugehen, um rechtswirksam zu sein. Sie gilt als zugegangen, wenn sie so in den Empfangsbereich des VN gelangt ist, dass er vom Inhalt Kenntnis nehmen kann. Es kommt nicht darauf an, ob der VN dann tatsächlich auch vom Inhalt Kenntnis nimmt.

In folgenden Fällen ist die qualifizierte Mahnung zugegangen:

- Zeitpunkt, zu dem der Hausbriefkasten, in den die qualifizierte Mahnung eingeworfen wurde, üblicherweise geleert wird.

  Das gilt auch, wenn der VN aus persönlichen Gründen (z. B. Urlaub) abwesend ist.
- Empfang durch Bevollmächtige des VN
- Empfang durch Dritte, die als ermächtigt anzusehen sind (z. B. Ehefrau, mit der der VN in häuslicher Gemeinschaft lebt) BGH VersR 70, 755
- Einschreiben mit Rückschein (Empfang wurde bestätigt)

Wird ein Einschreiben bei der Postagentur unter Benachrichtigung des Empfängers hinterlegt, gilt dieses noch nicht als zugegangen.

Die **Beweislast,** dass der VN qualifiziert gemahnt wurde, hat der **VR.** Es besteht **kein Anscheinsbeweis** dafür, dass ein nachweislich abgesandter Brief den Empfänger erreicht hat. BGH 1957

Wünscht der Absender einer Einschreibsendung aus irgendeinem Grunde einen Nachweis darüber, wann und an wen die Sendung zugestellt wurde, so muss er eine **Empfangsbescheinigung des Empfängers** verlangen. Zu diesem Zweck muss die Einschreibsendung mit den Vermerken »**Einschreiben**« und »**Rückschein**« versehen werden. Der Absender erhält dann die Empfangsbescheinigung des Empfängers mit dem Zustellvermerk des Zustellers; sie gilt rechtlich als Urkunde. Bei einer »normalen« Einschreibsendung können Ersatzempfänger sein: Postbevollmächtigte, Familienangehörige, Hausangestellte, Vermieter.

Besonderheit: Mahnschreiben beim Wohnungswechsel des Versicherungsnehmers

Hat ein VN seine Wohnung geändert, aber die **Änderung dem VR nicht mitgeteilt,** so **genügt** für die Abgabe einer Willenserklärung (Mahnung, Kündigung) dem VN gegenüber die **Absendung eines eingeschriebenen Briefes an** die **letzte** dem VR **bekannte Anschrift.** In diesem Falle gilt die Willenserklärung nach drei Tagen nach Absendung lt. VVG als zugegangen und die Fristen beginnen zu laufen bzw. die Rechtsfolgen treten ein (**Zugangsfiktion**). VVG § 13

---

b) Qualifiziertes Mahnverfahren

§ 38 (1) Nach den Bestimmungen des VVG kann der VR den VN auf dessen Kosten qualifiziert mahnen.

Bei einer **qualifizierten Mahnung** sind folgende Regelungen **zwingend** zu beachten, da sonst das Mahnverfahren rechtlich wirkungslos bleibt:

- **Fristbestimmung**

  Die Fristbestimmung muss in Textform (z. B. per Brief oder E-Mail) erfolgen und die Frist darf **nicht weniger als zwei Wochen** betragen.

  Ist keine Frist bzw. eine kürzere Frist als im Gesetz angegeben, so ist die qualifizierte Mahnung rechtlich **unwirksam.** Eine längere Frist ist möglich, da diese von Vorteil (längerer Versicherungsschutz) für den VN ist.

- **Rückständige Prämien, Zinsen, Kosten**

  Nach VVG sind die rückständigen Beträge der Prämie, Zinsen und Kosten einzeln zu beziffern. Wird **zu viel Prämie** verlangt oder nicht entsprechend aufgeschlüsselt, so ist die **Fristsetzung unwirksam.** Ist dagegen der angemahnte Betrag niedriger als die tatsächlich geschuldete Summe, so ist eine solche Mahnung wirksam.

  Zahlt der VN diesen niedrigeren Betrag fristgerecht, ist das eingeleitete Mahnverfahren hinfällig.

  Bei gebündelten Versicherungen ist jede einzelne Teilprämie gesondert in der Mahnung aufzuführen. Es reicht nicht aus, nur den Schlussbetrag des Prämienrückstandes zu nennen.

BGB § 366 (2) BGH 1985

Bei Teilzahlungen ohne Verwendungshinweis ist im Interesse des Versicherungsnehmers nach dem Prinzip der günstigsten Verrechnung zu verfahren, auch wenn das für den VR mit einem gewissen Aufwand verbunden ist. Beträgt z. B. der Gesamtprämienanspruch 400,00 €, wovon 250,00 € auf die Kfz-Haftpflichtversicherung, 100,00 € auf die Kaskoversicherung und 50,00 € auf die Kfz-Unfallversicherung entfallen, und zahlt der VN insgesamt nur 300,00 €, ist zunächst die »gefährlichste« Sparte abzudecken. In diesem Beispiel würden daher 250,00 € für die Kfz-Haftpflichtversicherung und 50,00 € für die Kfz-Unfallversicherung zu verrechnen sein. Bezahlt der VN dagegen nur 200,00 €, so reicht das Geld nicht für den Kfz-Haftpflichtversicherungsbeitrag, wohl aber für die beiden übrigen Versicherungsarten. Würde der VR hier die eingezahlte Summe einfach für die Kfz-Haftpflichtversicherung anrechnen, hätte der VN im Verzugsfall für keine Sparte Versicherungsschutz (siehe auch B 5.2 d).

VVG § 38 (1) S. 2

- **Hinweis auf die Rechtsfolgen**

  Die Rechtsfolgen müssen im Mahnschreiben **genau** und **umfassend** angegeben werden. Der VN muss erkennen, welche Rechtsfolgen eintreten, wenn die Mahnfrist abgelaufen ist.

Mustermahnschreiben (Sach- und Vermögensversicherung) nach VVG

EINSCHREIBEN

Herrn
Walter Bayer
Büromöbelvertrieb
Ebertstraße 15
40219 Düsseldorf

Unser Zeichen
KO/PO

Datum
28. Jan . . .

Versicherungs-zweig	Versicherungs-schein-Nr.	Prämie fällig seit	Jahresprämie €	Mahnkosten €	Gesamtbetrag € (Prämie + Mahnkosten)
Gebäude-vers.	24/328032-06	01. Jan.	3 800,00	3,00	3 803,00

Sehr geehrter Versicherungsnehmer,

wir dürfen Sie nochmals darauf aufmerksam machen, dass die Prämie für diese Versicherung fällig ist. Bitte überweisen Sie uns den oben genannten Gesamtbetrag innerhalb von zwei Wochen. Es liegt auch in Ihrem eigenen Interesse, diese Frist einzuhalten. Sollten Sie nämlich nach Ablauf dieser Frist mit der Zahlung in Verzug sein, sind wir nach § 38 des Versicherungsvertragsgesetzes

1. von der Verpflichtung zur Leistung frei, wenn der Versicherungsfall nach Ablauf der Frist eintritt und Sie zu diesem Zeitpunkt mit der Zahlung in Verzug sind;
2. zur fristlosen Kündigung der Versicherung(en) berechtigt, wobei aber unser Anspruch auf die Prämie bis zum Ende der Wirksamkeit des Versicherungsschutzes bestehen bleibt. Die Wirkungen der Kündigung fallen fort, wenn Sie innerhalb eines Monats nach der Kündigung die Zahlung nachholen.

Sollten Sie inzwischen gezahlt haben, teilen Sie uns bitte mit, wann und an wen die Zahlung erfolgt ist. In diesem Falle betrachten Sie bitte dieses Schreiben als gegenstandslos.

Wichtige Hinweise für Kraftfahrt-Versicherungsnehmer:

a) Das Pflichtversicherungsgesetz für Kraftfahrzeughalter macht es Ihnen zur Pflicht, eine Haftpflichtversicherung für Ihr Fahrzeug ununterbrochen aufrechtzuerhalten. Ist das Fahrzeug im Verkehr, ohne dass Haftpflichtversicherungsschutz besteht, so haben Sie erhebliche Strafen zu erwarten (§ 6 des Pflichtversicherungsgesetzes). Diese strafrechtlichen Folgen entfallen auch dann nicht, wenn Sie im Falle einer Kündigung die Zahlung innerhalb der Monatsfrist nachholen.

b) Wir sind verpflichtet, der Zulassungsbehörde bei Beendigung des Versicherungsverhältnisses die gesetzlich vorgeschriebene Anzeige über den Wegfall des Versicherungsschutzes zuzusenden. Sobald der Zulassungsbehörde diese Anzeige zugegangen ist, wird nach den geltenden Bestimmungen von der Polizei sofort der Erlaubnisschein (Fahrzeugschein (Zulassungsbescheinigung Teil I)) eingezogen und das amtliche Kennzeichen entstempelt bzw. abgenommen. Sie selbst sind sogar verpflichtet, von sich aus das amtliche Kennzeichen entstempeln zu lassen, sobald kein Haftpflichtversicherungsschutz mehr besteht.

c) Wenn wir während der Zeit, in der wir Ihnen gegenüber von der Verpflichtung zur Leistung frei sind, aufgrund gesetzlicher Vorschriften Leistungen an einen geschädigten Dritten erbringen müssen, so steht uns ein gesetzliches Rückgriffsrecht zu, d. h., wir können in diesem Falle unsere Aufwendungen von Ihnen zurückverlangen.

Mit freundlichen Grüßen

c) Rechtsfolgen

Leistungsfreiheit des VR

Der VR ist von der Verpflichtung zur Leistung frei, wenn **nach Fristablauf** der Schadenfall eintritt und zur Zeit des Eintritts der VN mit der Zahlung der Prämie oder der geschuldeten Zinsen oder Kosten im **Verzug** ist. VVG § 38 (2)

Verzug setzt »Vertretenmüssen des VN voraus«; damit meint das Gesetz, dass er für die verzögerte Zahlung verantwortlich ist, was der VR vermuten und wovon sich der VN in der Regel auch nicht entlasten kann.

VVG § 166 (2)

In der Lebensversicherung, die mit einem Sparvorgang verbunden ist, müsste der VR allerdings eine Leistung in der Höhe erbringen, die er zahlen müsste, wenn der Vertrag mit dem Eintritt des Versicherungsfalles in eine prämienfreie Versicherung umgewandelt worden wäre (vgl. Band 2, C 6.3).

Stark vereinfacht läuft das Verfahren so ab:
Der VR ermittelt den **Rückkaufswert** (Deckungskapital) der Lebensversicherung mit Sparvorgang und behandelt das Kapital so, als wäre es als Einmalprämie eingezahlt worden. Er stellt fest, welche VS hierfür ohne weiteren Prämienzahlungen (= prämienfreie VS) geboten werden kann.

- **Kündigung bzw. Kündigungsandrohung durch den VR**

§ 38 (3)

Der VR kann nach Ablauf der Zahlungsfrist das Versicherungsverhältnis ohne Einhaltung einer Kündigungsfrist kündigen **(isolierte Kündigung).** Die Kündigung kann bereits bei der Bestimmung der Zahlungsfrist mit Wirkung zum Fristablauf erklärt werden **(verbundene Kündigung).** Im Mahnschreiben muss daher entweder **die Kündigung bereits zum Fristablauf** ausgesprochen sein, **oder** es genügt, falls der VR nicht gleich kündigen will, dass er die Kündigung androht, d. h., dass er bereits **auf** die **Kündigungsmöglichkeit** mit sofortiger Wirkung **hinweist**.

§§ 165, 166

Besondere Regelungen bei Lebensversicherungsverträgen: Bei der Kündigung der Lebensversicherung durch den VR wandelt sich die Versicherung mit dem Wirksamwerden der Kündigung in eine prämienfreie Versicherung mit herabgesetzter Versicherungssumme um, sofern ein entsprechender Rückkaufswert vorhanden ist. Andernfalls erlischt die Versicherung. Ein **Rückkaufswert**, aus dem die Mindest-VS für eine prämienfreie Versicherung nicht gebildet werden kann, ist an den VN auszuzahlen.

- **Reaktivierung des Vertrags durch Nachholung der Zahlung durch den VN**

§ 38 (3) S. 3

Die Auswirkungen der Kündigung fallen fort, wenn der VN **innerhalb eines Monats** nach **Wirksamwerden** der Kündigung die Zahlung nachholt. Bei der fristlosen Kündigung beginnt die **einmonatige Reaktivierungsfrist** mit Zugang der Kündigung beim VN; bei der verbundenen Kündigung, die bereits mit dem qualifizierten Mahnschreiben erfolgt, erst mit dem ungenutzten Ablauf der Zahlungsfrist. In beiden Fällen tritt der Versicherungsschutz also mit der Zahlung des Rückstandes vor Ablauf der Reaktivierungsfrist wieder in Kraft, allerding nur für die Zukunft. Ist dagegen zwischen dem Wirksamwerden der Kündigung und der Zahlung des VN ein Versicherungsfall eingetreten, so bleibt der VR insoweit leistungsfrei, d. h. nur ein nach der Prämienzahlung eingetretener Versicherungsfall ist wieder gedeckt.

ARB 2012 7.5.4 letzter Satz

Auszug aus:
»Allgemeine Bedingungen für die Rechtsschutzversicherung (ARB 2012)«, Stand: Juni 2017

»Wenn wir Ihren Vertrag gekündigt haben und Sie danach innerhalb eines Monats die angemahnte Prämie bezahlen, besteht der Vertrag fort. Dann aber haben Sie für Versicherungsfälle, die zwischen dem Ablauf der Zahlungsfrist und Ihrer Zahlung eingetreten sind, **keinen Versicherungsschutz**.«.

Beispiel:

Fälligkeit der Folgeprämie am 01. Juni d. J.; Zugang einer qualifizierten Mahnung am 20. Juni d. J. mit zweiwöchiger **Fristsetzung zum 04. Juli d. J.**, sofort **verbunden mit einer Kündigung.** Der VN holt seine **Zahlung rechtzeitig** – innerhalb der Monatsfrist bis zum 04. Aug. d. J. – **am 15. Juli d. J.** nach. Der Vertrag bleibt erhalten.

War aber ein Versicherungsfall schon am 10. Juli d. J. eingetreten, so haftet der VR dafür nicht, wohl aber für einen Versicherungsfall, der nach dem 15. Juli d. J. (z. B. am 26. Juli d. J.) eintritt.

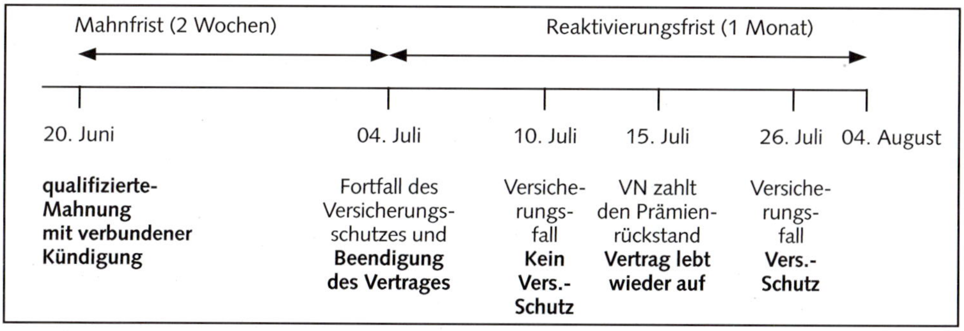

- **Prämienanspruch**

  Im Falle der Beendigung des Versicherungsvertrages vor Ablauf der Versicherungsperiode steht dem VR für diese Versicherungsperiode nur derjenige Teil der Prämie zu, der dem Zeitraum entspricht, in dem Versicherungsschutz bestanden hat **(zeitanteilige Prämie).** Im vorangegangenen Beispielsfall hätte der VR Anspruch auf die Prämie bis zum 4. Juli d. J. wenn es bei der Beendigung des Vertrages geblieben wäre. VVG § 39 (1)

Hinweis: Regelungen zu den Folgen verspäteter Zahlung der Folgeprämie in Allgemeinen Versicherungsbedingungen

In manchen Allgemeinen Versicherungsbedingungen (siehe z. B. unter 7.5 in den ARB 2012) sind die Folgen nicht rechtzeitiger Zahlung der Prämie dargestellt. Die Regelungen entsprechen üblicherweise den VVG-Vorschriften, gelten aber als vertragliche Vereinbarungen vor den gesetzlichen Vorschriften des VVG. Das VVG gilt dann nur noch, soweit eine spezielle Regelung in den AVB nicht vorhanden ist. So sehen manche AVB nicht die verbundene Kündigung nach § 38 (3) VVG vor.

Übersicht: Folgen der Nichtzahlung von Erst- und Folgeprämien

Vergleich der Rechtsfolgen	Erstprämie § 37 VVG	Folgeprämie § 38 VVG
Versicherungsschutz (Leistungsschicksal)	Versicherungsschutz beginnt erst mit Zahlung der Erstprämie (**Einlösungsprinzip**/Hauptvertrag), sofern VN belehrt wurde und die Nichtzahlung zu vertreten hat	Versicherungsschutz bleibt vorerst bestehen, **entfällt** dann aber, **soweit** 1) **qualifiziert gemahnt** und die gesetzliche Mindestfrist gesetzt wurde **und** 2) **keine Zahlung bis Fristablauf** erfolgt
Bestand des Vertrages, wenn Zahlung auch weiterhin ausbleibt **(Vertragsschicksal)**	**Rücktrittsmöglichkeit** des VR, wenn VN die Nichtzahlung zu vertreten hat	**Kündigungsmöglichkeit des VR** zum Ablauf der Mahnfrist (verbundene Kündigung) bzw. fristlos nach Ablauf der Mindestzahlungsfrist (isolierte Kündigung)
	Vertrag **ab Beginn aufgehoben**	Vertrag **für die Zukunft aufgelöst, VN kann aber** durch Prämienzahlung innerhalb Monatsfrist Vertrag reaktivieren
Prämienschicksal	Bei Rücktritt nur **Geschäftsgebühr**	**Anspruch auf Prämie** bis zum Ende des Versicherungsschutzes

d) Prämienklage statt Kündigung

Besteht der VR auf Vertragsfortsetzung, kann er anstelle der Kündigung auch gerichtliche Schritte einleiten, um an die Prämie zu kommen. Im Massengeschäft ist das aber eher unüblich.

Besonderheit: Prämienrückstand bei einer Krankheitskostenversicherung nach § 193 Abs. 3 VVG

VVG § 193 (3)

Ab dem 1. Januar 2009 besteht Versicherungspflicht in der Krankheitskostenversicherung für alle Personen mit Wohnsitz in Deutschland. Soweit noch kein Krankenversicherungsschutz besteht, der den gesetzlichen Anforderungen genügt, ist bei einem in Deutschland zum Geschäftsbetrieb zugelassenen Versicherungsunternehmen eine Krankheitskostenversicherung abzuschließen, die mindestens eine Kostenerstattung für ambulante und stationäre Heilbehandlung vorsieht (Zu Einzelheiten siehe Band 2, E 1.2).

Gerät der VN einer solchen Krankenversicherung, mit der er seine Versicherungspflicht erfüllt, mit einem Betrag in Höhe von Prämienanteilen für **zwei Monate** in **Rückstand**, gilt nach dem VVG folgendes:

§ 193 (6) – (9)

- Der VR hat den VN zu mahnen.
- Der VN hat für jedenen angefangenen Monat eines Prämienrückstandes an Stelle von Verzugszinsen einen Säumniszuschlag in Höhe von 1 Prozent des Prämienrückstandes zu entrichten.
- Ist der Prämienrückstand einschließlich der Säumniszuschläge zwei Monate nach Zugang der Mahnung höher als der Prämienanteil für einen Monat, mahnt der VR ein zweites Mal und weist auf die möglichen Folgen hin (siehe nachstehend).
- Ist der Prämienrückstand einschließlich der Säumniszuschläge einen Monat nach Zugang der zweiten Mahnung höher als der Prämienanteil für einen Monat und ist der VN bzw. die versicherte Person nicht hilfebedürftig im Sinne des SGB, ruht der Vertrag ab dem ersten Tag des nachfolgenden Monats.
- Versicherungsschutz besteht dann nur noch im Rahmen des Notlagentarifs nach § 153 VAG.
- Sind alle rückständigen Prämienanteile einschl. der Säumniszuschläge und der Beitreibungskosten bezahlt, wird der Vertrag ab dem ersten Tag des übernächsten Monats wieder im ursprünglichen Tarif fortgeführt.

Lernkontrollen zu B 5

Prämienzahlungspflicht

1 Ein VN in Freiburg hat am 20. Jan. d. J. eine Hausratversicherung (VHB 2016) bei der Proximus Versicherung AG beantragt und die AVB sowie die gesetzlich geforderten Informationen ausgehändigt bekommen (Versicherungsperiode 01. Febr. d. J. bis 01. Febr. n. J.). Am 22. Jan. d. J. erhält der VN den Versicherungsschein per Post.

a) Wann ist die Prämie nach VHB 2016 (und nach dem VVG) fällig?

b) b1) Welcher Ort ist nach dem VVG der Leistungsort für die Prämienzahlung (mit Begründung)?
b2) Kann die Prämienschuld eine Holschuld sein?

c) Der VN überlegt, ob er die Erstprämie
c1) per Online-Banking,
c2) durch Banküberweisung oder
c3) durch Erteilung eines SEPA-Lastschriftsmandats zahlen soll.
Erläutern Sie jeweils, zu welchem Zeitpunkt der Versicherungsschutz beginnt.

d) Welche Regelung gilt für die Gefahrentragung der Prämienzahlung nach VVG?

Nichtzahlung der Erstprämie

2 Angenommen, der VN aus Aufgabe 1 hat am 02. März d. J. die Erstprämie immer noch nicht bezahlt.

a) Welche Voraussetzungen sieht das BGB allgemein für den Eintritt des Zahlungsverzugs vor?

b) Welche Rechtsfolgen sieht das VVG bei nicht rechtzeitiger Zahlung der Erstprämie vor?

3 Der VR erhält am 24. April d. J. doch noch die Erstprämie zur Hausratversicherung (vgl. Aufgabe 1), nachdem er den VN am 02. März d. J. zum letzten Mal schriftlich zur sofortigen Zahlung aufgefordert hat. Besteht Versicherungsschutz für einen Brandschaden am 25. April d. J.?

4 Sie sind Mitarbeiter/-in der Abteilung Privatkundengeschäft der Proximus Allgemeine Versicherung AG. Ihnen liegen folgende Daten zur **Privathaftpflichtversicherung** von Frau Wagner vor:

Versicherungsnehmer:	Petra Wagner
Anschrift und Versicherungsort:	Ringstr. 19, 22145 Hamburg
Antragstellung:	05.05. d. J.
Zugang der Police mit Zahlungsaufforderung:	25.05. d. J.
Beginn/Laufzeit:	01.07. d. J. / 3 Jahre
Zugang einer Zahlungserinnerung:	20.07. d. J.
Beitrag halbjährlich:	46,40 €

Hinweis:

Es liegt kein Informations- oder Belehrungsmangel durch den VR vor.

Der Erstbeitrag wurde bis heute (15.08. d. J.) noch nicht gezahlt.

Frau Wagner hat die Zahlung vor Urlaubsantritt vergessen und die Zahlungserinnerng wegen der Urlaubsabwesenheit nicht zur Kenntnis nehmen können, wie sie am Telefon sagt.

Erläutern Sie Frau Wagner die gegenwärtige Rechtslage.

Nichtzahlung der Folgeprämie

5 Ernst Berger, Köln, hat die am 04. Okt. d. J. fällige Jahresfolgeprämie (Wohngebäudeversicherung) in Höhe von 640,00 € am 06. Nov. d. J. immer noch nicht bezahlt. Der VR – die Proximus Versicherung AG – mahnt daher qualifiziert am 07. Nov. d. J. unter Angabe der Mindestzahlungsfrist (Zugang der Mahnung am 09. Nov. d. J.).

a) Welche sachlichen und formellen Voraussetzungen müssen mit der Mahnung erfüllt sein, damit die Mahnung rechtswirksam wird?

b) Erörtern Sie die Rechtsfolgen des Folgeprämienverzugs (mit Datumsangabe), und zwar hinsichtlich des
   b1) Bestands des Vertrages,
   b2) Versicherungsschutzes,
   b3) Prämienschicksals.

c) Welche beiden Kündigungsmöglichkeiten lässt § 38 VVG zu?

d) Bis wann könnte der VN die Wirksamkeit einer Kündigung nach § 38 Abs. 3 VVG wieder aufheben?

6 Sie sind Mitarbeiter/in in der Agentur Hilmar Krause der Proximus Versicherung AG. Herr Hilbig ruft sie am 10. Juni 2018 an und teilt mit, dass er bedauerlicherweise gleich zwei Schäden zu seiner Hausratversicherung melden müsse.

Am 4. Juni sei der Schlauch an der Spülmaschine geplatzt und habe die Küche unter Wasser gesetzt. Die Küchenmöbel sind im Sockelbereich aufgequollen, was sich aber reparieren lässt.

Am gestrigen Tag sei bei ihm eingebrochen worden. Die Polizei hat Spuren sichern können. Entwendet wurde der vor kurzem angeschaffte LED-Flachbildfernseher.

Herr Hilbig will wissen, ob die Proximus Versicherung AG für die Schäden aufkommt.

Beachten Sie die Angaben im Vertragsspiegel und klären Sie den Kunden auf.

Vertragsspiegel Hausrat

	Name	Vorname	Geburtsdatum	Beruf	A = Angestellter AR = Arbeiter/-in S = Selbstständig B = Beamtin/-er
Vers.-Nehmer	Hilbig	Heinz	26.10.1983	Speditionskaufmann	A
Ehepartner	Hilbig	Eva	14.09.1985	Friseurin	A
Kinder	Hilbig	Arnulf	01.02.2013		
Anschrift	Merianstr. 45, 79104 Freiburg				

Versicherungsnachweis:

Vers.-Nummer	8723334 H
Bedingungen	VHB 2016
Klauseln	keine
Beginn	01.04.2018
Dauer	3 Jahre (mit Verlängerungsklausel)
Zahlungsweise	jährlich
Fälligkeit	01.04. d.J.
Prämie inkl. VersSt	135,48 €
Prämienkonto	Inzwischen ausgeglichen
Versicherte Gefahren	Feuer, Leitungswasser, Sturm/Hagel, ED/Raub
Versicherungssumme	60 000,00 €

Besonderheiten:

Datum	Beschreibung	Besondere Hinweise	Betrag
02.05. 2018	Qualifizierte Mahnung mit Fristsetzung	Prämie, Verzugszinsen und Kosten	142,50 €
30.05. 2018	Zahlungseingang	100,00 € mit Vermerk »Rest folgt«	
09.06. 2018	Zahlungseingang	42,50 € mit Vermerk »Rest zum Schreiben v. 02.05. 2018«	

6 Obliegenheiten des Versicherungsnehmers

6.1 Überblick und Abgrenzung

6.1.1 Wesen von Obliegenheiten

Wie aus jedem anderen Vertrag ergeben sich auch aus dem Versicherungsvertrag sowohl für den VR als auch für den VN Rechte und Pflichten. Gefahrtragungs- und Leistungspflicht des VR stehen der Prämienleistungspflicht des VN gegenüber. Neben diesen einklagbaren Hauptpflichten der Vertragspartner hat der VN die Obliegenheiten zu erfüllen (nicht einklagbare Nebenpflichten des VN). Es liegt dann eine echte Obliegenheit vor, wenn ein **Tun** (Gebot) oder **Unterlassen** (Verbot) vom **VN** gefordert wird.

Beispiele:

Tun (Gebot):	Anzeigepflicht
Unterlassen (Verbot):	Keine nachträgliche Gefahrerhöhung in der Sachversicherung vornehmen bzw. gestatten.

Die Obliegenheit ist auf die Person des VN bezogen, weil sie sich mit ihrem Gebot oder Verbot an ihn wendet. Erst die Verknüpfung mit der Person des VN ermöglicht es, hier sein Verschulden zu berücksichtigen. Die Verletzung einer Obliegenheit kann zur Einschränkung der Versicherungsleistung oder zum vollständigen Verlust des Versicherungsschutzes führen.

Im Gegensatz dazu stellen die **Risikoausschlüsse** vor allem auf den **objektiven Sachverhalt** ab. Bei den Risikoausschlüssen hat der VN von vornherein keinen Anspruch auf Versicherungsschutz. So
VGB 2016 Ziff. 2 haftet der VR beispielsweise nach »Allgemeine Wohngebäude-Versicherungsbedingungen (VGB 2016 – Wert 1914)« nicht für Schäden, die durch Krieg, Kriegsereignisse, Bürgerkrieg, Revolution, Rebellion, Aufstand, innere Unruhen oder Kernenergie verursacht werden.

<table>
<tr><th>Rechtspflichten</th><th>Obliegenheiten des VN</th></tr>
<tr><td>einklagbar</td><td>nicht einklagbar, aber Voraussetzung für die Erhaltung des Versicherungsschutzes</td></tr>
<tr><td>VR: • Police (Textform oder Urkunde)
• Gefahrtragung
• Leistung im Versicherungsfall</td><td rowspan="2">• Erteilen von Auskünften auf Verlangen des VR
• Erstattung von Anzeigen (= Tun)
• Nichtvornahme von Gefahrerhöhungen (= Unterlassen)</td></tr>
<tr><td>VN: • Prämienzahlung</td></tr>
</table>

Obliegenheiten sind also nach **herrschender Ansicht Voraussetzungen**, die der VN zu erfüllen hat, damit er im Schaden- oder Leistungsfall nicht den Anspruch auf die Leistung verliert (**Voraussetzungstheorie**).

6.1.2 Einteilung der Obliegenheiten

Die folgende Übersicht zeigt die wichtigsten Obliegenheiten. Es gibt daneben zahlreiche Sonderregelungen, je nach betriebenem Versicherungszweig.

• **Einteilung** nach der Rechtsgrundlage	**gesetzliche** Obliegenheiten im **VVG**	**vertragliche** Obliegenheiten
• **Einteilung** nach dem Zeitpunkt, zu dem ein **Tun** oder **Unterlassen** des Versicherungsnehmers gefordert wird	**Vorvertragliche** Anzeigepflicht; vor allem über Art und Schwere des Risikos	
	Nach der Vertragserklärung aber vor Eintritt des Versicherungsfalles • Unterlassen von Gefahrerhöhungen bzw. deren Anzeige • Anzeige bei Wohnungswechsel Für die gesamte Schadenversicherung: • vertragliche Auflagen zur vorbeugenden Schadenverhütung • sonstige Obliegenheiten, u. a. Mitteilung einer Mehrfach versicherung, Anzeige einer Veräußerung	
	Nach Eintritt des Versicherungsfalles • Anzeigepflicht • Auskunfts- und Belegpflicht • Schadenabwendungs- und Schadenminderungspflicht	

Hinweis:

Im nachfolgenden Abschnitt B 6.2 ist die vorvertragliche Anzeigepflicht dargestellt.

Die nach der Vertragserklärung und nach Eintritt des Versicherungsfalles zu erfüllenden Obliegenheiten sind entsprechend den vorgesehenen Lernfeldinhalten in Band 2, A 4 und A 5.1, behandelt.

6.2 Vorvertragliche Anzeigepflicht

6.2.1 Inhalt und Zeitpunkt der vorvertraglichen Anzeigepflicht

a) Wesen der vorvertraglichen Anzeigepflicht

Der VN ist verpflichtet, die ihm bekannten Gefahrumstände, die für den Entschluss des Versicherers, den Vertrag mit dem vereinbarten Inhalt zu schließen, erheblich sind und nach denen der VR **in Textform** gefragt hat, anzuzeigen. Versicherungsrechtlich stellen die vom VN angezeigten Gefahrumstände, nach denen der VR ausdrücklich fragt, sog. **Wissenserklärungen** des VN dar (siehe hierzu auch B 3.1.1 a). VVG § 19 (1)

Die grundlegenden Fragen zum Risiko sind üblicherweise auf dem Antragsformular abgedruckt. Für besondere Risikosituationen kennt die Praxis auch noch spezielle Fragebögen.

Beispiele (Auszüge aus Anträgen):

Siehe Antrag im Proximus 4 Bedingungswerk, Seite TA 170

Renten-, Berufsunfähigkeits- oder Risikoversicherung

1. Wie groß und wie schwer sind Sie? ____________ cm ____________ kg
2. Sind oder waren Sie in den letzten 5 Jahren in Beratung, Behandlung und Untersuchung bei Ärzten, Heilpraktikern, Physio-, Psycho- oder sonstigen nicht ärztlichen Therapeuten wegen Krankheiten oder Unfallfolgen
   a) des Herzens, des Kreislaufs, der Blutgefäße, der Atemorgane (z. B. Asthma, Allergien), des Magens, der Speiseröhre, des Darms, der Leber, der Bauchspeicheldrüse, der Galle, der Milz, der Nieren, der Harnwege, der Blase, der Geschlechtsorgane? ❍ nein ❍ ja
   b) des Stoffwechsels (z. B. Diabetes …) ❍ nein ❍ ja

Hausratversicherung

Siehe Antrag im Proximus 4 Bedingungswerk, Seite TA 030

3. Handelt es sich um	**innerhalb** oder	**außerhalb** eines geschlossenen Wohngebietes
❍ eine ständig bewohnte Wohnung/Einfamilienhaus	❍	❍
❍ eine Zweit-/Ferienwohnung in einem ständig bewohnten Gebäude	❍	❍
❍ eine Zweit-/Ferienwohnung in einem nicht ständig bewohnten Gebäude	❍	❍

VVG § 19 (5) Der VR muss den VN durch gesonderte Mitteilung **in Textform** auf die **Folgen einer Anzeigepflichtverletzung** hinweisen, damit er seine Rechte ggf. geltend machen kann (siehe auch B 6.2.3 b).

Allerdings ist der VN nicht verpflichtet, sich unaufgefordert der Begehung strafbarer Handlungen, die bislang unentdeckt geblieben sind, zu bezichtigen, wenn er sich dadurch überhaupt erst der Gefahr strafrechtlicher Verfolgung aussetzen würde.

Der VN ist nicht zu Nachforschungen und Erkundigungen verpflichtet, denn die Anzeigepflicht erstreckt sich **nur auf alle ihm bekannten Umstände**.

Tatsachen, nach denen nicht in Textform gefragt wird, müssen deshalb auch nicht angezeigt werden.

BGH 1995 Der VR kann sich aber später – im Versicherungsfall – nicht auf eine Verletzung der Anzeigepflicht berufen, wenn er trotz offensichtlich unvollständiger, widersprüchlicher oder inkorrekter Angaben des VN bei Antragstellung eine eingehende Risikoprüfung unterlassen und den Vertrag geschlossen hatte. Er ist also zur Nachfrage verpflichtet, wenn er seine Rechte nicht verlieren will.

Ist der VN nicht zugleich auch der Versicherte, so hat auch der Versicherte die vorvertragliche Anzeigepflicht zu erfüllen. Weil häufig nur ihm die gefahrenerheblichen Umstände bekannt sind, hat in der Regel auch er neben dem VN den Antrag (z. B. in der Lebens-, Kranken- und Unfallversicherung) zu unterschreiben.

VVG § 20 Für den Fall der Vertragsschließung durch **Dritte**, die den VN vertreten, wird der Schutz des VR durch die Vorschriften des VVG erweitert, wonach auch die Kenntnis des Vertretenen (VN) in Betracht kommt (siehe auch B 6.3).

Die vorvertragliche Anzeigepflicht ist für die Risikoprüfung von Bedeutung; denn davon hängt ab,

- ob der VR das Risiko übernehmen will oder übernehmen kann,
- wie hoch die Prämie ist und
- welche Bedingungen und Klauseln zugrunde gelegt werden müssen.

Um das Risiko nach den vorstehend genannten Merkmalen prüfen zu können, enthalten die Anträge, wie dargestellt, je nach Sparte bzw. Branche, entsprechende Fragen.

b) Erfüllungszeitpunkt für die vorvertragliche Anzeigepflicht

Der Wortlaut des VVG verpflichtet den Antragsteller zur Anzeige **bis zur Abgabe seiner Vertragserklärung** (das ist in der Regel die Antragstellung). Stellt der VR nach Abgabe der Vertragserklärung des VN, aber vor Vertragsannahme, weitere Fragen zu den für ihn bedeutenden Gefahrumständen, ist der VN auch insoweit zur Anzeige verpflichtet. VVG § 19 (1)

Beim **Invitatiomodell** gibt der VN bekanntlich seine Vertragserklärung erst ab, nachdem er den Versicherungsschein bekommen hat (vgl. B 3.4.2); denn der zuvor ausgefüllte »Antrag« war im rechtlichen Sinne kein Antrag sondern lediglich die Aufforderung an den VR, ein Angebot vorzulegen, was mit der Aushändigung des Versicherungsscheins passiert. Auch wenn die vorvertragliche Anzeigepflicht nach VVG bei Abgabe der Vertragserklärung zu erfüllen ist, kann der VR jetzt nicht erwarten, dass der VN seine Angaben zum Risiko, die er in dem seinerzeitigen »Antrag« gemacht hat, aktualisiert, zumal er die rechtlichen Zusammenhänge vermutlich nicht vollständig durchschaut (vgl. Prölss/Martin, Kommentar zum VVG, 28. Aufl. 2010, § 19 Rn 51). Stellt der VR keine weiteren Fragen in Textform zum Risiko bis zur Zusendung des Versicherungsscheins, muss er sich ggf. vorhalten lassen, dass die vorvertragliche Anzeigepflicht mit vollständiger und richtiger Beantwortung der Fragen zum Risiko im vorausgegangenen »Antrag« erfüllt wurde.

6.2.2 Ausfüllen des Antrages durch den Vermittlungsagenten

Füllt der **Vermittlungsagent** den Antrag aus, dann gilt Folgendes:

- Die Antragsfragen müssen dem VN in Textform vorgelegt werden. § 19 (1) S. 1 BGB § 126 b

  Es reicht nicht aus, dass die Fragen nur mündlich gestellt und durch den Vertreter in ein Notebook eingegeben werden; denn damit wird der Textform nicht genügt. Die eingegebenen Daten müssen in einem solchen Falle vielmehr ausgedruckt und dem VN zur Einsicht zwecks Prüfung und anschließender Unterschrift vorgelegt werden. Ansonsten kann sich der VR ggf. nicht auf eine Verletzung der Anzeigepflicht berufen.

- Wenn es sich um **Individualtatsachen** (Fragen, die nur aus dem besonderen eigenen Wissen zu beantworten sind, wie z. B. Vorerkrankungen) handelt, die der VN anzuzeigen hat, dann handelt der VN grundsätzlich fahrlässig, wenn er den Antrag blanco unterschreibt und ihn dem Agenten zur Ausfüllung überlässt, ohne sich von der richtigen Beantwortung der einzelnen Fragen zu überzeugen.

  Wenn allerdings der Agent eigenmächtig und ohne die erforderlichen Rückfragen ausfüllt und der VN anschließend den Antrag ohne Durchlesen unterzeichnet, so sind die Fragen nicht nur nicht »ausdrücklich und in Textform« gestellt worden, sondern dem VN überhaupt gar nicht zur Kenntnis gelangt. Deshalb hat der VN hier seine Auskunftspflicht nicht verletzt. BGH 1991

  Das Gleiche gilt, wenn der VN zwar Kenntnis von den Antragsfragen erlangt hat, der Agent aber dann durch einschränkende Bemerkungen zu den Fragen verschleiert, was auf die jeweilige Frage anzugeben und in das Formular aufzunehmen ist. 2001

- Handelt es sich um **Wahrnehmungstatsachen**, z. B. ob es sich bei dem zu versichernden Betrieb um einen landwirtschaftlichen oder gewerblichen Betrieb handelt, so kann sich der VN immer darauf verlassen, dass der Agent die Antragsfragen ordnungsgemäß ausgefüllt und die Fragen richtig beantwortet hat.

  Alles, was dem Agenten – als »**Auge und Ohr des Versicherers**« – bekannt geworden ist, wird dem VR als eigenes Wissen zu gerechnet, sodass insoweit auch die Anzeigenobliegenheit des VN ordnungsgemäß erfüllt ist.

6.2.3 Verletzungsfolgen nach VVG

Übersicht: Verletzungsfolgen

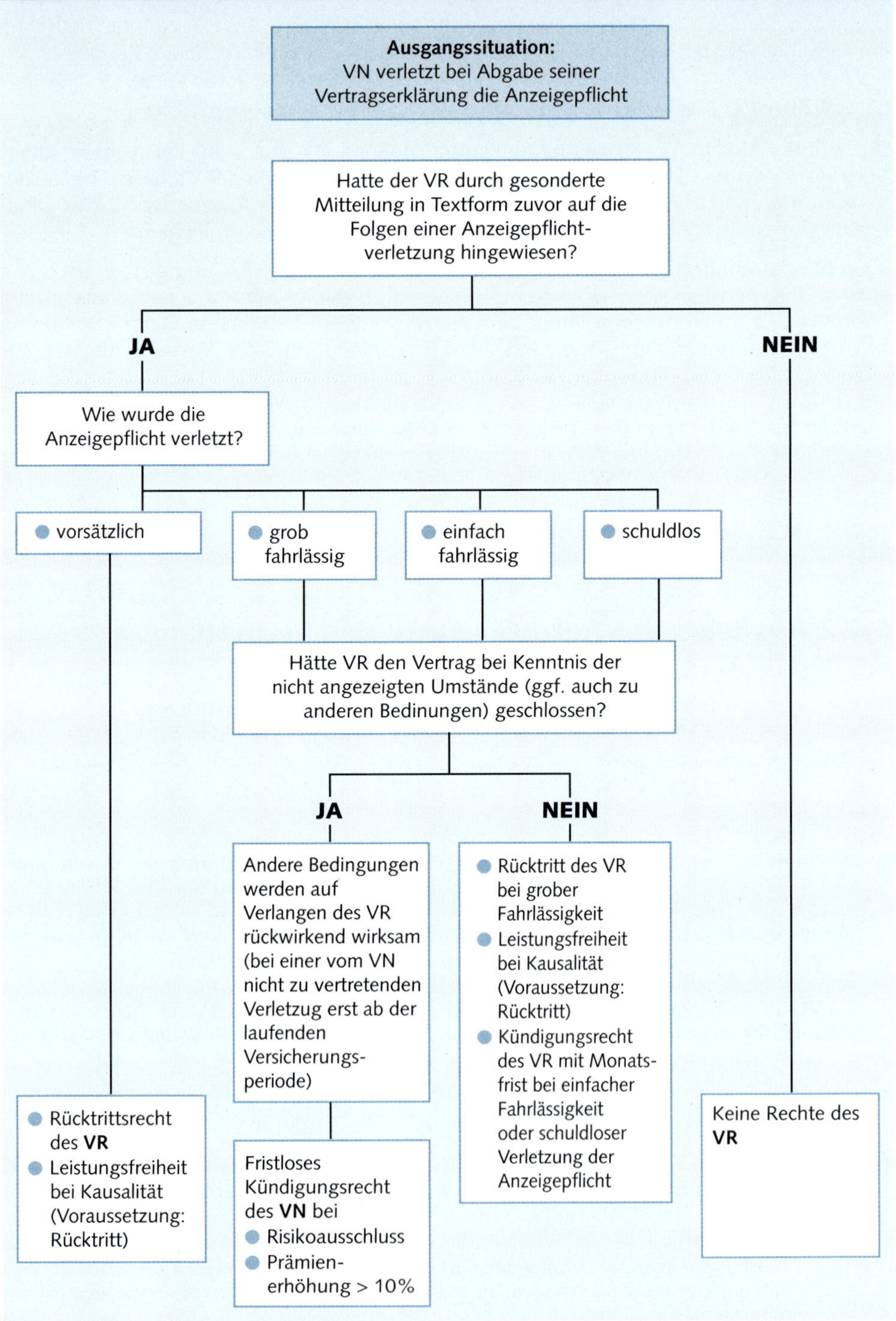

a) Arten des Verschuldens bei der Anzeigepflichtverletzung

Den VN treffen nur dann Rechtsnachteile, wenn er die Obliegenheit **schuldhaft** verletzt hat. Allerdings hat der VN die Beweislast, dass ihn kein Verschulden trifft.

Der VN muss also ggf. darlegen, dass der erfragte aber nicht angezeigte Umstand für die Entscheidung des VR zum Vertragsabschluss unerheblich war. Nach ständiger Rechtsprechung genügt allerdings schon die pauschale Behauptung, dass der nicht angezeigte Umstand nicht gefahrerheblich sei, soweit die Gefahrerheblichkeit nicht aufgrund der äußeren Umstände erkennbar ist. Der VR muss dann detailliert die Grundsätze seiner Risikoprüfung darlegen, um die pauschale Behauptung des VN zu widerlegen. BGH 2003

Grundsätzlich werden bei **Verschulden** unterschieden:

➤ Vorsatz

Der Vorsatz ist dadurch gekennzeichnet, dass man die Norm (hier die Anzeigepflicht) kennt und diese bewusst verletzt. Willen und Wissen sind gemeinsam erforderlich (sog. **direkter Vorsatz**).

➤ Grobe Fahrlässigkeit

Diese bedeutet eine besonders schwere Außerachtlassung der im Verkehr erforderlichen Sorgfalt, bei der einfache, ganz nahe liegende Überlegungen nicht angestellt werden, die – im gegebenen Fall – jedermann einleuchten müssen.

Beispiel:

Der VN hat seine Lesebrille verlegt und lässt deshalb den Antrag von seinem 15-jährigen Sohn ausfüllen. Ohne die Richtigkeit der Eintragungen zu prüfen, unterschreibt er dann den Antrag.

➤ Einfache Fahrlässigkeit

BGB § 276 (2)

Fahrlässig handelt, wer die im Verkehr erforderliche Sorgfalt außer Acht lässt.

Beispiel:

Der VN verneint die Frage im Lebensversicherungsantrag, ob er in den letzten 5 Jahren wegen Beschwerden einen Arzt aufgesucht hat, da er annimmt, dass sein letzter Arztbesuch länger zurückliegt, zumal seine Frau dies auch so vermutet. Tatsächlich war er aber das letzte Mal vor etwas mehr als 3 Jahren beim Arzt, was er anhand alter Unterlagen bei entsprechender Sorgfalt hätte feststellen können.

b) Verletzungsfolgen in Abhängigkeit von der Art des Verschuldens

Grundsätzlich gilt, dass der VR Verletzungsfolgen nur dann geltend machen kann, wenn er den VN durch gesonderte Mitteilung in **Textform** auf die Folgen einer Anzeigepflichtverletzung hingewiesen hat. VVG § 19 (5)

Die möglichen Rechte des VR sind auch ausgeschlossen, wenn der VR oder sein Vertreter den nicht angezeigten Gefahrumstand kannte oder die Unrichtigkeit der Anzeige kannte (siehe hierzu auch das **Auge- und Ohr-Prinzip** in B 6.2.2).

Rücktrittsrecht des VR

Bei **schuldhafter** Verletzung der vorvertraglichen Anzeigepflicht kann der VR zurücktreten

VVG § 19 (2)
- bei **Vorsatz** des VN;

§ 19 (4)
- bei **grober Fahrlässigkeit** des VN unter folgender **Voraussetzung**: Der VR hätte den Vertrag bei Kenntnis des nicht angezeigten Umstandes nicht geschlossen.

> **Beispiel:**
> Der VN hat den Umfang der Gewerbefläche im gemischt genutzten Wohngebäude grob geschätzt und mit 40 % im Antrag angegeben. Tatsächlich beträgt der gewerbliche Anteil aber 75 %.

Unter dieser Voraussetzung hätte der VR die Versicherung nach den VGB 2016 abgelehnt, das das Gebäude mindestens zu 50 % zu Wohnzwecken dienen muss, und den Abschluss einer Geschäftsgebäude-Versicherung empfohlen.

Der VN hat ggf. zu beweisen, dass sein Handeln nicht vorsätzlich oder grob fahrlässig war, wenn er die Sanktion vermeiden will.

Kündigungsrecht des VR

§ 19 (3) S. 2 War die Anzeigepflichtverletzung weder vorsätzlich noch grob fahrlässig, also nur **einfach fahrlässig** oder ist sie schuldlos erfolgt (also durch den VN nicht zu vertreten), hat der VR das Recht, den Vertrag mit Einmonatsfrist zu kündigen, wenn eine Vertragsanpassung durch den VR (siehe nachstehend) nicht möglich ist.

§ 194 (1) S. 3 In der Krankenversicherung ist nach § 194 (1) S. 3 VVG das vorbeschriebene Kündigungsrecht gem. § 19 (3) S. 2 VVG ausgeschlossen, wenn der VN die Verletzung der Anzeigepflicht nicht zu vertreten hat (schuldlose Anzeigepflichtverletzung). Das ist z. B. der Fall, wenn der behandelnde Arzt dem VN die tatsächliche Schwere der Erkrankung nicht mitteilt, der VN sie also nicht anzeigen kann.

Anmerkung zur Fundstelle im VVG: § 194 (1) S. 3 verweist auf § 19 (4), der wiederum auf § 19 (3) S. 2 verweist.

Vertragsanpassung durch den VR

Das Gesetz sieht bei einer **fahrlässigen** oder **schuldlosen** Verletzung vor, dass nach Möglichkeit der Vertrag an die tatsächlichen Umstände (also an die wirkliche Risikolage) angepasst und zu diesen »**anderen Bedingungen**« fortgeführt wird **(Vertragsanpassung)**. Nur wenn eine solche Vertragsanpassung ausscheidet, z. B. weil das jetzt bekannt gewordene Risiko grundsätzlich nicht versicherbar ist, besteht die Möglichkeit zur Vertragsbeendigung.

Die Vertragsbeendigung erfolgt durch Rücktritt bei grober Fahrlässigkeit des VN bzw. Kündigung bei einfacher Fahrlässigkeit des VN oder Schuldlosigkeit des VN – siehe nachstehend.

War die Anzeigepflichtverletzung des VN zwar **grob fahrlässig**, aber hätte der VR den **Vertrag** auch bei Kenntnis des nicht oder falsch angezeigten Umstandes, wenn **auch unter anderen Bedingungen**, geschlossen, hat er kein Rücktrittsrecht.

Bei **einfacher Fahrlässigkeit** des VN oder bei **schuldloser Verletzung** der Anzeigepflicht durch den VN hat der VR bei ansonsten gleichen Umständen, wie vorbeschrieben, kein Kündigungsrecht.

Der VR kann in diesen Fällen verlangen, dass die **anderen Bedingungen** für den Vertrag gelten und zwar

§ 19 (4)
- bei grober und einfach fahrlässiger Anzeigepflichtverletzung rückwirkend,
- bei schuldloser Verletzung der Anzeigepflicht ab der laufenden Versicherungsperiode.

Beispiel:

Der VN liest die Antragsfragen beim Ausfüllen des Antrages unkonzentriert und oberflächlich durch und verneint dabei versehentlich die Frage nach einem Schwimmbecken im Gebäude. Für Schwimmbecken erhebt der VR einen Zuschlag zur Grundprämie wegen besonderer Gefahrenverhältnisse.

Im Beispielsfall wird der VR aufgrund der grob fahrlässigen Anzeigepflichtverletzung durch den VN rückwirkend den Zuschlag zur bisherigen Prämie verlangen, da das Risiko eines Schwimmbeckens grundsätzlich mitversichert wird, das Rücktrittsrecht also ausgeschlossen ist.

Für diesen Fall kann der VR verlangen, dass die anderen Bedingungen rückwirkend für den Vertrag gelten, der Vertrag also verändert bestehen bleibt.

In der Krankenversicherung ist § 19 (4) VVG nicht anwendbar, wenn der VN die Anzeigepflichtverletzung nicht zu vertreten hat. VVG § 194 (1) S. 3

Hat der VN die Pflichtverletzung nicht zu vertreten, werden die anderen Bedingungen erst ab der laufenden Versicherungsperiode Vertragsbestandteil.

Beispiel:

Der VN hat für seine gebraucht gekaufte Immobilie eine Wohngebäude-Versicherung abgeschlossen. Bei der Frage zum Zustand des Leitungswassernetzes hat er »erneuert« angekreuzt, da der Verkäufer dies belegt hat. Später stellt sich heraus, dass die Belege des Verkäufers falsch waren und das Leitungswassernetz reparaturbedürftig ist.

Der VR kann den in solchen Fällen vorgesehenen Risikozuschlag bzw. Risikoausschluss erst für die laufende Versicherungsperiode verlangen.

Verlangt der VR, dass die anderen Bedingungen Vertragsbestandteil werden, hat der VN in folgenden Fällen ein Recht zur fristlosen Kündigung innerhalb eines Monats nach Zugang der Mitteilung des VR: § 19 (6)

- Durch die Vertragsänderung erhöht sich die Prämie um mehr als 10 %.
- Die Gefahrabsicherung für den nicht angezeigten Umstand wird durch die Vertragsänderung ausgeschlossen.

➤ Wahrnehmungsfrist

Die Wahrnehmung der dem VR zustehenden Rechte (Rücktritt, Kündigung oder Vertragsänderung) kann nur innerhalb eines Monats erfolgen, gerechnet von dem Zeitpunkt an, in welchem der VR hiervon Kenntnis erhält (**Klarstellungsprinzip**).

Das Gesetz fordert vom VR, die Rechtslage bei einer Obliegenheitsverletzung klarzustellen. Der VR muss sich **innerhalb eines Monats** entscheiden, ob er von seinem Recht (z. B. Rücktritt bei vorvertraglicher Anzeigepflichtverletzung) Gebrauch machen will oder nicht (sog. **Wahrnehmungsfrist**). Ansonsten hätte der VR die Möglichkeit, bei einem späteren Versicherungsfall sich auf die Obliegenheitsverletzung zu berufen und ggf. Leistungsfreiheit zu bewirken. § 21

Die Wahrnehmung des jeweiligen Rechts erfolgt durch **schriftliche Erklärung** gegenüber dem VN, bzw. nach dem Tod des VN gegenüber den Erben.

In der Lebensversicherung gilt nach dem Tode des Versicherten der Bezugsberechtigte bzw. Inhaber des Versicherungsscheines als Erklärungsempfänger des Versicherers.

Besonderheiten: Belehrung des VN, Begründung des wahrgenommenen Rechts durch den VR

VVG § 19 (5) S. 1 — Das Kündigungs-, Rücktritts- und Vertragsänderungsrecht steht dem VR nur zu, wenn der VN durch gesonderte Mitteilung in Textform belehrt worden ist. In der Praxis geschieht dies regelmäßig durch einen auffälligen Hinweis bei den Antragsfragen.

§ 21 (1) S. 3 — Der VR muss seine Rücktritts-, Kündigungs- oder Vertragsänderungserklärung begründen. Weitere Umstände zur Begründung muss er innerhalb der Monatsfrist, in der er seine Rechte wahrnehmen kann, nachreichen.

---

§ 21 (3) S. 1 — Die Rechte des VR erlöschen nach Ablauf von 5 Jahren nach Vertragsschluss. Dies gilt nicht für Versicherungsfälle, die eintreten, während diese Frist läuft.

§ 194 (1) S. 4, S. 3 — In der Krankenversicherung beträgt die Frist für die Geltendmachung der Rechte des VR nur 3 Jahre. Ferner kann das Kündigungsrecht bei Verletzung der Anzeigepflicht durch einfache Fahrlässigkeit und das Recht auf Vertragsänderung bei schuldloser Verletzung der Anzeigepflicht nicht wahrgenommen werden.

Bei vorsätzlicher oder arglistiger Anzeigepflicht beträgt die Frist 10 Jahre.

Wird dem VR nach Ablauf der genannten Fristen noch die Verletzung einer vorvertraglichen Anzeigepflicht bekannt, muss er den Vertrag unverändert fortführen.

§ 21 (1) S. 2 — Ist dem VR innerhalb der genannten Fristen eine Verletzung der vorvertraglichen Anzeigepflicht bekannt geworden, beginnt nach dem Klarstellungsprinzip die bereits dargestellte **Wahrnehmungsfrist** von einem Monat. Verstreicht diese ungenutzt, erlöschen die Rechte ebenfalls.

➤ Anfechtung

§ 22 § 21 (2) S. 2 — Liegt eine arglistige Täuschung durch den VN vor, hat der VR das Recht, den Vertrag anzufechten. Der VR ist bei arglistiger Verletzung der Anzeigepflicht nicht zur Leistung verpflichtet.

BGB §§ 123, 124 — Arglist liegt vor, wenn zum Vorsatz noch die Täuschungs- und Bereicherungsabsicht tritt. Der VN muss mit der Möglichkeit gerechnet haben, dass die unrichtige Angabe die Entschließung des VR zum Vertragsabschluss beeinflussen werde. Liegt Arglist vor, so hat der VR das Recht, den Vertrag wegen arglistiger Täuschung über Gefahrumstände anzufechten. Die **Anfechtung** kann **innerhalb eines Jahres** seit Entdeckung der Täuschung und ihrer Arglist erklärt werden. Die Anfechtung ist ausgeschlossen, wenn seit Vertragsabschluss 10 Jahre verstrichen sind.

> **Beispiel:**
> Ein VN schließt am 02. Jan. 2014 eine Lebensversicherung ab. Die Frage nach der Vorerkrankung beantwortet er mit »Nein«, obwohl er weiß, dass er an Tuberkulose leidet. Der VN hat bewusst diese Frage verneint, weil er mit Recht befürchtet, dass ein Vertrag nicht zustande kommt, wenn er die Frage wahrheitsgemäß beantwortet. Er täuscht absichtlich den VR, um sich oder seine Erben zu bereichern. Der Versicherte stirbt am 11. Mai 2018 bei einem Verkehrsunfall.

§ 142 — Die Anfechtung vernichtet den Versicherungsvertrag von Anfang an, d. h., der VR kann **unabhängig von Kausalität** die erbrachten Leistungen zurückfordern.

OLG Koblenz 1994 — Die Anfechtung bei »**arglistiger Täuschung**« nach BGB gelingt dem VR in der Praxis allerdings nur recht selten, da hier der VR die **Beweislast** hat, dass der VN wissentlich arglistig einen gefahrenerheblichen Umstand verschwiegen oder unrichtig angezeigt hat. Gelingt ihm dieser Nachweis nicht, bleibt dem VR nur der Rücktritt. Im oben angeführten Fall hätte das für den VR allerdings die Konsequenz, dass er mangels Kausalität leistungspflichtig wäre.

➤ Leistungsfreiheit (Prüfung der Kausalität)

Nur für den Fall, dass der VR ein Rücktrittsrecht hat und hiervon innerhalb der Wahrnehmungsfrist Gebrauch macht, kann Leistungsfreiheit in Betracht kommen.

Das Rücktrittsrecht besteht, wie festgestellt, VVG § 19 (2) – (4)

- bei vorsätzlicher Verletzung der Anzeigepflicht,
- bei grob fahrlässiger Verletzung der Anzeigepflicht unter der Voraussetzung, dass der VR den Vertrag bei Kenntnis des Umstandes nicht geschlossen hätte.

Bei einfacher Fahrlässigkeit und bei schuldloser Verletzung der Anzeigepflicht besteht kein Rücktrittsrecht, so dass der VR in der Regel leistungspflichtig ist. Eine mögliche Ausnahme hiervon kann bei Durchführung einer Vertragsänderung wegen Anzeigepflichtverletzung in Frage kommen (siehe weiter unten).

Leistungsfrei ist der VR aber nur für den Fall, dass die Anzeigepflichtverletzung und der Versicherungsfall in einem **kausalen Zusammenhang** stehen. § 21 (2)

Beispiel:
Ein VN schließt am 10. Okt. 2017 eine Lebensversicherung ab. Die Frage nach Vorerkrankungen wird vom VN mit einem Nein beantwortet, obwohl er weiß, dass er an Krebs leidet. Am 15. Sept. 2018 stirbt der Versicherte an dieser Krankheit.

Prüfung:

- Vorvertragliche Anzeigepflicht verletzt? = ja
- Verschulden des Versicherungsnehmers? = ja
- Kausalität = besteht
  (In diesem Fall hat der nicht angezeigte Umstand – die Krebserkrankung – den Eintritt des Versicherungsfalles verursacht.)
- Besteht Leistungspflicht des Versicherers? = VR muss nicht leisten

Beispiel:
Fall wie vorstehend, jedoch stirbt der VN nicht an Krebs. Er fällt einem Verkehrsunfall zum Opfer.

Prüfung:

- Vorvertragliche Anzeigepflicht verletzt? = ja
- Verschulden des Versicherungsnehmers? = ja
- Kausalität = besteht nicht
- Besteht Leistungspflicht des Versicherers? = VR muss leisten

Die Prüfung der Kausalität, die nach Eintritt des Versicherungsfalles zu erfolgen hat, ist auch hier ein Schutz für den VN; denn er soll seinen Entschädigungsanspruch nicht verlieren, wenn sich durch den tatsächlichen Verlauf gezeigt hat, dass der nicht oder unrichtig angezeigte Gefahrenumstand weder auf den Eintritt des Versicherungsfalles noch auf den Umfang der Leistungspflicht Einfluss gehabt hat.

Es kommt nicht darauf an, ob der VR bei Kenntnis des verschwiegenen oder falsch mitgeteilten Umstandes das Risiko überhaupt übernommen hätte, sondern vielmehr darauf, dass ein **ursächlicher** Zusammenhang zwischen dem Gefahrenumstand und dem Eintritt des Versicherungsfalles oder dem Umfang der Leistungspflicht besteht (**Kausalitätsprinzip**).

Hat der VN die Anzeigepflicht arglistig verletzt, ist der VR nicht zur Leistung verpflichtet.

Besonderheit: Eventuelle Leistungsfreiheit nach Vertragsänderung infolge Anzeigepflichtverletzung durch einfache Fahrlässigkeit

Hat der VN die Anzeigepflicht leicht fahrlässig verletzt und steht dem VR nach § 19 Abs. 4 VVG nur das Recht auf Vertragsänderung zu, ist folgende zur Leistungsfreiheit führende Situation denkbar:

Der VR schließt den nicht angezeigten Umstand rückwirkend aus dem Vertrag aus. Beruht der Versicherungsfall auf diesem Umstand, ist er leistungsfrei, da der ausgeschlossene Umstand nicht Gegenstand der Versicherung ist.

➤ Prämienanspruch des VR

VVG § 39 (1) S. 2

Dem VR gebührt grundsätzlich nur die Prämie für den Zeitraum, für den Versicherungsschutz bestanden hat. Bei Rücktritt bzw. Anfechtung im Zusammenhang mit einer vorvertraglichen Anzeigepflichtverletzung hat der den Prämienanspruch bis zum Wirksamwerden der jeweiligen Erklärung.

Zusammenfassung: Rechte des VR bei Verletzung der vorvertraglichen Anzeigpflicht

Rücktritt	• bei Vorsatz • bei grober Fahrlässigkeit Voraussetzung: VR hätte den Vertrag bei Kenntnis des nicht angezeigten Umstandes nicht geschlossen
Kündigung	• bei einfacher Fahrlässigkeit • bei schuldloser Verletzung der Anzeigepflicht Voraussetzung in beiden Fällen: VR hätte den Vertrag bei Kenntnis des nicht angezeigten Umstandes nicht geschlossen.
Vertragsänderung	• bei grober Fahrlässigkeit • bei einfacher Fahrlässigkeit • bei schuldloser Verletzung der Anzeigepflicht Voraussetzung in allen 3 Fällen: Der nicht angezeigte Umstand ist gegen Prämienzuschlag versicherbar oder wird üblicherweise ausgeschlossen. Bei grober oder einfacher Fahrlässigkeit wird die Vertragsänderung rückwirkend, bei schuldloser Verletzung der Anzeigepflicht erst ab der laufenden Versicherungsperiode wirksam.
Anfechtung	• bei arglistiger Täuschung durch den VN

6.3 Obliegenheitsverletzung durch Verhalten eines Dritten

Der VN hat für das Verhalten und Verschulden solcher Personen einzustehen, denen er gewisse Befugnisse in Bezug auf das versicherte Risiko eingeräumt hat. Es handelt sich dabei um den **Repräsentanten**, den **Wissensvertreter** und den **Wissenserklärungsvertreter**.

BGB §§ 278, 831

Da Obliegenheiten keine Verbindlichkeiten im schuldrechtlichen Sinne sind und deshalb auch nicht eingeklagt werden können, haftet der VN nicht für Dritte nach den Bestimmungen des BGB, d. h., eine »Haftung für den Erfüllungs- und Verrichtungsgehilfen« entfällt, da diese Haftung nur auf Rechtspflichten bezogen ist.

a) Repräsentant

Ist ein Dritter als **Repräsentant** des VN anzusehen, nimmt er eine wichtige versicherungsrechtliche Stellung ein:

- Handelt es sich um eine **Obliegenheit,** die ein **Tun** (z. B. Anzeige einer Gefahrerhöhung) oder **Unterlassen** (z. B. keine Veränderung des Gefahrenstandes vornehmen) des VN erfordert und wird diese Obliegenheit durch den Repräsentanten schuldhaft nicht erfüllt, muss sich der VN das Verhalten seines Repräsentanten anrechnen lassen. Der VR wird also ggf. leistungsfrei, wenn der Repräsentant die Obliegenheit schuldhaft verletzt. Der VN kann den Repräsentanten aber aufgrund dessen Verschulden haftbar machen.

> **Beispiel:**
> Der Prokurist veranlasst, dass feuergefährliche Stoffe wegen Platzmangels im Lager vorübergehend auch im Verwaltungsgebäude abgestellt werden (= Gefahrerhöhung).

- Diese Haftung gilt auch in Verbindung mit **Risikoausschlüssen** – etwa bei der grob fahrlässigen Herbeiführung eines Versicherungsfalles durch den Repräsentanten. Auch hier wird dem VN das Verschulden des Repräsentanten zugerechnet.

> **Beispiel:**
> A hat seinen Betrieb bei der Gesellschaft X gegen Einbruchdiebstahl versichert. Als A verreist ist, wird die im Versicherungsvertrag vorgesehene Einbruchmeldeanlage durch den Prokuristen des A nicht eingeschaltet, obgleich er diese Aufgabe wahrzunehmen hat. In der Nacht wird die Firma durch Einbrecher heimgesucht.

Damit der Versicherungsschutz nicht entwertet wird, ist der **Kreis der Repräsentanten** gerichtsseitig sehr eingeengt worden.

Nach der Rechtsprechung **ist nur derjenige Repräsentant**, der in dem Geschäftsbereich, zu dem das versicherte Risiko gehört, **aufgrund eines Vertretungs- oder ähnlichen Verhältnisses an die Stelle des VN getreten ist**. Hierüber muss der Repräsentant befugt sein, selbstständig in nicht ganz unbedeutendem Umfang für den Betriebsinhaber zu handeln und dabei auch dessen Rechte und Pflichten als VN wahrzunehmen. BGH 1969

Repräsentanten sind z. B.:

- der Prokurist (Betriebsleiter, Bauleiter, Montageleiter, Sicherheitsbeauftragte usw.);
- der Besitzer einer unter Eigentumsvorbehalt gekauften Sache;
- der Hausverwalter, wenn z. B. der Eigentümer nicht am Ort wohnt;
- der Fuhrparkmeister, dem die gesamte Wartung eines oder mehrerer Fahrzeuge übertragen worden ist.

Dagegen sind die angestellte Verkäuferin oder der angestellte Kraftfahrer, der den Wagen nicht zur völlig eigenverantwortlichen Betreuung bekommt, nicht Repräsentanten. Auch der Mieter/Pächter eines Gebäudes in der Feuerversicherung ist nicht schon allein wegen seiner Stellung als Mieter/Pächter Repräsentant. Der VN muss vielmehr die Verfügungsbefugnis und die Verantwortlichkeit für den versicherten Gegenstand vollständig übertragen haben. Davon kann aber bei der Gebäudevermietung regelmäßig nicht die Rede sein. Legt z. B. der Mieter Feuer, so hat der Hauseigentümer dennoch Versicherungsschutz. Der Feuerversicherer kann die Schadenzahlung nicht mit der Begründung ablehnen, der Mieter sei als Repräsentant des VN anzusehen.

Der Ehegatte ist nie als solcher Repräsentant, sondern nur, wenn er aus anderen Gründen die vorerwähnten Voraussetzungen erfüllt (Geschäftsführer usw.). Ehegatten können z. B. Repräsentanten sein, wenn ihnen die vollständige Obhut über den versicherten Gegenstand übertragen worden ist.

b) Wissensvertretung, Verantwortlichkeit des VN für Organisationsmängel

Hier wird dem VN das Wissen anderer **Personen** zugerechnet, **die zwar keinerlei rechtsgeschäftliche Vertretungsmacht haben, die aber nach der innerbetrieblichen Organisation anstelle des VN Kenntnis von Tatsachen erhalten**, die in Bezug auf den Versicherungsvertrag von rechtlicher Bedeutung sind.

Beispiel: Kenntnis von Gefahrerhöhungen

Dem Fuhrparkmeister eines Großhandelsunternehmens sind Mängel (nicht verkehrssichere Bereifung) an einem Kraftfahrzeug bekannt. Da er als verantwortlicher Mitarbeiter damit betraut ist, diese Gefahrumstände zu erfassen, abzustellen bzw. dem VR mitzuteilen, wird seine Kenntnis dem VN (Betriebsinhaber) zugerechnet.

Wenn auch der Angestellte nicht sein Stellvertreter im Willen ist, eine Willenserklärung somit überhaupt nicht in Betracht kommt, so ist er doch zum Wissensvertreter bestellt, und der Firmeninhaber würde in einem solchen Falle gegen Treu und Glauben im geschäftlichen Verkehr verstoßen, wenn er aus der inneren Geschäftsverteilung dem Dritten (VR) gegenüber den Einwand der Unkenntnis herleiten wollte.

Entscheidend ist also in solchen Fällen nicht die Frage, welche rechtliche Stellung dem Vertreter eingeräumt ist, sondern welche tatsächlichen Befugnisse ihm übertragen sind.

Fehlt es an einer entsprechenden Organisation, weil kein für den Zustand der Fahrzeuge verantwortlicher Fuhrparkmeister vorhanden ist, liegt ein **Organisationsmangel** vor, der dem VN ebenfalls, und zwar als eigenes Verschulden, zugerechnet wird.

c) Wissenserklärungsvertretung

Hier hat der VN eine dritte Person bevollmächtigt, dem VR gegenüber eine Wissenserklärung (Anzeige- und Auskunftsobliegenheit) abzugeben.

Der Wissenserklärungsvertreter kann im Einzelfall beauftragt sein; er kann aber auch kraft seines Aufgabenbereiches in einer Firma mit der Erledigung von Versicherungsangelegenheiten betraut sein.

Beispiel:

Der Firmeninhaber F betraut seinen Buchhalter B mit der Erteilung von Auskünften im Bereich der Versicherungen, die von der Firma getätigt wurden.

Die Rechtsprechung verwendet den Begriff des Wissenserklärungsvertreters, weil es sich hier nicht (nur) um die Zurechnung der Kenntnis, sondern um die Zurechnung der Erklärung dieser Person handelt. Das bedeutet, dass der VN (Firmeninhaber) für unrichtige Angaben des Buchhalters genauso verantwortlich ist, wie wenn er die Angaben selbst gemacht hätte.

Lernkontrollen zu B 6

Obliegenheiten des Versicherungsnehmers

1 Nennen Sie – unter Angabe der entsprechenden VVG-Normen – die wichtigsten Obliegenheiten, die der VN zu beachten hat.

2 Worin liegt nach herrschender Ansicht der grundlegende Unterschied zwischen echten Rechtspflichten und den Obliegenheiten des Versicherungsnehmers?

3 In einer Einbruch-Diebstahl-Versicherung heißt es u. a.: »Der Versicherungsschutz ist dadurch bedingt, dass ein Sicherheitsschloss angebracht wird.«

Handelt es sich hier um eine Ausschlussklausel oder um eine Obliegenheit (mit Begründung)?

Vorvertragliche Anzeigepflicht

4 Ein VN hatte bei Abschluss einer Krankenversicherung (Versicherungsbeginn zum 01. Febr. d. J.) einen Herzinfarkt, den er vor einem Jahr erlitten hatte, wissentlich nicht angezeigt. Nach einem erneuten Versicherungsfall am 10. März des folgenden Jahres erhält der VR Kenntnis von dem verschwiegenen Umstand.

a) Welche Obliegenheit hat der VN hier verletzt?

b) Wann war diese Obliegenheit zu erfüllen?

c) Was beinhaltet diese Obliegenheit?

d) Welche Bedeutung hat ihre Erfüllung für den VR?

e) Wodurch erfüllt der VN üblicherweise diese Obliegenheit?

f) Welche Rechte hat der VR, wenn die vorvertragliche Anzeigepflicht durch

- Vorsatz,
- grobe Fahrlässigkeit,
- einfache Fahrlässigkeit,
- schuldloses Verhalten

des VN verletzt wird?

5 Ein VN hat bei Abschluss einer Krankenversicherung einen positiven HIV-Test nicht angezeigt, obgleich im Antragsformular ausdrücklich danach gefragt war. Erst vier Jahre später erkrankt der VN akut an Aids. Prüfen Sie, ob der VR jetzt den Vertrag beenden kann.

6 Beim Ausfüllen des Antrages zu einer Lebensversicherung wird eine der Antragsfragen vom Antragsteller nicht zutreffend beantwortet, obgleich in Textform über die Rechtsfolgen einer Anzeigepflichtverletzung belehrt wurde. Der Antrag wird ohne Erschwerungen angenommen. Zwei Monate nach Beginn des Versicherungsschutzes tritt der Versicherungsfall ein.

Stellen Sie die möglichen Rechtsfolgen nach dem VVG dar, für den Fall, dass der Antragsteller

a) vorsätzlich,

b) grob fahrlässig,

c) einfach fahrlässig

gehandelt hat.

7 Nehmen Sie an, alle Gesundheitsfragen im Fall zur Aufgabe 6 war ordnungsgemäß beantwortet worden, unverschuldetermaßen war aber die Altersangabe falsch. Welche Rechte ergeben sich hier für den VR?

Verletzungsfolgen (allgemeine Grundsätze)

8 Was versteht man unter dem Klarstellungsprinzip?

9 Verschuldensarten

a) Wann ist vorsätzliches Handeln gegeben?

b) Wer handelt fahrlässig?

c) Welche Arten (Stufen, Grade) der Fahrlässigkeit sind im Einzelfall zu unterscheiden?

7 Möglichkeiten der Vertragsbeendigung

Vorbemerkung:
In den nachstehenden Ausführungen stehen die grundsätzlichen Möglichkeiten der Vertragsbeendigung nach dem VVG im Vordergrund. Soweit Besonderheiten gelten, sind diese bei den einzelnen Versicherungszweigen in Band 2 bzw. 3 der Buchreihe dargestellt.

7.1 Zeitablauf

Versicherungsverträge werden in der Regel für einen bestimmten Zeitraum abgeschlossen. Das VVG spricht für diesen Fall von »**einem auf eine bestimmte Zeit eingegangenen Versicherungsverhältnis**«. VVG § 11 (1)

- So gibt es Verträge, deren **Laufzeit weniger als ein Jahr** beträgt, weil diese in der Regel durch das zeitliche Ende eines gedeckten Ereignisses (Reise, Transport, Ausstellung, Montage) bestimmt wird.

> **Beispiel:**
> Für die Dauer einer Auslandsreise war eine Reisegepäckversicherung vom 01. Juli d.J. bis 01. Aug. d.J. abgeschlossen worden. Am 01. Aug. d.J. endet der Vertrag und der Versicherungsschutz.

- Bei **Jahres- und Mehrjahresverträgen,** z.B. 1 oder 3 Jahre, enthalten die meisten AVB in Anlehnung an das VVG eine sog. **Verlängerungsklausel,** wonach das Versicherungsverhältnis stillschweigend als verlängert gilt,wenn es nicht innerhalb einer bestimmten Frist vor dem Ablauf gekündigt wird. § 11 (1)

  Die Verlängerung darf sich dabei max. auf ein weiteres Jahr erstrecken.

- Es kann aber auch ausdrücklich vereinbart sein, dass der Vertrag auf eine bestimmte Dauer (z.B. 2 Jahre) befristet ist.

Die **Verlängerungsklausel** schützt den VN davor, den Versicherungsschutz zu verlieren, weil er den Versicherungsablauf außer Acht lässt. Die vom VVG **zwingend vorgeschriebene Einschränkung der Verlängerung auf max. ein Jahr** verhütet andererseits überlange Bindungen.

7.2 Kündigung

7.2.1 Allgemeine Grundsätze

a) Wirksamkeit

Die Kündigung ist eine einseitige **empfangsbedürftige Willenserklärung,** d.h. sie wird erst rechtswirksam, wenn sie in den Empfangsbereich des Vertragspartners (VN) bzw. seines Vertreters gelangt. BGB § 130 (1)

Die Kündigung gilt grundsätzlich als zugegangen, wenn der Empfänger unter normalen Umständen die Möglichkeit hat, von ihr Kenntnis zu nehmen, d.h., wenn sie so in den Herrschaftsbereich (z.B. Briefkasten) des Empfängers gelangt, dass dieser darüber verfügen kann.

Auf folgende **Besonderheiten** sei hingewiesen:

- Eine **verspätete** oder nicht zu einem möglichen Aufhebungszeitpunkt ausgesprochene Kündigung hat der VR unverzüglich zurückzuweisen. Ferner ist der VN über den Mangel zu belehren.

BGH 1987

Kommt der VR seiner Pflicht nicht nach, muss er sich so behandeln lassen, als sei wirksam gekündigt worden. Die Rechtsprechung geht dann von einer einverständlichen Vertragsaufhebung aus.

- Nach Ansicht der BaFin ist der VR dagegen nicht berechtigt, eine »**verfrühte**« Kündigung zurückzuweisen.

> **Beispiel:**
> Ein VN kündigt eine auf 3 Jahre abgeschlossene Versicherung schon im ersten Jahr fristgerecht zum Ablauf, obwohl der Vertrag eine Dreimonatsfrist dafür als ausreichend vorsieht.

Diese »frühe« Kündigung wird mit Ablauf des dritten Versicherungsjahres wirksam.

- Umstritten ist dagegen, ob die verspätete und vom VR zurückgewiesene Kündigung als Kündigung zum nächstmöglichen Termin zu werten ist.

b) Form der Kündigung

Im Gegensatz zu BGB und VVG, die in der Regel keine bestimmten Formvorschriften vorsehen, verlangen die AVB meistens entweder die **Schriftform** oder die **Textform.**

BGB § 309 Nr. 13

Die Form des Einschreibebriefs kann nicht verlangt werden. Dennoch wird der VN diese Form häufig wählen, da er dafür beweispflichtig ist, dass dem VR das Kündigungsschreiben zugegangen ist.

Eine formunwirksame bzw. unvollständige Kündigung hat der VR unverzüglich zurückzuweisen. Er hat den VN auch über den Mangel zu belehren.

7.2.2 Ordentliche Kündigung

a) Kündigung einer dauernden Versicherung

VVG § 11 (2)

Ist ein **Versicherungsverhältnis auf unbestimmte Zeit** eingegangen worden (sog. **dauernde Versicherung**), so kann es von beiden Parteien ohne Angabe von Gründen zum Schluss der laufenden Versicherungsperiode gekündigt werden.

§ 11 (3), § 11 (2) S. 2

Die Kündigungsfrist muss für beide Parteien gleich sein; sie darf nicht weniger als einen Monat und nicht mehr als drei Monate betragen. Allerdings können die Vertragsparteien einvernehmlich bis zur Dauer von 2 Jahren auf das Kündigungsrecht verzichten.

b) Kündigung zum Ablauf der Vertragszeit bei vereinbarter Verlängerungsklausel

Diese Verträge verlängern sich automatisch um in der Regel ein Jahr, wie bereits in Abschnitt B 7.2.1 dargestellt, wenn sie nicht fristgerecht zum Zeitablauf gekündigt werden.

Die Kündigungsfrist entspricht regelmäßig der in § 11 Abs. 3 VVG vorgesehenen Kündigungsfrist, wie vorstehend in a) dargestellt. Da diese Kündigungsfrist halbzwingend ist (vgl. § 18 VVG), können die AVB auch eine andere, vorteilhaftere Frist für den VN vorsehen.

c) Kündigung von Verträgen mit »längerer Laufzeit«

Für Verträge mit längerer Laufzeit als 3 Jahre besteht grundsätzlich ein Kündigungsrecht zum Schluss des dritten oder jedes darauf folgendes Jahres. Die im VVG vorgesehene Einhaltung einer Frist von 3 Monaten ist halbzwingend und damit zum Vorteil des VN abänderbar. VVG § 11 (4) i.V.mit § 18

7.2.3 Außerordentliche Kündigung

a) Außerordentliche Kündigung durch den VR

Das Versicherungsverhältnis kann aus besonderen Anlässen auch vorzeitig aufgelöst werden. Das VVG und die jeweiligen AVB regeln hierzu Fälle, von denen nachstehend die bedeutendsten genannt werden.

Der VR ist danach zur außerordentlichen Kündigung berechtigt:

- bei **Nichtzahlung** der **Folgeprämie** (vgl. B 5.3.2)
- bei bestimmten Obliegenheitsverletzungen durch den VN (vgl. B 6.2.3 b; ferner Band 2, Abschn. A 4.1.3 b und A 4.2.2 a)
- bei Insolvenz des VN, soweit das Kündigungsrecht des VR für diesen Fall vertraglich vereinbart ist

  Anmerkung: Unter der Überschrift »Insolvenz des Versicherungsnehmers« ist in § 110 VVG nicht die vorzeitige Vertragsbeendigung, sondern die **Absonderung** des Anspruchs eines Dritten aus dem Freistellungsanspruch des VN gegenüber seinem Haftpflichtversicherer geregelt.

b) Außerordentliche Kündigung durch den VN

Im VVG ist die außerordentliche Kündigung des VN für den Fall geregelt, dass der VR eine Prämienanpassung vornimmt.

Erhöht der VR aufgrund einer Anpassungsklausel die Prämie, ohne dass sich der Umfang des Versicherungsschutzes entsprechend ändert, kann der VN den Vertrag innerhalb eines Monats nach Zugang der Mitteilung des VR mit sofortiger Wirkung, frühestens jedoch zum Zeitpunkt des Wirksamwerdens der Erhöhung, kündigen. § 40 (1)

c) Außerordentliche Kündigungsrechte beider Vertragspartner

➤ Kündigung bei Veräußerung der versicherten Sache

Wird eine versicherte Sache **veräußert**, so kann sowohl der **VR** (mit Monatsfrist) als auch der **Erwerber** (fristlos oder zum Schluss der Versicherungsperiode) kündigen (vgl. Band 2, B 2.7.6.3 c). § 95

➤ Kündigung nach Versicherungsfall

Das VVG sieht für die Sachversicherung und die Haftpflichtversicherung vor, dass sowohl dem VN als auch dem VR nach einem Versicherungsfall ein außerordentliches Kündigungsrecht zusteht. § 92 § 111

d) Fristlose Kündigung aus wichtigem Grund

BGB § 314 BGH 1985

Dieses Kündigungsrecht kann sich, mangels spezifischer gesetzlicher Vorschriften im Versicherungsrecht, aus § 314 BGB ergeben. Es besteht beim Versicherungsvertrag so wie beim Dauerschuldverhältnis. Grund und Maßstab dafür ist, dass einem Vertragspartner eine Fortsetzung des Versicherungsverhältnisses nicht mehr zugemutet werden kann; z. B. Kündigungsrecht des VR, weil der VN versucht hat, einen anderen zur Herbeiführung des Versicherungsfalles anzustiften oder versucht hat, sich Versicherungsleistungen auf anderem Wege zu erschleichen.

7.3 Rücktritt und Anfechtung

7.3.1 Allgemeine Grundsätze

Rücktritt und Anfechtung sind, wie die Kündigung, einseitige **empfangsbedürftige Willenserklärungen.** Doch während die Kündigung den Vertrag für die Zukunft auflöst, wird bei einem Rücktritt der Vertrag ab Beginn aufgehoben und bei einer Anfechtung der Vertrag von Anfang an nichtig.

BGB § 346 (1)

Die Unterscheidung hinsichtlich der Wirkung von Rücktritt und Anfechtung ist insofern von Bedeutung, als beim Rücktritt ein Rückgewährsschuldverhältnis entsteht, während die Anfechtung von jeder vertraglichen Leistung entbindet. Das durch die Rücktrittserklärung entstehende Rückgewährsschuldverhältnis bildet die rechtliche Grundlage dafür, dass empfangene Leistungen zurück zu gewähren sind. Im Fall der Anfechtung können Leistungen nur nach den Vorschriften über die ungerechtfertige Bereicherung heraus verlangt werden.

§ 812 (1)

VVG § 39 (1) S. 2

In Ansehung der Prämie sieht das VVG bei Rücktritt oder Anfechtung teilweise eine andere Regelung vor, was die Rückgewährung oder Herausgabe betrifft (siehe nachstehend unter B 7.3.3).

7.3.2 Anlässe für Rücktritt und Anfechtung

Das Versicherungsrecht gewährt

VVG § 37 (1) § 19 (2) § 19 (4)

- ein **Rücktrittsrecht** bei Nichtzahlung der Erstprämie (vgl. B 5.3.1.3) und bei der vorsätzlichen vorvertraglichen Anzeigepflichtverletzung. War die Verletzung grob fahrlässig ist der Rücktritt des VR vom Vertrag nur möglich, wenn er den Vertrag bei Kenntnis der nicht angezeigten Umstände nicht geschlossen hätte (vgl. B 6.2.3).

§ 22

- alternativ auch ein **Anfechtungsrecht,** wenn die vorvertragliche Anzeigepflicht in sehr schwerwiegender Weise durch eine arglistige Täuschung verletzt wurde. Allerdings hat der VR die Arglist des VN zu beweisen (vgl. B 6.2.3, Unterabschnitt »Anfechtung«).

7.3.3 Prämienanspruch des Versicherers

VVG § 39 (1) S. 2

Dem VR steht nach § 39 Abs. 1 Satz 2 VVG bei Rücktritt wegen vorsätzlicher oder grob fahrlässiger vorvertraglicher Anzeigepflichtverletzung und auch bei Anfechtung wegen arglistiger Täuschung die Prämie bis zum Wirksamwerden der Rücktritts- oder Anfechtungserklärung zu (vgl. auch B 6.2.3, Unterabschnitt »Prämienanspruch des VR«).

7.4 Sonstige Beendigungsgründe

a) Tod der versicherten Person in den Personenversicherungen

In der Lebens-, Kranken- und Unfallversicherung endet das Versicherungsverhältnis mit dem Tod des VN. Für die Lebens- und Unfallversicherung bedeutet er gleichzeitig den Eintritt des Versicherungsfalles.

b) Wagniswegfall in den Nichtpersonenversicherungen

In den allgemeinen Vorschriften des VVG zur Schadenversicherung ist das Prämienschicksal beim Wagniswegfall (»Fehlendes versichertes Interesse«) geregelt. VVG § 80 (2)

Beispiele für »Fehlendes versichertes Interesse«:

- Nach dem Tod des VN wird dessen Haushalt aufgelöst und der gesamte Hausrat entsorgt.
- Der gesamte Hausrat, für den eine Hausratversicherung besteht, wird durch einen Brand vernichtet. Der betagte VN zieht daraufhin in ein Altenheim.

Dem VR gebührt anteilig (pro rata temporis) die Prämie bis zu dem Zeitpunkt, zu dem er vom Wegfall des Interesses Kenntnis erlangt.

Nach dem Tod des VN einer **Privathaftpflichtversicherung** besteht der bedingungsgemäße Versicherungsschutz für die mitversicherten Personen bis zum nächsten Prämienfälligkeitstermin fort. Wird die nächste Prämienrechnung durch den überlebenden Ehegatten oder eingetragenen Lebenspartner beglichen, so wird dieser VN. Ansonsten erlischt die Versicherung. AHB PR 2016 Teil A Abschn. 1 Ziff. 10

c) Insolvenz des VR

Das Versicherungsverhältnis endet mit Ablauf eines Monats seit der Eröffnung des Insolvenzverfahrens über das Vermögen des VR. Bis zu diesem Zeitpunkt bleibt es der Insolvenzmasse gegenüber wirksam. VVG § 16

d) Aufhebungsvertrag

Schließlich kann ein Versicherungsvertrag auch im gegenseitigen Einvernehmen aufgelöst werden **(Freigabe der Versicherung).** BGB § 311 (1)

Lernkontrollen zu B 7

1 A hatte seinen Versicherungsvertrag mit 3 Jahren Laufzeit in der Annahme nicht gekündigt, dass dieser automatisch zum Ablauf endet. Als er zu Beginn des 4. Jahres zur weiteren Beitragszahlung aufgefordert wird, befürchtet er, dass der Vertrag um weitere 3 Jahre verlängert wird.

a) Wie ist die Rechtslage?

b) Zu welchem Termin und mit welcher Frist können Versicherungsverträge mit Verlängerungsklausel nach dem VVG ordentlich gekündigt werden?

c) Ist eine nicht fristgerechte Kündigung automatisch unwirksam (mit Begründung)?

Kündigung, Rücktritt, Anfechtung

2 Prüfen Sie zu folgenden Situationen, ob und ggf. wie der bestehende Versicherungsvertrag nach den Bestimmungen des VVG beendet werden kann.

a) Der VN hat eine Versicherung auf unbestimmte Zeit abgeschlossen. 18 Monate nach Vertragsabschluss hält er das günstigere Versicherungsschutzangebot eines anderen VR in Händen und möchte dieses gerne wahrnehmen.

b) Der VN hat die vorvertragliche Anzeigepflicht grob fahrlässig verletzt.

c) Um in den Genuss des Versicherungsschutzes zu kommen, hat der VN im Antrag bewusst falsche Angaben gemacht.

d) Der VN hat die vorvertragliche Anzeigepflicht zwar verletzt. Sein Verhalten war aber weder vorsätzlich noch fahrlässig. Der VR verlangt nach Kenntniserlangung für die Mitversicherung des nicht angezeigten Umstandes eine um 15 % höhere Prämie. Der VN will die höhere Prämie nicht zahlen.

e) Trotz eindringlicher Aufforderung zahlt der VN die erste Prämie nicht.

f) Der VN ist als säumiger Zahler bekannt und erneut mit einer Folgeprämienzahlung in Rückstand.

g) Der VN möchte schon bald nach Vertragsabschluss wissen, wann und wie er er seine über 5 Jahre abgeschlossene Versicherung frühestmöglich beenden kann.

Sonstige Beendigungsgründe

3 Welche Rechtsfolgen (Bestand des Vertrages, Prämienschicksal) werden durch die folgenden Sachverhalte jeweils ausgelöst?

Versicherungsperiode: 01. Jan. – 01. Jan.

Ein Hausratversicherer erhält am 15. Okt. d. J. vom VN die Mitteilung, dass

a) der gesamte Hausrat am Tag zuvor durch einen Blitzschlag vernichtet wurde und nicht wieder beschafft wird, da er nach Kanada auswandere;

b) Teile des Hausrats an verschiedene Personen verkauft bzw. verschenkt wurden;

c) der komplette Hausrat an ein junges Ehepaar verkauft wurde, da er zu seiner Freundin zieht.

4 Der VN einer Privathaftpflichtversicherung (ledig, kinderlos) ist verstorben. Der Bruder als Alleinerbe will wissen, ob er jetzt über die Privathaftpflichtversicherung versichert sei.

8 Datenschutz

8.1 Bedeutung und Rechtsgrundlagen

a) Historische Entwicklung

Das Bundesverfassungsgericht (BVG) hatte im sog. Volkszählungsurteil den Grundstein für den Datenschutz in Deutschland gelegt. Im Urteil wurde das Recht auf **informationelle Selbstbestimmung** etabliert, das aus dem allgemeinen **Persönlichkeitsrecht** und der **Menschenwürde** abgeleitet wurde (Art. 1 und 2 Grundgesetz). Seit diesem Zeitpunkt steht fest, dass Datenschutz in Deutschland ein Grundrecht ist. BvG 209/83 Urteil vom 15.12.1983

Vorher hatte die rasche Entwicklung der Informations- und Kommunikationstechnologie mit ihren schnellen Übertragungs- und großen Speichermöglichkeiten dazu geführt, dass der verfassungsrechtlich-abstrakte Schutz zur Wahrung der Persönlichkeitsrechte nicht mehr ausreichte. Hinzu kam, dass die Sensibilität des Bürgers für die Frage des Datenschutzes bzw. potenziellen Missbrauchs stetig gewachsen ist.

1970 verabschiedete Hessen das weltweit erste Datenschutzgesetz. Das Bundesdatenschutzgesetz (BDSG) folgte erst 1977. Bis zum Anfang der achtziger Jahre wurden die Datenschutzgesetze in allen übrigen Bundesländern in Landesrecht umgesetzt.

In Europa wurde zum Datenschutz die erste Richtlinie (95/46/EG) erst 1995 verabschiedet. Allerdings haben Richtlinien keine unmittelbare Rechtswirkung in den einzelnen Mitgliedsstaaten. Sie müssen im Rahmen eines Umsetzungsspielraums erst in nationales Recht umgesetzt werden. Für den Datenschutz geschah das in Deutschland erst 2001 durch die Novellierung des BDSG. In diesem Zusammenhang ist nicht ganz deutlich, ob die Umsetzung einer weiteren europäischen Datenschutz-Richtlinie (die »Cookie«-Richtlinie 2009/136/EG) in Deutschland vollständig erfolgt ist.

Es folgte 2002 die europäische Datenschutzrichtlinie für **elektronische Kommunikation,** die neue Standards für den Datenschutz im Bereich der Telekommunikation setzte. In Deutschland folgte daraus 2004 die Novellierung des Telekommunikationsgesetzes. EG 2002/58

Durch die aktuelle **Datenschutz-Grundverordnung** (DSGVO) soll eine Harmonisierung des Datenschutzes in allen Mitgliedsstaaten erfolgen. Außerdem sollen die Neuregelungen den heutigen technischen Standards Rechnung tragen.

Die DSGVO wurde am 14.04.2016 vom Europäischen Parlament beschlossen und ist am 25.05.2016 in Kraft getreten. Nach einer 2-jährigen Überganszeit gilt sie seit 25.05.2018 direkt in allen europäischen Mitgliedsstaaten, denn im Gegensatz zu Richtlinien sind Verordnungen für die Mitgliedsstaaten unmittelbar bindend. Die alte Datenschutzrichtlinie EU-95/46/EG wurde dafür aufgehoben.

Die Richtlinie für elektronische Kommunikation (s. o.) gilt als Spezialgesetz aber weiterhin. Art. 95

b) Grundlagen des Datenschutzes

Seit Einführung der DSGVO muss sie jeder beachten, der zu **beruflichen** oder **gewerblichen** Zwecken personenbezogene Daten **natürlicher** Personen ganz oder teilweise automatisiert **verarbeitet** oder selbst bei nichtautomatisierter Verarbeitung diese in einem **Dateisystem** speichert. DSGVO Art. 2 (1)

Keine Anwendung findet die Verordnung bei der Verarbeitung personenbezogener Daten zur Ausübung ausschließlich **persönlicher** oder **familiärer** Tätigkeiten (§ 1 (1) Satz 2 BDSG). Art. 2 (2c)

Beispiel:
Anlässlich der Einschulung Ihres Kindes machen Sie diverse Fotos mit ihrem Handy. Auf diesen Aufnahmen sind auch Ihnen unbekannte umstehende Personen abgebildet. Solange diese Bilder von Ihnen lediglich privat genutzt werden und nicht z.B. im Internet veröffentlich werden, ist die Verarbeitung dieser Daten (z.B. in einem Fotoalbum) – wie bisher auch – rechtlich unbedenklich.

BDSG § 46 Nr. 1

Unter **personenbezogene Daten** sind alle Informationen zu verstehen, die sich auf eine **identifizierte** oder **identifizierbare** natürliche Person **(Betroffener)** beziehen. Als identifizierbar wird sie angesehen, wenn sie direkt oder indirekt, insbesondere mittels Zuordnung

- zu einer **Kennung** wie einem Namen,
- zu einer **Kennnummer,**
- zu **Standortdaten,**
- zu einer **Online-Kennung** oder
- zu einem oder mehreren **besonderen Merkmalen,** die Ausdruck der physischen, physiologischen, genetischen, psychischen, wirtschaftlichen, kulturellen oder sozialen Identität dieser Person sind,

identifiziert werden kann. Als Beispiele seien dazu Name, Geburtsdatum, E-Mail-Adresse, aber auch IP-Adresse, Steuernummer, Autokennzeichen oder Kontoverbindung genannt.

§ 46 Nr. 14

Besondere Kategorien personenbezogener Daten (sog. »sensible Daten«) sind:

- Daten, aus denen die rassische oder ethnische Herkunft, politische Meinungen, religiöse oder weltanschauliche Überzeugungen oder die Gewerkschaftszugehörigkeit hervorgehen,
- genetische Daten *(Absatz 1 Nummer 11),*
- biometrische Daten zur eindeutigen Identifizierung einer natürlichen Person *(Absatz 1 Nummer 12),*
- Gesundheitsdaten *(Absatz 1 Nummer 13)* und
- Daten zum Sexualleben oder zur sexuellen Orientierung.

§ 1 (1)

Im neuen BDSG ist nur noch die Verarbeitung der personenbezogenen Daten genannt. Es wird nicht mehr zwischen Erhebung, Verarbeitung und Nutzung unterschieden.

DSGVO Art. 4 Nr. 2

Unter **Verarbeitung** ist jeder, mit oder ohne Hilfe automatisierter Verfahren, ausgeführter Vorgang im Zusammenhang mit personenbezogenen Daten zu verstehen. Dazu gehört das Erheben, das Erfassen, die Organisation, das Ordnen, die Speicherung, die Anpassung oder Veränderung, das Auslesen, das Abfragen, die Verwendung, die Offenlegung durch Übermittlung, Verbreitung oder eine andere Form der Bereitstellung, den Abgleich oder die Verknüpfung, die Einschränkung, das Löschen oder die Vernichtung. Diese Beschreibung ist sehr ausführlich formuliert. Es kann daraus geschlossen werden, dass jede persönliche Aufzeichnung oder Information und jede Dateneingabe in einen Computer dazu gezählt werden kann.

Visitenkarten oder Notizzettel, die üblicherweise in einer Versicherungsvermittlungsagentur genutzt werden, gelten als auf Papier basierte (analoge) Informationen und sind somit auch schützenwürdige personenbezogene Daten. Sie dürfen nur unter festgelegten Bedingungen, für legitime Zwecke und nur so lange erfasst werden, wie es erforderlich ist. Ggf. muss auch erst die Einwilligung der jeweiligen Personen eingeholt werden. Wer das missachtet, dem drohen existenzgefährdende Strafen; zzgl. dem zu erwartenden Imageschaden.

Als Dateisystem ist jede strukturierte Sammlung personenbezogener Daten über **natürliche** Personen zu verstehen, die nach bestimmten Kriterien zugänglich sind. BDSG § 46 Nr. 6

Schluss mit der Zettelwirtschaft!

Versicherungsbüros sollten ihre personenbezogenen Daten kennen und wissen, wo diese abliegen. Dafür ist ein übersichtliches Ablagesystem hilfreich. Dokumente sollten nach Zweck und Anwendungsbereich sortiert und für jeden Datensatz protokolliert werden, ob die Einverständniserklärung der betroffenen Personen zur Datenerfassung vorliegt. Dadurch kann das Unternehmen nachweisen, dass es die gesetzlichen Vorgaben einhält. Müssen Daten nur kurzfristig abgelegt werden, eignen sich Wiedervorlagemappen. So geraten Dokumente auch nicht in Vergessenheit. Da die DSGVO auch das Recht auf »Vergessenwerden« regelt, ist eine übersichtliche Archivierung sinnvoll, um alle Daten schnell zu finden und Zeit und Geld zu sparen, wenn ein Kunde das Löschen der eigenen Daten verlangt.

Zur Datensicherheit sollten vertrauliche Dokumente (bspw. Bewerbungsmappen) nicht offen herumliegen, um keine haftungsrechtlichen Folgen und Bußgeldern zu riskieren. Unternehmen sollten ermitteln, welche Mitarbeiter mit welchen Daten arbeiten und Richtlinien für den sicheren Umgang mit sensiblen Daten erstellen. Zudem ist es sinnvoll ein Team innerhalb des Unternehmens zu ernennen, das prüft, ob diese Richtlinien eingehalten werden. Hierzu gehört eben auch, Dokumente mit personenbezogenen Daten vor unbefugten Dritten zu schützen. Wer sie wegschließt, senkt das Risiko des Datenmissbrauchs.

Daten dürfen nur noch so lange gespeichert werden, wie sie einem bestimmten Zweck dienen. Kartei-Leichen sind nicht nur unnötig, sondern künftig auch strafbar. Alte Visitenkarten, Notizzettel mit Namen und Telefonnummern oder abgelaufene Verträge sollten nicht einfach in den Papierkorb geworfen werden. Personenbezogene Daten landen auf diese Weise ungeschützt im Müll und können von Dritten für illegale Zwecke missbraucht werden. Gemäß DSGVO sind Dokumente so zu entsorgen, dass ihr Inhalt nicht rekonstruiert werden kann. Dafür sind Aktenvernichter erforderlich. Externe Dienstleister bieten die Aktenvernichtung an, stellen aber ein Risiko dar, weil unternehmensfremde Personen Zugang zu Büros der Personal- oder Finanzabteilung erhalten und damit Zugriff auf sensible Daten haben. Zudem werden die Daten nicht sofort vernichtet, sondern nur nach Terminvereinbarung. Die Aktenvernichtung am Arbeitsplatz erleichtert das Einhalten interner Richtlinien für vertrauliche Daten und ist i. d. R. günstig und zudem schnell.

Quelle: Versicherungsjournal, 25.04.2018

Exkurs: Betreiber von Websites

In den meisten Websites von Vermittlern sind bisher schon am Rande oder am Ende beim Impressum »Datenschutzhinweise« oder sogenannte »Hinweise gemäß § 13 TMG (Telemediengesetz)« enthalten. In diesen Datenschutzhinweis muss der Text der Information bei Datenerhebungen aufgenommen werden (Artikel 13 DSGVO).

Das gilt richtlinienkonform auch für Websites, mit denen zunächst keine personenbezogenen Daten erhoben werden. Aber schon mit dem Aufruf einer Webseite werden verschiedene technische Informationen verarbeitet oder protokolliert, z. B. IP-Adresse, Datum, Uhrzeit, Provider des Nutzers, Spracheneinstellungen des Computers etc., so dass hieraus insgesamt eine Identifizierung möglich erscheint.

Können auf der Website personenbezogene Daten eingegeben werden, muss darauf geachtet werden, dass nicht mehr Daten erhoben werden als nötig. Weitere Möglichkeiten dürfen nicht so eingestellt sein, dass man sie erst abwählen muss, wenn der Nutzer sie nicht möchte (Artikel 24 DSGVO).

Die Übertragung von personenbezogenen Daten sollte auf einem aktuell üblichen Sicherheitsstandard geschehen. Das heißt, auch eventuell auf der Webseite vorhandene Mustererklärungen sollten aktualisiert sein.

c) Rechtliche Umsetzung

Die DSGVO beinhaltet Bedingungen die es erlauben, dass sie in nationalen Gesetzen genauer gefasst oder auch ergänzt werden. Im BDSG wurde von dieser Möglichkeit Gebrauch gemacht. Wie früher gelten viele Datenschutzregelungen aus anderen Sachgebieten weiter. So sind im arbeits- und sozialrechtlichen Gebiet z. B. die Melde- und Aufzeichnungspflichten des Arbeitgebers im Rahmen der Sozialversicherung zu beachten. Organisatorisch müssen sich die mit der Datenverarbeitung betrauten Stellen nun mindestens mit zwei unterschiedlichen Regelungswerken befassen.

Anders als das BDSG unterscheidet die DSGVO nicht zwischen Unternehmen (nicht-öffentliche Stellen) und Behörden (öffentliche Stellen). Das hat zur Folge, dass Unternehmen sich nicht auf die europäischen Regelungen der DSGVO beschränken können, sondern sie müssen bei allen für den Datenschutz relevanten Vorgängen auch das deutsche BDSG beachten.

d) Datenschutzgrundsätze

BDSG § 47 DSGVO Art. 5 (1)

Allgemeine Grundsätze bei der Verarbeitung personenbezogener Daten:

1. **Rechtmäßigkeit, Verarbeitung nach Treu und Glauben, Transparenz:** Verarbeitung auf rechtmäßige Weise und nach Treu und Glauben!
2. **Zweckbindung:** Erhebung nur für festgelegte, eindeutige und rechtmäßige Zwecke und keine Verarbeitung in einer nicht mit diesen Zwecken zu vereinbarenden Weise!
3. **Datenminimierung:** Entsprechung des Verarbeitungszwecks, Erforderlichkeit für das Erreichen des Verarbeitungszwecks und Verhältnismäßigkeit der Verarbeitung zu diesem Zweck!
4. **Richtigkeit:** Sachliche Richtigkeit, dabei erforderlichenfalls auf dem neuesten Stand sein und alle angemessenen Maßnahmen treffen, damit personenbezogene Daten, die im Hinblick auf die Zwecke ihrer Verarbeitung unrichtig sind, unverzüglich gelöscht oder berichtigt werden!
5. **Speicherbegrenzung:** Nicht länger in einer Form speichern, als es für die Zwecke, für die sie verarbeitet werden, erforderlich ist!
6. **Integritäts- und Vertraulichkeit:** Verarbeitung in einer Weise, die eine angemessene Sicherheit der personenbezogenen Daten gewährleistet; hierzu gehört auch ein durch geeignete technische und organisatorische Maßnahmen zu gewährleistender Schutz vor unbefugter oder unrechtmäßiger Verarbeitung, unbeabsichtigtem Verlust, unbeabsichtigter Zerstörung oder unbeabsichtigter Schädigung!

Gerade im Versicherungsbereich werden eine Menge von personenbezogenen Daten benötigt und deshalb auch erfasst; denn es gilt, das Risiko zu beurteilen und zu versichern. Um z. B. eine Mit- bzw. Rückversicherung organisieren bzw. den Kunden durch den Außendienst betreuen zu können, müssen einzelne Daten sogar weitergeleitet werden. Da diese Daten eine Fülle von Informationen enthalten, die zweckentfremdet genutzt werden könnten, kommt dem Datenschutz im Versicherungsbereich eine besondere Bedeutung zu. Mit Blick auf die beschleunigte Automatisierung von Prozessen (Digitalisierung) nimmt die Bedeutung vom Datenschutz immer mehr zu.

Beispiele:

- In der Lebens- und Krankenversicherung werden Fragen zu Gesundheitszustand und Vorerkrankungen gestellt, die wahrheitsgemäß zu beantworten sind.
- In der Hausratversicherung macht der VN Angaben zu seinen Wertsachen.
- In der Haus- und Grundbesitzer-Haftpflichtversicherung gibt der VN indirekt Auskunft über seine Einkünfte aus Vermietung und Verpachtung, da die Wohn- und Nutzfläche in Quadratmetern für die Risikoerfassung und Beitragsberechnung anzugeben ist.

Allgemein lässt sich schon aus der Höhe der gewählten Versicherungssumme ein Rückschluss auf die Vermögensverhältnisse des Versicherungsnehmers ziehen.

Für die Einhaltung der Datenschutzgrundsätze ist die natürliche oder juristische Person, Behörde, Einrichtung oder andere Stelle, die allein oder gemeinsam mit anderen über die Zwecke und Mittel der Verarbeitung von personenbezogenen Daten **entscheidet,** verantwortlich. Sie muss dessen Einhaltung nachweisen können (**Rechenschaftspflicht** des **Verantwortlichen**).

BDSG § 46 Nr. 7, DSGVO Art. 5 (2)

e) Erlaubnistatbestände

Jede Verarbeitung personenbezogener Daten ist **grundsätzlich verboten,** wenn nicht eine **Einwilligung** des Betroffenen oder andere gesetzliche Erlaubnistatbestände vorliegen **(Verbot mit Erlaubnisvorbehalt)**.

BDSD § 51

Die Einwilligung sollte durch eine **eindeutige** bestätigende **Handlung** erfolgen, mit der **freiwillig,** für den **konkreten Fall,** in informierter Weise und **unmissverständlich** bekundet wird, dass die betroffene Person mit der Verarbeitung der sie betreffenden personenbezogenen Daten einverstanden ist.

Geschehen könnte dies bspw. durch Anklicken eines Kästchens beim Besuch einer Internetseite, durch die Auswahl technischer Einstellungen für Dienste der Informationsgesellschaft oder durch eine andere Erklärung oder Verhaltensweise, mit der die betroffene Person in dem jeweiligen Kontext eindeutig ihr Einverständnis mit der beabsichtigten Verarbeitung ihrer personenbezogenen Daten signalisiert. Stillschweigen, bereits angekreuzte Kästchen oder Untätigkeit der betroffenen Person stellen keine Einwilligung dar.

Ein Muster zur Einwilligung im Datenschutz kann über die Internetadresse **www.datenschutz.org** bezogen werden.

Wird die betroffene Person auf elektronischem Weg zur Einwilligung aufgefordert, so muss die Aufforderung in klarer und knapper Form und ohne unnötige Unterbrechung des Dienstes, für den die Einwilligung gegeben wird, erfolgen.

Das Vorliegen einer **Einwilligung** muss nachweisbar sein, wenn sie als Grundlage für die Datenverarbeitung dienen soll. Sie ist unwirksam, wenn sie nicht auf einer korrekten aufgeklärten und somit freiwillig getroffenen Entscheidung beruht. Art. 7 (2)

Die Einwilligung sollte sich auf alle zu demselben Zweck oder denselben Zwecken vorgenommenen Verarbeitungsvorgänge beziehen. Dient die Verarbeitung mehreren Zwecken ist es ratsam, wenn für jeden einzelnen Verarbeitungszweck jeweils eine Einwilligung vorliegt. Die Einholung der Einwilligung muss in einer verständlichen Sprache formuliert und als solche klar erkennbar sein. Sie darf nicht mit ggf. ablenkenden Thematiken verbunden werden. Bei einem Verstoß gegen diese Bestimmungen ist die erteilte Einwilligung unwirksam.

Proximus 4 AVB Leben S. 172

Diese Einwilligung wird in der Praxis der Versicherungswirtschaft durch eine Willenserklärung des VN bei der Antragstellung eingeholt.

Auszug aus dem Antrag auf Abschluss eines Versicherungsvertrages (Proximus Lebensversicherung):

Datenverarbeitung	Mit der Datenverarbeitung durch den Versicherer bin ich einverstanden.
Empfangsbestätigung	Ich habe die diesem Vertrag zugrunde liegenden Produkt- und Kundeninformationen, das Merkblatt zur Datenverarbeitung, die Versicherungsbedingungen und die Klauseln erhalten. Eine Durchschrift ist mir nach Unterzeichnung ausgehändigt worden. Von den Hinweisen habe ich Kenntnis genommen.

In den Anträgen zur Lebens- und Krankenversicherung wird durch Unterschrift gleichzeitig bestätigt, dass die behandelnden Ärzte von der Schweigepflicht entbunden sind.

Der Antragsteller und die zu versichernde Person geben mit Unterzeichnung dieses Antrages die Einwilligung in die Erhebung und Verwendung von Gesundheitsdaten und Schweigepflichtentbindungserklärung ab.

Anmerkung: Im Antrag ist der Datenumfang näher bestimmt.

8.2 Rechte des Betroffenen

Damit sich die Betroffenen über die Richtigkeit und Zulässigkeit der Verarbeitung informieren können, räumt ihnen die DSGVO und das BDSG vielfältige Rechte ein.

BDSG § 55 bis § 61

In allgemeiner Form und für jedermann zugängliche Informationen sind:

1. Benachrichtigung über Datenerhebungen (§ 56 BDSG),
2. Auskunftsrecht über die Zwecke der Verarbeitungen (§ 57 BDSG),
3. die im Hinblick auf die Verarbeitung ihrer personenbezogenen Daten bestehenden Rechte der betroffenen Personen auf Auskunft, Berichtigung, Löschung und Einschränkung der Verarbeitung (§ 58 BDSG),
4. Verfahren für die Ausübung der Rechte der betroffenen Person (§ 59 BDSG),
5. den Namen und die Kontaktdaten des Verantwortlichen und der oder des Datenschutzbeauftragten,
6. das Recht, die Bundesbeauftragte oder den Bundesbeauftragten anzurufen und die Erreichbarkeit (§ 60 BDSG)
7. Rechtsschutz gegen Entscheidungen der oder des Bundesbeauftragten oder

bei deren oder dessen Untätigkeit (§ 61 BDSG).

DSGVO Art. 21

Darüber hinaus besteht jederzeit ein **Widerspruchsrecht** der betroffenen Person gegen die Verarbeitung ihrer personenbezogenen Daten. Die Daten werden dann nicht mehr verarbeitet, es sei denn, es gibt zwingende schutzwürdige Gründe für die Datenverarbeitung , die die Interessen, Rechte und Freiheiten der betroffenen Person überwiegen, oder die Verarbeitung dient der Geltendmachung, Ausübung oder Verteidigung von Rechtsansprüchen. Das gleiche Widerspruchsrecht gilt bei der Datenverarbeitung zur Direktwerbung, einschließlich des Profiling.

8.3 Organisation des Datenschutzes

➤ Verzeichniserstellung

BDSG § 70

Der Verantwortliche hat ein Verzeichnis aller Kategorien von Verarbeitungstätigkeiten zu führen, die in seine Zuständigkeit fallen. Dieses Verzeichnis hat die folgenden Angaben zu enthalten:

1. den Namen und die Kontaktdaten des Verantwortlichen und gegebenenfalls des gemeinsam mit ihm Verantwortlichen sowie den Namen und die Kontaktdaten der oder des Datenschutzbeauftragten,
2. die Zwecke der Verarbeitung,
3. die Kategorien von Empfängern, gegenüber denen die personenbezogenen Daten offengelegt worden sind oder noch offengelegt werden sollen,
4. eine Beschreibung der Kategorien betroffener Personen und der Kategorien personenbezogener Daten,
5. gegebenenfalls die Verwendung von Profiling,
6. gegebenenfalls die Kategorien von Übermittlungen personenbezogener Daten an Stellen in einem Drittstaat oder an eine internationale Organisation,
7. Angaben über die Rechtsgrundlage der Verarbeitung,
8. die vorgesehenen Fristen für die Löschung oder die Überprüfung der Erforderlichkeit der Speicherung der verschiedenen Kategorien personenbezogener Daten und
9. eine allgemeine Beschreibung der technischen und organisatorischen Maßnahmen

Muster von solchen Verzeichnissen können auf den Webseiten der Datenschutzbehörden der zuständigen Bundesländer (jeweilige Landesdatenschutzbeauftragte) bezogen werden.

Das bisherige Verfahrensverzeichnis nach altem Datenschutzrecht, das sich in einen öffentlich einsehbaren Teil und einen nicht öffentlichen Teil aufgliederte, wird **nicht** weiter fortgeführt. BDSG-alt §§ 49a II, 4g II, 4e

➤ Datenschutz-Folgenabschätzung

BDSG § 67

Hat eine Form der Verarbeitung, insbesondere bei Verwendung neuer Technologien, aufgrund der Art, des Umfangs, der Umstände und der Zwecke der Verarbeitung voraussichtlich eine erhebliche Gefahr für die Rechtsgüter betroffener Personen zur Folge, so hat der Verantwortliche vorab eine Abschätzung der Folgen der vorgesehenen Verarbeitungsvorgänge für die betroffenen Personen durchzuführen. Das ist besonders beim Profiling von Interesse.

➤ Informationspflichten

Verletzungen des Schutzes personenbezogener Daten sind an die oder den Bundesbeauftragten zu melden. § 65

Bei Verletzungen des Schutzes personenbezogener Daten sind die betroffenen Personen darüber zu **benachrichtigen.** § 66

BDSG § 53

➤ Datengeheimnis

Mit Datenverarbeitung befasste Personen dürfen personenbezogene Daten nicht unbefugt verarbeiten. Sie sind bei der Aufnahme ihrer Tätigkeit auf das Datengeheimnis zu verpflichten, welches auch nach der Beendigung ihrer Tätigkeit fortbesteht.

Muster für eine Vertraulichkeitserklärung stellen z.B. die Landesdatenschutzbeauftragten für Bayern oder die Gesellschaft für Datenschutz und Datensicherheit e.V. GDD, bei der IHK Bonn/Rhein zur Verfügung.

➤ Datenschutzkontrolle

DSGVO Art. 37 (1a)

Öffentliche Stellen haben zur Sicherung des Datenschutzes in der Regel einen Datenschutzbeauftragen zu benennen.

BDSG § 38 (1) S. 1

Nicht öffentliche Stellen, wozu auch Versicherungsunternehmen und Versicherungsvermittler zählen, benennen einen Datenschutzbeauftragten, soweit sie in der Regel mindestens 10 Personen **ständig** mit der automatisierten Verarbeitung personenbezogener Daten beschäftigen. Freie Mitarbeiter und Praktikanten werden mitgezählt.

DSGVO Art. 37 (1c)

Dieser Grundsatz wird dann durchbrochen, wenn die Kerntätigkeit in der umfangreichen Verarbeitung **besonderer Kategorien** von Daten gemäß Art. 9 besteht, wozu insbesondere Gesundheitsdaten gehören. Für die Versicherungsbranche lässt das schließen, dass jeder Versicherungsvermittler einen Datenschutzbeauftragten benennen muss, der nicht nur gelegentlich Lebens- oder Krankenversicherungen vertreibt.

BDSG § 38 (1) S. 2

Außerdem muss unabhängig von der Anzahl der mit der Verarbeitung beschäftigten Personen eine Datenschutzbeauftragte benannt werden, wenn eine Datenschutz-Folgenabschätzung verarbeitet wird oder wenn personenbezogene Daten geschäftsmäßig zum Zweck der Übermittlung, der anonymisierten Übermittlung oder für Zwecke der Markt- oder Meinungsforschung vertrieben werden.

DSGVO Art. 39 (1)

Dem Datenschutzbeauftragten obliegen zumindest folgende Aufgaben:

a) Unterrichtung und Beratung des Verantwortlichen und der Beschäftigten, die Verarbeitungen durchführen, hinsichtlich ihrer Pflichten nach dieser Verordnung sowie nach sonstigen Datenschutzvorschriften;

b) Überwachung der Einhaltung dieser Verordnung, anderer Datenschutzvorschriften sowie der Strategien des Verantwortlichen für den Schutz personenbezogener Daten einschließlich der Zuweisung von Zuständigkeiten, der Sensibilisierung und Schulung der an den Verarbeitungsvorgängen beteiligten Mitarbeiter und der diesbezüglichen Überprüfungen;

c) Beratung – auf Anfrage – im Zusammenhang mit der Datenschutz-Folgenabschätzung und Überwachung ihrer Durchführung;

d) Zusammenarbeit mit der Aufsichtsbehörde;

e) Tätigkeit als Anlaufstelle für die Aufsichtsbehörde in mit der Verarbeitung zusammenhängenden Fragen und gegebenenfalls Beratung zu allen sonstigen Fragen.

8.4 Organisation des Datensicherheit

➤ Technische und organisatorische Maßnahmen

BDSG § 64

Der Verantwortliche hat, unter Berücksichtigung des Standes der Technik, der Implementierungskosten, der Art, des Umfangs, der Umstände und der Zwecke der Verarbeitung sowie der Eintrittswahrscheinlichkeit und der Schwere der mit der Verarbeitung verbundenen Gefahren für die Rechtsgüter der betroffenen Personen die erforderlichen technischen und organisatorischen Maßnahmen zu treffen, um bei der Verarbeitung personenbezogener Daten ein dem Risiko angemessenes Schutzniveau zu gewährleisten, insbesondere im Hinblick auf die Verarbeitung besonderer Kategorien personenbezogener Daten.

Hierbei sind die einschlägigen Technischen Richtlinien und Empfehlungen des Bundesamtes für Sicherheit in der Informationstechnik (BSI) zu berücksichtigen. Nachzulesen unter **www.bsi.bund.de**.

Diese Maßnahmen können unter anderem die Pseudonymisierung und Verschlüsselung personenbezogener Daten umfassen, soweit solche Mittel in Anbetracht der Verarbeitungszwecke möglich sind. Das soll dazu führen, dass die Vertraulichkeit, Integrität, Verfügbarkeit und Belastbarkeit der Systeme und Dienste im Zusammenhang mit der Verarbeitung auf Dauer sichergestellt werden und die Verfügbarkeit der personenbezogenen Daten und der Zugang zu ihnen bei einem physischen oder technischen Zwischenfall rasch wiederhergestellt werden können.

Im Fall einer **automatisierten Verarbeitung** sind nach einer Risikobewertung besondere Maßnahmen zu ergreifen.

8.5 Gründe der Datensicherung

Hierzu zählen insbesondere:

- **Zutrittskontrolle:** Zutritt zu Datenverarbeitungsanlagen haben nur Berechtigte, mit denen personenbezogene Daten verarbeitet oder genutzt werden!
- **Zugangskontrolle:** Zugriff zu Daten nur für berechtigte Personen!
- **Zugriffskontrolle:** Kein unbefugtes Lesen, Kopieren, Verändern und Entfernen von Daten!
- **Weitergabekontrolle:** keine unbefugte Weitergabe mit Hilfe von Einrichtungen zur Datenübertragung und Nachvollziehbarkeit der Übermittlung!
- **Eingabekontrolle:** Nachträgliche Festgestellung, wer personenbezogene Daten eingegeben, verändert oder entfernt hat!

8.6 Regelungen für Auftragsverarbeiter

Auftragsverarbeiter ist eine natürliche oder juristische Person, Behörde, Einrichtung oder andere Stelle, die personenbezogene Daten **im Auftrag** des Verantwortlichen verarbeitet. Voraussetzung für die Verarbeitung personenbezogener Daten für andere (im Auftrag) ist eine Vertragsbeziehung. § 46 Nr. 8

Für Auftragsverarbeiter gelten im Grundsatz dieselben Vorschriften wie für die Verantwortlichen. Für sie gelten, wie bisher nach § 11 BDSG alt, besondere Vertrags- und Dokumentationserfordernisse. Ein Auftragsverarbeiter muss bspw. ein Verfahrensverzeichnis von Verarbeitungstätigkeiten bezüglich seiner Auftragsverarbeitung führen. DSGVO Art. 28 ff

DSGVO Art. 30 (2)

Neu ist, dass sowohl der Auftragsverarbeiter (Dienstleister) als auch der Auftraggeber (Verantwortliche z.B. in einer Vermittlungsagentur) die Datenschutzverpflichtungen zur Auftragsverarbeitung treffen.

Auf dem ersten Blick erscheint diese Regelung für den Versicherungsvertrieb unerheblich. Betrachtet man dies jedoch näher, ist jeder von einer Vermittlungsagentur beauftragter Steuerberater ein Auftragsverarbeiter, für den der Auftraggeber im Rahmen der Verarbeitung personenbezogener Daten auch verantwortlich ist.

Ein weiteres Thema im Zusammenhang mit einer Auftragsverarbeitung ist die Nutzung elektronischer Dienste (WhatsApp, Facebook etc.) zur Übermittlung von personenbezogenen Daten. Angesichts der datenrechtlichen Verstöße aus der Vergangenheit bleibt abzuwarten, ob eine DSGVO-konforme Nutzung möglich ist.

Dazu könnte eine Versicherungsvermittlungsagentur bspw. als Auftragsverarbeiter eines Versicherungsunternehmens fungieren, wenn personenbezogene Daten (Name, Anschrift etc.) aus dem Konzern (bspw. vom Telefonservice) an den selbständigen Handelsvertreter übergeben werden – mit allen damit einhergehenden Vorschriften, wie das Führen eines Verzeichnisses.

8.7 Schadensersatz und Organhaftung

BDSG § 83

Denkbar wäre ein Verstoß gegen die Datenschutzvorschriften des Verantwortlichen (bspw. des Unternehmensleiter) selbst oder ein Verstoß von Beschäftigten des Unternehmens bzw. von externen Personen.

Beim ersten Fall haftet der Verantwortliche selbst. Im zweiten Fall hat der Verantwortliche im Zweifelsfall delegierbaren Aufgaben delegiert und haftet aufgrund einer organschaftliche Aufsichtspflicht mit Legalitätskontrollpflicht im Grundsatz der Gesamtzuständigkeit. Manager sind letztlich dafür verantwortlich, dass im Unternehmen technisch wie organisatorisch ein System entsteht, das fristgerecht den rechtskonformen Datenumgang sicherstellt. Kommt es zu Vermögensschäden im Unternehmen etwa, weil es nach einem Verstoß Bußgelder hagelt oder ein Imageverlust auf die Verkaufszahlen drückt, würden Aufsichtsräte und Anteilseigner sicherlich nicht lange zögern und versuchen, das Geld von den Verantwortlichen zurückzuholen. Ob ein Manager genug für ein funktionierendes Compliance-System im Unternehmen getan habe, wird wohl künftig in Datenschutzfragen kontrovers diskutiert werden.

DSGVO Art. 83 (4) und (5)

Bei Verstößen gegen formelle Vorschriften drohen bis zu 10 Mio. EUR oder – falls höher – 2 % des gesamten weltweit erzielten Jahresumsatzes (der wirtschaftlichen Einheit) des vorangegangenen Geschäftsjahres. Bei materiellen Verstößen erhöhen sich die Grenzen auf 20 Mio. EUR bzw. 4 %.

LG München I vom 10.12.2013

Die Firma Siemens hatte Schadenersatzforderungen gegen die seinerzeit amtierenden Vorstandsmitglieder gestellt, nachdem 2006 die Existenz zahlreicher »schwarzer Kassen« bekannt wurde. Man einigte sich außergerichtlich auf Schadenersatzleistungen. Nur der ehemalige Finanzvorstand war zu diesem Vergleich nicht bereit. Siemens klagte deshalb gegen ihn über die Schadensersatzsumme in Höhe von 15 Mio. EUR. Das Gericht stellte durch Urteil fest, dass eine Gesamtverantwortung des Vorstands für legales Handeln bestand und dies überwacht werden musste. Man einigte sich schließlich durch Vergleich auf eine Schadenersatzforderung in Höhe von 2,5 Mio. EUR, was die Hauptversammlung auch genehmigte.

Aktuelle Informationen rund um den Datenschutz finden sich im Internet unter: **www.datenschutz.de**.

Lernkontrollen zu B 8

Datenschutz

1 Zurzeit ist Ihnen als Auszubildendem/Auszubildender ein Schüler im Praktikum (Nils, 16 Jahre) »an die Hand« gegeben worden, um Einblicke in Ihre Ausbildung zu erhalten. In der Mittagspause spricht er Sie auf den Datenschutz an. Erklären Sie ihm, warum Datenschutz gerade in der Versicherungsbranche besonders wichtig ist und welche betrieblichen Maßnahmen durchgeführt werden, um den Datenschutz sicher zu stellen.

2 Erklären Sie den Unterschied zwischen den beiden Begriffen Datenschutz und Datensicherheit.

3 Sie sind Mitarbeiter/in der Generalagentur Arthur Quandt, Winsen/Luhe, der Proximus Versicherung AG. Vom Agenturinhaber bekommen Sie den Auftrag sich um den Datenschutz in der Agentur zu kümmern. Mittels Internetrecherche erhalten Sie auch Zugang zur Website **www.datenschutz.de**.

Klären Sie folgende Fragen:

a) Was wird unter der Verarbeitung personenbezogener Daten verstanden?

b) Was muss beachtet werden, damit die Agentur weiterhin die Daten Ihrer Kunden verarbeiten darf?

c) Welche konkreten Rechte haben Betroffene im Zusammenhang mit der Verarbeitung ihrer Daten?

d) Welche organisatorischen Maßnahmen zum Datenschutz müssen in der Agentur beachtet werden?

e) Benötigen Sie in der Agentur (5 Mitarbeiter) einen Datenschutzbeauftragten?

Lernsituationen

Versicherungsverträge anbahnen

Lernsituation 1:

»Beratung ist unsere Stärke, auch wenn es um das Kleingedruckte im Antrag geht.«

Der Vorstand der Proximus Versicherung möchte erreichen, dass die Proximus Versicherung am Markt einen exzellenten Ruf erlangt, was ihre Beratungsqualität angeht.

Für die nächste Werbekampagne ist deshalb geplant, dass neben der fachlichen Beratung auch die Aufklärung der Verbraucher über ihre Rechte und Pflichten bei Antragstellung und Vertragsabschluss in besonderem Maße beachtet werden soll. Über dieses Vorhaben informiert der Vorstand die Außendienstmitarbeiter mit dem folgenden Rundschreiben:

Proximus Versicherung AG

Der Vorstand

An die
Mitarbeiterinnen und Mitarbeiter
unseres Werbeaußendienstes

**»Beratung ist unsere Stärke ...
auch wenn es um das Kleingedruckte im Antrag geht«**

Sehr geehrte Damen und Herren,

für den Monat April planen wir eine besondere Werbekampagne. Neben der fachlichen Beratung sollen die Verbraucherrechte und auch Pflichten für den Kunden im Zusammenhang mit Antragstellung bzw. Vertragsabschluss mit in den Vordergrund gerückt werden. Wir sind sicher, dass durch eine solche Aufklärung Bedenken beim Kunden abgebaut und sein besonderes Vertrauen gewonnen werden kann. Schließlich haben wir nichts zu verbergen und das soll der Kunde beim Beratungsgespräch auch deutlich merken.

Diese weitergehende Beratung setzt voraus, dass alle unsere beratenden Mitarbeiterinnen und Mitarbeiter mit den Rechtsfragen bei Antragstellung und Vertragsabschluss voll vertraut sind. Unser Organisationsaußendienst ist angewiesen, Sie entsprechend vorzubereiten. Ihr zuständiger Bezirksleiter wird Sie deshalb in Kürze zu einer Informationsveranstaltung einladen.

Im Mittelpunkt stehen
- die rechtliche Bedeutung der Antragstellung,
- die Informationspflichten,
- die Verbraucherrechte nach Antragstellung bzw. Vertragsabschluss,
- der Beginn des Versicherungsschutzes

unter besonderer Berücksichtigung des jeweiligen Versicherungszweiges.

Sicherlich ist auch bei Ihnen in diesem Zusammenhang die eine oder andere Frage aufgetaucht. Benutzen Sie die Veranstaltung, um hier Klarheit zu bekommen. In jedem Falle empfehlen wir, sich mit den Veranstaltungsinhalten im Vorfeld auseinander zu setzen, damit die Veranstaltung für Sie besonders Ertrag bringend ist.

Sie wissen doch: Kompetenz ist für den Kunden auch ein Entscheidungskriterium dafür, ob er jetzt und in Zukunft mit seinen Versicherungsbedürfnissen und -fragen zu Ihnen kommt.

Wir wünschen Ihnen viel Erfolg bei der Veranstaltung und der daran anschließenden Werbekampagne und sichern Ihnen unsere volle Unterstützung zu.

Mit freundlichen Grüßen

Dr. Deling *Müller*

Dr. Deling
Vorstandsvorsitzender

Müller
Vorstandsressort Marketing

Arbeitsauftrag:

Sie sind Auszubildende/r in einer Generalagentur der Proximus Versicherung. Ihr zuständiger Ausbildungsleiter bittet Sie und die übrigen Auszubildenden, sich auf die geplanten Veranstaltungsinhalte unter besonderer Berücksichtigung der

- Hausratversicherung bzw. Wohngebäudeversicherung
- Krankenversicherung
- Lebensversicherung
- Unfallversicherung
- Kfz-Versicherung

vorzubereiten.

Grundsätzlich hat er keine Bedenken, wenn Gruppen gebildet werden, die jeweils einen Teil bearbeiten und präsentieren.

a) Beraten Sie mit den übrigen Auszubildenden, nach welchem Gesichtspunkt die Gruppen gebildet werden sollen.

b) Wählen Sie anschließend einen Gruppensprecher, der die Arbeit der Gruppe koordinieren soll.

c) Bereiten Sie gemeinsam in Ihrer Gruppe die Präsentation vor.

Hilfsmittel:

- Lehrbuch
- Antragsformulare
- Bedingungswerk 4 »Proximus Versicherung«
- VVG
- PflVG
- BGB

Lernsituation 2:

»Nicht nur vor Gericht ist man zu wahrheitsgemäßen Angaben verpflichtet.«

Vor knapp einem halben Jahr haben Sie die Kundin Anja Weinheimer zur Risiko-Lebensversicherung beraten und sie hat daraufhin einen Versicherungsantrag gestellt, der von der Direktion zu normalen Bedingungen angenommen wurde.

Heute halten Sie das folgende Schreiben ihres Sohnes Marcel in Händen:

Marcel Weinheimer
Goethestr. 22
41464 Neuss

Proximus Versicherungsagentur
Peter Monheim &Co.

Kastanienallee 23
41472 Neuss

12. Juni 20...

Risiko-Lebensversicherung 234 572 221

Sehr geehrte Damen und Herren,

Ende letzten Jahres hat meine Mutter bei Ihnen eine Lebensversicherung abgeschlossen. Sie hat mir damals gesagt, dass ich die Leistung für den Fall ihres Todes erhalten würde, damit für mich vorgesorgt sei.

Heute muss ich Ihnen leider die traurige Mitteilung machen, dass meine Mutter gestern mit einer akuten Blutung ins Krankenhaus eingeliefert werden musste und noch während der sofort eingeleiteten Notfalloperation verstorben ist.

Als ihr einziger Sohn bin ich schon wegen der anstehenden Bestattungskosten auf schnelle Auszahlung angewiesen. Da ich mich noch im Studium befinde und kein eigenes Einkommen habe, möchte ich Sie bitten, die Angelegenheit bevorzugt zu bearbeiten. Das laut Versicherungsbedingungen einzureichende ausführliche ärztliche Zeugnis über die Todesursache sowie den Beginn und Verlauf der Krankheit habe ich schon beschafft und füge es bei. Der Versicherungsschein liegt noch im Banksafe. Ich werde ihn zusammen mit einer Sterbeurkunde vom Standesamt morgen oder übermorgen persönlich vorbeibringen.

Ich wäre Ihnen sehr verbunden, wenn Sie mich bei der Gelegenheit über den Stand der Dinge und was ggf. noch zu unternehmen ist, informieren könnten.

Mit freundlichen Grüßen

Marcel Weinheimer

Anlage

Ärztliches Zeugnis der Städtischen Krankenanstalten Neuss

Arbeitsauftrag

Sie erhalten den Auftrag, sich mit der Angelegenheit zu befassen und alle Kriterien, die für das Gespräch mit Herrn Weinheimer von Bedeutung sind, aufzuzeichnen.

Hilfsmittel:

- Ärztliches Zeugnis über Todesursache, Beginn und Verlauf der Krankheit
- Kopie der Seite 3 des Versicherungsantrages (Angaben zur Risikobeurteilung des Versicherten), der in der Agentur abgelegt ist (siehe weiter unten)
- Bildschirmauszug zu den Vertragsdaten (siehe weiter unten)
- Lehrbuch
- Allgemeine Bedingungen für die Nichtraucher-Risikolebensversicherung Bedingungswerk 4 »Proximus Versicherung«
- VVG, BGB

Städtische Krankenanstalten Neuss

Abeilung Innere Medizin

Chefarzt

Prof. Dr. Uwe Klein

Ärztliches Zeugnis

Frau Helga Weinheimer, geb. 20. 5. 1976 in Krefeld, wurde im November letzten Jahres wegen gastritischer Beschwerden durch Herrn Dr. Hans Hermes, Neuss, an uns überstellt. Bei einer Radiographie der Gallenblase wurde ein Solitärstein diagnostiziert und zur Operation geraten. Frau Weinheimer ist jedoch auf eigenen Wunsch ohne Operation wieder entlassen worden. Wir haben Sie über die möglichen Risiken für Leben und Gesundheit, insbesondere über die Cirrhosegefahr, aufgeklärt und sie hat dies durch Unterschrift bestätigt.

Am heutigen Tage wurde Frau Weinheimer gegen 10.30 Uhr durch den Rettungsdienst eingeliefert. Sie lag bereits im Koma. Bei der sofort durchgeführten Notfalloperation wurde eine progrediente Lebererkrankung (Cirrhose) mit gastrointestinaler Blutung festgestellt, die noch während des operativen Eingriffs zum Ableben der Patientin geführt hat.

Neuss, den 11. Juni 20..

Klein

Prof. Dr. Klein

Bildschirmauszug:

	Name	Vorname	Geburts-datum	Beruf	A = Angestellter AR = Arbeiter/-in S = Selbstständig B = Beamtin/-er
Vers.-Nehmer	Weinheimer	Helga	20. 5. 1976	Kauffrau	S
Ehepartner					
Kinder	Weinheimer	Marcel	16. 9. 1996	Student	
Anschrift	Goethestr. 22, 41464 Neuss				

Versicherungsnachweis:

Vers.-Nummer	234 572 221
Private Vorsorge	ja
Tarif	Tarif S 33
Bedingungen	AVB-Risikolebensversicherung
Beginn	1.1.20...
Eintrittsalter	41
Versicherungsdauer	15 Jahre
Zahlungsweise	1/1-j.
Beitrag / Rate	120,00 €
Versicherte Person	Helga Weinheimer
Versicherungssumme	51 429,00 €
Überschussbeteiligung	Beitragsverrechnung
Bezugsrecht	Bei vorzeitigem Tod der Sohn Marcel Weinheimer, geb. 16. 9. 1996
Vorgemerkte Rechte	keine
Risiko-Entscheidung	Annahme zu normalen Bedingungen

Seite 3 des Antrages der Frau Weinheimer auf Abschluss einer Risiko-Lebenssicherung

Angaben zur Risikobeurteilung des Versicherten (VT)

Besondere Gefahren und Versicherungsanträge bei anderen Gesellschaften

1.	Sind sie besonderen Gefahren ausgesetzt?		
1.1	im Beruf (z.B. Explosion, Strahlung)?	☒ nein	☐ ja, welchen
1.2	in der Freizeit (z.B. Wettfahrten, Flugsport)?	☒ nein	☐ ja, welchen
2.	Beabsichtigen Sie einen Aufenthalt von mehr als 2 Monaten außerhalb Europas?	☒ nein	☐ ja, wo, wann, wie lange
3.1	Bestehen bereits Lebens-, Berufsunfähigkeits- bzw. Pflegeversicherungen oder sind solche beantragt?	☒ nein	☐ ja
3.2	Wurden Anträge zu erschwerten Bedingungen angenommen, zurückgestellt oder abgelehnt?	☒ nein	☐ ja

Art der Versicherung, Gesellschaft

Höhe und Erschwerung

Zusätzliche Fragen bei einer jährlichen Berufsunfähigkeitsrente von mehr als 25.200 EUR

1.	Haben Sie für den Fall der Berufs- oder Dienstunfähigkeit Renten zu erwarten (ohne gesetzliche Rente)?	☐ nein	☐ ja, wie hoch, woher (z.B. betriebl. Altersvorsorge)
2.	Wieviel Prozent Ihres Bruttoeinkommens betragen diese Renten?	%	

Erklärungen zum Gesundheitszustand

Bitte alle Fragen beantworten. Angaben, die Sie hier nicht machen möchten, sind unmittelbar und unverzüglich schriftlich nachzureichen.

Antrag ☒ ohne ärztliche Untersuchung ☐ mit ärztlicher Untersuchung veranlasst am

Zeitlich befristete Fragen

1.	Bestehen oder bestanden in den letzten 5 Jahren Krankheiten, Unfallfolgen, körperliche Schäden, Gesundheitsstörungen oder Beschwerden		
1.1	der Atmungsorgane (auch Nasennebenhöhleninfektion, Heuschnupfen, Kehlkopferkrankung)?	☒ nein	☐ ja
1.2	des Herzens oder der Kreislauforgane (auch Bluthochdruck, Krampfadern, Thrombose)?	☒ nein	☐ ja
1.3	der Nieren, der Harnwege oder der Geschlechtsorgane?	☒ nein	☐ ja
1.4	der Verdauungsorgane (auch Bauchspeicheldrüse-, Gallenblasen-, Lebererkrankung)?	☒ nein	☐ ja
1.5	des Stoffwechsels (auch Diabetes, Cholesterin-, Harnsäureerhöhung)?	☒ nein	☐ ja
1.6	der Augen (auch Netzhautablösung)? ☐ kurzsichtig ☐ weitsichtig; Dioptrin links rechts		
1.7	der Ohren (auch Schwindelzustände)?	☒ nein	☐ ja
1.8	der Wirbelsäule (auch Bandscheibenschäden)?	☒ nein	☐ ja
1.9	der Knochen, Gelenke und Muskeln (auch Meniskusschaden, Gicht, Rheuma)?	☒ nein	☐ ja
1.10	der Haut (auch Allergie)?	☒ nein	☐ ja
1.11	der Drüsen (auch Hormonstörung), der Milz oder des Blutes?	☒ nein	☐ ja
1.12	des Gehirns, der Nerven (auch Epilepsie, Lähmung, Multiple Sklerose) oder der Psyche (auch Angstzustände)?	☒ nein	☐ ja
1.13	Infektionskrankheiten (länger als 1 Monat)?	☒ nein	☐ ja
1.14	Tumore (auch gutartige)?	☒ nein	☐ ja
2.	Sind Sie in den letzten 5 Jahren von Ärzten, Heilpraktikern oder Psychologen untersucht, beraten oder behandelt worden?		
2.1	stationär (auch Kuren)	☒ nein	☐ ja
2.2	ambulant	☒ nein	☐ ja
3.	Wurden sie in den letzten 15 Jahren operiert bzw. wurde eine Strahlen- oder Chemotherapie durchgeführt?	☒ nein	☐ ja
4.	Nehmen oder nahmen Sie in den letzten 15 Jahren regelmäßig Medikamente (auch Schlaf,- Schmerz,- oder Beruhigungsmittel) bzw. besteht oder bestand eine Alkohol- oder Drogenabhängigkeit?	☒ nein	☐ ja

Zeitlich unbefristete Fragen

5.	Haben Sie einen Selbsttötungsversuch unternommen?	☒ nein	☐ ja
6.	Wurde eine HIV-Infektion festgestellt?	☒ nein	☐ ja

Weitere Fragen

7.	Bestehen Behinderungen oder haben Erkrankungen Folgen hinterlassen?	☒ nein	☐ ja
8.	Wie groß und schwer sind Sie?	162 cm	56 kg

Welcher Arzt kann über ihre Gesundheitsverhältnisse am besten Auskunft geben (Name, Anschrift)? (Falls nicht zutreffend, bitte »keiner« eintragen.)

Dr. Hans Hermes, Rosellener Str. 3, 41464 Neuss

Geben Sie hier bitte Einzelheiten zu den Fragen an, die mit »ja« beantwortet sind. ergänzende Angaben siehe Zusatzblatt

Frage	Einzelheiten zu Diagnose, Krankheit, Unfall	Wann? Wie lange? Geheilt? Folgen?	Arzt, Behandler, Krankenhaus (Name, Anschrift)?

Anmerkung: Der seinerzeit ausgefüllte Antrag enthält auf Seite 4

- Belehrung über das Rücktritts-, Kündigungs- und Vertragsänderungsrecht bei Verletzung der vorvertraglichen Anzeigepflicht,
- die Empfangsbestätigung über die AVB, die individuellen Vertragsinformationen, das Produktinformationsblatt und die Unterschrift von Frau Weinheimer,
- die Schlusserklärungen (u. a. Entbindung von der Schweigepflicht) mit Unterschrift von Frau Weinheimer.

C Agenturgründung

1 Gründung und Aufgaben einer Versicherungsagentur

1.1 Vorbetrachtung: Vertriebswege der Versicherungsbranche

Direkte Absatzwege				
Vertrieb über Außendienst des Versicherers (Servicevertrieb)	**Vertrieb über Mehrfachvertreter**	**Vertrieb über Versicherungsmakler**	**Direktvertrieb**	**Strukturvertrieb**
– Versicherungsvertreter als Ausschließlichkeitsvertreter mit oder ohne Agenturvertrag – Angestellte des Versicherers im Außendienst	Versicherungsvertreter, die für mehrere Versicherer vermitteln	Versicherungsvermittler, der im Auftrag des Versicherungskunden eine geeignete Versicherung vermittelt	Vertrieb durch den Versicherer ohne Einschaltung von Vermittlern	Vertrieb durch rechtlich selbstständige Vertriebsgesellschaften

Absatzwege über Querverkauf	
Produktakzessorische Vermittler	**Annexvermittler**
Die Versicherung wird als Ergänzung (Nebenleistung) im Rahmen der Haupttätigkeit (Hauptleistung), die nicht zum Versicherungsvertrieb zählt, angeboten (Querverkauf).	Die Versicherungen wird als Zusatzleistung zur Lieferung einer Ware oder Erbringung einer Dienstleistung angeboten und kann ohne Ware oder die vereinbarte Dienstleistung nicht bestehen (Querverkauf).

Kreditinstitute als Nichtversicherer stellen aufgrund der Zusammenarbeit mit Versicherungen auch einen bedeutenden Vertriebsweg dar, wie aus der **Vertriebswegestatistik 2017** des GDV entnommen werden kann.

Anteile der Vertriebswege am Neugeschäft 2017 in % (Vorjahreswerte in Klammern)

	Einfirmenvertreter	Mehrfachvertreter	Makler	Kreditinstitute	Direktvertrieb	Sonstige*)
Leben	40,5 (41,2)	6,5 (6,8)	27,5 (26,1)	18,7 (19,9)	2,2 (2,3)	4,6 (3,7)
Kranken	56,8 (57)	3,4 (3,1)	26,9 (26,9)	4,2 (4,3)	7,3 (6,7)	1,4 (2,0)
Schaden/ Unfall	46,2 (46,3)	2,8 (2,9)	26,4 (27,2)	5,4 (5,5)	15,0 (13,9)	4,2 (4,2)

*) inkl. Vergleichsportale

Quelle: GDV-Newsletter vom 27.09.2018

Das »unsichtbare« Gut Versicherungsschutz ist für die Mehrzahl der Versicherungsinteressenten und VN in besonderem Maße erklärungsbedürftig. Außerdem wird in vielen Fällen weitere sachkundige Hilfe, z. B. bei der Ermittlung des Versicherungswertes, bei der Schadenverhütung bzw. Anzeige von Schadenfällen, bei Fragen der Altersversorgung und möglicher Versorgungslücken, benötigt. Die meisten VR setzen weisungsgebundene Vermittler (sog. **gebundene Vermittler**) im Rahmen ihres Außendienstes ein, die ausschließlich für sie tätig sind **(Ausschließlichkeitsorganisation).** Da diese Vermittler den Kunden nicht nur beim Vertragsabschluss beraten sondern regelmäßig eine dauernde Kundenverbindung aufbauen, um jederzeit Hilfestellung in allen Versicherungsanglegenheiten anbieten zu können, spricht man auch von **Servicevertrieb.**

Mehrfachvertreter, Strukturvertrieb und Versicherungsmakler sind hingegen unabhängig von einem Versicherer tätig (sog. **ungebundene Vermittler**).

Im Versicherungsvermittlungsregister beim DIHK waren 211 187 Vermittler am 3. April 2018 registriert:[1]

Gebundene Versicherungsvertreter	130 783
Versicherungsvertreter mit Erlaubnis	29 738
Versicherungsmakler	46 834
Produktakzessorische Vertreter	3 832

1.1.1 Versicherungsvertreter

Einfirmenvertreter	Mehrfachvertreter
• Handelsvertreter gem. § 84 (1) HGB i. V. m. § 92 HGB • Nur für eine Gesellschaft tätig (Ausschließlichkeitsvertreter) • i. d. R. keine Möglichkeit, dem Kunden Produkte von Mitbewerbern anzubieten Ausnahme: Ventillösung – VR des Vertreters versichert das Risiko nicht – VR des Vertreters hat aufgrund des Schadenverlaufs den Vertrag gekündigt	• Handelsvertreter gem. § 84 (1) HGB i. V. m. § 92 HGB • Möglichkeit, in gleichen Versicherungszweigen für mehrere Unternehmen tätig zu sein • Möglichkeit, dem Kunden unterschiedliche Beitragshöhen in einer Versicherungssparte anzubieten

a) Rechtsstellung

»Versicherungsvertreter ist, wer als Handelsvertreter damit betraut ist, Versicherungsverträge zu vermitteln oder abzuschließen.« HGB § 92

Nach der Gewerbeordnung (GewO) zählt der Versicherungsvertreter zur Gruppe der **Versicherungsvermittler.** GewO § 34d (1) S. 2, Nr. 1

Diese Vorabklärung in der GewO ist notwendig, da **Versicherungsvermittler** nach den Bestimmungen der GewO für ihre Tätigkeit die Erlaubnis der zuständigen Industrie- und Handelskammer einholen müssen (vgl. C 1.2).

Für das Vertretungsverhältnis wird zwischen Vertreter und Versicherer ein Vertrag geschlossen, der in rechtlicher Hinsicht einen Geschäftsbesorgungsvertrag nach BGB darstellt. Soweit der Vertreter eine Agentur übernimmt bzw. gründet, spricht man in der Praxis auch vom **Agenturvertrag** (vgl. C 1.5). BGB § 675

1 Quelle: DIHK Service GmbH

HGB §§ 1, 84 ff. Der Versicherungsvertreter ist rechtlich **selbstständig.** Nach der Gewerbeordnung ist sein Gewerbe anzumelden. Er ist Kaufmann mit der Aufnahme des Geschäftes, soweit seine Abschluss- und Vermittlungstätigkeit **eine kaufmännische Organisation** erforderlich macht (**Istkaufmann**).

Ob ein in kaufmännischer Weise eingerichteter Geschäftsbetrieb erforderlich ist, kann nur im konkreten Einzelfall unter Berücksichtigung der jeweiligen individuellen Gegebenheiten festgestellt werden und ist u. a. abhängig von der Höhe des Umsatzes, Art der Geschäftstätigkeit, Anzahl und Funktion der Mitarbeiter etc.

OLG Ffm HGB § 14 Für eine Versicherungsvertretung ist vor allem ab ca. 100 000,00 € Provisionseinnahmen im Jahr – nach der Rechtsprechung ein wesentliches Abgrenzungskriterium – in der Regel eine kaufmännische Organisation erforderlich. Als sog. Istkaufmann hat der Vertreter dann sein Handelsgewerbe mit eigener Firma (zur Firmierung, vgl. C 1.5.1a) in das Handelsregister eintragen zu lassen, andernfalls droht Zwangsgeld bis zu 5 000,00 €.

Die Eintragung eines Istkaufmanns ins Handelsregister hat allerdings nur rechts**be**zeugende (deklaratorische) Wirkung, im Gegensatz zur Eintragung eines Gewerbetreibenden **ohne kaufmännische Organisation** (sog. Kleingewerbe), der sich nicht eintragen lassen muss, sondern eintragen lassen kann **(Kannkaufmann)** und der erst **kraft Registereintragung** Kaufmannseigenschaft erwirbt (rechts**er**zeugende/konstitutive Wirkung); zuvor ist dieser Gewerbetreibende Nichtkaufmann.

§ 92 § 84 (4) Nach § 92 HGB gilt der Versicherungsvertreter als Handelsvertreter mit der Folge, dass die Vorschriften des HGB über den Handelsvertreter anwendbar sind. Dies gilt nach § 84 (4) HGB auch für den Versicherungsvertreter, der Nichtkaufmann ist.

Die Rechtsprechung hat Merkmale der **Selbstständigkeit mit eigenem Unternehmerwagnis** herausgearbeitet. Dazu gehören u. a.:

- Anzeigepflicht bei der zuständigen Behörde,
- die Abgabe von Gewerbesteuererklärungen,
- die Mitgliedschaft bei der IHK,
- keine Pflicht zur regelmäßigen Berichterstattung,
- keine Pflicht zur Einholung einer Genehmigung für Urlaub.

HGB §§ 238, 241a Als Kaufmann hat der Vertreter Handelsbücher zu führen, soweit er nicht als Einzelkaufmann aufgrund eines bestimmten Umsatzerlöses und Jahresüberschusses befreit ist (vgl. D 4.2.1). Ferner ist er berechtigt, einen Prokuristen zu bestellen. Wird die Vermittlungstätigkeit von einer **Kapital**gesellschaft ausgeübt, d. h., statt eines Einzelun-
§ 48 ternehmens wird z. B. eine GmbH gegründet, so ergibt sich die Kaufmannseigenschaft
§ 6 aus der Rechtsform **(Formkaufmann),** d. h., die GmbH als Kaufmann entsteht erst mit der Eintragung (rechts**er**zeugende Wirkung).

Höchst bedeutsam sind neben den **hauptberuflichen** die **nebenberuflichen** Vertreter, deren persönliche Beziehungskreise (z. B. die des Trainers eines Sportvereins) einen wichtigen Absatzmarkt für den VR eröffnen, für die die Einkünfte aus der Vermittlungstätigkeit aber nicht die eigentliche Erwerbsgrundlage darstellen.

VVG § 1a (2) **Hinweis:**
Wenn ein **Vertreter** den Anschein erweckt, ein Makler zu sein (sog. **Anscheinsmakler**), gilt diese Vertriebstätigkeit als Maklertätigkeit und erfolgt ohne die notwendige gewerberechtliche Erlaubnis.

---

b) Abgrenzung Einfirmen- und Mehrfachvertreter

Der **Einfirmenvertreter** (auch **Ausschließlichkeitsvertreter** genannt) ist ausschließlich für eine Versicherungsunternehmung (als Versicherungsvertreter) bzw. einen Versicherungskonzern (als Konzernvertreter) tätig. Im Agenturvertrag (vgl. C 1.6.) verpflichtet er sich, nicht für andere Versicherungsgesellschaften tätig zu sein. Er hat aber das Recht, Versicherungen, die der VR nicht deckt, ablehnt oder gekündigt hat, anderweitig unterzubringen (sog. **Ventillösung**).

Die strenge **Ausschließlichkeitsklausel** führt u. U. zu großer Abhängigkeit vom VU. Vorgegebene Zielerwartungszahlen werden von manchem Vertreter als Produktionsdruck empfunden. Als nachteilig wird auch die unzureichende Flexibilität bei der Beitragsgestaltung gegenüber dem Kunden angesehen, denn der Einfirmenvertreter hat bei restriktiver Annahmepolitik des VU (abgesehen von der »Ventillösung«) keine Ausweichmöglichkeiten auf andere VR.

Andererseits erhält der Einfirmenvertreter in der Regel Starthilfe durch Übertragung von Beständen, soziale Absicherung durch gesellschaftsinterne Altersversorgung und die Zusage, bei fehlerhafter Kundenberatung von einer persönlichen Haftung (Regress des VU) weitestgehend freigestellt zu werden. Von Vorteil ist auch die vereinfachte Verwaltung und Organisation im Agenturbetrieb des Einfirmenvertreters (Tarife, Anträge, Prospektmaterial). Agenturinformationssysteme werden ihm vom VU zu günstigen Konditionen angeboten.

Beim **Mehrfachvertreter** unterscheidet man den echten Mehrfirmen- und den unechten Mehrfirmenvertreter.

- Der **echte Mehrfirmenvertreter** darf gemäß Agenturvertrag mehrere Versicherer vertreten, die sogar der gleichen Branche angehören können. Damit ist der dem Makler angenähert. Er ist aber nicht wie der Makler dem Kunden verantwortlich, sondern nach wie vor dem einzelnen VR.
- Der **unechte Mehrfirmenvertreter** darf in einem bestimmten Versicherungszweig jeweils nur ein bestimmtes Versicherungsunternehmen vertreten, z. B. einen Kranken-, einen Lebens- und einen Kompositversicherer.

Vergleichende Übersicht: Einfirmen- und Mehrfachvertreter

Einfirmenvertreter	
Vorteile	**Nachteile**
• Treue- und Fürsorgepflicht durch vertretenen VR • Vielfach Haftungsfreistellung und Regressverzicht durch VR • Vereinfachte Verwaltung im Agenturbetrieb (Tarife, Anträge, Material) • Agenturinformationenssystem zu günstigen Konditionen	• Strenge Ausschließlichkeitsklausel • Produktionsdruck, Zielerwartungen • Mangelnde Flexibilität bei Beitragsgestaltung für den Kunden • Begrenzte Zeichnungsmöglichkeiten (Ausnahme: Ventilllösung) • Annahmerichtlinien

Mehrfachvertreter	
Vorteile	**Nachteile**
• Relative Unabhängigkeit • Größere Angebotspalette • Kundenwünsche besser realisierbar • Ausweichmöglichkeit auf andere VR bei restriktiver Annahmepolitik • Produktionsdruck nicht gegeben • Größere Wettbewerbsfähigkeit	• Komplizierte Provisionsberechnungsverfahren • Hoher Organisationsaufwand (Anträge, Werbematerial diverser VR) • Informationsflut aufgrund mehrerer VR • Meistens keine Haftungsfreistellung und kein Regressverzicht der VR • Geringe Fürsorge- und Treuepflicht der VR

1.1.2 Angestellte des Versicherers im Außendienst

a) Rechtsstellung

Das Handelsgesetzbuch (HGB) führt zum Angestellten aus:

HGB § 59

»Wer in einem Handelsgewerbe zur Leistung kaufmännischer Dienste gegen Entgelt angestellt ist (Handlungsgehilfe), hat, soweit nicht besondere Vereinbarungen über die Art und den Umfang seiner Dienstleistungen oder über die ihm zukommende Vergütung getroffen sind, die dem Ortsgebrauch entsprechenden Dienste zu leisten sowie die dem Ortsgebrauch entsprechende Vergütung zu beanspruchen.«

Der Angestellte hat die ihm obliegenden Aufgaben vertragsgemäß zu erfüllen und trägt hierfür die **Handlungsverantwortung.** Er ist hinsichtlich der Gestaltung seiner Tätigkeit und Bestimmung seiner Arbeitszeit an die Weisungen des Versicherers als Arbeitgeber gebunden (**fremdbestimmte Arbeit**). Angestellte im Außendienst haben üblicherweise regelmäßig Bericht über ihre Arbeit zu erstatten.

BGB § 278, § 831

Der Versicherer als Arbeitgeber trägt die **Führungsverantwortung.** Dazu zählt z. B., dass der Angestellte nicht mit Aufgaben betraut wird, die seine Fähigkeiten übersteigen und dass der Versicherer für die Tätigkeit seines Angestellten haftet (**Haftung für den Erfüllungsgehilfen** bzw. **Haftung für den Verrichtungsgehilfen**).

b) Angestellte im Werbeaußendienst

Diese Angestellten nehmen Aufgaben im Außendienst wahr, die mit den Aufgaben eines Versicherungsvermittlers vergleichbar sind. Der VR hat sicherzustellen, dass Angestellte im Werbeaußendienst über die im Gesetz geforderten beruflichen Qualifikationen verfügen, die auch ein Versicherungsvermittler nachweisen muss (vgl. C 1.2.2).

Da der Angestellte im Außendienst kein eigenes Gewerbe mit Unternehmerrisiko hat, erhält er als Entgelt für seine Tätigkeit im Allgemeinen ein festes Gehalt **(Fixum),** das in der Regel durch eine Anteilsprovision im Interesse eines Anreizes zu Geschäftsabschlüssen ergänzt wird. Dazu erhält er meistens Ersatz seiner Auslagen während der Reisezeit **(Spesen).** Im Übrigen richten sich seine Rechte und Pflichten nach den arbeitsrechtlichen Bestimmungen.

Zur Anwendung kommen insbesondere die einschlägigen Tarifbestimmungen bzw. Betriebsvereinbarungen und die sozialrechtlichen Schutzvorschriften über Kündigung, Arbeitszeit, Urlaubsanspruch und Sozialversicherungspflicht.

Manche Gesellschaften bevorzugen Angestellte im Außendienst, da sie so den Versicherungsbestand besser in der Hand haben. Daneben sprechen folgende besondere Gründe für ihren Einsatz:

- Zur Sammlung eigener Erfahrungen werden neu entwickelte Versicherungsarten in den ersten Jahren ausschließlich über Angestellte verkauft **(Markterprobung)**.
- Bestimmte Versicherungsbereiche wie die Computermissbrauchs- bzw. Industriefeuerversicherung usw. setzen fundierte technische Kenntnisse voraus, die durch Spezialisten im Angestelltenverhältnis eher gewährleistet sind **(Betreuung schwieriger Sparten)**.
- Groß angelegte Werbekampagnen verlangen eine straffe Organisation, was den Einsatz eines streng an Weisungen gebundenen Außendienstmitarbeiters nahe legt **(Durchführung von Spezialaufgaben)**.

c) Führende Angestellte in der Außenorganisation

Von den Angestellten im Werbeaußendienst sind die Angestellten im Führungsdienst zu unterscheiden. Im Rahmen der Außenorganisation eines VU haben sie grundsätzlich die Aufgaben, für den Versicherungsvertreterberuf geeignete Personen zu finden und zu gewinnen, sie in die tägliche Arbeit einzuweisen, auszubilden und in den ersten Jahren der Tätigkeit laufend zu betreuen **(Gewinnung und Schulung von Versicherungsvertretern)**.

Diese führenden Angestellten (je nach Führungsgrad als Bezirksinspektoren, Spezialinspektoren, Bezirksleiter oder Bezirksdirektoren bezeichnet) unterstützen den angestellten Werbeaußendienst und auch die Ausschließlichkeitsvertreter bei komplexen Beratungsfällen. Da sie ferner Schulungen für die Vermittlungstätigkeit vornehmen, darf davon ausgegangen werden, dass der Versicherer nur solche Angestellte hierfür einsetzt, die über die notwendige **Qualifikation** verfügen, wie sie auch von Versicherungsvermittlern verlangt wird.

Personen, die für die Vermittlung oder Beratung in **leitender Position** verantwortlich sind, müssen i. d. R. ebenfalls unverzüglich nach Aufnahme ihrer Tätigkeit zur **Registrierung** im Vermittlerregister angemeldet werden (siehe hierzu auch C 1.2.2). GewO § 34d (10)

1.1.3 Versicherungsmakler

Versicherungsmakler
• Selbstständiger Kaufmann nach § 93 HGB • Beauftragter des (potentiellen) Versicherungsnehmers • Ermittlung des richtigen Versicherungsschutzes für den Kunden • Erlangung des günstigsten Beitrags-/Leistungsverhältnisses für Kunden • Aufklärung des betreuten Kunden über Veränderungen in Versicherungsbedingungen

Vor- und Nachteile der Maklertätigkeit	
Vorteile	**Nachteile**
• Große Wettbewerbsfähigkeit • Höhere Courtage, es besteht lediglich eine Courtagevereinbarung • Courtagezahlung, solange die vermittelten Verträge beim VR bestehen • Recht am Kunden	• Haftung gegenüber dem Kunden • Schwierige Informationsbeschaffung (Tarife, Beiträge, Versicherungsbedingungen) • Zusammenarbeit mit VR kann jederzeit ohne Kündigungsfrist beendet werden

a) Rechtsstellung

»Wer gewerbsmäßig für andere Personen, ohne von ihnen auf Grund eines Vertragsverhältnisses ständig damit betraut zu sein, die Vermittlung von … Versicherungen … übernimmt, hat die Rechte und Pflichten eines Handelsmaklers«. HGB § 93 (1)

Nach der Gewerbeordnung (GewO) zählt der Versicherungsmakler zur Gruppe der **Versicherungsvermittler.** GewO § 34d (1) S. 2, Nr. 2

Als **Versicherungsvermittler** muss er für seine Tätigkeit nach den Bestimmungen der GewO die Erlaubnis der zuständigen Industrie- und Handelskammer einholen (vgl. C 1.2).

HGB § 93 Obwohl der Versicherungsmakler zum Versicherungskunden als auch zum jeweils ausgewählten VR in einem Rechtsverhältnis steht, hat er gewohnheitsrechtlich die **Interessen des Versicherungskunden** wahrzunehmen. Denn der Makler wird vom Kunden beauftragt, und der **Maklervertrag,** der auf Geschäftsbesorgung gerichtet ist, kommt zwischen dem Makler und dem **Kunden** zustande. Dennoch richtet sich der Provisions-(Courtagen-)Anspruch abweichend zu handelsrechtlichen Vorschriften allein gegen den VR.

BGB §§ 652 f.

- Die Courtage ist erfolgsabhängig. Ihre Höhe richtet sich nach den Vorschriften des BGB, wenn nicht ein Maklerprovisionsabkommen mit dem VR etwas anderes bestimmt.
- Nach herrschender Meinung begründet der Maklervertrag auch Sorgfaltspflichten gegenüber dem VR, denn der Makler hat dem VR alles für die Risikobeurteilung Notwendige mitzuteilen.

b) Eigentliche Maklertätigkeit

Auszug aus einem Versicherungsmaklervertrag

1. **Maklerauftrag:** Der Versicherungsmakler übernimmt für den Auftraggeber in erster Linie die Vermittlung von Versicherungsverträgen zu günstigen Bedingungen und Beiträgen. Daneben erfolgt im Interesse des Auftraggebers die Verwaltung und Betreuung bestehender und künftig vom Makler vermittelter Versicherungsverträge. Der Maklerauftrag umfasst auch die Befugnis, den Auftraggeber, soweit er nicht als Verbraucher gilt, bei der Vereinbarung, Änderung oder Prüfung von Versicherungsverträgen gegen gesondertes Entgelt rechtlich zu beraten.

2. **Vollmacht:** Der Makler selbst ist bevollmächtigt, gewünschten Versicherungsschutz im Namen und für Rechnung des Auftraggebers bei einem Versicherer zu beantragen, rechtsverbindliche Erklärungen abzugeben sowie solche in Empfang zu nehmen. Dies gilt auch für Verlängerungen, Umwandlungen und Erneuerungen sowie Kündigung bestehender Versicherungen. Alle Entscheidungen erfolgen aber in Abstimmung mit dem Auftraggeber.

   Der Makler ist ferner bevollmächtigt, während der Dauer des Maklervertrages im Rahmen seiner Vermittlungstätigkeit für den Auftraggeber einen vollen Kundendienst durch Abwicklung aller Versicherungsangelegenheiten durchzuführen.

   Der Makler weist sich durch den Besitz des Auftrages als bevollmächtigt aus.

3. **Vergütung:** Die Kosten für die Vermittlung und Betreuung sind bereits Bestandteil der Versicherungsbeiträge und werden seitens der Versicherungsunternehmen dem Makler als Courtage vergütet. Es entstehen dem Auftraggeber keine zusätzlichen Kosten.

   Für die rechtliche Beratung bei der Vereinbarung, Änderung oder Prüfung von Versicherungsverträgen ist der Versicherungsmakler berechtigt, ein gesondertes Entgelt zu erheben.

4. **Laufzeit:** Der Maklervertrag läuft zunächst bis zum 31. Dez. des laufenden Jahres. Er verlängert sich jeweils um ein Jahr, sofern er nicht vom Auftraggeber gekündigt wird.

Der Makler hat zunächst den Kunden über die erforderliche und angemessene Risikodeckung zu beraten (Risikoanalyse und Feststellung des Versicherungsbedarfs). Die Wünsche des Kunden sowie die daraus resultierenden Vorschläge mit Begründung sind regelmäßig zu dokumentieren (**Beratungs- und Dokumentationspflichten**; vgl. B 3.2). Anschließend verhandelt er mit dem VR (ggf. auch mit verschiedenen Versicherern) über die Konditionen des Vertrages. Seine treuhänderische Sachwaltertätigkeit verpflichtet ihn dazu, eine sachgerechte Deckung für die spezifischen Risiken seines Kunden zu besorgen. Dabei hat er den günstigsten VR in Bezug auf Bedingungen, Beiträge und Sicherheiten auszuwählen.

In der Regel reicht seine Beratungstätigkeit auch über den Abschluss des Vertrages hinaus bis zu laufender Betreuung, Anpassung, Neuabschlüssen usw. Er hat den Kunden unverzüglich und ungefragt über alle wichtigen Zwischen- und Endergebnisse seiner Bemühungen zu informieren. Zu seiner Beratungspflicht gehört es auch, den Kunden z. B. vom Auslaufen einer vorläufigen Deckungszusage zu unterrichten oder von der Notwendigkeit des Einbaus bestimmter technischer Sicherheiten zu überzeugen, vor allem wenn diese Voraussetzung für die Verlängerung der Deckung sind.

Neben der Beratung im Zusammenhang mit der Vermittlung und dem Abschluss einer Versicherung ist der **Versicherungsmakler auch berechtigt,** Auftraggeber, die keine Verbraucher sind, bei der Vereinbarung, Änderung oder Prüfung von Versicherungsverträgen gegen ein gesondertes Entgelt **rechtlich zu beraten.** GewO § 34 (1) S. 8

c) Maklertätigkeit aufgrund eines besonderen Rechtsverhältnisses

Die Verwaltung der Versicherungsverträge ist an sich keine echte Maklertätigkeit, jedoch ist sie vielfach üblich. Sie beruht dann auf einem besonderen Rechtsverhältnis, wobei die entsprechenden Vollmachten nicht nur vom VN, sondern auch vom VR oder von beiden erteilt worden sein können (**Doppelrechtsverhältnis**).

- Die Vollmacht des **Kunden** kann sich z.B. auf das Inkasso im Schadenfall, auf Erklärungen des VN (z.B. Kündigung) oder darauf erstrecken, dass der Makler Erklärungen des VR (z.B. Ablehnung einer Entschädigung) für den VN empfangen kann. Es kommt aber auch vor, dass der Makler zum Abschluss des Versicherungsvertrages bevollmächtigt wird.
- Der VR kann den Makler über die Vermittlung hinaus mit der versicherungstechnischen Betreuung bevollmächtigt haben (z.B. mit der Policierung, mit dem Beitragsinkasso, mit der Schadenregulierung). Dies kommt in den gewerblichen Versicherungen häufig vor. Insoweit hat der Makler auch dem VR gegenüber Sorgfaltspflichten zu erfüllen. Als sog. **technischer Makler** kann er vom VR sogar »ständig« mit technischen Funktionen betraut worden sein. In der Regel ist der Makler dann auch zur Annahme von Wissens- und Willenserklärungen des VN bevollmächtigt **(Maklerklausel)**. Im Unterschied zum Vertreter gehört aber auch hier der Kunde zum Bestand des Maklers **(Recht am Kunden);** auch die besondere Sachwalterstellung des Maklers gegenüber dem Kunden bleibt erhalten.

d) Bedeutung

Der führende Interessenverband der Versicherungsmakler, der Verband Deutscher Versicherungsmakler e.V. (VDVM), vertritt weit über 600 Versicherungsmakler-Unternehmen mit mehr als 12 000 Mitarbeitern. Hauptbetätigungsfeld des Maklers ist das Industrie- und Firmengeschäft sowie das Zielgruppengeschäft (z.B. Ärzte, Rechtsanwälte und Architekten).

Wegen der üblichen Sonderbedingungen bzw. der Produkt- und Tarifvielfalt im Industrie- und Firmengeschäft (z.B. Transportversicherung) ist der Makler mit dem besseren Marktüberblick und den Detailkenntnissen für den Versicherungsinteressenten von großem Nutzen. Dies gilt insbesondere für das internationale Geschäft. Für größere Risiken besorgt er die verkehrsübliche Mitversicherung einschließlich der Auswahl des jeweils führenden Versicherers.

Zusammenfassung und Gegenüberstellung: Angestellter im Außendienst, Versicherungsvertreter, Versicherungsmakler

<table>
<tr><th>Unterscheidungs-merkmale</th><th>Angestellter im Außendienst</th><th>Versicherungs-vertreter</th><th>Versicherungsmakler</th></tr>
<tr><td rowspan="2">➤ Rechtsstatus</td><td rowspan="2">unselbstständig (Handlungsgehilfe: streng weisungs-gebunden)</td><td colspan="2">selbstständige Gewerbetreibende
Ist-/Kannkaufmann</td></tr>
<tr><td>Repräsentant des VR, für den der VR haftet</td><td>Keine organisatorische Anbindung zum VR</td></tr>
<tr><td rowspan="2">➤ Vertragsart und Vertragspartner</td><td rowspan="2">Arbeitsvertrag mit Arbeitgeber</td><td colspan="2">Geschäftsbesorgungsvertrag § 675 BGB</td></tr>
<tr><td>Agenturvertrag mit VR (Interessenwahrnehmungspflicht und Weisungsfolgepflicht gegenüber VR)</td><td>Maklervertrag mit VN (Rechtsbeziehung zu beiden Parteien, Interessenwahrnehmungspflicht gegenüber VN)</td></tr>
<tr><td>➤ Dauer des Vertrags-verhältnisses</td><td>ständig</td><td>ständiges Betreuungsverhältnis</td><td>grundsätzlich nur von Fall zu Fall</td></tr>
<tr><td>➤ Vergütungs-anspruch</td><td>Fixum (Tarifgehalt) zusätzlich Provision und Spesenersatz (gegen VR als Arbeitgeber)</td><td>Provision, Ausgleichsanspruch (vgl. C 1.6.2 b)</td><td>Vermittlungsprovision (Courtage) Verkehrsüblich – entgegen handelsrechtlichen Bestimmungen – allein gegen VR</td></tr>
</table>

1.1.4 Direktvertrieb

Beim Direktvertrieb wird die Beziehung zwischen Direktion und Versicherungskunde ohne Einschaltung von Vermittlern aufgebaut. Das Versicherungsunternehmen bedient sich hierfür der **Telekommunikationsmöglichkeiten** für die Bild- und Sprachübermittlung (z.B. Internetpräsenz, Einrichtung eines über Telefon erreichbaren Call-Centers), aber auch der Briefwerbung (vgl. B 3.8).

Diese Absatzform spricht insbesondere aufgeklärte Kunden an, die wenig oder keinen Beratungsbedarf haben und obendrein den Versicherungsschutz preisbewusst erwerben wollen.

Die Vertriebsform ist insbesondere für Standardprodukte (z.B. Kraftfahrzeug-Haftpflichtversicherung, Unfallversicherung, Hausratversicherung, Risiko-Lebensversicherung) geeignet, bei denen das zu versichernde Risiko ohne großen Aufwand vom Versicherungsinteressenten beschrieben und vom VR daraufhin auf Versicherbarkeit geprüft werden kann.

1.1.5 Strukturvertrieb

Der Strukturvertrieb wird i.d.R. von einer rechtlich selbstständigen Vertriebsgesellschaft wahrgenommen. Der Begriff Struktur rührt daher, dass die Gesellschaft hierarchisch aufgebaut ist. Die unterste Stufe wird meistens von nebenberuflichen Versicherungsvermittlern ausgefüllt. Bei erfolgreicher Vermittlungstätigkeit können die Vermittler in eine höhere Stufe aufsteigen. Sie nehmen dann auch organisatorische Aufgaben wahr und sind an den Erfolgen der von ihnen betreuten Mitarbeiter in der darunter liegenden Stufe beteiligt. Vergütung und Karriere sind also ausschließlich am Leistungsprinzip ausgerichtet.

Nicht jede Vertriebsgesellschaft der Praxis ist ein Strukturvertrieb. Die Vertriebsgesellschaft kann von einem VR als Tochterunternehmen, aber auch von Dritten getragen sein. Ihr Tätigkeitsfeld umfasst häufig die Personenversicherung (Lebens- und Unfallversicherung) und klassische Finanzdienstleistungen, wie z.B. Bausparen oder Investmentfonds. Dem Kunden werden häufig auf ihn abgestimmte Finanzdienstleistungspakete angeboten. Als flankierende Maßnahme für den Verkauf werden computergestützte Vermögensanalysen unterbreitet.

1.1.6 Produktakzessorische Vermittler und Annexvermittler

Für die Unterscheidung, ob man als produktakzessorischer Vermittler (lat. *accedere:* hinzutreten) oder Annexvermittler (lat. *annex:* Anhang, Ergänzung, Zusatz) tätig ist, kommt es darauf an, ob das Versicherungsschutzangebot als **Ergänzung einer Leistung** oder als **Zusatzleistung** angeboten wird. VVG § 7a

- **Produktakzessorische Vermittler**

  Diese Gewerbetreibenden vermitteln Versicherungen als **Ergänzung** der im Rahmen ihrer Haupttätigkeit gelieferten Waren oder Dienstleistungen.

> **Beispiel:**
> Das Autohaus bietet zum gekauften Pkw die Vermittlung der Kfz-Versicherung an.
> Die Tätigkeit als produktakzessorischer Vermittler ist erlaubnispflichtig, soweit nicht die in der GewO vorgesehenen Ausnahmen nachgewiesen werden können (vgl. C 1.2).

GewO § 34d (6)

- **Annexvermittler**

  Annex-Vermittler vermitteln Versicherungen als **Zusatzleistung** zur Lieferung einer Ware oder Erbringung einer Dienstleistung. Diese Zusatzleistung kann ohne die zu liefernde Ware oder die vereinbarte Dienstleistung nicht bestehen.

> **Beispiele:**
> – Brillenhändler (z.B. Kaskoversicherung)
> – Reifenhändler (z.B. Reifenversicherung)
> – Versand- und Einzelhandel (z.B. Garantieversicherung zur Verlängerung der Gewährleistung)
> – Reisebüros (z.B. Reiserücktritts- und Reisekrankenversicherung)

Regelmäßig erfolgt die Annexvermittlung nicht hauptberuflich sondern in Nebentätigkeit (Versicherungsvermittler in Nebentätigkeit, siehe nachstehend). Die Tätigkeit als Annexvermittler ist unter den in der GewO genannten Voraussetzungen nicht erlaubnispflichtig (vgl. C 1.2). § 34d (8)

1.1.7 Versicherungsvermittler in Nebentätigkeit

Ein Versicherungsvermittler in Nebentätigkeit ist jede Person, die kein Kreditinstitut und keine Wertpapierfirma ist und die die Versicherungsvertriebstätigkeit gegen Vergütung aufnimmt oder ausübt, wenn folgenden Bedingungen erfüllt sind:

GewO § 34d (8) S. 1 Nr. 1

a. Die Vermittlung von Versicherungen erfolgt **nicht** hauptberuflich.
b. Die Vermittlung von Versicherungen erfolgt als **Zusatzleistung**
   (a) zur Lieferung einer Ware oder
   (b) zur Erbringung einer Dienstleistung
c. Es werden nur näher bestimmte Risiken abgedeckt, z.B. Defekt oder Verlust einer Ware, Nichtinanspruchnahme einer Dienstleistung, Verlust von Gepäck.
d. Die Prämie übersteigt nicht einen näher definierten Jahresbetrag (z. B. 600,00 € bei zeitanteiliger Berechnung auf Jahresbasis).

Diese Merkmale treffen in der Regel auf die Versicherung als Zusatzleistung zu, die ein Annexvermittler vermittelt (siehe vorstehend).

VVG § 66

Die Nebentätigkeit ist dann von der Erlaubnispflicht befreit.

Das VVG bestimmt, dass § 1a Absatz 2, die §§ 6a, 7b, 7c, 60 bis 64, 69 Absatz 2 und § 214 für Versicherungsvermittler in Nebentätigkeit **nicht** gelten. Es muss aber ein bestimmter Mindeststandard eingehalten werden:

Vor Abschluss des Vertrages muss der VN folgende Informationen erhalten:

- Information über die Identität und die Anschrift des Vermittlers,
- Informationen über die Verfahren, nach denen interessierte Parteien Beschwerden einlegen können
- Informationsblatt zu dem angebotenen Versicherungsprodukt

Exkurs: Tippgeber

Nach der GewO ist die laufende Abgabe von Tipps an eine Vermittler grundsätzlich möglich, da nur die Abschlussvermittlung und die Beratung zu den Produkten erlaubnispflichtig ist.

Wegen rechtlicher Unklarheiten ist ein schriftlicher Vertrag zu empfehlen. Er sollte die Leistung »Vermittlung von Kundenkontakten« näher beschreiben und klarstellen, dass jede Beratung des Kunden sowie eine Vertragsvermittlung durch den Tippgeber untersagt ist. So lässt sich vermeiden, dass die Tätigkeit des Tippgebers nicht als Untervermittlung und damit Rechtsverstoß gegen Vorschriften über die Versicherungsvermittlung gewertet werden kann.

1.1.8 Exkurs: Versicherungsberater

Vorbemerkung: Der Versicherungsberater ist kein Versicherungsvermittler im Rechtssinne und zählt deshalb auch nicht zu den Vertriebswegen der Versicherungsbranche. Gleichwohl kann er durch seinen Kunden, den er berät, damit beauftragt sein, die geeignete Versicherung zu vermitteln.

a) Rechtsstellung

»Versicherungsberater ist, wer ohne von einem Versicherungsunternehmen einen wirtschaftlichen Vorteil zu erhalten oder in anderer Weise von ihm abhängig zu sein GewO § 34d (2) S. 2

1. den Auftraggeber bei der Vereinbarung, Änderung oder Prüfung von Versicherungsverträgen oder bei der Wahrnehmung von Ansprüchen aus Versicherungsverträgen im Versicherungsfall auch rechtlich berät,
2. den Auftraggeber gegenüber dem Versicherungsunternehmen außergerichtlich vertritt oder
3. für den Auftraggeber die Vermittlung oder den Abschluss von Versicherungsverträgen übernimmt.«

Die Versicherungsberatung darf nur von einem Versicherungsberater ausgeübt werden, der eine Erlaubnis von der zuständigen IHK erhalten hat (vgl. C 1.2). § 34d (2)

b) Aufgaben und Honorierung

Versicherungsberatung ist Rechtsberatung. Der Versicherungsberater erstellt im Kundenauftrag Risikoanalysen, berät über den auf die Bedürfnisse des jeweiligen Auftraggebers zugeschnittenen Versicherungsschutz und verhandelt diesbezüglich mit in Frage kommenden Versicherern, soweit das gewünscht ist. Im Schadenfall vertritt er den Auftraggeber außergerichtlich gegenüber dem jeweiligen Versicherer.

Im Gegensatz zu den Vermittlern ist dem Versicherungsberater auch die **rechtliche Beratung von Verbrauchern gestattet.**

Zuwendungen eines VR im Zusammenhang mit der Beratung, insbesondere auf Grund einer Vermittlung als Folge der Beratung, darf er **nicht** annehmen. § 34d (2) S. 3, 4

Der Versicherungsberater erhält eine Vergütung für seine Tätigkeit über eine Honorarvereinbarung mit seinem Auftraggeber.

Über die Ausgestaltung einer derartigen Honorarvereinbarung gibt es keine Vorgaben. Denkbar wären bspw. Tätigkeits- und Erfolgshonorare. Ob dieser unregulierte Zustand für die Zukunft Bestand haben wird, bleibt abzuwarten.

Für den Versicherungsberater gelten auch weitgehend die Informations-, Beratungs- und Dokumentationspflichten des Versicherungsmaklers.

Der Versicherungsberater ist primär verpflichtet Nettopolicen (Versicherungsprodukte ohne Provisionsanteile) anzubieten und zu vermitteln (zu Nettopolicen, siehe auch C 1.3.4). Wenn also sowohl eine **Bruttopolice** (Versicherungsprodukte mit Provisionsanteil) als auch eine **Nettopolice** vorhanden ist, die beide für den Kunden in gleicher Weise geeignet sind, dann muss er die Nettopolice anbieten. Falls er dennoch eine Bruttopolice vermittelt, gelten die Regelungen der Auskehrung gemäß § 48c VAG, d. h. der Versicherungsberater muss den Versicherer veranlassen, dass die vorgesehene Zuwendung (das ist der Provisionsanteil) für den VN ausgekehrt wird. Dies geschieht durch Gutschrift (Auskehrung im VAG genannt) auf ein Prämienkonto des VN. § 34d (2) S. 5 VAG § 48c (1)

Im Versicherungsvermittlerregister beim DIHK waren zum 03. April 2018 insgesamt 317 Versicherungsberater registriert.[1]

1 Quelle: DIHK Service GmbH

Lernkontrollen zu C 1.1

Vertrieb durch Vermittler des Versicherers (Servicevertrieb)

1 Beim Mittagessen in der Kantine unterhalten sich zwei Auszubildende über den Servicevertrieb ihrer Versicherungsgesellschaft und diskutieren, ob sie nach Abschluss der Ausbildung ihre geplante Außendiensttätigkeit besser als Angestellter oder selbstständiger Vertreter wahrnehmen sollen. Sie werden in das Gespräch hineingezogen und mit folgenden Kriterien konfrontiert:

a) Rechtsstatus

b) Rechtsbeziehung zum VR

c) Art des Entgelts

d) Grundsätzliche Aufgaben (Interessenwahrnehmung)

Diskutieren Sie die genannten Kriterien.

2 Durch welche beiden Merkmale wird der Begriff der »Selbstständigkeit« des Versicherungsvertreters nach dem HGB erfüllt?

3 Sie werden von einem Auszubildenden gebeten, ihm die unterschiedliche Rechts- und Aufgabenstellung des haupt- und nebenberuflichen Versicherungsvertreters zu erläutern. Geben Sie ihm die gewünschte Auskunft.

4 Beschreiben Sie mindestens zwei Gründe, weshalb viele Versicherer auch »angestellte Versicherungsvertreter« einsetzen.

Versicherungsmakler

5 Wie Aufgabe 1, die Gesprächspartner vergleichen jedoch den selbstständigen Vertreter mit dem Versicherungsmakler.

Diskutieren Sie die in Aufgabe 1 genannten Kriterien entsprechend.

6 In welchen Versicherungszweigen werden typischerweise Versicherungsmakler tätig?

7 Geben Sie zwei Zielgruppen (Berufsgruppen) an, die sich erfahrungsgemäß in Versicherungsfragen an Versicherungsmakler wenden (mit Begründung).

8 Welche Gründe sprechen – im Vergleich zum Vertreter – dafür, welche dagegen, sich als Makler niederzulassen?

Direktvertrieb

9 Bei einem Beratungsgespräch legt Ihnen ein Kunde die Anzeige der CAR-Direkt-Versicherung AG vor:

a) Der Kunde möchte zunächst wissen, wieso diese Gesellschaft so günstige Beiträge bieten kann.

b) Führen Sie Argumente an, mit denen Sie den Kunden dennoch für ihre Gesellschaft gewinnen können.

10 Ein Versicherungsinteressent legt dem Versicherungsagenten Heinz Müller von der Proximus Lebensversicherung AG das Versicherungsschutzangebot eines Direktversicherers für eine Lebensversicherung vor. Der Kunde hatte zuvor dem Direktversicherer mitgeteilt, dass er eine Ergänzung seiner gesetzlichen Altersvorsorge anstrebe, und gleichzeitig auch den monatlichen Beitrag genannt, den er hierfür aufbringen möchte.

Er möchte wissen, ob die Proximus Lebensversicherung AG eine Lebensversicherung zu gleichen Konditionen bieten kann. Heinz Müller bittet Sie, das Angebot mit den Konditionen der Proximus zu vergleichen.

Beim direkten Vergleich stellen Sie fest, dass der Beitrag bei der Proximus Lebensversicherung AG etwas höher ist.

Erklären Sie die mögliche Ursache für den Beitragsunterschied und führen Sie Argumente an, die bei einem Vergleich der beiden Vertriebsformen für den Vertragsabschluss bei der Proximus Lebensversicherung AG als einem Serviceversicherer und gegen den Abschluss bei dem Direktversicherer sprechen könnten.

Strukturvertrieb

11 Nach Abschluss Ihrer Ausbildung wird Ihnen die Mitarbeit bei einem Strukturvertrieb angeboten.

a) Stellen Sie die Wesensmerkmale dieses Vertriebsweges dar.

b) Welche Chancen und Risiken birgt dieser Vertriebsweg in sich?

1.2 Erlaubnis und Registrierungspflicht für Versicherungsvermittler und Versicherungsberater

1.2.1 Gewerbliche Versicherungsvermittler und Versicherungsberater

➤ Merkmale eines Gewerbes

Der Begriff des Gewerbes ist gesetzlich nicht definiert. Er hat sich durch Rechtsprechung und Literatur gebildet. Im Sinne der GewO wird er durch vier wesentliche Kriterien bestimmt:

- **Selbstständigkeit** (persönlich unabhängig)
- **Regelmäßigkeit** (fortgesetzte, planmäßige und nachhaltige Ausübung)
- **Entgeltlichkeit** (unmittelbarer oder mittelbarer Vorteil, auf Gewinnerzielung ausgerichtete Tätigkeit)
- **erlaubte Tätigkeit**

Auf Angestellte im Außendienst treffen diese Kriterien nicht zu. Sie betreiben kein Gewerbe und der Versicherer hat für sie die Verantwortung (vgl. C 1.1.2).

➤ Arten von Versicherungsvermittlern

GewO § 34d (1) Versicherungsvermittler ist, wer gewerbsmäßig den Abschluss von Versicherungs- oder Rückversicherungsverträgen **vermittelt.**

Nach der **Gewerbeordnung** gelten

S. 1 Nr. 2 – der Versicherungsvertreter,
S. 1 Nr. 3 – der Versicherungsmakler,
(6) – der produktakzessorische Vermittler
(8) Nr. 1 – der Versicherungsvermittler in Nebentätigkeit

als Versicherungsvermittler unter den dort genannten Voraussetzungen.

Zu Einzelheiten, vgl. vorstehend C 1.1.1, C 1.1.3, C 1.1.6 und C 1.1.7.

Der Versicherungsvertreter (mit Ausnahme des Ausschließlichkeitsvertreters) und der Versicherungsmakler bedürfen in jedem Falle einer Erlaubnis der zuständigen IHK.

Auf Antrag kann die IHK einen produktakzessorischen Vermittler von der Erlaubnispflicht ausnehmen, wenn er bestimmte Nachweise vorlegt (siehe weiter unten).

Versicherungsvermittler in Nebentätigkeit bedürfen keiner Erlaubnis, wenn die bereits in C 1.1.7 dargestellten Merkmale beachtet sind (siehe auch weiter unten).

➤ Versicherungsberater

GewO § 34d (2) Der Versicherungsberater ist kein Versicherungsvermittler sondern Rechtsberater in Versicherungangelegenheiten. Zu weiteren Einzelheiten, vgl. vorstehend C 1.1.8).

Der Versicherungsberater bedarf in jedem Falle einer Erlaubnis der zuständigen IHK.

1.2.2 Erlaubnisverfahren und Registrierungspflicht

Die zuständige IHK im Bezirk des Betriebssitzes ist für das Erlaubnisverfahren und die Registrierung zuständig. Für die Registrierung führen die Industrie- und Handelskammern bei ihrer Dachorganisation, dem Deutschen Industrie- und Handelskammertag (DIHK) in Berlin, ein bundesweit zentrales Register.

Das Vermittlungsregister kann unter **www.vermittlerregister.info** eingesehen werden.

a) Versicherungsvertreter, Versicherungsmakler, Versicherungsberater

➤ Erlaubnisverfahren

Der Versicherungsvertreter (mit Ausnahme des Ausschließlichkeitsvertreters, siehe nachstehend unter b) der Versicherungsmakler und der Versicherungsberater bedürfen in jedem Falle einer Erlaubnis der zuständigen IHK. Es ist anzugeben, ob die Erlaubnis als Versicherungsvertreter, Versicherungsmakler oder Versicherungsberater beantragt wird. Versicherungsvermittler dürfen kein Gewerbe als Versicherungsberater und Versicherungsberater kein Gewerbe als Versicherungsvermittler ausüben. GewO 34d (3)

Eine **Erlaubnis** kann inhaltlich beschränkt und mit Nebenbestimmungen verbunden werden, soweit dies zum Schutz der Allgemeinheit oder der VN erforderlich ist. 34d (4)

Der Erlaubnisantrag eines Versicherungsvermittlers muss Angaben darüber enthalten, ob Personen eine direkte oder indirekte Beteiligung von über 10 % am Kapital des Antragstellers halten, sowie die Höhe der Beteiligung. Außerdem müssen Personen mit engen Verbindungen zum Antragsteller angegeben werden, die zu Interessenkollisionen führen können. Darüber hinaus müssen Angaben von Tatsachen angegeben werden, die ausschließen, dass die Beteiligungen und die engen Verbindungen die Überwachung durch die zuständige IHK beeinträchtigen. Änderungen hat der Antragsteller der zuständigen IHK unverzüglich mitzuteilen. Vers VermV-E § 1

Bei der Antragstellung sind nachzuweisen:

- **Persönliche Zuverlässigkeit** GewO § 34 d (5) S. 2

  Der Nachweis erfolgt u. a. durch:
  - ein polizeiliches Führungszeugnis zur Vorlage bei einer Behörde,
  - Unbedenklichkeitsbescheinigung vom Finanzamt.

  An der persönlichen Zuverlässigkeit fehlt es, wenn in den letzten fünf Jahren vor Antragstellung eine rechtskräftige Verurteilung wegen eines Verbrechens oder wegen Diebstahls, Erpressung, Betrug, Untreue, Unterschlagung, Geldwäsche, Urkundenfälschung, Hehlerei, Wucher, Insolvenzstraftat erfolgte.

- **Geordnete Vermögensverhältnisse** § 34 d (5) S. 3

  Sie sind regelmäßig gegeben, wenn über das Vermögen kein Insolvenzverfahren eröffnet worden ist und auch keine Eintragung in das beim Vollstreckungsgericht geführte Schuldnerverzeichnis gemäß § 882 b ZPO vorliegt.

- **Vermögensschaden-Haftpflichtversicherung/Sicherheitsleistung**

  Diese muss bei einem im Inland zum Geschäftsbetrieb befugten Versicherungsunternehmen abgeschlossen werden und für das gesamte Gebiet der EU-Mitgliedsstaaten und der Vertragsstaaten, die zum Abkommen über den Europäischen Wirtschaftsraum zählen, gelten. § 34 d (5) S.1 Nr. 3 Vers VermV-E § 12

  Die Mindest-VS muss nach derzeitigem Stand 1,29 Mio. € für jeden Versicherungsfall und 1,91 Mio. € für alle Versicherungsfälle eines Jahres betragen.

  Die VersVermV sieht eine regelmäßige Anpassung der Mindestsummen im Fünf-Jahresrhythmus vor (nächste Anpassung: zum 31.12.2022). Die angepassten Summen werden im Bundesanzeiger veröffentlicht.

- **Sachkundeprüfung**

Vers VermV §§ 1 ff.

Durch eine vor der IHK abzulegenden Sachkundeprüfung muss der zukünftige Versicherungsvermittler den Nachweis erbringen, dass er über die erforderlichen fachspezifischen Produkt- und Beratungskenntnisse verfügt.

Der Nachweis der Sachkunde und eine damit verbundene Befreiung von der Sachkundeprüfung kann auch durch andere gleichgestellte Berufsqualifikationen erbracht werden.

Beispiele:

Abschlusszeugnis als Versicherungskaufmann oder -kauffrau oder Kaufmann oder -frau für Versicherungen und Finanzen

Abschluss als Bank- oder Sparkassenkaufmann oder -frau, wenn zusätzlich eine mindestens zweijährige Berufserfahrung im Bereich Versicherungsvermittlung oder -beratung nachgewiesen wird.

➤ Registrierung

Versicherungsvertreter, Versicherungsmakler und Versicherungsberater müssen selbst den Antrag auf Registereintragung bei ihrer zuständigen IHK stellen.
Für den Ausschließlichkeitsvertreter gibt es eine Sonderregelung (siehe nachstehend),

b) Ausschließlichkeitsvertreter

➤ Erlaubnisverfahren

GewO § 34 d (7) S. 1 Nr. 1

Ausschließlichkeitsvertreter benötigen keine gesonderte Erlaubnis durch die IHK, wenn das Versicherungsunternehmen, für das sie ausschließlich tätig werden, die uneingeschränkte Haftung aus der Vermittlertätigkeit übernimmt (Haftungsdach).

VAG § 48 (2)

Dabei müssen die VR sicherstellen, dass ihre Ausschließlichkeitsvertreter **zuverlässig** sind, in **geordneten Vermögensverhältnissen** leben und über die zur Vermittlung der jeweiligen Versicherung eine **angemessene** Qualifikation verfügen.

Für Ausschließlichkeitsvertreter, die keine uneingeschränkte Haftungsfreistellung erhalten oder diese nicht in Anspruch nehmen wollen, gilt das unter a) beschriebene Verfahren für Versicherungsvermittler.

➤ Registrierung

GewO § 34d (10) S.1 VAG § 48 (4)

Ausschließlichkeitsvertreter sind verpflichtet, sich unverzüglich nach Aufnahme ihrer Tätigkeit in das Vermittlungsregister eintragen zu lassen. Das VAG sieht hierzu vor, dass der Ausschließlichkeitsvertreter den VR zur Mitteilung der notwendigen Angaben an die Registerbehörde veranlasst.

c) Produktakzessorische Vermittler

➤ Erlaubnisverfahren

Produktakzessorische Vermittler können sich auf Antrag von der Erlaubnispflicht befreien lassen, wenn bestimmte Nachweise, die in der GewO genannt sind, geführt werden können.
Hierzu zählt, dass er im Auftrag eines oder mehrerer Versicherungsvermittler tätig ist, die über eine entsprechende Erlaubnis verfügen. Ferner muss er die weiteren Voraussetzungen für eine Vermittlertätigkeit (geordnete Vermögensverhältnisse, Berufshaftpflichtversicherung oder gleichwertige Garantie, Zuverlässigkeit und angemessene Qualifikation) nachweisen können.

Für den Nachweis seiner **Zuverlässigkeit** und seiner **geordneten Vermögensverhältnisse** genügt eine Erklärung der Auftraggeber, dass sie sich verpflichten, die Anforderungen entsprechend zu beachten und die für die Vermittlung der jeweiligen Versicherung **angemessene** Qualifikation des Vermittlers sicherzustellen.

➤ **Registrierung**

Produktakzessorische Vermittler müssen auch dann registriert werden, wenn sie von der Erlaubnispflicht auf Antrag befreit wurden.

d) Versicherungsvermittler in Nebentätigkeit

GewO § 34d (8) Nr. 1

➤ **Erlaubnisverfahren**

Sie bedürfen keiner Erlaubnis, wenn die bereits in C 1.1.7 dargestellten Merkmale beachtet sind.

➤ **Registrierung**

Sind die Voraussetzungen nach der GewO für Versicherungsvermittler in Nebentätigkeit erfüllt, bedarf es keiner Registrierung.

1.3 Versicherungsvertrieb und Besonderheiten der Versicherungsvermittlung

1.3.1 Merkmale der Vertriebstätigkeit

Unter **Versicherungsvertrieb** sind alle Tätigkeiten gefasst, die ausgeübt werden, um Versicherungsvertriebsleistungen zu erbringen. VVG § 1a

Zur Vertriebstätigkeit gehört

- die Abgabe einer persönlichen Empfehlung an einen Kunden (**Beratung**),
- die **Vorbereitung** von Versicherungsverträgen einschließlich Vertragsvorschlägen,
- der **Abschluss** von Versicherungsverträgen,
- das Mitwirken bei **Verwaltung** und **Erfüllung** von Versicherungsverträgen, insbesondere im **Schadenfall.**

Nicht zum Versicherungsvertrieb gehören die Schadenregulierung und die Begutachtung von Schäden durch Sachverständige.

1.3.2 Zusammenarbeit zwischen Vermittlern und Versicherungsunternehmen

Versicherungsunternehmen dürfen nur mit folgenden gewerbsmäßig tätigen Versicherungsvermittlern zusammenarbeiten: VAG § 48 (1)

- ungebundene Vermittler,
- gebundene Vermittler,
- produktakzessorische Vermittler
- Annex-Vermittler.

GewO § 34d (9) VAG § 48 (2) S. 2

Gewerbsmäßig tätige **Vermittler** – einschließlich ihrer am Versicherungsvertrieb unmittelbar oder maßgeblich beteiligten Angestellten (vertriebsnahe Mitarbeiter) müssen über **Mindestanforderungen** für den Vertrieb verfügen, die sich unter anderen auch nach den Anforderungen im Zusammenhang mit den von ihnen vertriebenen Produkten richten.

§ 48 (2)

Für **Angestellte** der Versicherungsunternehmen, die unmittelbar oder maßgeblich am Versicherungsvertrieb beteiligt sind (vertriebsnahe Mitarbeiter) müssen die **Unternehmen** sicherstellen, dass sie über **Mindestanforderungen** für den Vertrieb verfügen.

§ 48 (2a)

Versicherungsunternehmen müssen durch geeignete Maßnahmen der Geschäftsorganisation sicherstellen, dass die oben angeführten Anforderungen **erfüllt, überwacht** und **dokumentiert** werden, soweit die Erfüllung dieser Anforderungen nicht bereits durch das Erlaubnisverfahren nach der GewO gewährleistet wird. Zu diesem Zweck erlassen die Versicherer entsprechende interne **Leitlinien,** schaffen angemessene **interne Verfahren** und richten hierfür eine **Funktion** ein, die die ordnungsgemäße **Umsetzung sicherstellt.**

1.3.3 Provisionsabgabeverbot

GewO § 34d (1) S. 6

VAG § 48b (1) S. 2

Das Provisionsabgabeverbot gilt für alle Versicherungsvermittler, unabhängig davon, ob sie eine Erlaubnis benötigen oder nicht. Dabei handelt es sich um eine **Marktverhaltensregel,** dessen Einhaltung auf dem zivilrechtlichen Rechtsweg durchgesetzt werden kann. Dieses Verbot gilt auch für im Vertrieb tätige Angestellte der Versicherungsunternehmen. Somit ist gewährleistet, dass der **gesamte Versicherungsvertrieb** eingeschlossen ist.

VAG § 48c

Für Versicherungsberater gilt das Provisionsabgabeverbot **nicht.** Er muss Zuwendungen an seinen Kunden weiterleiten, wenn er eine Bruttopolice vermittelt hat. Dazu muss er den Versicherer unverzüglich zur Auskehrung veranlassen (vgl. C 1.1.8).

1.3.4 Vermittlung von Nettopolicen

Nettopolicen basieren auf Versicherungstarifen, die weder Provisions- oder Courtagekosten, noch mit diesen im Zusammenhang stehende Kosten enthalten. Dafür verpflichtet sich der Versicherungsnehmer in einer separaten Honorarvereinbarung, ein Honorar direkt an den Vermittler zu zahlen. Somit bestehen rechtlich **zwei** voneinander unabhängige Verträge: Der Versicherungsvertrag und die Honorarvereinbarung.

BGHZ 162, 67; BGH VersR 2014

Versicherungsvermittler dürfen Nettopolicen **vermitteln** und hierfür ein Honorar von ihren Kunden erhalten. Rechtlich zulässig ist das seit 2007 für Versicherungsmakler und seit 2014 für Versicherungsvertreter.

1.3.5 Vertrieb über Websites und Ratschläge durch Robo-advice

VVG § 59 (1)

Als Versicherungsvermittlung gilt auch, wenn eine Vertriebstätigkeit ohne Vertreter oder Makler ausgeführt wird. Für Betreiber einer Website im Internet-Vertrieb, für Internet-Portale und für sogenannte Vergleicher gelten **alle** Regelungen des VVG, die für **Versicherungsvermittler** gelten.

OLG München 06.04.2017

Wenn der VN einen Versicherungsvertrag über eine **Website** oder ein anderes Medium **abschließen** kann (z. B. mittels Weiterleitung), gilt das als Versicherungsvermittlung. Nach neuerer Rechtsprechung haben solche Betreiber die Verpflichtung, im Rahmen der Erstinformation des § 15 VersVermV-E die zwangsweise Downloadmöglichkeit ihres »Vermittlerprofils« zu programmieren.

Das ist notwendig geworden, weil sich Gerichte jüngst mit dieser Thematik befasst hatten (OLG München im Check24-Fall; BGH im Tchibo-Fall). Für die Direktversicherer ist das besonders bedeutsam, weil nun der Versicherungsvertrieb zum Geschäftsbetrieb eines Versicherungsunternehmens gehört und er dadurch ebenfalls der Aufsicht durch die BaFin unterliegt. VAG § 15 (3)

Auch können auf Websites Versicherungsprodukte zum besseren Vergleich in Rangordnungen eingebettet sein.

Im Rahmen der fortschreitenden Digitalisierung im Versicherungsbereich ist das bereits häufig genutzte **Robo-advice** (engl.: Robot = Roboter und advice =Rat), ein systematischer und größtenteils automatisierter Prozess, zu nennen. Hierbei übernimmt ein Algorithmus die Beratung und ersetzt die Abgabe einer persönlichen Empfehlung auf Wunsch des Kunden.

1.3.6 Weiterbildung von Versicherunsvermittlern und Versicherungsberatern

Versicherungsvermittler und Versicherungsberater müssen sich, zur Aufrechterhaltung ihrer Fach- und personalen Kompetenz, in einem Umfang von 15 Stunden pro Kalenderjahr, **weiterbilden.** Dies gilt auch für ihre unmittelbar bei der Vermittlung oder Beratung mitwirkenden **Beschäftigten.** GewO § 34d (9) S. 2

Beschäftigt eine juristische Person mehrere Personen mit der Vermittlung, die wiederum von anderen beschäftigten Personen, denen die Aufsicht über diese bei der Vermittlung mitwirkenden Personen übertragen ist und die den Gewerbetreibenden auch vertreten dürfen, dann reicht es aus, wenn der Weiterbildungsnachweis für **eine angemessene Zahl** dieser leitenden Personen erbracht wird. § 34d (9) S. 4 i.V.m. S. 5

Inhaltlich sind die Anforderungen an die Sachkundeprüfung ausgerichtet. Dabei können alle Formen der Weiterbildung genutzt werden: Teilnahme an Präsenzveranstaltungen, das E-Learning, geeignete Kombinationen verschiedener Lernmethoden (Blended Learning), Teilnahme an betriebsinternen Weiterbildungsmaßnahmen oder auch im Selbststudium. Vers VermV-E § 7

Bei Weiterbildungsmaßnahmen im Selbststudium ist eine nachweisbare Lernerfolgskontrolle durch den Anbieter der Weiterbildung erforderlich.

Die Nachweise und Unterlagen der Weiterbildungsmaßnahmen müssen gesammelt, fünf Jahre auf einem dauerhaften Datenträger vorgehalten und in den Geschäftsräumen aufbewahrt werden. Die Aufbewahrungsfrist beginnt mit dem Ende des Kalenderjahres, in dem die Weiterbildungsmaßnahme durchgeführt wurde.

Aus den Nachweisen und Unterlagen müssen mindestens ersichtlich sein:

- Name und Vorname des Gewerbetreibenden oder des jeweiligen Beschäftigten,
- Datum, Umfang, Inhalt und Bezeichnung der Weiterbildungsmaßnahme,
- Name und Vorname oder Firma sowie Adresse und Kontaktdaten des Weiterbildungsanbieters.

Die IHK kann jährlich unentgeltlich eine Erklärung über die Erfüllung der Weiterbildungspflicht im vorangegangenen Kalenderjahr verlangen.

1.3.7 Verantwortung für Beschäftigte beim Versicherungsvermittler

Versicherungsvermittler dürfen unmittelbar bei der Vermittlung oder Beratung mitwirkende Personen nur beschäftigen, wenn sie deren Zuverlässigkeit geprüft haben und sicherstellen, dass diese Personen über die für die Vermittlung der jeweiligen Versicherung **sachgerechte** Qualifikation verfügen. GewO § 34d (9) S. 1

1.3.8 Wohlverhaltensregeln

VVG § 1a

Diese zunächst nur für Versicherer festgeschriebenen Richtliniengebote, sind jetzt durch § 59 Absatz 1 VVG für alle Versicherungsvermittler und durch § 59 Absatz 4 VVG für die Versicherungsberater ebenfalls verbindlich.

§ 1a (2)

Es sollen damit kundenfeindliche Vertriebsteuerungen unterbunden werden. Versicherungsvermittlung soll stets »**ehrlich, redlich** und **professionell**« erfolgen. Dazu müssen diese Merkmale im »**bestmöglichen Interesse**« des VN eingehalten werden.

BT-Drucks. 18/11627

Die Rechtsbegriffe sind noch unbestimmt und sollen sich auf den Zusammenhang mit der Vergütung der Vertriebstätigkeit beziehen. Denn oft treten Versicherungsvermittler dem VN primär als ihr Eigeninteresse verfolgende Verkäufer gegenüber. Daraus schließend soll der Verkauf dahingehend gelenkt sein, dass z. B. Ausschließlichkeitsvertreter von den Produktvarianten »seines« Versicherers die für den VN am besten geeignete Variante anbieten, nicht die rentabelste, und echte Mehrfachvertreter, Makler und Berater eine Auswahlentscheidung im Interesse des VN, und nur in dessen Interesse, treffen.

VVG § 1a (3)

Als Ergänzung bzw. als Erweiterung der EU-Richtlinie über unlautere Geschäftspraktiken müssen alle Informationen im Zusammenhang mit der Versicherungsvermittlung, einschließlich Werbemitteilungen (Marketing-Mitteilungen), die an VN oder potenzielle VN gerichtet sind, **redlich** und **eindeutig** und **nicht irreführend** sein. Werbemitteilungen müssen außerdem als solche eindeutig **erkennbar** sein.

1.4 Schritte in die Selbstständigkeit

Beispiel:

Hilmar Krause hat nach erfolgreichem Abschluss seiner Ausbildung zum Kaufmann für Versicherungen und Finanzen »Fachrichtung Versicherung« einige Zeit als Untervertreter in einer Versicherungsagentur und später bei einem Versicherungsmakler gearbeitet. Aufgrund der Erfahrungen, die er bisher sammeln konnte, ist in ihm der Wunsch gewachsen, eine eigene Versicherungsagentur zu betreiben. Gerne würde er eine bestehende Agentur übernehmen und er schaut daher ständig in den Inseratsteil der Fachzeitschriften aber auch nach Angeboten im Internet.

Im Internet findet er unter der Bezeichnung »Stellenangebot« eine Anzeige der Proximus Versicherungsgruppe, die seine besondere Aufmerksamkeit findet:

Stellenangebot: Agenturinhaber/in		
Referenznummer: 632k9	**Einsatzland:** Deutschland	**Berufsgruppe:** Dienstleistung
Veröffentlichung: 26. März 20 . . .	**Einsatzregion:** Südlicher Schwarzwald	**Vertragsart:** Provisionsbasis
Branche: Versicherungen	**Einsatzort:** Großraum Freiburg	**Funktion:** Selbstständiger Vertreter

- **Eintrittsdatum**
  ab sofort

- **Firmenbeschreibung**

  Die Muttergesellschaft der Proximus Versicherungsgruppe ist die Proximus Versicherung AG mit Schwerpunkt in der Schaden- und Unfallversicherung. Zur Proximus Versicherung AG gehören die Proximus Lebensversicherung AG für das Lebensversicherungsgeschäft und die Proximus Krankenversicherung AG für alle Arten der privaten Krankenversicherung.

  Über die Süddeutsche Handelsbank AG, die Proximus Bausparkasse AG und die Proximus Invest GmbH werden einschlägige Finanzprodukte angeboten. Unser Vertrieb hat seine Kernkompetenz in intelligenten und beratungsintensiven Komplettangeboten rund um den Kunden.

- **Stellenbeschreibung**

  Wir suchen Sie, den Vertriebsprofi, als kompetenten Ansprechpartner für unsere Kunden. Sie sollen eine Versicherungsagentur übernehmen und das Versicherungsgeschäft weiter ausbauen. Was wir brauchen sind zuverlässige Partner, die zielorientiert und selbstständig arbeiten.

- **Wir bieten:**
  - Attraktive Abschlussprovisionen
  - Bestandsbetreuungs-Provision
  - Bedarfsgerechte Produkte
  - Schulungen und Vertriebsunterstützung

- **Kontaktadresse**

  Proximus Versicherung AG
  Bezirksdirektion Südwest
  Bayernstr. 1
  79100 Freiburg

Hier können Sie sich sofort online bewerben.

Hilmar Krause, der seinen Weg in die Selbstständigkeit schon länger gründlich durchgeplant hat, bewirbt sich sofort online. Schon zwei Tage später hält er eine Einladung zum Vorstellungsgespräch in Händen.

1.4.1 Beratung und Unternehmenskonzept

➤ Beratung

Jeder, der den Weg in die Selbstständigkeit wählt, sollte sich zunächst beraten lassen; denn Beratung ist Entscheidungshilfe. Informationsdefizite sind eine häufige Ursache für Fehlstarts in die Selbstständigkeit.

Kostenlose Beratungen bzw. Informationsmaterial für Existenzgründer bieten insbesondere die Industrie- und Handelskammern, Kreditinstitute, Bundesministerium für Arbeit und Soziales, Beratungszentren der KfW Mittelstandsbank, Verbände (z. B. der BVK), Beratungsstellen für Existenzgründer und die Agenturen für Arbeit.

Ggf. ist auch professionelle Hilfe einzuholen, z. B. bei Rechtsanwälten für Rechtsfragen oder bei Steuerberatern für steuerrechtliche Belange.

➤ Unternehmenskonzept

Im Businessplan (Konzept) wird festgelegt, wie man seine Ideen erfolgreich in die Tat umsetzen kann. Ein aussagekräftiges Konzept ist auch Voraussetzung, um potenzielle Geldgeber (z. B. Banken) davon zu überzeugen, dass die Geschäftsideen kreditwürdig sind.

Ein Agenturgründer wird insbesondere seine Konkurrenz einschätzen und nach Marktlücken sowie besseren Vertriebsstrategien suchen müssen.

1.4.2 Wege zum eigenen Unternehmen

Für die Gründung einer Versicherungsagentur kommen grundsätzlich folgende Wege in Frage:

- **Neugründung**

  Der Markt muss erst noch erobert und die Position im Markt gefestigt werden. Kundenbeziehungen und ein guter Ruf sind unter Umständen mühsam aufzubauen. Den damit verbundenen Risiken steht aber die Chance gegenüber, den Betrieb nach eigenen Vorstellungen völlig neu am Markt zu installieren.

- **Kleingründung**

  Als Kleingründung bezeichnet man in der EU eine Existenzgründung, deren Finanzierungsbedarf unter 25 000,00 € liegt. Sie bietet in der Regel nur dem Gründer selbst einen Arbeitsplatz. Häufig ist sie als Nebenerwerbsgründung (z. B. nebenberuflicher Vertreter) anzutreffen.

- **Teamgründung**

  Viele Vorteile sprechen dafür, die Agentur mit einem Partner zu gründen. Fehlendes Know-how wird ergänzt, Verantwortung und Risiken werden geteilt, die Eigenkapitalbasis wird erweitert, die Kreditbonität wird wegen der größeren Sicherheit höher bewertet.

  Die Verantwortungs- und Aufgabenteilung kann aber auch zu Konflikten führen, weshalb es im Vorfeld schon klarer Regelungen bedarf.

- **Agenturübernahme**

  Die Vorteile liegen auf der Hand: Kundenbeziehungen sind aufgebaut, die Agentur ist eingeführt, eine Organisation ist vorhanden. Unter Umständen ist jedoch ein großer Kapitalbedarf erforderlich, um den Kaufpreis finanzieren zu können.

1.4.3 Wahl der Rechtsform

Mit der Wahl der Rechtsform sind rechtliche, steuerliche und finanzielle Konsequenzen verbunden.
Die infrage kommenden Rechtsformen von Agenturen sind in Abschnitt C 1.5 dargestellt.

1.4.4 Kapitalbedarf und Finanzierung

Eine solide Finanzierung ist Grundvoraussetzung für das Gelingen der Unternehmensgründung gerade in der Anfangsphase. Viele Neugründungen scheitern an einer zu kurzen Kapitaldecke. In der Regel ist nur ein geringes Eigenkapital vorhanden und die Finanzierungskosten werden durch die schmalen Gewinne in der Anfangsphase nicht vollständig erwirtschaftet. Der Gründer muss auch bedenken, dass das Finanzamt mit Steuerforderungen an ihn herantreten kann.

1.5 Rechtsformen der Agentur

Einzelunternehmung	Gesellschaften	
	Offene Handelsgesellschaft (OHG)	Gesellschaft mit beschränkter Haftung (GmbH)
• ein Gründer	• mindestens 2 Gründer • Gesellschaftsvertrag Form der Personengesellschaft	• ein oder mehrere Gründer • notariell beurkundete Satzung (Gesellschaftsvertrag) Form der Kapitalgesellschaft

1.5.1 Einzelunternehmung

Die Einzelunternehmung ist ein Gewerbebetrieb, dessen Eigenkapital von einer Person aufgebracht wird, die das Unternehmen verantwortlich leitet und das Risiko allein trägt.

a) Firma

Sie muss zur Kennzeichnung der Agentur (des Kaufmanns) geeignet sein und Unterscheidungskraft besitzen. Bei Einzelkaufleuten muss die Bezeichnung eingetragener Kaufmann, eingetragene Kauffrau oder eine allgemein verständliche Abkürzung dieser Bezeichnung, insbesondere e. K., e. Kfm. oder e. Kfr. enthalten sein. HGB § 19

Hinsichtlich der Firmierung gelten für Versicherungsvertreter vorrangig die Wettbewerbsrichtlinien (WettbRili) der Versicherungswirtschaft (vgl. C 3.3). Danach soll nach Nr. 24 der Wettbewerbsrichtlinien die Firmierung der selbstständigen Vermittler den Geschäftsgegenstand klar, vollständig und richtig erkennen lassen. Die Firmierung von Einzelkaufleuten einen Hinweis auf die Eintragung im Handelsregister als Kaufmann/Kauffrau enthalten.

Im Schriftverkehr der selbstständigen Versicherungsvermittler ist nach Nr. 25 der WettbRiLi die Firma bzw. der bürgerliche Name mit mindestens einem voll ausgeschriebenen Vornamen anzugeben.

Beispiel:
Folgende Firmierungen des Vermittlers Markus Schneider, der eine Agentur betreibt und die Erlaubnis zur Vermittlung von Versicherungs- und Finanzprodukten hat, würde den WettbRiLi entsprechen:

Markus Schneider e. K., Versicherungsvermittlung und Finanzdienstleistung

Markus Schneider e. K., Versicherungen und Finanzen

Markus Schneider eingetragener Kaufmann, Agentur für Versicherungen und Finanzen

b) Haftung

Der Agenturinhaber (Unternehmer) muss gegenüber Außenstehenden (Dritten) für die Verbindlichkeiten mit seinem Vermögen einstehen.

(Zur Haftung aus der Tätigkeit als Versicherungsvermittler vgl. D 3.3.4 und D 3.3.5)

c) Kapitalaufbringung

Das Eigenkapital wird von einer Person, dem Unternehmer, aufgebracht. Der Umfang der Mittel, die eingesetzt werden können, und damit die Betriebsgröße, sind deshalb in der Regel begrenzt.

d) Vor- und Nachteile der Agentur als Einzelunternehmung

Vorteile	Nachteile
• Der Agenturinhaber kann alleine, frei und rasch entscheiden und ermöglicht sich damit Selbstbestimmung und hohe Flexibilität. • Die Gründung erfordert nur minimale Formalitäten und Kosten. • Meinungsverschiedenheiten in der Geschäftsführung, wie sie bei Gesellschaftsunternehmen vorkommen können, sind ausgeschlossen. • Über den Gewinn verfügt der Agenturinhaber allein.	• Das Risiko trägt der Agenturinhaber allein; durch Alleinentscheidungen besteht die Gefahr von Fehlern. • Der Einzelunternehmer hat keine Unterstützung durch einen gleichberechtigten Partner. • Der Einzelunternehmer haftet den Gläubigern mit seinem gesamten Vermögen, also auch mit seinem Privatvermögen. • Die Kapitalkraft ist begrenzt. • Ein Verlust muss alleine getragen werden. • Die Agenturführung ist problematisch, falls der Inhaber krank wird oder stirbt.

1.5.2 Offene Handelsgesellschaft (OHG)

Die **Offene Handelsgesellschaft** ist die vertragliche Vereinigung von zwei oder mehr Personen zum Betrieb eines Handelsgewerbes unter **gemeinschaftlicher Firma mit unbeschränkter Haftung aller Gesellschafter**.

a) Gesellschaftsvertrag und Anmeldung

HGB § 109, BGB § 311b — Zur Gründung einer OHG wird zwischen den Gesellschaftern ein **Gesellschaftsvertrag** geschlossen. Der Gesellschaftsvertrag ist formfrei. Die Schriftform ist jedoch üblich. Werden in die Gesellschaft Grundstücke eingebracht, so ist notarielle Beurkundung notwendig, weil ein Eigentumswechsel stattfindet.

HGB § 123 — Den Beginn der Gesellschaft bestimmt im Innenverhältnis der Gesellschaftsvertrag. Im Außenverhältnis beginnt die Gesellschaft, sobald ein Gesellschafter Geschäfte in ihrem Namen tätigt, spätestens jedoch, wenn die Gesellschaft in das Handelsregister eingetragen ist. Bei Kannkaufleuten beginnt die OHG mit dem Registereintrag, weil dieser rechtsbegründende Wirkung hat.

§§ 106, 108 — Die Anmeldung zur Eintragung in das elektronische Handelsregister muss von sämtlichen Gesellschaftern vorgenommen werden. Die Anmeldung hat zu enthalten:

1. den Namen, Vornamen, Geburtsdatum und Wohnort jedes Gesellschafters;
2. die Firma und den Ort, an dem sie ihrem Sitz hat, und die inländische Geschäftsanschrift;
3. die Vertretungsmacht der Gesellschafter.

b) Firma

Die Firma der OHG kann grundsätzlich aus Personen-, Sach- oder Fantasienamen bestehen, wobei Versicherungsvertreter bei der Firmierung allerdings die Wettbewerbsrichtlinien (vgl. C 1.5.1a) beachten müssen. Darüber hinaus muss die Bezeichnung »offene Handelsgesellschaft« oder eine allgemein verständliche Abkürzung dieser Bezeichnung in der Firma enthalten sein (OHG, offene HG, oHG). HGB § 19 (1)

> **Beispiel:**
> Karl Berg, Fritz Grün und Willi Müller, die eine Agentur in der Rechtsform der OHG gründen, können beispielsweise firmieren: Versicherungen Berg, Grün & Müller OHG.

c) Haftung

Haftung bedeutet, dass die Gesellschafter bzw. die Gesellschaft Außenstehenden (Dritten) gegenüber für die Verbindlichkeiten der Gesellschaft mit ihrem Vermögen einstehen müssen. Für die Verbindlichkeiten der OHG haften alle Gesellschafter persönlich als Gesamtschuldner und die OHG mit dem Gesellschaftsvermögen. Eine entgegenstehende Vereinbarung ist Dritten gegenüber unwirksam.

Wenn in einer offenen Handelsgesellschaft aufgrund ihrer rechtlichen Konstruktion keine natürliche Person persönlich haftet, muss die Firma eine Bezeichnung enthalten, welche die Haftungsbeschränkung kennzeichnet. § 19 (2)

> **Beispiel:**
> GmbH & Co. OHG

Gesellschafter ist im Beispiel eine GmbH (Form der Kapitalgesellschaft, vgl. C 1.5.3), die nur mit dem Gesellschaftsvermögen haftet.

➤ Persönliche unbeschränkte Haftung

Der Gesellschafter haftet nicht nur in Höhe seines Kapitalanteils, sondern auch mit seinem ganzen Privatvermögen. Er kann nicht die »Einrede der Haftungsbeschränkung« geltend machen. Eine Vereinbarung zwischen den Gesellschaftern, durch die z. B. die Haftung auf den Kapitalanteil beschränkt wird, hat nur im Innenverhältnis Gültigkeit. § 128

➤ Direkte (unmittelbare) und primäre Haftung

Jeder Gläubiger kann sich unmittelbar an jeden beliebigen Gesellschafter halten. Die Gesellschafter können nicht fordern, dass der Gläubiger zuerst gegen die Gesellschaft klagt. Es fehlt ihnen die »Einrede der Vorausklage«.

Zur Zwangsvollstreckung in das Vermögen eines Gesellschafters braucht der Gläubiger aber einen vollstreckbaren Titel gegenüber dem Gesellschafter. Aus einem gegen die Gesellschaft als solche vollstreckbaren Titel kann nur die Zwangsvollstreckung in das Gesellschaftsvermögen stattfinden. Deshalb wird der Gläubiger zweckmäßig sofort gegen die Gesellschaft und gegen die einzelnen Gesellschafter klagen. § 129 (4)

➤ Gesamtschuldnerische (solidarische) Haftung

Alle Gesellschafter haften für die gesamten Schulden der Gesellschaft. Der Gläubiger kann die Leistung nach seinem Belieben von jedem der Gesellschafter ganz oder zu einem Teil fordern. Ein Gesellschafter kann nicht fordern, dass der Gläubiger außer ihm BGB § 421

BGB § 426 auch die anderen Gesellschafter verklagt. Die »Einrede der Haftungsteilung« kann er nicht geltend machen. Hat ein Gesellschafter den Gläubiger befriedigt, so hat er aber gegenüber seinen Mitgesellschaftern einen Ausgleichsanspruch. Die Forderung des Gläubigers geht dann in Höhe des Ausgleichsbetrages auf ihn über.

HGB § 130 Ein Gesellschafter, der in eine bestehende OHG eintritt, haftet auch für die Schulden der Gesellschaft, die bei seinem Eintritt bereits bestehen. Der Ausschluss oder die Beschränkung dieser Haftung ist nur im Innenverhältnis gültig. § 28 Wird aus einer Einzelunternehmung eine OHG, so haftet die entstandene OHG, und damit auch jeder neu eintretende Gesellschafter, für die alten Schulden der bisherigen Unternehmung. Der neu eintretende Gesellschafter kann aber diese Haftung durch Eintragung in das Handelsregister oder Mitteilung an jeden einzelnen Gläubiger ausschließen. § 159 Ein Gesellschafter, der aus einer OHG ausscheidet, haftet noch fünf Jahre für die bei seinem Austritt vorhandenen Verbindlichkeiten der Gesellschaft.

d) Kapitalaufbringung

BGB § 706 Jeder Gesellschafter ist verpflichtet, die im Gesellschaftsvertrag festgesetzte Kapitaleinlage zu leisten. Sie kann in bar, in Sachwerten und Rechtswerten eingebracht werden (Grundstücke, Maschinen, Einrichtungsgegenstände, Wertpapiere, Patente usw.). Eine Mindesthöhe ist nicht vorgeschrieben.

§§ 718 f. Obwohl die Kapitalanteile der Gesellschafter getrennt gebucht werden, erlischt das persönliche Eigentum der Gesellschafter und wird gemeinsames Vermögen der Gesellschafter **(Gesamthandsvermögen)**. Ein einzelner Gesellschafter kann über seinen Kapitalanteil nicht mehr verfügen. Eingebrachte Grundstücke werden im Grundbuch auf die OHG eingetragen.
Die Beiträge der Gesellschafter und die durch die Geschäftsführung für die Gesellschaft erworbenen Gegenstände werden gemeinschaftliches Vermögen der Gesellschafter **(Gesellschaftsvermögen).**

e) Ergebnisverteilung

➤ Gewinnverteilung

HGB § 121 Gesetzlich hat jeder Gesellschafter Anspruch auf **4 % seines Kapitalanteils** (Vordividende). Ein verbleibender **Rest** wird **nach Köpfen** verteilt. Reicht der Jahresgewinn für 4 % nicht aus, so wird ein entsprechend niedrigerer Prozentansatz angewendet. Einlagen und Entnahmen eines Gesellschafters während des Geschäftsjahres sind zinsenmäßig zu berücksichtigen.

Im Gesellschaftsvertrag kann eine vom Gesetz abweichende Regelung für die Verteilung des Gewinns vereinbart werden.

➤ Gewinnverwendung

§ 120 Der Gewinnanteil wird dem Kapitalkonto eines jeden Gesellschafters gutgeschrieben. Die Auszahlung des Gewinns darf nur auf Verlangen des Gesellschafters erfolgen. Der Gesellschafter kann also einen Gewinn im Unternehmen stehen lassen und damit seine Kapitaleinlage erhöhen.

➤ Privatentnahme

§ 122 Jeder Gesellschafter ist berechtigt, bis zu 4 % seines zu Beginn des Geschäftsjahres vorhandenen Kapitalanteils zu entnehmen, selbst dann, wenn die OHG Verluste hatte. Größere Entnahmen sind nur mit Zustimmung der anderen Gesellschafter möglich.

➤ Verlustverteilung

§ 121 (3) Der Verlust wird nach Köpfen verteilt und vom Kapitalanteil abgezogen.

f) Geschäftsführung

Die Pflichten und Rechte **aller Gesellschafter untereinander (Innenverhältnis)** ergeben sich aus dem Gesellschaftsvertrag. In Ergänzung dazu gilt das Gesetz.

Jeder Gesellschafter hat die Pflicht, die Geschäfte der Gesellschaft zu führen und Dienste persönlich zu leisten.

Gesetzlich ist jeder Gesellschafter allein zur Geschäftsführung berechtigt, d.h., er ist den anderen Gesellschaftern gegenüber zur Vornahme aller Handlungen berechtigt, die der Betrieb des Handelsgewerbes der Gesellschaft (hier: der im Beispiel genannten Agentur Berg, Grün & Müller OHG) **gewöhnlich** mit sich bringt. Es besteht also der **Grundsatz der Einzelgeschäftsführungsbefugnis**. HGB §§ 114–117

Vertraglich kann die Befugnis zur Geschäftsführung beschränkt oder aufgehoben werden. Widerspricht ein geschäftsführender Gesellschafter der Vornahme einer Handlung, so muss diese unterbleiben.

Zum **gewöhnlichen Betrieb** gehören der Kauf von Büromaterial, die Durchführung von Überweisungen, die Einstellung und Entlassung von Arbeitskräften. Für **außergewöhnliche Geschäfte** ist der Gesamtbeschluss aller Gesellschafter, also auch der nicht geschäftsführenden Gesellschafter, erforderlich. Hierunter fallen besonders risikobehaftete Geschäfte, wie z.B. die Anlage in spekulativen Wertpapieren.

Auf Antrag der übrigen Gesellschafter kann einem Gesellschafter bei grober Pflichtverletzung oder Unfähigkeit zur ordnungsmäßigen Geschäftsführung durch gerichtliche Entscheidung die Geschäftsführungsbefugnis entzogen werden.

Ein Gesellschafter, der von der Geschäftsführung ausgeschlossen ist, kann sich jederzeit über die Geschäftslage persönlich unterrichten, die Handelsbücher und die Papiere der Gesellschaft einsehen und sich daraus eine Bilanz bzw. einen Jahresabschluss anfertigen. § 118

g) Vertretung

Die Rechtsbeziehungen der **Gesellschafter Dritten gegenüber (Außenverhältnis)** sind durch das Gesetz geregelt. Abweichende Vereinbarungen müssen, soweit sie überhaupt gesetzlich zulässig sind, im Handelsregister eingetragen werden.

Gesetzlich ist jeder Gesellschafter allein zur Vertretung ermächtigt. Er kann Dritten gegenüber Willenserklärungen abgeben, durch welche die Unternehmung berechtigt und verpflichtet wird. Es besteht also der **Grundsatz der Einzelvertretungsmacht**. § 125

Vertraglich kann von diesem Grundsatz in folgender Weise abgewichen werden:

- Die Gesellschafter können nur zusammen die OHG vertreten (Gesamtvertretung oder Kollektivvertretung).
- Die Vertretungsmacht wird nur einem Gesellschafter oder mehreren Gesellschaftern (mit Einzel- oder Gesamtvertretungsmacht) erteilt; die übrigen Gesellschafter sind von der Vertretung ausgeschlossen.
- Ein Gesellschafter mit Einzelvertretungsmacht kann nur mit einem Prokuristen zusammen die Gesellschaft vertreten.

Die Vertretungsmacht erstreckt sich auf alle Rechtsgeschäfte einschließlich der Veräußerung und Belastung von Grundstücken, der Erteilung und dem Widerruf der Prokura sowie der Vertretung der Unternehmung im Prozess. Der **Umfang der Vertretungsmacht** ist also **unbeschränkt** und auch unbeschränkbar, während die Geschäftsführungsbefugnis beschränkbar ist. § 126

HGB §§ 112 ff. Einem Gesellschafter ist es verboten, ohne Einwilligung der anderen Gesellschafter im Handelsgewerbe der eigenen Gesellschaft Geschäfte auf eigene Rechnung zu machen und sich an einer anderen gleichartigen Gesellschaft als persönlich haftender Gesellschafter zu beteiligen. Verstößt ein Gesellschafter gegen dieses Konkurrenzverbot, so macht er sich schadenersatzpflichtig.

h) Kündigung

§ 132 Ein Gesellschafter kann nur zum Ende eines Geschäftsjahres unter Einhaltung einer Frist von mindestens sechs Monaten kündigen, wenn der Vertrag nichts anderes vorsieht.

i) Bedeutung der Offenen Handelsgesellschaft

Es muss zwischen den geschäftsführenden Gesellschaftern ein enges Vertrauensverhältnis bestehen. Von ihnen wird in der Regel der volle persönliche Einsatz verlangt. Die Rechtsform der OHG wird vor allem für kleinere und mittlere Gewerbebetriebe gewählt.

Damit bei Tod, Kündigung oder Insolvenz eines Gesellschafters dem Unternehmen nicht plötzlich Kapital entzogen wird, sind im Gesellschaftsvertrag meist Vereinbarungen getroffen, die darauf abzielen, das Unternehmen weiterzuführen.

1.5.3 Gesellschaft mit beschränkter Haftung (GmbH)

GmbHG § 13 Die **Gesellschaft mit beschränkter Haftung (GmbH)** ist eine Handelsgesellschaft **mit eigener Rechtspersönlichkeit**, deren Gesellschafter mit **Geschäftsanteilen am Stammkapital** der Gesellschaft beteiligt sind. **Für Verbindlichkeiten** der Gesellschaft **haftet** den Gläubigern **nur das Gesellschaftsvermögen**.

§ 1 Die GmbH kann zu jedem gesetzlich zulässigen Zweck durch **eine** oder **mehrere Personen** errichtet werden. Bei einer Ein-Mann-GmbH hat der Gesellschafter volle Handlungsfreiheit bei Haftung der Gesellschaft mit ihrem gesamten Vermögen.

§ 2 Die Gesellschaft kann mithilfe eines gesetzlich vorgegebenen Musterprotokolls gegründet werden (siehe das Musterprotokoll für die Gründung einer Einpersonengesellschaft auf der folgenden Seite), wenn sie höchstens drei Gesellschafter und einen Geschäftsführer hat. Das Protokoll ist eine Kombination aus Gesellschaftsvertrag, Liste der Gesellschafter und Bestellung des Geschäftsführers.

§ 11 Erst durch die Eintragung ins Handelsregister entsteht die GmbH als juristische Person mit Kaufmannseigenschaft. Vor der Eintragung haften die handelnden Gesellschafter persönlich und solidarisch.

a) Firma

§ 4 Die Firma der GmbH kann grundsätzlich eine Personen-, Sach-, Fantasie- oder gemischte Firma sein, wobei Versicherungsvertreter bei der Firmierung allerdings die Wettbewerbsrichtlinien (vgl. C 1.5.1a) beachten müssen. Sie muss den Zusatz »Gesellschaft mit beschränkter Haftung« oder eine allgemein verständliche Abkürzung dieser Bezeichnung enthalten.

§ 5 a Eine Gesellschaft, die mit einem Stammkapital gegründet wird, das den Betrag des Mindeststammkapitals von 25 000,00 € unterschreitet (sog. »**Mini-GmbH**«, siehe nachstehend unter c)), muss in der Firma die Bezeichnung »Unternehmergesellschaft (haftungsbeschränkt)« oder »UG (haftungsbeschränkt)« führen.

Musterprotokoll

für die Gründung einer Einpersonengesellschaft

UR. Nr ......

Heute, den ....,
erschien vor mir, ...,
Notar/in mit dem Amtssitz in...,
Herr/Frau[1]) ....
....
....
....[2]).

1. Der Erschienene errichtet hiermit nach § 2 Abs. 1a GmbHG eine Gesellschaft mit beschränkter Haftung unter der Firma ....
....
mit dem Sitz in..

2. Gegenstand des Unternehmens ist ....

3. Das Stammkapital der Gesellschaft beträgt ....€ (i. W. ....Euro) und wird vollständig von Herrn/Frau[1])... (Geschäftsanteil Nr. 1) übernommen. Die Einlage ist in Geld zu erbringen, und zwar sofort in voller Höhe/zu 50 Prozent sofort, im Übrigen sobald die Gesellschafterversammlung ihre Einforderung beschließt[3]).

4. Zum Geschäftsführer der Gesellschaft wird Herr/Frau[4]) ....
....
geboren am.. , wohnhaft in
.... , bestellt.

   Der Geschäftsführer ist von den Beschränkungen des § 181 des Bürgerlichen Gesetzbuchs befreit.

5. Die Gesellschaft trägt die mit der Gründung verbundenen Kosten bis zu einem Gesamtbetrag von 300 €, höchstens jedoch bis zum Betrag ihres Stammkapitals. Darüber hinausgehende Kosten trägt der Gesellschafter.

6. Von dieser Urkunde erhält eine Ausfertigung der Gesellschafter, beglaubigte Ablichtungen die Gesellschaft und das Registergericht (in elektronischer Form) sowie eine einfache Abschrift das Finanzamt – Körperschaftsteuerstelle –.

7. Der Erschienene wurde vom Notar/von der Notarin insbesondere auf Folgendes hingewiesen:...

Hinweise:

[1]) Nicht Zutreffendes streichen. Bei juristischen Personen ist die Anrede Herr/Frau wegzulassen.

[2]) Hier sind neben der Bezeichnung des Gesellschafters und den Angaben zur notariellen Identitätsfeststellung ggf. der Güterstand und die Zustimmung des Ehegatten sowie die Angaben zu einer etwaigen Vertretung zu vermerken.

[3]) Nicht Zutreffendes streichen. Bei der Unternehmergesellschaft muss die zweite Alternative gestrichen werden.

[4]) Nicht Zutreffendes streichen.

Beispiele:
Michael Hald GmbH Versicherungsvermittlung; Müller und Krause GmbH Versicherungen und Finanzen; Peter Schmitz Versicherungsagentur UG (haftungsbeschränkt)

b) Haftung

GmbHG § 13 (2) § 26

Für die Verbindlichkeiten der Gesellschaft haftet nur das Gesellschaftsvermögen. Der einzelne Gesellschafter riskiert lediglich seinen Geschäftsanteil. Eventuell entsteht eine Nachschusspflicht.

c) Kapitalaufbringung und Stimmrecht

➤ Bei der GmbH

§ 5

- Das Stammkapital der Gesellschaft muss mindestens 25 000,00 € betragen.
- Der Nennbetrag jedes Geschäftsanteils muss auf volle Euro lauten.
- Ein Gesellschafter kann mehrere Geschäftsanteile übernehmen.
- Die Höhe der Nennbeträge der einzelnen Geschäftsanteile kann verschieden sein.
- Die Summe der Nennbeträge aller Geschäftsanteile muss mit dem Stammkapital übereinstimmen.

Sollen Sacheinlagen geleistet werden, so müssen der Gegenstand der Sacheinlage und der Nennbetrag des Geschäftsanteils, auf den sich die Sacheinlage bezieht, im Gesellschaftsvertrag festgesetzt werden.

§ 7

Jeder Gesellschafter hat vor der Eintragung in das Handelsregister die Pflicht, eine Einzahlung von einem **Viertel auf jeden Geschäftsanteil** zu leisten. Insgesamt muss auf das Mindeststammkapital so viel eingebracht werden, dass mit **Geld- und Sacheinlagen mindestens 12 500,00 €** erreicht werden.

HGB § 272 (1)

Im Handelsgesetzbuch wird das Kapital, auf das die Haftung der Gesellschafter für die Verbindlichkeiten der Kapitalgesellschaft gegenüber den Gläubigern beschränkt ist, als **Gezeichnetes Kapital** bezeichnet. Es ist mit dem Nennbetrag anzusetzen.

Nicht eingeforderte ausstehende Einlagen sind von dem Posten »Gezeichnetes Kapital« auf der Passivseite der Bilanz offen abzusetzen, der verbleibende Betrag ist als Posten »Eingefordertes Kapital« in der Hauptspalte der Passivseite auszuweisen.

Beispiel:
Das gezeichnete Kapital der GmbH beträgt 50 000,00 €. 15 000,00 € eines Gesellschafters stehen noch aus und wurden bisher nicht eingefordert. Der Ausweis auf der Passivseite der Bilanz sieht dann folgendermaßen aus:

Gezeichnetes Kapital	50 000,00 €	
Nicht eingeforderte ausstehende Einlagen	15 000,00 €	
Eingefordertes Kapital		**35 000,00 €**

Ist im Beispielsfall die ausstehende Einlage eingefordert, aber durch den Gesellschafter noch nicht bezahlt worden, wird zusätzlich auf der Aktivseite der Bilanz der Betrag von 15 000,00 € als Forderung ausgewiesen.

Ein Gläubiger der GmbH kann also aus der Bilanz erkennen,

- welche Kapitalhöhe gezeichnet wurde,
- inwieweit das Kapital eingefordert ist.

Jeder Euro eines Geschäftsanteils gewährt **eine Stimme** GmbHG § 47

Ein Gesellschafter, welcher den auf die Stammeinlage eingeforderten Betrag nicht zur rechten Zeit einzahlt, ist zur Entrichtung von Verzugszinsen verpflichtet. § 20

Soweit eine Stammeinlage weder von den Zahlungspflichtigen eingezogen, noch durch den Verkauf von Geschäftsanteilen gedeckt werden kann, haben die übrigen Gesellschafter den Fehlbetrag nach Verhältnis ihrer Geschäftsanteile aufzubringen. § 24

➤ Bei der »Mini-GmbH«

Diese Sonderform der GmbH verlangt offiziell den Firmenzusatz »Unternehmergesellschaft (haftungsbeschränkt)« oder »UG (haftungsbeschränkt)« und kann unter folgenden Voraussetzungen gewählt werden: § 5a

- Das Stammkapital kann zwischen 1,00 € und 24 999,00 € liegen.
- Die Handelsregisteranmeldung darf erst erfolgen, wenn das Stammkapital in voller Höhe als Bareinlage eingezahlt ist.
- Die Einbringung von Sacheinlagen ist ausgeschlossen.
- Der Jahresüberschuss (abzüglich eines Verlustvortrages aus dem Vorjahr) muss in Höhe eines Viertels in die gesetzliche Rücklage eingestellt werden. Diese Verpflichtung entfällt, wenn die Gesellschaft das Stammkapital auf das Mindeststammkapital von 25 000,00 € erhöht und dieses durch das bisherige Stammkapital und die Rücklagenbildung erreicht wird. Ferner kann sich die »UG (haftungsbeschränkt)« in eine »normale« GmbH umwandeln.

Die »Mini-GmbH« ist gedacht für Existenzgründer und Kleinunternehmer, die in der Gründungsphase mit geringem Kapitaleinsatz auskommen (z. B. Dienstleistungsunternehmen für Beratung, Bildung, Gesundheit, Pflege, Verwaltung).

d) Ergebnisverwendung

Die Gesellschafter haben Anspruch auf den Jahresüberschuss im Verhältnis ihrer Geschäftsanteile. Sie können Teile des Jahresüberschusses aber auch in Gewinnrücklagen einstellen. § 29

Der **Jahresüberschuss** der GmbH kann verwendet werden

- für Tantiemen (Vergütungen) der Geschäftsführer und Mitglieder des Aufsichtsrates,
- zur Bildung von Gewinnrücklagen gemäß Satzung,
- zur Verteilung an die Gesellschafter im Verhältnis der Geschäftsanteile,
- zur Rückzahlung von eingezahlten Nachschüssen, soweit sie nicht zur Deckung eines Verlustes am Stammkapital erforderlich sind. § 30 (2)

e) Organe der GmbH

➤ Geschäftsführer

Geschäftsführungsbefugnis und Vertretungsmacht werden von einem Geschäftsführer oder mehreren Geschäftsführern ausgeübt. Sie sind das **ausführende Organ.** Ihre Bestellung erfolgt entweder aus dem Kreis der Gesellschafter oder es handelt sich um eine dritte Person. Die Namen der Geschäftsführer müssen auf den Geschäftsbriefen der GmbH angegeben werden. Die Amtszeit der Geschäftsführer ist gesetzlich nicht festgelegt. § 6 §§ 35 ff.

GmbHG § 10 Die Art der Vertretungsmacht **(Einzel- oder Gesamtvertretungsmacht)** ist ins Handelsregister einzutragen. Grundsätzlich besteht Gesamtvertretungsmacht.

§ 51a Der Geschäftsführer hat einem Gesellschafter auf dessen Wunsch **unverzüglich** Auskunft über die Angelegenheiten der Gesellschaft zu geben und die Einsicht in die Bücher zu gestatten.

In Gesellschaften, die mehr als 2000 Arbeitnehmer beschäftigen, wird nach dem Mitbestimmungsgesetz (§§ 1, 33 MitbestG) ein **Arbeitsdirektor** bestellt. Er kümmert sich vor allem um die Belange der Arbeitnehmer.

➤ Aufsichtsrat

§ 52 Im GmbH-Gesetz ist die Bildung eines Aufsichtsrates nicht vorgeschrieben; sie kann aber durch den Gesellschaftsvertrag festgelegt werden.

DrittelbG § 1 (1) 3 Das Drittelbeteiligungsgesetz (DrittelbG) sieht die Bildung eines Aufsichtsrates vor, wenn mehr als 500 Arbeitnehmer beschäftigt werden. Besteht ein Aufsichtsrat, so ist er das Überwachungsorgan der GmbH.

➤ Gesellschafterversammlung

GmbHG §§ 48 ff. Sie ist das beschließende Organ. Ihre Einberufung erfolgt durch eingeschriebenen Brief. Die Abhaltung der Versammlung der Gesellschafter kann unterbleiben, wenn sich sämtliche Gesellschafter mit der schriftlichen Stimmabgabe einverstanden erklären.

§ 46 Trifft der Gesellschaftsvertrag keine besondere Regelung, so können die Gesellschafter u. a. über folgende Punkte beschließen:

- Feststellung des Jahresabschlusses und der Verwendung des Ergebnisses,
- Einforderung von Einzahlungen auf die Stammeinlagen,
- Rückzahlung von Nachschüssen,
- Teilung, Zusammenlegung sowie Einziehung von Geschäftsanteilen,
- Bestellung, Entlastung und Abberufung von Geschäftsführern,
- Bestellung von Prokuristen und Handlungsbevollmächtigten.

§ 47 Die Beschlussfassung erfolgt nach der Mehrheit der abgegebenen Stimmen. Jeder Euro eines Geschäftsanteils gewährt eine Stimme.

f) Beurteilung der GmbH als Rechtsform für eine Agentur

Vorteile	Nachteile
• Sie kann mit wenig Kapital gegründet werden. • Das Risiko der Gesellschafter ist auf seinen Geschäftsanteil beschränkt. • Sie sichert als juristische Person die Fortführung einer Unternehmung beim Tode eines Gesellschafters.	• Aus Versicherersicht wird der Agenturvertrag mit einer nur beschränkt haftenden Kapitalgesellschaft geschlossen. • Der Versicherer hat im Gegensatz zur Agentur als Einzelunternehmung oder OHG keinen Einfluss auf die Auswahl weiterer Gesellschafter. • Manche Versicherer sind aus den genannten Gründen bei der Agenturvergabe an eine GmbH eher zurückhaltend.

Übersicht: Merkmale der Rechtsformen von Agenturen

<table>
<tr><th>Merkmale</th><th>Einzelunter-nehmung (e. K.)</th><th>OHG Personengesellschaft</th><th>GmbH Kapitalgesellschaft</th></tr>
<tr><td rowspan="2">➤ Gründung</td><td colspan="2">Eintragung in Abteilung A des elektronischen Handelsregisters (nur rechtserklärende Wirkung, soweit »Istkaufmannseigenschaft« vorliegt)</td><td>Eintragung in Abteilung B des elektronischen Handelsregisters (rechtsbegründend, »Formkaufmann«)</td></tr>
<tr><td>ein Gründer</td><td>mindestens 2 Gründer, formfreier Gesellschaftsvertrag</td><td>ein oder mehrere Gründer, notariell beurkundete Satzung (= Gesellschaftsvertrag)</td></tr>
<tr><td>➤ Firma</td><td colspan="3">(fast) beliebiger Firmenkern + Rechtsformzusatz (e. K./OHG/GmbH)
Versicherungsvertreter müssen bei der Firmierung die WettbRiLi beachten.</td></tr>
<tr><td rowspan="2">➤ Kapital-beschaffung</td><td>allein durch den Eigentümer</td><td>durch die Gesellschafter in Höhe der vertraglich vereinbarten Einlage</td><td rowspan="2">Mindeststammkapital GmbH: 25 000,00 €
Die Anmeldung ins Handelsregister setzt die Einzahlung von 25 % des jeweiligen Geschäftsanteils voraus. Insgesamt muss der Gesamtbetrag der Geld- und Sacheinlagen die Hälfte des Mindeststammkapitals erreichen.
UG: 1,00 €</td></tr>
<tr><td colspan="2">kein Mindestkapital, wegen strengerer Haftung bessere Fremdfinanzierungsmöglichkeiten</td></tr>
<tr><td>➤ Organe</td><td colspan="2">keine Organe (keine juristische Person)</td><td>• ein oder mehrere Geschäftsführer, i. d. R. personengleich mit dem (den) Gesellschafter(n)
• Gesellschafterversammlung
Mehrheitsprinzip nach Kapitalanteilen (je 1,00 € Geschäftsanteil gewährt eine Stimme)</td></tr>
<tr><td rowspan="2">➤ Geschäftsführungsbefugnis (Innenverhältnis)</td><td rowspan="2">Eigentümer (Inhaber)</td><td>Einzelgeschäftsführungsbefugnis der Gesellschafter, allerdings nur im Rahmen des gewöhnlichen Geschäftsbetriebs</td><td>Gesamtgeschäftsführungsbefugnis der Geschäftsführer. Diese können, müssen aber nicht, gleichzeitig Gesellschafter (keine Mitarbeitspflicht) sein.</td></tr>
<tr><td colspan="2">Der Gesellschaftsvertrag bzw. die Satzung kann eine andere Regelung vorsehen.</td></tr>
</table>

Merkmale	Einzelunternehmung (e. K.)	OHG Personengesellschaft	GmbH Kapitalgesellschaft
➤ **Vertretung** (Außenverhältnis)	Eigentümer (Inhaber)	**Einzel**vertretungsbefugnis für jeden Gesellschafter, **ohne** dass diese **umfangmäßig** beschränkbar wäre.	**Gesamt**vertretungsbefugnis der von der Gesellschafterversammlung eingesetzten Geschäftsführer.
		Zulässig, d. h., im elektronischen Handelsregister eintragungsfähig ist	
		• die Gesamtvertretung bzw. • der Ausschluss von der Vertretung.	• die Einzelvertretung für **alle** Rechtsgeschäfte.
➤ **Haftung**	unbeschränkt mit dem Geschäfts- und dem Privatvermögen	Neben der OHG haftet der einzelne Gesellschafter • direkt **persönlich,** • **gesamtschuldnerisch** • und **unbeschränkt** auch mit dem Privatvermögen sowohl für bereits bestehende OHG-Schulden bei seinem Eintritt, als auch für noch bestehende OHG-Schulden bei seinem Austritt (ab Handelsregistereintrag noch fünf Jahre).	Den Gläubigern gegenüber haftet **nach** Eintragung der GmbH nur das Gesellschaftsvermögen (Vermögen der GmbH); **keine** Haftung der Gesellschafter. Der GmbH gegenüber haftet aber jeder Gesellschafter für die Einzahlung der Stammeinlagen durch die Mitgesellschafter.
➤ **Gesellschaftsvermögen**	–	**gemeinschaftliches Vermögen** der Gesellschafter	eigenes **Vermögen** der **juristischen Person**
➤ **Ergebnisverwendung**	–	soweit nichts anderes vereinbart: 4 % der Einlage, Rest nach Köpfen (Verlustverteilung nach Köpfen)	nach Kapital- bzw. Geschäftsanteilen (keine gesetzlichen Gewinnrücklagen)
➤ **Ausscheiden eines Gesellschafters**	–	Kündigung zum Geschäftsjahresende (Wirkungsfrist mind. sechs Monate)	Veräußerung des Geschäftsanteils duch notarielle Beurkundung
➤ **Bestehen der Unternehmung**	–	Grundsätzlich vom Gesellschafterbestand	
		abhängig	unabhängig

Lernkontrollen zu C 1.5

Rechtsformen der Agentur

1 Zwei Auszubildende Ihrer Gesellschaft (Thorsten Abels und Michael Kurz) wollen nach Abschluss der Ausbildung ihre geplante Vermittlertätigkeit im Rahmen einer Personengesellschaft ausüben. Sie diskutieren hierüber und beziehen Sie in das Diskussionsgespräch ein.

a) Bedarf der Gesellschaftsvertrag einer bestimmten Form?

b) Wie könnte die Firma lauten?

c) Welches Haftungsrisiko wird ihnen vom Gesetz auferlegt?

d) Wie wird ein Gewinn verteilt, wenn im Gesellschaftsvertrag keine Regelung aufgenommen ist?

e) Worin unterscheidet sich die Vertretung von der Geschäftsführung?

f) Thorstens Abels hat einen Muster-Gesellschaftsvertrag für die Diskussion mitgebracht. Darin ist vorgesehen, dass der einzelne Gesellschafter nicht berechtigt ist, im Rahmen der OHG Verpflichtungen einzugehen, die einen Betrag von 30 000,00 € überschreiten. Er will jetzt wissen, ob sein zukünftiger Geschäftspartner Michael Kurz beispielsweise folgendes Rechtsgeschäft tätigen könnte und welche rechtliche Wirkung es ggf. hätte:
Michael Kurz kauft einen teuren Geschäftswagen für 60 000,00 €, der mit 30 000,00 € aus dem Gesellschaftsvermögen und mit weiteren 30 000,00 € aus einem Bankkredit bezahlt wird.

g) Ferner interessiert ihn folgender denkbarer Fall:
Die OHG gerät nach Anschaffung des Geschäftswagens durch Michael Kurz in Zahlungsschwierigkeiten, da die Geschäfte nicht so laufen wie erwartet. Die Kredit gebende Bank beantragt deshalb beim zuständigen Amtsgericht einen Mahnbescheid über 30 000,00 € zuzüglich Kosten, in dem Thorsten Abels als Schuldner aufgeführt ist. Muss er zahlen oder kann er die Bank an Michael Kurz bzw. an die OHG als Gesellschaft verweisen?
Tragen Sie Ihr Wissen zu den aufgeworfenen Fragen bei.

2 Voss (V) ist Versicherungsvertreter (Generalagent). Sein Freund Abel (A) ist Angestellter im Außendienst und verdient monatlich 4 000,00 € brutto. Beide sind seit mehreren Jahren für die GLOBAL Versicherung AG tätig und beabsichtigen, zusammen ein Versicherungsmaklerunternehmen zu gründen.

Sie diskutieren, welche Rechtsform (OHG, GmbH) für sie am zweckmäßigsten ist.

a) Nennen Sie vier Gründungsvoraussetzungen für eine GmbH.

b) Das Maklerunternehmen soll den Namen Voss und Partner Versicherungsvermittlungs-GmbH führen.

Prüfen Sie, ob die gewählte Firmierung nach dem GmbHG rechtlich zulässig ist.

c) Welche Unterschiede bestehen zwischen einer OHG und einer GmbH bezüglich

(1) Kapitalbeschaffung,

(2) Organe der Gesellschaft,

(3) Haftung,

(4) Geschäftsführung und Vertretung,

(5) Ausscheiden eines Gesellschafters,

(6) Gewinnverteilung (§ 121 HGB, § 29 GmbHG)?

1.6 Agenturvertrag

Beispiel:

Hilmar Krause und die Proximus Versicherung AG sind überein gekommen, dass ihm die angebotene Versicherungsagentur übertragen werden soll (vgl. Einführungsbeispiel zu C 1.1).

Die zukünftige Geschäftsbeziehung wird durch einen Agenturvertrag, den die Parteien vereinbaren, geregelt.

Der Inhalt des Agenturvertrages ist an den vom Bundesverband Deutscher Versicherungskaufleute (BVK) entwickelten Muster-Agenturvertrag angelehnt.

Die Proximus Versicherung AG

nachstehend **Versicherer** benannt,

und

der Kaufmann für Versicherungen und Finanzen (Fachrichtung Versicherung)

Hilmar Krause

Bergstr. 8

79254 Oberried

nachstehend **Vertreter** benannt,

schließen folgenden Vertrag.

§ 1 Übertragung einer Agentur
Vertretungsgebiet

1. Der Vertreter übernimmt eine hauptberufliche Vertretung des Versicherers. Seine Agentur befindet sich in 79254 Oberried, Bergstr. 8.
2. Die Übernahme der Vertretung erfolgt auf der Grundlage dieses Vertrages sowie der schriftlichen Geschäftsanweisungen, die von der Geschäftsleitung des Versicherers erlassen werden, soweit sie diesem Vertrag nicht zuwiderlaufen.
3. Der Vertreter kann in der gesamten Bundesrepublik Deutschland und darüber hinaus innerhalb den Mitgliedstaaten der Europäischen Union tätig werden. Er darf jedoch in Beständen, die anderen Vertreter des Versicherers zugeordnet sind, keine Vermittlungen tätigen.

§ 2 Rechtsstellung des Vertreters

1. Der Vertreter ist selbstständiger Gewerbetreibender im Hauptberuf gemäß §§ 84 ff. Handelsgesetzbuch (HGB).
2. Seine Tätigkeit kann der Vertreter im Rahmen dieses Vertrages frei gestalten.
3. Mit Abschluss dieses Vertrages wird kein Arbeits- oder arbeitnehmerähnliches Verhältnis begründet. Der Vertreter hat seine öffentlich-rechtlichen sowie gewerbe- und steuerrechtlichen Verpflichtungen in eigener Verantwortung zu erfüllen und sorgt selbst für seine eigene soziale Absicherung sowie Altersversorgung.
4. Der Vertreter gilt als Vermittlungsagent nach § 59 Abs. 2 des Versicherungsvertragsgesetzes (VVG) und hat die Vollmachten gemäß § 69 VVG für alle von dem Versicherer betriebenen Versicherungszweige.

5. Soweit nicht in diesem Vertrag oder in den Allgemeinen Versicherungsbedingungen (AVB) etwas anderes bestimmt ist, ist der Vertreter berechtigt,
   a. Anträge auf Versicherungsvertragsabschluss, Verlängerung oder
   b. Änderung eines Vertrages, Anzeigen und Schadenmeldungen, alle schriftlichen Erklärungen der Kunden sowie den Widerruf von Anträgen zwecks Weiterleitung an den Versicherer entgegenzunehmen.
6. Der Vertreter ist nicht berechtigt, über Annahme und Ablehnung von Anträgen zu entscheiden, Kündigungs- und Rücktrittserklärungen abzugeben oder Beitragszahlungen zu stunden.

§ 3 Aufgaben des Vertreters

1. Der Vertreter ist verpflichtet, mit der Sorgfalt eines ordentlichen Kaufmanns die Geschäfte des Versicherers und dessen Kooperationspartnern zu fördern und deren Interessen wahrzunehmen (§ 86 HGB). Er hat sich dabei ständig um die Vermittlung von Produkten dieser Unternehmen, insbesondere von neuen Versicherungen, zu bemühen.
2. Der Vertreter erfüllt bei seiner Vermittlungstätigkeit die im VVG vorgesehenen Pflichten zur Beratung, Information und Dokumentation. Ferner hat er aufgrund der Informationspflichten des Versicherers gem. VVG-InfoV das von der Proximus Versicherung AG zur Verfügung gestellten Informationsmaterial auszuhändigen.
3. Ebenso bestehen seine Aufgaben darin, den Bestand zu pflegen. Hierzu zählen insbesondere die Kundenbetreuung und die Erhaltung des Bestandes.
4. Der Vertreter wird bei seiner Tätigkeit die vom Versicherer vorgegebenen Verkaufskonzeptionen beachten.

§ 4 Ausschließlichkeitsregelung

1. Ohne vorherige Zustimmung des Versicherers ist der Vertreter nicht berechtigt, während der Dauer dieses Vertrages für andere Versicherungsgesellschaften tätig zu sein.
2. Der Vertreter hat aber das Recht, Versicherungen, die der Versicherer nicht deckt oder schriftlich abgelehnt oder aufgekündigt hat, oder Versicherungen, die von Bedingungen abhängig gemacht werden, die entweder der Versicherer oder der Antragsteller nicht akzeptieren, und Risiken, die mit einer abgelehnten Versicherung untrennbar verbunden sind, anderweitig unterzubringen (sog. Ventillösung). Die schriftliche Ablehnung kann ersetzt werden durch eine entsprechende Erklärung des Leiters der Vertriebsabteilung von der zuständigen Geschäftsstelle des Versicherers.
3. Andere Tätigkeiten dürfen ausgeübt werden, soweit sie mit den Verpflichtungen aus diesem Vertrag vereinbar sind.

§ 5 Wettbewerb

1. Der Vertreter ist verpflichtet, die für den Wettbewerb geltenden Grundsätze und Vorschriften der Wettbewerbsrichtlinien der Versicherungswirtschaft (WettbRiLi) zu beachten.

2. Versicherungsverträge, die bereits von anderen Vermittlern dem Versicherer zugeführt worden sind und von diesen betreut werden, sind zu respektieren.
3. Öffentliche Anzeigen und Werbemaßnahmen, die den Namen des Versicherers tragen, sind vorher mit diesem abzustimmen.

§ 6 Provisionen

1. Für seine Tätigkeit als Vermittlungsagent (§ 59 Abs. 2 VVG) erhält der Vertreter vom Versicherer die in den Provisionstabellen und -bestimmungen angegebenen Abschluss- und Folgeprovisionen.
2. Mit den bezahlten Provisionen sind alle persönlichen und sachlichen Aufwendungen abgegolten, die im Zusammenhang mit der Tätigkeit als Vermittlungsagent (§ 59 Abs. 2 VVG) gem. §§ 2 u. 3 entstehen.
3. Die Provisionsansprüche des Vertreters und evtl. Rückforderungen der Proximus Versicherung AG werden bei der Proximus Versicherung AG auf einem Provisionskonto für den Vertreter aufgezeichnet (gesammelt). Der Vertreter erhält in kurzen Abständen von der Proximus Versicherung AG einen Kontoauszug (Bordero) über gutgeschriebene und belastete Provisionen. Am Ende eines Monats erfolgt die Auszahlung. In der Mitte des jeweiligen Monats wird eine Abschlagszahlung geleistet. Der Vertreter kann aber auch verlangen, dass eine ihm zustehende Provision sofort ausgezahlt wird.
4. Der Vertreter ist nicht berechtigt, für seine Tätigkeit von Dritten weitere Vergütungen zu verlangen. Führt der Versicherer »Netto-Tarife«, also abschlusskostenfreie Tarife ein, dann ist es dem Vertreter gestattet, sobald die Bundesanstalt für Finanzdienstleistungsaufsicht (BaFin) die Genehmigung dazu erteilt hat, mit dem Kunden eine Honorarvereinbarung schriftlich zu treffen. Dessen ungeachtet hat der Vertreter das Provisionsabgabe-Verbot der BaFin zu beachten.

§ 7 Haftung des Vertreters

1. Für die Erfüllung der dem Vertreter aus diesem Vertrag obliegenden Pflichten haftet er nach den allgemeinen gesetzlichen Vorschriften. Ungeachtet der nachfolgenden Freistellungs- und Regress-Verzichtserklärung wird dem Vertreter empfohlen, eine Vermögensschaden-Haftpflichtversicherung abzuschließen.
2. Nach 3 Jahren Tätigkeit ab Beginn dieses Vertrages gilt folgende Freistellungs- und Regress-Verzichtserklärung für alle Tätigkeiten des Vertreters für den Versicherer:

   Sollte der Vertreter für einen Vermögensschaden, den er durch fehlerhaftes Verhalten in der Versicherungsvermittlung und der damit verbundenen Beratung oder Verwaltung für die Proximus Versicherung AG sowie in der Schadenregulierung verursacht hat, von einem Dritten auf Schadenersatz in Anspruch genommen werden, wird der Versicherer den Vertreter freistellen, d. h. unbegründete Ansprüche abwehren und begründete bezahlen. Der Versicherer verzichtet in diesen Fällen, auch wenn er von Dritten unmittelbar haftbar gemacht wird, dem Vertreter gegenüber auf die Durchführung eines Regresses. Ausgeschlossen von dieser Freistellung und diesem Regressverzicht sind die Fälle der Inanspruchnahme auf Schadenersatz, denen eine vorsätzliche Verursachung durch den Vertreter zugrunde liegt.

§ 8 Geschäftsunterlagen des Versicherers

1. Der Vertreter ist verpflichtet, Geschäftsunterlagen des Versicherers sorgsam aufzubewahren und vertraulich zu behandeln.
2. Bei Beendigung dieses Vertrages hat der Vertreter die Geschäfts- und Kundenunterlagen des Versicherers und die ihm für die Durchführung seiner Tätigkeit ausgehändigten Materialien an den Versicherer zurück zu geben.
3. Unbeschadet hiervon bleibt die für Vertreter geltende Regelung des Zurückbehaltungsrechts gemäß § 88a HGB.

§ 9 Beendigung dieses Vertrages
Kündigungsfristen

1. Dieses Vertragsverhältnis kann im 1. Jahr der Vertragsdauer mit einer Frist von einem Monat, im 2. Jahr mit einer Frist von zwei Monaten und im 3. bis 5. Jahr mit einer Frist von drei Monaten zum Schluss eines Kalendervierteljahres gekündigt werden.
2. Nach einer Vertragsdauer von fünf Jahren beträgt die Kündigungsfrist sechs Monate zum Schluss eines Kalendervierteljahres.
3. Nach einer Vertragsdauer von mehr als fünfzehn Jahren beträgt die Kündigungsfrist neun Monate zum Schluss eines Kalendervierteljahres, wenn der Vertreter das 40. Lebensjahr vollendet hat.
4. Nach einer Vertragsdauer von mehr als zwanzig Jahren, wenn der Vertreter das 45. Lebensjahr vollendet hat, beträgt die Kündigungsfrist zwölf Monate.
5. Bei der Berechnung der Vertragsdauer wird eine Tätigkeit als Angestellter bei dem Versicherer berücksichtigt, wenn diese unmittelbar vor Beginn dieses Vertrages ausgeübt wurde.
6. Bis zum Ablauf der Kündigungsfrist stehen dem Vertreter die mit ihm vereinbarten Provisionsansprüche zu, die der Versicherer weiterhin monatlich bezahlt. Der dem Vertreter gemäß § 89b HGB zustehende Ausgleichsanspruch wird hiervon nicht berührt.
7. Jeder Vertragspartner kann bei Vorliegen eines wichtigen Grundes die Kündigung dieses Vertrages ohne Einhaltung einer Kündigungsfrist aussprechen. Sofern der Vertreter aus begründetem Anlass kündigt, bleibt davon sein Ausgleichsanspruch nach § 89b HGB unberührt.
8. Im Falle des Todes des Vertreters erlischt das Vertragsverhältnis mit sofortiger Wirkung.

§ 10 Folgen der Beendigung des Vertragsverhältnisses

1. Mit Beendigung dieses Agenturverhältnisses durch Kündigung eines Vertragspartners erlischt, mit Ausnahme etwaiger Ansprüche aus § 87 Abs. 3 HGB, jeder Anspruch des Vertreters gegen den Versicherer auf irgendwelche Provisionen oder Vergütungen.
2. Unberücksichtigt davon verbleibt gemäß § 89b HGB der etwa gegebene Ausgleichsanspruch, der gemäß den »Grundsätzen zur Errechnung der Höhe des Ausgleichsanspruches« ermittelt und vom Versicherer innerhalb von drei Monaten nach Beendigung des Vertragsverhältnisses bezahlt wird.
3. Eine Anrechnung eines ggf. bestehenden Vertreter-Versorgungs-Werkes oder einer Lebensversicherung, an deren Beitragszahlung sich der Versicherer beteiligt hat, auf den Ausgleichsanspruch findet nicht statt.

§ 11 Datenschutz

Der Vertreter ist gemäß § 53 BDSG (Bundesdatenschutz-Gesetz) zur Wahrung des Datenschutzgeheimnisses verpflichtet. Er versichert, dass er die Ausführungen im Merkblatt zur Datenverarbeitung beachten wird. Der Vertreter wird seine Mitarbeiter gleichlautend verpflichten.

§ 12 AVAD

Dem Vertreter ist das »Informationsblatt über den AVAD-Auskunftsverkehr« ausgehändigt worden. Er erklärt sich mit dem darin geschilderten Verfahren einverstanden.

§ 13 Sonstige Bestimmungen

1. Änderungen des Vertrages erlangen erst Rechtsgültigkeit, wenn sie durch beide vertragsschließenden Parteien schriftlich bestätigt sind. Alle Nebenabreden bedürfen der bestätigenden Schriftform.
2. Salvatorische Klausel: Sollten einzelne Vertragsbestimmungen unwirksam sein oder werden, so werden die Vertragspartner diese durch Vereinbarungen ersetzen, die unter Berücksichtigung der beiderseitigen Interessen der zu ersetzenden Vertragsbestimmung am nächsten kommt.
3. Der Vertreter bedarf keiner Erlaubnis als Versicherungsvermittler durch die zuständige IHK, da er gem. § 34d Absatz 7 GewO seine Tätigkeit als Versicherungsvermittler ausschließlich im Auftrag der Proximus Versicherung AG ausübt und diese für ihn die uneingeschränkte Haftung aus seiner Vermittlertätigkeit gem § 7 Nr. 2 des Agenturvertrages übernimmt. Die erforderliche Registrierung als Versicherungsvermittler wird von der Proximus Versicherung AG veranlasst.

§ 14 Gerichtsstand und Erfüllungsort

Als Gerichtsstand und Erfüllungsort aus diesem Vertrag gilt der Ort des Geschäftssitzes des Vertreters.

Ort, Datum Unterschriften

1.6.1 Aufgaben einer Versicherungsagentur

Die Aufgaben einer Versicherungsagentur lassen sich wie folgt benennen:

- Vermittlung von Versicherungsverträgen
- Bestätigung von vorläufigem Versicherungsschutz in ausgewählten Versicherungszweigen (z. B. elektronische Versicherungsbestätigung in der Kraftfahrzeug-Haftpflichtversicherung)
- Betreuung, Erhaltung und Ausbau des zu pflegenden Versicherungsbestandes
- Ermittlung und Feststellung von Schäden
- Kleinschadenregulierung

Für die erfolgreiche Vermittlung von Versicherungsverträgen erhält der selbstständige Versicherungsvertreter eine **Abschlussprovision**.

Aufgrund der vermittelten längerfristigen Kundenbeziehung und wegen der Bestandspflege erhält er ferner in regelmäßigen Abständen eine **Folgeprovision,** auch **Bestands- oder Betreuungsprovision** genannt. Sie umfasst meistens auch das Entgelt für die Schadenermittlung und -regulierung.

Zur Unterstützung seiner Arbeit kann der selbstständige Versicherungsvertreter wiederum Vertretungsverträge mit anderen Vertretern schließen, die man als **echte Untervertreter** (kurz: Untervertreter) bezeichnet. Der echte Untervertreter arbeitet für den Versicherungsvertreter. Er besucht beispielsweise Kunden aus dem Bestand der Versicherungsagentur und nimmt Versicherungsanträge auf. Seine Provision erhält er vom Versicherungsvertreter, während der Versicherungsvertreter wiederum für die vom Untervertreter vermittelten Verträge Abschlussprovisionen von der Versicherungsunternehmung erhält.

Der **unechte Untervertreter** wird dagegen vom VR bestellt und vergütet.

1.6.2 Rechte und Pflichten aus einem Agenturverhältnis

Das **Innenverhältnis** zwischen VR und Vertreter wird durch den Vertreter-(Agentur-) Vertrag bestimmt. Als **Dauerschuldverhältnis** enthält er im Wesentlichen die nachstehend beschriebenen Pflichten und Rechte für den Vertreter, die sich teilweise auch aus dem HGB ergeben. HGB § 85

a) Pflichten

➤ Bemühungspflicht

Die Vermittlung oder der Abschluss von Verträgen muss ständig angestrebt werden. Der Vertreter hat hierbei die Interessen des VU wahrzunehmen. § 86 (1)

Das bedingt nicht nur ständig individuelle Werbung um neue Kunden, sondern auch eine fortlaufende Bestandspflege (Stornoverhütungen bzw. Vertragsanpassungen).

➤ Benachrichtigungspflicht

Abschlüsse bzw. Anträge und Anzeigen des Kunden sind unverzüglich an den VR weiterzuleiten. § 86 (2)

➤ Sorgfaltspflicht

Der Vermittler hat die Pflichten mit der Sorgfalt eines ordentlichen Kaufmanns wahrzunehmen, § 86 (3)

Beispiel:

Der Vermittler hat auf ein Geschäft zu verzichten, wenn das Wagnis aus objektiven (örtliche Risikoprüfung) oder subjektiven Gründen (u. a. Zahlungsschwäche des Versicherungsinteressenten) für den VR uninteressant erscheint.

➤ Geheimhaltungspflicht

§ 90

Der Vertreter darf die ihm anvertrauten Geschäfts- und Betriebsgeheimnisse auch nach Beendigung des Vertragsverhältnisses nicht verwerten oder anderen vermitteln. Dazu gehören vor allem die Kundennamen und -anschriften, die dem Vertreter während und aufgrund seiner Tätigkeit für das VU bekannt geworden sind.

In der Versicherungswirtschaft spielen hier auch die Haustarife und vor allem die Ablauflisten der Versicherungsverträge eine Rolle.

➤ Weisungsfolgepflicht

Die Selbstständigkeit des Versicherungsvertreters bedeutet zwar, dass der Vertreter im Wesentlichen frei entscheiden kann, in welcher Art und Weise er die aufgrund des Vertretervertrages übernommenen Aufgaben im Einzelnen durchführen und wie er seinen Agenturbetrieb organisieren will. Dennoch ist das VU berechtigt, dem Vertreter für das Auftreten im Außenverhältnis zum Kunden geschäftliche Weisungen zu erteilen, und der Vertreter ist verpflichtet, diesen Weisungen nachzukommen.

➤ Pflicht zur Wettbewerbsenthaltung

Mit Rücksicht auf seine persönliche Selbstständigkeit kann der Vertreter grundsätzlich auch mehrere voneinander unabhängige Firmen vertreten. Wird er allerdings für Konkurrenzfirmen – z. B. für mehrere Krankenversicherer gleichzeitig – tätig, so dürfte eine Interessenkollision vorliegen und damit ein Verstoß gegen die Wahrnehmungspflicht der Interessen des jeweiligen Versicherers **(Wettbewerbsverbot kraft Gesetzes)**.

In der Praxis der Versicherungswirtschaft richtet sich das Wettbewerbsverbot regelmäßig nach dem Inhalt des mit dem Vertreter geschlossenen Agenturvertrages.

Der **Einfirmenvertreter** unterliegt danach einem strengen Wettbewerbsverbot, da er an keine weitere Versicherungsgesellschaft, ausgenommen bei der Ventillösung, vermitteln darf (vgl. C 1.1.1 b).

Für den **echten Mehrfirmenvertreter** ist das Wettbewerbsverbot hingegen im Agenturvertrag ausdrücklich abbedungen. Der unechte Mehrfirmenvertreter darf laut Agenturvertrag in einem bestimmten Versicherungszweig jeweils nur einen bestimmten Versicherer vertreten.

➤ Informations-, Beratungs- und Dokumentationspflicht

Der Vertreter hat die Informations-, Beratungs- und Dokumentationspflichten zu erfüllen, auch soweit er für den Versicherer stellvertretend handelt (vgl. B 3.2 und B 3.3).

➤ Einhaltung der nachvertraglichen Wettbewerbsabrede

HGB § 90a

Durch **ausdrückliche Vereinbarung** kann der selbstständige Vertreter auch nach Beendigung des Vertrages zur Wettbewerbsenthaltung verpflichtet sein (Einfirmen- und unechter Mehrfirmenvertreter). Die nachvertragliche »Wettbewerbsabrede«

- muss aber schriftlich erfolgen (dem Vertreter ist eine vom VU unterzeichnete Urkunde auszuhändigen),
- darf sich auf höchstens 2 Jahre (nach Vertragsende) erstrecken,
- verpflichtet das VU, für diese Zeit ein angemessenes Entgelt zu bezahlen.

Als angemessene Entschädigung ist die Hälfte der bisherigen Provision üblich. Allerdings entfällt diese Verpflichtung des VR, wenn er den Agenturvertrag aus »wichtigem Grund« wegen schuldhaften Verhaltens des Vertreters gekündigt hat.

Für angestellte Vertreter finden sich die gesetzlichen Vorschriften zur nachvertraglichen Wettbewerbsabrede in den §§ 74–75d HGB.

b) Rechte

➤ Belege und Informationen

Hierzu zählen insbesondere: HGB

- Aushändigung einer **Vertragsurkunde über den Agenturvertrag** § 85
- **Überlassung von Unterlagen** (z. B. Antragsvordrucke, AVB, BVB, Klauseln, Tarife usw.) § 86a
- **Benachrichtigung über Annahme, Abänderung oder Ablehnung eines vermittelten Geschäftes**

  Bei begründeten Zweifeln an der Vollständigkeit der Benachrichtigung hat der Vertreter auch ein Recht auf Einsicht in die betreffenden Geschäftsbücher des VU.

- **Mitteilung über Änderung bestehender Verträge und Auflösung von Verträgen** durch Rücktritt oder Kündigung

  Wird der Vertreter nicht rechtzeitig über eine drohende Vertragsstornierung (z. B. wegen Nichtzahlung des Erstbeitrages) benachrichtigt, sodass eine »Nachbearbeitung« – jetzt von Seiten des Vertreters – zeitlich nicht mehr möglich ist, hat das VU die Stornierung zu vertreten und kann deshalb weiterhin provisionspflichtig sein.

➤ Provisionsanspruch

Die Vermittlungs- bzw. **Abschlussprovision** kann als Einmalprovision (Lebensversicherung) und/oder laufende Provision (Kraftfahrtversicherung) gewährt werden. Der Versicherungsvertreter hat nur für solche Geschäfte Provisionsanspruch, die unmittelbar auf seine Tätigkeit zurückzuführen sind, er hat also keinen Kunden- (Nachbestellungen) oder gar Bezirksschutz wie der Handelsvertreter.

Der Einfirmenvertreter im Hauptberuf hat außerdem einen Mindestprovisionsanspruch wegen seiner starken wirtschaftlichen Abhängigkeit von einem Unternehmen bzw. Konzern. Allerdings muss er in der Praxis mit einer Kündigung rechnen, wenn er diese Mindestzahlungen auf Dauer nicht durch Provisionen abverdient. Häufig wird dem Einfirmenvertreter zu Vertragsbeginn ein Bestand zur Betreuung und Verwaltung zugewiesen. Weil er dann aus dem Bestand regelmäßige Einnahmen in Form der Bestands- oder Betreuungsprovision hat, erübrigt sich die Provisionsgarantie.

Der Anspruch auf Provision entsteht beim Versicherungsvertreter erst, wenn der VN den Beitrag gezahlt hat, aus der sich die Provision nach dem Vertragsverhältnis errechnet. Häufig werden in der Praxis Provisionsvorschüsse gewährt, die dann im Kontokorrentverkehr abgerechnet werden.

Übernimmt der Vertreter darüber hinaus bestimmte Verwaltungsaufgaben, wie etwa die Schadenregulierung in der Sachversicherung bzw. gelegentlich auch noch das Beitragsinkasso, so erhält er als Gegenleistung nach Vertrag eine besondere Verwaltungs- bzw. Inkassoprovision oder eine erhöhte Bestands- (Betreuungs-)provision. Die Höhe der Abschluss-(Vermittlungs-)provision bemisst sich in der Schadenversicherung meistens als %-Satz des Beitrages, in der Krankenversicherung als eine Anzahl von Monatsbeiträgen und in der Lebensversicherung als ‰-Satz der Beitragssumme. Um aber finanzielle Anreize für eine dauerhafte Betreuung der Kunden zu schaffen, gehen inzwischen viele VU dazu über, das System hoher Abschlussprovisionen durch höhere Bestandsprovisionen zu ersetzen, was sicher auch die Beraterqualität verbessern wird.

Abschluss-(Vermittlungs-)provision	
Lebensversicherung*)	25 Promille der Beitragssumme
Unfall/Berufsunfähigkeit	etwa 70 Prozent des ersten Jahresbeitrages
Kraftfahrzeug	8 bis 11 Prozent des Jahresbeitrages
Hausrat	20 Prozent des Jahresbeitrages
Privathaftpflicht	etwa 70 Prozent des ersten Jahresbeitrages
Private Krankenversicherung	3,3 % der Bruttobeitragssumme, max. 9 Monatsbeiträge
Bestands-(Betreuungs-)provision	
Leben/Kranken	1,5 bis 2 Prozent des Jahresbeitrages
Unfall/Sach	10 Prozent des Jahresbeitrages

*) Für die Lebensversicherung ist eine Provisionsdeckelung auf 18 Promille angedacht.

➤ Ausgleichsanspruch

Als Dauerschuldverhältnis **endet der Agenturvertrag** in der Regel durch Kündigung, Tod oder Berufsunfähigkeit (Alter) des Vertreters.

Die ordentliche Kündigung des hauptberuflichen Vertreters ist nach Vertragslaufzeiten abgestuft. Mit Beendigung des Agenturvertrages kann der **hauptberufliche Vertreter,** nicht aber der nebenberufliche Vertreter, einen angemessenen Ausgleich verlangen, wenn und soweit

- die Gesellschaft aus der Geschäftsverbindung mit dem vom Vertreter geworbenen Kunden auch noch nach Beendigung des Agenturvertrages erhebliche **Vorteile** zieht,
- der Versicherungsvertreter infolge der Vertragsbeendigung **Provisionsansprüche verliert,** die er bei Fortsetzung des Agenturvertrages aus den von ihm vermittelten Versicherungsverträgen noch hätte, und
- die Zahlung eines Ausgleichs unter Berücksichtigung aller Umstände der **Billigkeit** entspricht.

HGB § 89b (2) u. (5)

Der Ausgleichsanspruch, der höchstens 3 Jahresprovisionen (5-Jahres-Durchschnitt) beträgt, bezieht sich nicht auf Einmal- und Verwaltungsprovisionen, wohl aber auf Bestandspflegeprovisionen (Folgeprovisionen). Er entfällt, wenn

§ 89b (3)

- der VR den Agenturvertrag aus wichtigem Grund – wegen schuldhaften Verhaltens des Vertreters – kündigt.
- der Vertreter selbst kündigt, ohne dass dazu ein begründeter Anlass vorliegt – wie z. B. Alters- bzw. Gesundheitsgründe oder Gründe, die im Verhalten des VR liegen.
- aufgrund einer Vereinbarung zwischen VR und dem Vertreter ein Dritter (»Vertreternachfolger«) anstelle des Vertreters in das Vertragsverhältnis eintritt.

Der Ausgleichsanspruch kann

§ 89b (4)

- nicht von vornherein ausgeschlossen werden. Eine entsprechende Vereinbarung wäre unwirksam.

- auch nicht durch den Tod des Agenten entfallen, der Anspruch ist unbeschränkt vererbbar.
- wohl aber verwirkt sein, wenn er nicht innerhalb eines Jahres nach Vertragsende bzw. Tod des Vertreters geltend gemacht wird.
- mit den gesellschaftsinternen Altersversorgungsleistungen verrechnet werden.

➤ Berechnung des Ausgleichsanspruchs eines Versicherungsvertreters

Das HGB sieht vor, dass der Ausgleichsanspruch des Versicherungsvertreters höchstens drei Jahresprovisionen (§ 89b Abs. 5 HGB) betragen soll. Ein Handelsvertreter hingegen hat nach dem HGB Anspruch auf einen Ausgleich nach dem Durchschnitt der letzten fünf Jahresprovisionen (§ 89b Abs. 2 HGB).

Um Streitigkeiten zu vermeiden, haben die Verbände der Versicherungswirtschaft und der Vermittler **Grundsätze** zur Errechnung der Höhe des Ausgleichsanspruchs für Versicherungsvertreter erarbeitet.

Basis für die Berechnung des Ausgleichsanspruchs ist der in § 89b Abs. 2 HGB vorgesehene Höchstanspruch für Handelsvertreter. Daraus wird der **spartenabhängige Ausgleichswert** ermittelt, der, multipliziert mit einem entsprechenden Multiplikator (abgestuft nach Anzahl der Tätigkeitsjahre), den Ausgleichsanspruch ergibt.

Beispiel:
Beträgt die Kfz-Jahresprovision im 5-Jahres-Durchschnitt 12 000,00 €, so ist bei 20 Jahren hauptberuflicher Tätigkeit wie folgt zu rechnen: 25 % (Ausgleichswert) von 12 000,00 € · 6 (Multiplikator) = 18 000,00 € Ausgleichsanspruch.

Nach Ansicht der überwiegenden Zahl der Gerichte sind diese Grundsätze – weil Handelsbrauch – inzwischen als rechtsverbindlich anzusehen.

1.6.3 Aufhebung des Agenturvertrages

Ein auf unbestimmte Zeit abgeschlossener Agenturvertrag (Regel) endet durch **ordentliche Kündigung**.

Häufig sehen die Agenturverträge vor, dass das Agenturverhältnis auch bei Erreichen einer im Vertrag festgelegten Altersgrenze oder bei Eintritt einer Berufsunfähigkeit von mehr als 50 % endet.

- Die Kündigungsfrist beträgt im 1. Vertragsjahr einen Monat, im 2. Vertragsjahr zwei Monate und im 3. bis 5. Vertragsjahr drei Monate. HGB § 89
- Ab dem 6. Vertragsjahr kann das Vertragsverhältnis mit einer Frist von sechs Monaten gekündigt werden.
- Die Kündigungsfristen können verlängert, aber nicht verkürzt werden. Im Falle einer derartigen Vereinbarung darf für das VU keine kürzere Frist als für den Vertreter vereinbart werden.
- Die Kündigung ist nur für den Schluss eines Kalendermonats zulässig, sofern keine abweichende Vereinbarung getroffen ist.

Für den Agenturvertrag eines nebenberuflichen Vertreters gilt – soweit nicht etwas anderes vereinbart wurde – eine einmonatige Kündigungsfrist für den Schluss des Kalendermonats. Wegen des fehlenden Schutzbedürfnisses können auch kürzere Kündigungsfristen vereinbart werden. Jedoch müssen diese hier für beide Teile gleich lang sein. § 92b

Der Gesamtverband der Deutschen Versicherungswirtschaft e.V. (GDV) hat seinen Mitgliedsunternehmen einen zusätzlichen Schutz für ältere und schon langjährig tätige Einfirmen- und Konzernvertreter vorgeschlagen.

Der GDV empfiehlt, folgende Kündigungsfristen (jeweils zum Quartalsende) in den Agenturvertrag aufzunehmen: Ab dem 15. Vertragsjahr beträgt die Kündigungsfrist 9 Monate, sofern der Vertreter 40 Jahre und älter ist. Ab dem 20. Vertragsjahr beträgt die Kündigungsfrist 12 Monate, sofern der Vertreter 45 Jahre und älter ist.

In dem bei Abschnitt C 1.6 dargestellten Agenturvertrag wird dieser Empfehlung in § 9 gefolgt.

HGB § 89a

Das Vertragsverhältnis kann von jedem Teil »aus wichtigem Grunde« **fristlos gekündigt** werden.

Lernkontrollen zu C 1.6

Agenturvertrag

1 Auf einer Seminarveranstaltung, in der die Auszubildenden mit der Arbeit von Versicherungsvertretern vertraut gemacht werden sollen, sind Sie der Arbeitsgruppe »Rechte und Pflichten aus dem Agenturvertrag« zugeteilt worden.

Der Seminarleiter händigt der Gruppe die nachstehenden Situationen aus mit der Aufgabe, diese zu bearbeiten und die Lösungsvorschläge den anderen Seminarteilnehmern so zu präsentieren, dass sie mit bedeutenden Rechten und Pflichten eines Versicherungsvertreters vertraut werden.

Situation 1:

Arne Helbig hat einen Agenturvertrag nach dem Muster des BVK mit der Proximus Versicherung AG geschlossen. § 4 dieses Mustervertrages findet volle Anwendung.

Einem Kunden kann er den gewünschten Versicherungsschutz zu einer Vermögensschaden-Haftpflichtversicherung nicht anbieten, da die Proximus Versicherung AG diese Versicherung nicht führt. Er schlägt vor, dass Risiko bei der Alpha-Versicherung zu decken und will dies auch vermitteln. Der Kunde sähe daraufhin gerne, dass auch die anderen gewünschten Versicherungen, die von der Proximus Versicherung AG angeboten werden können, bei der Alpha-Versicherung platziert werden und bittet Arne Helbig, entsprechend tätig zu werden.

Situation 2:

Ein weiterer Kunde, den Arne Helbig besucht, möchte die Versicherung nur dann abschließen, wenn er mit 25 % an der Abschlussprovision beteiligt wird.

Situation 3:

Die Proximus Versicherung AG hat festgelegt, dass Kunden, denen schon einmal ein Versicherungsvertrag wegen Unregelmäßigkeiten (z. B. Zahlungsverzug) gekündigt wurde, nicht mehr angeworben werden dürfen. Arne Helbig gerät an einen solchen Kunden, der zwischenzeitlich wieder zu Geld gekommen ist und jetzt eine hohe Lebensversicherung für seine Altersversorgung abschließen möchte.

Situation 4:

Vertreter Albert hat den Agenturvertrag zum 30. September d. J. fristgerecht gekündigt. Er war 2 Jahre für die Proximus Versicherung AG tätig und erwartet, dass ihm die Folgeprovisionen für das laufende Geschäftsjahr gezahlt werden. Ferner macht er einen Ausgleichsanspruch geltend.

Situation 5:

Vertreterin Barbara Winter war fast zwei Jahrzehnte in einem Autohaus für die Proximus Versicherung AG tätig. Sie vermittelte ausschließlich Kraftfahrtversicherungen und scheidet jetzt aus Altersgründen aus. Sie möchte wissen, welchen Ausgleichsanspruch sie erwarten darf. Ihre Provisionseinnahmen betrugen im 5-Jahres-Durchschnitt 15 000,00 €. Der spartenabhängige Ausgleichswert wird mit 25 % und der Multiplikator mit 5 ermittelt.

2 Im Agenturvertrag kann eine nachvertragliche Wettbewerbsabrede (Konkurrenzklausel) vereinbart worden sein.

a) Welchen Zweck hat diese Vereinbarung?

b) Welche Voraussetzungen stellt das HGB an die Rechtswirksamkeit einer solchen Vereinbarung?

c) Was lässt sich zur Höchstdauer des Wettbewerbsverbots sagen?

3 Ab wann hat der Vertreter nach handelsrechtlichen Vorschriften Anspruch auf Provision?

2 Rechtsformen der Versicherungsunternehmen

Folgende Unternehmensformen sind zugelassen:

- die **Aktiengesellschaft (AG)** und die **Europäische Gesellschaft** (**SE** = **S**ocietas **E**uropaea),
- der **Versicherungsverein auf Gegenseitigkeit (VVaG)**,
- die **öffentlich-rechtlichen Versicherungsanstalten**.

Die Form der GmbH ist aus Kapitalausstattungs- und Publizitätsgründen unerwünscht.

Offene Handelsgesellschaften und Einzelkaufleute sind im Hinblick auf die oft langfristigen Versicherungsverträge ungeeignet.

2.1 Aktiengesellschaft (AG)

a) Begriff und Wesen

Die Aktiengesellschaft ist eine Kapitalgesellschaft mit eigener Rechtspersönlichkeit (juristische Person) und einem »gezeichneten Kapital« (Grundkapital), das in sehr viele Aktien zerlegt sein kann.

Die Ausgabe der Aktien ermöglicht es, eine Vielzahl von Geldgebern zu beteiligen und die Gesellschaft mit einem großen Kapital auszustatten. Für die Verbindlichkeiten der Gesellschaft Dritten gegenüber haftet nur das Gesellschaftsvermögen, sodass der Aktionär nur seine Einlage riskiert, für die er allerdings der AG gegenüber haftet, solange er sie noch nicht voll eingezahlt hat.

Eine Versicherungsunternehmung in der Rechtsform der Aktiengesellschaft wird im allgemeinen Sprachgebrauch üblicherweise als Versicherungs-AG bezeichnet.

b) Rechtsgrundlagen

Der Schutz der Versicherten (dauernde Erfüllbarkeit der Versicherungsverträge), aber auch das öffentliche Interesse am Funktionieren eines volkswirtschaftlich wichtigen Dienstleistungsgewerbes haben dazu geführt, dass für die Versicherungs-AG Spezialvorschriften **(Versicherungsaufsichtsgesetz)** das Aktiengesetz zum Teil ersetzen bzw. ergänzen und zusammen mit Anordnungen der Bundesanstalt für Finanzdienstleistungsaufsicht (BaFin) die gesamte Organisation der aufsichtspflichtigen Versicherungs-AG bestimmen.

Die Zulassung zum Geschäftsbetrieb durch die BaFin ist, ebenso wie beim VVaG (vgl. C 2.3), an zahlreiche Voraussetzungen geknüpft (u. a. solide Kapitalbasis, qualifiziertes Personal). Die Geschäftstätigkeit nach Gründung wird laufend überwacht.

c) Bestimmungen zur Gründung und zum Kapital nach Aktiengesetz (AktG)

AktG § 2
- Die AG kann von einer oder mehreren Personen gegründet werden, die Aktien gegen Einlagen übernehmen müssen (Errichtung der AG).

§§ 6, 7, 152 (1)
- Das gezeichnete Kapital (Grundkapital) muss mindestens 50 000,00 € betragen und zählt zum Eigenkapital der AG. Es ist auf der Passivseite der Bilanz als Gezeichnetes Kapital auszuweisen.

- Rücklagen bilden einen weiteren Teil des Eigenkapitals.
  Man unterscheidet zwei Arten von Rücklagen:
  - **Kapitalrücklage** HGB § 272 (2)
    Sie wird aus dem Aufgeld (Agio) bei einer Überpari-Emission gebildet.

    Beispiel:
    Es werden 50 000 Aktien zu einem Nennwert von 1,00 € pro Aktie ausgegeben. Käufer zahlen für eine Aktie stets den Kurswert. Wenn dieser bei der Erstausgabe bereits 1,20 € pro Aktie beträgt, werden 60 000,00 € eingenommen (50 000,00 € Grundkapital und weitere 10 000,00 €, die in die Kapitalrücklage fließen).

  - **Gewinnrücklage** AktG § 174
    Sie wird aus dem nicht an die Aktionäre ausgeschütteten Gewinn gebildet. Die Hauptversammlung beschließt über den in die Gewinnrücklage einzustellenden Betrag.
- Die Aktien können entweder als **Nennbetragsaktien** oder als **Stückaktien** begründet werden. § 8
  Nennbetragsaktien müssen auf mindestens einen Euro lauten. **Stückaktien** lauten auf keinen Nennbetrag. Der Anteil am Grundkapital bestimmt sich bei Nennbetragsaktien nach dem Verhältnis ihres Nennbetrags zum Grundkapital, bei Stückaktien nach der Zahl der Aktien.
- Ein notariell beurkundeter Gesellschaftsvertrag (Satzung) ist aufzustellen. § 23
  Dieser muss bei einer Versicherungs-AG neben aktienrechtlich vorgeschriebenen Inhalten auch die betriebenen Versicherungszweige einzeln bezeichnen sowie Angaben über die Grundsätze der Vermögensanlage enthalten.
- Die Firma der AG kann eine Personen-, Sach-, Fantasie- oder gemischte Firma sein. § 4
  Sie muss die Bezeichnung »Aktiengesellschaft« oder eine allgemein verständliche Abkürzung dieser Bezeichnung enthalten (z. B. Karlsruher Lebensversicherung AG).
  Nach Bestellung der Organe und des Abschlussprüfers kann die AG ins Handelsregister eingetragen werden. Erst dadurch ist sie als AG entstanden (rechtserzeugende Wirkung). Sie ist juristische Person und hat **Kaufmannseigenschaften** erlangt.

d) Anforderungen an die Kapitalausstattung von Versicherungsunternehmen

An die Kapitalausstattung einer Versicherungs-AG und auch eines VVaG (vgl. C 2.3) und einer öffentlich rechtlichen Versicherungsunternehmung (vgl. C 2.4) werden besondere Anforderungen gestellt; denn es ist hinreichende Gewähr dafür zu bieten, dass im Versicherungsfall die vereinbarte Versicherungsleistung auch erbracht werden kann.

Dass ein **Mindestkapital** von 50 000,00 € nach AktG für eine Versicherungs-AG nicht ausreicht, ist unschwer nachvollziehbar, wenn man nur alleine an die Schadenbelastung durch Naturkatastrophen denkt.
Für Versicherungsunternehmen, **gleich welcher Rechtsform,** wird deshalb eine **Mindestkapitalausstattung** gefordert, die sich nicht nur am Eigenkapital (z. B. Gezeichnetes Kapital und Rücklagen bei einer AG) orientiert. Das VAG kennt vielmehr den Begriff **Eigenmittel** für die Kapitalausstattung (siehe weiter unten).

Die **Kapitalausstattungs-Verordnung (KapAusstV)** nennt u. a. folgende absoluten **Untergrenzen für die Mindestkapitalausstattung:** KapAusstV § 1

- **2,5 Millionen Euro bei Kranken-, Schaden- und Unfallversicherungsunternehmen,** einschließlich firmeneigener Versicherungsunternehmen, die keine Risiken der Versicherungssparten nach den Nummern 10 bis 15 der Anlage 1 des Versicherungsaufsichtsgesetzes decken,
- **3,7 Millionen Euro bei Schaden- und Unfallversicherungsunternehmen,** einschließlich firmeneigener Versicherungsunternehmen, die **mindestens eines der Risiken** der Versicherungssparten nach den Nummern 10 bis 15 der Anlage 1 des Versicherungsaufsichtsgesetzes decken,

  In den **Nummern 10 bis 15 der Anlage 1 des VAG** werden Haftpflicht-, Kredit-, Kautionsversicherungen genannt.
- **3,7 Millionen Euro bei Lebensversicherungsunternehmen,** einschließlich firmeneigener Versicherungsunternehmen.

Darüber hinaus sind **Vorschriften im Versicherungsaufsichtsgesetz (VAG)** zu beachten, die auf die europäische Richtlinie **Solvency II** zurückgehen, welche am 01. Januar 2016 in Kraft getreten ist.

VAG § 89 ff.

In dieser, durch das VAG zu deutschem Recht gewordenen Richtlinie geht es u. a. um die **Solvabilitätsanforderungen (Eigenmittelanforderungen)** von Versicherungsunternehmen.

Die **Eigenmittel eines Versicherungsunternehmens** umfassen die **Basiseigenmittel** und die **ergänzenden Eigenmittel.**

- **Basiseigenmittel**

  Hierzu zählen der Überschuss der Vermögenswerte über die Verbindlichkeiten nach Abzug des Betrages der eigenen Aktien und die nachrangigen Verbindlichkeiten.
- **Ergänzende Eigenmittel**

  Das sind solche, die nicht zu den Basiseigenmitteln zählen und zum Ausgleich von Verlusten eingefordert werden können, z. B. noch nicht eingefordertes Grundkapital bei einer AG, Nachschussverpflichtung bei einem VVaG, Zahlungsverpflichtungen Dritter gegenüber dem Versicherungsunternehmen.

Damit die finanziellen Situation beurteilt werden kann, sind die Versicherer verpflichtet, seit 2017 jährlich ihre **Bedeckungsquote** zu veröffentlichen.

Entspricht die Höhe der Eigenmittel genau der Kapitalanforderung, beträgt die **Bedeckungsquote** 100 Prozent. Unternehmen mit einer Bedeckungsquote von mehr als 100 Prozent sind auf extreme Ereignisse noch besser eingestellt.

e) Übertragbarkeit von Aktien

➤ Inhaberaktien

Hier kann durch **einfache Übergabe** (stillschweigende Einigung) Eigentum erworben werden. Versicherungsaktien sind aber i. d. R. Namensaktien.

➤ Namensaktien

AktG § 67 (1)

Sie sind auf eine bestimmte Person ausgestellt. Dies ist zwingend, wenn das Gezeichnete Kapital noch nicht voll eingezahlt ist. Die Eigentumsübertragung erfolgt durch **Indossament** (ausdrückliche Einigung wie beim Wechsel) und Übergabe. Namensaktien sind in das Aktienregister der Gesellschaft einzutragen; denn nur der Eingetragene kann der AG gegenüber Aktionärsrechte geltend machen, z. B. die Zulassung zur Hauptversammlung verlangen und dort abstimmen.

»**Vinkulierte Namensaktien**« können nur mit **Zustimmung der AG** (Vorstand) übertragen werden. Durch eine solche Regelung kann u. U. eine »Überfremdung« der AG vermieden oder sichergestellt werden, dass die Aktien (wegen der ausstehenden Einlage) nur von zahlungsfähigen Personen erworben werden.

f) Aufbau der Organe

➤ Hauptversammlung

AktG §§ 118 ff.

Sie ist die Versammlung der Aktionäre.

- Mit **einfacher Mehrheit** wählt sie alle vier Jahre den Aufsichtsrat, den sie jährlich wie auch den Vorstand zu entlasten hat. Sie beschließt über die Verwendung des Bilanzgewinns.
- Mit **qualifizierter Mehrheit** entscheidet sie über Grundsatzfragen und Satzungsänderungen (z. B. Kapitalerhöhung).

➤ Aufsichtsrat

§§ 95 ff.

Der **Aufsichtsrat** als Kontrollorgan bestellt und überwacht den Vorstand, prüft und stellt den Jahresabschluss fest und stimmt bestimmten Geschäften (z. B. Niederlassung im Ausland) zu.

Bei seiner Zusammensetzung sind arbeitsrechtliche Vorschriften zu beachten, d. h. bei mindestens 500 Arbeitnehmern das Betriebsverfassungsgesetz und bei mehr als 2 000 Arbeitnehmern das Mitbestimmungsgesetz (vgl. nachstehenden Exkurs: Mitbestimmung der Arbeitnehmer im Aufsichtsrat).

Vertreter der BaFin können anhörungsberechtigt an Aufsichtsratssitzungen wie auch an der jährlichen Hauptversammlung teilnehmen bzw. diese ggf. sogar selbst einberufen.

➤ Vorstand

§ 76 ff.

Der **Vorstand** übt als Leitungsmacht die Geschäftsführung **(Innenverhältnis)** und die Vertretung der Gesellschaft **(Außenverhältnis)** aus; er hat dem Aufsichtsrat vierteljährlich zu berichten. Der Vorstand erstellt den Rechnungsabschluss und beruft die jährliche Hauptversammlung ein.

Exkurs: Mitbestimmung der Arbeitnehmer im Aufsichtsrat

Die Zusammensetzung des Aufsichtsrates entscheidet über die Mitbestimmungsmöglichkeiten der Arbeitnehmer. Dabei spielen folgende Arbeitnehmerzahlen innerhalb der Gesellschaft eine Rolle: §§ 101 f.

a) In Gesellschaften mit **weniger als 500 Arbeitnehmern** ist die Mitbestimmung der Arbeitnehmer im Aufsichtsrat nicht zwingend vorgeschrieben. Der Aufsichtsrat kann also ausschließlich mit Vertretern der **Gesellschafter** besetzt sein.

b) In Gesellschaften, die **mindestens 500**, aber **nicht mehr als 2 000 Arbeitnehmer** beschäftigen, wird der Aufsichtsrat zu zwei Dritteln aus Vertretern der **Anteilseigner**, zu einem Drittel aus Vertretern der **Arbeitnehmer** gebildet. Die Zahl der Aufsichtratsmitglieder muss also mindestens drei Mitglieder betragen; die Satzung kann eine höhere, durch drei teilbare Mitgliederzahl bestimmen. DrittelbG §§ 1, 4 AktG § 95

   Die höchst zulässige Anzahl an Aufsichtsratsmitgliedern ist in § 95 AktG geregelt und richtet sich nach der Höhe des Grundkapitals der AG.

c) In Gesellschaften, die **mehr als 2 000 Arbeitnehmer** beschäftigen, setzt sich der Aufsichtsrat je zur Hälfte **(paritätisch)** aus Vertretern der **Gesellschafter** und der **Arbeitnehmer** zusammen. Die Zahl der Aufsichtratsmitglieder beträgt in diesem Falle MitbestG § 1

MitbestG § 7
- bei 2 000 bis 10 000 beschäftigten Arbeitnehmern zwölf, davon vier Arbeitnehmer des Unternehmens und zwei Gewerkschaftsvertreter;
- bei mehr als 10 000 bis 20 000 beschäftigten Arbeitnehmern sechzehn, davon sechs Arbeitnehmer des Unternehmens und zwei Gewerkschaftsvertreter;
- bei mehr als 20 000 beschäftigten Arbeitnehmern zwanzig, davon sieben Arbeitnehmer des Unternehmens und drei Gewerkschaftsvertreter.

Die Vertreter der Gesellschafter werden in den Fällen b) und c) von der Gesellschafterversammlung, die Vertreter der Arbeitnehmer von der Belegschaft gewählt. Die Aufsichtratssitze der Arbeitnehmer sollen sich auf Arbeiter, Angestellte und leitende Angestellte entsprechend ihrem Anteil an der Gesamtbelegschaft verteilen; jede Gruppe muss aber mindestens einen Sitz erhalten. Der Aufsichtsrat wählt aus seiner Mitte einen Vorsitzenden und einen Stellvertreter. Wird die dazu erforderliche 2/3-Mehrheit nicht erreicht, so wählen die Aufsichtrats-Mitglieder der Gesellschafter den Vorsitzenden. Dieser hat bei Stimmengleichheit im Aufsichtsrat eine zweite Stimme.

---

g) Wesentliche Rechte der Aktionäre

AktG § 134 (1)
- **Stimmrecht** auf der Hauptversammlung
  Das Stimmrecht wird nach Aktiennennbeträgen, bei Stückaktien nach ihrer Zahl ausgeübt.

§ 58 (4), § 60
- **Gewinnanteilsrecht** (Dividende)
- **Bezugsrecht** bei Ausgabe neuer (junger) Aktien

§186
Durch die Wahrnehmung des Bezugsrechts kann sich der Aktionär bestehende Stimmrechtsanteile sichern.
Bei Verkauf des Bezugsrechts erhält er einen Wertausgleich dafür, dass durch den sich bildenden »Mittelkurs« nach der Kapitalerhöhung eine »Verwässerung« des Börsenkurses eintritt, denn in der Regel ist der Ausgabekurs der jungen Aktien niedriger als der Börsenkurs der alten Aktien vor Kapitalerhöhung. Das gilt nicht für Kapitalerhöhungen, wenn durch Hauptversammlungsbeschluss das Bezugsrecht ausgeschlossen wurde.

h) Rechnungslegung der Versicherungs-AG

Grundsätzlich haben Versicherungsunternehmen

HGB §§ 242, 264
- einen **Jahresabschluss**, bestehend aus Bilanz, Gewinn- und Verlustrechnung (GuV) und Anhang, sowie
- einen **Lagebericht**

aufzustellen und offen zu legen.

§§ 284 ff. Der Anhang als Bestandteil des Jahresabschlusses hat die einzelnen Positionen der Bilanz und der Gewinn- und Verlustrechnung zu erläutern (**Erläuterungsbericht**). Der Lagebericht hat die Unternehmensentwicklung darzulegen.

§ 341i Versicherungsunternehmen müssen ferner, unabhängig von ihrer Größe und Rechtsform, einen Konzernabschluss und einen Konzernlagebericht aufstellen und offen legen.

Kapitalmarktorientierte Unternehmen müssen ihre Konzernabschlüsse nach dem **International Financial Reporting Standard (IFRS)** erstellen.

Den gesetzlichen Rahmen für die Rechnungslegung nach deutschem Recht bilden

- das **Handelsgesetzbuch (HGB)**
  - mit den allgemeinen Vorschriften der §§ 238 bis 335 HGB,
  - mit den ergänzenden Vorschriften der §§ 341 bis 341o HGB;

- das **Versicherungsaufsichtsgesetz (VAG)** mit Vorschriften zu bestimmten Positionen, z. B. § 139 VAG;
- spezielle Vorschriften im **Aktiengesetz (AktG)**, z. B. §§ 152 (2), 160, 170–176 AktG;
- die **Versicherungsunternehmens-Rechnungslegungsverordnung (RechVersV)**.

  In der RechVersV sind insbesondere geregelt:
  - Gliederung von Bilanz und GuV,
  - Bewertungsvorschriften,
  - Bilanzanhang und Lagebericht,
  - Konzernrechnungslegung,
  - Befreiungen und Vereinfachungen für bestimmte kleine Versicherungsunternehmen.

Die Vervielfältigung des Jahresabschlusses und des Lageberichtes sowie des Konzernabschlusses und des Konzernlageberichtes erfolgen durch entsprechende **Geschäftsberichte**.

Der Jahresabschluss, die zugrunde liegende Buchführung und der Geschäftsbericht sind durch einen vom Aufsichtsrat bestimmten und von der BaFin bestätigten **Abschlussprüfer** zu prüfen. Erst dann kann der Jahresabschluss vom Aufsichtsrat »**festgestellt**« werden.

Der Jahresabschluss ist in den Gesellschaftsblättern bekannt zu geben und zusammen mit dem Geschäftsbericht beim Handelsregister einzureichen **(Publikationspflicht).** Darüber hinaus hat die Versicherungs-AG die gesamte Rechnungslegung

- der BaFin, die ein weitgehendes Kontrollrecht hat, vorzulegen und
- auf Verlangen auch den Versicherten, die ein ähnliches Informationsrecht haben wie die Aktionäre.

i) Gewinnverwendung

➤ Dividende

Wegen der doppelten Verantwortung der Geschäftsleitung, sowohl den Aktionären als auch den Versicherten gegenüber, bedarf die Gewinnverwendungsentscheidung einer verantwortungsbewussten Interessenabwägung, d. h., neben den Aktionären **(Dividende für Eigenkapitalhergabe,** Rücklagenzuführung), sind nach Aufsichtsrecht auch die Versicherten **(Versichertendividende)** am versicherungstechnischen Überschuss zu beteiligen. So führt z. B. die Lebensversicherungs-AG in der Regel 90 % ihres Reingewinns und mehr als Gewinnbeteiligung an die VN zu.

Auf der Passivseite der Bilanz kennt man hierfür die Position »Rückstellung für Beitragsrückerstattung«. Durch die Bezeichnung »Rückstellung« wird zum Ausdruck gebracht, dass es sich um eine Verbindlichkeit handelt, deren Grund (hier: Beteiligung der Versicherten an der Dividende) bekannt, die aber noch nicht fällig ist. Rückstellungen haben bereits Fremdkapitalcharakter, während Rücklagen Eigenkapital darstellen.

➤ Gesetzliche Rücklage

Vom verbleibenden Jahresüberschuss sind aktienrechtlich nach Ausgleich eines bestehenden Verlustvortrages jährlich 5 % der Gewinnrücklage **(gesetzliche Rücklage)** zuzuführen, bis diese zusammen mit der Kapitalrücklage 10 % des gezeichneten Kapitals beträgt. AktG § 150 (2) i.V.m. HGB § 272 (3)

Bis zur Hälfte des restlichen Jahresüberschusses kann darüber hinaus der Vorstand zusammen mit dem Aufsichtsrat in die anderen Gewinnrücklagen **(freie Rücklage)** einstellen. AktG § 58 (2)

Gewinnrücklage

Neben einer zuverlässigen Bemessung der technischen Rückstellungen dient die freie Rücklage der Erhaltung der Leistungskraft der AG und damit sowohl dem Aktionärsinteresse als auch dem Versichertenschutz.

Über die Höhe des der Gewinnrücklage zuzuführenden Gewinns entscheidet die Hauptversammlung.

Restlicher Jahresüberschuss

Über die Verwendung des restlichen Jahresüberschusses **(Bilanzgewinn)** entscheidet die Hauptversammlung meist im Rahmen des Verwendungsvorschlages der Geschäftsleitung, d.h. Ausschüttung einer **Dividende** mit vollem Prozentsatz und **Vortrag des Restgewinns** auf das nächste Geschäftsjahr.

Die Kapital- und Gewinnrücklagen heißen **offene Rücklagen,** weil sie aus der Bilanz ersichtlich sind. Durch Unterbewertung von Vermögensteilen bzw. Überbewertung insbesondere ungewisser Verbindlichkeiten (zu hohe Rückstellungen) entstehen **stille Rücklagen,** (vgl. hierzu D 7.2.4 und D 7.4 d), weil tatsächliche Gewinne hier buchmäßig nicht ausgewiesen werden (verstecktes Eigenkapital).

2.2 Europäische Gesellschaft (SE)

Situationsbeispiel:

Rundschreiben an alle Mitarbeiterinnen und Mitarbeiter

Proximus wird europäischer durch die Rechtsform der SE (Societas Europeae)

Sehr geehrte Mitarbeiterinnen und Mitarbeiter,

seit Jahren arbeitet die Proximus Gruppe unter Ihrer tatkräftigen Mitwirkung erfolgreich im deutschen Markt und mit weiteren Gesellschaften in Belgien, Dänemark, Frankreich, Großbritannien, Niederlande und Polen. Proximus ist auf dem Weg zu einem bekannten europäischen Unternehmen und ein immer größer werdender Teil unserer Mitarbeiterinnen und Mitarbeiter arbeitet inzwischen im EU-Ausland mit dem jeweiligen nationalen Recht.

Darauf wollen wir mit einer europäischen Lösung reagieren. Der Vorstand plant, dass die Proximus zukünftig als europäische Gesellschaft firmiert. Hierfür muss unsere Rechtsform geändert werden. Aus der Proximus AG wird die Proximus SE.

Wir sehen in unserem Vorhaben zwei große Vorteile:

1. Für alle europäischen Proximus Niederlassungen gilt dann das nationale Recht am Sitz der SE, der in München sein wird. Ihre Arbeitnehmerinteressen sind durch das Gesetz über die Beteiligung der Arbeitnehmer in einer Europäischen Gesellschaft (SE-Beteiligungsgesetz – SEBG) geschützt.
2. Durch Fusionierung unserer Töchter in den EU-Ländern auf die operative Proximus SE in München wird deren Eigenkapital Bestandteil des Eigenkapitals der Proximus SE, wodurch unsere Solvenzquote noch einmal verbessert wird und wir die Solvency-II-Bestimmungen garantiert erfüllen können. Das sichert den Fortbestand der Proximus im internationalen Wettbewerb und ihren Arbeitsplatz.

Auf der nächsten Betriebsversammlung werden wir unsere Planung detailliert vorstellen und Ihnen für Fragen und Anregungen gerne zur Verfügung stehen.

Ihr Vorstand

a) Begriff und Wesen

Die Europäische Gesellschaft (international auf Lateinisch bezeichnet als Societas Europaea, kurz: SE) ist im Rahmen der Harmonisierung des europäischen Gesellschaftsrechts entstanden. Wirtschaftlich waren bis dahin bereits viele Unternehmen in der Europäischen Union (EU) tätig, rechtlich mussten sie sich jedoch im Rahmen des jeweiligen innerstaatlichen Rechts bewegen. Die SE erspart den Unternehmen die verschiedenen Rechtsordnungen. Regelmäßig gilt das nationale Recht am Sitz der SE.

Durch Gründung einer SE können u. a.

- Gesellschaften verschiedener Mitgliedsstaaten fusionieren oder eine gemeinsame Holding errichten;
- Gesellschaften aus verschiedenen Mitgliedsstaaten eine gemeinsame Tochtergesellschaft gründen

und dadurch ihre Tätigkeiten auf Gemeinschaftsebene besser planen und betreiben.

b) Rechtsgrundlagen und Merkmale der SE

In der Bundesrepublik Deutschland ist die SE durch das **Gesetz zur Ausführung der Verordnung (EG) Nr. 2157/2001 des Rates vom 8. Oktober 2001 über das Statut der Europäischen Gesellschaft (SE) (SE-Ausführungsgesetz – SEAG)** mit Wirkung ab 29. Dez. 2004 rechtlich eingeführt worden.

Wesentliche Merkmale einer SE:

- Die Gesellschaft besitzt eigene Rechtspersönlichkeit (juristische Person).
- Das Mindestkapital beträgt 120 000,00 €.
  Für VU in der Rechtsform der SE sind allerdings, wie auch bei Versicherungs-AG, die Vorschriften über die Kapitalausstattung nach der KapAusstV und dem VAG maßgebend.
- Der Sitz ist regelmäßig in dem Staat, in dem die SE auch gegündet wurde, kann aber jederzeit in einen anderen Mitgliedsstaat verlegt werden.
- Das Recht des Sitzstaates findet regelmäßig Anwendung.
- Die SE muss ihrer Firma den Zusatz »SE« voran- oder nachstellen.
- Hinsichtlich der Führungsstruktur kann zwischem dem dualistischen oder monistischen System gewählt werden.

➤ Dualistisches System:

Ein Vorstand führt die Geschäfte und wird vom Aufsichtsrat kontrolliert.

Dieses System entspricht weitgehend der Führungsstruktur der deutschen und vieler anderer mitteleuropäischer AGs.

➤ Monistisches System:

Ein Verwaltungsrat aus mindestens drei Mitgliedern übernimmt die Leitung. Für die laufenden Geschäfte sowie die Vertretung der SE werden durch den Verwaltungsrat geschäftsführende Direktoren bestellt.

Dieses System folgt weitgehend dem angloamerikanischen Board System.

c) Mitarbeiterbeteiligungsverfahren und Mitbestimmung

Vor Gründung der SE muss ein sogenanntes Mitarbeiterbeteiligungsverfahren durchgeführt werden. Die Geschäftsführung der späteren SE verhandelt mit den gewählten

Arbeitnehmervertretern über die Mitbestimmung im Aufsichtsorgan und über einen SE-Betriebsrat (ein Gremium, dem Unterrichtungs- und Anhörungsrechte in grenzüberschreitenden Angelegenheiten zusteht).

Zur Wahrung der AN-Interessen wurde daher in Deutschland das Gesetz über die Beteiligung der Arbeitnehmer in einer Europäischen Gesellschaft (SE-Beteiligungsgesetz – SEBG) erlassen, um die Rechte der AN wie bei einer AG zu sichern.

Unter der Voraussetzung, dass die im SEGB vorgesehene Mibestimmung der AN erfüllt wird, kann die SE in Deutschland in das Handelsregister eingetragen werden.

d) Versicherungsgesellschaften in der Rechtsform der SE

In Deutschland hat als erster Versicherunskonzern die Allianz die Rechtsform der SE in Form des dualistischen Systems gewählt. Weitere Gesellschaften haben zwischenzeitlich diesen Schritt nachvollzogen, wobei die Gründung einer Holding SE dominiert, die den Gesamtkonzern operativ führt. Zum Wesen eines Konzerns vgl. Band 3 in der 7. Auflage der Buchreihe, Abschnitt G 4.3.

Für die Rechnungslegung der als SE geführten Versicherungsgesellschaften/-konzerne gilt das nationale Recht. Für Versicherungen hat eine Betriebsstättenkonzern in der Form der SE ferner den Vorteil, dass der Konzern nur einer Aufsichtsbehörde, nämlich der des Sitzstaates, untersteht.

2.3 Versicherungsverein auf Gegenseitigkeit (VVaG)

a) Vereinswesen und Zweck

VAG §§ 171 ff. Ein VVaG ist ein privates Versicherungsunternehmen auf der Basis genossenschaftlicher Selbsthilfe, das seine Rechtsfähigkeit als Verein bereits mit der Erlaubniserteilung durch die Aufsichtsbehörde erlangt. Aufgabe des Vereins ist die Versicherung seiner Mitglieder nach dem **Prinzip der Gegenseitigkeit** und Gleichbehandlung.

§ 182 Im Gegensatz zur AG ist das wirtschaftliche Risiko – zumindest nach Gesetz – durch die Vereinsmitglieder zu tragen **(Umlage, Nachschusspflicht)**.

§ 176 Die Mitgliedschaft in einem VVaG wird durch Abschluss eines Versicherungsverhältnisses begründet und endet in der Regel, wenn das Versicherungsverhältnis aufhört. Handelt es sich um einen sachlich und örtlich bzw. dem Personenkreis nach eng
§ 210 begrenzten Wirkungsbereich, dann liegt ein »**kleiner**« **VVaG** vor. Wann das jeweils der Fall ist, entscheidet die BaFin.

b) Besonderheiten der »kleineren Vereine«

§ 210 (2)
- Eine Reihe wichtiger Vorschriften des VAG werden durch das BGB-Vereins- bzw. Genossenschaftsrecht ersetzt.
- Aufgrund der geringeren Kapitalkraft darf keine Versicherung gegen festes Entgelt (Beitrag) betrieben werden.
- Der kleine Verein besitzt keine Kaufmannseigenschaft.

§ 172 Dagegen wird der »große« VVaG wie ein Kaufmann behandelt und ist als solcher mit eigener Firma ins Handelsregister (deklaratorische Wirkung) einzutragen. Er ist stark an das Aktienrecht angenähert. Nur beim »großen« Verein können satzungsgemäß auch Nichtmitglieder versichert sein, da diese nur gegen feste Beiträge versichert werden dürfen. Man spricht dann
§ 177 (2) von einem »gemischten« Verein – im Gegensatz zum »reinen« Verein, bei dem nur Mitglieder versichert sind.

c) Satzung des VVaG

Bei der Gründung wird eine Satzung in Schriftform erstellt, die bei großen Vereinen der notariellen Beurkundung bedarf und im Wesentlichen folgende Punkte erhält: VAG § 173

- Name, Sitz und Zweck des VVaG; §§ 174–184
- Voraussetzung für Erwerb und Verlust der Mitgliedschaft;
- Ereignisse, welche die Leistungspflicht des VVaG auslösen (Versicherungsbedingungen);
- Art und Erhebung der Beiträge;
- Nachschusspflicht der Mitglieder;
- Vorschriften über die technische Verwaltung;
- Höhe des Gründungsstocks, der die Kosten der Vereinserrichtung abdecken soll und als Gewährs- und Betriebsstock dient.

d) Kapital des VVaG

Die Initiative geht von so genannten Gründungsmitgliedern (analog zur BGB-Gesellschaft mindestens zwei) aus, die in der Regel hauptsächlich von **Garanten** (Gläubigern) und weniger von den Gründungsmitgliedern selbst den erforderlichen **Gründungsstock** beschaffen. Wegen der Garantiefunktion des Gründungsstocks erhalten die Garanten neben dem Rückzahlungsanspruch und der Verzinsung ein Dividendenrecht. Die Rechte der Garanten werden in dem Maße abgebaut wie der Gründungsstock im Wege der Selbstfinanzierung aus Jahresgewinnen mit der Zeit getilgt wird. § 178

Das VAG schreibt vor, dass der Gründungsstock nur soweit getilgt werden darf, wie die nach § 193 VAG geforderte Verlustrücklage angewachsen ist. Im Übrigen legt die Satzung fest, welche Rücklagen gebildet werden sollen.

Mit der Bildung von Rücklagen aus Jahresgewinnen leisten die Mitglieder praktisch eine Kapitaleinlage, die der Pflichteinlage bei Eintritt in eine Genossenschaft entspricht. Über dieses Erfordernis hinaus kennt der VVaG kein Gewinnstreben. Die Vorschriften über die Kapitalausstattung und die **Solvabilitätsanforderungen** (vgl. C 2.1 d) gelten auch für den VVaG.

e) Beiträge

Die Erhebung der Beiträge erfolgt je nach Satzung

- entweder durch ein **Umlageverfahren,** wobei wegen des schwankenden Bedarfs satzungsgemäß ein Höchstbetrag festgelegt sein kann,
- oder durch **Vorbeiträge** mit entsprechender Nachschusspflicht.

  Unter dem Einfluss des Wettbewerbs zwischen den Rechtsformen der Versicherungsunternehmen, aber auch der BaFin, ist die Nachschusspflicht heute satzungsmäßig überwiegend ausgeschlossen; damit aber auch die gesetzlich vorgesehene Verlustbeteiligung der Vereinsmitglieder bzw. deren Haftung für die Vereinsverbindlichkeiten bei Überschuldung des Vereins. Selbst bei den »kleineren« Vereinen kommt die Erhebung von Nachschüssen – wegen stark schwankender Schadenverläufe – eigentlich nur noch bei der Hagelversicherung vor.

f) Organe

Die Organisation eines VVaG ist stark an die der AG angelehnt. Neben Vorstand und Aufsichtsrat – mit den gleichen Funktionen wie bei der AG – gibt es die **oberste Vertretung,** die der aktienrechtlichen Hauptversammlung entspricht. § 184

Bei den großen VVaGs formiert sich die oberste Vertretung aus praktischen Gründen nicht als Versammlung der Mitglieder, sondern als Versammlung von Vertretern der Mitglieder.

Für die Wahlen zur Mitgliedervertreterversammlung haben sich zwei Verfahren eingebürgert: Nach dem System der sog. **Urwahl** wird die Mitgliedervertretung von allen Vereinsmitgliedern gewählt. Nach dem System der sog. **Kooptation** geschieht die Zuwahl seitens der Mitglieder der Mitgliedervertretung, was natürlich voraussetzt, dass erstmalig ein solches Organ durch Urwahl gebildet worden ist.

Die Form der obersten Vertretung sowie die Wahlordnung bestimmt sich nach der Satzung. Zu den **Aufgaben der obersten Vertretung** gehören: Wahl des Aufsichtsrats, Änderung der Satzung, Änderung der allgemeinen Versicherungsbedingungen, Genehmigung des Jahresabschlusses, Bestandsübertragung und Auflösung des Vereins.

2.4 Öffentlich-rechtliche Versicherungsunternehmen

Die heute noch bestehenden öffentlich-rechtlichen **Wettbewerbsversicherer sind juristische Personen des öffentlichen Rechts** und als solche überwiegend Wettbewerbsanstalten. Sie nehmen aber keine hoheitlichen Funktionen wahr und kennen auch keine staatlichen Privilegien. Sie beruhen auf Landesgesetzen oder Verordnungen und wurden u. a. von den Ländern, Provinzialverbänden, Landesbanken gegründet, die **i. d. R.** auch die **Gewährsträgerhaftung** übernommen haben.

In diesem Rahmen sind sie dann verpflichtet, z. B. für die Verbindlichkeiten der VU unbeschränkt als Gesamtschuldner zu haften oder einen Vorschuss zur Deckung des Fehlbetrages zu geben. Diese Gewährsträgerhaftung stellt eine zusätzliche Sicherheit dar.

Lernkontrollen zu C 2

Versicherungs-Aktiengesellschaft

1 Eine Aktiengesellschaft ist durch eine Reihe von Merkmalen und Bestimmungen gekennzeichnet.

a) Nennen Sie drei Voraussetzungen, die allgemein mit der Gründung einer AG erfüllt sein müssen.

b) Zu welchem Zeitpunkt erlangt die AG ihre Rechtsfähigkeit?

c) Wie wird das Eigentum an Inhaberaktien, Namensaktien, vinkulierten Namensaktien übertragen?

d) Warum werden nicht voll eingezahlte Versicherungsaktien häufig als vinkulierte Namensaktien ausgegeben?

e) Welche Besonderheit gilt für die Gründung einer Versicherungsaktiengesellschaft?

f) Im Geschäftsbericht wird von der Bildung »stiller Rücklagen« gesprochen. Wie entstehen diese?

g) Unterscheiden Sie die Begriffe »Aktionärsdividende« und »Versichertendividende«.

2 Auf der Tagesordnung der ordentlichen Hauptversammlung stehen u. a.:

- Bericht über den Jahresabschluss
- Entlastung des Vorstands und des Aufsichtsrats
- Erhöhung des Grundkapitals um 25 %

a) Wer ist für die Erstellung des Jahresabschlusses verantwortlich?

b) Wer hat ihn zu prüfen, bevor er der Hauptversammlung vorgelegt werden kann?

c) Welche Aufgaben hat der aktienrechtlich vorgeschriebene Geschäftsbericht?

d) Was versteht man unter »Entlastung des Vorstandes«?

e) Weshalb wird den bisherigen Aktionären bei der Ausgabe neuer Aktien ein Bezugsrecht eingeräumt?

f) Erläutern Sie die Einflussmöglichkeiten eines Hauptaktionärs, dem 80 % aller Aktien gehören

f1) in der Hauptversammlung,

f2) im Aufsichtsrat,

f3) im Vorstand.

g) Was versteht man unter »Publizitätspflicht der AG«?

Versicherungsverein auf Gegenseitigkeit

3 Beantworten Sie die folgenden Fragen zum Versicherungsverein auf Gegenseitigkeit (VVaG):

a) Wodurch erlangt der VVaG die Rechtsfähigkeit?

b) Gründungsstock

b1) Wer bringt die Mittel für ihn auf?

b2) Welche drei Funktionen hat er?

c) Welchen Rechtsstatus haben die Garanten?

d) Worin unterscheidet sich der so genannte »kleine« VVaG vom »großen« VVaG?

4 Die Satzung einer VVaG ist nachfolgend auszugsweise wiedergegeben:

§ 2 Zweck:

Der Verein bezweckt die gegenseitige Versicherung seiner Mitglieder und ihrer Angehörigen gegen Vermögensschäden, die durch Krankheit entstehen.

§ 4 Mitgliedschaft:

Die Mitglieder des Vereins können nur natürliche oder juristische Personen sein, die einen Versicherungsvertrag mit dem Verein abschließen. Die Mitgliedschaft besteht für die Dauer der Versicherung, sie beginnt mit dem im Versicherungsschein angegebenen Zeitpunkt.

Die Mitglieder haben wiederkehrende, im Voraus zu erhebende Beiträge zu entrichten, deren Höhe und Zahlungsweise in den Versicherungsbedingungen und in den Tarifen geregelt sind. Zu Nachschüssen sind die Mitglieder nicht verpflichtet. Die Versicherungsleistungen dürfen nicht gekürzt werden.

§ 5 Organe:

Vorstand, Aufsichtsrat, Mitgliedervertretung (Vertreterversammlung).

a) In welchen Rechtsquellen sind die Rechtsgrundlagen des VVaG geregelt?

b) Handelt es sich bei diesem VVaG um einen sog. »gemischten VVaG« (mit Begründung)?

c) Es wird behauptet, ein Kunde dieses VVaG stehe zum VR in einer »doppelten« Rechtsbeziehung. Erläutern Sie diese Aussage.

d) Zur Deckung der Ausgaben des VVaG werden zwei Beitragssysteme unterschieden. Welches Verfahren ist hier verwirklicht (mit Begründung)?

e) Erläutern Sie, inwieweit ein Mitglied dieses VVaG am wirtschaftlichen Risiko (z. B. Verlustfall) der Gesellschaft beteiligt ist.

f) Welches Organ nimmt hier die Aufgaben der »obersten Vertretung« war?

g) Welche Aufgabenbereiche hat grundsätzlich der Aufsichtsrat eines VVaG? (2 Angaben)

h) Warum bestimmt § 5 der Satzung eine Vertreterversammlung als Organ des Vereins?

i) Prüfen Sie, ob die Vertreterversammlung durch Beschluss den Inhalt der Satzung rechtswirksam abändern kann.

Öffentlich-rechtliche Versicherungsunternehmen

5 Wer übernimmt die Gewährsträgerhaftung für die öffentlich-rechtlichen Versicherungsunternehmen und worin besteht diese?

3 Verbände und Gemeinschaftseinrichtungen der Versicherungswirtschaft

Zur Wahrung ihrer Interessen haben die Versicherungsunternehmen, wie auch der Versicherungsaußendienst und die VN, verschiedene Verbände und Gemeinschaftseinrichtungen gegründet.

3.1 Verbände der Versicherer

3.1.1 Gesamtverband der deutschen Versicherungswirtschaft e.V. (GDV)

Der GDV wurde 1948 in Köln gegründet. Seit Februar 1998 hat der GDV seinen Sitz in Berlin. Dem GDV gehören rund 460 Versicherungsunternehmen an.

Die Internetadresse lautet: **www.gdv.de**

a) Aufgaben

Der GDV vertritt als Dienstleister für seine Mitgliedsunternehmen die Interessen der deutschen Versicherungswirtschaft. Er steht im Dialog mit der Bundesregierung, den Mitgliedern des Deutschen Bundestages, den Parlamentariern auf Landesebene und den Landesregierungen. Ferner wird das Gespräch mit den politischen Parteien, mit den Gremien der EU sowie nationalen und internationalen Institutionen und Organisationen gesucht. Der GDV bildet die Schnittstelle zwischen Versicherungswirtschaft und Politik.

b) Ausschüsse

Die Vertreter der Mitgliedsunternehmen bringen ihren Sachverstand und ihr Praxiswissen in zahlreichen Ausschüssen des Verbandes ein. Die beiden Hauptausschüsse Lebensversicherung/Pensionsfonds und Schaden-/Unfallversicherung befassen sich mit den grundsätzlichen Themen ihrer Zweige. In weiteren Ausschüssen werden spartenspezifische und spartenübergreifende Einzelfragen behandelt. Die Ergebnisse dieser Ausschusssitzungen fließen in Vorschläge, Stellungnahmen, Eingaben oder Interventionen gegenüber der Politik ein. Dabei arbeitet der GDV mit den anderen Spitzenverbänden der deutschen Wirtschaft zusammen.

c) Öffentlichkeitsarbeit

Im Rahmen der Öffentlichkeitsarbeit werden die verschiedenen Verbrauchergruppen, aber auch die Meinungsbildner in der Wirtschaft, Gesellschaft und Politik angesprochen. Ferner steht die kontinuierliche und umfassende Information der Mitgliedsunternehmen im Mittelpunkt.

d) Schadenverhütung und Schadenforschung

Die VdS Schadenverhütung GmbH arbeitet als Einrichtung des GDV zum Schutz von Leben und Sachwerten. Hierfür werden Produkte und Dienstleister des Sicherheitsmarktes geprüft und zertifiziert (VdS-Siegel). Die Themen Brandschutz und Einbruchdiebstahl bilden den Schwerpunkt der Arbeit.

Zum 1. Januar 2004 hat das »Verkehrstechnische Institut der Deutschen Versicherer« seine Arbeit im GDV-Verbandsgebäude in Berlin aufgenommen. Es ist aus den GDV-Instituten für Schadenverhütung Köln, für Fahrzeugsicherheit München und für Straßenverkehr Köln entstanden. Die Bezeichnung lautet jetzt: **Unfallforschung der Versicherer (UDV)** im GDV.

Die Internetadresse lautet: **www.udv.de**

e) GDV-Dienstleistungs-GmbH & Co. KG

Die GDV-Dienstleistungs-GmbH & Co. KG ist ein Unternehmen der deutschen Autoversicherer und des GDV. Sie betreibt den **Notruf der Autoversicherer** und den **Zentralruf der Autoversicherer** und bietet noch weitere Dienstleistungen an.

Die Internetadresse lautet: **www.gdv-dl.de**

3.1.2 Verband der privaten Krankenversicherer e.V. (PKV-Verband)

Die privaten Krankenversicherer sind im PKV-Verband mit Sitz in Köln zusammengeschlossen. Der GDV ist Dachverband für den PKV-Verband.

Die Internetadresse lautet: **www.pkv.de**

Der PKV-Verband hat 41 ordentliche Mitglieder und sieben außerordentliche Mitgliedsunternehmen (Stand: Juli 2018). Er vertritt und fördert die Allgemeininteressen der privaten Krankenversicherung und seiner Mitgliedsunternehmen. In nationalen und europäischen Gesetzgebungsverfahren bringt er die PKV-Position durch fachliche Stellungnahmen und Teilnahme an Anhörungen ein. Die Mitgliedsunternehmen werden darüber hinaus in Grundsatzfragen der Tarifgestaltung beraten.

3.1.3 Sonstige Verbände

a) Gesamtverband der versicherungsnehmenden Wirtschaft e.V. (GVNW), Bonn

Der GVNW ist April 2016 aus der Fusion der Verbände DVS (Deutscher Versicherungs-Schutzverband e.V.) und bfv (Bundesverband firmenverbundener Versicherungsvermittler und -gesellschaften e.V.) entstanden.
Neben der Interessensvertretung gegenüber gesetzgebenden Stellen und Behörden sowie Versicherungsunternehmen und Verbänden bietet der GVNW seinen Mitgliedern eine individuelle Beratung in allen Versicherungsfragen. Die Verbandsmitglieder kommen aus Industrie, Handel, Handwerk, Dienstleistung, Kreditwesen, Kommunen, Verbänden.

Der GVNW arbeitet völlig unabhängig (keine Provisionsinteressen, keine Vermittlung von Versicherungen) und finanziert sich aus den Mitgliedsbeiträgen.

Die Internetadresse lautet: **www.gvnw.de**

b) Verbände des Versicherungsaußendienstes

Der **Bundesverband Deutscher Versicherungskaufleute e.V. (BVK)**, Bonn, vertritt die rechtlichen, wirtschaftlichen, beruflichen und sozialen Interessen des Berufsstandes der selbstständigen Versicherungsvermittler. Ferner bietet der BVK seinen Mitgliedern einen Betriebsvergleich an (vgl. E 2.3.2), damit diese erkennen können, wo mögliche Schwachpunkte im eigenen Betrieb liegen.

Die Internetadresse lautet: **www.bvk.de**

Der **Bundesverband der Assekuranzführungskräfte e.V. (VGA)** fördert die wirtschaftlichen, beruflichen und sozialen Interessen seiner Mitglieder sowie die Aus- und Weiterbildung aller in der Versicherungswirtschaft Tätigen. Der VGA ist der Berufsverband aller Führungskräfte der deutschen Assekuranz.

Die Internetadresse lautet: **www.vga-koeln.de**

Berufsständische Vereinigung der unabhängigen Versicherungsmakler ist der **Verband Deutscher Versicherungsmakler e.V. (VDVM)**, Hamburg.

Die Internetadressen lauten: **www.vdvm.de**

c) Comité Européen Des Assurances (CEA), Paris

Die Europäische Versicherungsvereinigung (CEA) ist der Dachverband der nationalen Verbände der Versicherungsunternehmen.

Die CEA vertritt u. a. die gemeinsamen Interessen der europäischen Versicherer durch Förderung, Verteidigung und Veranschaulichung ihrer Ansichten in nationalen Gremien.

3.2 Gemeinschaftseinrichtungen und Sonstige Einrichtungen

a) Arbeitgeberverband der Versicherungsunternehmen in Deutschland (agv)

Der Verband hat insbesondere die Aufgabe, alle Verhandlungen mit den Gewerkschaften zu führen und mit diesen Tarifverträge abzuschließen. Neben weiteren Aufgaben benennt der AGV auch die Vertreter der Versicherungswirtschaft für die Arbeits- und Sozialgerichte sowie für die Selbstverwaltung der Sozialversicherung.

Die Internetadresse lautet: **www.agv-vers.de**

b) Berufsbildungswerk der Deutschen Versicherungswirtschaft e.V. (BWV), kurz: BWV-Bildungsverband, München

Das BWV ist ein Berufsverband der Deutschen Versicherungswirtschaft. Es initiiert, steuert und koordiniert die bildungspolitischen Aktivitäten im Bildungsnetzwerk für die Versicherungswirtschaft.

Hierfür steht ein dichtes Netz von regionalen Berufsbildungswerken mit lokalen Angeboten zur Verfügung.

Die Internetadresse lautet: **www.bwv.de**

Die vom BWV gebotene bzw. unterstütze Bildungsarchitektur der Versicherungswirtschaft ist in A 1.3.2 bis A 1.3.4 dargestellt.

c) Auskunftsstelle über Versicherungs-/Bausparkassenaußendienst und Versicherungsmakler in Deutschland e.V. (AVAD), Hamburg

Durch die Auskunft soll erreicht werden, dass nur vertrauenswürdige Personen im Versicherungsaußendienst (Vertreter und Makler) tätig sind. Die AVAD ist eine Selbsthilfeeinrichtung der Assekuranz und erteilt nur Auskünfte an Unternehmen, die dem GDV angehören. Die Versicherer sind verpflichtet, vor Vertragsabschluss mit einem Bewerber für die hauptberufliche Tätigkeit im Außendienst eine Auskunft bei der AVAD einzuholen. Bei mehrstufigen Vermittlungsverhältnissen gilt dies auch für Untervertreter.

Dem Vertreter wird bei Abschluss des Vertretungsvertrages das »Informationsblatt über den AVAD-Auskunftsverkehr« ausgehändigt (vgl. hierzu § 12 des in C 1.4 abgebildeten Agenturvertrages).

Die Internetadresse lautet: **www.avad.de**

d) Vermittler-Register, Hamburg

Das Vermittler-Register soll es Verbrauchern ermöglichen, die gewerbebezogenen Daten von Versicherungsvermittlern/-beratern und Finanzanlagenvermittlern einzusehen.

Entsprechend gliedert sich das Gesamtregister in die Register:
- Versicherungsvermittler (§ 34d GewO)
- Versicherungsberater (§ 34d GewO)
- Finanzanlagenvermittler (§ 34f GewO)
- Honorar-Finanzanlagenberater (§ 34h GewO)
- Immobiliardarlehensvermittler (§ 34i GewO)

Der Verbraucher kann beispielsweise ermitteln, ob der jeweilige Vermittler zugelassen ist.

Die Internetadresse lautet: **www.vermittlerregister.info**

e) Versicherungsombudsmann e.V.

Seit 1. Oktober 2001 gibt es in Deutschland den »Versicherungsombudsmann e.V.« mit Sitz in Berlin. Mitglieder des Vereins sind der Gesamtverband der Deutschen Versicherungswirtschaft e.V. (GDV) und die Mehrzahl seiner Mitgliedsunternehmen.

Aufgabe des Vereins ist die **Schlichtung von Streitigkeiten** zwischen dem VU und dem VN **(Verbraucher)**. Der Gang zum Rechtsanwalt oder eine Beschwerde bei der BaFin ist aufwändig und langwierig. Das Verfahren vor dem Ombudsmann hilft als **kostenlose** Alternative; denn auch die Kosten der Streitschlichtung werden von den Vereinsmitgliedern getragen. Die Streitschlichtung selbst obliegt dem Ombudsmann, der durch eine ihm unterstellte »Eingabestelle« unterstützt wird. **Hinsichtlich seiner Entscheidungen**, seiner Verfahrens- und Amtsführung im Rahmen der Verfahrensordnung, **ist der Ombudsmann unabhängig** und keinen Weisungen unterworfen.

Der Ombudsmann, der über besondere Erfahrungen in Versicherungsangelegenheiten verfügen und die Befähigung zum Richteramt besitzen sollte, wird durch die Mitgliederversammlung für eine Amtszeit von 5 Jahren berufen. Eine erneute Bestellung ist unzulässig. Seine Unabhängigkeit wird darüber hinaus auch durch Vereinssatzung und einen Beirat gewährleistet, der der Berufung des Ombudsmanns zustimmen muss. Die Mehrzahl der Beiratsmitglieder sind unabhängige Vertreter wichtiger gesellschaftlicher Gruppen (Verbraucherverbände, Versicherungsaufsicht, Wissenschaft und Politik).

Voraussetzung für die Einleitung des Ombudsmannsverfahrens ist in jedem Fall, dass ein Anspruch beim Versicherungsunternehmen zuvor erfolglos geltend gemacht wurde.

Im Übrigen gilt nach der **Verfahrensordnung des Versicherungsombudsmanns (VomVO):**

- Der Beschwerdeführer muss ein Verbraucher sein. Beschwerden im Zusammenhang mit gewerblicher oder selbstständiger Tätigkeit sind nicht zulässig.
- Der Beschwerdeführer muss im strittigen Fall Kunde (Versicherungsnehmer) sein. Ansprüche Dritter (z. B. Streitigkeiten zwischen geschädigten Dritten und der Haftpflichtversicherung des Schädigers) sind ausgeschlossen.
- Der Beschwerdewert darf 100 000,00 € nicht übersteigen.
- Ausgeschlossen sind ferner Beschwerden, die Kranken-, Pflege- oder Kreditversicherungsverträge betreffen.

  Die privaten Krankenversicherer sind dem Versicherungsombudsmann e.V. nicht beigetreten; sie haben einen eigenen PKV-Ombudsmann eingerichtet.
- Über den Beschwerdegegenstand darf zuvor nicht gerichtlich verhandelt oder entschieden worden sein.

  Dazu gehört z. B. auch die Abweisung eines Antrags auf Prozesskostenhilfe wegen fehlender Erfolgsaussicht der Rechtsverfolgung.
- Der Ombudsmann beschäftigt sich erst mit der Beschwerde, wenn der Kunde dem Versicherungsunternehmen Gelegenheit gegeben hat, der Beschwerde innerhalb von sechs Wochen abzuhelfen.

Das Verfahren beginnt mit der Aufnahme der Beschwerde und der Prüfung, ob der Ombudsmann für die Beschwerde zuständig ist. Es folgt das Hauptverfahren, in dem der Ombudsmann zunächst den strittigen Sachverhalt aufklärt und dann entscheidet, ob die Beschwerde sachlich begründet ist. Gegebenenfalls fordert der Ombudsmann zusätzliche Unterlagen an oder macht einen Schlichtungsvorschlag.

Hält der Ombudsmann die Beschwerde für berechtigt, erlässt er bei einem Beschwerdewert von bis zu 10 000,00 € eine **Entscheidung** und bei einem Beschwerdewert von mehr als 10 000,00 € bis zu 100 000,00 € eine **Empfehlung.** Die Entscheidung ist für den Beschwerdegegner bindend. Die Empfehlung ist für beide Parteien nicht bindend.

Für die Dauer des Ombudsmannverfahrens ist die Verjährung der Forderung, die der Beschwerdeführer gegen die Versicherung geltend macht, ausgesetzt.

Die Internetadresse lautet: **www.versicherungsombudsmann.de**

f) Protektor Lebensversicherungs-AG

Die Protektor Lebensversicherungs-AG wurde im Jahr 2002 auf Initiative des GDV von den Lebensversicherern als Auffanggesellschaft gegründet zum Schutz der Versicherten/Versicherungsnehmer einer insolvent gewordenen deutschen Lebensversicherung.

Gesellschafter der Protektor Lebensversicherungs-AG sind die unter deutscher Rechts- und Finanzaufsicht stehenden, im GDV organisierten Lebensversicherer.

Ende 2004 wurde durch Gesetz geregelt, dass ein gesetzlicher **Sicherungsfonds** existieren muss. Die Aufgaben und Befugnisse dieses Fonds wurden im Mai 2006 auf die Protektor Lebensversicherungs-AG übertragen, sodass sie bei Insolvenz eines Lebensversicherers jetzt mit gesetzlichem Auftrag tätig wird.

Seit Juli 2017 nimmt die Protektor Lebensversicherungs-AG nur noch die **Aufgabe als Sicherungsfonds** wahr.

Der noch vorhandene Bestand aus der Rettung des seinerzeit insolvent gewordenen Lebensversicherers wurde einschließlich der Verwaltung auf die neu gegründete Salvamus Lebensversicherung AG übertragen. Diese Gesellschaft wurde dann an die Viridium Holding AG veräußert und dabei der Firmenname in Entis Lebensversicherung AG geändert.

Die Internetadresse lautet: **www.protektor-ag.de**

3.3 Exkurs: Wettbewerbsrichtlinien der Verbände

Die Verbände der VU haben im Zusammenwirken mit den Verbänden des Versicherungsaußendienstes gemeinsam **Wettbewerbsrichtlinien (WettbRiLi)** erarbeitet, die den Leistungswettbewerb und ein lauteres Geschäftsgebaren fördern sowie Missständen vorbeugen sollen. Sie konkretisieren das allgemeine Wettbewerbsrecht für Versicherungsunternehmen und Versicherungsvermittler.

Als Versicherungsvermittler gelten Versicherungsvertreter und Versicherungsmakler. Als Versicherungsvertreter gelten die selbstständigen Vertreter im Sinne der §§ 84, 92 HGB und die Angestellten im Außendienst.

Die Wettbewerbsrichtlinien sind wie folgt aufgebaut:

- Allgemeiner Teil
- Besonderer Teil
- Schlussbestimmungen

3.3.1 Allgemeiner Teil

a) Allgemeine Grundsätze des Wettbewerbs

- Für den Wettbewerb gilt allein das **Leistungsprinzip** und er darf nur sachlich mit **ehrlichen** und **anständigen Mitteln** geführt werden.
- Es ist alles zu vermeiden, was das **Vertrauen** in die auf Vertrauen angewiesene Versicherungswirtschaft stört.
- **Verunglimpfungen** durch unwahre oder abschätzige Äußerungen über andere VU oder Vertreter haben zu unterbleiben.

b) Grundsätze für die Zusammenarbeit mit Versicherungsvermittlern

- Vertreter müssen die erforderliche **Zuverlässigkeit** und **Vertrauenswürdigkeit** besitzen.
- Für die **Anwerbung** und **Einstellung** von Vertretern gelten besondere **Regelungen** (z. B. Angaben über persönliche und berufliche Verhältnisse, Nachweis der beruflichen Tätigkeit, Auskunftseinholung bei der Auskunftsstelle über den Versicherungsaußendienst e.V. [AVAD], Hamburg, Vorlage eines polizeilichen Führungszeugnisses vor Vertretereinstellung).
- Mit Mitgliedern des **Vorstandes** der VU, mit **Versicherungsmaklern** und Angehörigen der **rechts- und steuerberatenden Berufe** dürfen **keine Vertreterverträge** abgeschlossen werden.
- Es ist unzulässig, **Vertreter** durch unlautere Mittel **abzuwerben**.
- Die Verwendung von **Werbekolonnen** ist unerwünscht.

c) Grundsätze für das Verhalten im Wettbewerb

- Es gelten die **Grundsätze der Wahrheit und Klarheit.** Hierzu zählen neben der Art der Firmierung (vgl. C 1.3.1 a) insbesondere das **Täuschungsverbot** (z. B. falsche Angaben über die Höhe des Versicherungsschutzes, Werbung mit Schlagworten wie »Kostenlose Vermittlung«, »Konkurrenzlose Versicherung«), die **Firmenwahrheit** und das

Verbot des anonymen Wettbewerbs (z. B. Legitimation durch einen Ausweis, der auch die vertretene Firma enthält, ist geboten) **sowie Titel und Berufsbezeichnungen,** die keinen falschen Eindruck über die Vollmachten des Vertreters hervorrufen können.

- **Keine belästigende Werbung**

  Passanten dürfen zu Werbezwecken nicht angesprochen werden. Ebenso ist die Verteilung von Flugblättern auf Straßen und Plätzen unerwünscht.

- **Bezugnehmende Werbung und Verbot der Ausnutzung fremden Ansehens**

  Eine vergleichende Werbung ist nur in dem vom allgemeinen Wettbewerbsrecht gezogenen Grenzen zulässig. Mit dem Namen bekannter Persönlichkeiten, die bei der Gesellschaft versichert sind, darf nicht geworben und Dank- bzw. Empfehlungsschreiben dürfen nicht veröffentlicht werden. Auch ist die Werbung mit dem Bestehen der Versicherungsaufsicht über ein bestimmtes Unternehmen unzulässig.

- **Versicherungsberatung**

  Die Beratung muss in einem unmittelbaren Zusammenhang mit der Vermittlung eines Versicherungsvertrages stehen.

- **Sondervergütungen**

  In den Wettbewerbsrichtlinien ist das aufsichtsrechtliche Verbot, Sondervergütungen zu gewähren, noch einmal aufgeführt. Sondervergütung ist jede Zuwendung, die die Leistung aus dem Versicherungsvertrag übersteigt, also auch die Provisionsabgabe des Vermittlers an den VN.

3.3.2 Besonderer Teil

Die Wettbewerbsrichtlinien kennen noch Sonderregelungen zu einzelnen Versicherungszweigen. Hervorzuheben ist das **Ausspannungsverbot.** Unter Ausspannung versteht man, dass der VN veranlasst wird, die bestehende Versicherung bei einem anderen VR zu kündigen und sie bei dem jetzt werbenden VU abzuschließen.

In der Lebens- und Krankenversicherung würde der VN dadurch erhebliche finanzielle Nachteile erleiden, da die neue Versicherung wegen des höheren Eintrittsalters nur zu einem höheren Beitrag erworben werden kann. Auch würde er in der Lebensversicherung ein zweites Mal die nicht unerheblichen Abschlusskosten tragen müssen.

Ferner ist die **Behandlung von Freigabeanträgen** geregelt, wenn eine Krankenversicherung beim ersten Versicherungsunternehmen gekündigt wird, um eine gleichartige bzw. gleichwertige Versicherung bei einem zweiten Versicherungsunternehmen abzuschließen.

3.3.3 Schlussbestimmungen

Meinungsverschiedenheiten bei der Anwendung der Wettbewerbsrichtlinien sollen gütlich beigelegt werden. Ggf. stellen die an der Aufstellung der Wettbewerbsrichtlinien beteiligten Verbände ihre Dienste hierfür zur Verfügung.

3.4 Exkurs 2: Verhaltenskodex für den Vertrieb von Versicherungsprodukten

Der GDV hat Leitsätze entwickelt, die den Versicherungsunternehmen in der Zusammenarbeit mit den Versicherungsvermittlern als Leitlinien dienen sollen, um den Interessen der Kunden gerecht zu werden.

1 Klare und verständliche Versicherungsprodukte – Angaben über mögliche zukünftige Gesamtleistungen basieren auf standardisierten und fairen Verfahren
2 Beachtung des Kundeninteresses sowohl bei der Organisation des Vertriebs als auch bei der Beratung und Vermittlung
3 Bedarfsgerechte Beratung des Kunden
4 Beratungsdokumentation bei Abschluss
5 Beratung des Kunden auch nach Vertragsschluss
6 Bei Abwerbungen bzw. Umdeckungen von Versicherungsverträgen ist das Kundeninteresse zu beachten
7 Eindeutige und klare Legitimation von Vertretern, Maklern und Beratern gegenüber dem Kunden
8 Hoher Stellenwert der Vermittlerqualifikation
9 Bei Vereinbarungen über Zusatzvergütungen ist die Unabhängigkeit des Versicherungsmaklers so zu beachten, dass das Kundeninteresse nicht beeinträchtigt wird
10 Hinweis auf das bestehende Ombudsmannsystem für Versicherungen

Lernkontrollen zu C 3

Verbände und Einrichtungen der Versicherungswirtschaft

1 Für ihre Interessenwahrnehmung haben sich die VR in Verbänden zusammengeschlossen. Beschreiben Sie fünf Aufgaben des Gesamtverbandes bzw. der Fachverbände.

2 Welche Funktion übt der Gesamtverband der versicherungsnehmenden Wirtschaft e.V. (GVNW) aus?

3 Der VN einer Lebensversicherung ist nicht damit einverstanden, dass die Gewinnbeteiligung seiner Lebensversicherung angesichts sinkender Kapitalmarktzinsen gesenkt wird. Er begründet dies damit, dass der Vertreter ihm seinerzeit die Geldanlage in eine Lebensversicherung als besonders krisensicher geschildert habe.

Er möchte sich deshalb mit einer Beschwerde an den Ombudsmann wenden.

Schildern Sie stichwortartig die Voraussetzungen und den Ablauf des Ombudsmannverfahrens.

Wettbewerbsrichtlinien der Verbände

4 Für wen gelten die Wettbewerbsrichtlinien und was soll durch sie erreicht werden?

5 Stellen Sie die wesentlichen Grundsätze für das Verhalten im Wettbewerb stichwortartig dar.

6 Was ist beim Abschluss von Vertreterverträgen nach den Wettbewerbsrichtlinien zu beachten?

7 Warum ist das Ausspannungsverbot nach den Wettbewerbsrichtlinien für die Lebens- und Krankenversicherung von besonderer Bedeutung?

4 Abschluss und Erfüllung von Verträgen

Übersicht: Abschluss und Erfüllung von Verträgen

Grundlegende Vorbetrachtung

Willenserklärungen als Basis des Rechtsgeschäftes	• Rechtsfähigkeit • Geschäftsfähigkeit • Formen der Willenserklärung • Zeitpunkt der Rechtswirksamkeit
Arten von Rechtsgeschäften und Nichtigkeitsgründe	• Einseitige und zwei- bzw. mehrseitige Rechtsgeschäfte • Nichtigkeit von Willenserklärung und Rechtsgeschäft • Nichtigkeit des Rechtsgeschäftes durch Anfechtung der Willenserklärung
Vertragsfreiheit Form der Rechtsgeschäfte Rechtsobjekte	• Grundsatz der Vertragsfreiheit • Formfreiheit und Formvorschrift • Sachen und Rechte
Eigentum und Eigentumsübertragung	• Eigentum und Besitz • Übertragung des Eigentums • Eigentumsvorbehalt • Gutgläubiger Eigentumserwerb
Ausgewählte Vertragsarten	**Beispiele:** • Kaufvertrag • Dienstvertrag • Mietvertrag usw.

Zustandekommen und Erfüllung eines Rechtsgeschäftes am Beispiel des Kaufvertrages

Verpflichtungs- und Erfüllungsgeschäft beim Kaufvertrag	• Anbahnung des Kaufvertrages • Willenserklärungen als Voraussetzungen eines Kaufvertrages • Abschluss und Inhalt des Kaufvertrages (Verpflichtungsgeschäft) • Allgemeine Geschäftsbedingungen • Erfüllung durch den Verkäufer und den Käufer (Erfüllungsgeschäft) • Besonderheiten bei Kaufverträgen mit Verbrauchern
Vertragsstörungen bei der Erfüllung von Verbrauchsgüterkaufverträgen	• Schlechtleistung • Nicht rechtzeitige Lieferung und Lieferungsverzug • Nicht rechtzeitige Zahlung und Zahlungsverzug • Annahmeverzug
Verjährung	• Verjährungsfristen • Beginn der Verjährung • Hemmung und Neubeginn der Verjährung

4.1 Willenserklärungen als Basis des Rechtsgeschäftes

4.1.1 Rechts- und Geschäftsfähigkeit

Rechts- und Geschäftsfähigkeit sind für **Personen (Rechtssubjekte)** eine grundlegende Voraussetzung, wenn ein Rechtserfolg, z. B. Erwerb des Eigentums an einer Sache, herbeigeführt werden soll.

Die Rechts- und Geschäftsfähigkeit ist in Abschnitt B1 dieses Lehrbuches im Zusammenhang mit dem Abschluss von Versicherungsverträgen dargestellt (vgl. A 1.2.3), da der Rahmenlehrplan dies so vorsieht.
Nachstehend sind die wesentlichen Merkmale noch einmal kurz wiederholt:

Rechtsfähigkeit: Fähigkeit von Personen, Träger von Rechten und Pflichten zu sein.

Rechtssubjekte:

Personen mit Rechtsfähigkeit

Natürliche Personen
Menschen (Rechtssubjekte) von der Geburt bis zum Tod

Juristische Personen
Personenvereinigungen, die als Rechtssubjekte angesehen werden

Geschäftsfähigkeit: Fähigkeit, selber Rechte und Pflichten durch Rechtsgeschäfte zu erwerben.

Arten der Geschäftsfähigkeit

Beschränkte Geschäftsfähigkeit
Personen vom vollendeten 7. bis zum vollendeten 18. Lebensjahr
Sie bedürfen der Zustimmung des gesetzlichen Vertreters durch **Einwilligung** oder **Genehmigung.**

Ausnahmen für den beschränkt Geschäftsfähigen (bG):
§ 107 BGB: bG erlangt nur einen rechtlichen Vorteil
§ 110 BGB: bG handelt nach »Taschengeldparagraph«
§ 112 BGB: bG ist zum selbstständigen Betrieb eines Erwerbsgeschäfts ermächtigt
§ 113 BGB: bG ist zu einem Dienst- oder Arbeitsverhältnis ermächtigt

Unbeschränkte Geschäftsfähigkeit
Natürliche Personen ab vollendetem 18. Lebensjahr

Ausnahme: dauernd Geistesgestörte

Juristische Personen (Personenvereinigungen) von ihrer Gründung bis zur Auflösung

Anmerkung: Ein Berufsausbildungsvertrag gilt nicht als Dienst- oder Arbeitsverhältnis nach § 113 BGB, so dass der beschränkt Geschäftsfähige für alle Willenserklärungen im Zusammenhang mit dem Berufsausbildungsvertrag der Zustimmung seines gesetzlichen Vertreters bedarf.

Geschäftsunfähig sind:

- Personen bis zum vollendeten 7. Lebensjahr
- dauernd Geistesgestörte

Sie können keine rechtswirksame Willenserklärung abgeben. Für diesen Personenkreis handeln gesetzliche Vertreter (Eltern, Vormund, Betreuer).

Ausnahme: Volljährige Geschäftsunfähige können Geschäfte des täglichen Lebens tätigen, die mit geringwertigen Mitteln bewirkt werden können (z. B. Kauf von Eis zum direkten Verzehr). BGB § 105a

Geschäftsunfähige können allerdings als **Bote** tätig sein. Das ist z. B. der Fall, wenn eine Mutter ihre 5-jährige Tochter mit einem Einkaufszettel zum Bäcker schickt. Sie überbringt dann die Willenserklärung ihrer Mutter als Botin.

4.1.2 Formen der Willenserklärung

Wer rechtswirksam tätig werden will, muss dazu seinen Willen äußern. Dies kann geschehen durch:

- **mündliche Äußerung**

Beispiel:
Ein Student bietet seinem Kommilitonen im Gespräch ein gebrauchtes Lehrbuch zum Kauf an.

- **schriftliche Erklärung**

Beispiel:
Der Versicherungsinteressent schickt ein ausgefülltes und unterschriebenes Antragsformular an die Agentur.

- **schlüssiges (konkludentes) Handeln**, d. h. durch eine Handlung, aus der man auf einen bestimmten Willen schließen muss

Beispiele:
Handheben bei einer Versteigerung; Einsteigen in einen Bus.

- **elektronisch**

Beispiele:
- Kauf im Rahmen des E-Commerce oder Internets durch Anklicken der Schaltfläche KAUFEN
- Bestellung per E-Mail

Elektronische Willenserklärungen werden mittels Computer und Datenleitung abgegeben und übermittelt.
Der Abgebende muss sich die Willenserklärung zurechnen lassen, wenn die Voraussetzungen einer wirksamen Willenserklärung gegeben sind.

4.1.3 Zeitpunkt der Rechtswirksamkeit einer Willenserklärung

Für den Zeitpunkt der Rechtswirksamkeit ist zunächst grundsätzlich nach der **empfangsbedürftigen Willenserklärung** und der **nicht empfangsbedürftigen Willenserklärung** zu trennen.

- **Empfangsbedürftige Willenserklärungen** müssen dem vorgesehenen Empfänger zugehen. Dabei ist zwischen **Anwesenden** und **Abwesenden** zu unterscheiden:

Willenserklärung unter Anwesenden	Willenserklärung unter Abwesenden
Das BGB enthält hierfür keine ausdrückliche Regelung, so dass die Praxis nach der Ratio des § 130 BGB handelt. Die Willenserklärung gilt als zugegangen, wenn der Erklärungsempfänger sie vollumfänglich verstanden hat. Sie wird damit wirksam.	Die Willenserklärung gilt nach § 130 BGB als zugegangen und wird damit wirksam, wenn sie in den Herrschaftsbereich (Einflussbereich) des Erklärungsempfängers gelangt (z. B. Briefkasten). Sie wird nicht wirksam, wenn vorher oder gleichzeitig ein Widerruf zugeht.

Elektronisch abgegebene Willenserklärungen gelten regelmäßig als **zugegangen,** wenn der Empfänger davon Kenntnis nehmen könnte (z. B. E-Mail steht auf dem Posteingangsserver bereit).

- **Nicht empfangsbedürftige Willenserklärungen** werden bereits *mit ihrer Abgabe* rechtswirksam.

Beispiel:
Ein Testament ist bereits mit der Erstellung rechtsgültig.

Lernkontrollen zu C 4.1

Willenserklärungen

1 Entscheiden und begründen Sie, ob in folgenden Fällen eine rechtsgeschäftliche Willenserklärung vorliegt:
   a) Frau Birk legt einige Lebensmittel auf den Kassentisch des Supermarktes.
   b) Frau Tacke bestellt einen Versicherungsvertreter zur Beratung ins Haus.
   c) Herr Müller steigt in die Straßenbahn ein.
   d) Die 20-jährige Cornelia verabredet sich mit ihrer Freundin zu einem Kinobesuch.
   e) Cornelia bestellt telefonisch eine Kinokarte.
   f) Herr Schwarz bietet einem Studenten ein Zimmer seines Hauses für ein Semester zur Miete an.

2 Ein Mieter kündigt den Mietvertrag. Er wirft den Kündigungsbrief in einen Briefkasten der Deutschen Post AG. Welche verschiedenen Rechtslagen können sich daraus ergeben?

3 Jemand verfasst ein handschriftliches Testament und legt es in die Schreibtischschublade.
   a) Begründen Sie, ob dieses Testament im Erbfall rechtswirksam ist.
   b) Warum ist es in jedem Fall besser, das Testament einem Notar zu übergeben?

4.2 Arten von Rechtsgeschäften und Nichtigkeitsgründe

4.2.1 Einseitige und zwei- bzw. mehrseitige Rechtsgeschäfte

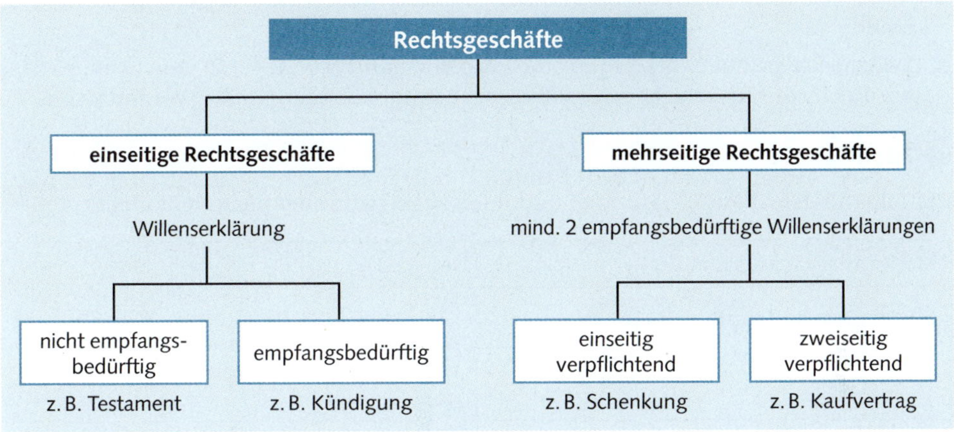

Rechtsgeschäfte entstehen durch Willenserklärungen, die darauf gerichtet sind, Rechtsverhältnisse zu **begründen**, zu **ändern** oder **aufzuheben**.

Rechtsgeschäfte sind also Geschäfte, aus denen sich Rechtsfolgen ergeben.

Einseitige Rechtsgeschäfte	Zwei- bzw. mehrseitige Rechtsgeschäfte
Sie entstehen durch die Willenserklärung einer Person und dienen der angestrebten Rechtsfolge, wobei zwischen **empfangsbedürftiger** und **nicht empfangsbedürftiger Willenserklärung** zu unterscheiden ist.	Sie entstehen durch übereinstimmende Willenserklärungen von zwei oder mehr Personen, wobei zwischen einseitig verpflichtende Verträge und zwei- oder mehrseitig verpflichtende Verträge zu unterscheiden ist.
Beispiel für eine empfangsbedürftige Willenserklärung: Fristgerechte Kündigung **Rechtsfolge:** Mit Ablauf der Kündigungsfrist wird die Kündigung wirksam.	**Beispiel für einen einseitig verpflichtenden Vertrag:** Schenkung Der Schenker muss vertraglich die Schenkung erfüllen.
Beispiel für eine nicht empfangsbedürftige Willenserklärung: Testament **Rechtsfolge:** Das persönlich errichtete und eigenhändig unterschriebene Testament wird mit seiner Fertigstellung wirksam.	**Beispiel für einen zwei- bzw. mehrseitig verpflichtenden Vertrag:** Kaufvertrag Der/die Käufer und der Verkäufer sind verpflichtet, den vereinbarten Vertragsinhalt zu erfüllen.

Anmerkung: Ein Kaufvertrag kommt regelmäßig durch den Antrag einer kaufwilligen Person an eine verkaufswillige Person und die Annahme dieses Antrages durch die verkaufswillige Person zustande (vgl. C 4.6.3).

Der **Antrag** ist in rechtlicher Hinsicht eine einseitige empfangsbedürftige Willenserklärung und noch kein Rechtsgeschäft.

4.2.2 Nichtigkeit von Willenserklärung und Rechtsgeschäft

Das Bürgerliche Gesetzbuch kennt

- Willenserklärungen, die von Anfang an nichtig sind, so dass ein Rechtsgeschäft nicht entstehen kann,
- Rechtsgeschäfte, die trotz übereinstimmender Willenserklärungen von Anfang an nichtig sind,
- Willenserklärungen, die gegen eine Formvorschrift (vgl. C 4.3.2) verstoßen, so dass das Rechtsgeschäft nicht entsteht, dieser Mangel aber »geheilt« werden kann.

a) Nichtigkeit

Die folgenden Willenserklärungen und Rechtsgeschäfte sind nach BGB nichtig:

	Willenserklärung nichtig	Beispiel
BGB § 105 (1)	➤ bei Geschäftsunfähigkeit	Ein 6-jähriges Kind kann sein Fahrrad nicht rechtswirksam verschenken. Die Eltern können die Herausgabe verlangen.
§ 105 (2)	➤ bei Bewusstlosigkeit oder vorübergehender Störung der Geistestätigkeit	Jemand verschenkt im Vollrausch seine Armbanduhr.
§ 117	➤ wenn sie zum Schein abgegeben wurde (Scheingeschäft)	Für den Grundstückskauf vor dem Notar haben die Vertragsparteien einen Preis von 100 000 € abgesprochen, um Grunderwerbsteuer zu sparen. Tatsächlich ist aber zwischen den Parteien ein Kaufpreis von 150 000,00 € abgesprochen. Der notariell beurkundete Vertrag ist nichtig.
§ 118	➤ wenn sie (erkennbar) nicht ernstlich gemeint ist (Scherzgeschäft)	Ein Scherzbold erklärt der Braut eines Hochzeitspaares, ihr 1 000 € zu zahlen, wenn sie den Hochzeitskuchen ihrem Bräutigam ins Gesicht wirft. Wirft die Braut tatsächlich den Kuchen, muss der Scherzbold nicht zahlen wegen der nicht ernstlich gemeinten Willenserklärung.

	Rechtsgeschäft nichtig	Beispiel
§ 134	➤ wenn gegen ein gesetzliches Verbot verstoßen wird	Ein Kaufvertrag über Rauschgift ist nichtig, weil der Drogenhandel verboten ist.
§ 138	➤ wenn gegen die guten Sitten verstoßen wird	A verlangt von B, der in einer Notlage ist, für ein Darlehen 25 % Zinsen. Der Darlehensvertrag ist nichtig (Wucher).

b) Verstoß gegen eine Formvorschrift, Rechtsgeschäft nachträglich »heilbar«

In folgenden Fällen kann ein Rechtsgeschäft trotz Formmangel rechtswirksam werden:

Formmangel beim Rechtsgeschäft	Nachträgliche »Heilung«	
➤ **Grundstückskaufvertrag**	Ein Grundstückskaufvertrag ohne notarielle Beurkundung ist nichtig. Dieser Formmangel wird nachträglich unwirksam, wenn der Eigentumsübergang ins Grundbuch eingetragen wird.	BGB § 311b (1)
➤ **Schenkungsversprechen**	Ein Schenkungsversprechen bedarf der notariellen Beurkundung um rechtswirksam zu sein. Unterbleibt diese und wird die Schenkung vollzogen, wird der Mangel der Form »geheilt«. Die Schenkung kann dann nicht mehr zurückgefordert werden.	§ 518 (1)
➤ **Bürgschaftserklärung**	Die Bürgschaft bedarf der Schriftform. Eine mündlich abgegebene Bürgschaftserklärung ist nichtig. Ausnahme: Bürgschaft eines Kaufmanns im Rahmen seines Handelsgewerbes. Leistet der Bürge einer mündlich abgegebenen Bürgschaftserklärung, wird der Mangel der Form »geheilt«. Die Leistung kann nicht mehr zurückgefordert werden.	§ 766 (1) HGB § 350

Eine besondere Regelung zum Formmangel kennt das BGB für Mietverträge mit einer Laufzeit von mehr als einem Jahr: BGB § 550

Für diesen Vertrag ist die Schriftform erforderlich. Wird diese Formvorschrift nicht eingehalten, gilt der Mietvertrag für unbestimmte Zeit. Eine beispielsweise für zwei Jahre mündlich vereinbarte Mietzeit wäre unwirksam.

4.2.3 Nichtigkeit des Rechtsgeschäftes durch Anfechtung der Willenserklärung

Die **Willenserklärung** eines Vertragspartners des Rechtsgeschäftes kann von diesem nachträglich unter Beachtung einer bestimmten **Anfechtungsfrist** angefochten werden, wenn einer der folgenden Anfechtungsgründe vorliegt:

- **Irrtum**
- **arglistige Täuschung**
- **widerrechtliche Drohung**

Das zunächst rechtswirksam zustande gekommene **Rechtsgeschäft** wird durch eine solche Anfechtung **von Anfang an nichtig.** § 142

➤ Irrtum

Man unterscheidet:

BGB § 119 (1)

- **Irrtum in der Erklärung.** Die Äußerung des Erklärenden entspricht nicht dem, was er äußern wollte.

> **Beispiel:**
> Bei einem Angebot wird durch Versprechen oder Verschreiben als Preis 15,00 € statt 50,00 € angegeben.

§ 120

- **Irrtum in der Übermittlung.** Die Willenserklärung ist durch die mit der Übermittlung beauftragte Person oder Einrichtung unrichtig weitergegeben worden.

> **Beispiel:**
> Der Auszubildende einer Autowerkstatt wird beauftragt, eine Auspuffanlage für den Autotyp A4 im Zubehörhandel abzuholen. Versehentlich verlangt er aber die teuere Auspuffanlage für den Typ A6.

§ 119 (2)

- **Irrtum über wesentliche Eigenschaften** der Person oder der Sache. Die Eigenschaften, über die man sich geirrt hat, müssen für die Abgabe der Willenserklärung wesentlich gewesen sein.

> **Beispiele:**
> - Ein Geschäftsmann stellt einen Kassierer ein und erfährt nachträglich, dass dieser wegen Unterschlagung vorbestraft ist.
> - Ein Kunsthändler verkauft die Fälschung eines Gemäldes; Verkäufer und Käufer halten die Fälschung zunächst für das Original.

§ 121 Anfechtungsberechtigt ist, wer sich geirrt hat. Die Anfechtung muss **unverzüglich** nach Entdeckung des Irrtums erfolgen. Entsteht durch die Anfechtung ein Schaden, so ist der Anfechtende ersatzpflichtig.

➤ Arglistige Täuschung oder widerrechtliche Drohung

§§ 123 f. Die Anfechtung hat binnen Jahresfrist ab Entdeckung der Täuschung oder seit Wegfall der Zwangslage zu erfolgen. Die arglistige Täuschung oder die widerrechtliche Drohung müssen für die Abgabe der Willenserklärung wesentlich gewesen sein.

> **Beispiele:**
> - Ein Gebrauchtwagenhändler verkauft einen Unfallwagen als »garantiert unfallfrei«.
> - Ein Arbeitnehmer droht dem Arbeitgeber mit einer Anzeige wegen Steuerhinterziehung, falls er seine Forderung auf Gehaltserhöhung ablehnen sollte.

§§ 121 (2), 124 (3) Zehn Jahre nach Abgabe der Willenserklärung kann durch den Anfechtungsberechtigten nicht mehr angefochten werden.

➤ Kein Anfechtungsrecht bei Motivirrtum

Eine Willenserklärung, die auf einem Irrtum im Beweggrund (Motiv) beruht, kann nicht angefochten werden.

Beispiele:

- Kauf von Aktien in er irrtümlichen Annahme, dass diese im Kurswert steigen werden. Tatsächlich aber fällt der Kurs.
- Kauf eines Geschenkes für die Verlobte, damit diese einen Fehltritt verzeiht. Tatsächlich aber beharrt die Verlobte auf Trennung.

Exkurs: Anfechtung wegen arglistiger Täuschung bei Verletzung der vorvertraglichen Anzeigepflicht im Versicherungsrecht

In § 22 VVG ist geregelt, dass das Recht des Versicherers, den Vertrag wegen arglistiger Täuschung anzufechten ist, unberührt bleibt. Diese Vorschrift lässt sich wie folgt erklären:
Das Gesetz kennt für den Fall der vorvertraglichen Anzeigepflicht zunächst eigenständige Regelungen, die auch zu seiner Leistungspflicht trotz Verletzung dieser Verpflichtung führen können (vgl. B 6.2.3). Um diese Leistungspflicht in jedem Falle auszuschließen zu können, wenn die Anzeigepflichtverletzung auf Arglist beruht, bleibt das Recht zur Anfechtung wegen arglistiger Täuschung nach BGB durch das VVG ausdrücklich erhalten.

Zusammenfassung: Nichtigkeit und Anfechtung

Nichtige Willenserklärung

- bei Geschäftsunfähigkeit
- bei Bewusstlosigkeit oder vorübergehender Störung der Geistestätigkeit
- bei Scheingeschäft
- bei Scherzgeschäft

Es entsteht kein Rechtsgeschäft.

Nichtiges Rechtsgeschäft

- Verstoß gegen gesetzliches Verbot
- Verstoß gegen die guten Sitten

Nichtiges Rechtsgeschäft wegen Formmangel
»Heilung« möglich bei

- Grundstückskaufvertrag
- Schenkungsversprechen
- Bürgschaftserklärung

Anfechtbare Willenserklärung
Rechtsgeschäft wird durch Anfechtung nichtig
Anfechtungsgründe:

→
- Erklärungsirrtum
- Übermittlungsirrtum
- Eigenschaftsirrtum

Kein Anfechtungsrecht bei Motivirrtum

→
- arglistige Täuschung

→
- widerrechtliche Drohung

Anfechtung und Fristen:

• Irrtum	• arglistige Täuschung • widerrechtliche Drohung
unverzüglich	**innerhalb eines Jahres** nach Entdeckung/Fortfall der Zwangslage

Ausschluss der Anfechtung nach 10 Jahren

Lernkontrollen zu C 4.2

Rechtsgeschäfte

1 Prüfen Sie, ob ein einseitiges oder ein mehrseitiges Rechtsgeschäft vorliegt.

a) Die Proximus-Filiale bestellt auf ein Angebot der Schneider & Co. KG zwei Personalcomputer.

b) Herr Schadt mietet eine Wohnung.

c) Frau Kuhnert erklärt schriftlich, dass sie vom Kauf einer Zimmereinrichtung zurücktritt.

d) Aus Dankbarkeit schenkt ein Rentner seiner Pflegerin einen wertvollen Schrank.

Nichtigkeit und Anfechtbarkeit von Willenserklärungen

2 Wie ist die Rechtslage in folgenden Fällen?

a) Ein »Waffenschieber« schließt einen Kaufvertrag über die Lieferung von Maschinenpistolen ab.

b) Beim Schreiben eines Angebots vertippt sich die Sekretärin und gibt als Einzelpreis 58,00 € statt 85,00 € an. Der Kunde bestellt darauf 80 Stück zu je 58,00 €.

c) Die Agentur hat vor 4 Wochen für eine Wochenend-Ausflugsfahrt einen Omnibus bestellt. Der Wetterbericht kündigt am Freitag vor dem Ausflug nasskaltes, regnerisches Wetter an. Die Agentur möchte deshalb die Bestellung wegen Irrtums anfechten.

d) Bei Inbetriebnahme eines als fabrikneu verkauften Computers stellt der Käufer fest, dass das Gerät bereits als Vorführgerät eingesetzt war.

e) Ein Gastwirt, der sich in einer finanziellen Notlage befindet, schließt mit einem in der Tageszeitung inserierenden Finanzierungsinstitut einen Kreditvertrag ab, in dem ein Zinssatz von 3 % je Monat festgelegt ist.

3 Der Auszubildende Peter hat vor kurzem seine Führerscheinprüfung bestanden und sucht nun einen Gebrauchtwagen. In der Zeitung liest er folgende Anzeige: VW Golf Bj. 08, viel Zubehör, 1 800,00 €, Tel. 0731 258591. Er vereinbart einen Besichtigungstermin. Da der Wagen nicht ganz seinen Erwartungen entspricht, bietet Peter nur 1 500,00 € an. Der Verkäufer will den Wagen aber nicht unter 1 700,00 € hergeben. Nach einigem Hin und Her ist der Verkäufer bereit, den Wagen für 1 650,00 € zu veräußern. Peter zahlt daraufhin den Kaufpreis.

a) Beschreiben Sie, durch welche Willenserklärungen der Kaufvertrag zustande gekommen ist.

b) Bei der nächstfälligen Inspektion stellt sich heraus, dass der Kilometerzähler zurückgedreht worden war. Peter ist nun der Meinung, der Kaufvertrag sei nichtig und er würde ohne Weiteres sein Geld zurückbekommen. Begründen Sie, ob Peter Recht hat.

c) Um seinem Verlangen Nachdruck zu verleihen, droht Peter dem Verkäufer, vor Gericht zu gehen, wenn er nicht sofort den Kaufpreis erstattet bekommt. Dieser entgegnet, dass er sich nicht drohen lasse; außerdem verstoße die Drohung gegen das Gesetz.
Beurteilen Sie die Meinung des Verkäufers.

4.3 Vertragsfreiheit, Form der Rechtsgeschäfte, Rechtsobjekte

4.3.1 Grundsatz der Vertragsfreiheit

Die Rechtsordnung kennt den **Grundsatz der Vertragsfreiheit,** der sich zunächst wie folgt darstellt:

- **Abschlussfreiheit,** d. h. ob und mit wem ein Vertrag geschlossen werden soll
- **Inhaltsfreiheit,** d. h. welche Inhalte ein Vertrag haben soll
- **Formfreiheit,** d. h. in welcher Form ein Vertrag geschlossen werden soll

Zur Vermeidung von Missbrauch und Rechtsverstößen sowie zum Schutz eines Vertragspartners ist dieser Grundsatz der Vertragsfreiheit in bestimmten Fällen durch eindeutige gesetzliche Regelungen aber eingeschränkt.

Beispiele:

- keine Abschlussfreiheit mit Geschäftsunfähigen
- keine Inhaltsfreiheit, wenn der Vertragsinhalt sittenwidrig ist
- keine Formfreiheit, wenn aus Beweis- und Schutzgründen eine Formvorschrift für den angstrebten Vertrag zu beachten ist

---

Exkurs: Ausgewählte Einschränkungen des Grundsatzes der Vertragsfreiheit im Versicherungswesen

Beschränkung der Abschlussfreiheit

Beispiele:

Pflicht-Haftpflichtversicherungen für den Kfz-Halter, Halter von Luftfahrzeugen, Jäger, bestimmte Berufsgruppen, z. B. Wirtschaftsprüfer, Steuerberater, Ärzte, Anwälte (vgl. Band 3, A 5.1.3 b)
Krankenversicherungspflicht für alle (vgl. Band 2, E 1.1)
Annahmezwang (Kontrahierungszwang) für bestimmte Kfz-Haftpflichtversicherungen (vgl. Band 3, C 2.1.3)

Beim Kontrahierungszwang besteht die Verpflichtung, den gewünschten Vertrag abzuschließen. Man kennt ihn u. a. auch bei Personenbeförderungsunternehmen (Beförderungsvertrag mit Bus, Bahn) und öffentlichen Versorgungsunternehmen (Versorgungsvertrag mit Wasser, Gas, Elektrizität).

Beschränkungen der Inhaltsfreiheit

Das VVG kennt **zwingende Vorschriften,** die durch Vertrag nicht abgeändert werden dürfen und **halbzwingende Vorschriften,** die nur zum Vorteil des Versicherungsnehmers abgeändert werden dürfen (vgl. B 2.1.2 b).

Beschränkung der Formfreiheit

Beispiel:

Der Versicherungsnehmer kann auf die Beratung oder die Dokumentation durch eine gesonderte schriftliche Erklärung verzichten (§ 61 Abs. 2 VVG). Von dieser Formvorschrift kann nicht zum Nachteil des Versicherunsnehmers abgewichen werden (§ 67 VVG).

4.3.2 Formvorschriften

Für bestimmte Rechtsgeschäfte sieht das Gesetz eine bestimmte Form vor (Formvorschrift oder auch Formzwang genannt).

Folgende Formen können gesetzlich vorgesehen sein:

- **Schriftliche Form**
  BGB § 126 Die Urkunde muss von dem Antragsteller eigenhändig durch Namensunterschrift unterzeichnet werden. Wird über einen Vertrag nur eine Urkunde ausgestellt, müssen beide Parteien unterzeichnen. Werden über einen Vertrag mehrere Urkunden ausgestellt, so genügt es, wenn jede Partei die Urkunde unterzeichnet, die für die andere Partei bestimmt ist.

  § 766, BBiG § 22 (3)

  Beispiele:
  Bürgschaftserklärungen, Kündigung des Ausbildungsverhältnisses.

- **Elektronische Form**
  BGB § 126a SigG § 2 Die elektronische Form ersetzt die Schriftform, wenn das elektronische Dokument mit einer qualifizierten elektronischen Signatur versehen und der Name des Ausstellers hinzugefügt wird.

  Beispiel:
  Elektronische Steuererklärung

- **Textform**
  BGB § 126b Bei der Textform muss die Erklärung durch Nachbildung einer Namensunterschrift oder anders erkennbar gemacht werden; dadurch wird die eigenhändige Unterschrift in bestimmten Fällen entbehrlich.

  Beispiel:
  § 355 (1) Widerruf der Willenserklärung zu einem Verbrauchervertrag in Textform.

- **Öffentliche Beglaubigung**
  § 129 Die Erklärung muss schriftlich abgefasst und die Unterschrift des Erklärenden von einem Notar beglaubigt werden. Die Beglaubigung bestätigt nur die Echtheit der Unterschrift und bezieht sich nicht auf den Inhalt der Urkunde.

  Beispiele:
  Schriftliche Anmeldungen und Anträge zum Handelsregister und zum Grundbuch.

- **Notarielle Beurkundung**
  § 128 Die Willenserklärungen werden von einem Notar protokollarisch aufgenommen. Seine Beurkundung bestätigt sowohl die Echtheit der Unterschrift als auch den Inhalt der Willenserklärung.

  Beispiele:
  § 311b (1) Notarielle Beurkundung eines Grundstückskaufvertrages.

§ 125 Wird die vorgeschriebene oder vereinbarte Form nicht beachtet, so ist das Rechtsgeschäft nichtig (**Formnichtigkeit**).

4.3.3 Sachen und Rechte als Rechtsobjekte

Die Rechte des Menschen können sich auf Sachen und Rechte beziehen. An ihnen bestehen Eigentums- und Besitzrechte.

a) Sachen

Eine Sache ist ein körperlicher Gegenstand, z. B. Haus, Maschine, Buch. BGB § 90 § 90a

Tiere sind nach dem BGB keine Sachen, die Vorschriften für Sachen sind aber auch für sie anzuwenden. Dabei müssen jedoch die besonderen Schutzbestimmungen für Tiere als Lebewesen beachtet werden.

b) Rechte

Neben Sachen können auch Rechte Gegenstand des Rechtsverkehrs sein. Zu ihnen gehören z. B. Patent, Gebrauchsmuster, Konzession, Geschäftswert.

Lernkontrollen zu C 4.3

Vertragsfreiheit und Formvorschriften

1 Begründen Sie, ob folgende Rechtsgeschäfte gültig sind:

a) ein maschinenschriftlich abgefasstes und eigenhändig unterschriebenes Testament;
b) ein mündlich abgeschlossener Vertrag über den Kauf eines Gebrauchtwagens;
c) ein schriftlich abgefasster Vertrag über den Kauf eines Hauses;
d) ein mündlich abgeschlossener Vertrag über die Vermietung eines Wohnhauses für die Dauer von 5 Jahren (vgl. § 550 und § 125 Satz 2 BGB).

Rechtsobjekte

2 Stellen Sie fest, um welche Art von Rechtsobjekt es sich handelt:

a) Wohnhaus,
b) Geschäftswert,
c) Wachhund,
d) Lizenz.

4.4 Eigentum und Eigentumsübertragung

Situationsbeispiel zu C 4.4:

In der Proximus Generalagentur Bäumer hält der Agenturinhaber Manfred Bäumer einen Arbeitsplatz mit Laptop vor, um bei Bedarf sofort eine Aushilfskraft einstellen und beschäftigen zu können. Sohn Mirko (18 Jahre), der seinen Eltern schulisch und auch privat häufig Sorgen bereitet, spekuliert auf diesen Laptop, um ihn für Computerspiele einsetzen zu können. Seinem Vater erzählt er, dass er für eine schulische Unterrichtsreihe eine Power Point Präsentation entwickeln wolle. Der Vater ist darüber sehr erfreut und stellt Mirko den Laptop zur Verfügung mit der Bemerkung, dass er ihn sofort zurück haben müsse, wenn wieder eine Aushilfskraft eingestellt wird. »Ja klar«, sagt Mirko.

Wochen vergehen und da der Laptop nicht zurück gefordert wird, entwickelt sich bei Mirko das Gefühl Eigentümer geworden zu sein. So bleibt es nicht aus, dass er ihn gelegentlich Klassenkameraden ausleiht, die seine Interesse an Computerspielen teilen.

Als Mirko ein finanzieller Engpass trifft und er vom Elternhaus keine Zahlung mehr außer der Reihe erwarten darf, bietet er seinem Mitschüler Lukas (18 Jahre) den Laptop zu einem günstigen Kaufpreis an mit der Begründung, dass sein Elternhaus für ihn einen neuen Laptop mit dem neuesten Betriebssystem bestellt habe.

Lukas hat nicht ansatzweise Bedenken, dass die Aussage von Mirko unzutreffend sein könnte, zumal er die Familie Bäumer kennt und schon öfter feststellen durfte, wie großzügig Mirko von den Eltern ausgestattet wird.

Zwei Wochen nach Abwicklung dieses Kaufes verlangt der Vater von Mirko den Laptop zurück. Mirko versucht das drohende Unheil noch abzuwenden. Lukas will den Laptop aber nicht mehr herausgeben, da er ihn für das bald beginnende Studium braucht und deshalb schon der interne Speicher aufgerüstet und eine größere Festplatte eingebaut wurde.

»Es kann doch nicht sein, dass jemand mit einer solchen Begründung mir mein Eigentum vorenthalten will. Da muss es doch einen rechtlichen Weg geben.«, tobt der Vater von Mirko, nachdem er zuvor gründlich mit seinem Sohn abgerechnet hat.

Wie ist die Rechtslage? (Lösung, siehe am Schluss von C 4.4.4)

4.4.1 Eigentum und Besitz

a) Eigentum

Im Sachenrecht sind **Besitz** und **Eigentum** zu unterscheiden.

Der **Eigentümer** hat die **rechtliche Herrschaft** über einen Gegenstand. Ihm *gehört* der Gegenstand. Er kann ihn verkaufen, verschenken oder vermieten.

b) Besitz

Der **Besitzer** hat die **tatsächliche Gewalt** über einen Gegenstand. Er *hat* den Gegenstand. BGB § 854

Beispiel:
Der Besitzer eines Autos kann damit fahren; der Besitzer einer Wohnung kann darin leben.

Im Allgemeinen ist der Eigentümer einer Sache auch ihr Besitzer **(Eigenbesitz).** Vermietet der Hauseigentümer jedoch eine Wohnung, so bleibt er Eigentümer, der Mieter wird Besitzer. Verleiht jemand ein Buch, so bleibt er Eigentümer, der Entleiher wird Besitzer. Der Besitzer muss dem Eigentümer die Sache unbeschädigt zurückgeben. Der Eigentümer hat gegenüber dem Besitzer einen Herausgabeanspruch. § 872

Diebe sind widerrechtliche Besitzer der gestohlenen Sache. § 958 (2)

4.4.2 Übertragung des Eigentums

➤ Vorbetrachtung

Grundlage für die Eigentumsübertragung ist ein Rechtsgeschäft (**Verpflichtungsgeschäft**).

Im Kaufvertrag beispielsweise verpflichten sich die Parteien wie folgt:

- Der Verkäufer verpflichtet sich zur Übergabe und Eigentumsübertragung und Annahme des Kaufpreises.
- Der Käufer verpflichtet sich zur Annahme und Zahlung.

Die Ausführung dieser Verpflichtungen nennt man das **Erfüllungsgeschäft**.

Sie beruht ebenfalls auf einer Einigung der Parteien.

Nachstehend ist die Eigentumsübertragung (Erfüllungsgeschäft) dargestellt.

➤ Eigentumsübertragung an beweglichen Sachen

Die Eigentumsübertragung kann erfolgen:

- durch Einigung zwischen Erwerber und Veräußerer, dass das Eigentum übergehen soll, und Übergabe der Sache. § 929

  Beispiel:
  Der Schreibwarenhändler gibt dem Agenturinhaber das gekaufte Büromaterial. Sie sind sich einig über die damit beabsichtigte Eigentumsübertragung.

- durch bloße Einigung, dass der Besitzer Eigentümer werden soll, wenn sich die Sache bereits bei ihm befindet. § 929 S. 2

  Beispiel:
  Der Agentur wurde zu Testzwecken ein Fotokopiergerät zur Verfügung gestellt. Die Agentur wird durch Einigung mit dem Verkäufer Eigentümer, wenn sie das Gerät kauft und bezahlt.

➤ Eigentumsübertragung an unbeweglichen Sachen (Grundstücken)

BGB § 873, § 925 Sie erfolgt durch die notariell beurkundete Einigung zwischen dem Erwerber und Veräußerer, dass das Eigentum auf den Erwerber übergehen soll (**Auflassung**), und durch die Eintragung des Eigentümerwechsels im Grundbuch.

Beispiel:
Beim Kauf eines Grundstückes ist ein notariell beurkundeter Kaufvertrag abzuschließen (Verpflichtungsgeschäft). Damit erhält der Käufer den Anspruch auf Eigentumsübertragung. Diese erfolgt dann durch die notariell beurkundete Einigung (Auflassung) und Eintragung ins Grundbuch (Erfüllungsgeschäft).

In der Praxis wird die Auflassung als Teil des Erfüllungsgeschäftes in der Regel schon mit dem Kaufvertrag vereinbart und beurkundet, damit die Parteien nicht ein zweites Mal beim Notar erscheinen müssen.

4.4.3 Eigentumsvorbehalt

§ 449 Der (einfache) **Eigentumsvorbehalt** ist eine **Vereinbarung** zwischen Veräußerer und Erwerber, wonach der **Erwerber zunächst nur Besitzer** werden soll (Übergabe), während der **Veräußerer bis zur Bezahlung des Kaufpreises Eigentümer** bleibt.

Die Vorbehaltsklausel lautet: »Die Ware bleibt bis zur vollständigen Bezahlung des Kaufpreises mein Eigentum.«

Der Eigentumsvorbehalt muss, wenn er wirksam sein soll, beim Abschluss des Kaufvertrags ausdrücklich vereinbart sein. Ein Vorbehaltsvermerk auf der Rechnung verhindert die Eigentumsübertragung, falls die Rechnung spätestens mit der Ware eintrifft, denn es fehlt die zur Übereignung erforderliche Einigung.

§ 323 Kommt der Käufer seiner vertraglichen Verpflichtung für Zahlung nicht nach, dann kann der Verkäufer sein Eigentum erst dann zurückverlangen, wenn er vom Vertrag zurückgetreten ist. Voraussetzung für den Rücktritt ist das erfolglose Verstreichen einer Nachfrist mit Ablehnungsandrohung (vgl. C 4.7.3 b).

Bei Pfändung kann der Verkäufer die Freigabe der unter Eigentumsvorbehalt gelieferten Ware, im Insolvenzverfahren die Aussonderung und Herausgabe verlangen.

Der Eigentumsvorbehalt erlischt, wenn der Kaufpreis vollständig bezahlt ist. Er wird unwirksam, wenn der Gegenstand

- § 932 an einen gutgläubigen Dritten (vgl. C 4.5.4),
- § 950 verarbeitet,
- § 947 mit einer beweglichen Sache fest verbunden,
- § 946 mit einer unbeweglichen Sache fest verbunden,
- verbraucht oder vernichtet wird.

Beispiele:
- In der Werkstatt eines Kraftfahrzeughändlers wird ein Auspufftopf, den der Händler unter Eigentumsvorbehalt erworben und noch nicht bezahlt hat, in das Auto der Agentur eingebaut. Die Agentur wird durch den Einbau in das Auto Eigentümerin des Auspufftopfes.
- Ein Installateur baut einen Waschtisch, den er unter Eigentumsvorbehalt erworben und noch nicht bezahlt hat, in einen Sozialraum der Agentur ein. Mit dem Einbau wird die Agentur Eigentümerin des Waschtisches.

4.4.4 Gutgläubiger Eigentumserwerb

Verkauft jemand eine Sache, die ihm nicht gehört, so erwirbt der Käufer dennoch das Eigentum, wenn er im »guten Glauben« ist. Gutgläubig ist der Käufer, wenn er den Verkäufer für den Eigentümer halten darf. BGB § 932

Gutgläubiger Erwerb **ist möglich** an geliehenen, gemieteten und unter Eigentumsvorbehalt gelieferten Sachen.

Gutgläubiger Erwerb **ist nicht möglich** an gestohlenen und verloren gegangenen Sachen. § 935

Lösung zum Situationsbeispiel C 4.4:

Lukas ist Eigentümer des Laptop geworden.

Begründung:

(1) Übergabe des Laptop an Mirko durch den Vater
Der Vater hat klar erkennbar nicht das Eigentumsrecht sondern nur den (unmittelbaren) Besitz vorläufig aufgeben wollen. Rechtlich liegt hier eine Leihe vor (vgl. C 4.2.3).

(2) Ausleihe an Mitschüler
Das ist vom Vater sicherlich nicht vorgesehen gewesen. Er hat sie aber auch nicht ausdrücklich ausgeschlossen. Das Eigentumsrecht des Vaters ist durch die Ausleihe nicht berührt worden.

(3) Verkauf an Lukas
Mirko verkauft eine Sache, die er zwar besitzt, die aber nicht zu seinem Eigentum gehört.
Lukas ist bezüglich des Eigentums als sog. **gutgläubiger Erwerber** anzusehen, wenn ihm nichts Gegenteiliges nachgewiesen werden kann, wofür hier der Fall spricht. Er erwirbt deshalb bei Übergabe des Laptop das Eigentum gutgläubig vom Nichtberechtigten nach § 932 BGB.

Das BGB schützt durch diese Vorschrift den gutgläubigen Erwerber und nicht den Eigentümer, da dieser die Sache ja freiwillig aus der Hand gegeben hat (er wusste, was er tat, als er Mirko den Laptop gab). Der Vater kann Schadenersatz vom Nichtberechtigten (also von Mirko) fordern.

Ergänzung:

Hätte Mirko den Laptop ohne Kenntnis des Vaters an sich genommen und verkauft, wäre das Eigentumsrecht des Vaters durch § 935 BGB geschützt und Lukas nicht Eigentümer geworden sondern zur Herausgabe des Laptops verpflichtet.

Nach einem BGH-Urteil (NJW **01,** 2966) wäre die Sache im jetzigen Besitzzustand herauszugeben. Durch Lukas wurde der Laptop aufgerüstet und dadurch wertvoller. Nach § 947 Abs. 2 BGB würde der Vater von Mirko auch Eigentümer an diesen Sachen. Lukas würde dadurch einen Rechtsverlust erleiden und könnte nach § 951 BGB eine Vergütung in Geld verlangen.

Lernkontrollen zu C 4.4

Eigentum und Eigentumsvorbehalt

1 Wann werden Sie in folgenden Fällen Eigentümer (Begründung)?

a) Sie schließen am 15. Oktober d. J. im Computer-Shop einen Kaufvertrag über einen PC mit Zubehör. Sie bezahlen sofort mit Bankkarte. Die Anlage wird erst am 30. Oktober d. J. geliefert.

b) Sie kaufen am 1. Juni d. J. in einem Bürofachgeschäft einen Fotokopierer und nehmen ihn sofort mit. Die Zahlung von 900,00 € soll innerhalb eines Monats erfolgen.

2 Der Inhaber einer Versicherungsagentur verkauft seiner Auszubildenden Cornelia Schreiber einen PC, dessen Kaufpreis 3 Monate später mit der Ausbildungsvergütung verrechnet werden soll. Noch vor der Zahlung verkauft und übergibt Cornelia den PC an ihre Freundin Brigitte.

a) Begründen Sie, wer nach diesen Vorgängen Eigentümer(in) ist.

b) Wer muss den noch nicht beglichenen Kaufpreis an den Agenturinhaber zahlen?

3 Sie kaufen von einem Bekannten ein Fotokopiergerät. Es stellt sich nachträglich heraus, dass das Fotokopiergerät gemietet war. Wie ist die Rechtslage?

4 Sie verhandeln mit Frau Stückle über den Erwerb eines Grundstücks. Mit Schreiben vom 20. Juni d. J. erklärt sich Frau Stückle mit dem Verkauf einverstanden. Die Auflassung erfolgt beim ersten Notartermin am 15. Juli d. J. in Anwesenheit beider Vertragspartner vor dem Notar. Gleichzeitig wird die Eintragung der Grundstücksübertragung im Grundbuch beantragt. Am 10. August d. J. erfolgt die Umschreibung.

a) Wann fand der rechtswirksame Abschluss des Kaufvertrages statt?

b) Welche Rechte haben Sie dadurch erworben?

c) Wann wurden Sie Eigentümer des Grundstücks?

5 Frau Reich kauft einen Bürodrehstuhl gegen sofortige Zahlung.

a) Zu welchem Zeitpunkt erwirbt sie das Eigentum?

b) Nach einigen Tagen erhält sie die polizeiliche Aufforderung, den Bürodrehstuhl abzuliefern, da er aus einem Einbruchdiebstahl stamme. Wie stellt sich die Rechtslage für Frau Reich dar?

6 Welchen rechtlichen Vorteil hat der Hersteller beim Zahlungsverzug, wenn er unter Eigentumsvorbehalt lieferte?

7 Warum ist auch beim Verkauf unter Eigentumsvorbehalt die Zuverlässigkeit des Käufers zu überprüfen?

8 Bei der Proximus-Filiale wurde das Arbeitszimmer des Filialdirektors mit fest verklebtem Parkettfußboden ausgelegt. Die Lieferung des Parketts war unter Eigentumsvorbehalt erfolgt. Beurteilen Sie die Wirksamkeit dieser Vertragsklausel.

4.5 Ausgewählte Vertragsarten

Vertragsart	Vertragsgegenstand	Pflichten der Vertragspartner	Beispiel	
Kaufvertrag	Erwerb eines Gegenstandes gegen Entgelt.	**Verkäufer:** Übergabe des Gegenstandes und Verschaffung des Eigentums. **Käufer:** Annahme des Gegenstandes und Bezahlung des Kaufpreises.	Ein Versicherungsmakler kauft ein Auto.	BGB § 433–458
Werkvertrag	Herstellung eines Werkes gegen Entgelt.	**Unternehmer:** Zustandebringen eines bestimmten Arbeitserfolges **Besteller:** Annahme des Werkes, Bezahlung der vereinbarten Vergütung	Ein Hauseigentümer lässt den Durchlauferhitzer im Bad entkalken.	§§ 631–651
Dienstvertrag	Leistungen von Diensten gegen Entgelt.	**Arbeitnehmer:** Verrichtung einer Arbeit. **Arbeitgeber:** Bezahlung der vereinbarten Vergütung.	Ein kaufmännischer Angestellter tritt eine neue Stelle an.	§§ 611–630
Schenkungsvertrag	Unentgeltliche Zuwendung von Sachen oder Rechten, durch die der Beschenkte bereichert wird.	**Schenker:** Übereignung der Sache. **Beschenkter:** Annahme der Sache.	Ein Unternehmen spendet dem Roten Kreuz einen Notarztwagen.	§§ 516–534
Mietvertrag	Überlassung von Sachen zum Gebrauch gegen Entgelt.	**Vermieter:** Übergabe der Sache in vertragsgemäßem Zustand. **Mieter:** Bezahlung der Miete, Rückgabe derselben Sache.	Ein Auszubildender mietet ein Zimmer.	§§ 535–580
Pachtvertrag	Überlassung von Sachen und Rechten zum Gebrauch und Fruchtgenuss gegen Entgelt.	**Verpächter:** Übergabe der Sache in vertragsgemäßem Zustand. **Pächter:** Bezahlung der Pacht, Rückgabe derselben Sache.	Ein Koch pachtet eine Gastwirtschaft.	§§ 581–597
Leihvertrag	Überlassung von Sachen zum Gebrauch ohne Entgelt.	**Verleiher:** Übergabe der Sache in vertragsgemäßem Zustand. **Entleiher:** Rückgabe derselben Sache.	Ein Schüler erhält von seiner Schule kostenlos die Lehrbücher.	§§ 598–606
Darlehensvertrag	Unentgeltliche oder entgeltliche Überlassung eines vereinbarten Geldbetrages.	**Darlehensgeber:** Geldbetrag ist in der vereinbarten Höhe zur Verfügung zu stellen. **Darlehensnehmer:** Rückerstattung des Darlehens und Zahlung des geschuldeten Zinses.	Ein Kaufmann nimmt bei der Bank einen Kredit auf.	§§ 488–498

Fortsetzung:

	Vertragsart	Vertragsgegenstand	Pflichten der Vertragspartner	Beispiel
BGB §§ 607–610	**Sachdarlehensvertrag**	Unentgeltliche oder entgeltliche Überlassung von vertretbaren Sachen.	**Darlehensgeber:** Überlassung einer vereinbarten vertretbaren Sache. **Darlehensnehmer:** Rückerstattung von Sachen gleicher Art, Güte und Menge und Zahlung des vereinbarten Darlehensentgelts.	Ein Autofahrer erhält von seinem Nachbarn 5 Liter Benzin und gibt später den wieder aufgefüllten Ersatzkanister zurück.
VVG § 1	**Versicherungsvertrag**	Risikoübernahme gegen Entgelt.	**Versicherer:** Deckung des Geldbedarfs bei Eintritt bestimmter Ereignisse. **Versicherungsnehmer:** Rechtzeitige Zahlung der Versicherungsbeiträge.	Ein Industrieunternehmen lässt den Transport von Erzeugnissen versichern.
§ 312c	**Fernabsatzvertrag**	Erwerb eines Gegenstandes gegen Entgelt mithilfe von Fernkommunikationsmitteln.	**Verkäufer:** Übergabe des Gegenstandes und Verschaffung des Eigentums. **Käufer:** Annahme des Gegenstandes und Bezahlung des Kaufpreises.	Eine Privatperson kauft über das Internet eine Kamera.

Lernkontrollen zu C 4.5

Vertragsarten

1 Stellen Sie die Unterschiede folgender Verträge einander gegenüber:

a) Mietvertrag – Leihvertrag,
b) Dienstvertrag – Versicherungsvertrag,
c) Leihvertrag – Sachdarlehensvertrag,
d) Werkvertrag – Dienstvertrag.

2 Welche Vertragsarten liegen vor?

a) Jemand »leiht« bei einer Bank 10 000,00 €.
b) Jemand »leiht« ein Auto und zahlt 0,30 € je gefahrene km.
c) Jemand »leiht« ein Buch von einem Freund.
d) Eine Hausfrau »leiht« bei der Nachbarin 20,00 € zur Bezahlung des Zeitungsgeldes.
e) Der Versicherungskaufmann Hahn lässt seinen Geschäftswagen reparieren.
f) Für die Zeit der Reparatur besorgt sich Hahn einen Wagen von der »Autovermietung Knocke & Kober GmbH«.
g) Hahn hilft seinem Verkäufer Kurz finanziell bei der Anschaffung von Möbeln. Kurz zahlt monatlich 100,00 € zurück.
h) Für den Umzug stellt Hahn seinem Angestellten kostenlos den Kleintransporter des Geschäfts zur Verfügung.
i) Hahn stellt zwei Angestellte ein.
j) Für eine Urlaubsreise deckt sich Hahn mit einem Rundum-Sorglos-Paket ab.

4.6 Verpflichtungs- und Erfüllungsgeschäft beim Kaufvertrag

4.6.1 Begriffliche Klärungen und Vorbemerkungen

Die **Parteien eines Kaufvertrages** werden als **Käufer** und **Verkäufer** bezeichnet.

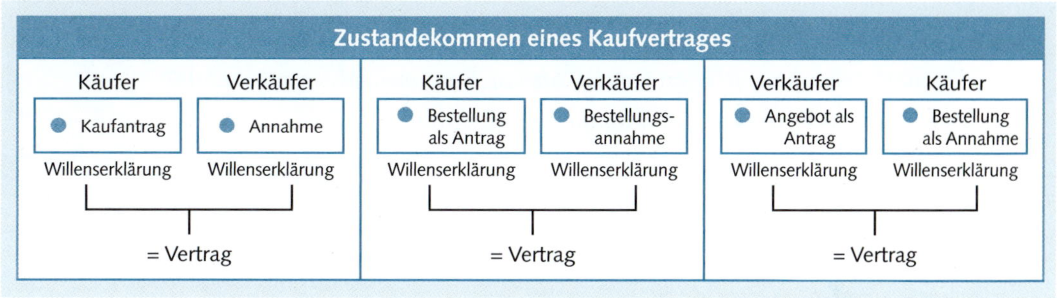

➤ Ausdrucksformen für Antrag und Annahme

Der Kaufvertag kommt zustande, wenn zwei übereinstimmende Willenserklärungen vorliegen, die als **Antrag** und **Annahme** bezeichnet werden.

Der **Antrag des Käufers** besteht häufig in einer verbindlichen **Bestellung,** die man auch als **Auftrag** bezeichnet. Der Verkäufer prüft und bestätigt ggf. diese Bestellung/den Auftrag **(Annahme des Auftrags/der Bestellung des Verkäufers).**

Ein **Antrag des Verkäufers** liegt vor, wenn dieser dem Käufer ein verbindliches **Angebot** zukommen lässt, das dieser dann prüft und ggf. bestätigt, wobei man häufig auch von Bestellung spricht **(Annahme des Käufers durch Bestellung).**

Antrag und Annahme stellen das **Verpflichtungsgeschäft** dar.
Aufgrund der vereinbarten Verpflichtung sind die Parteien gehalten, dieses Geschäft auch zu erfüllen **(Erfüllungsgeschäft).**

Auch die Einkäufe des täglichen Lebens (z. B. im Supermarkt) bestehen im rechtlichen Sinne aus einem Verpflichtungs- und Erfüllungsgeschäft, wobei die einzelnen Merkmale dieser beiden Geschäfte regelmäßig nicht bewusst wahrgenommen werden.

Beispiel:

Der Kunde legt den gewünschten Artikel zunächst in seinen Einkaufswagen. Diese Handlung ist rechtlich noch unbedeutsam und als **Vertragsanbahnung** zu werten, da er sich ja ggf. anders entscheiden und die Ware wieder zurücklegen kann.

- Er legt den Artikel an der Kasse auf das Band. Damit bringt er schlüssig zum Ausdruck, dass er den Artikel kaufen will **(Antrag zum Verpflichtungsgeschäft).**
- Die Kassiererin schiebt den Artikel über den Scanner für den Kassiervorgang **(Annahme des Verpflichtungsgeschäftes,** hier: des Kaufvertrages).
- Sie reicht dann dem Käufer den Artikel zum Einpacken **(Erfüllungsgeschäft durch Verkäufer).**
- Der Käufer zahlt **(Erfüllungsgeschäft durch Käufer).**

Nicht so reibungslos wie im Beispiel sondern mit Problemen oder gar Rechtsstreiten können Verpflichtungs- und Erfüllungsgeschäfte behaftet sein, wenn die Vertragsinhalte komplexer sind oder die Parteien z.B. nicht vor Ort miteinander kommunizieren und es zu Verständigungsproblemen kommt. Soweit hierfür keine besonderen vertraglichen Abreden getroffen wurden, gelten die gesetzlichen Bestimmungen, auf die nachfolgend näher eingegangen wird.

➤ Rechtliche Stellung der Vertragspartner

Hinsichtlich **der rechtlichen Stellung der Partner** aus einem Kaufvertrag wird danach unterschieden, ob es sich um einen **Verbraucher** oder um einen **Unternehmer** handelt. Danach bestimmt sich, um welche Art von Kaufgeschäft es sich handelt.

Folgende **Vertragskonstellationen** sind anzutreffen:

Käufer ist	Verkäufer ist	Art des Kaufgeschäftes
Verbraucher	Verbraucher	Privatkauf (bürgerlicher Kauf)
Verbraucher	Unternehmer	Verbrauchsgüterkauf (einseitiger Handelskauf)
Unternehmer	Verbraucher	einseitiger Handelskauf
Unternehmer	Unternehmer	zweiseitiger Handelskauf

Gesetzliche Rechtsgrundlagen sind das BGB und das HGB. Zum Schutz der Verbrauchers kennt man eine Reihe von Vorschriften, die ihn beim Abschluss von Kaufverträgen mit Unternehmern besser stellen (vgl. C 4.6.5).

4.6.2 Möglichkeiten der Anbahnung eines Kaufvertrages

➤ Anfrage

Anfragen dienen der **Einholung von Angeboten**. Damit soll festgelegt werden, ob und zu welchen Preisen und Bedingungen eine Ware/Dienstleistung vom Anbieter bezogen werden kann.

Der **Anfragende** ist **rechtlich nicht gebunden.**

Daher ist es möglich, Anfragen gleichzeitig an mehrere Anbieter zu stellen, um so die bestmögliche Bezugsquelle zu ermitteln.

➤ Aufforderungen zur Abgabe eines Antrages

Anpreisungen von Waren/Dienstleistungen, die nicht an eine bestimmte Person, sondern **an die Allgemeinheit** gerichtet sind, gelten **nicht als verbindliches Angebot (Antrag)** im rechtlichen Sinn. Sie sollen lediglich die Kunden anregen, ihrerseits einen Kaufantrag abzugeben (sog. **Aufforderung zur Abgabe eines Antrages**). Solche Anpreisungen finden sich beispielsweise in Zeitungsanzeigen, Prospekten, Katalogen, Plakaten, im Internet oder auch in Schaufensterauslagen. Daher hat der Kunde keinen Anspruch auf Aushändigung des Ausstellungsstücks. Auch das Aufstellen von Waren im Selbstbedienungsladen gilt noch nicht als verbindliches Angebot.

4.6.3 Zustandekommen und inhaltliche Bestimmung des Verpflichtungsgeschäftes

Jeder Kaufvertrag besteht aus einem Verpflichtungsgeschäft und aus einem Erfüllungsgeschäft, wie schon im vorigen Abschnitt C 4.6.1 am Beispiel des täglichen Einkaufs gezeigt wurde.

In der Praxis sind aber viele Kaufverträge wesentlich komplexer, insbesondere wenn sie im Zusammenhang mit einem Angebot oder einer Bestellung stehen.

4.6.3.1 Antrag

Der Antrag ist eine Willenserklärung. Sie bringt zum Ausdruck, dass man einen rechtswirksamen Vertrag (hier: Kaufvertrag) abschließen will.

➤ Form des Antrags

Für den Antrag gelten **keine Formvorschriften**. Er kann abgegeben werden

a) **unter Anwesenden:** mündlich, telefonisch oder durch schlüssiges Handeln durch den Geschäftsinhaber oder Verkäufer, durch Handlungsreisende oder Handelsvertreter;

b) **unter Abwesenden:** schriftlich durch Brief, mittels Telefax oder Online. Mündliche oder telefonische Angebote werden häufig schriftlich bestätigt, damit Irrtümer durch Verhören, Versprechen und Übermittlungsfehler vermieden werden und bei Rechtsstreitigkeiten schriftliche Unterlagen vorhanden sind.

➤ Rechtliche Wirkung des Antrags

Wer einer **bestimmten Person** ein **Angebot ohne Einschränkung** abgibt, ist an dieses **Angebot gebunden**; denn er stellt damit einen Antrag im Rechtssinne. BGB § 145

Die **Bindung an den Antrag** ist nicht zeitlich unbegrenzt, sondern richtet sich nach gesetzlichen Vorschriften bzw. vertraglichen Vereinbarungen.

- **Gesetzliche** Bindungs**frist**.

  Der einem **Anwesenden** gestellte Antrag wird **sofort** mit der Abgabe wirksam und bindet den Anbietenden, solange die Unterredung dauert. § 147 (1)

  Beispiele:
  Ein Kunde, der eine ausgesuchte Ware an der Kasse bezahlen will, stellt im Rechtssinne einen Kaufantrag. Das schlüssige Verhalten der Verkäufers (Ware einpacken/kassieren) stellt die Annahme dar.

  Der einem **Abwesenden** gemachte Antrag wird erst wirksam, wenn er ihm **zugeht**, und bindet den Anbietenden nur so lange, bis der Eingang der Antwort unter regelmäßigen Umständen erwartet werden darf (Beförderungsdauer und Überlegungsfrist). § 130 (1) § 147 (2)

  Gewöhnlich beträgt die Frist bei einem brieflichen Antrag etwa eine Woche. Ein Antrag durch E-Mail versandt, muss zeitnah angenommen werden um den Antragenden zu binden.

- **Vertragliche Bindungsfrist.**

BGB § 148 Bei Anträgen unter Anwesenden oder unter Abwesenden kann der Anbietende für die Annahme des Antrags eine Frist bestimmen, z. B. »gültig bis 25. Mai« (**befristetes Angebot**). Die Annahme kann nur innerhalb dieser Frist erfolgen. Die Bestellung muss bis zum angegebenen Zeitpunkt zugegangen sein.

- **Freizeichnung**:

§ 145 Der Anbietende kann die Bindung an ein Angebot durch Freizeichnungsklauseln einschränken oder ganz ausschließen:

»Liefermöglichkeit vorbehalten« »solange der Vorrat reicht«	= Menge unverbindlich, Preis verbindlich
»Preis freibleibend«	= Menge verbindlich, Preis unverbindlich
»freibleibend«, »unverbindlich«	= völlig unverbindlich

➤ Erlöschen der Bindung an den Antrag

Die Bindung an den Antrag erlischt, wenn er

§ 146 - vom Empfänger ausdrücklich oder stillschweigend **abgelehnt**,
§ 150 - von ihm **abgeändert**,
§ 146 - von ihm **nicht rechtzeitig angenommen** wird.

§ 149 Auch wenn die Verspätung der Annahme durch unverschuldete Zwischenfälle (Verkehrsunfall, Störung der Nachrichtenübermittlung) verursacht wird, ist der Anbietende nicht mehr an seinen Antrag gebunden. Musste er allerdings erkennen, dass die Verspätung durch den Postdienstleister verursacht wurde, so muss er den Besteller unverzüglich davon benachrichtigen, weil dieser sonst mit der Lieferung rechnet.

➤ Widerruf des Antrages

§ 130 (1) Da ein Antrag erst wirksam ist, wenn es dem Empfänger zugegangen ist, kann es bis zum Eintreffen beim Kunden widerrufen werden. Der Widerruf muss möglichst vor, spätestens gleichzeitig mit dem Antrag beim Kunden eingehen. Es empfiehlt sich also, einen brieflichen Antrag mittels Telefon, E-Mail oder Telefax zu widerrufen.

Exkurs: Bindungsfrist (Bindefrist) bei einem Versicherungsantrag

Im Versicherungswesen kennt man wegen des Zeitbedarfs für die Risikoprüfung besondere Bindefristen, da der Versicherer das zu übernehmende Risiko erst einmal prüfen will, bevor er über Annahme oder Ablehnung des Antrages entscheidet.

Diese Bindefristen haben aber mit der Einführung des VVG von 2008 im Privatkundengeschäft an Bedeutung verloren, da dem Versicherungsnehmer ein Widerrufsrecht eingeräumt wurde. Der Vertragsabschluss steht damit unter einer auflösenden Bedingung, so dass eine Bindefrist nichts bewirken würde.

Sie kommt deshalb nur noch zur Anwendung, wenn kein Widerrufsrecht besteht (z. B. bei der Versicherung von Großrisiken eines Unternehmers).

Zu Einzelheiten, siehe B 3.1.1 und B 3.4.3)

4.6.3.2 Angebot und Bestellung

Das **Angebot** wird häufig aufgrund einer Anfrage erstellt. Anfragender ist meistens der Käufer und Angebotsersteller der Verkäufer. Der umgekehrte Fall ist aber auch anzutreffen.

Ein **verbindliches Angebot** lässt sich allgemein wie folgt definieren:

Das verbindliche Angebot ist eine an eine bestimmte Person gerichtete **Willenserklärung**, zu den angegebenen Bedingungen Waren zu liefern oder Dienstleistungen zu verrichten. BGB § 145

Zu diesen Bedingungen gehören Angaben über Art, Beschaffenheit und Güte, Menge, Preis, Lieferungs- und Zahlungsbedingungen, Erfüllungsort und Gerichtsstand (vgl. C 4.6.3.3).

Die **Bestellung** durch einen Käufer kann sich rechtlich als Annahme oder Antrag darstellen.

Beispiele:

Bestellannahme: Der Käufer bestellt die angebotene Ware des Verkäufers zu den im Angebot genannten Bedingungen.

Bestellantrag: Der Käufer bestellt anhand eines Kataloges diverse Artikel zu den angegebenen Preis- und Lieferkonditionen.

Die Bestellannahme wird häufig auch als **Auftragsbestätigung** und der Bestellantrag als **Auftrag** bezeichnet.

Eine **Bestellung** lässt sich allgemein wie folgt definieren:

Die **Bestellung** ist die **Willenserklärung des Käufers**, eine bestimmte Ware **zu den angegebenen Bedingungen zu kaufen**.

Zu diesen Bedingungen gehören wie beim Antrag Angaben über Art, Beschaffenheit und Güte, Menge, Preis, Lieferungs- und Zahlungsbedingungen, Erfüllungsort und Gerichtsstand. Liegt der Bestellung ein ausführliches Angebot zugrunde, mit dessen Bedingungen der Käufer einverstanden ist, so genügt es, wenn er sich auf dieses bezieht.

Die Bestellung wird häufig auch **Auftrag** genannt.

4.6.3.3 Inhalt des Kaufvertrages

Grundsätzlich gilt zwischen Parteien die Inhaltsfreiheit als ein wesentliches Merkmal der Vertragsfreiheit (vgl. C 4.3.1).

Damit man Nachweise hat und es möglichst nicht zu Streitgkeiten kommt, empfiehlt es sich, folgendes im Kaufvertrag zu **vereinbaren:**

- **Art, Beschaffenheit, Güte der Ware**
- **Warenmenge**
- **Warenpreis** (Preis pro Einheit oder Gesamtpreis, Rabatte, z. B. Mengenrabatt, Umsatzsteuer, Skonto bei Zahlung innerhalb einer vereinbarten Frist, Verpackungs- und Versandkosten

BGB § 448 Soweit nichts anderes vereinbart ist trägt der Verkäufer die Kosten der Übergabe der Sache, der Käufer die Kosten der Abnahme und der Versendung der Sache nach einem anderen Ort als dem Erfüllungsort (vgl. weiter unten).

- **Lieferbedingungen**

§ 271 (1) Ist keine Vereinbarung getroffen, kann der Verkäufer sofort liefern, der Käufer die sofortige Lieferung verlangen.

- **Zahlungsbedingungen**

  Sind keine Vereinbarungen zum Zahlungsort und/oder zur Zahlungszeit getroffen, gilt:

  Der Schuldner hat das Geld auf seine Gefahr und seine Kosten dem Gläubiger an dessen Wohnsitz zu übermitteln.

  Der Gläubiger kann die Leistung sofort verlangen, der Schuldner kann die Leistung sofort bewirken.

§ 269

- **Leistungsort** (Erfüllungsort)

  Ist ein Ort für die Leistung nicht bestimmt und aus der Natur des Schuldverhältnisses nicht abzuleiten, so hat die Leistung an dem Orte zu erfolgen, an welchem der Schuldner zur Zeit der Entstehung des Schuldverhältnisses seinen Wohnsitz hatte.

  Bei einem Vertrag, der die Lieferung und den Einbau eines Schrankes vorsieht, ergibt sich aus der Natur des Schuldverhältnisses, dass der Wohnsitz des Gläubigers und nicht der des Schuldners der Leistung Erfüllungsort sein soll.

- **Gerichtsstand**

  Gesetzliche Regelung: Für Streitigkeiten aus einem Vertragsverhältnis und über dessen Bestehen ist das Gericht des Ortes zuständig, an dem die streitige Verpflichtung zu erfüllen ist. Gerichtsstand ist also der Erfüllungsort.

  Vertragliche Vereinbarung: Mit Verbrauchern können keine rechtswirksamen Regelungen zum Gerichtsstand getroffen werden.

§ 269 (1) § 270 (4) Für den Fall einer Rechtsstreitigkeit, z. B. wegen verspäteter Zahlung durch den Verbraucher als Schuldner, bedeutet dies, dass der Wohnsitz des Verbrauchers bei Vertragsschluss als Leistungsort und damit als Gerichtsstand gilt.

- **Allgemeine Geschäftsbedingungen (AGB)**

  Siehe nachstehend unter C 4.6.3.4.

Exkurs: Leistungsort und Erfüllungsort für die Zahlung der Versicherungsprämie

Im allgemeinen kaufmännischen Sprachgebrauch und teilweise auch im Gesetz (z. B. § 447 (1) BGB, § 29 ZPO) werden die Begriffe Leistungsort und Erfüllungsort synonym verwendet. Für die rechtliche Beurteilung eines Prämienzahlungsvorganges in der Versicherungspraxis ist jedoch die begriffliche Trennung nach Leistungsort und Erfüllungsort angezeigt.
Leistungsort für die Prämienzahlung ist der Wohnort des VN, an dem er eine Leistungshandlung vollzieht, die geeignet ist, dass die Prämie demnächst beim Versicherer ankommt, z. B. Erteilung eines Überweisungsauftrages an seine Bank.
Getilgt (erfüllt) ist die Prämienschuld, wenn die Prämie beim Versicherer (Erfüllungsort) eingeht.

Diese begriffliche Trennung ist von Bedeutung, da bereits die Leistungshandlung am Leistungsort aufgrund gesetzlicher und auch vertraglicher Regelungen eine rechtliche

Wirkung erzeugen kann, z. B. Wiederaufleben des Versicherungsschutzes nach qualifizierter Mahnung und Fristablauf, wenn rechtzeitig innerhalb der Reaktivierungsfrist gezahlt (am Leistungsort geleistet) wird. Würde man in diesem Zusammenhang die Begriffe Leistungsort und Erfüllungsort gleichsetzen, bestünde eine Rechtsunsicherheit. Zu Einzelheiten, siehe C 5.2.

4.6.3.4 Allgemeine Geschäftsbedingungen (AGB)

a) Wesen

»Allgemeine Geschäftsbedingungen sind alle für eine Vielzahl von Verträgen vorformulierten Vertragsbedingungen, die eine Vertragspartei (Verwender) der anderen Vertragspartei bei Abschluss eines Vertrags stellt.« BGB § 305

Um die vertraglichen Rechte und Pflichten bei der Vielzahl von Verträgen eines Unternehmers mit seinen Kunden möglichst zu vereinheitlichen, kommen in der Praxis Allgemeine Geschäftsbedingungen (AGB) zum Einsatz. Das hat auch den Vorteil, dass viele Details nicht einzeln verhandelt sondern als gegeben hingenommen werden können.
Für den meist unbedarften Kunden (Verbraucher) besteht allerdings die Gefahr, dass Lasten und Risiken auf ihn abgewälzt werden. Im Volksmund spricht man daher auch gerne vom »Kleingedruckten«.

Um den Verbraucher zu schützen, sind einige gesetzliche Regelungen zu den AGB geschaffen worden. § 305 (2)

Die AGB werden nur dann Bestandteil eines Vertrags, wenn der Kunde (Vertragspartner)

- ausdrücklich oder durch deutlich sichtbaren Aushang am Orte des Vertragsschlusses auf die AGB hingewiesen wird und
- die Möglichkeit hat, in zumutbarer Weise von ihrem Inhalt Kenntnis zu nehmen, und wenn er mit der Geltung der AGB einverstanden ist. § 310 (1) § 305b

Diese Vorschrift findet keine Anwendung, wenn der Kunde kein Verbraucher sondern auch ein Unternehmer ist.

Soweit anderslautende individuelle Vertragsabreden getroffen werden, haben diese Vorrang vor den AGB.

b) Besondere Regelungen zum Schutz von Verbrauchern

➤ Einbeziehung von AGB in den Vertrag

- **Zum Schutz der Verbraucher** wird in den gesetzlichen Regelungen zu den AGB festgelegt, dass diese nur dann Vertragsbestandteil werden, wenn der Unternehmer ausdrücklich auf die AGB hinweist bzw. diese deutlich sichtbar am Ort des Vertragsabschlusses aushängt. § 305

BGB § 309 f. Außerdem sind u. a. folgende Bestandteile von AGB bei Verträgen mit Verbrauchern **unwirksam**:

- Die Möglichkeit der Preiserhöhung innerhalb von 4 Monaten nach Vertragsabschluss,
- die Vereinbarung einer Vertragsstrafe, die vom Verbraucher zu bezahlen wäre,
- der Ausschluss des Rücktritts bzw. des Rechts auf Schadenersatz beim Lieferungsverzug,
- den Ausschluss oder die Beschränkung von Gewährleistungsansprüchen,
- die Verkürzung der gesetzlichen Gewährleistungsansprüche.

§ 305c

➤ Überraschende und mehrdeutige Klauseln

Bestimmungen in AGB, die nach den Umständen, insbesondere nach dem äußeren Erscheinungsbild des Vertrags, so ungewöhnlich sind, dass der Vertragspartner des Verwenders mit ihnen nicht zu rechnen braucht, werden nicht Vertragsbestandteil.

Zweifel bei der Auslegung von AGB gehen zu Lasten des Unternehmers, der die AGB vorgibt.

§ 307

➤ Inhaltskontrolle

Bestimmungen in AGB sind unwirksam, wenn sie den Kunden entgegen den Geboten von Treu und Glauben unangemessen benachteiligen. Das kann bereits gegeben sein, wenn eine Bestimmung nicht klar und verständlich ist.

Im Zweifel ist eine unangemessene Benachteiligung anzunehmen, wenn durch eine Bestimmung

- von wesentlichen Grundgedanken der gesetzlichen Regelung in unvereinbarer Weise abgewichen wird oder
- die Erreichung es Vertragszwecks gefährdet ist, da wesentliche Rechte oder Pflichten, die sich aus der Natur des Vertrags ergeben, durch AGB-Bestimmungen eingeschränkt sind.

Exkurs: Allgemeine Versicherungsbedingungen (AVB) als besondere Form von Allgemeinen Geschäftsbedingungen (AGB)

AVB sind ihrem Wesen nach ebenfalls AGB. Neben den Bestimmungen im BGB sind für die AVB auch noch besondere Bestimmungen im Versicherungsaufsichtsgesetz (VAG) zu beachten.
Die Thematik ist ausführlich in Abschnitt C 2.2.1 behandelt.

4.6.3.5 Vertragsabschluss bei Angebot oder Bestellung und mögliche Verzögerungen

Liegen zwei übereinstimmende Willenserklärungen innerhalb der Annahmefrist vor, ist ein rechtswirksamer Kaufvertrag entstanden.

Andernfalls kommt der Kaufvertrag nicht oder nur verzögert zustande.

a) Einflussfaktoren beim Angebot

➤ Freizeichnungsklauseln

Hat der Verkäufer durch eine Freizeichnungsklausel, z. B. Lieferung vorbehalten, sein Angebot eingeschränkt, ist er an sein Angebot im Rechtssinne nicht gebunden. Durch die Annahme eines solchen Angebotes durch den Käufer entsteht also noch kein rechtswirksamer Kaufvertrag. Vielmehr bleibt es jetzt dem Verkäufer überlassen, ob er im Rahmen der Annahmefrist einen Vertrag gemäß Angebot erfüllen will.

➤ Verspätete oder abgeänderte Annahme eines Angebotes

BGB § 150

Die verspätete Annahme des Angebotes gilt rechtlich als **neuer Antrag,** während eine Annahme unter Erweiterungen, Einschränkungen oder sonstigen Änderungen als **Ablehnung verbunden mit einem neuen Antrag** zu werten ist.

b) Einflussfaktoren bei der Bestellung

Die **Bestellung durch den Käufer** auf ein unverbindliches Angebot ist rechtlich als Antrag anzusehen, der vom Verkäufer eine fristgerechte Bestellannahme erfordert, wenn ein Kaufvertrag entstehen soll.

Wird diese erforderliche Bestellannahme verspätet oder in abgeänderter Form abgegeben, erzeugt dies die rechtliche Wirkung wie bei der verspäteten oder abgeänderten Annahme eines Angebotes (siehe vorstehend unter a).

Besonderheit: Zusendung unbestellter Ware

Die Zustellung ist rechtlich ein Antrag des Verkäufers. Da es keine Annahmepflicht gibt, entsteht auch kein Kaufvertrag. Das ist nur dann der Fall, wenn der Käufer ausdrücklich die Annahme bestätigt oder zahlt (Willenserklärung durch konkludente Handlung).

Erkennt der Empfänger oder hätte er bei Anwendung der im Verkehr erforderlichen Sorgfalt erkennen können, dass die Zusendung auf einer irrigen Vorstellung des Absendung über eine Bestellung beruht, ist er von gesetzlichen Ansprüchen, z. B. Herausgabe wegen ungerechtfertigter Bereicherung, nicht befreit. § 241a

Beispiel:

Auf der Straße wohnen mehrere Anwohner mit dem Familiennamen Schmitz, von denen auch noch drei den Vornamen Peter tragen. Die Warensendung an Peter Schmitz trägt den Vermerk: Ihre Bestellung vom Vortag.

Liegt kein denkbarer Fall nach § 241a BGB vor, wird der Empänger nicht Eigentümer der Ware. Er muss sie aber auch nicht aufbewahren und kann sie sogar nutzen und verbrauchen.

4.6.4 Erfüllung durch den Verkäufer und den Käufer (Erfüllungsgeschäft)

a) Merkmale des Erfüllungsgeschäftes

Die Parteien des Kaufvertrages haben die im Verpflichtungsgeschäft vereinbarten Verpflichtungen zu erfüllen (Erfüllungsgeschäft).

Das BGB führt für den Kaufvertrag hierzu aus:

BGB § 433

Der Verkäufer ist verpflichtet	Der Käufer ist verpflichtet
• dem Käufer die Sache frei von Sach- und Rechtsmängeln zu übergeben,	• die gekaufte Sache abzunehmen,
• dem Käufer das Eigentum an der Sache zu verschaffen.	• dem Verkäufer den vereinbarten Kaufpreis zu zahlen.

b) Erfüllungsort für Warenschulden und Gefahrenübergang

Warenschulen sind **Holschulden,** wenn nichts anderes vereinbart ist, d. h. der Geschäftssitz des Verkäufers ist für diesen Fall der Erfüllungsort. Die vertragsgemäße Leistung des Verkäufers besteht dann in der rechtzeitigen Bereitstellung der Ware, während der Käufer sie auf seine Kosten abholen muss.

Mit Übergabe geht die Gefahr der Verschlechterung oder des Untergangs der Ware auf den Käufer über.

Beispiel:
Dem Käufer rutscht die übergebene Ware wegen Unachtsamkeit aus der Hand und wird durch den Aufprall auf den Boden beschädigt.

BGB § 447 Versendet der Verkäufer auf Verlangen des Käufers die Ware nach einem anderen Ort als dem Erfüllungsort, liegt ein **Versendungskauf** vor.

Nach § 447 Abs. 1 BGB geht dann die Gefahr auf den Käufer über, sobald der Verkäufer die Sache dem Spediteur, dem Frachtführer oder der sonst zur Ausführung der Versendung bestimmten Person ausgeliefert hat.

§ 475 (2) Liegt allerdings ein **Verbrauchsgüterkauf** vor, geht die Gefahr des zufälligen Untergangs und der zufälligen Verschlechterung **nur dann auf den Käufer** übergeht, wenn der Käufer den Spediteur, den Frachtführer oder die sonst zur Ausführung der Versendung bestimmte Person oder Anstalt mit der Ausführung beauftragt hat und der Unternehmer dem Käufer diese Person oder Anstalt nicht zuvor benannt hat.
Ist das nicht der Fall, trägt der Käufer erst nach Übergabe der Ware an seinem Wohnort die Gefahr.

c) Erfüllungsort für Geldschulden

Geldschulden sind **Bringschulden,** soweit nichts anderes vereinbart ist, d.h. Erfüllungsort ist der Geschäftssitz des Verkäufers. Der Käufer muss das Geld auf seine Gefahr und Kosten übermitteln.

Zusammenfassung: Zustandekommen des Kaufvertrages

Anbahnung, z. B. durch Schaufensterauslagen, Prospekte, Anfragen
(keine rechtliche Wirkung)

Willenserklärungen durch

- **Antrag** des Käufers oder ↔ **Annahme** durch den Verkäufer oder
- **Bestellung/Auftrag** durch Käufer oder ↔ **Bestell-/Auftragsbestätigung** durch Verkäufer oder
- **Angebot** des Verkäufers ↔ **Bestellung/Auftrag** durch den Käufer

jeweils verbindlich — **jeweils innerhalb der Bindefrist**

mit Einvernehmen über den Inhalt des Kaufvertrages

- Art, Beschaffenheit, Güte der Ware
- Warenmenge
- Warenpreis
- Lieferbedingungen
- Zahlungsbedingungen
- Leistungsort
- Gerichtsstand
- Allgemeine Geschäftsbedingungen

=

Verpflichtungsgeschäft

- Abnahme der gekauften Sache
- Zahlung des Kaufpreises

- Übergabe der Sache frei von Rechten und Mängeln
- Verschaffung des Eigentums

=

Erfüllungsgeschäft

4.6.5 Besonderheiten bei Kaufverträgen mit Verbrauchern

Verbrauchsgüterkäufe sind Verträge, durch die ein Verbraucher von einem Unternehmer eine bewegliche Sache kauft, ggf. ergänzt um eine Dienstleistung (z. B. Montage).

4.6.5.1 Übersicht

BGB § 474

Zum Schutz des Verbrauchers beim Abschluss eines Kaufvertrages mit einem Unternehmer existieren eine Reihe gesetzlicher Vorschriften, die in der nachstehenden Übersicht mit einer kurzen Erläuterung zusammengefasst sind:

Schutzvorschrift zu:	**Erläuterung**
• Allgemeine Geschäftsbedingungen	Siehe hierzu die bereits gemachten Ausführungen in C 4.6.3.4
• Gefahrenübergang	Siehe hierzu die bereits gemachten Ausführungen in C 4.6.4 b.
• Garantieerklärung	Eine Garantieerklärung nach § 443 BGB muss einfach und verständlich unter Berücksichtigung der in § 480 BGB geforderten Inhalte abgefasst sein. Der Verbraucher kann die Garantieerklärung in Textform verlangen.
• Zusendung unbestellter Ware	Durch die Lieferung beweglicher Sachen durch einen Unternehmer an den Verbraucher wird ein Anspruch gegen den Verbraucher nicht begründet, wenn der Verbraucher die Waren oder sonstigen Leistungen nicht bestellt hat (§ 241a BGB). Siehe hierzu auch die bereits gemachten Ausführungen in C 4.6.3.5 b.
• Abweichende Vereinbarung zu den gesetzlichen Käuferrechten bei einem Sachmangel	Auf eine abweichende Vereinbarung zum Nachteil des Verbrauchers bei Vorliegen von im Gesetz näher bestimmten Sachmängeln kann der Unternehmer sich nicht berufen.
• Beweislastumkehr bei Sachmangel	Zeigt sich innerhalb von sechs Monaten seit Gefahrübergang ein Sachmangel, so wird vermutet, dass die Sache bereits bei Gefahrübergang mangelhaft war, es sei denn, diese Vermutung ist mit der Art der Sache oder des Mangels unvereinbar (§ 477 BGB). Zu weiteren Ausführungen, siehe C 4.7.1.2.
• Kürzere Verjährungsfrist	Die Rechte des Käufers bei Mängeln nach § 437 BGB dürfen nicht durch Vereinbarung einer kürzen Verjährungsfrist als die gesetzliche Verjährungsfrist eingeschränkt werden (§ 476 Abs. 2 BGB).
• Haustürgeschäfte und Fernabsatzverträge	Wegen der Komplexität der Materie sind die Verbraucherschutzrechte in dem nachstehenden Abschnitt C 4.6.5.2 dargestellt

In § 312a BGB sind noch weitere Allgemeine Pflichten und Grundsätze bei Verbraucherverträgen sowie die Grenzen bei der Vereinbarung von Entgelten für bestimmte Leistungen genannt.

4.6.5.2 Außerhalb von Geschäftsräumen geschlossene Verträge und Fernabsatzverträge

a) Begriffliche Klärungen

Im BGB ist geregelt, unter welchen Voraussetzungen ein außerhalb von Geschäftsräumen geschlossener Vertrag vorliegt. **Haustürgeschäfte** und auch die auf einem organisierten Verkaufsausflug geschlossenen Verträge mit Verbrauchern fallen beispielsweise in diese Kategorie. BGB § 312b

Nach BGB sind **Fernabsatzverträge** solche Verträge, bei denen der Unternehmer oder eine in seinem Namen oder Auftrag handelnde Person und der Verbraucher für die Vertragsverhandlungen und den Vertragsschluss ausschließlich Fernkommunikationsmittel verwenden. § 312c

Fernkommunikationsmittel im Sinne des Gesetzes sind alle Kommunikationsmittel, die zur Anbahnung oder zum Abschluss eines Vertrags eingesetzt werden können, ohne dass die Vertragsparteien gleichzeitig körperlich anwesend sind, wie Briefe, Kataloge, Telefonanrufe, Telekopien, E-Mails, über den Mobilfunkdienst versendete Nachrichten (SMS) sowie Rundfunk und Telemedien.

b) Informationspflichten

Bei außerhalb von Geschäftsräumen geschlossenen Verträgen und bei Fernabsatzverträgen ist der Unternehmer verpflichtet, dem Verbraucher nähere Informationen zukommen zu lassen, die in Artikel 246a des Einführungsgesetzes zum BGB (EGBGB) aufgeführt sind. § 312d

Hierzu zählen u. a.:

- Identität des Unternehmers (Name, Anschrift usw.)
- wesentliche Warenmerkmale
- Zustandekommen des Vertrages
- Gesamtpreis der Ware
- Angaben zu Zahlung und Lieferung

c) Widerrufsrecht

Dem Verbraucher steht bei außerhalb von Geschäftsräumen geschlossenen Verträgen und bei Fernabsatzverträgen ein Widerrufsrecht gemäß § 355 BGB zu. § 312g (1)

Dieses Widerrufsrecht gilt u. a. nicht bei

- Warenanfertigungen nach Kundenwunsch, § 312g (2)
- verderbliche Waren,
- versiegelte Waren (z. B. Software, Musik-CDs),
- angesteigerte Waren.

Durch einen fristgerechten Widerruf, der gegenüber dem Unternehmer zu erklären ist, sind der Verbraucher und der Unternehmer an ihre Willenserklärungen zum Abschluss des Vertrages nicht mehr gebunden. Zur Fristwahrung genügt die rechtzeitige Absendung des Widerrufs. § 355

Die Widerrufsfrist beträgt 14 Tage. Sie beginnt mit Vertragsschluss, soweit nichts anderes bestimmt ist.

Die **Rechtsfolgen des Widerrufs** von außerhalb von Geschäftsräumen geschlossenen Verträgen und Fernabsatzverträgen sind in § 357 BGB geregelt. Es gilt u.a.:

BGB § 357

- Die empfangenen Leistungen sind spätestens nach 14 Tagen zurückzugewähren.
- Der Unternehmer muss auch etwaige Zahlungen des Verbrauchers für die Lieferung zurückgewähren.
- Soll der Verbraucher nach einem Widerruf die Kosten der Rücksendung tragen, ist er hierüber im Rahmen der Belehrungen zum Widerrufsrecht zu informieren.
- Unter bestimmten Voraussetzungen hat der Verbraucher Wertersatz für einen Wertverlust der Ware zu leisten, wenn dieser durch sein Handeln entstanden ist

§ 355 (3) Satz 4

Der Unternehmer trägt bei Widerruf die Gefahr der Rücksendung der Waren.

Lernkontrollen zu C 4.6

Anbahnung und Abschluss des Kaufvertrages

1 Prüfen Sie, ob folgende Vorgänge rechtlich als Antrag gelten, und begründen Sie Ihre Meinung:

a) Zusendung eines Warenkatalogs durch ein Versandhaus.

b) Zusendung unbestellter Ware an einen Privathaushalt.

c) Auslage einer Ware mit Preisangabe in einem Schaufenster.

d) Handschriftliches Angebot per Telefax aufgrund einer telefonischen Anfrage.

e) Angebot eines Direktversicherers über eine Risikolebensversicherung im ADAC-Monatsheft.

2 Warum gibt ein Kaufmann seinen Kunden häufig freibleibende Angebote ab?

3 Wie kann sich ein Lieferant verhalten, der kurz nach dem Versand seines brieflichen Angebotes erfährt, dass der Preis für die angebotene Ware gestiegen ist?

4 Das Bürofachgeschäft Karl Lang GmbH, Mainz, macht der Agentur Fritz Kaiser e. K., Bingen, ein schriftliches Angebot über Fotokopierpapier zu 4,00 € je Karton, bei Abnahme von mindestens 100 Kartons zu 3,80 €. Der Brief wird am 20. Mai d. J. zur Post gegeben.

a) Kaiser antwortet auf das Angebot überhaupt nicht. Welche rechtliche Wirkung ergibt sich daraus?

b) Da am 30. Mai d. J. keine Bestellung vorliegt, verkauft Lang die Ware anderweitig. Am 31. Mai d. J. trifft von Kaiser eine Bestellung ein. Wie ist die Rechtslage?

c) Aus dem Poststempel und dem Briefdatum ergibt sich, dass Kaiser seinen Bestellbrief am 23. Mai d. J. abends zur Post gegeben hat. Die Zustellung ist offensichtlich durch die Post verzögert worden. Wie wird sich Lang verhalten?

d) Am 22. Mai d. J. bestellt Kaiser 40 Kartons zu 3,80 € je Karton. Wie stellt sich Lang dazu?

e) Lang, dessen Angebot am 20. Mai d. J. versendet wurde, kann noch am selben Tag die Ware günstiger an einen anderen Kunden verkaufen. Wie kann er sich verhalten?

5 In welchen Fällen ist ein Kaufvertrag zustande gekommen?

a) Durch schriftliche Bestellung auf ein telefonisch erteiltes Angebot (Antrag).
b) Durch Bestellung per Telefax auf ein freibleibendes Angebot.
c) Durch Bestellung auf ein unverbindliches Angebot.
d) Durch Bestellung und Bestellungsannahme.
e) Durch Annahme eines befristeten Angebots nach Ablauf der Angebotsfrist.

6 In der »Heilbronner Zeitung« liegt ein Prospekt der Weihmann-Computer OHG, Ludwigsburg. Den dort zum Preis von 150,00 € abgebildeten Bildschirm bestellen Sie sogleich mithilfe des beigefügten Bestellscheins. Erläutern Sie, ob damit ein Kaufvertrag zustande gekommen ist.

7 Der Computerhändler Neu e. K. bietet dem Agenturinhaber Reich einen Personalcomputer für 1 200,00 € an. Reich kann sich im Laden des Neu nicht entschließen und sagt, er wolle es sich überlegen. Nach zwei Tagen kommt Reich wieder in den Laden und erklärt Neu, dass er sein Angebot annehme. Neu verlangt jetzt allerdings 1 500,00 € für den Personalcomputer, womit Reich nicht einverstanden ist.

Begründen Sie, ob Reich die Lieferung des Personalcomputers für 1 200,00 € verlangen kann.

Allgemeine Geschäftsbedingungen (AGB)

8 Sie erzählen Ihrem Freund, dass Sie ein neues Moped kaufen wollen. Ihr Freund macht Sie darauf aufmerksam, dass Sie vor Abschluss des Kaufvertrages nicht versäumen sollten, das »Kleingedruckte« zu lesen.

Was meint er damit und warum ist dies so wichtig?

9 Entscheiden Sie, ob folgende Klauseln in den AGB eines Händlers gegenüber Verbrauchern Gültigkeit haben:

a) Mängel an der Ware können nur innerhalb von 14 Tagen nach dem Kauf geltend gemacht werden.
b) Vereinbarte Preise gelten nur bei Lieferung innerhalb von 2 Monaten nach Vertragsabschluss.
c) Rücktritt vom Kaufvertrag wird als Gewährleistungsanspruch ausgeschlossen.

10 Die Pauli GmbH, Sanitär- und Heizungsfachbetrieb, legt einem Angebot an Karl Faber – ein privater Bauherr – über die Lieferung von Material zur Sanitärinstallation ihre Allgemeinen Geschäftsbedingungen bei. Faber bestellt zu den Bedingungen des Angebots.

In den AGB steht u. a.:

»... Bei Nacherfüllung im Rahmen von Gewährleistungsansprüchen übernimmt der Kunde die Wege- und Arbeitskosten.«

»... Reklamationen über Mängel sind nur innerhalb von 30 Tagen möglich.«

Prüfen Sie, ob diese Klauseln wirksam sind.

4.7 Vertragsstörungen bei der Erfüllung von Verbrauchsgüterkaufverträgen

Übersicht: Störungen bei der Erfüllung von Verbrauchsgüterkaufverträgen

Pflichten aus dem Kaufvertrag	Lieferung der Ware durch den **Verkäufer**		Bezahlung des Kaufpreises durch den **Käufer**	Annahme der Ware durch den **Käufer**
	mangelfrei	rechtzeitig		

Störung	**Schlechtleistung**	**nicht rechtzeitige Lieferung/ Lieferungsverzug**	**nicht rechtzeitige Zahlung/Zahlungsverzug**	**Annahmeverzug (Gläubigerverzug)**
gesetzliche Regelung	BGB §§ 433 ff.	BGB §§ 286 ff.; §§ 323 ff.	BGB §§ 286 ff.; §§ 323 ff.	BGB §§ 293 ff.
Voraussetzungen	– Sachmangel oder – Rechtsmangel	– Fälligkeit – Mahnung, wenn kein bestimmter Liefertermin vereinbart ist – Verschulden	– Fälligkeit – wenn kein bestimmter Zahlungstermin vereinbart ist, 30 Tage nach Zugang und Fälligkeit einer Rechnung	– Fälligkeit – tatsächliches Anbieten der Ware – (Annahmeverzug setzt kein Verschulden voraus)

Rechte	**des Käufers**	**des Käufers**	**des Verkäufers**	**des Verkäufers**
Wahlmöglichkeiten	Durch Mängelrüge sichert sich der Käufer folgende Gewährleistungsansprüche: – Nacherfüllung (Ersatzlieferung bzw. Nachbesserung) – Rücktritt vom Vertrag (nach angemessener Nachfrist) – Minderung (Preisnachlass) – Schadenersatz	– Lieferung verlangen – Lieferung und Schadenersatz wegen Verzögerung – Rücktritt vom Vertrag (nach angemessener Nachfrist) und/oder – Schadenersatz wegen Nichterfüllung (nach angemessener Nachfrist)	– Zahlung verlangen – Zahlung und Schadenersatz wegen Verzögerung – Rücktritt vom Vertrag (nach angemessener Nachfrist) und/oder – Schadenersatz wegen Nichterfüllung (nach angemessener Nachfrist)	– Einlagerung der Ware – Versteigerung oder Verkauf zum Markt- bzw. Börsenpreis (Selbsthilfeverkauf) – Klage auf Annahme
gesetzliche Regelung	BGB §§ 439 ff., 323 ff., 280 ff.	BGB §§ 323 ff., 280 ff.	BGB §§ 323 ff., 280, 286, 288	BGB §§ 293 ff.

4.7.1 Schlechtleistung

Der Verkäufer ist **verpflichtet**, die verkaufte Sache **frei von Sach- und Rechtsmängeln** zu liefern. BGB § 433

4.7.1.1 Mängelarten

➤ **Mängel im Hinblick auf die Sache**

Ein **Sachmangel** liegt vor, wenn die Kaufsache bei der Übergabe an den Käufer nicht in Ordnung ist. § 434

Sachmangel	Beispiele
Die tatsächliche Beschaffenheit weicht von der vereinbarten Beschaffenheit ab.	Eine digitale Kamera leistet nur eine Auflösung von 12 Mio. Pixel, obwohl 15 Mio. Pixel vereinbart waren.
Die Beschaffenheit wurde nicht vereinbart, aber: **Die Sache ist für den nach Vertrag vorausgesetzten Zweck nicht geeignet.**	Ein Gastronom kauft 200 Dessertteller aus Glas. Nach mehrmaligem Waschen in der Geschirrspülmaschine beginnt das Glas trübe zu werden. Der Verkäufer hätte wissen müssen, dass sich die Glasteller für den Gastronomiebetrieb nicht eignen.
Die Beschaffenheit wurde nicht vereinbart, aber: **Die Sache weist nicht die Beschaffenheit auf, die man erwarten kann, um die Sache so zu verwenden, wie es bei solchen Sachen gewöhnlich ist.**	Lebensmittel sind verdorben. Eine Schlagbohrmaschine stellt sich als ungeeignet für das Bohren in normales Mauerwerk heraus.
Die gelieferte Sache entspricht nicht den Versprechungen in der Werbung.	Das vielgepriesene »5-Liter-Auto« verbraucht doch 8 Liter Benzin auf 100 km.
Die Kennzeichnung der Ware (auf der Verpackung oder auf der Ware selbst) weicht von der Kaufsache ab.	Lachs wird auf der Folie als fangfrischer kanadischer Fluss-Wildlachs gekennzeichnet. In Wirklichkeit stellt sich heraus, dass er in Norwegen im Meer gezüchtet wurde.
Eine Montage durch den Verkäufer wird fehlerhaft durchgeführt.	Vereinbart wurde Lieferung und Inbetriebnahme eines Computers. Macht der Verkäufer dabei etwas falsch, ist dies ein Sachmangel.
Aufgrund der fehlerhaften Montageanleitung kann die Sache nicht oder nur fehlerhaft montiert werden.	Aufgrund einer fehlerhaften Montageanleitung kann ein Büroschrank nicht aufgebaut werden.
Es wurde eine ganz andere Sache geliefert.	Der Verkäufer liefert 30 Kartons Briefumschläge ohne Fenster, anstatt Briefumschläge mit Fenster.
Es wurde eine zu geringe Menge geliefert.	Der Verkäufer liefert statt 30 Kartons nur 20 Kartons Briefumschläge.

➤ Mängel im Hinblick auf die Rechte an einer Sache

BGB § 435 Eine gelieferte Sache weist **Rechtsmängel** auf, wenn Dritte Rechte gegenüber dem Käufer geltend machen können.

Rechtsmangel	Bezogene Bürostühle wurden mit einem Markenzeichen verkauft, ohne dass der Markeninhaber eine Lizenz erteilt hat.

➤ Mängel im Hinblick auf die Erkennbarkeit

Man unterscheidet:

Offene Mängel Sie sind bei der Prüfung der Kaufsache klar erkennbar.	Webfehler, beschädigtes Furnier, Stempelaufdruck in einem Buch: »Eigentum der Stadtbibliothek«.
Versteckte Mängel Sie sind bei der Untersuchung der Kaufsache auf den ersten Blick nicht erkennbar.	Nicht lichtechte Stoffe, Wein mit Korkgeschmack, gestohlenes Fahrrad.
Arglistig verschwiegene Mängel Sie sind versteckte Mängel, die der Lieferant dem Käufer absichtlich verschwiegen hat.	Ein Unfallauto wird als »unfallfrei« verkauft. Ein Bodenleger verlegt aus preislichen Gründen nur 6 mm starkes statt 10 mm starkes Parkett, welches gekauft wurde.

4.7.1.2 Beweislast

Der Käufer einer Ware wird den Verkäufer in Anspruch nehmen wollen, wenn es sich um eine Schlechtleistung bei der gelieferten Ware handelt. Der Nachweis für eine Schlechtleistung ist aber häufig nur schwer zu erbringen. Deshalb kennt man im Interesse des Verbraucherschutzes die **Beweislastumkehr** neben der allgemein gültigen **Rügefrist.**

§ 474 (1) Der **Verbrauchsgüterkauf** bezieht sich immer auf eine **bewegliche Sache,** ggf. verbunden mit einer vereinbarten Dienstleistung (z. B. Montage dieser Sache).

Die **Beweislastumkehr** greift, wenn der **Mangel innerhalb von sechs Monaten** nach **Übergabe der Sache** vom Käufer bemerkt wird. Es wird dann vermutet, dass der Mangel schon bei Übergabe vorhanden war. Der Käufer muss also innerhalb der genannten sechs Monate den Mangel nicht nachweisen. Vielmehr muss der Verkäufer nachweisen, dass der Mangel bei Übergabe der Sache nicht vorhanden war, wenn er die Rechte des Käufers bei Schlechtleistung zurückweisen will.

§ 438 (1) Nr. 3 Ansonsten gilt die mit Ablieferung der Sache beginnende **Rügefrist** von zwei Jahren, innerhalb der ein Mangelanspruch geltend gemacht werden muss. Die Beweislast nach Ablauf der vorbeschriebenen sechs Monate liegt dann beim Käufer. Nach Ablauf der Rügefrist ist der Anspruch auf Mangelbeseitigung verjährt.

§§ 438 (3); 199 Hat der Verkäufer den **Mangel arglistig verschwiegen,** gilt die regelmäßige Verjährungsfrist von drei Jahren. Sie beginnt am Ende des Kalenderjahres, in dem der Anspruch entstanden ist und der Käufer Kenntnis von dem Mangel erlangt.

4.7.1.3 Rechte des Käufers bei Schlechtleistung

a) Nacherfüllung

Wenn eine Sache mangelhaft verkauft wurde hat der Käufer zunächst ein Recht auf Nacherfüllung. Diese kann er in einer angemessenen Frist verlangen.

Bei der Nacherfüllung hat der Käufer folgende **Wahlrechte:**

Nachbesserung, d. h. Beseitigung des Mangels durch Reparatur BGB
Ersatzlieferung, d. h. Lieferung einer mangelfreien Sache §§ 437, 439

> **Beispiele:**
> Die neu gelieferte Kaffeemaschine (Farbe grau) hat gelegentlich kurze Aussetzer. Der Käufer wählt die Nachbesserung, da als Ersatzlieferung kurzfristig nur eine schwarze Maschine zur Verfügung steht.

Der Verkäufer kann die vom Käufer gewählte Form der Nacherfüllung verweigern, wenn sie mit unverhältnismäßig hohen Kosten verbunden ist.

> **Beispiel:**
> Ein Kunde verlangt die Reparatur eines fehlerhaften neuen Weckers, den er für 10,00 € gekauft hat. Die Reparatur würde dem Verkäufer Kosten in Höhe von 20,00 € verursachen. Die Reparaturkosten stehen in keinem Verhältnis zum Warenwert. Der Verkäufer kann daher die Nachbesserung des Weckers ablehnen und stattdessen eine Ersatzlieferung vornehmen.

In manchen Fällen kann eine Nacherfüllung nicht möglich sein:

- keine Ersatzlieferung möglich bei einer gebrauchten Sache oder bei einem Original-Gemälde.
- keine Nachbesserung, wenn eine fehlerhafte bewegliche Sache zerstört wird,

> **Beispiel:**
> Aufgrund fehlerhafter Bremsen erleidet ein Pkw einen Totalschaden.

Aufwendungen, die zum Zwecke der Nacherfüllung notwendig sind, wie Transport-, Wege-, Arbeits-und Materialkosten hat der Verkäufer zu tragen. § 439 (2)

> **Beispiele:**
> Telefonkosten, Portokosten, Fahrtkosten für die Abwicklung der Reklamation.

Im Normalfall gilt dabei eine Nachbesserung nach dem erfolglosen zweiten Versuch als fehlgeschlagen. § 440

> **Beispiel:**
> Nach dem erfolglosen zweiten Versuch, eine neu gelieferte Kaffeemaschine zu reparieren, kann der Käufer eine neue Kaffeemaschine verlangen.

Verstreicht die festgesetzte **angemessene Nachfrist zur Nacherfüllung** oder ist die **Nacherfüllung unmöglich** so kann der Käufer **weitere Rechte** geltend machen:

- Rücktritt vom Vertrag oder Minderung des Kaufpreises,
- Schadenersatz oder Ersatz vergeblicher Aufwendungen.

Der Käufer ist aber nicht verpflichtet, eine angemessene Frist zur Nacherfüllung zu setzen, wenn der Verkäufer eine Nacherfüllung verweigert oder diese als fehlgeschlagen zu erachten ist.

b) Rücktritt

BGB §§ 323, 440

Der **Rücktritt** ist **nur möglich,** wenn dem Verkäufer zuvor eine **angemessene Nachfrist zur Nacherfüllung** gesetzt wurde und diese **erfolglos** verlaufen ist. Er ist **auch möglich,** wenn eine **Nacherfüllung fehlgeschlagen** ist oder **vom Verkäufer verweigert** wird.

Bei einem Rücktritt ist der Kaufgegenstand zurückzugeben und der etwa schon bezahlte Kaufpreis zurückzuzahlen.

§§ 323, 326

> **Beispiel:**
> Die Nacherfüllung bei einer Kaffeemaschine ist fehlgeschlagen bzw. wurde verweigert. Da der Käufer bei einem anderen Händler inzwischen die gleiche Maschine entdeckt hat, macht er den Kaufvertrag rückgängig anstatt eine neue Kaffeemaschine zu verlangen.

c) Minderung des Kaufpreises

BGB § 441

Der Kaufvertrag bleibt bestehen. Der Käufer kann jedoch eine angemessene Herabsetzung des Kaufpreises verlangen.

> **Beispiel:**
> Die Nacherfüllung für die Kaffeemaschine (Beseitigung der Aussetzer) ist fehlgeschlagen. Der Käufer will sie aber wegen ihrer Farbe unbedingt behalten und verlangt daher wegen ihrer gelegentlichen Aussetzer eine angemessene Kaufpreisminderung.

d) Schadenersatz

§§ 278, 280 § 437 S. 1

Der Schadenersatzanspruch setzt voraus:

- Pflichtverletzung des Schuldners oder seines Erfüllungsgehilfen

oder

§ 276

- der Schuldner hat ein Beschaffungsrisiko oder eine Garantie übernommen und nicht erfüllt.

Folgende **Arten des Schadenersatzes** sind möglich:

§ 280 (1)

1. **Schadenersatz neben der Erfüllung (kleiner Schadenersatz)**. Der Käufer hat Anspruch auf Erfüllung des Vertrags und Ersatz der Kosten.

> **Beispiel:**
> Reparaturkostenerstattung für die Eigenleistung, um den Mangel zu beseitigen.

2. **Schadenersatz statt Erfüllung (großer Schadenersatz)**. Der Käufer kann auf die Leistung verzichten oder vom Kaufvertrag zurücktreten und Schadenersatz verlangen. Bereits erbrachte Teilleistungen müssen vom Käufer zurückgegeben werden. § 281 (1) § 325, §§ 346 ff.

> **Beispiel:**
> Eine defekte Maschine wird am 18. Jan. 20.. geliefert. Zweimal wurde der Lieferant vergeblich aufgefordert eine Nachbesserung durchzuführen. Infolge der defekten Maschine entsteht ein mehrtägiger Produktionsausfall. Der Kunde kann vom Kaufvertrag zurücktreten und vom Lieferanten Schadenersatz für den Produktionsausfall verlangen.

Kein Anspruch auf Schadenersatz besteht **bei unerheblicher Pflichtverletzung**. § 281 (1) S. 3

> **Beispiel:**
> Kaum erkennbare Schleifspuren an Möbeln werden nach 23 Monaten vom Kunden beanstandet.

3. **Ersatz vergeblicher Aufwendungen**. Anstelle des großen Schadenersatzes kann der Gläubiger Ersatz der Aufwendungen verlangen, die er im Vertrauen auf den Erhalt der Leistung gemacht hat.

> **Beispiel:**
> Zur Montage einer Maschine wurde ein Fundament gegossen. Zwei Reparaturversuche an der Maschine sind fehlgeschlagen und damit ist die Nacherfüllung gescheitert. Die Kosten für das Fundament hat der Verkäufer der Maschine zu übernehmen.

Zusammenfassung: Rechte des Käufers bei Schlechtleistung

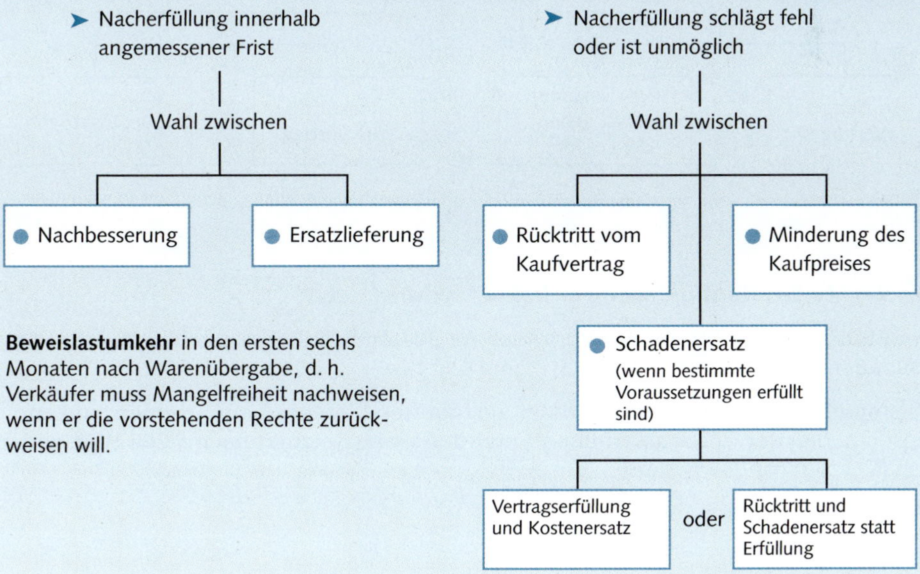

Beweislastumkehr in den ersten sechs Monaten nach Warenübergabe, d. h. Verkäufer muss Mangelfreiheit nachweisen, wenn er die vorstehenden Rechte zurückweisen will.

4.7.2 Nicht rechtzeitige Lieferung und Lieferungsverzug

a) Begriffliche Klärungen

Eine **nicht rechtzeitige Lieferung** ist gegeben, wenn der Verkäufer nicht zu dem vertraglich vereinbarten Zeitpunkt bzw. nicht innerhalb einer bestimmten Frist liefert.

Für einen **Lieferungsverzug** und den damit verbundenen weiteren Rechten des Käufers müssen folgende Voraussetzungen erfüllt sein:

BGB § 271

- **Fälligkeit der Lieferung**
  Der Käufer kann die Leistung sofort verlangen, wenn vertraglich nichts anderes vereinbart ist.

§ 286

- **Leistungsaufforderung (Mahnung)**
  Der Mahnung bedarf es u. a. nicht, wenn die Zeit für die Leistung kalendermäßig bestimmt werden kann oder berechenbar ist, z. B. Lieferung am 10.06. d. J., Lieferung 10 Tage nach Auftragsbestätigung per E-Mail.

  § 323 (1) Setzt der Käufer in der Mahnung eine Nachfrist und verläuft diese ergebnislos, kann er vom Vertrag zurücktreten.
- **Verkäufer hat die nicht rechtzeitige Lieferung zu vertreten.**

b) Rechte des Käufers bei Lieferungsverzug

Übersicht: Rechte des Käufers bei Lieferungsverzug

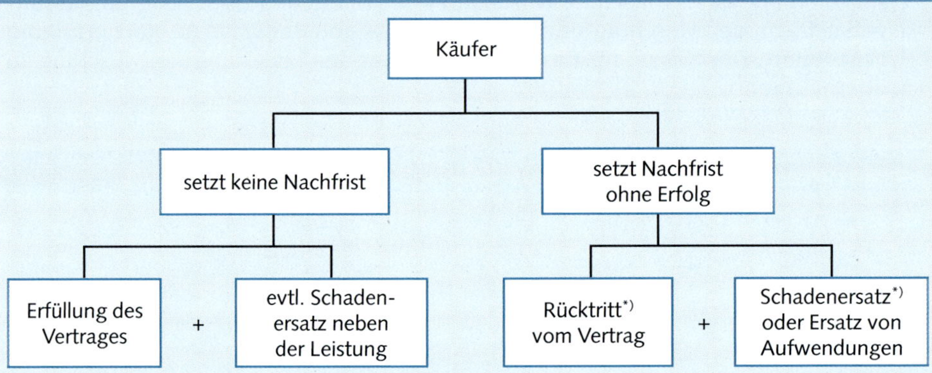

*) Diese Rechte gelten auch, wenn eine Nachfrist aufgrund der gesetzlichen Bestimmungen (§ 323 BGB) entbehrlich ist.

➤ Rechte des Käufers, wenn er keine Nachfrist setzt

Der Käufer kann aufgrund des Vertrages auf dessen Erfüllung bestehen und diese ggf. einklagen.

§ 280 (2) Entsteht dem Verkäufer aufgrund der verzögerten Lieferung ein Schaden, so kann er diesen neben der Vertragserfüllung unter der Voraussetzung nach § 286 BGB verlangen **(Verzögerungsschaden).**

Beispiel:
Der bestellte Drucker wird am 10.12. d. J. als vereinbarter Liefertermin nicht geliefert. Die Agentur braucht ihn dringend für die letzte Werbeaktion des Jahres und mietet daher einen Drucker. Da die Leistung kalendermäßig bestimmt ist, braucht hier nach § 286 BGB keine Nachfrist gesetzt werden. Die Voraussetzung für die Geltendmachung eines Vermögensschadens (Ersatz der Mietkosten) ist also auch so erfüllt.

➤ **Rechte des Käufers, wenn die Nachfrist erfolglos bleibt oder nach § 323 BGB entbehrlich ist**

Will der Käufer anstatt der Vertragserfüllung **andere Rechte** geltend machen, so muss er zunächst eine angemessene Nachfrist setzen, soweit eine solche nicht nach § 323 Abs. 2 BGB entbehrlich ist. Das ist beispielsweise der Fall, wenn der Verkäufer die Leistung ernsthaft und endgültig verweigert.

Als andere Rechte kommen infrage:

- **Rücktritt und Schadenersatz für den durch die Nichterfüllung entstandenen Schaden** BGB § 323 (1)

Beispiel:
Die Agentur hat eine ergebnislose Nachfrist gesetzt und kauft den dringend benötigten Drucker bei einem anderen Händler teurer ein. Die Mehrkosten im Rahmen dieser Beschaffung kann die Agentur als Schaden der Nichterfüllung verlangen.

oder

- **Rücktritt und Ersatz der Aufwendungen, die im Vertrauen auf den Erhalt der Leistung gemacht wurden**

Beispiel:
Die Agentur hatte für den 10.12. d. J. als vereinbarten Liefertermin des Druckers einen Computerfachmann bestellt, damit dieser den Drucker in das Netzwerk einbindet. Der Computerfachmann stellt die Kosten der An- und Abfahrt in Rechnung, welche die Agentur vom Verkäufer ersetzt verlangt.

4.7.3 Nicht rechtzeitige Zahlung und Zahlungsverzug

a) Begriffliche Klärungen

Eine **nicht rechtzeitige Zahlung** ist gegeben, wenn der Verkäufer nicht zu dem vertraglich vereinbarten Zeitpunkt bzw. nicht innerhalb einer bestimmten Frist zahlt.

Für einen **Zahlungsverzug** und den damit verbundenen weiteren Rechten des Käufers müssen folgende Voraussetzungen erfüllt sein:

- **Fälligkeit der Zahlung** § 271
  Der Käufer kann die Zahlung sofort verlangen, wenn für die Zahlung kein kalendermäßiger Zeitpunkt vereinbart ist.
- **Leistungsaufforderung (Mahnung) bzw. 30-Tage-Frist** § 286
  Der Mahnung bedarf es u. a. nicht, wenn die Zeit für die Leistung kalendermäßig bestimmt werden kann oder berechenbar ist, z. B. Zahlung am 10.06. d. J., Zahlung 10 Tage nach Auftragsbestätigung per E-Mail.

Der Käufer kommt ohne Mahnung auch in Verzug, wenn er nicht innerhalb von 30 Tagen nach Fälligkeit und Rechnungszugang zahlt.

Bei einem Verbrauchsgüterkauf muss der Käufer in der Rechnung ausdrücklich auf die Verzugsfolge nach 30 Tagen hingewiesen werden.

- **Verkäufer hat die nicht rechtzeitige Zahlung zu vertreten.**

  Zahlungsunfähigkeit infolge Geldknappheit hat man immer zu vertreten. Es müssen schon außergewöhnliche Umstände vorliegen (z. B. krank im Ausland), um sich wegen nicht rechtzeitiger Zahlung entlasten zu können.

b) Rechte des Käufers bei Zahlungsverzug

Übersicht: Rechte des Käufers bei Zahlungsverzug

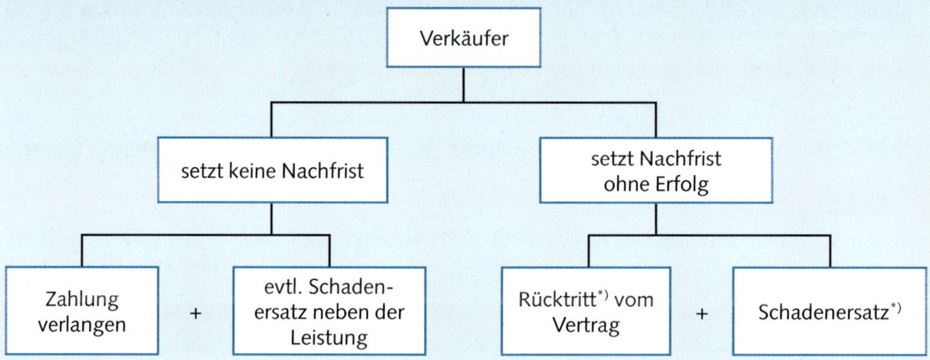

*) Diese Rechte gelten auch, wenn eine Nachfrist aufgrund der gesetzlichen Bestimmungen in § 281 Abs. 2 BGB entbehrlich ist.

➤ Rechte des Käufers, wenn er keine Nachfrist setzt

Der Käufer kann aufgrund des Vertrages auf Zahlung bestehen und diese ggf. einklagen.

BGB § 280 (2) Entsteht dem Verkäufer aufgrund der verzögerten Zahlung ein Schaden, so kann er diesen neben der Vertragserfüllung unter der Voraussetzung nach § 286 BGB verlangen **(Verzögerungsschaden).**

§§ 288 (1), (2), 247 In der Regel wird der **Verzögerungsschaden** mindestens durch die Einforderung von **Verzugszinsen** geltend gemacht. Bei einem Verbrauchsgüterkauf darf der Zinssatz für Verzugszinsen nur 5 % über dem Basiszinssatz liegen, ansonsten 9 %.

Der Basiszinssatz beträgt ab dem 01.07.2018 unverändert: –0,88 %

➤ Rechte des Verkäufers, wenn die Nachfrist erfolglos bleibt oder nach § 281 Abs. 2 BGB entbehrlich ist

Als Rechte kommen infrage:

- **Rücktritt**

  § 323 (1) Der Verkäufer kann die Ware zurückverlangen.

  oder

- **Rücktritt und Schadenersatz für den durch die Nichterfüllung entstandenen Schaden**

§§ 323 (1), 280, 281 Der Verkäufer kann die Ware zurückverlangen und den Schaden durch die Nichterfüllung geltend machen, z. B. Rücknahmekosten, Verzugszinsen, Ersatz des Gewinnausfalls.

Exkurs: Nicht rechtzeitige Zahlung und Zahlungsverzug bei einem Versicherungsvertrag.

Das Versicherungsvertragsgesetz (VVG) kennt für diese Fälle eine andere gesetzliche Regelung. Es wird zwischen nicht rechtzeitiger Zahlung der Erstprämie und der Folgeprämie unterschieden. Wird die erste Prämie nicht rechtzeitig gezahlt, ist der erklärte oder fingierte Rücktritt vorgesehen neben dem Anspruch auf eine angemessene Geschäftsgebühr. VVG §§ 37, 38

Der Zeitpunkt für die Zahlung der Folgeprämie ist regelmäßig kalendermäßig bestimmt. Gleichwohl muss der Versicherer in einer sog. qualifizierten Mahnung noch eine Nachfrist setzen, ehe die Verzugsfolgen (Verlust des Versicherungsschutzes, Kündigung) eintreten. Die Regelung wurde geschaffen, damit der Versicherungsnehmer erkennt, dass sein Versicherungsschutz bedroht ist. Zu Einzelheiten, siehe B 5.3.

4.7.4 Annahmeverzug

Ein Annahmeverzug liegt vor, wenn der Käufer die angebotene Ware oder der Verkäufer die angebotene Zahlung nicht annimmt. BGB §§ 297

a) Voraussetzungen des Annahmeverzuges

- Die Leistung ist fällig.
- Die Leistung ist angeboten worden.

Ein Verschulden des Annahmepflichtigen muss nicht vorliegen.

b) Wirkungen des Annahmeverzuges

- Der Annahmepflichtige (= Gläubiger) trägt bei einem Gattungskauf mit Eintritt des Verzuges die Gefahr der Verschlechterung oder des Untergangs der Sache. § 300 (2)

  Ein **Gattungskauf** liegt vor, wenn die Sache durch eine andere gleiche Sache ersetzt werden kann (z. B. Drucker einer bestimmten Marke und eines bestimmten Typs).

- Die Haftung des Schuldners der Leistung beschränkt sich nur noch auf Vorsatz und grobe Fahlässigkeit. § 300 (1)

c) Rechte des Schuldners der Leistung

- Er kann auf Annahme klagen.
- Er kann die Versteigerung androhen und dann später versteigern. BGB §§ 300, 301, 280 (1)
- Hat die Sache einen Börsen- oder Marktpreis, so kann der Schuldner den Verkauf aus freier Hand durch einen zu solchen Verkäufen öffentlich ermächtigten Handelsmäkler oder durch eine zur öffentlichen Versteigerung befugte Person zum laufenden Preis bewirken **(Selbsthilfeverkauf).**
- Er kann Schadenersatz wegen Nichterfüllung verlangen, wenn der Käufer die Ware schuldhaft nicht entgegennimmt.

Lernkontrollen zu C 4.7

Vertragsstörungen

1 Begründen Sie, welche Gewährleistungsansprüche in folgenden Fällen sinnvollerweise geltend gemacht werden sollten:

a) Ein Reifenhändler liefert runderneuerte Reifen als fabrikneu. Nach einiger Zeit löst sich eine Reifendecke und es entsteht ein Verkehrsunfall, bei dem das Fahrzeug stark beschädigt wird.

b) Ein gelieferter Mantelstoff hat grobe Webfehler, sodass er für die Weiterverarbeitung nicht mehr verwendet werden kann. Ein anderer Lieferant könnte schnell und preisgünstig liefern.

c) Für die Kantine einer Versicherungsgesellschaft preisgünstig gelieferte Kochtöpfe weisen starke Kratzer auf.

d) Zwei von fünf gelieferten Büroschränken haben leichte Kratzer im Furnier der Seitenwände.

e) Das Furnier eines gelieferten Schrankes ist an der Vorderseite stark beschädigt. Der Möbelhändler kann keinen gleichartigen Schrank liefern.

2 Die Druckerei Rohrhuber KG, München, erhält von der Papierfabrik Koller OHG, Stuttgart, ein freibleibendes Angebot über 100000 Stück Katalogpapier im Gesamtwert von 8700,00 €.

a) Wie kommt in diesem Fall ein Kaufvertrag zustande?

b) Welche Pflichten hat die Papierfabrik Koller OHG, wenn der Vertrag zustande kommt?

c) Bei der Überprüfung der Ware wird festgestellt, dass 30000 Stück der Katalogblätter leichte Farbfehler haben.

c1) Welche Art von Mangel liegt vor?

c2) Welche Gewährleistungsansprüche (Rechte) würden Sie als Käufer geltend machen?

Begründen Sie Ihre Entscheidung.

3 Der Büromöbelhersteller Fink & Co. OHG, 52076 Aachen, lieferte aufgrund der Bestellung vom 6. April 20.. seinem langjährigen Kunden, der Bürobedarfgroßhandlung Rebholz KG in 41564 Kaarst, am 11. Mai 20.. 160 verschiedene Computertische. Am 13. Mai teilt Herr Rebholz der Fink & Co. OHG telefonisch mit, dass bei der Prüfung der Warensendung folgender Mangel festgestellt wurde: 15 Computertische weisen starke Lackschäden auf, sodass sie unverkäuflich sind.

a) Welche Rechte stehen der Rebholz KG nach dem Gesetz zu?

b) Begründen Sie, von welchem Recht Sie im vorliegenden Fall Gebrauch machen würden.

4.8 Verjährung

Unter **Verjährung** versteht man den **Ablauf einer gesetzlich festgelegten Frist**, innerhalb welcher ein **Anspruch gerichtlich durchgesetzt** werden kann.

Ein Anspruch ist das Recht, ein Tun oder Unterlassen zu verlangen. Der Anspruch bleibt zwar weiterhin bestehen, aber mit der Verjährung des Anspruchs erwirbt der Schuldner die **Einrede der Verjährung** (das Leistungsverweigerungsrecht). BGB §§ 194 ff.

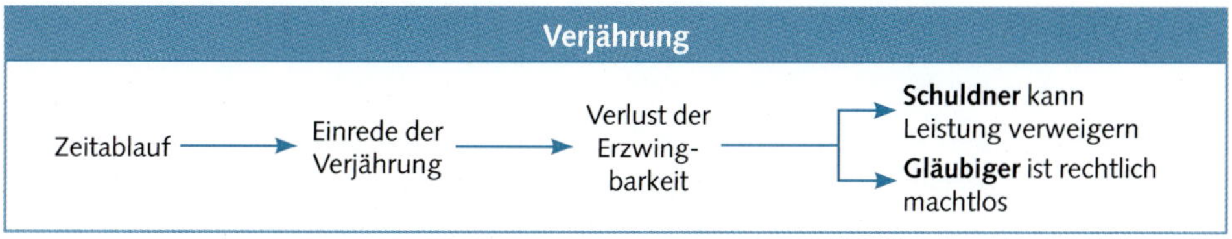

Hat der Schuldner aber eine verjährte Forderung erfüllt, so kann er das Geleistete nicht zurückfordern. Ist zur Sicherung des Anspruchs ein Pfandrecht bestellt, so kann sich der Gläubiger auch nach der Verjährung aus dem Pfandgegenstand befriedigen.

Der Zeitpunkt des Beginns der Verjährung hängt vom Zeitpunkt der Entstehung des Anspruchs und von den Verjährungsfristen ab.

a) Dauer der Verjährung

- **Die regelmäßige Verjährungsfrist** beträgt **3 Jahre** und gilt für alle Forderungen der Privatleute, Gewerbetreibenden und für Darlehen. § 195
- **Verlängerte Verjährungsfristen:**

  In 10 Jahren verjähren bestimmte Rechte an einem Grundstück. § 196

  In 30 Jahren verjähren zum Beispiel § 197 (1)
  - Herausgabeansprüche aus Eigentum und anderen dinglichen Rechten,
  - familien- und erbrechtliche Ansprüche,
  - Ansprüche aus vollstreckbaren Vergleichen und vollstreckbaren Urkunden,
  - vollstreckbare Ansprüche aus Insolvenzverfahren.

  Entstanden diese Ansprüche aus wiederkehrenden Leistungen, verjähren sie nach **3 Jahren**. § 197 (2)
- **Verkürzte Verjährungsfristen** gelten für Mängelrügen aus dem Kauf- und Werkvertrag. Die Verjährungsfrist beträgt i. d. R. bei Mängelansprüchen aus Kauf- bzw. Werkverträgen 2 Jahre, die mit Ablieferung der Sache beginnt. In den ersten sechs Monaten dieser Frist gilt bei einem Verbrauchsgüterkauf die sog. Beweilastumkehr (vgl. C 4.7.1.2). §§ 438, 633

  Hat der Verkäufer den **Mangel arglistig verschwiegen**, gilt die **regelmäßige Verjährungsfrist** von drei Jahren. § 438 (3)

b) Beginn der Verjährung

Die **regelmäßige Verjährungsfrist** beginnt am Ende des Jahres, in dem der Anspruch entstanden ist. Bei Ansprüchen, die nicht der regelmäßigen Verjährungsfrist unterliegen, beginnt die Verjährung mit der Entstehung des Anspruchs. §§ 199 (1), 200

c) Hemmung der Verjährung

Bei der Hemmung wird die Verjährungsfrist um die Zeitspanne der Hemmung verlängert. Die Verjährung wird unter anderem gehemmt

BGB §§ 203 f.

- bei **Verhandlungen** wie zum Beispiel bei der Veranlassung eines Schlichtungsverfahrens und beim Beginn eines schiedsrichterlichen Verfahrens.

  Die Verjährung tritt **frühestens drei Monate** nach dem Ende der Hemmung ein.

§ 204 (1)

- wegen **Rechtsverfolgung** wie
  - Erhebung der Klage auf Leistung,
  - Erlass des Vollstreckungsbescheids,
  - Zustellung des Mahnbescheids im Mahnverfahren,
  - Geltendmachung der Aufrechnung von Ansprüchen im Prozess,
  - Anmeldung von Ansprüchen im Insolvenzverfahren.

  Die Hemmung endet **sechs Monate** nach der rechtskräftigen Entscheidung oder anderweitigen Beendigung des eingeleiteten Verfahrens.

- solange der Schuldner aus irgendeinem Grund vorübergehend berechtigt ist, die Leistung zu verweigern wie beim Insolvenzverfahren.
- solange der Gläubiger durch Stillstand der Rechtspflege oder durch höhere Gewalt (Krieg, Überschwemmungskatastrophe, Epidemie) während der letzten sechs Monate der Verjährungsfrist daran gehindert war, seine Rechte geltend zu machen.

d) Neubeginn der Verjährung

§ 212

Die Verjährung beginnt erneut, wenn

- der **Schuldner** seine Schuld anerkennt durch: Abschlagszahlung, Zinszahlung, Sicherheitsleistung.
- der **Gläubiger** einen gerichtlichen oder behördlichen Vollstreckungsbescheid beantragen oder vornehmen lässt.

Eine gewöhnliche Mahnung, auch mittels eingeschriebenen Briefes mit oder ohne Rückschein, bewirkt keinen Neubeginn der Verjährung.

Die Verjährungsfrist beginnt auch neu zu laufen, wenn eine Nacherfüllung durch Lieferung einer mangelhaften Sache (Schlechtleistung) erfolgt.

e) Zusammenfassendes Beispiel

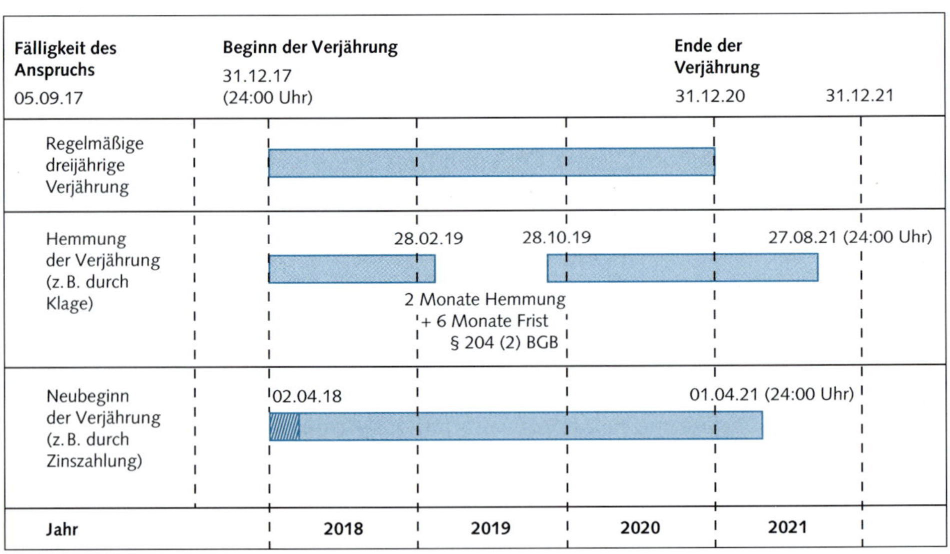

Lernkontrollen zu C 4.8

Verjährung

1 Wann verjähren die Forderungen in folgenden Fällen?

a) Herr Braun hat am 15. Mai 2018 von seiner Geschäftskollegin ein gebrauchtes Mountainbike für 350,00 € gekauft.

b) Frau Kaiser hat ein neues Fahrrad in dem Fahrradgeschäft ihres Wohnortes für 880,00 € gekauft. Die Rechnung war am 15. Dezember 2017 fällig.

c) Eine Fahrradhandlung hat in der Fabrik Fahrräder für 12 680,00 € gekauft. Die Rechnung war am 25. Mai 2018 fällig.

d) Frau Kaiser (Fall b) erhielt aus persönlichen Gründen am 31. Januar 2018 einen Zahlungsaufschub bis 30. Juni 2018.

e) Die Fahrradhandlung aus Fall c) leistete am 10. Januar 2019 eine Teilzahlung.

2 Der Kunde Späth hat nach langer Zeit dem Lieferanten Schöller KG eine Schuld in Höhe von 2 500,00 € beglichen, die, wie er hinterher bemerkt, bereits verjährt war. Jetzt will er diesen Betrag mit einer neuen Verbindlichkeit gegenüber der Schöller KG aufrechnen. Wie ist die Rechtslage?

5 Finanzierung

Soll eine Unternehmung neu gegründet oder eine bestehende Unternehmung erweitert werden, so müssen alle notwendigen Maßnahmen auf ihre Finanzierbarkeit hin überprüft werden.

Als **Finanzierung** bezeichnet man die **Beschaffung und Bereitstellung von Geld- und Sachmitteln**.

5.1 Arten der Finanzierung

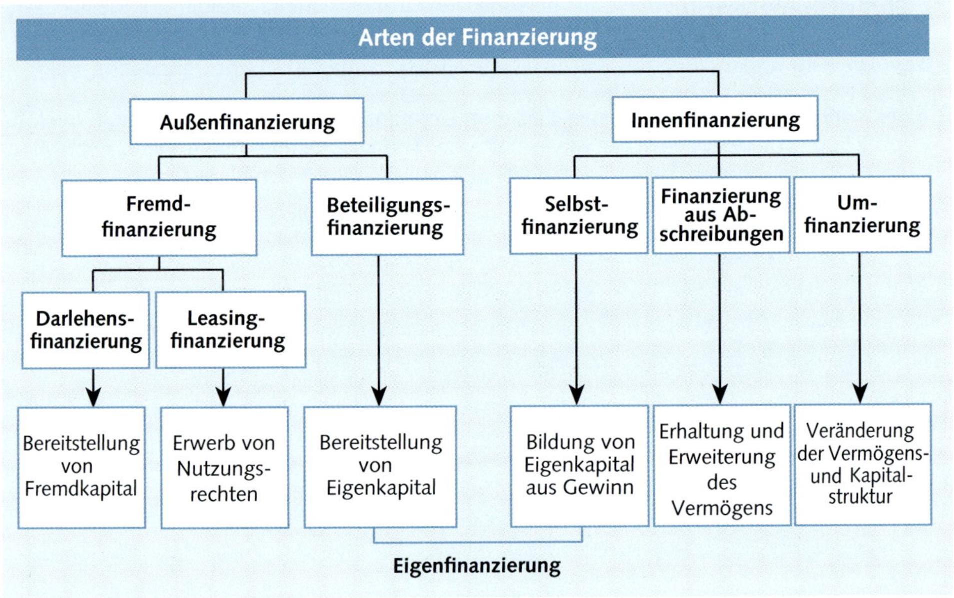

5.1.1 Außen- und Innenfinanzierung

Vor jeder Finanzierungsmaßnahme muss sich der Unternehmer entscheiden, ob er die benötigten Geld- oder Sachmittel von außen beschaffen muss oder dem Unternehmen selbst entnehmen kann. Bei der Gründung einer Unternehmung muss Kapital von außen zufließen, da die Finanzierung von innen aufgrund des erst beginnenden Umsatzprozesses noch nicht möglich ist.

a) Außenfinanzierung

Die Finanzierungsmittel werden von **außen** als Eigenkapital oder Fremdkapital in die Unternehmung eingebracht. Demnach unterscheidet man nach der Rechtsstellung der Kapitalgeber

- die **Eigenfinanzierung,** auch Beteiligungsfinanzierung genannt (siehe C 5.1.2 a),
- die **Fremdfinanzierung** (siehe C 5.1.2 b).

Der Markt für die Eigenfinanzierung und langfristige Fremdfinanzierung wird als **Kapitalmarkt,** der Markt für die kurzfristige Fremdfinanzierung als **Geldmarkt** bezeichnet.

b) Innenfinanzierung

Die Finanzierungsmittel werden von **innen,** d. h. von der Unternehmung selbst aufgebracht, und zwar durch

- die **Selbstfinanzierung** (Nichtausschüttung von Gewinn),
- die **Umfinanzierung** (Vermögens- und Kapitalumschichtung).

5.1.2 Eigen- und Fremdfinanzierung

Je nachdem, ob ein Unternehmen mit eigenem oder fremdem Geld arbeitet, spricht man von Eigen- oder Fremdfinanzierung.

a) Eigenfinanzierung

Eigenfinanzierung ist die **Bereitstellung von Kapital durch den oder die Eigentümer** der Unternehmung.

➤ Beteiligungsfinanzierung

Bei der Beteiligungsfinanzierung, auch Einlagenfinanzierung genannt, wird Kapital von außen zugeführt (= Außenfinanzierung). Sie stellt gleichzeitig eine Form der **Eigenfinanzierung** dar, da die Kapitalgeber aufgrund der Einlage an der Unternehmung beteiligt werden und das Kapitalrisiko (möglicher Verlust durch unerwarteten Geschäftsverlauf) tragen. Die Art und Weise der Eigenfinanzierung ist bei den einzelnen Unternehmungsformen je nach Rechtsform verschieden.

- Bei der **Einzelunternehmung** wird das gesamte Eigenkapital von einem Unternehmer aufgebracht. Ihre Kapitalkraft ist deshalb begrenzt.
- Bei der **OHG** ist die Kapitalkraft größer, da mehrere Gesellschafter das Eigenkapital aufbringen. Auch die Kreditwürdigkeit ist größer, da alle Gesellschafter mit ihrem ganzen Vermögen haften. Eine Eigenkapitalerhöhung ist durch weitere Kapitaleinlagen, aber auch durch die Aufnahme neuer Gesellschafter möglich.
- Bei der **KG** bringen neben den Komplementären auch Kommanditisten das Eigenkapital auf, ohne dass das Verfügungsrecht der Komplementäre durch die Kommanditisten wesentlich eingeschränkt ist.
- Bei der **GmbH** wird das Eigenkapital dadurch beschafft, dass die Gesellschafter zu Stammeinlagen verpflichtet werden. Das Eigenkapital kann notfalls durch vertraglich festgelegte Nachschüsse erhöht werden. Stamm- und Nachschusskapital sind getrennt auszuweisen.
- Bei der **AG** und **KGaA** kann durch die Ausgabe von Aktien an viele Kapitalgeber ein großes Eigenkapital aufgebracht werden. Eine Kapitalerhöhung durch weitere Einlagen ist bei der AG nur durch Neuemission von Aktien möglich.
- Bei der **Genossenschaft** wird das Eigenkapital durch Einzahlungen der Genossen auf ihre Geschäftsanteile eingebracht. Eine Kapitalerhöhung ist durch die Erhöhung der Geschäftsanteile der Genossen und durch den Eintritt neuer Mitglieder möglich.

Bei allen Personengesellschaften und Genossenschaften besteht das Risiko des Kapitalentzugs durch die Kündigung oder den Tod von Gesellschaftern sowie durch die Eröffnung des Insolvenzverfahrens über das Vermögen eines Gesellschafters. Das Risiko des Kapitalentzugs durch Kündigung oder Tod eines Gesellschafters kann nur durch entsprechende Gestaltung des Gesellschaftsvertrags, z. B. Nachrücken von Erben oder Teilhaberversicherung, beschränkt werden.

Eigenkapital macht unabhängig und ist Voraussetzung bei der Aufnahme von Fremdkapital. Die Unternehmung ist nicht bedroht durch den Entzug von Betriebsmitteln infolge einer Kreditkündigung. Sie wird krisenfest. Grundsätzlich sollte das Anlagevermögen mit Eigenkapital finanziert werden.

➤ Finanzierung aus Abschreibungen

Das Anlagevermögen einer Gesellschaft (Betriebs- und Geschäftsausstattung, Kfz usw.) wird insbesondere durch die betrieblichen Prozesse abgenutzt. Der Wert dieses Vermögens nimmt also ab und muss während der Nutzungsdauer wieder erwirtschaftet werden, um nach Ablauf der Nutzungsdauer den Anlagegegenstand ersetzen zu können. In der Preiskalkulation wird diese zukünftige Wiederbeschaffung deshalb einkalkuliert.
Während der Nutzungsdauer muss der in der Buchführung erfasste Wert ständig durch sog. Abschreibungen korrigiert werden (vgl. D 7.2). Andererseits fließt über den vereinnahmten Preis ständig ein Anteil für die spätere Wiederbeschaffung zu. Bis zur Wiederbeschaffung wird dieser Zufluss in eine **Rücklage** eingestellt und kann bis dahin für anderweitige Finanzierungen verwendet werden. Man spricht in diesem Zusammenhang auch von der **Finanzierung aus freigesetztem Kapital** (vgl. D 7.2.4).

Die Bezeichnung »freigesetztes Kapital« ist so zu verstehen: Kapital das angelegt wird, ist gebunden. Das gilt insbesondere für das Anlagevermögen. Durch den beschriebenen Rückfluss über den Anteil im kalkulierten Preis kommt dieses Kapital nach und nach zurück, ist also nicht mehr gebunden sondern wieder freigesetzt.

b) Fremdfinanzierung

Fremdfinanzierung ist die **Bereitstellung von Geld und Sachmitteln durch fremde Personen (Gläubiger)**.

➤ Darlehensfinanzierung

Im Gegensatz zur Eigenfinanzierung entsteht bei der Darlehensfinanzierung als Form der Fremdfinanzierung kein Beteiligungs- sondern ein Kreditverhältnis. Darlehensfinanzierung verursacht einerseits Ausgaben durch den Kapitaldienst (Zinsen und Tilgung), die zu Liquiditätsschwierigkeiten führen können, weshalb auf die zeitliche Befristung des überlassenen Fremdkapitals zu achten ist. Andererseits können Zinsen als Betriebsausgaben von den Betriebseinnahmen abgezogen werden und vermindern so den zu versteuernden Gewinn.

Langfristiges Fremdkapital wird aufgenommen, wenn zu erwarten ist, dass die zur Tilgung notwendigen Mittel erst nach längerer Zeit zur Verfügung stehen werden. Häufig dient es der Anlagenfinanzierung. Banken und Lieferanten sind bereit, kreditwürdigen Unternehmern langfristige **Darlehen** zu gewähren.

Beispiele:

- Die Sparzentrale Nordhessen gewährt einem Versicherungsmakler ein langfristiges Darlehen zur Modernisierung seiner Büroräume.
- Eine Brauerei gibt einem Getränkegroßhändler einen langfristigen Kredit zum Ausbau einer Lagerhalle.

Langfristiges Fremdkapital wird häufig durch die Bestellung einer Grundschuld gesichert (vgl. C 5.2.2 e).

Großunternehmen in der Rechtsform einer AG können sich langfristiges Fremdkapital durch die Ausgabe von **Schuldverschreibungen** (Anleihen, Pfandbriefen, Obligationen) verschaffen.

Kurzfristiges Fremdkapital dient der Finanzierung von Umlaufvermögen, vor allem der Vorräte und der Forderungen.

a) **Bankkredite** werden von Kreditinstituten gewährt (vgl. C 5.2).

b) **Lieferantenkredite** entstehen durch Lieferungen auf Ziel. »Auf Ziel« bedeutet, dass die Zahlung erst nach einer bestimmten Zeit (z. B. 3 Monate) zu leisten ist.

➤ Leasingfinanzierung

Leasing bedeutet: Das Leasingobjekt (ein Anlagegegenstand, z. B. Kfz) wird vom Leasinggeber beschafft und finanziert und dem Leasingnehmer gegen Zahlung eines vereinbarten Leasingentgelts zur Nutzung für einen festgelegten Zeitraum vertraglich überlassen.

Der Leasingnehmer muss also nicht sofort eine größere Summe aufbringen und ggf. finanzieren, um das Anlagegut beschaffen zu können, sondern er »finanziert« dieses über den Nutzungszeitraum durch die Leasingraten. Die Leasingraten sind im Vergleich zu den Zinsen für ein Darlehen wesentlich höher, da ja auch der Wertverlust des Leasingobjektes ausgeglichen werden muss.

Rechtlich ist der Leasingnehmer nur Besitzer des Leasingobjektes während der Leasinggeber Eigentümer bleibt. Am Ende des Leasingzeitraums kann das Leasingobjekt häufig zu einem Restpreis erworben werden.

Wenn es dem Unternehmer gelingt, während der Leasingdauer die Leasingraten und den Restpreis zu erwirtschaften, ist diese Finanzierungsform interessant, da sie kein großes Anschaffungskapital benötigt und bindet. Die Leasingraten vermindern den zu versteuernden Gewinn.

c) Entscheidungskriterien für Eigen- oder Fremdfinanzierung

Eigenfinanzierung		Fremdfinanzierung
Einzelunternehmer	Gesellschaften	
Er ist unabhängig und kann über die Gewinnverwendung allein entscheiden. Er trägt aber auch das gesamte Risiko.	Mitsprache der Gesellschafter und damit Einengung der Entscheidungsfreiheit. Teilung des Gewinns, aber auch des Risikos.	Kreditaufnahme und Kredithöhe bzw. Übergabe des Leasingobjektes sind abhängig von der Kreditwürdigkeit und den gebotenen Sicherheiten.
	Teilhaberverhältnis	Schuldnerverhältnis
Gewinnausschüttung ist abhängig von der Ertragslage.		Zinszahlung bzw. Leasingrate ist unabhängig von der Ertragslage.
Mittelabfluss nur nach eigener Entscheidung.		Mittelabfluss gemäß vereinbarter Zins- und Tilgungsverpflichtungen.
Gewinnausschüttungen aus der finanzierten Investition sind keine Betriebsausgaben.		Zinszahlungen bzw. Leasingraten vermindern den zu versteuernden Gewinn.

Lernkontrollen zu C 5.1

Arten der Finanzierung

1 Ein Ehepaar will für 360000,00 € eine Eigentumswohnung kaufen. Es verfügt über 40000,00 € Festgeld und einen sofort einsetzbaren Bausparvertrag (Bausparvertragssumme 120000,00 €, davon angespart 50%).

Errechnen Sie das insgesamt vorhandene Eigenkapital und das insgesamt erforderliche Fremdkapital.

2 In der Versicherungsagentur Krause denkt man über die Anschaffung von zwei agentureigenen Kraftfahrzeugen für die Besuche bei Kunden nach. Dabei werden auch die verschiedenen Finanzierungsmöglichkeiten diskutiert. Sie sind an der Diskussion beteiligt.

Wie werden Sie antworten, wenn folgende Fragen im Raum stehen?

a) Welche Möglichkeiten der Eigenfinanzierung können infrage kommen?

b) Welche Vor- und Nachteile ergeben sich für die Agentur bei einer Eigenfinanzierung?

c) Welche Möglichkeiten der Fremdfinanzierung stehen grundsätzlich zur Verfügung?

d) Welche Vor- und Nachteile ergeben sich für die Agentur bei einer Fremdfinanzierung?

3 Was versteht man unter Selbstfinanzierung?

5.2 Kredite und Sicherheiten

Die Bezeichnung der Kreditart hängt vom Verwendungszweck, von der Dauer oder der Verfügbarkeit des Kredits ab. Die Kreditsicherung ist eine Folge der Kreditwürdigkeitsprüfung, denn aus ihr geht hervor, ob die Bank die Mithaftung von weiteren Personen, Sachwerten oder Rechten verlangen muss.

5.2.1 Kreditarten

Bezeichnung des Kredits nach	**Bedeutung**	**Beispiele**
Verwendungszweck		
➤ Produktivkredit	Steigerung der Gütererzeugung	Finanzierung des Anlage- und Umlaufvermögens
– Investitionskredit	– Errichtung und Erweiterung von Anlagen	– Finanzierung von Gebäuden, Maschinen, Büroausstattung
– Betriebsmittelkredit	– Verstärkung des Umlaufvermögens	– Finanzierung der laufenden Ausgaben wie Warenkäufe, Gehälter, Steuern
– Saisonkredit	– Überbrückung des gesteigerten Geldbedarfs vor oder während der Saison	– Finanzierung von Hopfenkäufen der Brauereien, Gemüsekäufen der Konservenfabriken
➤ Konsumkredit	Hebung des privaten Lebensstandards	Finanzierung von Wohnungseinrichtungen, Urlaubsreisen, Autos
➤ Personalkredit (Blankokredit)	Dispositionskredit bei der kontoführenden Bank	Überziehung des Kontos vor der nächsten Gehaltszahlung
Dauer		
➤ kurzfristiger Kredit	Laufzeit bis 6 Monate	Unternehmen skontiert Rechnungen mittels Kreditaufnahme.
➤ mittelfristiger Kredit	Laufzeit länger als 6 Monate bis 4 Jahre	Unternehmen finanziert den Geschäftswagen.
➤ langfristiger Kredit	Laufzeit ab 4 Jahre	Unternehmen finanziert seine Gebäudeerweiterung durch ein zehnjähriges Grundschulddarlehen.
Verfügbarkeit		
➤ Kontokorrentkredit	Verfügung entsprechend den wirtschaftlichen Bedürfnissen innerhalb einer bestimmten Höchstsumme und einer bestimmten Zeit	Abwicklung des laufenden Zahlungsverkehrs für Wareneinkäufe, Gehälter, Steuern; Begleichung von Verbindlichkeiten
➤ Darlehen	Einmalige Auszahlung in bestimmter Höhe für bestimmte Zeit Über Rückzahlungen kann nicht mehr verfügt werden	Abwicklung der Fremdfinanzierung eines Grundstücks

5.2.2 Kreditsicherungen

Man unterscheidet bei der Vergabe von Krediten

- nicht gesicherte Blankokredite (Personalkredite),
- durch weitere Personen gesicherte Kredite (Bürgschaft, Zession),
- durch bewegliche Wertgegenstände gesicherte Kredite (Faustpfand, Sicherungsübereignung)
- durch Immobilien gesicherte Kredite (Grundschuld).

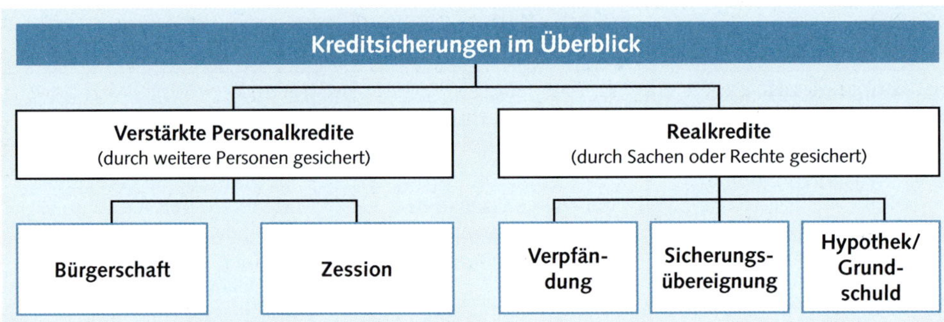

5.2.2.1 Verstärkte Personalkredite

a) Kreditsicherung durch Bürgschaft

Der **Bürgschaftskredit** ist ein Personalkredit, der **zusätzlich durch eine Bürgschaft gesichert** ist.

BGB § 765 Es liegen zwei Rechtsgeschäfte vor:

- Kreditvertrag,
- Bürgschaftsvertrag.

Neben dem Kreditnehmer haftet noch eine weitere Person für die Zinsen und die Rückzahlung.

➤ Wesen der Bürgschaft

Die **Bürgschaft** ist ein Vertrag zwischen dem Gläubiger und dem Bürgen, wonach der Bürge für den Schuldner haftet. Der Kreditgeber hat also für seine Forderung zwei Schuldner.

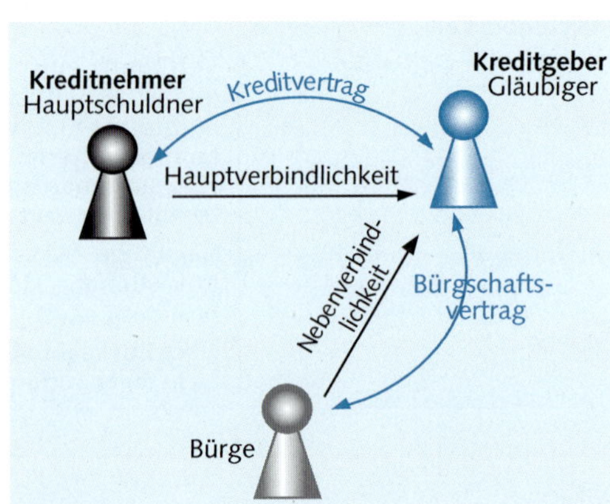

➤ Form der Bürgschaft

Der Bürgschaftsvertrag kommt durch die **schriftliche Bürgschaftserklärung** des Bürgen und die **formlose Entgegennahme** durch das Kreditinstitut zustande. Kaufleute können sich im Rahmen ihres Geschäftsbetriebes auch mündlich verbürgen.

Selbstschuldnerische Bürgschaft

Sie liegt vor, wenn der Bürge auf die »Einrede der Vorausklage« verzichtet hat, d.h., wenn er vom Gläubiger nicht den Nachweis erfolgloser gerichtlicher Schritte gegenüber dem Hauptschuldner verlangen kann. Verweigert der Schuldner die Zahlung, so muss der Bürge auf Verlangen des Gläubigers sofort zahlen. Kreditinstitute verlangen stets diese Art der Bürgschaft, um den zeit- und kostenintensiven Klageweg gegenüber dem Hauptschuldner zu vermeiden. Die Bürgschaft von Kaufleuten ist stets selbstschuldnerisch. Der Kreditgeber kann sowohl vom Hauptschuldner als auch vom Bürgen sofort die volle Forderung verlangen. BGB § 773 HGB § 349

Ausfallbürgschaft

BGB § 771

Der Bürge kann erst dann in Anspruch genommen werden, wenn Zwangsvollstreckungsmaßnahmen in das Vermögen des Schuldners nicht zur Deckung der Forderungen des Gläubigers geführt haben. Der Bürge hat bei der Ausfallbürgschaft vor seiner Inanspruchnahme das Recht auf **Einrede der Vorausklage.**

b) Kreditsicherung durch Zession

Der **Zessionskredit** ist ein Personalkredit, der **zusätzlich durch Abtretung (Zession) einer oder mehrerer Forderungen** des Kreditnehmers gegen Dritte gesichert ist.

Es liegen zwei Rechtsgeschäfte vor:

- Kreditvertrag,
- Zessionsvertrag.

Wesen der Zession

Die **Zession** ist ein formfreier Vertrag zwischen dem alten und dem neuen Gläubiger. Durch ihn geht die Forderung des alten Gläubigers gegen seinen Schuldner **(Drittschuldner)** auf den neuen Gläubiger über. BGB § 398

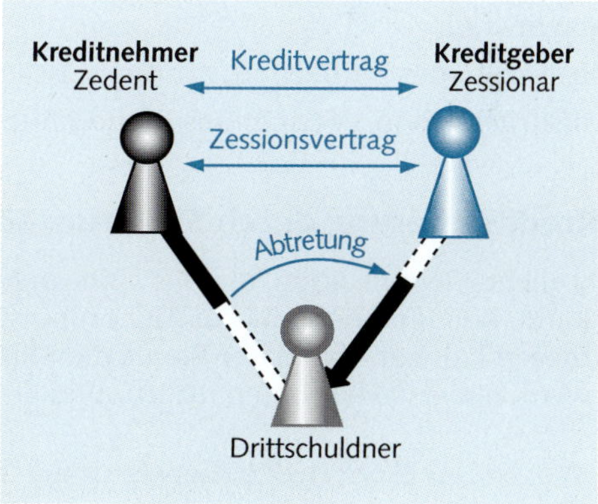

Der Zessionar kann im Rahmen des Vertrages nach seinem Ermessen über die Forderung verfügen. Der **Drittschuldner** kann dem neuen Gläubiger alle Einwendungen entgegensetzen, die gegen den Zedenten begründet waren, z.B. mangelhafte Lieferung. Aus diesem Grund werden die zur Kreditsicherung abgetretenen Forderungen nur zu 50 % bis 80 % beliehen. § 404

Arten der Zession

Je nachdem, ob der Drittschuldner von der **Abtretung erfährt oder nicht,** unterscheidet man die stille und die offene Zession.

- Bei der **stillen** Zession weiß der Drittschuldner von der Abtretung nichts. Er wird also an den bisherigen Gläubiger zahlen. § 407

- Bei der **offenen** Zession weiß der Drittschuldner von dem Forderungsübergang. Er kann dann »mit befreiender Wirkung« nur an den Zessionar zahlen. Oft wird im Zessionsvertrag vereinbart, dass die stille Zession jederzeit in eine offene umgewandelt werden darf, sobald dem Kreditinstitut etwas Ungünstiges über seinen Kreditnehmer bekannt wird.

5.2.2.2 Realkredite

a) Kreditsicherung durch Verpfändung (Lombardkredit)

Der **Lombardkredit** ist ein Realkredit, der **durch Pfandrecht an einer beweglichen Sache** oder einem verbrieften Recht (Faustpfand) **gesichert** ist.

Die Verpfändung erfolgt durch **Einigung** der beiden Parteien, dass ein Pfandrecht bestehen soll, und Übergabe des zu verpfändenden Gegenstandes (Faustpfand). Durch die Übergabe wird der Pfandgläubiger **Besitzer,** aber nicht Eigentümer der verpfändeten Sache.

BGB §§ 1204 ff.

Der Kreditnehmer erhält als Kredit nicht den vollen Wert seines Pfandes, sondern nur einen bestimmten Prozentsatz davon, den *Beleihungswert.* Der Zinssatz beim Lombardkredit wird *Lombardsatz* genannt.

Finanzinstitute beleihen vor allem Wertpapiere, Lebensversicherungen und Bausparverträge zu unterschiedlichen Beleihungssätzen (Aktien zu 50 %, festverzinsliche Wertpapiere zu 75 %, Sparbücher zu 100 %). Zur Verpfändung der Lebensversicherung, vgl. Band 2 Abschn. C 8.2.1.

Das Pfandrecht erlischt durch

- Rückgabe des Pfandes. Ein Vorbehalt, dass das Pfandrecht fortbestehen soll, ist unwirksam.
- Erlöschen der Forderung, für die es bestellt ist,
- ausdrücklichen Verzicht des Pfandgläubigers gegenüber dem Verpfänder.

b) Kreditsicherung durch Sicherungsübereignung

Bewegliche Gegenstände, die das Unternehmen benötigt und nicht als Pfand entbehren kann, können ebenfalls zur Sicherung eines Kredits der Bank angeboten werden. Für diesen Fall hat sich in der Praxis die Sicherungsübereignung entwickelt. Übereignet werden meist Maschinen, Kraftfahrzeuge und Warenlager.

➤ Wesen der Sicherheitsübereignung

Der **Sicherheitsübereignungskredit** ist ein Realkredit, bei dem der Kreditgeber das **bedingte Eigentum** an einer beweglichen Sache **zur Sicherung erwirbt**, der Schuldner aber Besitzer bleibt.

§ 929 § 930

Die **Übereignung** hat nicht den Sinn, dem Gläubiger das unbedingte Eigentumsrecht zu übertragen, wie beim Kauf oder bei der Schenkung, sondern sie geschieht **nur sicherheitshalber**. Der Kreditgeber kann nicht frei über den übereigneten Gegenstand verfügen, denn das Eigentum daran soll mit der Rückzahlung des Kredits von selbst wieder auf den Kreditnehmer übergehen.

Die Sicherungsübereignung ist nicht gesetzlich geregelt, aber durch Rechtsprechung anerkannt worden. Kreditgeber und Kreditnehmer schließen neben dem Kreditvertrag einen **Sicherungsübereignungsvertrag.** Dieser enthält

- die **Einigung,** dass der Kreditgeber Eigentümer einer Sache werden soll, und
- die **Vereinbarung,** dass der Kreditnehmer Besitzer bleibt. Diese Vereinbarung ersetzt die Übergabe **(Besitzkonstitut).**

Wirkung der Übereignung

Der neue Eigentümer kann **Dritten gegenüber** seine Rechte uneingeschränkt geltend machen, insbesondere einer Pfändung der übereigneten Sache durch andere Gläubiger des Kreditnehmers mit Erfolg widersprechen. Gegenüber dem **Kreditnehmer** sind jedoch seine Rechte aus dem Eigentum beschränkt. Im Insolvenzverfahren des Kreditnehmers ist der Kreditgeber nicht aussonderungs-, sondern nur absonderungsberechtigt wie ein Pfandgläubiger. Die Sicherungsübereignung hat also einen pfandrechtsähnlichen Charakter.

Vorteile der Sicherungsübereignung

- Der **Kreditnehmer** kann mit den übereigneten Gegenständen weiterarbeiten und hat trotzdem die Möglichkeit der Kreditsicherung. Die Übereignung ist nach außen nicht erkennbar.

Beispiel:
Bei Sicherungsübereignung eines Autos durch einen Versicherungsmakler wird die Zulassungsbescheinigung Teil II (Fahrzeugbrief) der kreditgebenden Bank übergeben. Der Versicherungsmakler kann den Pkw im Geschäft verwenden.

- Der **Kreditgeber** kann als Eigentümer bei Gefahr die Herausgabe der Gegenstände fordern und sie wie ein Faustpfand verwerten; er braucht keinen vollstreckbaren Titel. Außerdem wird sein Einfluss auf den Kreditnehmer größer.

Nachteile der Sicherungsübereignung

- Der **Kreditnehmer** darf über die Gegenstände nicht mehr frei verfügen. Er muss sie gegen alle Gefahren versichern und die Kosten dafür tragen.
- Der **Kreditgeber** läuft Gefahr, dass die ihm übereigneten Gegenstände bereits übereignet sind oder dass ein Eigentumsvorbehalt des Lieferanten darauf lastet. Sie können verkauft, verpfändet, beschädigt oder vernichtet werden. Fest eingebaute Maschinen können wesentliche Bestandteile des Grundstücks sein und deshalb unter ein Grundpfandrecht fallen. Befinden sich die Sachen in gemieteten Räumen, so kann ein Vermieterpfandrecht (gesetzliches Pfandrecht) vorgehen.

Verpfändung und Sicherungsübereignung im Vergleich			
		Verpfändung	**Sicherungsübereignung**
Sicherheiten		entbehrliche bewegliche Gegenstände (Wertsachen, Wertpapiere)	unentbehrliche bewegliche Gegenstände (Maschinen, Fahrzeuge)
Gegenstände werden		übergeben (körperlich)	übereignet (vertraglich)
Rechtsstellung des	**Gläubigers**	Besitzer	Eigentümer
	Schuldners	Eigentümer	Besitzer

c) Kreditsicherung durch Hypothek oder Grundschuld

Zur Sicherung eines Kredites kann der Kreditsuchende vorhandene Grundstücke und Gebäude (= Immobilien) als Pfand (sog. **Grundpfandrecht**) anbieten.

Das **Grundpfandrecht** kann durch notarielle Eintragung einer **Hypothek** oder notarielle Eintragung einer **Grundschuld** ins Grundbuch bewirkt werden.

BGB §§ 1113 ff.

➤ Hypothek

Bei der Hypothek haftet der Kreditnehmer

- mit seiner Immobilie **(dingliche Sicherung durch das Grundpfandrecht)**

  und
- mit seinem Vermögen **(persönliche Haftung).**

Gerät der Kreditnehmer in Zahlungsschwierigkeiten, kann der Kreditgeber (Gläubiger) auf das Vermögen des Schuldner zugreifen und bei Bedarf auch die Immobilie durch Zwangsvollstreckung verwerten.

§§ 1181 Die Hypothek ist **akzessorisch,** d. h. sie setzt das Bestehen einer bestimmten Forderung (Darlehen des Kreditgebers) voraus. Im Klartext heißt das: Das Grundpfandrecht wird erst wirksam, wenn der Kreditgeber den Kredit an den Kreditnehmer gezahlt hat. Mit jeder Rückzahlungsrate wird das Grundpfandrecht kleiner bis es automatisch erlischt, wenn das Darlehen zurückgezahlt ist.

Die Entstehung des Grundpfandrechts erst nach Kreditzahlung ist für den Kreditgeber nicht ganz risikolos. Dieser Grund und auch noch andere praktische Erwägungen haben in der Praxis dazu geführt, dass die Grundschuld bevorzugt wird.

BGB §§ 1191 ff.

➤ Grundschuld

Der **Grundschuldkredit** ist **ein durch ein Pfandrecht an einem Grundstück gesicherter Kredit,** wodurch der Berechtigte ermächtigt wird, sich aus dem Grundstück in Höhe einer Geldsumme zu befriedigen.

Bei der Grundschuld haftet der Kreditnehmer nur mit seiner Immobilie **(dingliche Sicherung durch das Grundpfandrecht).**

Das sieht auf den ersten Blick nachteilig gegenüber der Hypothek aus. Der eigentliche Vorteil liegt darin, dass die Grundschuld im Gegensatz zur Hypothek kein akzessorisches sondern ein **abstraktes Rechtsgeschäft** ist, d.h. die dingliche Sicherung ist völlig losgelöst vom Bestehen oder Nichtbestehen einer Kreditforderung. Der Kreditgeber kann also vor Kreditzahlung die Kreditsicherheit erwerben. Mit Rückzahlung des Kredits erlischt die Grundschuld auch nicht automatisch sondern bedarf der Löschungsbewilligung des Gläubiger.

Die beschriebene Abstraktheit hat den Vorteil, dass nach Rückzahlung des Kredits die Grundschuld in der ursprünglich vereinbarten Höhe als Sicherheit für einen neuen Kredit verwendet werden kann, was u. a. erneute Notarkosten und Gerichtskosten einspart. Sie ist flexibler als eine Hypothek und deshalb die häufigere Wahl in der Praxis. Gleichwohl wird umgangssprachlich häufig von Hypothek gesprochen, obwohl tatsächlich eine Grundschuld vereinbart wurde.

In der Praxis schließen Kreditinstitute mit dem Kreditnehmer neben dem Kreditvertrag einen zusätzlichen Vertrag ab, in dem dieser sich der persönlichen und gesamtschuldnerischen Haftung sowie der sofortigen Zwangsvollstreckung unterwerfen muss.

Arten der Grundschuld

Nach der **Form der Bestellung** unterscheidet man

- **Buchgrundschuld.** Sie entsteht durch Einigung und Eintragung im Grundbuch.
- **Briefgrundschuld.** Sie entsteht wie die Buchgrundschuld. Zusätzlich wird aber noch eine Urkunde ausgestellt. Dieser Grundschuldbrief enthält den Inhalt des Rechts (Betrag, Nebenleistungen, Gläubiger), die Nummer des Grundbuchblattes und die laufende Nummer im Bestandsverzeichnis.

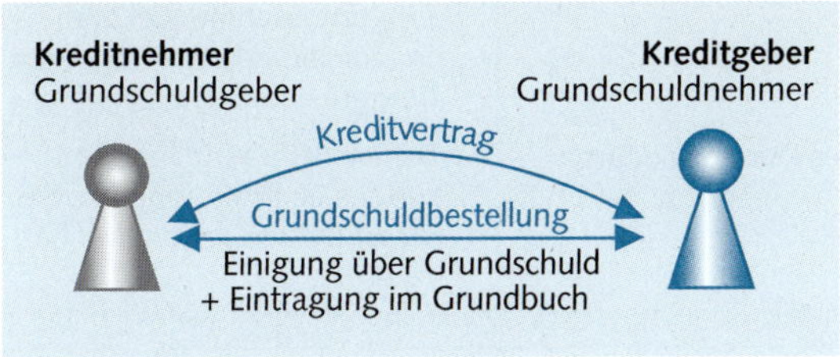

Erlöschen der Grundschuld

Hat der Schuldner seine Schulden getilgt, so fordert er vom Gläubiger eine **Löschungsbewilligung**, legt diese dem Grundbuchamt vor und lässt die Grundschuld löschen. Will er sie in eine Eigentümergrundschuld umschreiben lassen, benötigt er vom Gläubiger eine löschungsfähige Quittung.

Besondere Merkmale der Grundschuld

- Die Grundschuld stellt ein abstraktes Grundpfandrecht dar. Einwendungen aus dem Grundgeschäft können daher bei der Grundschuld nicht geltend gemacht werden.
- Schwankungen des Schuldsaldos beeinträchtigen deshalb den Bestand der Grundschuld nicht. Sie eignet sich damit sowohl zur Absicherung von Kontokorrentkrediten als auch für Darlehen.
- Die Grundschuld kann als Eigentümergrundschuld eingetragen werden. Bei späterer Kreditbeschaffung bedarf es dann nur deren Abtretung.
- Die Grundschuld kann zugunsten einer Bank lange vor der Kreditaufnahme bestellt werden. Der Schuldner kann sich dadurch z. B. günstige Kreditbedingungen sichern.

Zusammenfassung: Kreditart und Sicherheit

Kreditart	Sicherheit	Beispiele
Personalkredit, Blankokredit	Sicherheit liegt allein in der Person des Kreditnehmers.	Gehaltsempfänger darf bis zum Zweifachen seines Gehaltes sein Konto überziehen (Dispositionskredit).
Verstärkter Personalkredit	Sicherheit wird verstärkt durch die Haftung weiterer Personen.	Bürgen oder Drittschuldner haften zusätzlich zum Hauptschuldner.
– Bürgschaftskredit	– Haftung des Bürgen	– Bank verbürgt sich für einen Jungunternehmer bei der Existenzgründung; Onkel verbürgt sich für seinen Neffen.
– Zessionskredit	– Haftung des Drittschuldners	– Bank beleiht gute Forderungen eines Kaufmanns, die dieser Dritten gegenüber hat, zu 80 %.
Realkredit (Mobilien)	Sicherheit durch ein Recht an einer beweglichen Sache	Kreditgeber lässt sich Gold, Münzen, Wertpapiere übergeben oder Rechte an Sparguthaben übertragen.
– Lombardkredit (Verpfändung)	– Pfandrecht an einer beweglichen Sache	– Bank beleiht Wertpapiere, die bei ihr in Verwahrung liegen und nicht benötigt werden, zu 70 %.
– Sicherungsübereignungskredit	– pfandrechtähnliches Recht; Kreditgeber wird bedingter Eigentümer	– Bank beleiht einen Pkw zu 50 %, den der Kreditnehmer weiterhin benutzt. Er hinterlegt bei der Bank seine Zulassungsbescheinigung Teil II (Fahrzeugbrief).
Realkredit (Immobilien)	Sicherheit durch ein Recht an einer unbeweglichen Sache	Grundstücke allein oder Häuser mit dem Grundstück dienen als Pfand.
– Grundschuld-, Hypothekenkredit	– Pfandrecht an einer unbeweglichen Sache	– Bank beleiht ein Haus zu 60 %, das der Kreditnehmer weiterhin benutzt.

Lernkontrollen zu C 5.2

Kredite und Sicherheiten

1 Kaufmann Hans Dietenmeier, Inhaber einer Versicherungsagentur, nimmt bei seiner Bank einen Kredit auf, und sein Geschäftsfreund Klaus Winkler bürgt für ihn.

a) Wer schließt mit wem welchen Vertrag ab?

b) Warum verlangt die Bank von Herrn Winkler den Verzicht auf die Einrede der Vorausklage?

c) Wenige Tage nach Fälligkeit der Schuld verlangt die Bank von Herrn Winkler die Zahlung der Schuld. Dieser zahlt nicht mit der Begründung, Herr Dietenmeier habe noch Vermögen in der Schweiz. Wie verhält sich die Bank?

2 Ein Unternehmer benötigt 160000,00 € und will jeweils die Hälfte über eine Bürgschaft bzw. Zession absichern.

a) In welcher Höhe muss er seiner Bank Forderungen anbieten, wenn sie zu 75 % beliehen werden?

b) Warum wird der Bürgschaftsbetrag zu 100 % der Kreditsumme angesetzt?

3 Der Versicherungsmakler Claudio Marini bietet seiner Bank verschiedene Werte als Sicherheiten an, die diese zu den in Abschn.C 5.2.2. 2a genannten Beleihungssätzen lombardiert:

a) 500 Chemie-Aktien zu je 120,00 €,

b) Sparbücher über 40000,00 €,

c) festverzinsliche Wertpapiere über 60000,00 €.

Wie viel Euro Kredit erhält er von seiner Bank?

4 Wodurch unterscheiden sich Sicherungsübereignung und Verpfändung?

5 Nennen und begründen Sie für den Kreditgeber drei Gefahren aus der Sicherungsübereignung.

6 Warum ist im Wirtschaftsleben die Sicherungsübereignung neben der Lombardierung notwendig?

7 Ein Bekannter von Ihnen will eine Immobilie kaufen und wissen, welche rechtliche Wirkung folgende Vorgänge haben:

a) Abschluss eines Grundstückkaufvertrages in Schriftform im Beisein eines Rechtsanwaltes.

b) Abschluss eines Grundstückkaufvertrages vor einem Notar.

c) Eintragung des Eigentümerwechsels in das Grundbuch.

d) Eintragung einer Grundschuld ins Grundbuch.

e) Tilgung der letzten Rate dieser Grundschuld.

8 In der Geschäftswelt gilt die Immobilie als die beste aller Kreditsicherheiten. Diskutieren Sie, warum das so ist und welche Risiken dennoch bleiben.

9 Ein Versicherungsunternehmen beantragt bei seiner Hausbank einen Baukredit über 1,5 Mio. €. Als Sicherheit bietet es eine unbelastete Geschäftsimmobilie mit einem von der Bank geschätzten Marktwert von 2 Mio. € an. Die Bank setzt den Grundstückswert dieser Immobilie mit 200000,00 € an und den reinen Gebäudewert mit einem Risikoabschlag von 20 %. Die Beleihungssätze betragen für das Grundstück 100 % und für das Gebäude 80 %.

Weisen Sie rechnerisch nach, ob die angebotene Sicherheit ausreicht, den Kredit abzusichern.

Lernsituationen

Eine Versicherungsagentur gründen

Lernsituation 1:

»Entlassung in die Selbstständigkeit?!«

Gegen Ende der Probezeit werden die Auszubildenden der Proximus Versicherung AG von ihrem Ausbildungsleiter zu einer Besprechung eingeladen. Bei dieser Gelegenheit erfahren sie, dass alle die Probezeit überstanden haben. Leider wird ihnen ebenfalls mitgeteilt, dass ihr Ausbildungsjahrgang nur wenig Aussichten auf eine Festanstellung haben wird.

Im Anschluss an die Besprechung erhält die Gruppe folgendes Anschreiben der Geschäftsleitung, in dem auf einen Wettbewerb aufmerksam gemacht wird:

Proximus Versicherungs AG

Memo

An: Auszubildende des Jahres ....
Von: Geschäftsleitung
CC: Thorsten Müller (Ausbildungsleiter)
Datum: 14. November ....
Betreff: Wettbewerb zum Thema Selbstständigkeit

Wettbewerb zum Thema „Selbstständigkeit"

Erfreulicherweise können in diesem Jahr alle Auszubildende des Ausbildungsberufes „Kaufmann/Kauffrau für Versicherungen und Finanzen (Fachrichtung Versicherungen)" das Ausbildungsverhältnis auch nach der Probezeit fortsetzen. Wir wünschen allen Auszubildenden weiterhin viel Erfolg und werden seitens des Unternehmens jede mögliche Unterstützung für das Erreichen des Ausbildungszieles bieten.

Leider können dieser Gruppe keine positiven Aussagen über eine Festanstellung bei erfolgreichem Abschluss der Ausbildung gemacht werden.

Der Geschäftsleitung ist klar, dass dies für die Auszubildenden eine unerfreuliche Nachricht ist. Durch die Ausschreibung eines Wettbewerbs zum Thema Selbstständigkeit soll darum ein anderes positives Signal gesetzt werden. Die Geschäftsleitung hofft auf rege Teilnahme und interessante Ergebnisse.

Klaus Hohenfeld,
Leiter Personalabteilung

AM START
eines erfolgreichen Berufslebens

Ein Wettbewerb der Proximus Versicherung AG

Was tun?
Entwickeln Sie Ihren persönlichen Plan für die Selbstständigkeit. Entscheiden Sie, mit wem Sie arbeiten wollen, an welchem Standort Sie arbeiten wollen, in welcher Unternehmensform Sie arbeiten wollen, welche Ausstattung Sie benötigen und wie Sie diese finanzieren wollen. Vergessen Sie nicht, die weiteren Voraussetzungen Ihrer beruflichen Selbstständigkeit zu klären.

Bereiten Sie Ihre Ergebnisse als Präsentation auf und bereiten Sie sich auf eine Fragerunde mit Mitgliedern der Geschäftsleitung vor.

Bis wann?
Vorstellung Ihrer Ergebnisse in 6 Wochen

Was können Sie gewinnen?
Das Gewinner-Team erhält sofort eine Einladung in ein aktuelles Musical innerhalb Deutschlands. Außerdem winkt für eine mögliche zukünftige Selbstständigkeit eine „Einstiegsunterstützung" durch die Generalagentur.

Proximus Versicherung AG
Immer eine gute Wahl!

Nach der ersten Betroffenheit wenden sich die einzelnen Auszubildenden der im Memo angekündigten Ausschreibung des Wettbewerbs zu.

Sie sind in einem der Teams und beginnen mit der Vorbereitung der Präsentation.

Bevor Sie mit der inhaltlichen Arbeit anfangen, gibt es noch organisatorische Fragen zu klären (und festzuhalten):

1. **Wann muss die Präsentation fertig sein?**
2. **Soll arbeitsteilig gearbeitet werden?**
3. **Wer übernimmt die Funktion des »Zeitwächters«?**
4. **Welche Form der Präsentation will die Gruppe wählen? (Plakate, Folien, Powerpointpräsentation o. ä.) – Klären Sie die technischen Voraussetzungen.**
5. **Wie viel der zur Verfügung stehenden Zeit sollte für die inhaltliche Vorbereitung und wie viel für die Aufbereitung der Präsentation verwendet werden?**
6. **Wer präsentiert die Ergebnisse? (Anzahl der beteiligten Personen, inhaltliche Absprachen)**

Hilfsmittel:

Lehrbuch, Stadtpläne, ggf. Materialien durch Internetrecherche

Lernsituation 2:

»Ärger mit den Neuanschaffungen! Und was jetzt?«

In Ihrer Agentur ist ein neuer Sozialraum für die Mitarbeiterinnen und Mitarbeiter eingerichtet worden. Dabei wurden auch eine kleine Küchenzeile mit Kühlschrank, Geschirrspüler, Mikrowelle sowie Kaffeemaschine und Wasserkocher erworben. Alle Anschaffungen wurden von Ihrem Chef in einem großen Einrichtungshaus (»Fichtel – Leben und Wohnen«) getätigt.

Die Küche wurde am 10. Mai d. J. geliefert und einschließlich der Elektrogeräte eingebaut. Kaffeemaschine und Wasserkocher brachte Ihr Chef am 11. Mai d. J. mit in die Agentur. Da er die beiden »Designer-Geräte« bei einer Sonderaktion mit 30 % Rabatt erwerben konnte, hatte er sie bereits bei der Bestellung der Küche am 21. Februar d. J. gekauft und bis zur Einrichtung des Sozialraums unausgepackt zu Hause gelagert.

Mit den neuen Möbeln und den Einbaugeräten sind alle sehr zufrieden. Als jedoch Ihr Chef im Juni für drei Wochen Urlaub macht, gibt es Schwierigkeiten: Bei dem Wasserkocher funktioniert die Kochstopp-Automatik nicht mehr. Wenn niemand neben dem Wasserkocher steht, um ihn rechtzeitig auszuschalten, läuft nach kürzester Zeit der Wasserdampf an den Schränken herunter. Außerdem geht eine Mahnung mit Zahlungsaufforderung des Möbelhauses ein, die dringend bearbeitet werden muss.

Vor Antritt seines Urlaubs hatte Ihr Chef beiläufig erwähnt, dass demnächst eine Rechnung von Fichtel eingehen könne. Sie sollen sich dann um die Erledigung kümmern. Außerdem sind Sie in dieser Zeit auch für »kleinere Alltäglichkeiten« verantwortlich. Damit fallen für Sie folgende Probleme an:

1. Problem: Wasserkocher

Sie haben gleich nach Feststellung des Defekts den Wasserkocher eingepackt und den Praktikanten Mike Müller gebeten, das Gerät in dem Möbelhaus zu reklamieren und ein neues Gerät mitzubringen. Leider kommt Mike Müller am nächsten Tag unverrichteter Dinge in die Agentur und erzählt, dass ihm der Abteilungsleiter keinen neuen Wasserkocher geben wollte. Ihm wurde erzählt, dass der Wasserkocher eingeschickt und repariert werden müsse. Dazu habe sich das Möbelhaus gegenüber dem Produzenten Boff-Elektrogeräte verpflichtet. Da Mike keinen Fehler machen wollte, hat er den Wasserkocher wieder mitgenommen. Mike hat aber noch weitere von den Designergeräten im Verkaufsregal gesehen.

Überprüfen Sie gemeinsam mit Mike die Rechtslage und erstellen Sie einen »Spickzettel«, der ihn befähigt, am nächsten Tag erneut in den Laden zu gehen und dort klare Forderungen geltend zu machen.

2. Problem: Mahnung mit Zahlungsaufforderung

Prüfen Sie in diesem Zusammenhang, ob die Forderungen des Einrichtungshauses bezüglich der Küchenzeile berechtigt sind.

Stellen Sie fest, mit welchem Zinssatz (Höhe) bei Verzug die Verzugszinsen im vorliegenden Fall grundsätzlich berechnet werden dürfen und ob bereits ein Anspruch auf Verzugszinsen entstanden ist.

Berechnen Sie auch ggf. den Zinssatz zu den in Rechnung gestellten Zinsen von 49,83 € (20 Zinstage).

Die Formel lautet: $\text{Zins (p)} = \frac{\text{Kapital (K) x 100 x 360}}{\text{Zinsen (Z) x Tage (t)}}$

(Siehe hierzu auch Abschnitt 4.2 im Anhang: Kaufmännisches Rechnen)

Sind die Zinsen richtig, zu hoch oder evtl. sogar zu niedrig berechnet?

Entwerfen Sie das Antwortschreiben der Agentur an das Möbelhaus.

Hilfsmittel:

Lehrbuch, Rechnung/Lieferschein, Allgemeine Geschäftsbedingungen von Fichtel, Zahlungsaufforderung des Einrichtungshauses Fichtel, BGB

Zentralverwaltung u. Lager:
Rheinstraße 70
41238 Mönchengladbach

Telefon (02166) 9955
Telefax (02166) 99560
Internet: www.fichtel.com

Fichtel – Wohnen und Leben
Reinhard Fichtel GmbH

Herrn
Werner Schlichting
Proximus Versicherungsagentur
Talweg 7
41515 Grevenbroich

Erdgeschoss

Rechnungsdatum: 10. Mai 20.. Auftragsnummer: OM 2014

Pos.	Anz.	Bezeichnung, Art, Modell, Ausführung, Größe,	Einzelpreis	Gesamtpreis
1	1	Küchenzeile „Mitra“ Standard, Dekor Birnbaum, Arbeitsplatte MZ 234 einschl. Elektrogeräte (Kühlschrank VitoFridge, Geschirrspühler Klien 2000, Mikrowelle Wave XL		3 986,50 €
		darin enthaltene Umsatzsteuer		636,50 €

Ihre Ansprechpartnerin im Kundenservice: Frau Neubert Tel. 02166 -995567

Hiermit bestätige ich, dass durch den Transport und Montage in meinen Räumen und im Haus keine Schäden entstanden sind. Der vollständige und einwandfreie Empfang der Ware sowie die einwandfreie Montage wird ausdrücklich bestätigt

Schlichting

Unterschrift

Wird der ausgewiesene Rechnungsbetrag nicht innerhalb von 30 Tagen nach Fälligkeit und Erhalt dieser Rechnung gezahlt, so tritt gemäß § 286 BGB spätestens dann Verzug ein.

Bankverbindung:
Bank des Handels
IBAN: DE52 3210 6789 0011 2231 50
BIC: BHNLEFHA

HRA 1290 Düsseldorf
USt-IDNr. DE 313484465

Fichtel GmbH
Geschäftsführer:
Reinhard Fichtel

Zentralverwaltung u. Lager:
Rheinstraße 70
41238 Mönchengladbach

Telefon (02166) 9955
Telefax (02166) 99560
Internet: www.fichtel.com

Fichtel – Wohnen und Leben
Reinhard Fichtel GmbH

Werner Schlichting
Proximus Versicherungsagentur
Talweg 7
41515 Grevenbroich

31. Mai 20..

Mahnung und Zahlungsaufforderung
Rechnungsdatum: 10. Mai 20.. Auftragsnummer: OM 2014

Sehr geehrter Herr Schlichting,

da bisher Ihrerseits noch keine Zahlung für die o. a. Rechnung eingegangen ist, bitten wir Sie hiermit um unverzügliche Überweisung auf unser unten genanntes Konto.

Durch den Zahlungsverzug erhöht sich der Betrag entsprechend unserer vertraglichen Vereinbarungen nun um 49,83 € auf **4 036,33 €**.

Wir bedanken uns für die Zahlung und verbleiben

mit freundlichen Grüßen

Anke Kaiser

Anke Kaiser
(Buchhaltung)

Eingangsstempel mit
Datum vom
2. Juni

Bankverbindung:
Bank des Handels
IBAN: DE52 3210 6789 0011 2231 50
BIC: BHNLEFHA

HRA 1290 Düsseldorf
USt-IDNr. DE 313484465

Fichtel GmbH
Geschäftsführer:
Reinhard Fichtel

Auszug aus den Allgemeinen Geschäftsbedingungen von »Fichtel – Wohnen und Leben«

5. Gewährleistung und Haftung

5.1 Bezüglich Gewährleistung und Haftung gelten die gesetzlichen Regelungen.

5.2 Wir sind zur Nachbesserung bzw. Ersatzlieferung nur dann verpflichtet, wenn der Kunde seinerseits seine Vertragsverpflichtungen vollständig erfüllt hat.

5.3 Sämtliche Ansprüche, die sich gegen uns richten, sind ohne schriftliche Zustimmung nicht abtretbar und können ausschließlich vom Kunden selbst geltend gemacht werden.

6. Eigentumsvorbehalt

6.1 Wir behalten uns das Eigentum an den gelieferten Waren bis zur vollständigen Bezahlung aller uns zustehenden und noch entstehenden Forderungen, gleich aus welchem Rechtsgrunde, vor.

6.2 Verarbeitung oder Umbildungen erfolgen stets für uns, jedoch ohne Verpflichtung für uns. Erlischt unser (Mit-)Eigentumsrecht durch Verbindung, so wird bereits jetzt vereinbart, dass das (Mit-)Eigentum des Kunden an der einheitlichen Sache wertanteilsmäßig (Rechnungswert) auf uns übergeht. Der Kunde verwahrt unser (Mit-)Eigentum unentgeltlich. Ware, an der uns (Mit-)Eigentum zusteht, ist im Folgenden als Vorbehaltsware bezeichnet.

6.3 Bei vertragswidrigem Verhalten des Kunden, insbesondere bei Zahlungsverzug, sind wir berechtigt, die Vorbehaltsware auf Kosten des Kunden zurückzunehmen oder gegebenenfalls Abtretung des Herausgabeanspruchs des Kunden gegen Dritte zu verlangen. Die Zurücknahme oder Pfändung der Vorbehaltsware durch uns gilt nicht als Rücktritt vom Vertrag, soweit nicht das Abzahlungsgesetz Anwendung findet.

7. Zahlung

7.1 Soweit nicht anders vereinbart ist, sind unsere Rechnungen ohne Abzug sofort nach Lieferung fällig.

7.2 Gerät der Kunde in Verzug, so sind wir berechtigt, von dem betreffenden Zeitpunkt ab Zinsen in banküblicher Höhe, mindestens jedoch in Höhe von 9 Prozentpunkten über dem jeweiligen Basiszinssatz, zu berechnen.

D Agenturbetrieb

1 Marketing

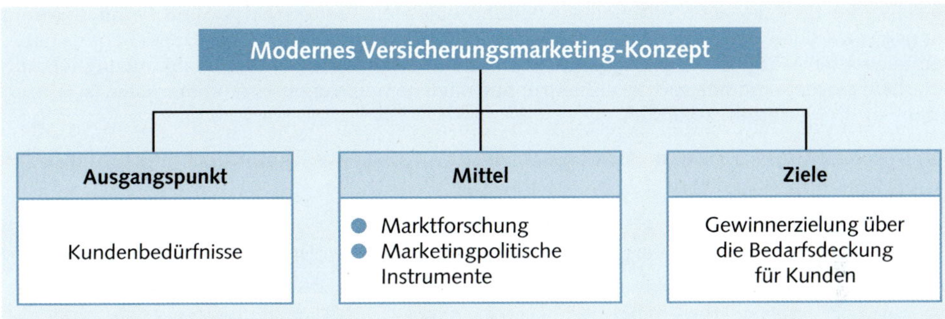

1.1 Bedeutung des Marketings

Marketing im Versicherungsbereich ist eine methodische, auf die Unternehmensziele ausgerichtete **Steuerung des bedarfsgerechten Verkaufs von Versicherungsprodukten** an spezielle Kunden-Zielgruppen im Präferenzwettbewerb.

Präferenzwettbewerb bedeutet: Jedes VU ist bestrebt, seine Leistung so anzubieten, dass trotz Gleichartigkeit des Angebots der verschiedenen VR dieses vom Nachfrager nicht als gleichartig empfunden wird. Das ist möglich, wenn z. B. persönliche Präferenzen (Vertrauen, Image) und sachliche Präferenzen (Beratungsqualität, Zusatznutzen) erzeugt werden. Durch zusätzliche Leistungen (z. B. Einbruchdiebstahl-Versicherung mit integriertem Sicherheitsservice) kann das Versicherungsprodukt sogar zum »Markenartikel« werden.

Zielgruppenkonzepte werden im Optimalfall den Gesamtbedarf der Verbrauchergruppe (z. B. junge Familien) und somit alle für sie notwendigen Produkte erfassen. Je mehr Produkte ein Kunde von seinem VR bzw. seiner Agentur bezieht, desto stärker wird die Kundenbindung.

Denkbar ist aber auch, für ausgewählte Zielgruppen Einzelprodukte anzubieten, wie z. B. eine besonders vorteilhafte Gestaltung der Lebensversicherung für einen Kapitalanleger.

Marketing bedeutet also mehr als nur den Absatz bewährter Produkte. VR bzw. Agenturen, die auf Dauer erfolgreich sein wollen, müssen bei ihren Entscheidungen und Maßnahmen sowohl die derzeitigen Marktgegebenheiten als auch deren zukünftige Veränderungen berücksichtigen. Es gilt Kundenbedürfnisse richtig zu erkennen und mit entsprechenden Produktangeboten hierauf zu reagieren **(innovative Deckungskonzepte)**.

1.2 Marktforschung

Die Erfassung der Kundenbedürfnisse für ein Marketingkonzept setzt zunächst eine systematische Marktforschung voraus.

Die Marktforschung ist die **Informationsseite** des Marketings. Auf der Basis von Bedarfs-, Image-, Konkurrenzanalyse, Produkt- und Preisforschung bietet sie wichtige Entscheidungshilfen, um Prognosen (z. B. über das Nachfragepotenzial, das Konkurrenzverhalten usw.) erstellen zu können.

So sollte der Produkt- und Sortimentsgestaltung eine detaillierte Analyse und Segmentierung der gegenwärtigen und potenziellen zukünftigen Kundschaft vorausgehen. Dabei liegt es nahe, den relevanten Markt in Marktsegmente (z. B. Privatkunden/nach Einkommen) aufzuteilen, um innerhalb dieser Segmente spezielle Zielgruppen nach gemeinsamen Risikomerkmalen (z. B. nach Alter, Beruf, Sportarten) zu bilden.

Die **Beschaffung der Informationen** für Marketingzwecke kann durch Sekundär- oder Primärforschung erfolgen.

Verfahren der Informationsbeschaffung	
Sekundärforschung	**Primärforschung**
Vorhandene Unterlagen werden ausgewertet. Beispiele: • Statistiken der Verbände oder staatlicher Stellen • Ergebnisse von Forschungsinstituten • Jahresabschlüsse • Absatzstatistik • Daten des Rechnungswesen	Erhebungen müssen zunächst durchgeführt werden. Beispiele: • Totalerhebungen • Stichprobenerhebungen Methoden • Befragungen • Beobachtungen – einmalig – periodisch

1.3 Marketinginstrumente

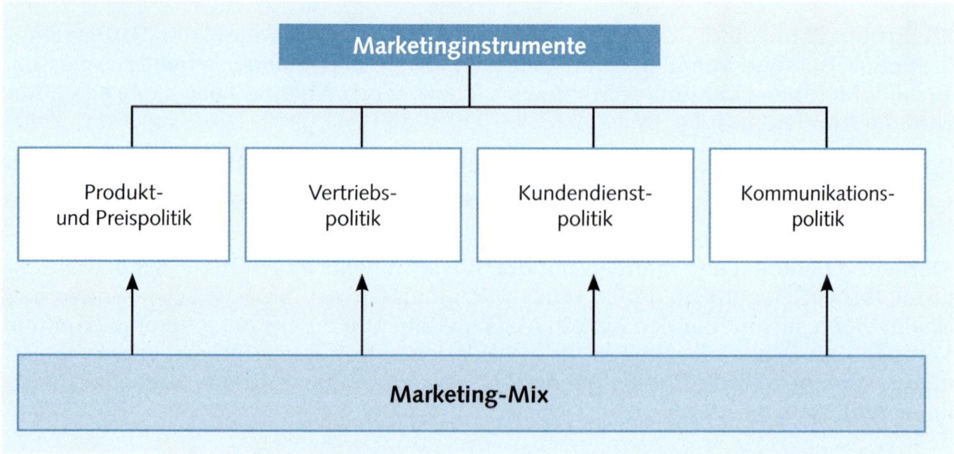

1.3.1 Produkt- und Preispolitik

Die Produktpolitik befasst sich mit der Auswahl der anzubietenden Versicherungsprodukte, während die Preispolitik alle vertraglichen Beitragsvereinbarungen zum Inhalt hat.

a) Produktgestaltung

Materiell:

- Neue Produkte (z. B. private Arbeitslosen-Zusatzversicherung),
- Verbesserung und Weiterentwicklung bestehender Versicherungszweige zu neuen Formen des Versicherungsschutzangebots.

> **Beispiel:**
> Produktdifferenzierung in der Privat-Haftpflichtversicherung nach den Zielgruppen »Single«, »Familie«, »Senior« und den jeweils unterschiedlichen Deckungskonzepten »Basis«, »Standard«, »Exklusiv«.

Formal:

- Kundenorientierte Gestaltung der Anträge, Versicherungsbedingungen, Verträge (Transparenz, Lesbarkeit, bessere Aufmachung),
- Beifügung von weiteren Informationen (z. B. Merkblätter, Ausfüllanleitungen für Anträge, Checklisten zur Erfassung des Versicherungswertes) neben den gesetzlich geforderten Verbraucherinformationen.

Die Produkt- und Preispolitik wird von der Versicherungsunternehmung bestimmt und ist für die Agentur eine vorgegebene Größe. Die Agentur kann allenfalls aufgrund der Erfahrungen vor Ort Anregungen für Veränderungen geben.

b) Programmgestaltung

- **Differenzierung**

  Hierbei wird die **Produkttiefe** einer Produktpalette bestimmt.

  > **Beispiel:**
  > All-Risk-Personenversicherung als »Rundumversicherung«.

- **Diversifikation**

  Hierbei wird die **Produktbreite** festgelegt.

  > **Beispiel:**
  > Neben den klassischen Versicherungsgeschäften werden auch Finanzdienstleistungen wie Bank- und Bausparkassenprodukte angeboten (sog. All-Finanzangebot).

Den Agenturen werden in der Regel diverse Produktprogramme durch ihre Direktion vorgegeben. Diese sind auf bestimmte Typen von Kundengruppen zugeschnitten. Eine an den Zielen des Marketings ausgerichtete Agentur hat hier jedoch Gestaltungsmöglichkeiten, indem beispielsweise eigene Programme zusammengestellt werden, die auf die individuellen Bedürfnisse des betreuten Kundenkreises noch exakter eingehen.

c) Preisgestaltung

Marketingansatzpunkte sind hier insbesondere das Bestreben zur Reduktion von Vertriebs- und Verwaltungskosten, ferner die verschiedenen Rabattsysteme (z.B. Wenigfahrerrabatt in der Kraftfahrzeug-Haftpflichtversicherung) und die Zahlungsmodalitäten.

Auf die Höhe des Tarifbeitrages hat die Agentur regelmäßig keinen Einfluss. Sie kann aber beim Beratungsgespräch preisgestaltende Faktoren, wie Einschluss bzw. Ausschluss von Zusatzrisiken oder die Vereinbarung von Selbstbeteiligungen, mit dem Kunden abwägen, um einen Kompromiss zwischen seinen Bedürfnissen und den finanziellen Möglichkeiten zu finden.

1.3.2 Vertriebspolitik (Distributionspolitik)

Die Vertriebspolitik beschäftigt sich damit, Versicherungsprodukte am richtigen Ort und zur rechten Zeit anzubieten.

Als Instrumente der Vertriebspolitik werden angesehen:

a) Betriebstyp

Der Betriebstyp wird bei Versicherungsgesellschaften durch die Rechtsformen (AG, VVaG, öffentlich-rechtliche Versicherung) geprägt.

Kunden können mit dem Betriebstyp bestimmte Vorstellungen verbinden, aus denen absatzpolitische Konsequenzen entstehen können.

Beispiele:

- Öffentlich-rechtliche VR werden von manchen Kunden als besonders vertrauenswürdig eingestuft, da sie eine staatliche Einrichtung darstellen.
- Den Begriff Versicherungskonzern verbinden manche Kunden mit der Vorstellung von einem Versicherungspalast.
- Der genossenschaftliche Charakter des VVaG wird häufig positiv bewertet.

Die verschiedenen Rechtsformen haben sich in Bezug auf das Versicherungsschutzangebot schon weitestgehend angeglichen, sodass der Betriebstyp als Mittel der Vertriebspolitik an Bedeutung verloren hat.

b) Betriebsgröße

Grundsätzlich kann nach großen, mittleren und kleinen VU bzw. Agenturen getrennt werden, die bestimmte Kundenvorstellungen erzeugen und absatzpolitisch verwertet werden können.

Beispiele:

- Große Gesellschaften können mit ihrem Bekanntheitsgrad operieren. Sie haben ferner ein dichtes Netz der Außenorganisation, was Kundennähe signalisiert.
- Mittlere und kleine Unternehmen richten sich auf bestimmte Kundengruppen aus, um die persönlichen Präferenzen auszuweiten.

c) Standort

Für die Direktion besteht nicht der Zwang, sich in unmittelbarer Kundennähe niederzulassen, da der Vertrieb von Versicherungsprodukten über direkte bzw. indirekte Absatzwege erfolgt (vgl. C 1.2). Durch die Einrichtung von Geschäftsstellen, Schadenbüros und Agenturen in Form von Ladenlokalen können Standortvorteile absatzpolitisch genutzt werden.

d) Absatzmethode

Zur Absatzmethode zählen

- das Vertriebssystem (Direktvertrieb, Servicevertrieb, Strukturvertrieb),
- die Absatzform (betriebseigen, betriebsgebunden, betriebsfremd).

Um Wiederholungen zu vermeiden, sei auf die Ausführungen in Abschnitt C 1.2 verwiesen.

e) Provisionspolitik

Durch eine entsprechende Provisionspolitik lassen sich gute und viele Vertreter gewinnen sowie die Fluktuation gering halten. Eine Differenzierung der Provisionssätze nach Qualität und Quantität des vermittelten Geschäftes bzw. Aufwand des Vermittlers nimmt Einfluss auf die Vermittlertätigkeit.

Beispiel:
Ein hoher Provisionssatz veranlasst den Vertreter zu verstärkter Kundengewinnung und zu intensiverer Beratung und Betreuung des Kunden, was absatzpolitisch wünschenswert ist.

f) Cross-Selling

Unter **Cross-Selling** versteht man im Rahmen des Marketings den Verkauf von sich ergänzenden Produkten oder Dienstleistungen.

Beispiel:
Ein VN wird darüber aufgeklärt, dass Regenwasserschäden aufgrund von undichten Regenfallrohren innerhalb des Gebäudes in der Wohngebäude-Versicherung nicht versichert sind, wohl aber durch Klauseleinschluss versichert werden können. Daraufhin beantragt er bei seinem VR den Einschluss dieser Klausel.

1.3.3 Kundendienstpolitik

a) Verkaufsservice

Hierzu zählt insbesondere die Beratung beim Verkauf des erklärungsbedürftigen Produktes »Versicherung«.

Versicherung ist ein unsichtbares Gut. Im Gegensatz zur Handelsware sieht der Kunde nicht, was er erwirbt, sondern er ist auf die Erklärungen durch den Berater angewiesen. Durch die Entwicklung und den Einsatz geeigneter Hilfsmittel (z.B. Übersichten, Beispielrechnungen) kann die Agentur das Vertrauen des Kunden und die Kundenzufriedenheit stärken, was letztlich zu einer größeren Kundenbindung führt.

b) Betreuungsservice

Dieser Service umfasst insbesondere

- Betreuung nach dem Verkauf, wie z. B. Anpassung der Versicherungen an die sich ändernden Lebensumstände;
- Beratung über Schadenverhütung (Risk-Management), z. B. Brandschutzberatung sowie Werkschutz und Wiederaufbauservice in der Feuerversicherung;
- Kundendienstzeitschriften, Kundenclubs, -seminare;
- Beschwerdestellen (was auch zu weniger Kündigungen und zu mehr Cross-Selling führen kann).

c) Service im Versicherungsfall

Hierzu zählt die Hilfe bei der Anmeldung und Abwicklung von Schadenfällen, die Einrichtung von Schnellschadendiensten (Service-Hefte, z. B. in der Kfz-Versicherung).

1.3.4 Kommunikationspolitik

a) Produktwerbung

Sie soll Bedürfnisse wecken, informieren, Zusatznutzen der Gefahrtragung ansprechen, Kaufentscheidungen absichern, Kunden gewinnen (zielgruppenorientierte Werbung), u. a. mittels Außenwerbung, Plakaten, Prospekten, Anzeigen, Fernsehspots, Direktmarketingaktionen (per Post, Telefon), Werbeartikeln, Online-Diensten.

b) Öffentlichkeitsarbeit (Public Relations)

Sie zielt auf die Vertrauenswerbung für das VU bzw. die Agentur und die gesamte Branche. Darüber hinaus umfasst sie alle Maßnahmen, die die Unternehmenskultur, das Erscheinungsbild des VU bzw. der Agentur und das Auftreten aller Mitarbeiter prägen (**Corporate Identity**).

c) Verkaufsförderung

Die Verkaufsförderung gilt als ein Bestandteil der Kommunikationspolitik. Wegen ihrer besonderen Bedeutung auch für den Absatz von Versicherungsprodukten wird sie nachstehend in einem eigenen Abschnitt dargestellt.

1.3.5 Verkaufsförderung

Unter dem Begriff Verkaufsförderung, auch als **Sales Promotion** bezeichnet, werden alle Maßnahmen verstanden, die durch **zusätzliche, meist kurzfristige Anreize** den Absatz von Versicherungsprodukten fördern sollen. Die Verkaufsförderung zählt im Rahmen des Marketinginstrumentariums zur Kommunikationspolitik; denn sie dient der Information, Unterstützung und Motivation aller am Absatzprozess beteiligten Organe. Die anderen Marketinginstrumente, wie z. B. Produkt- und Preispolitik, Vertriebspolitik existieren selbstständig neben der Verkaufsförderung, wobei es allerdings zu Überschneidungen bei der Umsetzung in der Praxis kommen und so die Zuordnung im Einzelfall undeutlich sein kann.

Gegenstand der **Verkaufsförderung** (Sales Promotion) sind im **Versicherungsbereich:**

- das Versicherungsprodukt, welches die Versicherungsunternehmung als Anbieter bereitstellt **(Produkt-Promotion)**

- die Mitarbeiter im Außendienst und die selbstständigen Versicherungsvermittler als Bindeglied (Vermittler) zwischen Versicherungsunternehmung und Versicherungskunden **(Außendienst-Promotion)**
- die Versicherungskunden (potentielle Neukunden und Bestandskunden) als »Verbraucher/Nachfrager« der Versicherungsprodukte **(Verbraucher-Promotion)**

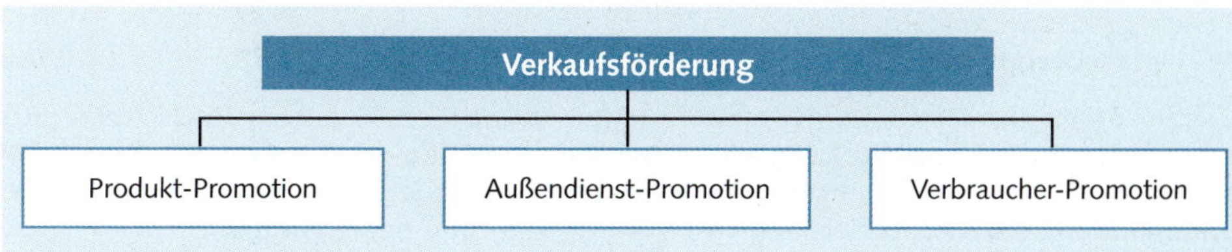

a) Produkt-Promotion

Beispiel:

In der politischen Diskussion sei aktuell das Thema »Finanzierung des zukünftigen Pflegebedarfs aufgrund der demographischen Bevölkerungsentwicklung« in der Diskussion, da die Bevölkerung immer älter wird und private Vorsorge getroffen werden muss, um den zukünftigen Pflegebedarf bezahlen zu können.

Die Versicherungsgesellschaft nimmt diese Diskussion zum Anlass, ein weiteres Informationsblatt für ihr Produkt »Pflegeergänzungsversicherung« zu entwickeln, dass den Kunden die Vorteile des angebotenen Produktes unter besonderer Berücksichtigung der aktuellen Problemdiskussion noch einmal aufzeigt und zum Abschluss der Pflegeergänzungsversicherung anreizen soll.

In der Praxis bieten sich als Maßnahmen der Produkt-Promotion an:

- Verständnishilfen für das jeweilige Versicherungsprodukt, die über den Inhalt des gesetzlich vorgeschriebenen Produktinformationsblattes hinausgehen
- Hilfen bei der richtigen Erfassung des Versicherungsbedarfs (Checklisten usw.)
- Hilfen im Versicherungsfall

In der Praxis werden Produkte mit Assistance-Leistungen (z.B. Handwerkerbeauftragung nach einem Versicherungsfall) angeboten. Diese zusätzlichen Leistungen zu einem Versicherungsprodukt sind nicht Ergebnis der Produkt-Promotion, sondern der Produktpolitik.

b) Außendienst-Promotion

Beispiel:

Aufgrund der im vorstehenden Beispiel beschriebenen aktuellen Diskussion wird den Vermittlern für eine bestimmte Zeit eine Zusatzprovision für jede vermittelte Pflegeergänzungsversichung als Vermittlungsanreiz zugesagt.

Im Rahmen der Verkaufsförderung bietet die Außendienst-Promotion die wohl vielfältigsten Möglichkeiten der Verkaufsbelebung.

Grundsätzlich lassen sich drei Gruppen einteilen:

Schulungen

Auf Schulungen, produktbezogenen Informationsveranstaltungen und Tagungen werden die Vermittler mit den im Fokus stehenden Produkten und ihren absatzfördernden Argumenten, über die angestrebten Ziele, das Angebotsprogramm und die Veränderungen vertraut gemacht.

Untersützungen

Hierzu zählen insbesondere: Absatzunterlagen und –hilfen, Versicherungsschutz- und Schadenbeispiele, Bereitstellung von Argumenten, Hilfen bei der Adressbeschaffung potentieller Kunden, Auswertung von Vertragsbeziehungen bei den Bestandskunden, Unterstützung bei der Einrichtung von Agentur-Informations-Systemem.

Motivation

Hierzu zählen insbesondere: Finanzielle Anreize (Zusatzprovisionen, Erfolgsprämien, Boni,), Sachprämien (Wertgegenstände, Reisen), Verleihung von Auszeichnungen, Positionierung in Erfolgslisten, Erwähnung in Zeitschriften.

c) Verbraucher-Promotion

Beispiel:
Die in Rede stehende Diskussion wird zum Anlass genommen, den in Frage kommenden Kunden Informationsmaterial zur aktuellen politischen Diskussion und zur Pflegeergänzungsversicherung zuzustellen mit dem Versprechen einer unverbindlichen Beratung.

Die Vebraucherpromotion soll den Kunden auf das Produkt aufmerksam machen und das Bedürfnis des Verbrauchers nach dem Produkt (welches die Versicherunsgesellschaft bei Direktvertrieb oder der Vermittler bei dezentraler Absatzorganisation anbieten kann) zu wecken.

Verglichen mit dem Handel, dem eine Vielfalt von Maßnahmen zur Verfügung steht (z. B. Produktproben, Gutscheine, Sonderpreispackungen, Gewinnspiele, Treueprämien), sind die Möglichkeiten im Versicherungsbereich beschränkt (man denke z. B. an das Provisionsabgabeverbot, das Ausspannungsverbot). Der Schwerpunkt liegt daher auf Informations- und Betreuungsangeboten, mit denen man sich und sein Produkt von der Konkurrenz abgrenzen will. Zur Gewinnung von Kundenadressen sind Preisausschreiben oder Werbeprämien denkbar.

1.3.6 Marketing-Mix

Die Marketinginstrumente sind nicht einzeln zu betrachten, sie greifen vielmehr ineinander oder ergänzen sich. Ziel des Marketing-Mix ist es, die Marketinginstrumente so zusammenzustellen und aufeinander abzustimmen, dass das Marketingziel, nämlich die Befriedigung von Kundenbedürfnissen, erreicht wird.

Lernkontrollen zu D 1

Marketing

1 Welches Ziel verfolgt ein modernes Versicherungsmarketing-Konzept?

2 Welche Aufgaben hat die Marktforschung im Rahmen des Marketings?

3 Welche Forschungsmethoden werden bei der Marktforschung angewendet? (Aufzählung mit kurzer Erläuterung)

4 Eine Versicherungsgesellschaft möchte ein neues Versicherungsprodukt auf den Markt bringen. Stellen Sie stichwortartig mit kurzer Begründung dar, für welche Marktforschungsmaßnahmen Sie sich entscheiden würden.

5 Welche Marketinginstrumente werden grundsätzlich unterschieden?

6 Die Produktpolitik kennt im Rahmen der Programmgestaltung die Unterscheidung zwischen Differenzierung und Diversifikation. Grenzen Sie diese beiden Programmgestaltungsmerkmale voneinander ab.

7 Diskutieren Sie, inwieweit der Betriebstyp (die Rechtsform der Versicherungsunternehmung) einen Einfluss auf die Vertriebspolitik haben kann.

8 Sie sind an der Planung von Marketingaktivitäten in der Agentur beteiligt. Die Agentur möchte einen neuen Schwerpunkt ihrer Verkaufsaktivitäten auf die Versicherungsbedürfnisse sog. Singles ausrichten und hat ein entsprechendes Produktprogramm zusammmengestellt.

Sie sollen Vorschläge unterbreiten, wie man die Kundengruppe informieren kann und wie man die Vertreter der Agentur dazu bewegen könnte, die geplanten Verkaufsaktivitäten vorrangig auszuführen.

9 Grenzen Sie Produktwerbung und Public Relations voneinander ab.

10 Was versteht man unter Corporate Identity?

11 Die Proximus Versicherung AG hat sich zum Ziel gesetzt, junge Menschen verstärkt auf die Notwendigkeit einer Unfallversicherung hinzuweisen, da diese Personengruppe aufgrund ihres Lebensstils (sportliche Aktivitäten usw.) häufiger von Unfällen betroffen ist, meistens aber noch keine ausreichende Absicherung vorweisen kann.

Diskutieren Sie einen geeigneten Marketing-Mix, um dieses Versicherungsbedürfnis bei der angesprochenen Personengruppe zu wecken.

2 Personalwirtschaft

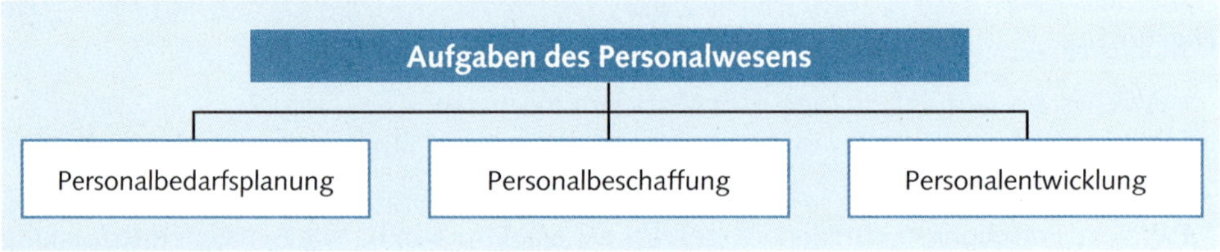

2.1 Personalbedarfsplanung

Im Rahmen der Personalbedarfsplanung sind folgende Bedarfsarten zu unterscheiden:

- **Ersatzbedarf**

  Er entsteht, wenn Mitarbeiter ausscheiden, z. B. infolge Kündigung, Elternzeit, Ruhestand.

- **Neubedarf**

  Er ergibt sich in einer Agentur, wenn die Kapazität ausgeweitet oder weitere Kundenbereiche erschlossen werden sollen.

  Beispiel:

  Die Agentur möchte neben dem Vertrieb von Versicherungsprodukten zukünftig auch Finanzprodukte anbieten.

- **Mehrbedarf**

  In einer Agentur für Versicherungen und Finanzen kann dieser Bedarf insbesondere entstehen, wenn bei der Beratung neue gesetzliche Regelungen zu beachten sind, die zu einer längeren Beratungsdauer im Einzelfall führen.

  Beispiele:

  Das Versicherungsvertragsgesetz sieht vor, dass die Beratungen zu protokollieren sind.

  Die Regelungen im Alterseinkünftegesetz und auch die Gesundheitsreform führen zu zeitaufwendigen und intensiven Beratungen.

Agenturen verfügen in der Regel nur über einen kleinen Mitarbeiterstab, sodass sich der plötzliche Ausfall eines Mitarbeiters sofort stark bemerkbar macht. Auch ist der Versicherungsmarkt Schwankungen bezüglich der Nachfrage unterworfen, die eine nicht gleichmäßige Auslastung der Kapazitäten bewirkt. Dadurch wird die Personalbedarfsplanung stark erschwert. Als Ausgleichsalternativen bieten sich an: Beschäftigung von Aushilfen, Outsourcing von Teilaufgaben (z. B. Finanzbuchhaltung), weitere Verträge mit Personen, die als selbstständige Untervertreter für die Agentur tätig werden.

2.2 Personalbeschaffung

Die Personalbeschaffung setzt in der Regel voraus, dass eine entsprechende Stelle gebildet und ein erwünschtes Mitarbeiterprofil erstellt wurde. Vertreter einer Agentur müssen z. B. mindestens die Qualifikationsanforderungen erfüllen (vgl. C 1.1 f).

Die Personalbeschaffungswege lassen sich in interne (innerbetriebliche) Personalbeschaffung und externe (außerbetriebliche) Personalbeschaffung unterscheiden.

2.2.1 Interne Personalbeschaffung

Die Besetzung von Stellen des Unternehmens mit **Betriebsangehörigen** erfolgt durch:

- interne Stellenausschreibungen (Aushang am »Schwarzen Brett« oder Veröffentlichung im Intranet),
- Umbesetzungen oder Beförderungen von Mitarbeitern,
- Übernahme von eigenen Auszubildenden.

Mit der Beförderung eines Arbeitnehmers zeigt die Unternehmensleitung, dass sie mit der Arbeit ihres Mitarbeiters zufrieden ist und ihm erweiterte Aufgaben zutraut. Haben Arbeitnehmer die Aussicht, im Unternehmen befördert zu werden, sind sie in der Regel bereit, langfristig ihren beruflichen Werdegang mit den Interessen des Unternehmens bzw. der Unternehmensleitung zu koppeln.

Meist werden die Beförderung von Betriebsangehörigen und die Besetzung freier Stellen mit neuen Arbeitnehmern in einem angemessenen Verhältnis kombiniert, wobei in vielen Unternehmen dem innerbetrieblichen Aufstieg der Vorzug eingeräumt wird (Nachwuchsschulung, interne Karriereplanung).

2.2.2 Externe Personalbeschaffung

Für alle Stellen, welche die Unternehmensleitung nicht mit Betriebsangehörigen besetzen kann oder will, müssen **Arbeitskräfte von außen** geworben werden.

Die Unternehmensleitung **kann** z. B. Stellen nicht besetzen, wenn es sich um Arbeiten handelt, die die Betriebsangehörigen nicht übernehmen wollen (Hilfsarbeitertätigkeit) oder nicht übernehmen können, weil es keine geeigneten Mitarbeiter gibt (Administration des Netzwerkes).

Die Unternehmensleitung **will** Stellen nicht mit Betriebsangehörigen besetzen, weil sie diese für nicht geeignet hält oder befürchtet, dass infolge von »Betriebsblindheit« der Arbeitsvorgang nicht nach neuesten Erkenntnissen durchgeführt wird.

➤ Instrumente der externen Personalbeschaffung

Folgende Möglichkeiten können Unternehmen für die externe Personalbeschaffung in Betracht ziehen:

- **Personalanzeigen** werden in Printmedien und /oder im Internet von einem Arbeitgeber oder von einer Personalberatung aufgegeben, um nach neuen Mitarbeitern zu suchen.
- Die **Agentur für Arbeit** vermittelt Arbeitslose und Arbeitsuchende an Unternehmen, die neue Arbeitskräfte suchen.
- Beim **Personalleasing** werden Mitarbeiter von einem darauf spezialisierten Unternehmen (Zeitarbeitsunternehmen) geliehen.
- Ein **Personalberater** bzw. **Personalvermittler** ist ein Unternehmer, der Personal für andere Unternehmen gezielt sucht und vermittelt.
- **Stellenbörsen** sind große Sammlungen von Stellenangeboten bzw. Personalanzeigen verschiedener Unternehmen.
- Durch für jedermann sichtbare **Schautafeln im Eingangsbereich** der Agentur kann ebenfalls eine Personalanzeige veröffentlicht werden.
- Die **Kontaktpflege** zu Hochschulen, zur Bundeswehr, zu Kammern oder zu Mitarbeitern bietet Unternehmen die Möglichkeit, frühzeitig neue Mitarbeiter anzusprechen oder auf sich aufmerksam zu machen.
- Um vor allem Berufsanfänger nach dem Studium zu werben, bieten sich der Besuch oder die Organisation von **Recruiting-Veranstaltungen** an. Hierbei handelt es sich

um spezielle Veranstaltungen zur Kontaktaufnahme zwischen Unternehmen und potenziellen Mitarbeitern, die häufig an Hochschulen oder auf Messen durchgeführt werden.

- Die **Beschäftigung von Praktikanten bzw. Studierenden während der Semesterferien** bietet der Unternehmung die Möglichkeit, zukünftige Mitarbeiter schon vor einer Anstellung im Arbeitsalltag kennen zu lernen.

Erstellen einer Personalanzeige

Eine Personalanzeige will das Interesse der möglichen Bewerber wecken. Um dies zu erreichen, sollten folgende Fragen in der Personalanzeige beantwortet werden:

- Wer schreibt die Stelle aus (Beschreibung des Unternehmens)?
- Welche Anforderungen sollen Bewerberinnen und Bewerber erfüllen (fachlich, sozial)?
- Welche Aufgaben sollen übernommen werden?
- Was wird Bewerberinnen und Bewerbern angeboten?
- Wann soll die Stelle besetzt werden?
- Wo befindet sich der zukünftige Arbeitsplatz?
- Wen soll die Bewerbung ansprechen?

Außerdem sollte das Layout der Personalanzeige so gestaltet sein, dass es die gewünschte Zielgruppe anspricht. Dabei sind auch die unternehmensinternen Vorgaben zu beachten, die das Unternehmen in einem einheitlichen Bild nach außen darstellt (**Corporate Identity**).

Die Angaben in einer Personalanzeige über die zu besetzende Stelle sind weniger ausführlich als in einer Stellenbeschreibung. Der Schwerpunkt bei der Personalanzeige liegt im Bereich der Anforderungen an soziale und fachliche Kompetenzen.

2.2.3 Personalbeschaffungswege im Vergleich

Je nach Personalbedarf muss abgewogen werden, ob ein interner oder ein externer Personalbeschaffungsweg besser geeignet ist.

	interne Personalbeschaffung	**externe Personalbeschaffung**
Vorteile	– stärkere Bindung an das Unternehmen – geringere Beschaffungskosten – gute Kenntnis der Qualifikation – schnellere Stellenbesetzungsmöglichkeit – Motivation der Mitarbeiter	– große Auswahl – Verhinderung von Betriebsblindheit – Zugewinn von Know-how (z. B. neue Arbeitsmethoden) – geringe Fortbildungskosten – Vermeidung des Kettenreaktionseffekts (Neubesetzung der innerbetrieblich frei gewordenen Stelle)
Nachteile	– weniger Auswahlmöglichkeiten – Enttäuschung bei nicht berücksichtigten Kollegen (Neid bzw. Demotivation) – quantitativer Bedarf wird nicht gedeckt; häufig nur Bedarfsverschiebung – Kettenreaktionseffekt	– höhere Beschaffungskosten – Risiko einer Fehlbesetzung – evtl. Schwierigkeiten bei der Integration der neuen Mitarbeiter

2.3 Personaleinsatz

2.3.1 Corporate Identity und Human Relations

Mit dem Personaleinsatz verbindet ein Unternehmer, so auch der Versicherungsagent, bestimmte Zielerreichungen, wie z. B. Ausweitung des Geschäftsvolumens, Unternehmenswachstum, höhere Gewinne.

Auch die Mitarbeiterinnen und Mitarbeiter verfolgen mit ihrem Arbeitseinsatz persönliche Ziele, wie z. B. Einkommenssicherung, Achtung der Persönlichkeit, Einsatz entsprechend der Qualifikation.

Der Erfolg eines Unternehmens ist umso größer, je mehr es gelingt, die persönlichen Ziele mit den betrieblichen Zielen in Einklang zu bringen **(Corporate Identity)**.

Ferner gilt es, die menschlichen Beziehungen **(Human Relations)** zwischen Vorgesetzten und Mitarbeitern, zwischen den Arbeitnehmern untereinander sowie zwischen dem Unternehmen und anderen sozialen Gebilden zu beachten und zu pflegen.

2.3.2 Bestimmungsfaktoren menschlicher Leistung

Übersicht: Einflüsse auf das menschliche Leistungsverhalten

äußere Einflüsse	eigene Fähigkeiten	innere Einflüsse
– Arbeitsplatz – Arbeitsbedingungen – Entlohnung – Selbstständigkeit – Leistungsanerkennung – Maschinenunterstützung	– Ausbildung – abstraktes Denkvermögen – Fertigkeiten – Erfahrung	– körperliche Verfassung – seelischer Zustand

Die Leistung des Menschen wird von äußeren Einflüssen, seinen Fähigkeiten und seiner körperlichen und seelischen Verfassung bestimmt.

Die **äußeren Einflüsse** wirken auf die **Motivation** des Mitarbeiters und nicht zuletzt auf seinen seelischen Zustand ein.

Als Motivatoren sind insbesondere der Arbeitsinhalt (sog. **Sachmotivation**), die Arbeitsbedingungen, Anerkennung und die Übertragung von Verantwortung zu sehen.

Untersuchungen haben gezeigt, dass die Anerkennung der geleisteten Arbeit den Mitarbeiter mehr beflügelt als die Zahlung eines hohen Gehaltes.

Einflussfaktoren auf die Motivationsbereitschaft und das Leistungsverhalten sind aber auch die Unternehmenspolitik, das Verhalten von Vorgesetzten und Kollegen, die leistungsgerechte Bezahlung (sog. **Belohnungsmotivation**) und die Aufstiegsmöglichkeiten.

2.3.3 Führungsstile

Jeder der eine Führungsrolle ausübt, setzt unter Berücksichtigung seiner Menschenkenntnis bestimmte Führungsmittel ein, um andere Menschen zu einem bestimmten Verhalten und Handeln zu veranlassen. Der jeweilige Führungsstil wirkt sich direkt auf die Einstellung der Mitarbeiter und ihr Verhalten aus. Dies muss beim Personaleinsatz bedacht werden.

Grundsätzlich werden folgende Führungsverhalten unterschieden:

- **autoritär**: Der Untergebene hat Anweisungen ohne jede Mitsprache auszuführen.
- **patriarchalisch**: Der Vorgesetzte nimmt für sich in Anspruch, gütig, väterlich und auf das Wohl seiner Untergebenen bedacht zu sein. Mit diesem Empfinden trifft er allein die Entscheidungen, fühlt sich im Recht und duldet daher keine Gegenrede.
- **bürokratisch**: Der Vorgesetzte rechtfertigt sein Handeln mit Verordnungen, Erlassen usw. und lässt darüber hinaus für seine Untergebenen keinen Spielraum.
- **kooperativ**: Entscheidungen und Verantwortung werden an Mitarbeiter delegiert oder diese daran beteiligt. Die Meinung des Untergebenen wird respektiert, seine Vorschläge werden berücksichtigt.

Führungsstile	Führungsverhalten	Art der Autoritätsausübung	Mitarbeiterverhalten	Verantwortung
autoritär	Befehl	Absolute Überwachung der Mitarbeiter	Exakte Befehlsausführung, keine Entscheidungsalternativen	Verantwortung beim Vorgesetzten
	Anordnung		Anordnungsausführung mit geringem Ermessensspielraum	
	Spezieller Auftrag	Weitgehende Kontrolle der Mitarbeiter	Entscheidungsfreiheit in unwesentlichen Detailfragen	
	Allgemeiner Auftrag		Entscheidungsfreiheit bei der Mittelwahl zur Auftragsdurchführung	
kooperativ	Empfehlung	Steuerung der Mitarbeiter	Bedingte Entscheidungsfreiheit, Lenkung der Entscheidungen durch Empfehlungen	Verantwortung delegiert an die Mitarbeiter
	Anregung		Bedingte Entscheidungsfreiheit, Beeinflussung der Entscheidungen durch Anregungen	
	Information	Rückmeldung der Ergebnisse durch die Mitarbeiter	Entscheidungsfreiheit wird durch Informationen nicht beeinträchtigt	

Lernkontrollen zu D 2

Personalwirtschaft

1 Begründen Sie, weshalb sich ein Unternehmen entschließt, eine Stelle intern zu besetzen.

2 Welche Probleme könnte eine interne Stellenbesetzung mit sich bringen?

3 Erläutern Sie Gründe, warum für die gesuchten Arbeitskräfte unterschiedliche Personalbeschaffungswege beschritten werden.

4 Erläutern Sie Gründe, warum ein Unternehmen versucht, eine offene Stelle extern zu besetzen.

5 Die Versicherungsagentur Paul Heinen hat drei angestellte Untervertreter. Bisher haben alle drei täglich ca. 36 Kunden besucht, wobei der Beratungsbedarf durchschnittlich 30 Minuten betrug. Durch veränderte gesetzliche Rahmenbedingungen ist der Zeitbedarf im Durchschnitt auf 45 Minuten gestiegen.

a) Wie viele Kunden können jetzt im Durchschnitt nur noch täglich besucht werden?

b) Wie groß ist der Personalbedarf, wenn auch weiterhin die gleiche Anzahl von Kunden täglich bedient werden soll?

6 Welche Probleme ergeben sich für die in Aufgabe 5 genannte Agentur, wenn ein Vertreter längerfristig erkrankt, und welche Lösungsmöglichkeit bietet sich an?

7 Welcher Führungsstil liegt vor?

a) Der Bürovorsteher verweist aufgrund der Bedenken eines Sachbearbeiters auf die Anordnung des Abteilungsleiters.

b) Der Agenturinhaber verfügt die sofortige Erledigung einer von ihm für dringlich gehaltenen Aufgabe.

c) Es ist die Einführung einer neuen Computerprogramms für den Provisionsabrechnungsverkehr mit der Direktion geplant. Sämtliche Mitarbeiter werden befragt und um ihren Rat sowie ihre Bedenken gebeten.

d) Der Agenturinhaber genehmigt einem langjährigen Angestellten einen halben Tag Sonderurlaub, um private Dinge erledigen zu können. Einem jungen Angestellten wird der Sonderurlaub bei gleichem Anliegen verwehrt, da sich der Agenturinhaber nicht sicher ist, ob ihm ein solches Entgegenkommen gebührend gedankt wird.

3 Notwendigkeiten und Wirkungen von Vollmachten

Wer als Mitarbeiter für eine Versicherungsunternehmung oder einen Agenturbetrieb tätig werden will, muss dafür bevollmächtigt sein.

3.1 Handlungsvollmacht

HGB § 54 (1) BGB § 164

Handlungsvollmacht hat, wer zum **Betrieb eines Handelsgewerbes** oder innerhalb eines Handelsgewerbes zur **Vornahme von Handelsgeschäften ermächtigt** ist, die sein Handelsgewerbe **gewöhnlich** mit sich bringt.

HGB § 54 (2)

Eine besondere Ermächtigung braucht der Handlungsbevollmächtigte u. a. zur Veräußerung oder Belastung von Grundstücken, zur Aufnahme von Darlehen und zur Prozessführung.

➤ Arten und Umfang der Handlungsvollmacht

- **Die allgemeine Handlungsvollmacht** berechtigt zur Ausführung aller **gewöhnlichen** Rechtsgeschäfte im üblichen Umfang, die im Handelsgewerbe dieses Geschäftszweigs vorkommen. Allgemeine Handlungsvollmacht haben z. B. Geschäftsführer und Filialleiter.
- **Die Artvollmacht** berechtigt zur Vornahme einer bestimmten **Art** von Rechtsgeschäften, die gewöhnlich im Handelsgewerbe dieses Geschäftszweigs vorkommen. Artvollmacht haben z. B. Mitarbeiter einer Agentur, wenn sie berechtigt sind, Kleinschäden bis zu einem bestimmten Betrag zu regulieren.
- **Die Einzelvollmacht** berechtigt zur Vornahme eines **einzelnen** zu einem Handelsgewerbe gehörigen Rechtsgeschäftes.

Beispiel:
Der Agenturinhaber beauftragt seinen Auszubildenden, Briefmarken bei der Post zu kaufen.

➤ Erteilung der Handlungsvollmacht

Kaufleute sowie Prokuristen haben ohne Weiteres das Recht zur Erteilung einer Handlungsvollmacht. Die Erteilung der Vollmacht kann schriftlich, mündlich oder sogar stillschweigend durch Duldung bestimmter Handlungen erfolgen. Sie wird nicht ins Handelsregister eingetragen. Wenn ein Kaufmann mehrere Bevollmächtigte ernennt, kann er jedem für sich allein oder mehreren zusammen das Vertretungsrecht einräumen. Im zweiten Falle **(Gesamtvollmacht)** sind die Rechtshandlungen nur gültig, wenn die Bevollmächtigten gemeinsam gehandelt oder unterschrieben haben, z. B. bei Bankangestellten.

Eine Beschränkung der Vollmacht auf bestimmte Geschäfte ist Dritten gegenüber nur wirksam, falls diese die Beschränkung kannten oder kennen mussten.

Unterschrift des Bevollmächtigten

Der Bevollmächtigte setzt zum Namen seines Auftraggebers seine Unterschrift mit einem Zusatz, aus dem die Vollmacht zu ersehen ist. Bei der allgemeinen Handlungsvollmacht ist dieser Zusatz i. V. (in Vertretung), bei der Art- und Einzelvollmacht i. A. (im Auftrag). HGB § 57

Beendigung der Vollmacht

Die Vollmacht erlischt

- mit Beendigung des Rechtsverhältnisses, mit dem sie verbunden ist, z. B. bei Beendigung des Dienstvertrages,
- durch Widerruf von Personen, die Vollmacht erteilen können,
- durch freiwillige oder zwangsweise Auflösung des Geschäfts,
- beim Wechsel des Geschäftsinhabers in der Regel nur, wenn der neue Inhaber sie widerruft,
- bei Einzelvollmacht nach Durchführung des Auftrags.

Lernkontrollen zu D 3.1

Handlungsvollmacht

1 Welche Rechtsgeschäfte darf nach HGB ein Handlungsbevollmächtigter ohne besondere Befugnisse vornehmen?

2 In der Agentur Jansen erhält die Angestellte Pfeil zur Entlastung der Agenturinhaberin allgemeine Handlungsvollmacht.

a) Wie kann diese Vollmacht erteilt werden?

b) Entscheiden und begründen Sie, ob Frau Pfeil folgende Rechtsgeschäfte wirksam abschließen kann:
- Sie veranlasst eine Werbekampagne.
- Sie entlässt einen Angestellten.
- Sie nimmt ein Darlehen auf.
- Sie bestellt einen PC für die Buchhaltung.

3.2 Prokura

Prokura hat, wer von einem Kaufmann **zu allen Arten von gerichtlichen und außergerichtlichen Geschäften und Rechtshandlungen ermächtigt ist**, die der Betrieb **irgendeines** Handelsgewerbes mit sich bringen kann. HGB § 49

Gesetzlich verboten ist die Vertretung bei folgenden Handlungen: Eid leisten, Bilanz und Steuererklärungen unterschreiben, Handelsregistereintragungen anmelden, Insolvenzverfahren beantragen, Geschäft verkaufen, Gesellschafter aufnehmen, Prokura erteilen. Handlungsvollmacht darf der Prokurist erteilen.

Eine besondere Vollmacht braucht der Prokurist zum Verkauf und zur Belastung von Grundstücken.

Während der Umfang der Handlungsvollmacht vom Unternehmer geregelt werden kann, ist der Umfang der Prokura gesetzlich geregelt.

➤ Erteilung der Prokura

HGB § 48 (1), § 53 Nur der Kaufmann oder sein gesetzlicher Vertreter kann Prokura erteilen. Sie muss ausdrücklich (schriftlich oder mündlich) erteilt werden, z. B. mit den Worten: »Ich erteile Ihnen mit Wirkung vom 1. Januar 20.. Prokura.« Die Prokura muss zur Eintragung ins Handelsregister angemeldet werden.

Man unterscheidet

- **Einzelprokura**, wenn eine Person allein vertretungsbefugt ist,
- **Gesamtprokura**, wenn mehrere Personen gemeinschaftlich vertretungsbefugt sind, also nur gemeinsam handeln können.

Prokura können auch solche Personen erhalten, die nicht im Betrieb angestellt sind (Ehefrau).

➤ Beginn der Prokura

Die Prokura beginnt mit der Erteilung.

Der Inhaber des Handelsgeschäfts muss die Erteilung einer Prokura nach § 53 (1) HGB zur Eintragung in das Handelsregister anmelden. Die Eintragung hat **deklaratorische** (rechtsbekundende) Wirkung.

➤ Arten und Umfang der Prokura

§ 50 Der Unternehmer kann den Umfang der Prokura dem Prokuristen gegenüber einschränken (Innenverhältnis). Dritten gegenüber (Außenverhältnis) ist diese Beschränkung des Umfanges der Prokura jedoch unwirksam.

Bei **Filialbetrieben** kann der Umfang der Prokura auf das Hauptgeschäft oder eine Filiale beschränkt sein, wenn die Filialbetriebe sich durch einen Zusatz sowohl vom Hauptgeschäft als auch voneinander unterscheiden (**Filialprokura)**.

➤ Unterschrift des Prokuristen

§ 51 Der Prokurist setzt zur Firma seine Unterschrift mit dem Zusatz »ppa.« (lat. per procura = in Ausübung der Prokura).

➤ Beendigung der Prokura

§ 52 Die Prokura erlischt

- mit Beendigung des Rechtsverhältnisses, mit dem sie verbunden ist,
- durch Widerruf von Seiten eines Geschäftsinhabers,
- durch freiwillige oder zwangsweise Auflösung des Geschäftes,
- durch den Tod des Prokuristen,
- beim Wechsel des Geschäftsinhabers in der Regel nur, wenn der neue Inhaber sie widerruft, jedoch nicht beim Tode des Geschäftsinhabers.

§ 53 Das Erlöschen der Prokura ist durch den Unternehmer zur Eintragung ins Handelsregister anzumelden. Gutgläubigen Dritten gegenüber gilt die Prokura solange weiter, bis sie im Handelsregister gelöscht ist.

Lernkontrollen zu D 3.2

Prokura

1 G. Vollmer, Abteilungsleiter in einer Generalagentur, hat seit zwei Monaten die Briefe mit ppa. unterschrieben, ohne dass der Agenturinhaber Einspruch erhoben hat. Ist Vollmer jetzt Prokurist? Begründen Sie Ihre Entscheidung.

2 Kann der 16-jährige Sohn eines Agenturinhabers Prokurist werden (Begründung)?

3 Welche Überlegung kann einen Unternehmer veranlassen, statt Einzelprokura Gesamtprokura zu erteilen?

4 Der Versicherungsmakler Karl Klein e. K. ernennt seine langjährige Angestellte Eva-Katharina Ahlers am 1. April d. J. zur Prokuristin. Die Eintragung ins Handelsregister erfolgt am 20. April d. J. In einem Rundschreiben, das den Geschäftsfreunden am 10. April d. J. zugeht, wird die Prokuraerteilung bekannt gegeben.

a) Wann kann Frau Ahlers für Klein als Prokuristin tätig werden? Begründen Sie Ihre Entscheidung.

Frau Ahlers nimmt während der Abwesenheit von Klein folgende Rechtshandlungen vor. Entscheiden Sie diese Fälle mit Begründung.

b) Frau Ahlers unterschreibt eine Überweisung über 20 000,00 €.

c) Sie erweitert die Produktpalette um den Bereich Bau- und Investmentsparen und kauft Zertifikate für 50 000,00 €.

d) Einem benachbarten Unternehmen will Frau Ahlers den Bau einer neuen Lagerhalle ermöglichen und verkauft zu günstigen Bedingungen ein bisher ungenutztes Grundstück.

e) Um rationeller arbeiten zu können, kündigt sie einem Drittel der Belegschaft.

f) Sie will ein Darlehen aufnehmen und übergibt der Bank zur Kreditbeurteilung eine von ihr unterschriebene Bilanz.

5 Ein Versicherungsagent betreibt eine Agentur (Hauptagentur) mit einer Zweigstelle (Filialagentur).

Prokurist Hermann von der Hauptagentur entzieht dem Angestellten Schwarz, der Prokura für die Filialagentur hat, diese Vollmacht. Gleichzeitig erteilt er Frau Stein, bisher Abteilungsleiterin in der Hauptagentur, Prokura und dem Angestellten Wolff allgemeine Handlungsvollmacht. Begründen Sie, ob diese Handlungen rechtswirksam sind.

3.3 Vollmachten des Versicherungsvertreters nach den Bestimmungen des VVG

VVG § 69 ff. Der VR bezieht den Versicherungsvertreter in seine betriebliche Organisation ein, in dem er ihn **im Außenverhältnis** gegenüber dem Kunden/VN regelmäßig damit betraut

- Versicherungsverträge zu **vermitteln** (Vermittlungsvertreter), oder sogar
- Versicherungsverträge – im Namen des Versicherers – **abzuschließen** (Abschlussvertreter).

Zu dem Kreis, die hier als »Versicherungsvertreter« von Gesetzes wegen eine Vertretungsmacht des Versicherers besitzen, gehören grundsätzlich **alle Personen, die von einem VR oder einem Versicherungsvertreter mit Versicherungsvermittlungsgeschäften betraut werden,** seien sie selbstständig oder im Werbeaußendienst angestellt, hauptberuflich oder nebenberuflich tätig, zur Vermittlungstätigkeit verpflichtet oder als Gelegenheitsvertreter nicht verpflichtet, Einfirmen-/Konzernvertreter mit Ausschließlichkeitsbindung oder echte Mehrfachvertreter, Haupt- oder Untervertreter.

§ 59 Nr. 2

➤ **Versicherungsvertreter** im Sinne des VVG ist, wer von einem VR oder einem Versicherungsvertreter damit betraut ist, **gewerbsmäßig** (und **selbstständig**) Versicherungsverträge zu vermitteln oder abzuschließen.

§ 73

➤ Die §§ 69 bis 72 VVG sind auf **Angestellte** eines Versicherers, die mit der Vermittlung oder dem Abschluss von Versicherungsverträgen betraut sind, und auf Personen, die als Vertreter selbstständig Versicherungsverträge vermitteln oder abschließen, **ohne gewerbsmäßig tätig zu sein**, entsprechend anzuwenden.

Das VVG kennt unter der Überschrift »**Gesetzliche Vollmacht**« bestimmte Vollmachten des Versicherungsvertreters, die wie folgt unterschieden werden können:

- Gesetzliche **Vertretungsmacht**
- Gesetzliche **Botenmacht**
- Gesetzliche **Inkassoermächtigung**

Der Umfang der Vollmacht bestimmt sich danach, ob es sich um einen Vermittlungsvertreter oder Abschlussvertreter handelt.

Die Überschrift »Gesetzliche Vollmacht« im VVG ist unglücklich gewählt, weil »Vollmacht« nach der Legaldefinition des § 166 Abs. 2 BGB »eine durch Rechtsgeschäft erteilte Vertretungsmacht« ist, also im Gegensatz zur gesetzlichen Vertretungsmacht steht.

3.3.1 Vollmachten eines Vermittlungsvertreters

In der Praxis, insbesondere in der Lebens- und Krankenversicherung, herrscht der Vermittlungsvertreter vor.

a) Gesetzliche Vertretungsmacht

»Der Versicherungsvertreter gilt als **bevollmächtigt**,

1. **Anträge**, die **auf den Abschluss eines Versicherungsvertrags** gerichtet sind, und deren Widerruf **sowie die vor Vertragsabschluss abzugebenden Anzeigen und sonstigen Erklärungen vom Versicherungsnehmer entgegenzunehmen,** VVG § 69 (1) Nr. 1
2. **Anträge auf Verlängerung oder Änderung eines Versicherungsvertrags** und deren Widerruf, die Kündigung, den Rücktritt und sonstige das Versicherungsverhältnis betreffende Erklärungen **sowie die während der Dauer des Versicherungsverhältnisses zu erstattenden Anzeigen vom Versicherungsnehmer entgegenzunehmen«.** Nr. 2

Die gesetzliche Vertretungsmacht ermächtigt den Versicherungsvertreter nicht nur zur Annahme von Versicherungsanträgen oder deren Widerruf sondern auch zur Entgegennahme von Anzeigen und sonstigen Erklärungen des Versicherungsnehmers.

Der Versicherungsvermittler wird dadurch sowohl zum **Willenserklärungsempfänger** für die genannten Willenserklärungen des VN (Antrag, Widerruf, Verlängerung, Rücktritt, Kündigung, sonstige Erklärungen) als auch zum **Wissenerklärungsempfänger** für die Entgegennahme von Anzeigen des VN und zwar

- sowohl für die Zeit **vor dem Vertragsabschluss**
  (z. B. Angaben zum Gesundheitszustand des Versicherten bei der Beantragung einer Krankenversicherung im Rahmen der vorvertraglichen Anzeigepflichten gemäß § 19 VVG),
- als auch für die Zeit **nach Vertragsabschluss**
  (z. B. Entgegennahme einer Schadenanzeige in der Schadenversicherung gemäß § 30 VVG).

Bei Abschlüssen von Versicherungsverträgen kann sich der VR daher nicht auf fehlende Angaben berufen, falls der VN nur gegenüber dem jeweiligen Versicherungsvertreter entsprechende mündliche Mitteilungen gemacht hat.

Die besondere praktische Bedeutung dieser Vertretungsmacht des Versicherungsvermittlers liegt für den VN darin, dass seine Erklärung bzw. Anzeige als »dem VR zugegangen« gilt, wenn sie in den Machtbereich des Versicherungsvermittlers gelangt.

In der Praxis kann die Vertretungsmacht des Versicherungsvermittlers durch den Agenturvertrag auf z. B. nur einen Versicherungszweig eingeschränkt sein. Der VN muss diese Beschränkung nicht gegen sich gelten lassen; denn er gilt als schutzwürdiger, zumal der VR durch geeignete Personenauswahl sicherstellen kann, dass sich der Vertreter an die vertraglich eingeschränkte Vertretungsmacht hält.

b) Gesetzliche Botenmacht

»Der Versicherungsvertreter gilt als **bevollmächtigt, ...**

3. die vom Versicherer ausgefertigten Versicherungsscheine oder Verlängerungsscheine dem Versicherungsnehmer zu übermitteln. § 69 (1) Nr. 3

Der Vermittlungsvertreter fungiert als Bote, wenn er die genannten Dokumente an den VN weitergibt. Mit der Entgegennahme durch den VN gelten sie im Rechtssinne als zugegangen.

Die praktische Bedeutung dieser Botenmacht ist nur noch gering, da die genannten Dokumente üblicherweise vom VR direkt an den VN gesandt werden.

c) Gesetzliche Inkassoermächtigung

VVG § 69 (2)

> »Der Versicherungsvertreter gilt als **bevollmächtigt,** Zahlungen, die der Versicherungsnehmer im Zusammenhang mit der Vermittlung oder dem Abschluss eines Versicherungsvertrags an ihn leistet, anzunehmen. Eine Beschränkung dieser Vollmacht muss der Versicherungsnehmer nur gegen sich gelten lassen, wenn er die Beschränkung bei der Vornahme der Zahlung kannte oder infolge grober Fahrlässigkeit nicht kannte.«

Der grundsätzliche Zweck dieser Inkassovollmacht liegt darin, dass der VN durch eine Zahlung an den Versicherungsvermittler seine Leistung erbracht und von der Zahlungsverpflichtung gegenüber dem VR befreit ist.

Ist die Inkassovollmacht des Versicherungsvermittlers durch den Agenturvertrag beschränkt oder ausgeschlossen, muss der VN dies nur gegen sich gelten lassen, wenn er durch individuelle Erklärung des VR ausdrücklich darauf hingewiesen wurde. Eine Beschränkung oder ein Ausschluss der Inkassovollmacht mittels AVB reicht nicht.

d) Beweislast für den Zugang der Anzeigen und Erklärungen des Versicherungsnehmers

§ 69 (3)

> Der VN trägt die **Beweislast für die Abgabe oder den Inhalt eines Antrags oder einer sonstigen Willenserklärung.**
> Die Beweislast **für die Verletzung der Anzeigepflicht oder einer Obliegenheit durch den VN** trägt der VR.

- **Behauptet also der VN**, er habe dem VR gegenüber eine mündliche Willenserklärung abgegeben, wonach der Versicherungsschutz z.B. durch eine rechtzeitige Kündigung aufgehoben sei und damit auch die Prämienzahlungspflicht, **so ist der VN für diesen ihm günstigen Umstand beweispflichtig,** wenn die Abgabe oder der Inhalt der Erklärung streitig ist.
- **Behauptet hingegen der VR,** der VN habe die Obliegenheit aus § 19 (1) VVG verletzt und er sei daher zum Rücktritt vom Versicherungsvertrag berechtigt, **so muss der VR diesen ihm günstigen Umstand beweisen.**

3.3.2 Vollmachten eines Abschlussvertreters

§ 71

Neben dem Vermittlungsvertreter, der nur die Empfangsvollmacht aus § 69 VVG hat, gibt es auch sogenannte Abschlussvertreter, die vom VR zum Abschluss von Versicherungsverträgen bevollmächtigt wurden. Sie sind nicht nur nach § 69 VVG Empfangsvertreter, sondern haben auch **aktive Vertretungsmacht**, können also **im Namen des Versicherers Angebote zum Abschluss von Versicherungsverträgen abgeben und annehmen**. In der Praxis herrscht eindeutig der Typus des bloßen Vermittlungsvertreters vor.

Nebenberufliche Versicherungsvertreter sind stets nur Vermittlungsvertreter und in der Personenversicherung gibt es so gut wie keine Abschlussvertreter. Aber auch in den übrigen Versicherungszweigen – mit Ausnahme der Transportversicherung – haben nur wenige Vertreter Abschlussvollmacht.

§ 71

> **Abschlussvollmacht**
>
> »Ist der Versicherungsvertreter zum Abschluss von Versicherungsverträgen bevollmächtigt, ist er auch befugt, die Änderung oder Verlängerung solcher Verträge zu vereinbaren sowie Kündigungs- und Rücktrittserklärungen abzugeben«.

Die Reichweite der Vertretungsmacht des Abschlussvertreters ist damit gesetzlich standardisiert. Er ist danach auch bevollmächtigt, **Versicherungsverträge zu ändern** und **zu verlängern, zu kündigen** und von ihnen **zurückzutreten**.

Besonderheit: Unabdingbarkeit der gesetzlichen Vertretungsmacht

Beschränkung der Vertretungsmacht

»Eine Beschränkung der dem Versicherungsvertreter nach den §§ 69 und 71 zustehenden Vertretungsmacht durch Allgemeine Versicherungsbedingungen ist gegenüber dem VN und Dritten unwirksam«. VVG § 72

Zum Schutz des Versicherungsnehmers ist die gesetzlich normierte **Empfangs- und Abschlussvertretungsmacht** des Versicherungsvertreters durch **Allgemeine Versicherungsbedingungen** (AVB) grundsätzlich **unabdingbar**.

Der VR könnte deshalb nur im Rahmen von Individualabreden die Vertretungsmacht des Vertreters beschränken. Individualabreden können aber im Massengeschäft mit dem Kunden/VN nicht getroffen werden, d. h. nur durch sorgfältige Auswahl seiner Vertreter hat der VR es in der Hand, sicherzustellen, dass sich sein Vertreter an den ihm vorgegebenen Rahmen seiner vertraglichen Vertretungsbefugnis hält.

Etwas anderes gilt nur für den Fall der Arglist und der **Kollusion** (mehrere Personen wirken unerlaubterweise zum Nachteil eines Dritten zusammen), ohne dass es hier einer ausdrücklichen Bestimmung bedarf.
»Dritter« – neben dem VN – i. S. v. § 72 VVG kann z. B. der Erwerber gemäß § 97 ff. VVG sein.

Die Unabdingbarkeit gilt insbesondere für die Empfangsvollmacht **vor Vertragsabschluss**, denn **der Vertreter ist bei der Antragstellung »Auge und Ohr« des Versicherers**. Was dem Vertreter hier mit Bezug auf die Antragstellung vom VN gesagt bzw. vorgelegt wird, ist dem VR gesagt bzw. vorgelegt worden. Dies lässt sich auch nicht durch **Vertragsklauseln** aushebeln, wonach der Vertreter nur bevollmächtigt sein soll, schriftliche Angaben des Kunden entgegenzunehmen, bzw. mündliche Auskünfte des Kunden nur wirksam würden, wenn der VR sie schriftlich bestätigt. § 69 (1) Nr. 1

Trägt der VN in einem Rechtsstreit begründet vor, den Vertreter mündlich zutreffend informiert zu haben, so hat der VR zu beweisen, dass dies nicht zutrifft.

Strittig ist allerdings, ob die Empfangsvollmacht für Erklärungen **nach** Vertragsabschluss nicht durch **Schriftformklauseln** eingeschränkt werden könnte. Begründet wird dies damit, dass § 32 Satz 2 VVG Schriftformklauseln für Mitteilungen **während der Laufzeit des Vertrages** ausdrücklich gestattet. Außerdem habe der VR schon aus Gründen der Klarstellung und Beweisführung ein berechtigtes Interesse daran, dass sich der VN nicht auf mündliche Angaben gegenüber dem Vertreter berufen kann, sondern nur auf die Erklärungen gegenüber dem Vertreter, die in Schrift- bzw. Textform zu erfolgen hätten. § 69 (1) Nr. 2 § 32

Allerdings hat der Vertreter den VN auf seine Anzeigepflicht gegenüber dem VR hinzuweisen, z. B. bei einer mündlichen Anzeige eines Versicherungsfalles gegenüber dem Vertreter. Dazu ist er schon in seiner Eigenschaft als Erfüllungsgehilfe des Versicherers verpflichtet.

Beispiel:

»Allgemeine Bedingungen für die Kfz-Versicherung (AKB 2014)«

»Bei der Entwendung des Fahrzeugs oder mitversicherter Teile sind Sie abweichend von E.1.1 verpflichtet, uns dies unverzüglich in Schriftform anzuzeigen. Ihre Schadenanzeige muss von Ihnen unterschrieben sein.« AKB 2014 E.3.1

Unstrittig ist die Wirksamkeit von Schriftformklauseln, wonach bestimmte Willenserklärungen oder Anzeigen des Versicherungsnehmers gegenüber dem VR, z. B. die Änderung eines Bezugsrechts oder die Anzeige einer Abtretung, der Schriftform bedürfen.

Der Versicherungsvertreter	Der Abschlussvertreter
hat nach § 69 VVG folgende **gesetzliche Vollmachten:**	hat nach § 71 VVG **zusätzlich** folgende **gesetzliche Vollmachten:**
• **Anträge,** die **auf den Abschluss** eines Versicherungsvertrages gerichtet sind, und deren **Widerruf** sowie • die **vor Vertragsschluss abzugebenden Anzeigen und sonstigen Erklärungen** vom VN **entgegennehmen**	• **Versicherungsverträge abschließen** bzw. **Deckungszusagen erteilen** • **Änderungen** von Versicherungsverträgen oder deren **Verlängerung** vereinbaren
• **Anträge auf Verlängerung oder Änderung** eines Versicherungsvertrages und deren **Widerruf,** die **Kündigung,** den **Rücktritt** und sonstige das Versicherungsverhältnis betreffende Erklärungen sowie • die **während der Dauer des Versicherungsverhältnisse zu erstattenden Anzeigen** vom VN **entgegennehmen**	• **Kündigungs-** und **Rücktrittserklärungen abgeben**
• Versicherungsscheine dem VN übermitteln • Beiträge annehmen, die der VN im Zusammenhang mit der Vermittlung/Abschluss eines Versicherungsvertrages an ihn leistet. *)	• **Nur mit besonderer Vollmacht ist er befugt** – Schäden zu regulieren – Versicherungsschutz anzuerkennen oder abzulehnen

*) Eine Beschränkung dieser Vollmacht muss der VN nur gegen sich gelten lassen, wenn er die Beschränkung bei der Vornahme der Zahlung kannte oder in Folge grober Fahrlässigkeit nicht kannte.

3.3.3 Kenntnis gefahrenerheblicher Umstände (Wissenszurechnung)

VVG § 70

In einzelnen Regelungen des VVG geht es nicht darum, ob dem VR eine Erklärung des Kunden/VN zugegangen ist, sondern darum, ob der VR von einem bestimmten Umstand auf irgendeine Weise **Kenntnis erlangt hat**.

Beispiel:

Der Versicherungsvertreter Müller des Versicherers A hat Herrn Bertram beim Abschluss einer Wohngebäudeversicherung beraten. Als der Vertreter einige Monate später durch Zufall das Haus des Bertram sieht, stellt er fest, dass das Wohngebäude ein Lagerhaus für Feuerwerkskörper geworden ist. Der VR A hat jetzt Kenntnis über die Gefahrenerhöhung erlangt.

§ 24 (3)

Anmerkung: Der VR hat nach den Bestimmungen des VVG ein außerordentliches Kündigungsrecht, wenn der VN eine Gefahrenerhöhung vornimmt. Das Kündigungsrecht ist ausgeschlossen, wenn es nicht innerhalb eines Monats von dem Zeitpunkt an ausgeübt wird, in welchem der VR von der Gefahrenerhöhung Kenntnis erlangt hat.

Allgemein gilt der Grundsatz: Soweit es auf die Kenntnis oder das Kennenmüssen bestimmter Umstände ankommt, entscheidet die Person des **Vertreters** und nicht die des Vertretenen. BGB § 166 (1)

Kenntnis des Versicherungsvertreters

»Soweit nach diesem Gesetz die Kenntnis des Versicherers erheblich ist, steht die Kenntnis des Vertreters der Kenntnis des Versicherers gleich. Dies gilt nicht für die Kenntnis des Versicherungsvertreters, die er außerhalb seiner Tätigkeit als Vertreter und ohne Zusammenhang mit dem betreffenden Versicherungsvertrag erlangt hat«. VVG § 70

Im Versicherungsrecht ist grundsätzlich die Kenntnis eines Vermittlungs- oder Abschlussvertreters (z. B. über eine Gefahrenerhöhung) mit der Kenntnis des Versicherers gleichzusetzen, allerdings mit der Einschränkung, dass sich die Kenntnis auf die von ihm betreuten Versicherungsverträge bezieht und **nicht auf »privat Wissen«** – außerhalb seiner Vertretertätigkeit – und **»ohne Zusammenhang mit dem betreffenden Versicherungsvertrag«**.

Wenn daher im o. a. Beispiel der Vertreter Müller für VR A zwar Versicherungsverträge vermittelt, den Gebäudeversicherungsvertrag mit dem VN Müller aber weder vermittelt hat noch diesen betreut (bestandsfremder Vertrag), so ist das vom Vertreter »privat« erworbene Wissen (hier: Kenntnis von der Gefahrenerhöhung) nicht dem VR A zuzurechnen.

3.3.4 Haftung des Versicherers für Vertretertätigkeit

a) Rechtsscheinhaftung (Anscheinsvollmacht)

Versicherungsvertreter ist grundsätzlich derjenige, dem vom VR eine Vollmacht ausdrücklich oder konkludent eingeräumt worden ist. Ist dies nicht der Fall, besteht dennoch eine Haftung des Versicherers, wenn er den **Rechtsschein einer Vollmacht** veranlasst hat, und zwar durch ein **zurechenbares**

- **Tun**, z. B. Bereitstellung eines irreführenden Firmenschildes oder
- **Unterlassen**, z. B. Nichteinschreiten gegenüber eigenmächtigen Titelführen.

Beispiel:

Ein Versicherungsvertreter führt die Bezeichnung »Geschäftsführer« und erklärt u. a. im Zusammenhang mit einer beantragten Vertragsänderung, dem VN könne nichts passieren, denn er sei versichert.

Darin sah der BGH eine den VR bindende Zusage der »vorläufigen Deckung« im Zusammenhang mit der beantragten Änderung des Vertrages. **Eine Haftung des Versicherers besteht allerdings nur, wenn der VN in Unkenntnis der wahren Rechtslage auf den Rechtsschein vertrauen durfte**. BGH 1981

b) Gewohnheitsrechtliche Haftung des VR aus der Vertrauensstellung des Vertreters

Gibt der Vermittlungs- bzw. Abschlussvertreter Aufklärung über den Umfang oder den Beginn des Versicherungsschutzes oder über sonstige vertragswesentliche Punkte (z. B. über die Höhe des Rückkaufwertes in der Lebensversicherung), so **darf der VN auf die Richtigkeit der Auskünfte vertrauen**. Schließlich war der Vertreter auch damit betraut, den VN über den Inhalt der AVB zu belehren. Folglich muss der VR auch für die Erklärungen – aber auch für die pflichtwidrigen Unterlassungen – des Vertreters einstehen. BGH 1965

Durch eine Schriftformklausel, wonach mündliche Nebenabreden mit dem Vertreter unverbindlich sind, kann diese Haftung nicht abbedungen werden.

Beispiel:

Nach Besichtigung sämtlicher Räume eines Hauses bestätigt der Vertreter dem VN, dass er schon umfassenden Versicherungsschutz habe, obwohl das Anlagenrisiko eines 10 000 Liter Öltanks noch nicht versichert ist.

Der VR muss sich u. U. hier so behandeln lassen, als sei eine Gewässerschaden-Haftpflichtversicherung wirksam abgeschlossen worden.

Auch der Neukunde genießt diesen Vertrauensschutz, wie der folgende Fall zeigt, über den das OLG Koblenz zu entscheiden hatte: Wünscht der Kunde gegenüber dem Vertreter, der ihn abzuwerben versucht, einen Versicherungsschutz wie er ihn bisher bei seinem alten VR hatte und ermittelt der Vertreter diesen Umfang dann nicht hinreichend mit der Folge, dass der Kunde bei dem neuen VR einen weniger weitreichenden Versicherungsschutz erhält, so haftet der neue VR auf Schadenersatz, d.h. er muss grundsätzlich Deckung gewähren, wenn ein Ereignis eintritt, das nach dem alten Vertrag versichert gewesen wäre, nach dem neuen aber nicht versichert ist (Haftungsgrundlage: »Haftung für ein Verschulden – hier des Erfüllungsgehilfen – bei Vertragsanbahnung«).

Der Vertrauensschutz entfällt aber immer dann, wenn der klare Wortlaut der AVB die Mangelhaftigkeit der Erklärungen des Vertreters erkennen lässt und der VN damit den entstandenen Irrtum in erheblichem Maße selbst verschuldet hat.

c) Arglistige Täuschung

BGB § 123

Hat der Vertreter den VN **arglistig mit einer falschen Auskunft getäuscht** und ist daraufhin der Versicherungsvertrag zustande gekommen, so kann der VN den Versicherungsvertrag **anfechten**.

BGH 1978

Dabei kommt es nicht darauf an, ob der VR die Täuschung kannte oder kennen musste, denn der Vertreter ist nicht »Dritter« i. S. der Anfechtungsvorschriften, sodass die Rechtslage hier so anzusehen ist, **als habe der VR selbst die Täuschung verübt**.

3.3.5 Haftung des Versicherungsvertreters

VVG § 63

Bei Beratungsfehlern und sonstigem Fehlverhalten des Vertreters kommt auch eine **persönliche Haftung** des Vertreters in Betracht.

a) Haftung gemäß Gesetz

Eine Haftung und damit ein Schadenersatzanspruch des Versicherungsnehmers gegenüber dem Vertreter als Versicherungsvermittler ist dann gegeben, **wenn der Vertreter seine Beratungs- und Dokumentationspflichten gemäß § 61 VVG verletzt hat**. Dies gilt nicht, wenn der Versicherungsvermittler den Nachweis dafür erbringt, dass er die Pflichtverletzung nicht zu vertreten hat.

b) Haftung gemäß Rechtsprechung

BGH 1992

Eine **Eigenhaftung des Vertreters** ist aber auch nach der Rechtsprechung gegeben. Diese setzt allerdings voraus, dass der Vertreter

- an dem vermittelten Geschäftsabschluss ein besonderes wirtschaftliches Interesse hatte (das Povisionsinteresse allein reicht hier aber nicht aus) und
- in einem ganz besonderen persönlichen Vertrauensverhältnis zum Kunden stand.

Beispiel:

Der VN A will seinen Hausrat zum vollen Wert (Neuwert) gegen die Gefahren Feuer, Einbruchdiebstahl, Leitungswasser und Sturm/Hagel versichern. Der Vertreter B, mit dem A befreundet ist, veranlasst ihn, nur 80 % des Wertes zu versichern, weil B meint, das sei im Hinblick auf künftige Kleinschäden auch genug. Als es wenig später zu einem Totalschaden kommt, erleidet A wegen der bestehenden Unterversicherung einen Vermögensschaden.

Unabhängig von einer persönlichen Haftung des Vertreters wird der geschädigte Kunde i.d.R. direkt vom VR Schadenersatz verlangen. Der VR wird dann aber den Vertreter in Regress nehmen, wenn der Schaden auf einem grob fahrlässigen Verhalten des Vertreters beruht. OLG Düsseldorf 1995

Die Mitwirkung des Versicherungsvertreters bei der Ausfüllung des Antrags auf Abschluss eines Versicherungsvertrages befreit den VN allerdings nicht von seiner Pflicht, die an ihn gestellten Fragen in eigener Verantwortung – gemäß § 19 VVG – wahrheitsgemäß und vollständig zu beantworten.

Exkurs: Maklerhaftung

Die gewohnheitsrechtliche Haftung des Versicherers für Erklärungen seines Vertreters finden für Erklärungen des Maklers keine Anwendung. BGH 25. März 1987

Den Makler trifft ein hohes Haftungsrisiko, das sich aus der Verpflichtung zum »**best advice**« (Beschaffung optimalen Versicherungsschutzes) ergibt (§ 60 VVG). Das Gesetz sieht deshalb auch den Abschluss einer Berufs-Haftpflichtversicherung vor. Die näheren Regelungen hierzu finden sich in § 34 d (2) Nr. 3 GewO und §§ 8 ff. VersVermV. BGH 22. Mai 1985

Aber auch ein **Vertreter,** der zwar nicht auf der Grundlage des § 60 VVG beraten muss, ist einer Haftung dann ausgesetzt, wenn er unrichtige Angaben über die berücksichtigten VR macht und dem VN durch Abschluss eines für ihn ungünstigen Versicherungsvertrags ein Schaden entsteht.

Lernkontrollen zu D 3.3

Vollmachten des Versicherungsvertreters nach VVG

1 Grenzen Sie den gesetzlichen Vollmachtsumfang eines Vermittlungsvertreters von dem eines Abschlussvertreters ab.

2 Warum hat der Vertreter gerade im Bereich der Lebens- und Krankenversicherung in der Regel nur Vermittlungs- und nicht Abschlussvollmacht?

3 Nach den Vorschriften des § 70 VVG steht die Kenntnis des Vertreters der Kenntnis des Versicherers gleich.

Erörtern Sie an einem Beispiel, wie diese Vorschrift auszulegen ist.

4 Inwieweit kann in den folgenden Fällen der VN den VR für Vertretertätigkeit haftbar machen?

a) Ein Agent macht falsche Angaben über die Höhe des Rückkaufwertes.

b) Ein Agent gibt eine bewusst falsche Auskunft über den Versicherungsumfang und erreicht damit einen Vertragsabschluss.

c) Ein Vermittlungsagent tritt als Abschlussagent auf und erteilt vorläufige Deckungszusagen.

4 Rechnungslegung der Agentur

4.1 Funktion und Gliederung des Rechnungswesens

4.1.1 Aufgaben betrieblichen Rechnungswesens

Das **betriebliche Rechnungswesen** stellt die wirtschaftlichen Vorgänge innerhalb einer Unternehmung und mit der Umwelt in Worten und Zahlen dar.

Für den Versicherungsbereich sind zu unterscheiden:

- Rechnungswesen der Versicherungsunternehmung
- Rechnungswesen der selbstständigen Versicherungsvertreter

Das Rechnungswesen der selbstständigen Versicherungsvertreter ist Gegenstand dieser Lehrbuchreihe.

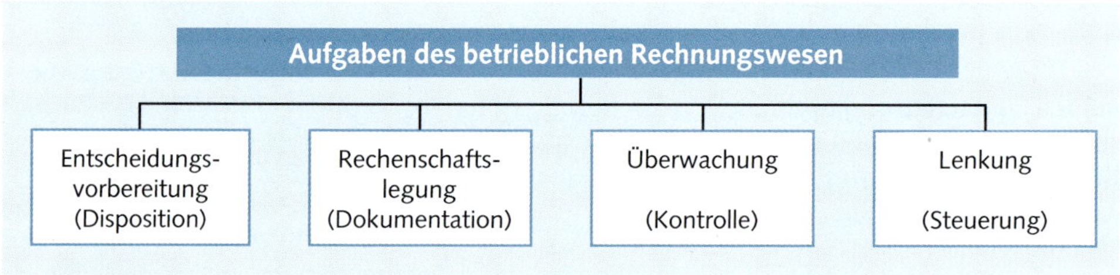

Die Versicherungswirtschaft kennt auch noch ein überbetriebliches Rechnungswesen. Es besteht im Wesentlichen aus Statistiken, die vom Gesamtverband der Deutschen Versicherungswirtschaft (GDV) oder von der Bundesanstalt für Finanzdienstleistungsaufsicht (BaFin) geführt werden.

Durch das Rechnungswesen werden Informationen für Planungs-, Entscheidungs-, Kontroll- und Lenkungsvorgänge bereitgestellt.

Man unterscheidet nach Informationen für interne und externe Zwecke.

➤ Interne Informationen

Sie sind für die Unternehmensführung bestimmt und umfassen insbesondere:

- mengen- und wertmäßige Erfassung und Überwachung der betrieblichen Prozesse;
- Soll-Ist-Vergleiche und Wirtschaftlichkeits- bzw. Rentabilitätsberechnungen.

➤ Externe Informationen

Sie sind für Anteilseigner, Versicherungsnehmer (VN), Gläubiger, Staat, Arbeitnehmer und interessierte Öffentlichkeit bestimmt und werden erstellt

- aufgrund gesetzlicher Vorschriften;
- freiwillig im Rahmen der Öffentlichkeitsarbeit.

4.1.2 Bestandteile des Rechnungswesens

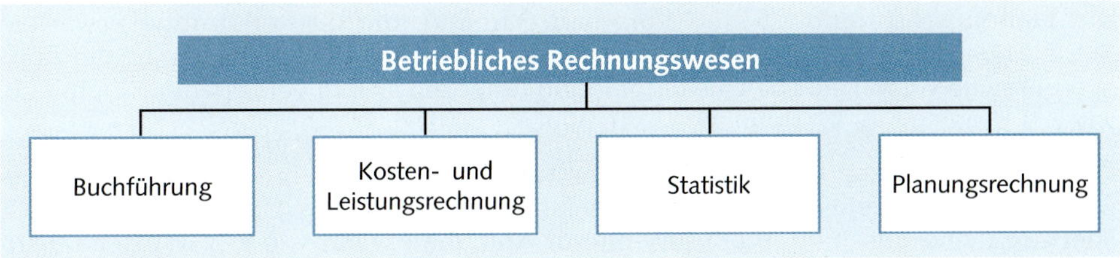

Die einzelnen Bereiche des Rechnungswesens nehmen unterschiedliche Aufgaben wahr. Sie sind jedoch miteinander verflochten, da die Informationen eines Bereiches häufig als Grundlage oder Ergänzung für die Informationsgewinnung in einem anderen Bereich dienen.

a) Buchführung

Die Buchführung ist eine Zeitrechnung; denn ihre Aufgabe besteht darin, alle Geschäftsfälle eines Unternehmens in einem Zeitabschnitt (Geschäftsjahr, Quartal) planmäßig, geordnet und lückenlos aufzuzeichnen. Die Aufzeichnung erfolgt anhand von Belegen zu den jeweiligen Geschäftsfällen. Sie dient insbesondere der **Dokumentation** und der Ermittlung von Wertgrößen, wie z.B. Provisionserträge, Personalaufwendungen, Stand des Vermögens. Das gewonnene Zahlenmaterial wird den Bereichen Kostenrechnung, Statistik und Planungsrechnung für deren Aufgaben zur Verfügung gestellt.

b) Kosten- und Leistungsrechnung

Die Kosten- und Leistungsrechnung befasst sich mit dem eigentlichen Betriebszweck. Sie ermittelt den Betriebserfolg bzw. das Betriebsergebnis, indem sie

- die Kosten der betrieblichen Tätigkeit
- den Leistungen aus der betrieblichen Tätigkeit

gegenüberstellt.

Was nicht zur eigentlichen betrieblichen Tätigkeit zählt (z.B. betriebsfremde Tätigkeiten), bleibt in der Kosten- und Leistungsrechnung unberücksichtigt.

Die Kosten- und Leistungsrechnung dient insbesondere zur Überwachung der Wirtschaftlichkeit des Betriebsprozesses. Für Versicherungsunternehmen ist sie ferner eine der Grundlagen für die Kalkulation des Versicherungsbeitrags.

c) Betriebliche Statistik

Die Statistik bereitet das Zahlenmaterial, welches sie einerseits selbstständig erhebt und andererseits aus der Buchführung und Kostenrechnung gewinnt, für Vergleichszwecke auf und wertet es aus. Analysiert werden in einer Versicherungsagentur vor allem der Kundenbestand und seine Veränderung, der Vermittlungserfolg, die Entwicklung der Provisionseinnahmen und der Kosten.

Durch die Berechnung von Kennzahlen (z.B. Kostenquote) und durch den Vergleich mit früheren Zeitabschnitten **(Zeitvergleich)**, mit anderen Unternehmen der Branche **(Betriebsvergleich)** oder mit dem statistischen Material der Direktion oder des Berufsverbandes ergeben sich wertvolle Entscheidungsgrundlagen für die Planung des zukünftigen Betriebsgeschehens.

d) Planungsrechnung und Controlling

Die **Planungsrechnung** ist eine Vorschaurechnung, die das zukünftige erwartete Betriebsgeschehen in Planzahlen darstellt und dabei auch die Informationen der übrigen Bereiche verwertet. Die Gesamtplanung unterteilt sich in verschiedene Teilpläne, wie z. B. Finanzplan, Werbeplan, Absatzplan.

Controlling bedeutet einerseits, die Agenturaktivitäten anhand der im Rechnungswesen erfassten Geldströme zu überwachen. Darüber hinaus nimmt dieser Bereich aber auch zukunfts- und aktionsorientierte Aufgaben wahr, wie z. B. Wirtschaftlichkeitsprüfungen und Entwicklung von Verbesserungsvorschlägen zur Kostensenkung. Ferner unterstützt das Controlling die Agenturführung bei Anpassungs- und Koordinationsproblemen durch die Bereitstellung von Informationen. Controlling lässt sich demzufolge als eine Planungs-, Überwachungs- und Informationsaufgabe definieren.

Vom Controlling ist die **Revision** zu unterscheiden. Während durch Controlling der laufende Betriebsprozess unterstützt werden soll, prüft die Revision lediglich die Zustände und Vorgänge sowie Aufzeichnungen auf ihre Ordnungsmäßigkeit. Die Prüfung des Jahresabschlusses ist z. B. eine typische Revisionstätigkeit.

- Das Rechnungswesen stellt die wirtschaftlichen Vorgänge zahlenmäßig dar.
- Die Informationen des Rechnungswesens sind für Planungs-, Entscheidungs- und Kontrollvorgänge von besonderer Bedeutung.
- Die Buchführung ist unternehmensbezogen und zeichnet alle Geschäftsfälle mit der Umwelt auf (Dokumentation).
- Die Kosten- und Leistungsrechnung ist betriebsbezogen und überwacht insbesondere die Wirtschaftlichkeit der Betriebsprozesse.
- Die Statistik bereitet das Zahlenmaterial auf und stellt vergleichende Betrachtungen an.
- Die Planung ermittelt Zukunftsdaten, wobei sie durch die übrigen Bereiche des Rechnungswesens und das Controlling unterstützt wird.

Lernkontrollen zu D 4.1

Funktionen und Gliederung des Rechnungswesens

1 Welche Aufgaben hat das betriebliche Rechnungswesen?

2 Wo ist ein Rechnungswesen in der Versicherungswirtschaft überall anzutreffen?

3 Für wen liefert das Rechnungswesen Informationen?

4 Aus welchen Bereichen besteht das betriebliche Rechnungswesen?

5 Welche Aufgabe hat die betriebliche Statistik im Rahmen des Rechnungswesens?

6 Inwieweit wird die Unternehmensleitung bei ihrer dispositiven Aufgabe durch das betriebliche Rechnungswesen unterstützt?

4.2 Gesetzliche Grundlagen der Buchführung

4.2.1 Buchführungspflicht

Beispiel:

Felix Groß, der seine Ausbildung zum Kaufmann für Versicherungen und Finanzen gerade begonnen hat, erfährt, dass ein Kaufmann gesetzlich zur Buchführung verpflichtet ist. Sein Ausbilder klärt ihn auf, dass diese Vorschrift nur für den selbstständigen Kaufmann gilt. Da Felix Groß an eine selbstständige Tätigkeit in der Versicherungswirtschaft nach Abschluss seiner Ausbildung denkt, hat er vor allem folgende Fragen:

- Wann entsteht die Buchführungspflicht?
- Innerhalb welcher Zeit ist die Buchführungspflicht zu erfüllen?
- Welchen Umfang muss die Buchführung eines selbstständigen Versicherungskaufmanns haben?

Sein Ausbilder empfiehlt ihm, als erste grundlegende Information die §§ 238, 239, 241 a, 242 und 243 HGB sorgfältig zu lesen.

a) Buchführungspflicht nach Handelsrecht

Jeder **Kaufmann** ist verpflichtet, Bücher zu führen und in diesen seine Handelsgeschäfte und die Lage seines Vermögens nach den Grundsätzen ordnungsmäßiger Buchführung ersichtlich zu machen. HGB § 238 (1) S. 1

Kaufmann ist nach § 1 des Handelsgesetzbuches (HGB), wer ein **Handelsgewerbe** betreibt (Istkaufmann).

Als **Handelsgewerbe** gilt jeder Gewerbebetrieb, es sei denn, dass das Unternehmen nach Art und Umfang einen in kaufmännischer Weise eingerichteten Geschäftsbetrieb nicht erfordert (Kleingewerbetreibende). § 1

Lässt sich ein gewerbliches Unternehmen, dessen Gewerbebetrieb kein Handelsgewerbe im Sinne des HGB darstellt, in das Handelsregister eintragen, erlangt es die Kaufmannseigenschaft mit allen Rechten und Pflichten **(Kannkaufmann).**

Der Versicherungsvertreter ist in § 92 HGB geregelt. Er ist Kaufmann im Sinne des HGB, wenn sein Gewerbebetrieb als Handelsgewerbe gilt.

Für Versicherungsgesellschaften in der Rechtsform der Aktiengesellschaft (AG) ergibt sich die Kaufmannseigenschaft und damit die Buchführungspflicht aus § 6 HGB (**Formkaufmann**). Für Versicherungsvereine auf Gegenseitigkeit (VVaG) und öffentlich-rechtliche Individualversicherer ergibt sich die Anwendbarkeit der Bestimmungen des HGB zur Buchführungspflicht aus dem Versicherungsaufsichtsgesetz (VAG). VAG §§ 172, 38 (1)

Ein **Einzelkaufmann** ist allerdings unter folgender Voraussetzung von der Pflicht zur Buchführung nach Handelsrecht **befreit**:

Einzelkaufleute, die an den Abschlussstichtagen von zwei aufeinander folgenden Geschäftsjahren nicht mehr als **600 000,00 € Umsatzerlöse** **und** **60 000,00 € Jahresüberschuss** aufweisen, sind nicht buchführungspflichtig nach dem HGB. Im Fall der Neugründung gilt dies schon, wenn diese Werte am Ende des ersten Geschäftsjahres nicht überschritten werden. HGB § 241a

Da sehr viele Agenturen von Einzelkaufleuten geführt werden, die insbesondere die genannte Untergrenze für Umsatzerlöse nicht erreichen, gilt für sie diese Befreiung. Die Buchführungspflicht ergibt sich dann aber meistens aufgrund steuergesetzlicher Vorschriften.

Umsatzerlöse sind Erlöse aus der gewöhnlichen Geschäftstätigkeit. In Agenturbetrieben sind dies in erster Linie die erzielten Provisionen.

b) Buchführungspflicht nach Steuerrecht

AO § 141 (1)

Die **Buchführungspflicht nach Steuerrecht** kommt für eine Agentur infrage,
- wenn bestimmte **Umsätze von mehr als 600 000,00 €** im Kalenderjahr getätigt wurden

<u>**oder**</u>

- ein **Gewinn aus Gewerbebetrieb von mehr als 60 000,00 €** im Wirtschaftsjahr erzielt wurde.

Bei Versicherungsvertretern ist die **Buchführungspflicht nach Steuerrecht** aufgrund der zweitgenannten Möglichkeit häufiger anzutreffen. In diesem Zusammenhang ist auf das **Maßgeblichkeitsprinzip** der Handelsbilanz für die Steuerbilanz hinzuweisen, so dass de facto bestimmte Vorschriften des Handelsrechts auch zu beachten sind (vgl. D 8.2).

Ist sowohl die Buchführungspflicht nach Handelsrecht als auch nach Steuerrecht gegeben, hat dies zur Konsequenz, dass ggf. eine Handels- und eine Steuerbilanz zu erstellen sind (siehe hierzu D 8.2).

Besteht keine Buchführungspflicht nach Steuerrecht, ist der Gewinn aus der Tätigkeit im Rahmen einer vereinfachten **Einnahmenüberschussrechnung** zu ermitteln.

4.2.2 Vorschriften zur Buchführung und zum Jahresabschluss

a) Handelsrechtliche Vorschriften

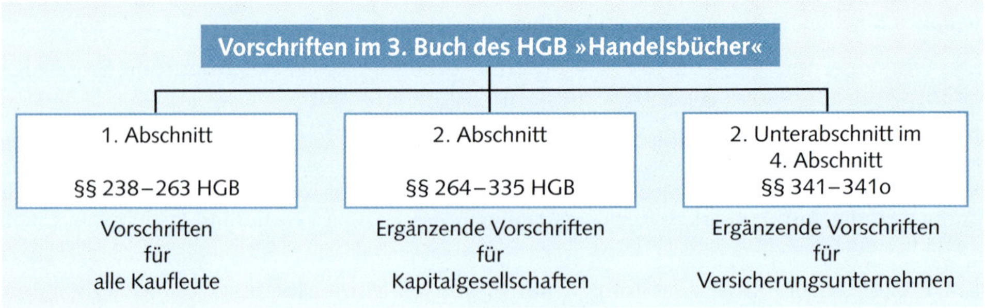

HGB §§ 238 ff.

Das HGB enthält in seinem 3. Buch »Handelsbücher« die **handelsrechtlichen Vorschriften** zur Buchführung und zum Jahresabschluss.

➤ Grundlegende Vorschriften im HGB

Im 1. Abschnitt (§§ 238 bis 263 HGB) sind die grundlegenden Vorschriften dargestellt. Hierzu zählen insbesondere:

- Führung der Handelsbücher
- Grundsätze ordnungsmäßiger Buchführung
- Inventar, Bilanz, Jahresabschluss
- Bilanzansätze und Bewertung
- Aufbewahrung und Vorlage von Aufzeichnungen

Im Rahmen der Agenturbuchführung sind diese grundlegenden Vorschriften stets zu beachten.

Anmerkung: Durch das **Bilanzrechtsmodernisierungsgesetz (BilMoG)** vom 25. Mai 2009 sind im HGB insbesondere die Vorschriften über **Bilanzansätze** und **Bewertung** modernisiert worden mit dem Ziel, eine deutlich höhere Transparenz und ein höheres Informationsniveau der Bilanz zu gewinnen, ohne dass kleine und mittlere Unternehmen hierfür auf die internationalen Rechnungslegungsvorschriften nach IFRS (International Financial Reporting Standard) übergehen müssen.

➤ Ergänzende Vorschriften für Kapitalgesellschaften

Der 2. Abschnitt (§§ 264 bis 335 HGB) erhält ergänzende **Vorschriften für Kapitalgesellschaften**.

Für Versicherungsunternehmen gelten weitere spezielle Vorschriften (z.B. §§ 341 bis 341o HGB).

b) Steuerrechtliche Vorschriften

Das Steuerrecht fordert in der Abgabenordnung (AO) die Buchführungspflicht, um die Geschäftserfolge eines Kaufmanns besteuern zu können. AO § 140

Werden bestimmte Grenzen, wie in D 4.2.1b dargestellt, nicht überschritten, genügt die **Einnahmenüberschussrechnung**. § 141 (1)

Für einzelne Steuerarten sind ferner die Vorschriften von Spezialgesetzen zu beachten, z.B. das Einkommensteuergesetz (EStG) und das Körperschaftsteuergesetz (KStG). Für Industrie und Handel hat das Umsatzsteuergesetz (UStG) besondere Bedeutung.

Exkurs: Umsatzbesteuerung der Versicherungsvertreter, Versicherungsmakler und Versicherungsunternehmen

Nach dem Umsatzsteuergesetz (UStG) sind die Umsätze **aus der Tätigkeit als** Versicherungsvertreter, Versicherungsmakler und Bausparkassenvertreter steuerbefreit. UStG § 4 Nr. 11, Nr. 28

Das Bundesministerium der Finanzen hat mit Rundschreiben vom 9. Okt. 2008 klargestellt, dass aufgrund des Wortlautes der Vorschrift »aus der Tätigkeit als« nur die charakteristischen, d.h. berufstypischen Umsätze der vorgenannten Berufsangehörigen nicht umsatzsteuerpflichtig sind. Berufstypisch sind z.B. die Vertragsvermittlung, Kundenbetreuung, aber auch die Schulung von nachgeordneten selbstständigen Vertretern für diese Tätigkeiten.
Gegen Vergütung vom selbstständigen Vertreter oder Makler für ein Versicherungsunternehmen erbrachte Dienstleistungen, z.B. Schadenfeststellung, sind dagegen nicht berufstypisch und daher umsatzsteuerpflichtig.

Das Umsatzsteuergesetz sieht ferner vor, dass die Leistungen der Versicherungsunternehmen aufgrund eines Versicherungsverhältnisses umsatzsteuerbefreit sind. § 4 Nr. 10

In den weiteren Ausführungen steht die berufstypische (umsatzsteuerbefreite) Tätigkeit des Versicherungsvermittlers im Vordergrund, so dass auf die Darstellung der Umsatzbesteuerung und ihre buchtechnische Behandlung verzichtet werden kann.

4.2.3 Grundsätze ordnungsmäßiger Buchführung (GoB)

HGB §§ 238 ff. AO §§ 145 ff.

Jeder Kaufmann ist zur ordnungsmäßigen Buchführung verpflichtet.

Im Einzelnen gilt:

➤ Grundsatz der Klarheit, Übersichtlichkeit und Nachprüfbarkeit

- Die Buchführung muss so beschaffen sein, dass ein sachverständiger Dritter innerhalb einer angemessenen Zeit die Geschäftsvorfälle und die Lage des Unternehmens überblicken kann.
- Die Bücher sind in einer lebenden Sprache zu führen. Abkürzungen und Symbole müssen eindeutig festliegen.
- HGB § 244 Der Jahresabschluss ist in deutscher Sprache und in Euro aufzustellen.

➤ Vollständigkeit und Richtigkeit

- Es dürfen keine Geschäftsfälle weggelassen oder unrichtige hinzugefügt werden.
- Der ursprüngliche Buchungsinhalt darf nicht unleserlich gemacht werden. Eintragungen in Bleistift sind unzulässig.
- Der Kaufmann muss für den Schluss eines Geschäftsjahres einen Jahresabschluss aufstellen.
- Zwischen Buchungen dürfen keine Freiräume sein.
- Bei Buchführung mittels elektronischer Datenverarbeitung müssen Änderungen und Korrekturen automatisch aufgezeichnet werden.
- Buchungen dürfen nicht ohne Beleg vorgenommen werden.
- Die Buchungen sind rechtzeitig, geordnet und in der zeitlichen Reihenfolge der Geschäftsfälle vorzunehmen.
- Kasseneinnahmen und -ausgaben müssen täglich festgehalten werden.

§ 257 AO § 147

➤ Aufbewahrungsfristen

- Bücher (Grund- und Hauptbuch, Inventare, Bilanzen) und Buchungsbelege: 10 Jahre

  Wird bei einem Wareneingang bzw. -ausgang nicht schon anhand des Lieferscheins sondern erst anhand der Rechnung gebucht, muss der Lieferschein nach der Buchung nicht mehr aufbewahrt werden (§ 141 (3) S. 3 AO).

- Empfangene Handelsbriefe und Wiedergaben der abgesandten Handelsbriefe: 6 Jahre

  Die Aufbewahrungsfristen beginnen mit dem Schluss des Kalenderjahres, in dem die Bücher erstellt bzw. die Handelsbriefe und Belege angefallen sind. Mit Ausnahme der Eröffnungsbilanz, Jahresabschlüsse und Konzernabschlüsse können die Unterlagen auch auf Bild- oder anderen Datenträgern aufbewahrt werden, wenn sie jederzeit verfügbar und in angemessener Frist wieder lesbar gemacht sind.

4.2.4 Grundsätze zur ordnungsmäßigen Führung und Aufbewahrung von Büchern, Aufzeichnungen und Unterlagen in elektronischer Form sowie zum Datenzugriff (GoBD)

Bücher, Aufzeichnungen und aufbewahrungspflichtige Unterlagen werden in der Praxis sehr häufig in elektronischer Form geführt. Die GoBD konkretisieren die Ordnungsmäßigkeitsanforderungen der Finanzverwaltung, wenn hierbei Datenverarbeitungssysteme zum Einsatz kommen. Alle Buchführungs- bzw. Aufzeichnungspflichtigen haben diese Ordnungsmäßigkeitanforderungen zu beachten.

➤ Elektronische Aufbewahrung

Im Unternehmen entstandene oder eingegangene aufzeichnungs- und aufbewahrungspflichtige Unterlagen sind in der Form aufzubewahren wie sie entstanden sind oder empfangen wurden (also physisch, z. B. Rechnungen per Brief) oder elektronisch (z. B. Rechnungen per E-Mails)

Es gilt:
Es ist sicherzustellen, dass diese Unterlagen nicht vor Ablauf der Aufbewahrungsfrist verändert oder gelöscht werden können.
Zulässig ist die Umwandlung in ein anderes Format, wenn dadurch die maschinelle Auswertbarkeit nicht eingeschränkt wird und inhaltliche Veränderungen ausgeschlossen sind.
Die ausschließliche Aufbewahrung ursprünglich elektronischer Daten in ausgedruckter Form ist nicht zulässig. **Ausnahme:** Elektronisch erstellte und dann **in Papierform versandte** Briefe.
Jedes elektronische Dokument ist mit einem Index zu versehen, unter dem es während der Aufbewahrungsfrist verwaltet wird.

➤ GoBD konformes Datenverarbeitungssystem

Die GoBD unterscheiden zwischen Hauptsystem (eigentliches DV-System) sowie Vorsystemen (z. B. elektronische Kasse). Zwischen den Systemen muss gewährleistet sein, dass die am jeweiligen System eingegeben Daten für das Gesamtsystem nicht mehr verändert werden können.

➤ GoBD konforme Software

Die zum Einsatz kommende Software muss sicherstellen, dass den Anforderungen der GoBD genügt wird.

Das **Bundesministerium der Finanzen (BMF)** hat in einem Schreiben die **Anforderungen der Finanzverwaltung an eine elektronische Buchführung** praxisgerecht zusammengefasst, damit die Unternehmen Rechtsklarheit haben. Das Schreiben kann auf der Webseite des BMF heruntergeladen werden.

Internetadresse: https://www.bundesfinanzministerium.de/Content/DE/Downloads/BMF_Schreiben/Weitere_Steuerthemen/Abgabenordnung/Datenzugriff_GDPdU/2014-11-14-GoBD.html

4.2.5 Verletzung der Rechtsvorschriften

Die Einhaltung der Grundsätze ordnungsmäßiger Buchführung (GoB) sowie der Grundsätze zur ordnungsmäßigen Führung und Aufbewahrung von Büchern, Aufzeichnungen und Unterlagen in elektronischer Form sowie zum Datenzugriff (GoBD) sichern die Beweiskraft der Buchführung. Diese ist gegenüber der Finanzverwaltung besonders wichtig, weil die Buchführung die Grundlage der Besteuerung ist.

Finanzbehörden schätzen ggf. den zu versteuernden Gewinn. § 162

Eine Freiheits- oder Geldstrafe droht Mitgliedern des vertretungsberechtigten Organs (z. B. Vorstand) oder des Aufsichtsrats einer Kapitalgesellschaft, wenn Jahresabschlüsse unrichtig oder verschleiert wiedergegeben werden. HGB § 331 AO § 370 f.

Daneben kennt das HGB noch weitere Straf- und Bußgeldvorschriften sowie Zwangsgelder im Zusammenhang mit den ergänzenden Vorschriften für Versicherungsunternehmen. HGB §§ 341m–o

- Die Rechtsgrundlagen der Buchführung einer Versicherungsagentur sind vorwiegend handelsrechtlicher (3. Buch des HGB) und steuerrechtlicher Art (AO).
- Die GoB und die GoBD legen fest, wie die Buchführung einzurichten und durchzuführen ist.

Lernkontrollen zu D 4.2

Gesetzliche Grundlagen der Buchführung

1 Der im Beispiel zu Abschnitt D 4.2.1 genannte Auszubildende Felix Groß möchte gerne genau wissen, ob und wann er buchführungspflichtig wird, wenn er seine Ausbildung beendet und sich als Versicherungsvertreter selbstständig gemacht hat.

Geben Sie ihm unter Nennung der Rechtsquellen die gewünschte Auskunft.

2 Unter welchen Voraussetzungen ist ein selbstständiger Versicherungsvertreter nicht buchführungspflichtig nach den handelsrechtlichen Vorschriften?

3 Prüfen und begründen Sie, ob

- Buchführungspflicht nach Handelsrecht,
- Buchführungspflicht nach Steuerrecht,
- die Pflicht zur Erstellung einer Einnahmenüberschussrechnung besteht.

a) Für die Agentur Jochen Klein gelten folgende Daten: Umsatzerlöse 140 000,00 €, Gewinn 62 000,00 €

b) Für die Agentur Hintzen & Co gelten folgende Daten: Umsatzerlöse 260 000,00 €, Gewinn 102 000,00 €

c) Für die Agentur Petra Köhnen gelten folgende Daten: Umsatzerlöse 150 000,00 €, Gewinn 58 000,00 €

d) Für die Agentur des Generalagenten Hans Reich gelten folgende Daten: Umsatzerlöse 620 000,00 €, Gewinn 220 000,00 €

e) Für den nebenberuflichen Vertreter Max Pfeiffer gelten folgende Daten: Umsatzerlöse 14 000,00 €, Gewinn 9 000,00 €

4 Was versteht man im Rahmen der Grundsätze ordnungsmäßiger Buchführung

a) unter dem Grundsatz der Klarheit,

b) unter dem Grundsatz der Vollständigkeit,

c) unter dem Grundsatz der zeitgerechten Buchungen?

5 Wie lange sind folgende schriftlichen Unterlagen nach HGB und AO aufzubewahren?

a) Inventare

b) Kontoauszüge der Bank

c) Handelsbriefe

d) Belege über die Gutschrift von Provisionen

e) Jahresabschlüsse

6 Der Geschäftsführer einer Versicherungsagentur in der Rechtsform einer GmbH hat bewusst falsche Angaben in seiner Buchführung gemacht, um unterschlagene Versicherungsgelder zu verstecken. Mit welchen rechtlichen Konsequenzen muss er rechnen und welche Rechtsgrundlage nach HGB ist hierfür maßgebend?

4.3 Inventur, Inventar und Bilanz

4.3.1 Inventur

Situationsbeispiel:

In der Generalagentur Werner Schneider, Düsseldorf, sind die Auszubildenden Thorsten Müller und Carolin Schmalbach an den Inventurarbeiten beteiligt. Thorsten Müller soll die gesamte Betriebseinrichtung erfassen. Für jeden Raum hat er ein Inventurblatt erhalten, auf dem zunächst die Art der Büroeinrichtung (Schreibtisch, Stuhl, Teppich, Vorhang, Computer usw.) und die jeweilige Anzahl einzutragen sind. Später wird er dann zusammen mit Herrn Krause ihren jeweiligen Wert ermitteln und vermerken.

Carolin Schmalbach hat den Auftrag, anhand diverser Unterlagen (Antragsdurchschriften, Kontoauszüge der Direktion usw.) die Provisionszahlungen zu überprüfen und sämtliche von der Direktion noch ausstehenden Provisionen sowie die an Mitarbeiter (Vertreter) der Agentur noch nicht gezahlten Provisionen aufzuzeichnen.

a) Zeitpunkt und Gegenstand der Inventur

Jeder Kaufmann hat mit Beginn seines Handelsgewerbes und für den Schluss eines jeden Geschäftsjahres sein **Vermögen** und seine **Schulden** nach **Menge** und **Wert** genau zu verzeichnen. HGB § 240 AO § 141

Die **Tätigkeit** zur Feststellung des Vermögens und der Schulden bezeichnet man als **Inventur**. Dabei ist zwischen der **körperlichen Inventur** und der **Buchinventur** zu unterscheiden.

➤ Körperliche Inventur

Die körperliche Inventur erfolgt durch eine mengenmäßige Aufnahme aller körperlichen Vermögensgegenstände in der Versicherungsagentur (z. B. Büromaschinen, Papiervorräte) mit nachfolgender Bewertung in Euro.

Gewerbe- und Industriebetriebe, die einen großen Anteil an Rohstoffen, Halb- und Fertigprodukten (Vorräte) kennen, erfassen diese nicht nur durch Zählen, sondern auch durch Messen, Wiegen und Schätzen.

➤ Buchinventur

Die Bestände an nichtkörperlichen Vermögenswerten und Schulden werden aus den verschiedensten Aufzeichnungen und Unterlagen ermittelt. Nichtkörperliche Vermögenswerte einer Versicherungsagentur sind z. B. die ausstehenden Provisionen, die Kontostände von Bank- und Postbankkonten. Ihre Werte lassen sich aus Abrechnungen, Kontoauszügen u. dgl. feststellen. Schulden können z. B. anhand noch nicht bezahlter Rechnungen wertmäßig erfasst werden.

b) Formen der Inventur

Das HGB schreibt die Inventur als **Stichtagsinventur** vor. Bei dieser Form der Inventur muss die Bestandsaufnahme zeitnah innerhalb einer Frist von 10 Tagen vor bzw. nach dem Inventurstichtag erfolgen.

Neben der Stichtagsinventur kennt das HGB noch **Inventurvereinfachungsverfahren**, die vor allem für Handels- und Industriebetriebe aufgrund der Vorratshaltung zur Anwendung gelangen.

- **Stichprobeninventur**
  HGB § 241 (1) Der Bestand an Vorräten wird mithilfe anerkannter mathematisch-statistischer Verfahren aufgrund von Stichproben geschätzt und anschließend bewertet.

- **Permanente (laufende) Inventur**
  § 241 (2) Die Zu- und Abgänge bei den Vermögensgegenständen werden laufend erfasst. Daneben wird mindestens einmal jährlich zu einem beliebigen Stichtag die körperliche Bestandsaufnahme durchgeführt. Erfolgt die laufende Erfassung mittels elektronischer Datenverarbeitungsanlagen, wie dies z. B. in großen Warenhäusern üblich ist, erhält man täglich Informationen zu den Bestandsbewegungen und kann entsprechend disponieren.

- **Verlegte Inventur**
  § 241 (3) Die Aufnahme erfolgt innerhalb der letzten drei Monate vor Schluss des Geschäftsjahres oder innerhalb der ersten zwei Monate nach Schluss des Geschäftsjahres. Die Bestände werden dann auf den Inventurstichtag fortgeschrieben oder zurückgerechnet.

c) Bedeutung der Inventur

Durch die Inventur wird festgestellt, ob die vorgefundene Vermögens- und Schuldenlage mit den Aufzeichnungen in der Buchführung übereinstimmt. Gegebenenfalls sind Berichtigungsbuchungen vorzunehmen.

4.3.2 Inventar

Situationsbeispiel (1. Fortsetzung):
Nach Abschluss sämtlicher Inventurarbeiten fertigt die Generalagentur anhand der Inventurlisten eine nach Vermögen und Schulden gegliederte Zusammenfassung der Inventurergebnisse an. Abschließend stellt er noch die Summe des Vermögens und die Summe der Schulden gegenüber und errechnet das Reinvermögen (Eigenkapital). Das Ergebnis wird als Inventar bezeichnet (s. nächste Seite).

Übersicht: Gliederung des Inventars

A. Vermögen
- I. Anlagevermögen
- II. Umlaufvermögen

B. Schulden
- I. Langfristige Schulden
- II. Kurzfristige Schulden

C. Reinvermögen

Die Ergebnisse der Bestandsaufnahme durch Inventur werden geordnet in einem besonderen Verzeichnis, dem **Inventar**, ausgewiesen.

Inventar zum . . . der Generalagentur Werner Schneider, Düsseldorf		
	€	€
A. Vermögen		
I. Anlagevermögen		
1. Grundstück und Gebäude Wupperstr. 8		420 000,00
2. Kraftfahrzeuge		
PKW: D-SN 373	29 000,00	
PKW: D-HK 120	22 000,00	51 000,00
3. Betriebs- und Geschäftsausstattung lt. Anlage 1		137 000,00
II. Umlaufvermögen		
1. Forderungen gegen die Direktion lt. Anlage 2		127 000,00
2. Bankguthaben		
– Stadtsparkasse	108 730,00	
– Postbank	105 200,00	213 930,00
3. Kassenbestand lt. Kassenbericht vom 31. Dez. . .		21 470,00
Summe des Vermögens		**970 400,00**
B. Schulden		
I. Langfristige Schulden		
1. Hypothekenverb. bei der Oberrieder Hypobank		296 000,00
2. Darlehen bei der Stadtsparkasse		144 300,00
II. Kurzfristige Schulden		
1. Verbindlichkeiten bei Untervertretern lt. Anlage 3		81 760,00
2. Sonstige Verbindlichkeiten Bürotechnik Schreiner & Meurer OHG		13 200,00
Summe der Schulden		**535 260,00**
C. Ermittlung des Reinvermögens		
Summe des Vermögens		**970 400,00**
– Summe der Schulden		**535 260,00**
= Reinvermögen (Eigenkapital)		**435 140,00**

Das Inventar ist 10 Jahre lang aufzubewahren. Es kann auch auf einem Bildträger (z. B. Mikrofilm) oder auf anderen Datenträgern (z. B. CD-ROM) aufbewahrt werden, wenn sichergestellt ist, dass die Daten jederzeit innerhalb der Aufbewahrungsfrist verfügbar sind und kurzfristig lesbar gemacht werden können. HGB § 257 (3)

a) Vermögen

Das Vermögen gliedert sich in Anlagevermögen und Umlaufvermögen.

Zum **Anlagevermögen** zählen alle Vermögensgegenstände, die dazu bestimmt sind, **dauernd** dem Geschäftsbetrieb zu dienen. § 247 (2)

In einer Versicherungsagentur sind dies in erster Linie die Kraftfahrzeuge und die Betriebs- und Geschäftsausstattung.

Im Einzelfall kann auch noch ein Gebäude hinzutreten, wenn es dem Betriebs- und Geschäftsvermögen zugeordnet worden ist.

Das **Umlaufvermögen** besteht aus den Vermögensgegenständen, die sich mengen- und wertmäßig infolge der betrieblichen Tätigkeit laufend verändern. In einer Versicherungsagentur zählen zum Umlaufvermögen insbesondere die Provisionsforderungen gegen Versicherungsgesellschaften (Forderung gegen Direktion), ferner der Kassenbestand und die Guthaben auf Girokonten (z. B. bei der Sparkasse, Postbank usw.).

Provisionsforderungen entstehen, wenn der Provisionsanspruch durch die Versicherungsgesellschaft bestätigt ist (z. B. durch Abrechnungsmitteilung), die Provision aber noch nicht überwiesen wurde.

In Handel und Industrie stellen Vorräte, Fertigprodukte oder Warenbestände typische Positionen des Umlaufvermögens dar.

Im Inventar werden die Vermögensposten nach dem **Prinzip steigender Liquidität** (Flüssigkeit) geordnet, d. h. nach der Möglichkeit, sie zügig in Geld umzuwandeln.

b) Schulden

Die Schulden (Verbindlichkeiten) trennt man entsprechend ihrer Fälligkeit in **langfristige** und **kurzfristige Schulden**.

- **Langfristige Schulden** sind Verbindlichkeiten mit einer Fälligkeitsfrist von über 4 Jahren. Hierzu zählen Hypothekenverbindlichkeiten, Grundschulden und langfristige Darlehensverbindlichkeiten.
- **Kurzfristige Schulden** sind durch Fälligkeitsfristen bis zu 4 Jahren gekennzeichnet. In der Versicherungsagentur entstehen kurzfristige Schulden vor allem gegenüber echten Untervertretern der Agentur, denen die Provision für die von ihnen vermittelten Versicherungsverträge geschuldet wird (Verbindlichkeiten bei Untervertretern).

Der **echte Untervertreter** ist ein selbstständiger Mitarbeiter des Vertreters. Er steht zu diesem in vertraglicher Beziehung. Sein Vergütungsanspruch richtet sich ausschließlich gegen den Vertreter. **Unechte Untervertreter** werden dagegen vom Versicherer bestellt und auch vergütet. Sie sind dem Vertreter nur organisatorisch zugeordnet.

Im Inventar werden die Schulden nach **zunehmender Fälligkeit** (Dringlichkeit der Zahlung) geordnet, d. h. nach der Frist, wann die Schuld fällig ist.

c) Reinvermögen (Eigenkapital)

Die Differenz zwischen Vermögen und Schulden stellt das Reinvermögen (Eigenkapital) der Versicherungsagentur dar.

d) Befreiung von der Pflicht zur Erstellung eines Inventars

HGB § 241a

Einzelkaufleute, die an den Abschlussstichtagen von zwei aufeinander folgenden Geschäftsjahren nicht mehr als 600 000,00 € Umsatzerlöse und 60 000,00 € Jahresüberschuss aufweisen, sind von der Buchführungspflicht nach HGB (vgl. D 4.2.1) und damit auch von der Pflicht zur Erstellung eines Inventars befreit. Im Fall der Neugründung gilt dies, wenn die genannten Werte am ersten Abschlussstichtag nach der Neugründung nicht überschritten werden.

Besteht keine Pflicht, bleibt es dem Kaufmann unbenommen, ein Inventar zu erstellen.

4.3.3 Bilanz

Situationsbeispiel (2. Fortsetzung):

Die Generalagentur Schneider erstellt aus dem Inventar eine weitere, noch kürzer gefasste Übersicht, wobei man die Vermögenswerte (Anlage- und Umlaufvermögen) den Kapitalwerten (Eigenkapital, Schulden als sog. Fremdkapital) gegenüberstellt. Durch seine Unterschrift bestätigt der Generalagent die Richtigkeit der Übersicht, die man als Bilanz bezeichnet.

Bilanz zum ...

der Generalagentur Werner Schneider, Düsseldorf

Aktiva	€	**Passiva**	€
I. Anlagenvermögen		I. Eigenkapital	435 140,00
1. Grundstücke/Bauten	420 000,00	II. Fremdkapital	
2. Kraftfahrzeuge	51 000,00	1. Hypothekenverb.	296 000,00
3. Betr. u. Gesch. Ausst.	137 000,00	2. Darlehnensverb.	144 300,00
II. Umlaufvermögen		3. Verb. bei Untervertretern	81 760,00
1. Ford. gg. Direktion	127 000,00	4. Sonstige Verbindlichkeiten	13 200,00
2. Kassenbestand	21 470,00		
3. Bankguthaben	213 930,00		
	970 400,00		970 400,00

Düsseldorf, den ... Werner Schneider

a) Aufbau der Bilanz

Das Handelsgesetzbuch sieht vor, dass der nach HGB buchführungspflichtige Kaufmann zu Beginn seines Handelsgewerbes und für den Schluss eines jeden Geschäftsjahres nicht nur ein Inventar, sondern auch eine Bilanz aufzustellen hat. HGB § 242

Die Bilanz ist eine kurz gefasste Übersicht des Inventars in Form eines Kontos.

Auf der linken Seite des Bilanzkontos, der **Aktivseite** (kurz: **Aktiva**), werden die Gesamtwerte gleichartiger Vermögensposten ausgewiesen. Dieser Aktivseite stehen auf der rechten Seite des Bilanzkontos, der **Passivseite** (kurz: **Passiva**), die Kapitalwerte in Form des Eigenkapitals und des Fremdkapitals (Schulden) gegenüber. Das Eigenkapital wird vor dem Fremdkapital ausgewiesen, da es dem Unternehmen, wie das direkt gegenüberstehende Anlagevermögen auf der Aktivseite der Bilanz, auf Dauer zur Verfügung steht.

Die Bilanzsumme der Aktivseite entspricht der Bilanzsumme der Passivseite. Daher rührt auch der Name Bilanz (ital. bilancia = Waage).

Anders als beim Inventar wird der Kassenbestand in der Bilanz jedoch vor dem Bankguthaben ausgewiesen. Grundlage hierfür ist die Gliederungsvorschrift für die Aktivseite der Bilanz in § 266 (2) HGB. Sie erklärt sich damit, dass Bankguthaben gegenüber einem Kassenbestand weniger verschleiert, den Gläubigern also nicht vorenthalten werden können.

Die Bilanz ist vom Kaufmann **persönlich**, bei der offenen Handelsgesellschaft von allen Gesellschaftern und bei der GmbH von allen Geschäftsführern zu unterzeichnen.

Die Bilanz einer Versicherungsgesellschaft ist von allen Mitgliedern des Vorstandes zu unterzeichnen.

b) Aussagekraft einer Bilanz

Aktiva	**Bilanz**	Passiva
I. Anlagevermögen		I. Eigenkapital
II. Umlaufvermögen		II. Fremdkapital

Vermögensseite bzw. Seite der Mittelverwendung **(Investition)**	**Kapitalseite** bzw. Seite der Mittelherkunft **(Finanzierung)**

Die linke Seite der Bilanz zeigt die **Kapitalverwendung,** auch **Investition** genannt, während auf der rechten Seite die **Kapitalherkunft,** d. h. die **Finanzierung** der Investitionen, ausgewiesen wird.

Durch die direkte Gegenüberstellung der **nach ihrer Liquidität geordneten Vermögenswerte** und der **nach der Fristigkeit geordneten Kapitalseite** kann rasch die Vermögens- und Kapitallage beurteilt werden. So kann der Agenturinhaber beispielsweise erkennen, welche (Provisions-)Forderungen noch gegenüber der Direktion und welche (Provisions-) Verbindlichkeiten gegenüber Untervertretern der Agentur bestehen. Aus der im Situationsbeispiel (2. Fortsetzung) abgebildeten Bilanz ist ferner erkennbar, dass das langfristig genutzte Anlagevermögen durch langfristig zur Verfügung stehendes Kapital gedeckt ist. Dem vorhandenen Umlaufvermögen stehen nur verhältnismäßig geringe kurzfristige Schulden gegenüber, sodass Liquiditätsprobleme bei Fälligkeit einer Schuld kaum zu erwarten sind.

Die Aussage der Bilanz lässt sich durch die Berechnung von Kennzahlen noch wesentlich erhöhen (vgl. E 3.3.1).

c) Vergleich Inventar – Bilanz

Inventar		Bilanz
Ausführliche Darstellung: • Mengen, Einzelwerte, Gesamtwerte • Vermögen, Schulden, Reinvermögen	→	Kurz gefasste Darstellung: • Gesamtwerte • Vermögen, Kapital
Darstellungstechnik: Staffelform		Darstellungstechnik: Kontenform

- Unter **Inventur** versteht man die mengen- und wertmäßige Erfassung der in einem Unternehmen vorhandenen Vermögensteile und Schulden zu einem bestimmten Zeitpunkt.
- Das **Inventar** ist ein Verzeichnis des Vermögens und der Schulden eines Unternehmens zu einem bestimmten Zeitpunkt.
- Das Vermögen gliedert sich in Anlage- und Umlaufvermögen und wird nach steigender Liquidität geordnet.
- Die Schulden gliedern sich in langfristige und kurzfristige Schulden, die nach der Dringlichkeit der Zahlung (Fristigkeit) ausgewiesen werden.
- Vermögen – Schulden = Reinvermögen (Eigenkapital)
- Die **Bilanz** ist eine Kurzfassung des Inventars in Kontoform.
- Durch die direkte Gegenüberstellung von Vermögen (Mittelverwendung bzw. Investition) und Kapital (Mittelherkunft bzw. Finanzierung) lässt sich die Lage des Unternehmens rasch erfassen.

Lernkontrollen zu D 4.3

Inventur, Inventar, Bilanz

1 Was verbirgt sich hinter den Begriffen Inventur, Inventar, Bilanz?

2 Wie ist das Inventar gegliedert?

3 Beschreiben Sie die Seiten der Bilanz.

4 Nach welchen Gesichtspunkten werden die Posten der Aktiv- und Passivseite angeordnet?

5 Wie unterscheiden sich Inventar und Bilanz?

6 In einer größeren Versicherungsagentur, die für mehrere Versicherungsgesellschaften arbeitet, wurden bei der Inventur folgende Aufzeichnungen gemacht:

Verbindlichkeiten bei Untervertretern: Untervertreter Amelung 1 400,00 €, Untervertreter Schröder 2 540,00 €;

Forderungen gegen Direktionen: Secura-Versicherung 1 720,00 €, All-Versicherung 4 670,00 €;

Grundstücke und Gebäude 335 000,00 €;

Bankguthaben 4 560,00 €;

Kassenbestand 1 300,00 €;

Hypotheken: Rheinische Kreditbank 112 000,00 €, Südkredit AG 100 000,00 €;

Betriebs- und Geschäftsausstattung: Büromöbel 10 000,00 €, Büromaschinen 11 400,00 €;

Kraftfahrzeuge 29 600,00 €

a) Welche der Werte sind vermutlich nicht durch körperliche Inventur, sondern durch Buchinventur ermittelt worden?

b) Ordnen Sie zunächst die aufgeführten Positionen nach Vermögen und Schulden.

c) Trennen Sie anschließend die Vermögenswerte nach Anlage- und Umlaufvermögen und die Schulden nach lang- und kurzfristigen Schulden.

d) Erstellen Sie das Inventar und die Bilanz.

7 Die Bewertung der Inventuraufnahmen führte zu folgenden Ergebnissen:

Kraftfahrzeug 12 100,00 €;

Betriebs- und Geschäftsausstattung: Kopierer 2 160,00 €, Faxgeräte 1 740,00 €, Anrufbeantworter 530,00 €, Notebooks 2 920,00 €, Personalcomputer 4 150,00 €, Büromöbel 12 330,00 €;

Forderungen gegen die Direktion 12 600,00 €;

Kassenbestand 910,00 €;

Bankguthaben 33 990,00 €;

Darlehensverbindlichkeiten 23 400,00 €;

Verbindlichkeiten bei Untervertretern 9 800,00 €;

a) Wie viel Euro beträgt das Anlagevermögen?

b) Erstellen Sie das Inventar und die Bilanz.

c) Wie viel Prozent betragen das Anlagevermögen und das Eigenkapital jeweils von der Bilanzsumme?

d) Beurteilen Sie die Kapitalausstattung der Versicherungsagentur im Vergleich zu den Vermögenswerten.

8 Welche Aussagen sind richtig, welche Aussagen sind falsch? Berichtigen Sie die falschen Aussagen.

a) Die Bilanz enthält Mengen- und Wertangaben zum Vermögen und zum Kapital einer Unternehmung.

b) Die Höhe des Kapitals verändert sich im gleichen Maße, wie das Vermögen wächst oder schrumpft.

c) Die Bilanz ist vom Kaufmann zu unterschreiben. Bei Krankheit oder Abwesenheit des Kaufmanns kann sie auch vom Prokuristen unterzeichnet werden.

d) Das Inventar ist eine ausführliche Darstellung des Vermögens und der Schulden in Kontoform.

9 Nach Abschluss des ersten Geschäftsjahres der Versicherungsagentur Müller ergibt sich das folgende Geschäftsbild:

Bankguthaben 9 600,00 €, Kassenbestand 1 180,00 €, Forderung gegen Direktion A 4 450,00 €, Forderung gegen Direktion B 7 700,00 €, Kraftfahrzeug 32 600,00 €, Verbindlichkeiten bei Untervertretern 18 600,00 €, Betriebs- und Geschäftsausstattung 39 000,00 €, Darlehensverbindlichkeiten 60 410,00 €.

a) Berechnen Sie das Eigenkapital und erstellen Sie die Bilanz.

b) Wie viel Euro beträgt das Umlaufvermögen und wie viel Euro beträgt das kurzfristige Fremdkapital?

c) Wie viel Prozent betragen die beiden Posten jeweils von der Bilanzsumme?

d) Vergleichen Sie die vorhandenen Investitionen und ihre Finanzierung anhand der Bilanz und beurteilen Sie die derzeitige Finanzlage der Agentur.

4.4 Bestandsbuchungen und Kontenabschluss

Übersicht: Wesentliche Merkmale der Buchführungstechnik

- Die Buchführung nimmt ihren Ausgang von der zu Beginn des Geschäftsjahres vorliegenden Bilanz. siehe D 4.1

  Für jede Bilanzposition wird ein eigenes **Konto** im sog. **Hauptbuch** eingerichtet.

  Das jeweilige Konto übernimmt den Betrag der zugehörigen Bilanzposition als **Anfangsbestand.**
- Jedem **Geschäftsfall** muss ein ordentlicher **Beleg** zugrunde liegen (z. B. Kontoauszug der Bank). Er wird **auf den Konten** gebucht. Durch eine Buchung werden mindestens zwei Konten berührt (sog. **Doppik).** siehe D 4.2

  Jede Buchung wird von einem **Buchungssatz** im sog. **Grundbuch** begleitet.
- Mindestens einmal jährlich erfolgt der **Kontenabschluss.** siehe D 4.3

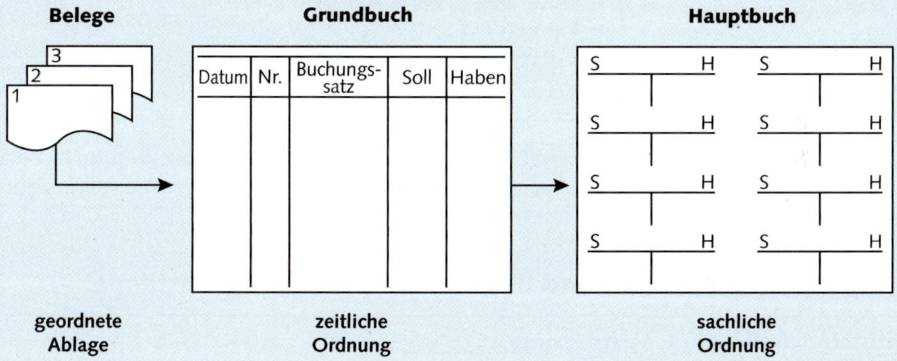

Grundbuch und **Hauptbuch** bilden die sog. **Handelsbücher**. Im Grundbuch stehen alle Buchungen anhand der Belege in ihrer zeitlichen Reihenfolge, im Hauptbuch sind sie in den jeweiligen Konten (sachliche Ordnung) erfasst.

Die Buchführung kann auch mit Hilfe eines Computers erfolgen und die Handelsbücher können auf Datenträgern geführt werden. Es muss sichergestellt sein, dass dieses Verfahren den Grundsätzen ordnungsmäßiger Buchführung entspricht und die gespeicherten Daten kurzfristig lesbar gemacht werden können. HGB § 239 (4)

4.4.1 Eröffnungsbilanz und Konteneröffnung

a) Bilanz am Anfang des Geschäftsjahres

Situationsbeispiel:

Die Versicherungsagentur Hilmar Krause eröffnet das neue Geschäftsjahr mit nachstehender Bilanz:

Aktiva	Eröffnungsbilanz		Passiva
	€		€
Grundstücke u. Bauten	320 000,00	Eigenkapital	164 000,00
Betr. u. Geschäftsausst.	33 000,00	Hypothekenverbindlichk.	180 000,00
Ford. gg. Direktion	9 000,00	Darlehensverbindlichkeiten	26 000,00
Kasse	5 000,00	Verb. bei Untervertr.	7 000,00
Bank	10 000,00		
	377 000,00		377 000,00

Die Bilanz am Anfang des Geschäftsjahres, auch Eröffnungsbilanz genannt, beruht regelmäßig auf dem Zahlenmaterial der Bilanz am Ende des vorausgegangenen Geschäftsjahres. ggf. berichtigt um die Inventurergebnisse.

b) Eröffnung der Konten und Übernahme der Anfangsbestände

Situationsbeispiel (1. Fortsetzung):

Für jede Bilanzposition wird ein eigenes Konto (sog. Bestandskonto) im Hauptbuch angelegt, das den jeweiligen Betrag der Bilanzposition als Anfangsbestand (AB) übernimmt.

S	Grundst. u. Bauten	H
AB	320 000,00	

S	Eigenkapital	H
	AB	164 000,00

S	Betr. u. Geschäftsausst.	H
AB	33 000,00	

S	Hypothekenverb.	H
	AB	180 000,00

S	Ford. gg. Direktion	H
AB	9 000,00	

S	Darlehensverb.	H
	AB	26 000,00

S	Kasse	H
AB	5 000,00	

S	Verb. bei Untervertr.	H
	AB	7 000,00

S	Bank	H
AB	10 000,00	

Für jede Position der Aktivseite (Vermögensseite) der Eröffnungsbilanz wird ein sog. **aktives Bestandskonto** (kurz: **Aktivkonto**), für jede Position der Passivseite (Kapitalseite) der Eröffnungsbilanz ein sog. **passives Bestandskonto** (kurz: **Passivkonto**) eingerichtet.

➤ Die linke Seite eines Kontos wird mit **Soll,** die rechte Seite mit **Haben** bezeichnet.

Jedes Konto übernimmt seinen Anfangsbestand aus der Eröffnungsbilanz. Der Anfangsbestand von aktiven Bestandskonten (**Aktivkonten**) steht grundsätzlich auf der Sollseite (kurz: im **Soll**), der Anfangsbestand von passiven Bestandskonten (**Passivkonten**) auf der Habenseite (kurz: im **Haben**).

➤ **Aktive Bestandskonten** haben ihren **Anfangsbestand** immer im **Soll**.

➤ **Passive Bestandskonten** haben ihren **Anfangsbestand** immer im **Haben**.

Zusammenfassung: Konteneröffnung

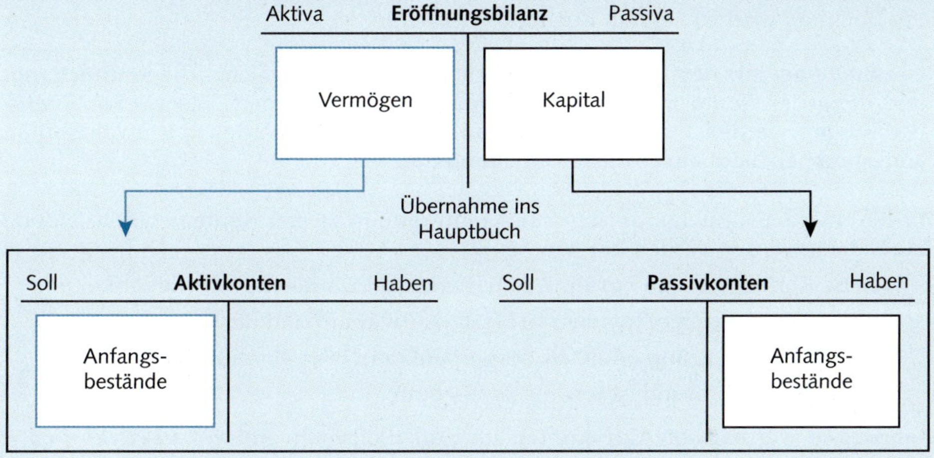

Hinweis: Kontenrahmen für die Agenturbuchführung

Der Bundesverband Deutscher Versicherungskaufleute e. V. (BVK) hat in Zusammenarbeit mit der DATEV, einer Datenverarbeitungsorganisation der deutschen Steuerberater, **einen speziellen Kontenrahmen für Versicherungsvermittler** entwickelt, der auf dem DATEV-Kontenrahmen SKR 03 basiert.

Für schulische Zwecke ist der Kontenrahmen jedoch zu umfangreich, weshalb die Grundlagen der Buchführung in der Schule üblicherweise anhand ausgewählter Konten erarbeitet werden. Eine **Übersicht** der verwendeten Konten für die Agenturbuchführung findet sich **im hinteren Buchdeckel**.

4.4.2 Buchen auf Bestandskonten bei Bestandsveränderungen

Situationsbeispiel (2. Fortsetzung):

Folgende Geschäftsfälle sind zu buchen (Grundbuch und Hauptbuch):

1. Die Agentur kauft eine Computeranlage für 6 000,00 € und zahlt mit Bankscheck.
2. Aufgrund einer Vereinbarung mit der Bank werden 20 000,00 € der Darlehensverbindlichkeiten in eine Hypothekenverbindlichkeit umgewandelt.
3. Die Bank gewährt der Agentur ein weiteres Darlehen über 8 000,00 € und schreibt den Betrag auf dem Bankkonto der Agentur gut.
4. Die Agentur tilgt 2 000,00 € des Darlehens durch Banküberweisung.

a) Buchungen im Grundbuch (hier: einfache Buchungssätze)

Jede Buchung wird von einem Buchungssatz begleitet.

Der Buchungssatz nennt grundsätzlich zuerst das Konto, welches die **Sollbuchung**, und dann das Konto, welches die **Habenbuchung** aufnimmt. Die beiden Kontonennungen werden durch das Wort »**an**« verbunden. Werden nur zwei Konten angesprochen, liegt ein **einfacher Buchungssatz** vor.

Vor Bildung eines Buchungssatzes und Eintragung auf den Konten sollten folgende Fragen beantwortet werden können:

- Welche Konten werden berührt? (z. B. Bank und Darlehensverbindlichkeiten)
- Welche Kontenart liegt jeweils vor? (z. B. Aktivkonto und Passivkonto)
- Entsteht eine Mehrung oder Minderung auf dem jeweiligen Konto?
- Auf welcher Kontoseite ist jeweils zu buchen?

Mehrungen werden auf **Aktivkonten im Soll** (Sollseite) und auf **Passivkonten im Haben** (Habenseite) gebucht.

Minderungen werden auf **Aktivkonten im Haben** und auf **Passivkonten im Soll** gebucht.

Aus den Antworten lässt sich der **Buchungssatz** nach dem **Prinzip »Soll an Haben«** bilden.

Geschäftsfall 1:

Die Agentur kauft eine Computeranlage für 6 000,00 € und zahlt mit Bankscheck.

– Welche Konten werden berührt?	BuG-Ausst. (BGA)	Bank
– Welche Kontenart liegt jeweils vor?	Aktivkonto	Aktivkonto
– Entsteht eine Mehrung oder Minderung auf dem jeweiligen Konto?	Mehrung	Minderung
– Auf welcher Kontoseite ist jeweils zu buchen?	Soll	Haben

Buchungssatz im Grundbuch	**Soll €**	**Haben €**
Betriebs- u. Geschäftsausst. an Bank	6 000,00	 6 000,00

Da hier zwei Bestandskonten berührt werden, die von der **Aktivseite der Bilanz** kommen und von denen eines **gemehrt** und das andere **gemindert** wird, spricht man auch von einem **Aktivtausch**.

Geschäftsfall 2:

Aufgrund einer Vereinbarung mit der Bank werden 20 000,00 € der Darlehensverbindlichkeiten in eine Hypothekenverbindlichkeit umgewandelt.

– Welche Konten werden berührt?	Darlehens-verb.	Hypotheken-verb.
– Welche Kontenart liegt jeweils vor?	Passivkonto	Passivkonto
– Entsteht eine Mehrung oder Minderung auf dem jeweiligen Konto?	Minderung	Mehrung
– Auf welcher Kontoseite ist jeweils zu buchen?	Soll	Haben

Buchungssatz im Grundbuch	**Soll €**	**Haben €**
Darlehensverbindlichkeiten an Hypothekenverbindlichkeiten	20 000,00	 20 000,00

Da hier zwei Bestandskonten berührt werden, die von der **Passivseite der Bilanz** kommen und von denen eines **gemindert** und das andere **gemehrt** wird, spricht man auch von einem **Passivtausch**.

Geschäftsfall 3:

Die Bank gewährt der Agentur ein weiteres Darlehen über 8 000,00 € und schreibt den Betrag auf dem Bankkonto der Agentur gut.

– Welche Konten werden berührt?	Bank	Darlehensverbindlichkeiten
– Welche Kontenart liegt jeweils vor?	Aktivkonto	Passivkonto
– Entsteht eine Mehrung oder Minderung auf dem jeweiligen Konto?	Mehrung	Mehrung
– Auf welcher Kontoseite ist jeweils zu buchen?	Soll	Haben

Buchungssatz im Grundbuch	**Soll €**	**Haben €**
Bank an Darlehensverbindlichkeiten	8 000,00	 8 000,00

Da hier jeweils ein von der **Aktivseite der Bilanz** und der **Passivseite der Bilanz** stammendes Bestandskonto berührt wird und beide **gemehrt** werden, spricht man auch von einer **Aktiv-/Passivmehrung**.

Geschäftsfall 4:

Die Agentur tilgt 2000,00 € des Darlehens durch Banküberweisung.

– Welche Konten werden berührt?	Darlehensverbindlichkeiten	Bank
– Welche Kontenart liegt jeweils vor?	Passivkonto	Aktivkonto
– Entsteht eine Mehrung oder Minderung auf dem jeweiligen Konto?	Minderung	Minderung
– Auf welcher Kontoseite ist jeweils zu buchen?	Soll	Haben

Buchungssatz im Grundbuch	**Soll €**	**Haben €**
Darlehensverbindlichkeiten an Bank	2000,00	 2000,00

Da hier jeweils ein von der **Aktivseite der Bilanz** und der **Passivseite der Bilanz** stammendes Bestandskonto berührt wird und beide **gemindert** werden, spricht man auch von einer **Aktiv-/Passivminderung**.

b) Darstellung der Buchungen im Hauptbuch

Auf den angesprochenen Konten sind üblicherweise zu vermerken:

- Betrag der Mehrung bzw. Minderung auf dem Konto
- Konto, das die Gegenbuchung aufnimmt

Anmerkung: Da kein verbindlicher Kontenrahmen mit Kontobezeichnungen und Kontonummern existiert, ist es im Unterricht der Schule üblich, entweder das Gegenkonto in abgekürzter Schreibform oder die zugehörige Nummer des Geschäftsfalls bei der jeweiligen Kontoeintragung anzugeben. Aus Gründen der besseren Nachvollziehbarkeit sind nachstehend die Anfangsbestände mit AB und die **Geschäftsfälle mit ihren Geschäftsfallnummern** vermerkt.

S	Grundst. u. Bauten		H
AB	320000,00		

S	Eigenkapital		H
		AB	164000,00

S	Betr. u. Geschäftsausst.		H
AB	33000,00		
1.	6000,00		

S	Hypothekenverb.		H
		AB	180000,00
		2.	20000,00

S	Ford. gg. Direktion		H
AB	9000,00		

S	Darlehensverb.		H
2.	20000,00	AB	26000,00
4.	2000,00	3.	8000,00

S	Kasse		H
AB	5000,00		

S	Verb. bei Untervertr.		H
		AB	7000,00

S	Bank		H
AB	10000,00	1.	6000,00
3.	8000,00	4.	2000,00

- Jeder Geschäftsfall berührt mindestens zwei Konten und wird von einem Buchungssatz begleitet.
- Grundsätzlich gilt bei Buchung von Geschäftsfällen: Kein Solleintrag ohne Habeneintrag.
- Jeder Buchungssatz wird nach dem Prinzip »Soll an Haben« gebildet.
- Mehrungen (Zugänge) stehen auf aktiven Bestandskonten (Aktivkonten) im Soll und auf passiven Bestandskonten (Passivkonten) im Haben.
- Minderungen (Abgänge) stehen auf Aktivkonten im Haben und auf Passivkonten im Soll.

Zusammenfassung: Mehrungen und Minderungen im Hauptbuch

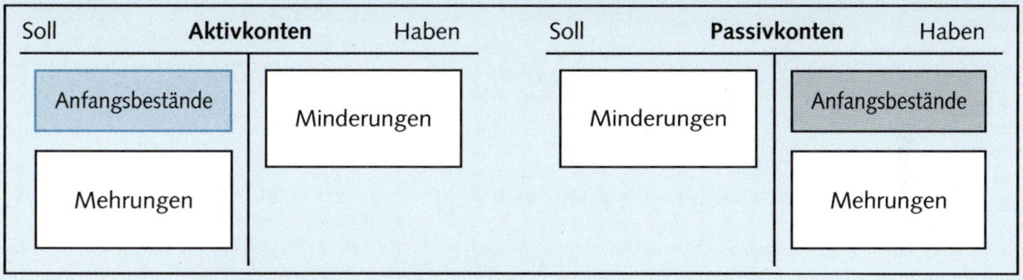

c) Zusammengesetzter Buchungssatz

Beispiel 1:

Die Agentur kauft einen Computer für 4 000,00 €. 1 000,00 € werden in bar gezahlt und über den Rest wird ein Bankverrechnungsscheck ausgestellt.

Aufgrund der **zwei** Zahlungsarten für **einen** Anlagegegenstand ist die Buchung mit einem zusammengesetzten Buchungssatz erforderlich.

Er lautet:

Buchungssatz	**Soll** **€**	**Haben** **€**
Betriebs- u. Geschäftsausst. an Kasse an Bank	4 000,00	 1 000,00 3 000,00

Beispiel 2:

Die Agentur verkauft ihr Kraftfahrzeug zum Buchwert von 12 000,00 €. Der Käufer zahlt 5 000,00 € bar und 7 000,00 € durch Banküberweisung.

Buchungssatz	**Soll** **€**	**Haben** **€**
Kasse Bank an Kraftfahrzeuge	5 000,00 7 000,00	 12 000,00

4.4.3 Abschluss der Bestandskonten

Situationsbeispiel (3. Fortsetzung):

Hilmar Krause möchte sich über seine Vermögens- und Schuldenlage informieren. Für jedes Bestandskonto wird deshalb der Saldo ermittelt. Die Salden werden in ein Bilanzkonto übernommen.

S	Grundst. u. Bauten (GuB)		H
AB	320 000,00	**Saldo**	**320 000,00**

S	Eigenkapital (EK)		H
Saldo	**164 000,00**	AB	164 000,00

S	Betr. u. Geschäftsausst. (BGA)		H
AB	33 000,00	**Saldo**	**39 000,00**
1.	6 000,00		
	39 000,00		39 000,00

S	Hypothekenverb. (HypV)		H
Saldo	**200 000,00**	AB	180 000,00
		2.	20 000,00
	200 000,00		200 000,00

S	Ford. gg. Direktion (FgDir)		H
AB	9 000,00	**Saldo**	**9 000,00**

S	Darlehensverb. (DarlV)		H
2.	20 000,00	AB	26 000,00
4.	2 000,00	3.	8 000,00
Saldo	**12 000,00**		
	34 000,00		34 000,00

S	Kasse		H
AB	5 000,00	**Saldo**	**5 000,00**

S	Verb. bei Untervertr. (VbUV)		H
Saldo	**7 000,00**	AB	7 000,00

S	Bank		H
AB	10 000,00	1.	6 000,00
3.	8 000,00	4.	2 000,00
		Saldo	**10 000,00**
	18 000,00		18 000,00

Salden → Bilanzkonto ← **Salden**

Bilanzkonto			
GuB	320 000,00	EK	164 000,00
BGA	39 000,00	HypV	200 000,00
FgDir	9 000,00	DarlV	12 000,00
Kasse	5 000,00	VbUV	7 000,00
Bank	10 000,00		
	383 000,00		383 000,00

HGB 242 (1) Das HGB verlangt, dass zu Beginn des Handelsgewerbes und am Ende eines jeden Geschäftsjahres eine Bilanz aufzustellen ist, damit das Verhältnis von Vermögen und Schulden sichtbar wird. In der Praxis sind aber Zwischenabschlüsse üblich, um jederzeit informiert zu sein. Diese sind problemlos möglich, da die Buchführung regelmäßig computergestützt durchgeführt wird.

Zu jedem Bestandskonto wird der **Saldo** errechnet, indem der Anfangsbestand und die Mehrungen auf dem Konto addiert und von dieser Summe die Minderungen abgezogen werden. Die Saldenergebnisse werden in das Bilanzkonto übernommen.

- Der Saldo eines Aktivkontos steht im Haben und auf dem Bilanzkonto im Soll.
- Der Saldo eines Passivkontos steht im Soll und auf dem Bilanzkonto im Haben.

Zusammenfassung

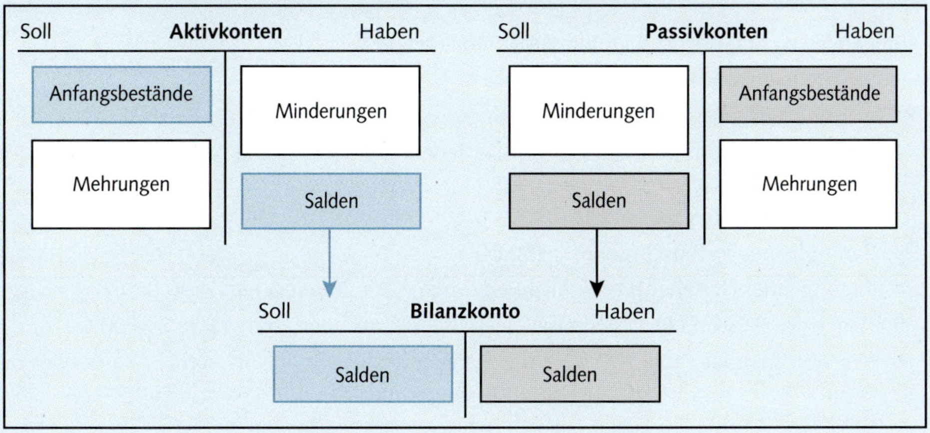

Das Bilanzkonto heißt **Schlussbilanzkonto** (abgekürzt: **SBK**), wenn der Abschluss des Geschäftsjahres durchgeführt wird (vgl. D 8.1).

Lernkontrollen zu D 4.4

Vorübungen zur Buchung von Geschäftsfällen

1 Stellen Sie fest, ob durch die nachfolgenden Zahlungsvorgänge der Kontostand des Bankkontos der Agentur zunimmt, abnimmt oder nicht berührt wird.

1. Der Versicherungsvertreter legt seiner Bank einen Verrechnungsscheck zur Einlösung vor.
2. Die Agentur erhält einen Barscheck.
3. Die Agentur stellt einen Barscheck aus.
4. Kauf eines Aktenschrankes durch Banküberweisung.
5. Ein Bürofachgeschäft erstattet der Agentur eine versehentlich doppelt gezahlte Rechnung mit einem Zahlschein.
6. Der Agenturinhaber händigt seinem Mitarbeiter (Untervertreter) einen Barscheck über die ihm zustehende Provision aus.

2 Erstellen Sie anhand der nachfolgenden Angaben eine Bilanz als Ausgangsposition, wobei das fehlende Eigenkapital zu ermitteln ist. Prüfen Sie dann für jeden Geschäftsfall, welche Bilanzpositionen berührt werden und wie sie sich verändern.

Betriebs- und Geschäftsausstattung 24 000,00 €, Forderungen gegen Direktionen 9 000,00 €, Kasse 6 000,00 €, Postbank 3 600,00 €, Eigenkapital … €. , Verbindlichkeiten bei Untervertretern 5 000,00 €.

1. Die Agentur kauft einen Aktenschrank durch Überweisung vom Konto bei der Postbank für 1 350,00 €.
2. Barabhebung vom Konto bei der Postbank 500,00 €.
3. Bareinzahlung von 600,00 € auf ein neu eingerichtetes Bankkonto bei einer anderen Bank.
4. Die Bank gewährt ein Darlehen über 5 000,00 € und schreibt den Darlehensbetrag auf dem neu eingerichteten Bankkonto gut.

5. Verkauf eines Druckers aus der Geschäftsausstattung zum Barpreis von 200,00 €.
6. Tilgung von 300,00 € des Bankdarlehens durch Banküberweisung.

3 Stellen Sie zu den nachstehenden Geschäftsfällen fest,
- welche Bilanzpositionen berührt werden,
- wie sie jeweils berührt werden (Zunahme, Abnahme).

1. Die Bank schreibt ein zugesagtes Darlehen auf dem Bankkonto der Agentur gut 20000,00 €.
2. Barabhebung vom Bankkonto 2300,00 €.
3. Barkauf eines Aktenschrankes 1350,00 €.
4. Tilgung einer Darlehensverbindlichkeit durch Banküberweisung 6800,00 €.
5. Kauf eines Pkw und Bezahlung mit einem Bankverrechnungsscheck 31200,00 €.
6. Der Autohändler zahlt 100,00 € des Kaufpreises in bar an uns zurück, da bei der Berechnung des Kaufpreises im Zusammenhang mit den Sonderausstattungen ein Fehler unterlaufen war.
7. Ein Teil der Darlehensverbindlichkeiten wird in eine Hypothekenverbindlichkeit umgewandelt 15000,00 €.

Buchen von Geschäftsfällen

4 Eröffnen Sie die Konten und buchen Sie die Geschäftsfälle im Grund- und Hauptbuch.

Anfangsbestände: Betriebs- und Geschäftsausstattung 24000,00 €, Forderungen gegen Direktion 9000,00 €, Kasse 6000,00 €, Postbank 3600,00 €, Eigenkapital 37600,00 €, Verbindlichkeiten bei Untervertretern 5000,00 €.

1. Die Agentur kauft einen Aktenschrank per Überweisung vom Konto bei der Postbank für 1350,00 €.
2. Barabhebung vom Konto bei der Postbank 500,00 €.
3. Bareinzahlung von 600,00 € auf ein bei einer Bank neu eingerichtetes Konto.
4. Die Bank gewährt ein Darlehen über 5000,00 € und schreibt den Darlehensbetrag auf dem neu eingerichteten Bankkonto gut.
5. Verkauf eines älteren Druckers aus der Geschäftsausstattung bar zum Buchwert von 200,00 €.
6. Tilgung von 300,00 € des Bankdarlehens durch Postbanküberweisung.

5 Führen Sie für folgende Geschäftsfälle das Grundbuch.

1. Die Bank schreibt ein zugesagtes Darlehen auf dem Bankkonto der Agentur gut 20000,00 €.
2. Barabhebung vom Bankkonto 2300,00 €.
3. Barkauf eines Aktenschrankes 1350,00 €.
4. Tilgung einer Darlehensschuld durch Banküberweisung 6800,00 €.
5. Kauf eines Pkw und Bezahlung mit Bankverrechnungsscheck 31200,00 €.
6. Der Autohändler zahlt 100,00 € des Kaufpreises in bar an uns zurück, da bei der Berechnung des Kaufpreises im Zusammenhang mit den Sonderausstattungen ein Fehler unterlaufen war.
7. Ein Teil der Darlehensverbindlichkeiten wird in eine Hypothekenverbindlichkeit umgewandelt 15000,00 €.

6 Welche Geschäftsfälle liegen den nachstehenden Buchungssätzen zugrunde?

Buchungssätze	Soll €	Haben €
1. Betriebs- u. Geschäftsausst.	3 000,00	
an Bank		3 000,00
2. Kasse	500,00	
an Bank		500,00
3. Darlehensverbindlichkeiten	1 200,00	
an Bank		1 200,00
4. Bank	300,00	
an Kasse		300,00
5. Kasse	150,00	
an Betriebs- u. Geschäftsausst.		150,00
6. Bank	10 000,00	
an Darlehensverbindlichkeiten		10 000,00

7 Prüfen Sie zu den nachstehenden Geschäftsfällen, ob das Bankkonto

- im Soll berührt wird,
- im Haben berührt wird,
- nicht berührt wird.

1. Kauf von Büromaterial gegen Bankbarscheck.
2. Verkauf eines gebrauchten Aktenschrankes gegen Bankverrechnungsscheck.
3. Umwandlung eines Teils des Bankdarlehens in eine Hypothekenverbindlichkeit.
4. Bareinzahlung auf das Bankkonto.
5. Barabhebung vom Bankkonto.
6. Geldabfluss vom Bankkonto lt. Kontoauszug.
7. Gutschrift eines eingereichten Bankbarschecks auf dem Bankkonto.

8 Bilden Sie jeweils zusammengesetzte Buchungssätze:

1. Kauf eines neuen Kraftfahrzeuges für 40 000,00 €.
   Die Agentur zahlt 10 000,00 € bar und den Rest durch Banküberweisung.
2. Der Agentur wird ein Hypothekendarlehen über 60 000,00 € gewährt. 40 000,00 € werden dem Bankkonto der Agentur gutgeschrieben, mit dem Rest wird eine Darlehensverbindlichkeit abgelöst, die die Agentur bei der Bank hat.
3. Eine noch nicht bezahlte Rechnung über 300,00 €, die auf dem Konto Sonstige Verbindlichkeiten gebucht wurde, wird von der Agentur wie folgt beglichen: 200,00 € durch Bankbarscheck, 100,00 € durch Barzahlung.

Abschluss der Bestandskonten

9 Eröffnen Sie die Konten, buchen Sie die Geschäftsfälle und ermitteln Sie anschließend die Kontensalden.

Anfangsbestände: Kraftfahrzeuge 17 600,00 €, Betriebs- und Geschäftsausstattung 12 000,00 €, Forderungen gegen Direktion 4 900,00 €, Kasse 1 600,00 €, Bank 15 400,00 €, Eigenkapital 37 100,00 €, Verbindlichkeiten bei Untervertretern 2 400,00 €, Sonstige Verbindlichkeiten 12 000,00 €.

1. Auf dem Bankkonto gehen 900,00 € unserer Forderungen gegen die Direktion ein.
2. Wir zahlen daraufhin 400,00 € unserer Verbindlichkeiten beim Untervertreter an ihn in bar.
3. Kauf neuer Bürostühle für 1500,00 €. 500,00 € werden durch Bankbarscheck sofort bezahlt. Der Rest ist erst in vier Wochen fällig.
4. Barverkauf der alten Bürostühle zum Buchwert von 150,00 €.
5. Bareinzahlung auf das Bankkonto 600,00 €.
6. Bezahlung des offen stehenden Restes zu den gekauften Bürostühlen durch Banküberweisung.
7. Verkauf unseres einzigen Kraftfahrzeuges zum Buchwert. 5000,00 € werden bar und der Rest durch Banküberweisung gezahlt.
8. Kauf eines neuen Kraftfahrzeuges für 29000,00 €.
   9000,00 € des Kaufpreises werden uns für einen Monat gestundet, den Rest zahlen wir durch Ausstellung eines Bankverrechnungsschecks.

10 Nach Beendigung der Buchungen eines Arbeitstages und Erstellen eines Zwischenabschlusses auf dem Personalcomputer der Agentur erscheint eine Virenwarnung auf dem Bildschirm.

Da nicht auszuschließen ist, dass Daten beschädigt wurden, bittet Sie der Agenturinhaber, anhand der vorgenommenen Buchungen und der daraufhin erstellten Zwischenbilanz die Bestände der Konten am Anfang des Arbeitstages zu ermitteln, um dann vergleichen zu können.

Folgende Geschäftsfälle wurden an diesem Tag gebucht:

1. Barabhebung vom Bankkonto 500,00 €
2. Buchung der Rechnung über den neuen Drucker. Der Rechnungsbetrag von 1450,00 € ist erst in 8 Tagen zu bezahlen.
3. Die Direktion hat zur Begleichung unserer Provisionsforderungen 600,00 € auf das Bankkonto überwiesen.
4. Dem Untervertreter wurden daraufhin 200,00 € zur Begleichung eines Teils unserer Provisionsverbindlichkeiten bei ihm bar ausgehändigt.
5. Die monatliche Darlehenstilgungsrate von 400,00 € wurde von unserem Bankkonto abgebucht.
6. Der alte Drucker wurde für 100,00 € bar an einen Untervertreter verkauft.

Zwischenbilanz am Ende des Arbeitstages

Aktiva			Passiva
Kraftfahrzeuge	7000,00	Eigenkapital	19200,00
Betriebs- u. Gesch.Ausst..	14000,00	Darlehensverb.	8600,00
Ford. gg. Direktion	5600,00	Verb. bei Untervertreter	2500,00
Kasse	1200,00	Sonstige Verb.	1700,00
Bank	4200,00		
	32000,00		32000,00

4.5 Erfolgsbuchungen und Erfolgsermittlung

4.5.1 Veränderung des Eigenkapitals durch Aufwendungen und Erträge

Beispiel:
Die Versicherungsagentur Hilmar Krause war im laufenden Monat besonders erfolgreich in der Vermittlung von Versicherungsverträgen. Neben den Abschlussprovisionen wird man noch eine Bonifikation erhalten, da der vom Versicherungsunternehmen gesteckte Zielerwartungsplan erreicht wurde. Dieser Erfolg wurde nur durch eine verstärkte Briefwerbung mit anschließenden Kundenbesuchen erreicht.

a) Mehrungen des Eigenkapitals durch Erträge

Die Erträge in einer Versicherungsagentur entstehen im Wesentlichen aus

- der Vermittlung von Versicherungsverträgen,
- der Kundenbetreuung während der Vertragslaufzeit und im Versicherungsfall.

Darüber hinaus können auch noch andere Ertragsquellen infrage kommen.

Hier wären insbesondere zu nennen:

- Erträge aus Kapitalvermögen
- Erträge aus Vermietung und Verpachtung

Jeder Ertrag führt zu einer Erhöhung des Eigenkapitals.

Beispiel 1:
Die Direktion überweist auf das Bankkonto der Agentur eine Abschlussprovision von 3 000,00 € für eine durch die Agentur vermittelte Lebensversicherung.

Beispiel 2:
Aus dem Kontoauszug der Bank ersieht die Agentur, dass 700,00 € an Zinsen für eine Kapitalanlage bei der Bank gutgeschrieben wurden.

In Beispiel 1 mehrt sich der Kontostand des Bankkontos. In Beispiel 2 wird die Agentur eine weitere Mehrung auf dem Bankkonto buchen. Durch beide Fälle hat das Kapital der Agentur zugenommen. Entsprechend müssten die Gegenbuchungen auf dem Konto Eigenkapital erfolgen.

Kontendarstellung für Beispiel 1 und Beispiel 2 (ohne Anfangsbestände)

S	Bank	H
Anfangsbestand		
1.	3 000,00	
2.	700,00	

S	Eigenkapital	H
	Anfangsbestand	
	1.	3 000,00
	2.	700,00

b) Minderung des Eigenkapitals durch Aufwendungen

Im Zusammenhang mit der Versicherungsvermittlung und Kundenbetreuung entstehen in der Versicherungsagentur laufend Aufwendungen. Die angestellten Mitarbeiter erwarten für ihre Tätigkeit ein Gehalt, die Untervertreter für erfolgreiche Vermittlungstätigkeit eine Provision vom Agenturinhaber, da er ja wiederum die entsprechende Abschlussprovision vom Versicherer erhält. Büromiete, Strom, Heizung, Kraftfahrzeugsteuer, Benzin usw. müssen bezahlt werden.

Jeder Aufwand führt zu einer Minderung des Eigenkapitals.

Beispiel 3:
Die Büromiete von 1 200,00 € wird durch Banküberweisung gezahlt.

Beispiel 4:
Einem Untervertreter der Agentur werden 500,00 € Abschlussprovision für vermittelte Verträge bar ausgezahlt.

In Beispiel 3 mindert sich der Kontostand des Bankkontos und damit das Eigenkapital. In Beispiel 4 bucht die Agentur eine Minderung des Kassenbestandes zu Lasten des Eigenkapitals. Durch beide Fälle hat das Eigenkapital der Agentur abgenommen.

Kontendarstellung für Beispiel 3 und Beispiel 4

S	Bank		H
Anfangsbestand	....	3.	1 200,00
1.	....		
2.	....		

S	Eigenkapital		H
3.	1 200,00	*Anfangsbestand*	....
4.	500,00	*1.*	....
		2.	....

S	Kasse		H
Anfangsbestand	....	4.	500,00

c) Erfolgsermittlung auf dem Eigenkapitalkonto

S	Eigenkapital		H
3.	1 200,00	*Anfangsbestand*	......
4.	500,00	1.	3 000,00
Endbestand		2.	700,00

Betrachtet man die dargestellten vier Buchungsbeispiele auf dem Eigenkapitalkonto, so ist festzustellen, dass den gebuchten Erträgen von insgesamt 3 700,00 € auf der Habenseite Aufwendungen in Höhe von insgesamt 1 700,00 € auf der Sollseite gegenüberstehen. Die Differenz von 2 000,00 € stellt im Beispielsfall den Gewinn der Agentur dar. Würde man jetzt das Konto Eigenkapital abschließen und den Endbestand mit dem Anfangsbestand vergleichen, würde man erkennen, dass der Bestand an Eigenkapital zugenommen hat.

- Ertrag > Aufwand = Gewinn; Gewinn = Eigenkapitalmehrung
- Ertrag < Aufwand = Verlust; Verlust = Eigenkapitalminderung

Die unmittelbare Buchung der Erfolge (Aufwendungen und Erträge) auf dem Eigenkapitalkonto ist in der Praxis unüblich, da

- das Eigenkapitalkonto zu unübersichtlich wird,
- die Höhe einzelner Aufwendungen und Erträge nur mühsam aus dem Eigenkapitalkonto ermittelt werden könnte,
- die Gewinn- bzw. Verlusthöhe nicht unmittelbar aus dem Eigenkapitalkonto abgelesen werden kann.

Man richtet deshalb **Aufwands- und Ertragskonten** als sog. **Unterkonten des Eigenkapitalkontos** ein, die man zusammenfassend als **Erfolgskonten** bezeichnet.

4.5.2 Buchen von Erträgen und Aufwendungen auf Erfolgskonten

Übersicht: Ausgewählte Erfolgskonten einer Versicherungsagentur

Aufwandskosten	Ertragskosten
• Provisionsaufwand	• Provisionsertrag
• Mietaufwand	• Zinsertrag
• Energieaufwand	• Außerordentlicher Ertrag
• Verwaltungsaufwand	
• Werbe- und Reiseaufwand	
• Kraftfahrzeugaufwand	
• Zinsaufwand	
• Außerordentlicher Aufwand	

a) Ertragskonten

Die **Erträge** werden auf entsprechenden **Ertragskonten** gebucht.

➤ Provisionsertrag

Zum Provisionsertrag zählen:

- **Abschlussprovision**

  Sie ist das Entgelt des Versicherers für die Vermittlungsleistung des Versicherungsvertreters. Ihre Höhe ist im Vertretungsvertrag geregelt.

- **Folgeprovision** (auch Betreuungs-, Bestands-, Pflege- oder Verwaltungsprovision genannt)

  Mit dieser Provision wird die Leistung bei der Kundenbetreuung honoriert.

  In der Praxis ist zu beobachten, dass die Versicherer im Rahmen der Kundenorientierung Teile der Schadenregulierung zunehmend auf ihre Agenturen übertragen. Für diese zusätzliche Arbeit wird u. U. eine besondere Schadenregulierungsvergütung gezahlt.

- **Bonifikationen**

  Hierbei handelt es sich um vom Versicherer freiwillig und widerruflich zugestandene Sonderzahlungen. Sie werden vielfach aufgrund der Erfüllung von Zielerwartungsplänen oder Leistungsstaffeln gezahlt.

- **Zuschüsse/Garantien**

  In der Praxis zahlen die Versicherer häufig Zuschüsse oder Garantien. Sie werden meistens nur für eine bestimmte Zeit (z. B. als Starthilfen nach Agentureröffnungen) gezahlt und sind auf dem Konto Provisionsertrag zu buchen, sofern kein eigenes Konto zur Verfügung steht.

➤ Zinsertrag

Er entsteht durch Guthabenverzinsung auf dem Bankkonto, Dividenden- und Zinszahlungen aus Kapitalanlagen sowie Zinszahlungen von Kreditschuldnern.

➤ Außerordentlicher Ertrag

Dieses Konto erfasst **außergewöhnliche Erträge,** z. B. eine Schenkung an den Betrieb.

Da die Konten »**Sonstiger betrieblicher Ertrag**« und »**Ertrag aus dem Abgang von Vermögensgegenständen**« im verbindlichen Agenturkontenplan (Schulversion) nicht existieren, sind auch die periodenfremden Erträge aus der gewöhnlichen Geschäftstätigkeit ausnahmsweise auf diesem Konto zu buchen, wie später noch gezeigt wird.

b) Aufwandskonten

Die Aufwendungen werden auf entsprechenden **Aufwandskonten** gebucht.

➤ Provisionsaufwand

Provisionen, die der Vertreter an Untervertreter aufgrund deren Vermittlungstätigkeit zu leisten hat.

➤ Mietaufwand

Miete für die Geschäftsräume.

➤ Energieaufwand

Energieverbrauch (einschl. Wasser) in der Agentur.

➤ Verwaltungsaufwand

Büromaterial, Telefon, Fachzeitschriften und -bücher, Kontoführungsgebühren, Geschäftsversicherungen, Renovierungskosten von gemieteten Büroräumen.

➤ Werbe- und Reiseaufwand

Aufwendungen für alle Werbemaßnahmen und Geschäftsreisen.

➤ Kraftfahrzeugaufwand

Aufwendungen, die im Zusammenhang mit den Geschäftsfahrzeugen stehen (Benzin, Parkgebühren, Kfz-Steuer und -Versicherung, Garagenmiete, Reparaturen).

➤ Steueraufwand

Betriebsteuern.

In einer Agentur für Versicherungen und Finanzen fällt regelmäßig die **Gewerbesteuer** als Betriebsteuer an.

Handelsrechtlich ist die Gewerbesteuer ein **Aufwand**.

In der **Buchführung nach Handelsrecht** wird daher gebucht:

- Steueraufwand an Zahlungsmittelkonto (z. B. Bank)

Für Unternehmen, die von **Einzelkaufleuten** oder **Personengesellschaften** betrieben werden, ist die **Gewerbesteuer** seit 2008 aufgrund steuerrechtlicher Bestimmungen **keine Betriebsausgabe,** also steuerlich nicht als Betriebsteuer abzugsfähig. Das trifft auf die Mehrzahl der Agenturen zu; denn diese werden überwiegend von Einzelkaufleuten oder Personengesellschaften betrieben. Die Gewerbesteuer kann jedoch im Rahmen der Einkommensteuererklärung des Agenturbetreibers bis zu einem bestimmten Hebesatz steuermindernd geltend gemacht werden. EStG § 4 (5b)

Da die Gewerbesteuer aus betriebswirtschaftlicher Sicht eine Betriebsteuer darstellt, herrschte Unsicherheit in der Praxis, wie buchtechnisch zu verfahren ist.

Mit der Einkommensteuer-Änderungsrichtlinie 2012 hat der Gesetzgeber deshalb geregelt, dass

- in der Steuerbilanz eine Gewerbesteuerrückstellung zu bilden ist und
- dass die hierdurch verursachten Gewinnauswirkungen **außerbilanziell** (also außerhalb der Buchführung) zu neutralisieren sind.

EStÄR 2012 R 5.7 (1) S. 3

In der Agenturbuchführung (gleich ob nach Handelsrecht oder in Erfüllung der Buchführungspflicht nach § 141 AO) ist deshalb zu buchen:

- Steueraufwand an Zahlungsmittelkonto
  (wenn Gewerbesteuer für das Geschäftsjahr eingefordert und in dem Geschäftsjahr auch bezahlt wurde)
- Steueraufwand an Rückstellungskonto
  (soweit Gewerbesteuer für das Geschäftsjahr im dem Geschäftsjahr noch nicht eingefordert wurde)

Zum Wesen von Rückstellungen, vgl. D 7.4.

➤ Zinsaufwand

Zinsen für Darlehen, Kontoüberziehungen.

Ab dem Jahr 2008 sind Zinsaufwendungen nur noch begrenzt als Betriebsausgaben steuerlich absetzbar. Das betrifft jedoch nur Unternehmen, deren Zinsaufwendungen abzüglich Zinserträgen mehr als eine Million Euro pro Jahr betragen (sog. **Zinsschranke**).

➤ Außerordentlicher Aufwand

Dieses Konto erfasst **außergewöhnliche Aufwendungen,** wie z. B. Schwund, Unterschlagung, Diebstahl.

Da die Konten »**Sonstiger betrieblicher Aufwand**« und »**Aufwand aus dem Abgang von Vermögensgegenständen**« im verbindlichen Agenturkontenplan (Schulversion) nicht existieren, sind auch die periodenfremden Aufwendungen aus der gewöhnlichen Geschäftstätigkeit ausnahmsweise auf diesem Konto zu buchen, wie später noch gezeigt wird.

c) Buchung auf den Erfolgskonten

Situationsbeispiel:

In der Versicherungsagentur Hilmar Krause sind folgende 7 Geschäftsfälle, bei denen Erfolgskonten berührt werden, zu buchen:

1. Die Direktion überweist 600,00 € an Abschlussprovisionen auf das Bankkonto der Agentur.
2. Die Agentur zahlt daraufhin 200,00 € von diesen Abschlussprovisionen an ihren Untervertreter in bar aus, da ein Teil der Verträge von ihm vermittelt wurde.
3. Da zwei der vermittelten Verträge zum Storno gingen, fordert die Direktion 100,00 € Abschlussprovision zurück, die von der Direktion durch Banküberweisung zurückgezahlt werden.
4. Der Untervertreter zahlt 80,00 € Abschlussprovsion in bar an die Agentur zurück, da einer der stornierten Verträge von ihm vermittelt wurde.
5. Die Bank schreibt Zinsen gut 160,00 €.
6. Die Agentur erstattet dem Untervertreter 40,00 € an Fahrtkosten für die Wahrnehmung eines Kundentermins in bar.
7. Banklastschrift von 120,00 € für das Abonnement der Fachzeitschrift »Der Versicherungsvermittler«.

Buchungssätze	Soll €	Haben €
1. Bank	600,00	
an Provisionsertrag		600,00
2. Provisionsaufwand	200,00	
an Kasse		200,00
3. Provisionsertrag	100,00	
an Bank		100,00
4. Kasse	80,00	
an Provisionsaufwand		80,00
5. Bank	160,00	
an Zinsertrag		160,00
6. Werbe- und Reiseaufwand	40,00	
an Kasse		40,00
7. Verwaltungsaufwand	110,00	
an Bank		110,00

Kontendarstellung (nur Erfolgskonten)

S	Provisionsaufwand		H
2.	200,00	4.	80,00

S	Provisionsertrag		H
3.	100,00	1.	600,00

S	Werbe- und Reiseaufwand		H
6.	40,00		

S	Zinsertrag		H
		5.	160,00

S	Verwaltungsaufwand		H
7.	110,00		

Erläuterungen zu den Buchungssätzen:

Zu 1. Die Abschlussprovision wurde von der Agentur verdient und stellt einen Ertrag dar, der auf dem hierfür vorgesehenen Konto Provisionsertrag im Haben gebucht wird.

Zu 2. Die Provisionszahlung an ihren Untervertreter stellt für die Agentur einen Aufwand dar, der auf dem hierfür vorgesehenen Konto Provisionsaufwand im Soll gebucht wird.

Zu 3. Die Rückforderung der Abschlussprovision durch die Direktion stellt keinen Provisionsaufwand sondern eine Minderung des in Fall 1 gebuchten Provisionsertrages dar, die durch eine Rückbuchung auf der Sollseite des Kontos Provisionsertrag erfasst wird.

Zu 4. Die Rückforderung der an den Untervertreter zuviel gezahlten Abschlussprovision durch die Agentur stellt keinen Provisionsertrag sondern eine Minderung des in Fall 3 gebuchten Provisionsaufwandes dar, die durch eine Rückbuchung auf der Habenseite des Konto Provisionsaufwand erfasst wird.

Zu 5. Die Zinsgutschrift der Bank stellt einen Ertrag dar, der auf dem hierfür vorgesehenen Konto Zinsertrag im Haben gebucht wird.

Zu 6. Die Fahrtkostenerstattung an den Untervertreter steht im Zusammenhang mit der Kundenwerbung bzw. -betreuung und ist als Aufwand auf der Sollseite des hierfür vorgesehenen Aufwandskontos Werbe- und Reiseaufwand zu buchen.

Zu 7. Die Bezugskosten für das Jahresabonnement sind für die Agentur ein Aufwand. Da ein spezielles Aufwandskonto hierfür nicht zur Verfügung steht, wird der Aufwand auf der Sollseite des Aufwandskontos Verwaltungsaufwand gebucht, welches alle sonstigen betrieblichen Aufwendungen aufnimmt.

- **Aufwendungen** stehen immer auf der **Sollseite** des jeweiligen Aufwandskontos, **Erträge** stehen immer auf der **Habenseite** des jeweiligen Ertragskontos.
- Die **Rückbuchung** eines Aufwandes erfolgt auf der Habenseite des Aufwandskontos, die Rückbuchung eines Ertrages auf der Sollseite des Ertragskontos.

4.5.3 Erfolgsermittlung auf dem Gewinn- und Verlustkonto

Situationsbeispiel (Fortsetzung):

Hilmar Krause möchte sich über seinen Erfolg informieren. Für jedes Erfolgskonto wird deshalb der Saldo ermittelt. Anhand der Salden der Erfolgskonten wird das folgende Gewinn- und Verlustkonto erstellt:

S	Provisionsaufwand (PA)		H
2.	200,00	4.	80,00
		Saldo	**120,00**
	200,00		200,00

S	Provisionsertrag (PE)		H
3.	100,00	1.	600,00
Saldo	**500,00**		
	600,00		600,00

S	Werbe- und Reiseaufwand (WuRA)		H
6.	40,00	**Saldo**	**40,00**

S	Zinsertrag (ZE)		H
Saldo	**160,00**	5.	160,00

S	Verwaltungsaufwand (VerwA)		H
7.	110,00	**Saldo**	**110,00**

Salden ↓ ↓ **Salden**

S	Gewinn- und Verlustkonto (GuV)		H
PA	120,00	PE	500,00
WuRA	40,00	ZE	160,00
VerwA	110,00		
Gewinn	**390,00**		
	660,00		660,00

Der Erfolg wird ermittelt und dargestellt, indem man zu jedem Aufwands- und Ertragskonto den Saldo berechnet und diese Salden auf einem besonderen Konto, dem Gewinn- und Verlustkonto (abgekürzt: GuV), gegenüberstellt.

Aus der Buchführungs- und Abschlusstechnik ergibt sich zwingend, dass die Salden der Aufwandskonten nur auf der Sollseite des GuV-Kontos und die Salden der Ertragskonten nur auf der Habenseite des GuV-Kontos stehen können. Der anschließend zu berechnende Saldo des GuV-Kontos zeigt den Gewinn oder Verlust.

Der Saldo des Kontos GuV (hier: **Gewinn** von 390,00 €) wird auf das Konto Eigenkapital auf der Habenseite abgeschlossen; denn er bedeutet eine **Kapitalmehrung** (vgl. D 8.1).

Die Zusammenhänge sind im Schaubild auf der nächsten Seite dargestellt.

Durch einen Gewinn wird die Eigenkapitalbasis der Agentur gestärkt. Geplante Erweiterungs- oder Ersatzinvestitionen sind dadurch leichter finanzierbar.

- **Die Salden** der Aufwandskonten stehen auf dem Aufwandskonto immer im Haben und auf dem GuV-Konto immer im Soll.
- Die **Salden** der Ertragskonten stehen auf dem Ertragskonto immer im Soll und auf dem GuV-Konto immer im Haben.
- Ein **Gewinn** steht immer auf der **Sollseite** des GuV-Kontos, da hierfür die Aufwendungen kleiner als die Erträge sein müssen.
- Ein **Verlust** steht immer auf der **Habenseite** des GuV-Kontos, da hierfür die Aufwendungen größer als die Erträge sein müssen.
- Gewinn bzw. Verlust werden bei Abschluss der Konten auf das Konto Eigenkapital übertragen.

Zusammenfassung

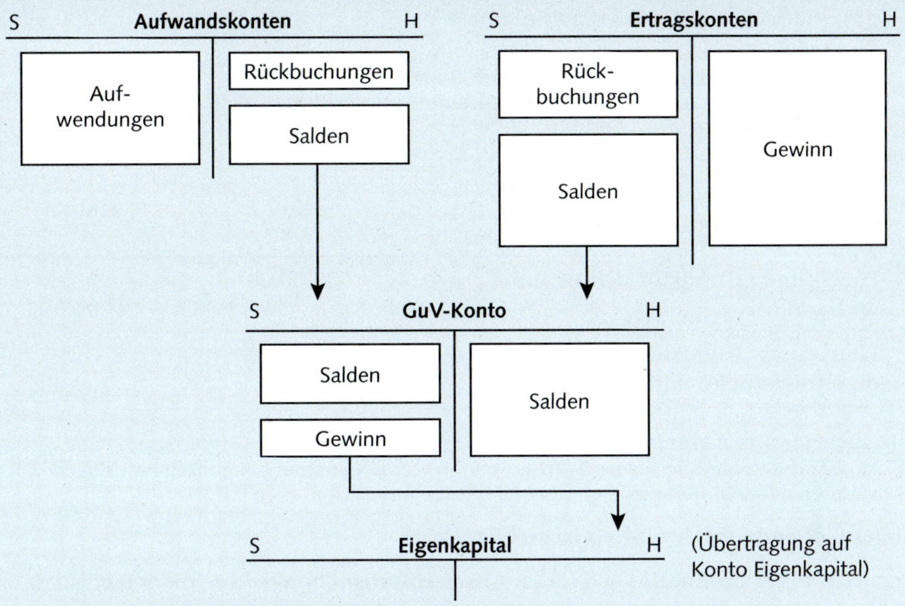

4.5.4 Neutrale Erfolgsbuchungen im Zusammenhang mit einer Immobilie

Nicht jeder Aufwand bzw. Ertrag einer Versicherungsagentur steht im unmittelbaren Zusammenhang mit dem eigentlichen Betriebszweck, nämlich Versicherungsverträge zu vermitteln und Kunden zu beraten. Man spricht dann von **betriebsfremden** oder **neutralen** Aufwendungen und Erträgen. Durch eine sachliche Angrenzung wird deutlich, inwieweit der Erfolg (Gewinn bzw. Verlust) eines Geschäftsjahres durch **betriebsbedingte** bzw. **betriebsfremde** Tätigkeit entstanden ist.

Zu den betriebsfremden (neutralen) Erfolgen gehören auch die Aufwendungen und Erträge aus Grundbesitz und sonstigen Kapitalanlagen (Wertpapiere u. dgl.), wenn diese Vermögensgegenstände zum Betriebsvermögen zählen und entsprechend in der Bilanz als Vermögen ausgewiesen werden. Die genannten Aufwendungen und Erträge sind dann zwar **geschäftsbedingt** aber nicht betriebsbedingt.

Nachstehend werden die neutralen Erfolgsbuchungen im Zusammenhang mit einer Immobilie dargestellt.

a) Haus- und Grundstücksaufwand

Zu den Haus- und Grundstücksaufwendungen zählen

- Reparaturaufwendungen;
- Versicherungen, die im Zusammenhang mit dem Gebäude stehen (z. B. Wohngebäudeversicherung, Haus- und Grundbesitzer-Haftpflichtversicherung);
- Hypothekenzinsen;
- Grundsteuer;
- Aufwendungen für einen Hausmeister;
- Gebäudeabschreibungen.
  (Wertminderungen sind durch Abschreibungen zu erfassen; vgl. D 7.2.2).

Sie werden auf dem Konto »**Haus- und Grundstücksaufwand**« gebucht.

Beispiele:

1.	Banklastschrift für Hypothekenzinsen	1 200,00 €
2.	Steuerlich zulässige lineare Abschreibung von 2 % auf den Gebäudewert von 600 000,00 € und die **anteiligen** Anschaffungsnebenkosten von 60 000,00 € (= insgesamt 2% von 660 000,00 €)	13 200,00 €

Buchungssätze	Soll €	Haben €
1. Haus- und Grundstücksaufwand an Bank	1 200,00	1 200,00
2. Haus- und Grundstücksaufwand an Grundstücke und Bauten	13 200,00	13 200,00

Nicht zum Haus- und Grundstücksaufwand zählen Aufwendungen für Öl, Strom, Gas, Wasser, Müllabfuhr oder Reinigung. Diese Aufwendungen werden auf den bekannten betrieblichen Aufwandskonten gebucht und sind ggf. um einen Privatanteil zu kürzen.

Bei der Gebäudeabschreibung ist zu beachten:

Beim **Kauf einer Immobilie** entstehen **Anschaffungsnebenkosten,** die teilweise unvermeidbar sind. Zu diesen Nebenkosten zählen insbesondere die Maklercourtage, die Grunderwerbsteuer, die Notar- und die Gerichtsgebühren.
Die **Abschreibung** darf **nur vom Gebäudewert und** den darauf **anteilig entfallenden Nebenkosten** vorgenommen werden.

Berechnung des Abschreibungsbetrages von 13 200,00 €:

Beim Kauf der Immobilie (Grundstück und Gebäude) sind Anschaffungsnebenkosten von insgesamt 80 000,00 € angefallen. Der Grundstückswert beträgt 200 000,00 € und der Gebäudewert 600 000,00 €. Die Anschaffungsnebenkosten sind anteilig auf Grundstückswert und Gebäudewert aufzuteilen (hier also im Verhältnis 2:6). Von den Anschaffungsnebenkosten entfallen demzufolge 20 000,00 € auf das Grundstück und 60 000,00 € auf das Gebäude. Die Abschreibung kann nur von 660 000,00 € erfolgen (2 % von 660 000,00 € = 13 200,00 €).

b) Haus- und Grundstücksertrag

Das Konto Haus- und Grundstücksertrag nimmt die Mietzahlungen der Mieter auf.

Die eigengenutzte Wohnung gehört seit 1999 zu der einkommensteuerrechtlich unbeachtlichen Privatsphäre des Steuerpflichtigen.

Beispiel:

3. Mieter überweisen auf Bankkonto 3 200,00 €

Buchungssätze	Soll €	Haben €
3. Bank an Haus- und Grundstücksertrag	3 200,00	3 200,00

Lernkontrollen zu D 4.5

Veränderungen des Eigenkapitals durch Aufwendungen und Erträge

1 Welcher Geschäftsfall führt zu einer Veränderung des Eigenkapitals, welcher Geschäftsfall lässt das Eigenkapital unberührt?

1. Barkauf von Büromaterial 130,00 €.
2. Die Direktion überweist an Abschlussprovisionen 750,00 €.
3. Wir zahlen unserem Untervertreter die ihm zustehende Provision in bar aus 380,00 €.
4. Lastschriftanzeige der Bank über die abgebuchte Monatspauschale für Energie 460,00 €.
5. Barverkauf eines gebrauchten Schreibtisches zum Buchwert 100,00 €.
6. Die Kfz-Steuer für den Geschäftswagen wird von unserem Bankkonto durch die zuständige Zollverwaltung eingezogen 240,00 €.

2 Das folgende Eigenkapitalkonto sei gegeben:

S	Eigenkapital		H
		Anfangsbestand	20000,00 €

Stellen Sie die Auswirkungen nachstehender Geschäftsvorfälle auf dem Eigenkapitalkonto dar und ermitteln Sie das neue Eigenkapital. Die Gegenkonten sind nicht zu führen.

1. Von der Direktion erhalten wir eine Bonifikation, da der Zielerwartungsplan erfüllt wurde 1500,00 €.
2. Die Bank schreibt uns Zinsen gut 340,00 €.
3. Banküberweisung für die Büromiete 670,00 €.
4. Die Direktion überweist uns 930,00 € an Abschlussprovisionen.
5. Wir zahlen unserem Untervertreter daraufhin die ihm zustehende Provision sofort in bar aus 420,00 €.
6. Abbuchung der Telefonkosten von unserem Bankkonto durch die Telefongesellschaft 180,00 €.
7. An die Direktion werden 120,00 € Abschlussprovision für eine Lebensversicherung zurückgezahlt, da der VN von seinem Widerrufsrecht nach VVG Gebrauch gemacht hat.

Buchen von Aufwendungen und Erträgen

3 Anfangsbestände: Bank 25000,00 €, Eigenkapital 25000,00 €
Richten Sie die vorgenannten Konten mit ihren Anfangsbeständen ein.

Buchen Sie im Grund- und Hauptbuch die nachstehenden erfolgswirksamen Geschäftsvorfälle unter Verwendung der infrage kommenden Erfolgskonten.

Ermitteln Sie den Erfolg auf dem Gewinn- und Verlustkonto und stellen Sie fest, ob das Eigenkapital zu- oder abgenommen hat.

1. Eine Werbeanzeige in der Zeitung wird durch Banküberweisung beglichen 180,00 €.
2. Die Bank schreibt Zinsen gut 230,00 €.
3. Abbuchung der Kontoführungsgebühren von unserem Bankkonto 60,00 €.
4. Eine Direktion überweist Abschlussprovisionen auf unser Bankkonto 1640,00 €.
5. Wir händigen unserem Untervertreter daraufhin einen Bankbarscheck über die ihm hiervon zustehende Provision aus 270,00 €.
6. Wir kaufen Büromaterial und bezahlen mit Verrechnungsscheck 80,00 €.
7. Die Bank belastet unser Konto mit den Zinsen für ein Bankdarlehen 430,00 €.

4 Anfangsbestände: Kraftfahrzeuge 20 400,00 €, Betriebs- und Geschäftsausstattung 13 500,00 €, Bank 5 700,00 €, Kasse 2 900,00 €, Eigenkapital 40 700,00 €, Sonstige Verbindlichkeiten 1 800,00 €

a) Richten Sie die Konten mit ihren Anfangsbeständen ein.

b) Buchen Sie anschließend folgende Geschäftsfälle im Grund- und Hauptbuch:

1. Die Direktion überweist insgesamt 5 600,00 € an Abschluss- und Folgeprovision.
2. Die Büromiete von 680,00 € wird per Bank gezahlt.
3. Dem Untervertreter werden 1 450,00 € Abschlussprovision durch die Agentur per Bank gezahlt.
4. Aus dem Kontoauszug der Bank ist ersichtlich, dass 40,00 € an sog. Habenzinsen gutgeschrieben wurden.
5. Kauf von Büromaterial bar 70,00 €.
6. Aufgrund einer Einzugsermächtigung sind von den Stadtwerken 360,00 € für Energiekosten von unserem Bankkonto abgerufen worden.
7. Begleichung der gestundeten Reparaturrechnung über 450,00 € für die Computeranlage der Versicherungsagentur durch Banküberweisung.

Erfolgsermittlung

5 Der Agenturinhaber möchte eine neue Computeranlage für ca. 12 000,00 € kaufen, sich jedoch zuvor über seine Geschäftslage informieren.

Erstellen Sie zunächst eine Gewinn- und Verlustrechnung zur Aufgabe 4. Übertragen Sie dann den Saldo des Gewinn- und Verlustkontos auf das Eigenkapitalkonto und erstellen Sie anschließend ein Bilanzkonto aus den Salden der Bestandskonten.

Wie beurteilen Sie die derzeitige Geschäftslage der Versicherungsagentur im Zusammenhang mit dem Anschaffungsvorhaben?

Erfolgsbuchungen im Zusammenhang mit einer Immobilie

6 Bilden Sie die Buchungssätze:

1. Die Grundsteuer wird per Banküberweisung beglichen 300,00 €.
2. Mieter überweisen auf unser Bankkonto 2 600,00 €.
3. Die Vergütung für den Hausmeister in Höhe von 325,00 € wird mit der von ihm zu zahlenden Miete in Höhe von 600,00 € verrechnet. Den Rest zahlt der Hausmeister in bar.
4. Die Heizölrechnung über 900,00 € wird durch Banküberweisung beglichen.

7 Im Zusammenhang mit dem Erwerb und Bezug einer Immobilie waren folgende Zahlungen zu leisten:

Bürohaus (ohne Grundstücksanteil)	560 000,00 €
Grundstück	140 000,00 €
Maklergebühr	2 500,00 €
Grunderwerbsteuer	24 500,00 €
Gerichtsgebühren	1 000,00 €

a) Von welchem Betrag können 2 % am Jahresende linear abgeschrieben werden?

b) Wie lautet der Buchungssatz?

8 Die nachstehenden Konten weisen folgende Umsätze aus:

Haus- und Grundstücksaufwand 60 150,00 €, Eigenkapital 297 360,00 €, Grundstücke und Bauten 630 000,00 €, Verwaltungsaufwand 12 570,00 €, Mietaufwand 14 680,00 €, Verbindlichkeiten beim Untervertreter 13 340,00 €, Hypothekenverbindlichkeiten 380 000,00 €; Haus- und Grundstücksertrag 76 400,00 €, Betriebs- und Geschäftsausstattung 49 700,00 €.

Ermitteln Sie

a) die Höhe der bei Immobilienkauf eingesetzten Eigenmittel;

b) den neutralen Erfolg.

4.6 Privatkonto

Der Versicherungsvertreter bezieht als selbstständiger Versicherungskaufmann kein Gehalt. Er bestreitet seinen Lebensunterhalt vielmehr aus dem Gewinn und muss deshalb in regelmäßigen Abständen Geld aus der Agentur für private Zwecke abziehen (sog. **Privatentnahme).** Umgekehrt ist es möglich, dass er privates Vermögen (z. B. aufgrund einer Erbschaft) in die Agentur einfließen lässt (sog. **Privateinlage**).

Privatentnahmen und -einlagen verändern das Eigenkapital. Aus Gründen der Übersichtlichkeit werden sie zunächst auf dem Konto Privat, einem **Unterkonto** des Eigenkapitalkontos, gebucht.

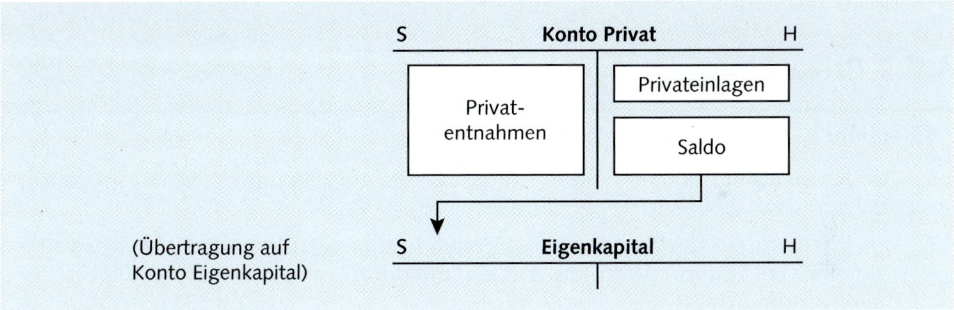

Vor einer größeren Kapitalentnahme für private Zwecke sollte bedacht werden, dass ggf. Kapital für Investitionszwecke (z. B. Kauf eines neuen Geschäftswagens) zur Verfügung stehen muss.

4.6.1 Privatentnahmen

Beispiele:

1. Privatentnahme bar 400,00 €.
2. Abhebung vom Bankkonto für eine Urlaubsreise 3 000,00 €.
3. Einer der Geschäftswagen (Buchwert 4 000,00 €) wird dem studierenden Sohn überlassen.
4. Überweisung der Einkommensteuervorauszahlung per Bank 1 900,00 €.
5. Ein weiterer Geschäftswagen wird laut Fahrtenbuch zu einem Drittel privat genutzt. Der bereits gebuchte Kraftfahrzeugaufwand für diesen Wagen beträgt 4 800,00 €.

Buchungssätze	Soll €	Haben €
1. Privat an Kasse	400,00	400,00
2. Privat an Bank	3 000,00	3 000,00
3. Privat an Kraftfahrzeuge	4 000,00	4 000,00
4. Privat an Bank	1 900,00	1 900,00
5. Privat an Kraftfahrzeugaufwand	1 600,00	1 600,00

Erläuterungen:

zu 4. Die Einkommensteuer ist eine Personensteuer, d. h., der Versicherungsvertreter wird besteuert und nicht die Versicherungsagentur. Demzufolge ist diese Steuerzahlung als Privatentnahme zu buchen.

zu 5. Der als betrieblicher Aufwand gebuchte Kraftfahrzeugaufwand über 4 800,00 € muss um den privaten Nutzungsanteil von 1 600,00 € (ein Drittel von 4 800,00 €) berichtigt werden.

4.6.2 Privateinlagen

Beispiele:

6. Der Agent zahlt 5 000,00 € eines Lottogewinns auf das Bankkonto der Agentur ein.
7. Der Privatwagen der Ehefrau des Versicherungsvertreters wird als Geschäftswagen in die Agentur übernommen und mit dem Zeitwert von 15 000,00 € in der Buchführung erfasst.

Buchungssätze	Soll €	Haben €
6. Bank an Privat	5 000,00	5 000,00
7. Kraftfahrzeuge an Privat	15 000,00	15 000,00

Kontodarstellung (nur Privat, mit Angabe der Gegenkonten)

S	Privat		H
1. Kasse	400,00	6. Bank	5 000,00
2. Bank	3 000,00	7. Kraftfahrzeuge	15 000,00
3. Kraftfahrzeuge	4 000,00		
4. Bank	1 900,00		
5. Kraftfahrzeugaufwand	1 600,00		

- **Privatvorgänge** werden auf dem **Konto Privat** (Unterkonto des Kontos Eigenkapital) gebucht.
- **Privatentnahmen** werden auf der **Sollseite** des Kontos Privat gebucht. Sie vermindern das Eigenkapital.
- **Privateinlagen** werden auf der **Habenseite** des Kontos Privat gebucht. Sie vermehren das Eigenkapital.
- Der **Saldo des Privatkontos** wird bei Kontenabschluss auf das **Konto Eigenkapital** übertragen.

Lernkontrollen zu D 4.6

Privatkonto

1 a) Welche Aufgabe hat das Konto Privat?

b) Bilden Sie Geschäftsfälle, die Sollbuchungen auf dem Privatkonto auslösen.

c) Geben Sie Beispiele für Habenbuchungen auf dem Privatkonto.

d) In welcher Beziehung stehen Unternehmenserfolg und die Privatentnahmen?

e) Warum kann es sinnvoll sein, Teile des Gewinns im Unternehmen zu belassen?

2 Berechnen Sie das neue Eigenkapital. Um wie viel Prozent hat es sich gegenüber dem ursprünglichen Eigenkapital verändert?

	a) €	b) €
Eigenkapital Anfangsbestand	50 000,00	120 000,00
Gewinn	20 000,00	–
Verlust	–	22 000,00
Privatentnahmen	17 000,00	10 000,00
Privateinlagen		2 000,00

3 **Anfangsbestände:** Kraftfahrzeuge 19 600,00 €, Betriebs- und Geschäftsausstattung 22 000,00 €, Kasse 1 200,00 €, Bank 6 400,00 €, Eigenkapital 44 200,00 €, Sonstige Verbindlichkeiten 5 000,00 €.

a) Richten Sie die Konten mit ihren Anfangsbeständen ein.

b) Bilden Sie die Buchungssätze und buchen Sie im Grund- und Hauptbuch:

1. Banküberweisung für die Kfz-Steuern (Geschäftswagen 300,00 €, Privatwagen 280,00 €).
2. Jubiläumsfeier mit den Untervertretern in einem Hotel (Barzahlung 560,00 €).
3. Spende an den Kegelclub des Versicherungsvertreters in bar 150,00 €.
4. Die Direktion überweist an Abschlussprovisionen 4 400,00 €.
5. Banküberweisung für Kraftfahrzeuginspektionen an die Werkstatt 600,00 €.
6. Von den Inspektionskosten sind 200,00 € als privat zu buchen, da auch der Privatwagen inspiziert wurde.
7. Renovierung der Wohnung des Agenturinhabers 900,00 € und der Büroräume 1 300,00 €. Bezahlung durch Banküberweisung.

c) Wieviel Prozent des Gewinns machen die privat veranlassten Ausgaben aus?

4 Bilden Sie die Buchungssätze:

1. Der Privatwagen des Versicherungsvertreters wird für Geschäftsfahrten der Untervertreter in die Agentur übernommen (Wert 8000,00 €).
2. Einkommensteuererstattung auf das Bankkonto 850,00 €.
3. Die halbjährlichen Abonnementgebühren für die Tageszeitung »Rheinische Nachrichten« 75,00 € und die Monatszeitschrift »Versicherungsbetriebswirt« 30,00 € werden vom Bankkonto abgebucht.
4. Privateinlage auf das Bankkonto 2000,00 €.
5. Banküberweisung für die Büromiete 720,00 € und die Wohnungsmiete 640,00 €.
6. Überweisung der Einkommensteuervorauszahlung per Bank 900,00 €.
7. Ein Aktenschrank wird der studierenden Tochter des Agenturinhabers überlassen (Buchwert 200,00 €).

5 Der Gewerbesteuerbescheid über 6 980,00 € liegt vor und wird per Bank gezahlt.

Bilden Sie den Buchungssatz.

4.7 Korrekturbuchungen

4.7.1 Fehlerursachen

Beispiel:
Das Konto Bank weist als Bestand einen Betrag von 5000,00 € aus. Laut Kontoauszug der Bank beträgt das Guthaben jedoch 5400,00 €, was sich als richtig erwiesen hat. Der Buchhalter muss nach der Ursache in seiner Buchführung forschen und dann einen Korrekturbeleg erstellen und buchen.

Abweichungen in der Buchführung können verschiedene Ursachen haben. Als Ursachen sind denkbar:

- Es hat sich ein Rechenfehler bei der Saldierung eingeschlichen.
  Diese Ursache scheidet bei Computerprogrammen praktisch aus.
- Es wurde nicht »Soll an Haben«, sondern versehentlich »Soll an Soll« bzw. »Haben an Haben« gebucht.
  Computerprogramme erkennen solche Fehlbuchungen und weisen sie als unlogisch zurück.
- Auf der Sollseite eines Kontos wurde ein anderer Betrag als auf der Habenseite des Gegenkontos gebucht.
  Eine solche Abweichung wird vom Computer ebenfalls erkannt und als Buchung nicht akzeptiert.
- Es wurde ein Beleg versehentlich nicht gebucht. Bei sorgfältiger Nummerierung und Aufbewahrung der Belege lässt sich eine solche Fehlerursache minimieren.
- Es wurde ein falsches Konto bei der Buchung angesprochen. Im Beispielsfall wäre denkbar, dass der Buchhalter einen Zugang auf dem Bankkonto in Höhe von 400,00 € versehentlich auf dem Postbankkonto als Zugang gebucht hat.

Die Ergebnisse einer Zwischenprüfung (z. B. Kassenprüfung) oder Inventur decken Abweichungen zwischen dem Soll- und Istbestand auf.

Nachdem die Ursache für die Abweichung gefunden wurde, ist ein Korrekturbeleg zu erstellen und dieser zu buchen.

4.7.2 Korrekturbuchung am Beispiel einer Kassendifferenz

Beispiel:
Laut Geschäftsbüchern beträgt der Kassenbestand 390,00 €. Tatsächlich sind aber nur 350,00 € in der Kasse.

»Kasseneinnahmen und Kassenausgaben sollen täglich festgehalten werden.« AO § 146 (1) S. 2

Sofern eine Kassenbuchführung mit großer Sorgfalt erfolgt, kann es dennoch zu Abweichungen kommen. So könnte die Ursache im Beispielsfall darin liegen, dass zu viel Wechselgeld herausgegeben wurde.

Die Korrekturbuchung, über die ein sog. **Eigenbeleg** anzufertigen ist, erfolgt

- auf dem Konto Kassendifferenzenaufwand (KDiffA), wenn ein Manko in der Kasse vorliegt,
- auf dem Konto Kassendifferenzenertrag, wenn ein Kassenüberschuss zu verzeichnen ist.

Buchungssatz	**Soll €**	**Haben €**
Kassendifferenzenaufwand an Kasse	40,00	 40,00

Kontendarstellung (mit Angabe des Gegenkontos)

S	Kassendifferenzenaufwand		H
Kasse	40,00	*Saldo*	*40,00*
		(Übertragung auf GuV-Konto)	

S	Kasse		H
Bestand	*390,00*	KDiffA	40,00
		Saldo	*350,00*

Die vorstehende Differenzbuchung stellt für die Unternehmung eine Aufwandsbuchung dar. Der Saldo des Kassendifferenzenkontos wird beim Kontenabschluss auf das GuV-Konto übertragen. Das Manko in der Kasse wird dadurch als Verlust deutlich.

Umgekehrt ist der Fall denkbar, dass der Kassen-Istbestand größer ist als der Kassen-Sollbestand. Die Korrektur erfolgt über das Konto Kassendifferenzenertrag, wobei die Buchung dann eine Ertragsbuchung darstellen würde. Der Kassenüberschuss stellt sich als »Gewinn« dar.

Lernkontrollen zu D 4.7

Korrekturbuchungen

1 Der Kontoauszug der Bank weist ein um 300,00 € höheres Guthaben als der Saldo auf unserem Konto »Bank« aus.

Welche der folgenden Aussagen beschreiben die Ursache für diese Abweichung?

1. Irrtümlich wurden von uns 300,00 € auf der Habenseite statt auf der Sollseite gebucht.
2. Die Bank hat 150,00 € auf der Habenseite gebucht, statt sie auf der Sollseite zu buchen.
3. Die Bank hat eine Auszahlung von 300,00 € irrtümlich zweimal gebucht.

4. Wir haben eine Barabhebung vom Bankkonto über 300,00 € gebucht, zu der uns der Bankkontoauszug noch nicht vorliegt.

2 Laut Kassenbuch müssen in unserer Kasse 470,00 € vorhanden sein. Tatsächlich finden wir aber 520,00 € vor.

a) Welche Ursache kann hierfür infrage kommen?
   1. Der Agenturinhaber hat 50,00 € aus der Kasse entnommen, dies aber nicht ins Kassenbuch eingetragen.
   2. Eine Angestellte hat irrtümlich 50,00 € Kasseneinnahme zweimal ins Kassenbuch eingetragen.
   3. Die Angestellte hat eine Kasseneinnahme von 50,00 € versehentlich als Kassenentnahme vermerkt.
   4. Der Agenturinhaber hat eine Kasseneinnahme von 50,00 € nicht im Kassenbuch vermerkt.
   5. 25,00 € Kassenentnahme wurden als Kasseneinnahme eingetragen.

b) Buchen Sie den Kassenüberschuss für den Fall, dass eine Berichtigung des Kassenbuches ausscheidet, da keine der vorgenannten Ursachen zutrifft.

Wiederholungsaufgaben zu D 4

1 Eröffnen Sie die Konten mit den angegebenen Anfangsbeständen. Buchen Sie die Geschäftsfälle (Grundbuch und Hauptbuch).

Anfangsbestände	€
Kraftfahrzeuge	25 000,00
Betriebs- und Geschäftsausstattung	30 000,00
Kasse	3 300,00
Bank	11 600,00
Eigenkapital	49 900,00
Darlehensverbindlichkeiten	20 000,00

Geschäftsfälle

1. Ein Teil der Darlehensschuld wird durch Banküberweisung beglichen 4 000,00 €.
2. Die Direktion überweist 5 500,00 € per Bank an Abschlussprovisionen.
3. Wir leisten daraufhin eine Provisionszahlung von 2 600,00 € in bar an unseren Untervertreter.
4. Die Rechnung der Werkstatt für die Inspektion des Geschäftsfahrzeuges wird bar bezahlt 350,00 €.
5. Laut Kontoauszug der Bank wurden aufgrund erteilter Einzugsermächtigungen vom Konto abgebucht:
   - 90,00 € für den Bezug einer Fachzeitschrift
   - 190,00 € Telefongebühren
   - 228,00 € Kraftfahrzeugsteuer
6. Bankeingang von 5 900,00 € an Provisionen.
7. Wir überweisen unserem Untervertreter per Bank an Provisionen 2 300,00 € aufgrund seiner Vermittlungstätigkeit.

8. Ein Aktenschrank, Buchwert 350,00 €, wird dem studierenden Sohn des Agenturinhabers überlassen.
9. Einkommensteuererstattung auf das Bankkonto 1350,00 €.
10. Kassenfehlbetrag 40,00 €

2 Bilden Sie die Buchungssätze zu folgenden Geschäftsfällen:

1. Rücküberweisung per Bank von 800,00 € Provision zu einer Lebensversicherung, da der VN seine Vertragserklärung nach § 8 VVG widerrufen hat.
2. Da die Lebensversicherung von unserem Untervertreter vermittelt wurde, zahlt dieser 700,00 € bar an uns zurück.
3. Lastschriftanzeige der Bank über 340,00 € Darlehenszinsen.
4. Wir kaufen Briefmarken bar 120,00 €.
5. Die Büromiete in Höhe von 1400,00 € wird vom Bankkonto eingezogen.
6. Eingang von 1500,00 € an Folgeprovisionen auf dem Bankkonto durch die Direktion.
7. Kauf von Büromaterial für 70,00 € bar.
8. Aus einer Erbschaft zahlt der Agenturinhaber 20000,00 € auf das Bankkonto der Agentur ein.
9. Ein Büroschrank, Buchwert 400,00 €, wird bar an einen Kommilitonen des studierenden Sohnes des Agenturinhabers verkauft.
10. Der Agenturinhaber erteilt seiner Bank den Auftrag, 10000,00 € von seinem Bankkonto zur Tilgung eines Teils der Darlehensverbindlichkeiten abzubuchen.

3 Buchen auf Konten

– Richten Sie die Konten mit den nachstehend angegebenen Vorträgen ein:

Vorträge	€
Kraftfahrzeuge	29000,00
Betriebs- und Geschäftsausstattung	23000,00
Kasse	2400,00
Bank	11990,00
Eigenkapital	13280,00
Darlehensverbindlichkeiten	32000,00
Sonstige Verbindlichkeiten	2100,00
Provisionsaufwand	15320,00
Verwaltungsaufwand	3460,00
Kraftfahrzeugaufwand	2430,00
Zinsaufwand	2960,00
Energieaufwand	1580,00
Mietaufwand	36430,00
Werbe- und Reiseaufwand	5320,00
Provisionsertrag	89650,00
Zinsertrag	240,00
Kassendifferenzenertrag	120,00
Privat (Soll)	3500,00

– Buchen Sie die nachstehenden Geschäftsfälle (Grundbuch und Hauptbuch), wobei weiter benötigte Konten einzurichten sind.

Geschäftsfälle

1. Banklastschriften lt. Kontoauszug:
   - Darlehenszinsen 2800,00 €
   - Telefonrechnung 320,00 € (davon 30% Privatanteil)
   - Kfz-Versicherung für den Privatwagen 960,00 €
2. Die Direktion überweist per Bank 3500,00 € an Abschlussprovisionen.
3. Wir überweisen daraufhin unserem Untervertreter den ihm hiervon zustehenden Provisionsanteil in Höhe von 2100,00 €.
4. Barabhebung vom Bankkonto 2400,00 €.
5. Verkauf eines Schreibtisches zum Buchwert von 260,00 € gegen Bankverrechnungsscheck.
6. Kassenfehlbetrag 60,00 €.
7. Rücküberweisung per Bank von 240,00 € Abschlussprovision an die Direktion, da der VN seine Vertragserklärung nach § 8 VVG widerrufen hat.
8. Unser Untervertreter zahlt daraufhin 200,00 € Provision bar zurück, da der Vertrag von ihm vermittelt wurde.
9. Eingang einer Provisionszahlung der Direktion von 3200,00 € auf dem Bankkonto.
10. Wir zahlen daraufhin an den Untervertreter 2000,00 € Provision per Bank.
11. Banklastschriften lt. Kontoauszug:
    - Kfz-Steuer 490,00 € für den Firmenwagen
    - Einkommensteuervorauszahlung 1260,00 €
12. Ein Lottogewinn von 5600,00 € wird vom Agenten auf das Bankkonto eingezahlt.

4 Bilden Sie die Buchungssätze

1. Barkauf von Büromaterial 76,00 €.
2. Bankgutschrift: Zahlung von 2600,00 € Provision durch die Direktion.
3. Barabhebung vom Bankkonto 500,00 €.
4. Begleichung der Heizölrechnung für die Agenturräume über 1790,00 € durch Bankverrechnungsscheck.
5. Die Bank gewährt uns ein Büroeinrichtungsdarlehen in Höhe von 16000,00 € und schreibt den Darlehensbetrag unserem Konto gut.
6. Wir kaufen daraufhin die Einrichtung für einen weiteren Büroraum zum Preis von 18000,00 €.
   16000,00 € werden mit Bankverrechnungsscheck, der Rest wird bar gezahlt.
7. Bankgutschriften lt. Kontoauszug:
   - Einkommensteuererstattung 2360,00 €
   - Habenzinsen 124,00 €
8. Die Reparaturkosten für den Geschäftswagen werden bar bezahlt 380,00 €.
9. Bezahlung mit Bankverrechnungsscheck für:
   - Nachrüstung eines Autotelefons 620,00 € (Geschäftswagen)
   - Inspektionskosten 340,00 € (Privatwagen)

10. Banklastschriften lt. Kontoauszug:
    - Darlehenszinsen 3 200,00 €
    - Gewerbesteuervorauszahlung 760,00 €
11. Die Hundesteuer über 80,00 € für den Hund des Versicherungsvertreters wird per Bank an die Gemeindekasse überwiesen.
12. Barkauf von Verbrauchsmaterial (z. B. CD-Recordable) für den Bürocomputer 90,00 €.
13. Rechnung über den Kauf von Regalen für das geplante Archiv. Der Rechnungsbetrag von 1 800,00 € ist in zwei Wochen fällig.

5 Abrechnungsverkehr zwischen Versicherungsagentur und Direktion

5.1 Provisionsabrechnung

5.1.1 Abrechnungsverfahren für die Provision

Beispiel:

Versicherungsvertreter Hilmar Krause hat einen Lebensversicherungsantrag bei der Kundin Monika Ahlers aufgenommen und ihr die gesetzlich vorgesehenen Verbraucherinformationen ausgehändigt. Er erklärt ihr, dass der Antrag nunmehr an die Direktion gehe, wo man ihre Versicherbarkeit prüfe. Da sie aber gesund sei und keine auffälligen Vorerkrankungen gehabt habe, könne sie schon in Kürze damit rechnen, dass die Direktion ihr den Versicherungsschein zur Einlösung zusendet. In den Folgemonaten würde sie dann jeweils die monatliche Beitragsrechnung erhalten. In diesem Zusammenhang empfiehlt er ihr, der Direktion eine Einzugsermächtigung für die Beiträge zu erteilen, damit sie keinen Zahlungstermin verpasse. Frau Ahlers ist damit einverstanden und gibt zusätzlich mit dem Antrag die entsprechende Erklärung ab.

Kommt der beantragte Versicherungsvertrag zustande, erhält Hilmar Krause die ihm zustehende Abschlussprovision nach dem in seinem Agenturvertrag geregelten Verfahren.

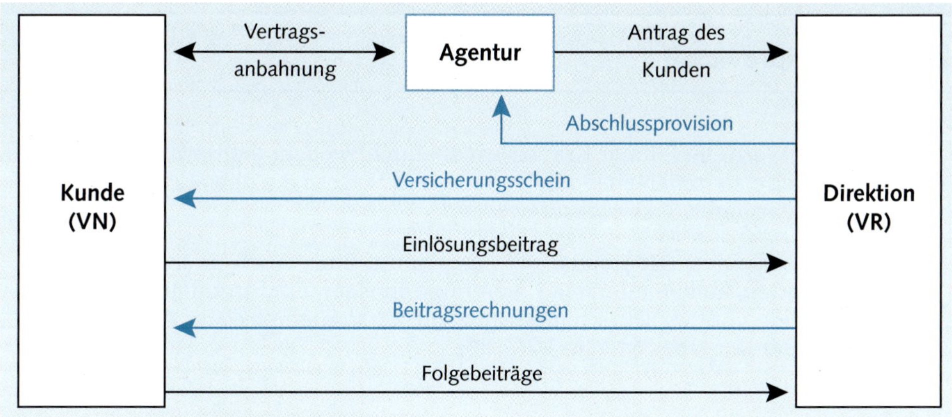

Erweist sich ein Versicherungsantrag als annahmefähig, fertigt die Direktion einen Versicherungsschein für den Kunden aus. In der Regel wird zu diesem Zeitpunkt die dem Vertreter zustehende Abschlussprovision berechnet und nach dem im Vertretungsvertrag geregelten Abrechnungsverfahren übermittelt.

In der Praxis sind zwei grundsätzliche Verfahren der Provisionsabrechnung anzutreffen:

- **Provisionsabrechnung mit Direktzahlung**

  Provisionsansprüche werden von der Direktion nach Abrechnung sofort an den Versicherungsvertreter überwiesen.

  Der Versicherungsvertreter muss eine erhaltene, aber nicht verdiente Provision (z. B. wegen vorzeitigen Stornos des vermittelten Vertrages) zurück überweisen oder sie wird mit einem anderen Provisionsanspruch verrechnet.

  Das Verfahren der Provisionsabrechnung mit Direktzahlung wurde in den bisherigen Beispielen und Aufgaben ausschließlich angesprochen.

- **Kontierung von Provisionen und Sammelzahlung**

  Provisionsansprüche des Versicherungsvertreters und Provisionsrückforderungen durch die Direktion werden auf einem speziellen **Provisionskonto** für den Vertreter bei der Direktion aufgezeichnet (gesammelt).

  Der Vertreter erhält in kurzen Abständen von der Direktion eine Übersicht (Kontoauszug, Bordero) über gutgeschriebene (verdiente) und belastete (rückzuzahlende) Provisionen. Zu festgelegten Zeitpunkten erfolgt dann jeweils die Auszahlung (Sammelzahlung).

  Das Verfahren der Kontierung von Provisionen und Sammelzahlung ist das häufigere Verfahren in der Praxis und es wird im nächsten Abschnitt dargestellt.

Hinweis:

Ist der Versicherungsvertreter als sog. Mehrfachvertreter tätig, d. h., hat er Vertretungsverträge mit weiteren Versicherungsgesellschaften, können beide Abrechnungsverfahren bei ihm vorkommen.

In den folgenden Übungsaufgaben (Geschäftsgängen) des Lehrbuches sind deshalb auch beide Verfahren angesprochen.

5.1.2 Provisionsbuchungen in der Agentur

a) Abschlussprovision

Beispiel:

Versicherungsvertreter Hilmar Krause erhält einmal wöchentlich von der Direktion Einzelnachweise, in denen zu jedem vermittelten Vertrag die gewährten oder rückbelasteten Provisionen ausgewiesen werden.

Ferner erhält er einen »Kontoauszug«, in dem die Einzelabrechnungen, getrennt nach den Sparten, aufsummiert sind. Vereinbarungsgemäß werden die Provisionen am Monatsende von der Direktion ausgezahlt. Eine angemessene Abschlagszahlung wird in der Mitte des Monats geleistet.

Beispiel (Fortsetzung):

Der Kontoauszug der **dritten Woche** des laufenden Monats hat folgendes Aussehen:

Kontoauszug 32

Sparte	Abschlussprovision (AP)	Rückprovision (RP)	Gesamtprovision
Wohngebäude	136,10 H	20,60 S	115,50 H
Hausrat	90,40 H		90,40 H
Haftpflicht	176,80 H		176,80 H
Unfall		10,30 S	10,30 S
Leben	420,00 H	110,40 S	309,60 H
Gesamt	823,30 H	141,30 S	682,00 H
Abschlagszahlung			1 200,00 S
Alter Saldo			604,30 H
Neuer Saldo			**86,30 H**

Die Auzubildende Carolin Schmalbach soll den Kontoauszug buchen.

Das Verfahren der Provisionsabrechnung und -zahlung ist individuell im Agenturvertrag zwischen Vertreter und Direktion geregelt und daher in der Praxis nicht ganz einheitlich. Vom Prinzip her entsprechen die vereinbarten Verfahren aber den Regelungen im Handelsgesetzbuch.

Nach dem **Handelsgesetzbuch (HGB)** gilt:

- Der Versicherungsvertreter hat Anspruch auf Provision für Geschäfte, die auf seine Tätigkeit zurückzuführen sind. HGB § 92 (2)
- Der Anspruch entsteht, sobald der VN den Beitrag gezahlt hat, aus der sich die Provision berechnet. § 92 (4)

  Anmerkung: Üblicherweise wird in der Praxis die Provision für den Vertreter jedoch schon mit der Ausfertigung des Versicherungsscheines gebucht und die entsprechende Gutschrift erteilt.
- Der Vertreter hat Anspruch auf einen angemessenen Vorschuss, wenn bezüglich der Fälligkeit der Provision eine abweichende Vereinbarung getroffen ist. § 87a (1), S. 2
- Der Unternehmer (hier: die Direktion) hat über die Provision, auf die der Vertreter Anspruch hat, monatlich abzurechnen. § 87c (1)
- Steht fest, dass der Dritte (hier: der VN) nicht leistet, so entfällt auch der Anspruch auf Provision; bereits empfangene Beträge sind zurückzugewähren. § 87a (2)

➤ Buchung der Abschlussprovision

Aus dem Kontoauszug der Direktion ist ersichtlich, dass Beträge über insgesamt 823,30 € an Abschlussprovisionen (abgekürzt: AP) gutgeschrieben wurden, da sie die Anfügung H (= Haben) tragen.

Anmerkung: Aus Sicht der Direktion stellen die Gutschriften eine Schuld beim Provisionsagenten dar, weshalb die Beträge den Zusatz H (Haben) tragen.

Die Agentur bucht:

Buchungssatz	**Soll €**	**Haben €**
1. Forderungen gegen Direktion an Provisionsertrag	823,30	 823,30

➤ Buchung der Rückprovision

Der Kontoauszug zeigt ferner, dass Rückprovisionen (abgek.: RP) gebucht wurden. Sie tragen die Anfügung S (Soll). Eine Rückprovision, also die Rückforderung von Provisionen durch die Direktion, kann z. B. dadurch begründet sein, dass der VN von einem Verbraucherrecht (z. B. Widerrufsrecht nach § 8 VVG) Gebrauch gemacht hat. Da der Versicherungsvertreter nur einen Provisionsanspruch für erfüllte Versicherungsverträge hat, wird eine bereits gutgeschriebene Provision von Seiten der Direktion wieder belastet. Die Agentur muss einen bereits gebuchten Provisionsertrag entsprechend zurückbuchen.

Die Agentur bucht:

Buchungssatz	**Soll €**	**Haben €**
2. Provisionsertrag an Forderungen gegen Direktion	141,30	 141,30

➤ Buchung der Abschlagszahlung

Vor Buchung der auf dem Kontoauszug ausgewiesenen Abschlagszahlung von 1 200,00 € wird die Agentur zunächst prüfen müssen, ob diese auch eingegangen ist. Wurde die Abschlagszahlung auf das Bankkonto der Agentur überwiesen, bucht die Agentur wie folgt:

Buchungssatz	**Soll €**	**Haben €**
3. Bank an Forderungen gegen Direktion	1 200,00	 1 200,00

Kontendarstellung

S	Ford. gegen Direktion		H
Saldo (alt)	*604,30*	2.	141,30
1.	823,30	3.	1 200,00
		Saldo (neu)	*86,30*

S	Provisionsertrag		H
2.	141,30	*Saldo (alt)*	*604,30*
		1.	823,30

S	Bank		H
3.	1 200,00		

Besonderheit: Stornohaftung (Storno-Reserve-Konto)

Die Abschlussprovision zu einer Lebensversicherung und zu einer substitutiven Krankenversicherung ist erst dann verdient, wenn der vermittelte Vertrag eine gewisse Zeit bestanden hat (sog. **Provisionsbindung**). Wird der Vertrag vorzeitig aufgehoben, ist die nicht verdiente Provision zurückzuzahlen **(Stornohaftung)**. Diese Stornohaftung beruht auf einer Regelung im VAG, die geschaffen wurde, damit erste Prämienzahlungen nicht als verbraucht anzusehen sind wegen der Provisionszahlung an den Vermittler. Einzelheiten zur Regelung im VAG sind in Band 2 im Zusammenhang mit der Lebensversicherung dargestellt.

Zur Sicherung der Rückzahlungsforderung gegenüber dem Vermittler ist es üblich, dass im Vertretervertrag eine Vereinbarung aufgenommen wird, wonach der VR von vornherein bestimmte Teile der Provision vorläufig zurückbehält und sie einem Storno-Reserve-Konto zuführt, sofern keine Bürgschaft oder Kautionsversicherung besteht.

Aus Sicht der Agentur stellt die einbehaltene Storno-Reserve eine Forderung gegen die Direktion dar.

Bei bilanzierenden Versicherungskaufleuten ist der Provisionsanspruch in dem Augenblick zu buchen/versteuern, wenn er entstanden ist. Dies gilt auch für den Teil des Provisionsanspruchs, der wegen des Stornorisikos auf das Storno-Reserve-Konto gebucht wird.

BFH-Urteil vom 12. Nov. 1997 XI R 30/97

Bei Versicherungsvertretern, die nur eine Einnahmenüberschussrechnung erstellen müssen, ist der Zufluss auf das Storno-Reserve-Konto noch keine steuerpflichtige Betriebseinnahme. Die Steuerpflicht entsteht erst, wenn über das Guthaben auf dem Storno-Reserve-Konto wirtschaftlich verfügt werden kann.

b) Folgeprovision (Bestandsprovision)

Beispiel:

Hilmar Krause ersieht aus dem zu Beginn des neuen Monats zugegangenen Kontoauszug, dass die Direktion 1 600,00 € an Folgeprovisionen für den Monat gutgeschrieben hat.

Die vom Vertreter vermittelten Versicherungsverträge führen meistens zu mehrjährigen Geschäftsbeziehungen zwischen dem VN und VR, wobei der VN auch weiter durch den Vertreter betreut wird. Als Ausgleich und für die Kundenbetreuung erhält der Vertreter Folgeprovisionen.

Über die Folgeprovision wird in der Regel nach gleichem Verfahren wie bei der Abschlussprovision abgerechnet, also zunächst Gutschrift und später Überweisung.

Buchung der Folgeprovision

Buchungssatz	Soll €	Haben €
Forderungen gegen Direktion an Provisionsertrag	1 600,00	 1 600,00

Kontendarstellung

S	Ford. gegen Direktion	H
PE	1 600,00	

S	Provisionsertrag	H
	FgDir	1 600,00

5.1.3 Provisionsabrechnung mit einem Untervertreter

Beispiel:
Den wöchentlichen Kontoauszug der Direktion nimmt die Versicherungsagentur Krause zum Anlass, mit ihrem Untervertreter nach gleichem Verfahren abzurechnen.

HGB § 84 (3)

Der Versicherungsvertreter (= Hauptvertreter) hat einen Vertretungsvertrag mit der Direktion, darf seinerseits aber Verträge mit weiteren Vertretern (= Untervertretern) schließen, die für ihn arbeiten.

Im Untervertretervertrag ist u. a. auch die Vergütung des Untervertreters geregelt.

Auszug aus einem Untervertretervertrag:

§ 4 Vergütung des Untervertreters

(1) Der Untervertreter erhält für alle Vertragsvermittlungen, die zum Abschluss eines Versicherungsvertrages führen, eine Abschlussprovision. Diese beläuft sich auf ... Prozent der dem Hauptvertreter für den vermittelten Vertrag im ersten Versicherungsjahr zustehenden Abschlussprovision.

(2) Über den in § 4 Absatz 1 geregelten Provisionsanspruch hinaus steht dem Untervertreter für den vermittelten Vertrag kein weiterer Vergütungsanspruch zu.

(3) Der Anspruch des Untervertreters auf Provision entsteht, sobald der Versicherungsnehmer den Beitrag gezahlt hat, aus der sich der Provisionsanspruch des Hauptvertreters berechnet.

(4) Die Provision wird entsprechend der Provisionszahlung an den Hauptvertreter zur Zahlung fällig.

(5) Der Hauptvertreter hat dem Untervertreter über die Provision Abrechnung zu erteilen.

➤ Buchung von Provisionsgutschriften für Untervertreter

Beispiel 1:
Dem Untervertreter stehen 300,00 € Abschlussprovision für von ihm vermittelte Verträge zu.

Buchungssatz	Soll €	Haben €
1. Provisionsaufwand an Verbindlichkeiten bei Untervertretern	300,00	300,00

➤ Buchung einer Provisionsbelastung (Rückprovision) für den Untervertreter

Beispiel 2:
Aufgrund von Vertragsstornierungen ist der Untervertreter mit 40,00 € Rückprovision zu belasten.

Buchungssatz	Soll €	Haben €
2. Verbindlichkeiten bei Untervertretern an Provisionsaufwand	40,00	40,00

➤ Buchung einer Zahlung an den Untervertreter zum Ausgleich der Provisionsverbindlichkeiten

Beispiel 3:
Dem Untervertreter werden die bereits zugesagten Provisionen von 260,00 € per Bank überwiesen.

Buchungssatz	**Soll €**	**Haben €**
3. Verbindlichkeiten bei Untervertretern an Bank	260,00	260,00

Kontendarstellung

S	Provisionsaufwand		H
1.	300,00	2.	40,00

S	Bank		H
Bestand	....	3.	260,00

S	Verb. bei Untervertretern		H
2.	40,00	1.	300,00
3.	260,00		
	300,00		300,00

Zusammenfassung

Kontierung und Sammelzahlung von Provisionen	Abrechnung mit Direktzahlung von Provisionen
Abrechnungsverkehr Direktion – Agentur	**Abrechnungsverkehr Direktion – Agentur**
• Die Direktion schreibt Provisionen gut. Buchungssatz: FgDir an PE • Die Direktion belastet die Agentur mit Provisionsrückforderungen. Buchungssatz: PE an FgDir • Die Direktion überweist den gebuchten Provisionsanspruch per Bank. Buchungssatz: Bank an FgDir	• Die Direktion rechnet einen Provisionsanspruch ab und überweist ihn per Bank. Buchungssatz: Bank an PE • Die Agentur zahlt eine nicht verdiente Provision per Bank an die Direktion zurück. Buchungssatz: PE an Bank **Anmerkung:** Anstelle einer Rückzahlung kann auch die Verrechnung mit einem neuen Provisionsanspruch infrage kommen.
Abrechnungsverkehr Agentur – Untervertreter	**Abrechnungsverkehr Agentur – Untervertreter**
• Die Agentur schreibt dem Untervertreter Provisionen gut. Buchungssatz: PA an VbUV • Die Agentur belastet den Untervertreter mit Rückprovisionen. Buchungssatz: VbUV an PA • Die Agentur überweist dem Untervertreter den gebuchten Provisionsanspruch per Bank. Buchungssatz: VbUV an Bank	• Die Agentur rechnet die Provisionsansprüche des Untervertreters ab und überweist sie sofort per Bank. Buchungssatz: PA an Bank • Der Untervertreter zahlt eine erhaltene, aber nicht verdiente Provision in bar an die Agentur zurück. Buchungssatz: Kasse an PA **Anmerkung:** Anstelle einer Rückzahlung kann auch die Verrechnung mit einem neuen Provisionsanspruch infrage kommen.

Lernkontrollen zu D 5.1

Provisionsabrechnung

1 Richten Sie zu Buchungszwecken die folgenden Konten mit den angegebenen Anfangsbeständen ein: Bank 25 000,00 €, Eigenkapital 25 000,00 €. Buchen Sie anschließend die nachfolgenden Vorgänge auf Konten (mit Buchungssätzen).

1. Laut Abrechnungsmitteilung der Direktion wurden der Agentur 3 200,00 € an Abschlussprovisionen für die von ihr vermittelten Lebensversicherungen gutgeschrieben.
2. Dem Untervertreter der Agentur stehen für seine Vermittlungstätigkeit 1 300,00 € der Abschlussprovisionen zu.
3. Eine der vermittelten Lebensversicherungen musste ab Beginn wieder aufgehoben werden, da der VN von seinem Widerrufsrecht nach § 8 VVG Gebrauch gemacht hat. Laut Abrechnungsmitteilung wurden der Agentur deshalb 300,00 € an Abschlussprovisionen wieder belastet.
4. Die stornierte Lebensversicherung kam auf Vermittlung eines Untervertreters der Agentur zustande, der deshalb mit seiner anteiligen Provision von 240,00 € wieder belastet wird.
5. Die Agentur ersieht aus dem Kontoauszug der Bank, dass die verdienten Abschlussprovisionen in voller Höhe durch die Direktion überwiesen wurden.
6. Die Agentur überweist daraufhin ihrem Untervertreter den von ihm verdienten Provisionsanteil ebenfalls in voller Höhe auf dessen Bankkonto.

2 Die Agentur erhält von der Direktion den unten stehenden Kontoauszug.

Richten Sie das Konto »Forderung gegen Direktion« mit dem aus dem Kontoauszug ersichtlichen Anfangsbestand ein und buchen Sie den Beleg (Zahlungseingang auf dem Bankkonto).

Ermitteln Sie den Saldo des Kontos »Forderung gegen Direktion« und vergleichen Sie diesen mit dem Saldo des Kontoauszuges, die beide übereinstimmen müssen, wenn richtig gebucht wurde.

Kontoauszug 36

Sparte	Abschlussprovision (AP)	Rückprovision (RP)	Gesamtprovision
Wohngebäude	126,40 H		126,40 H
Hausrat	50,60 H	10,80 S	39,80 H
Haftpflicht	76,90 H		76,90 H
Unfall			
Leben	590,10 H	89,20 S	500,90 H
Abschlagszahlung			544,00 S
Alter Saldo			300,00 H
Neuer Saldo			500,00 H

3 Die folgenden Inkassovorgänge für die Direktion können von der Agentur durch Minderung der »Forderungen gegen Direktion« gebucht werden. Wie lauten die entsprechenden Buchungssätze?

a) Die Agentur hat die elektronische Versicherungsbestätigung zu einer Kfz-Haftpflichtversicherung an die Zulassungsstelle übermittelt und vom VN sofort den ersten Vierteljahresbeitrag über 240,00 € bar kassiert.

b) Ein Untervertreter der Agentur zahlt 25,00 € in die Agenturkasse bar ein, die er bei einem Kunden als Beitrag für eine Reiseversicherung kassiert hat.

4 Nicole Baumgart vermittelt als Mehrfachagentin für die Versicherungsunternehmen EuroStar-Versicherung und Proximus Versicherung AG, die sich in ihren Provisionsabrechnungsverfahren voneinander unterscheiden.

Die nachstehenden Provisionsabrechnungen sind zu buchen:

a) Laut Provisionsmitteilung der Proximus Versicherung AG wurden 1 260,00 € an Provisionen gutgeschrieben und 220,00 € an Provisionen wegen vorzeitiger Vertragsbeendigung wieder belastet.

b) Der Untervertreter von Nicole Baumgart war an den Vermittlungsgeschäften für die Proximus Versicherung AG beteiligt. Ihm werden durch die Agentur 540,00 € an Provisionen gutgeschrieben und 80,00 € belastet.

c) Aus dem letzten Bankkontoauszug ist folgende Provisionsabrechnung mit Überweisung der EuroStar-Versicherung ersichtlich:
800,00 € Abschlussprovision für den Lebensversicherungsantrag Klatter vom 22. des Vormonats.

d) Der Lebensversicherungsantrag Klatter wurde vom Untervertreter der Agentur aufgenommen, der lt. Untervertretervertrag mit 90% an der Provision zu beteiligen ist.
Der dem Untervertreter zustehende Betrag wird in bar an ihn ausgezahlt.

e) Die EuroStar-Versicherung fordert die Rückzahlung von 300,00 € Provision wegen eines Vertragsstornos, was durch Banküberweisung ausgeführt wird.

f) Die Proximus Versicherung AG überweist die bereits gebuchten Provisionen per Bank an die Agentur.

5

Anfangsbestände	€
Kraftfahrzeuge	19 600,00
Betriebs- und Geschäftsausstattung	12 000,00
Forderungen gegen Direktion	3 900,00
Kasse	1 200,00
Bank	3 500,00
Eigenkapital	37 800,00
Verbindlichkeiten bei Untervertretern	400,00
Sonstige Verbindlichkeiten	2 000,00

a) Richten Sie die Konten mit ihren Anfangsbeständen ein.

b) Buchen Sie anschließend die Geschäftsfälle (Grund- und Hauptbuch).

1. Eingang einer Abschlagszahlung auf dem Bankkonto zu der noch nicht gebuchten Folgeprovision für den laufenden Monat 2 900,00 €.
2. Gutschriftsanzeige über Abschlussprovision durch die Direktion 2 700,00 €.
3. Wir schreiben unserem Untervertreter 1 200,00 € an Provisionen gut.

4. Bankeingang der ersten wöchentlichen Abschlagszahlung für diesen Monat auf bereits gebuchte Abschlussprovisionen 1 700,00 €.
5. Abschlagszahlung an den Untervertreter in bar auf die ihm bereits bestätigten Provisionen 900,00 €.
6. Banküberweisung für Büromiete 570,00 €.
7. Begleichung der gestundeten Reparaturrechnung für den Computer der Agentur 600,00 € durch Banküberweisung.
8. Angeliefertes Büromaterial im Wert von 150,00 € wurde gestohlen. Die Agentur begleicht die Rechnung durch Banküberweisung.

c) Führen Sie den Abschluss (GuV, Bilanz) durch.

6 Führen Sie die folgenden Buchführungsarbeiten durch:

Richten Sie die nachstehenden Konten mit ihren Anfangsbeständen ein und buchen Sie die Geschäftsfälle (Grundbuch und Hauptbuch), wobei weiter benötigte Konten einzurichten sind.

Anfangsbestände	€
Grundstücke und Bauten	450 000,00
Kraftfahrzeuge	8 900,00
Betriebs- und Geschäftsausstattung	22 500,00
Forderungen gegen Direktion	7 500,00
Kasse	3 800,00
Bank	40 300,00
Eigenkapital	330 000,00
Hypothekenverbindlichkeiten	150 000,00
Darlehensverbindlichkeiten	50 000,00
Verbindlichkeiten bei Untervertretern	3 000,00

Geschäftsfälle

1. Abschlagszahlung an die Elektrizitätswerke per Bank 400,00 € für Stromkosten. Der Privatanteil aufgrund der Wohnung des Agenturinhabers im Bürogebäude wird mit 20% angesetzt.
2. Die Direktion überweist eine Abschlagszahlung von 2 000,00 € per Bank für bereits gutgeschriebene Provisionen.
3. Wir überweisen unserem Untervertreter 900,00 € auf die ihm bereits bestätigten Provisionen.
4. Die Bank schreibt Kontozinsen in Höhe von 90,00 € gut, belastet uns aber gleichzeitig mit 60,00 € Kontoführungsgebühren.
5. Kauf von diversem Büromaterial für 85,00 € gegen Barzahlung.
6. Banklastschrift für Darlehenszinsen 60,00 € und Darlehenstilgung 300,00 €.
7. Gutschriftsanzeige der Direktion über 4 800,00 € an Provisionen.
8. Wir schreiben unserem Untervertreter daraufhin 2 000,00 € als ihm zustehenden Provisionsanteil gut.
9. Banklastschrift:
   - Kfz-Steuer für den Geschäftswagen 320,00 €,
   - Kfz-Steuer für den Privatwagen 280,00 €,
   - Telefonrechnung 320,00 € (davon 20% private Nutzung).
   - Einkommensteuervorauszahlung 2 560,00 €.

10. Die Direktion überweist 3 000,00 € als Abschlagszahlung auf die bereits gutgeschriebenen Provisionen.
11. Unserem Vertreter zahlen wir daraufhin 650,00 € auf bereits gutgeschriebene Provisionen bar aus.

7 Führen Sie folgende Buchführungsarbeiten durch:
- Richten Sie die Konten mit den angegebenen Vorträgen ein.
- Buchen Sie die Geschäftsfälle (Grundbuch und Hauptbuch), wobei weiter benötigte Konten einzurichten sind.

Vorträge	€
Kraftfahrzeuge	7 600,00
Betriebs- und Geschäftsausstattung	25 000,00
Forderungen gegen Direktion	4 350,00
Kasse	2 400,00
Bank	9 300,00
Eigenkapital	13 490,00
Darlehensverbindlichkeiten	15 000,00
Verbindlichkeiten bei Untervertretern	1 900,00
Provisionsaufwand	12 340,00
Verwaltungsaufwand	4 560,00
Kraftfahrzeugaufwand	2 570,00
Zinsaufwand	980,00
Energieaufwand	1 460,00
Mietaufwand	24 570,00
Werbe- und Reiseaufwand	4 690,00
Provisionsertrag	68 230,00
Zinsertrag	1 200,00

Geschäftsfälle

1. Bankgutschrift:
   Provisionsüberweisung durch die Direktion zu bereits gutgeschriebenen Provisionen 3 600,00 €.
2. Kassenüberschuss 30,00 €
3. Banklastschriften:
   - Miete für die Büroräume 1 280,00 €
   - Miete für die Privatwohnung des Agenten 940,00 €
   - Kfz-Versicherung für den Geschäftswagen 630,00 €
   - Abschlagszahlung für Strom 480,00 €
4. Dem Untervertreter werden 1 500,00 € an bereits gutgeschriebenen Provisionen bar ausgezahlt.
5. Barkauf von Briefmarken 40,00 €.
6. Banklastschriften:
   - Darlehenszinsen 2 240,00 €
   - Darlehenstilgungsrate 2 000,00 €
7. Gutschriftsanzeige der Direktion über Abschlussprovisionen 5 900,00 €.

8. Wir schreiben unserem Untervertreter daraufhin 2780,00 € der ihm zustehenden Abschlussprovision gut.
9. Bankgutschriften:
   - Einkommensteuererstattung 1720,00 €
   - Habenzinsen 125,00 €
10. Der Geschäftswagen (Buchwert 7600,00 €) wird dem Sohn des Agenturinhabers überlassen.
11. Barkauf von Büromaterial 105,00 €.
12. Kauf eines neuen Geschäftswagens für 30000,00 € durch Bankdarlehen in Höhe von 25000,00 € und Bankverrechnungsscheck über 5000,00 €.
13. Banklastschrift: Garagenmiete für den Geschäftswagen 80,00 €.

5.2 Schadenregulierung durch die Agentur und Abrechnung mit der Direktion

a) Vorbemerkung

Im Rahmen der Kundenorientierung wird zunehmend die Abrechnung von Kleinschäden auf Agenturen übertragen, was vor allem auch durch verbesserte organisatorische Voraussetzungen möglich ist; denn mittels Personalcomputer und Datenleitung kann die Agentur auf den in der Direktion gespeicherten Datenbestand zugreifen und eine Deckungsprüfung durchführen. Die Regulierungsvollmacht wird dabei auf einen bestimmten Betrag (z. B. 1000,00 €) beschränkt.

Die Abrechnung mit der Direktion kann grundsätzlich wie folgt gestaltet sein:

1. Die Agentur entschädigt den Anspruchsteller und bucht die Zahlungen auf den beiden folgenden Unterkonten zum Konto Forderungen gegen Direktion:
   - **Entschädigungen**: Auf diesem Unterkonto wird der versicherte Schaden gebucht, soweit er entschädigt wird.
   - **Regulierungsaufwand**: Auf diesem Unterkonto wird der Regulierungsaufwand (z. B. Kostenvoranschlag) gebucht.

   Erstattungen des Versicherers an die Agentur (und auch Vorauszahlungen des Versicherers für die Schadenregulierung durch die Agentur) werden auf diesen Unterkonten gegengebucht. Am Jahresende werden die Unterkonten auf das Konto Forderungen gegen die Direktion abgeschlossen.

   > Das vorbeschriebene Verfahren mit den Unterkonten Entschädigung und Regulierungsaufwand wird im Rahmen dieses Lehrbuches buchungstechnisch dargestellt.

   Überweist der VR eine **Vorauszahlung** für die Schadenregulierung an die Agentur bucht diese: Geldkonto (z. B. Bank) an Entschädigungen.
2. Der Agentur wird Kontovollmacht im Rahmen eines Bank- oder Postbankkontos der Direktion erteilt, sodass die im Rahmen dieser Kontovollmacht ausgestellten Verrechnungsschecks zu keiner Ausgabe für die Agentur, wohl aber für die Direktion führen. Damit entfällt auch eine unmittelbare Buchung bei der Agentur. Sie rechnet mit der Direktion über regulierte Schäden außerhalb der Buchführung ab.

b) Buchung des Abrechnungsverkehrs

➤ Abrechnung mit dem Geschädigten

Beispiel:

1. Die Agentur reguliert einen durch ein Kind verursachten Glasbruchschaden durch Bankverrechnungsscheck, nachdem sie zuvor durch den geschädigten Kunden einen Kostenvoranschlag hat einholen lassen.

   Der Entschädigungsbetrag setzt sich wie folgt zusammen:

   – Glasscheibe einschl. Einbau 600,00 €

   – Kostenvoranschlag 30,00 €

2. Die Direktion überweist eine Abschlagszahlung auf die geleistete Entschädigung von 420,00 € per Bank an die Agentur, die sich wie folgt zusammensetzt: 400,00 € Schadenanteil, 20,00 € Anteil am Regulierungsaufwand.

   Für den Restbetrag wurde eine aufsichtspflichtige Person in Regress genommen, da ihr ein Drittel an Mitschuld angelastet werden kann. Diese Zahlung steht noch aus.

3. Abschluss der Unterkonten Entschädigungen und Regulierungsaufwand am Ende des Geschäftsjahres

Buchungssätze	**Soll €**	**Haben €**
1. Entschädigungen	600,00	
Regulierungsaufwand	30,00	
an Bank		630,00
2. Bank	420,00	
an Entschädigungen		400,00
an Regulierungsaufwand		20,00
Anmerkung: Bei Eingang der Schadenregresszahlung wird gleichermaßen gebucht.		
3. Forderungen gegen Direktion	210,00	
an Entschädigungen		200,00
an Regulierungsaufwand		10,00

Kontendarstellung

S	Entschädigungen		H
1.	600,00	2.	400,00
		3.	200,00

S	Bank		H
Bestand	....	1.	630,00
2.	420,00		

S	Regulierungsaufwand		H
1.	30,00	2.	20,00
		3.	10,00

S	Ford. gegen Direktion		H
Bestand	....		
3.	210,00		

Lernkontrollen zu D 5.2

Schadenregulierung

1 Richten Sie zu Buchungszwecken die folgenden Konten mit den angegebenen Anfangsbeständen ein: Forderung gegen Direktion 20 000,00 €, Bank 30 000,00 €, Eigenkapital 50 000,00 €. Buchen Sie anschließend die nachfolgenden Vorgänge auf Konten (mit Buchungssätzen):

a) Die Agentur reguliert einen Leitungswasserschaden aufgrund vorgelegter Belege durch Banküberweisung.
   - Reparaturrechnung der ausführenden Installationsfirma 1 200,00 €,
   - Rechnung des Anstreichermeisters über die Beseitigung von Wasserflecken an den Wänden 380,00 €,
   - Ausgabe von 60,00 € durch den Versicherungsnehmer für den Kostenvoranschlag eines anderen Installationsbetriebes, der auf Anweisung der Agentur zu Vergleichszwecken eingeholt wurde.

b) Zu einem bereits regulierten Einbruchschaden zeigt der VN an, dass ein als gestohlen gemeldetes Teil von der Polizei wieder gefunden und ihm zurückgegeben wurde. Gleichzeitig gehen auf dem Bankkonto 240,00 € an Rückerstattung ein.

c) Die Agentur reguliert einen Kleinschaden im Auftrag der Direktion mit 400,00 €, behält aber den zwischenzeitlich fällig gewordenen Beitrag von 120,00 € ein. Die Abrechnung mit dem Geschädigten erfolgt durch Banküberweisung.

d) Die Direktion erstattet der Agentur durch Banküberweisung die in den Fällen a) bis c) vorfinanzierten Beträge.

2 Führen Sie folgende Buchführungsarbeiten durch:
- Richten Sie die Konten mit ihren Anfangsbeständen ein (nur Hauptbuch).
- Buchen Sie die Geschäftsfälle (Grundbuch und Hauptbuch), wobei weiter benötigte Konten einzurichten sind.

Anfangsbestände	€
Kraftfahrzeuge	16 600,00
Betriebs- und Geschäftsausstattung	10 000,00
Forderungen gegen Direktion	7 600,00
Kasse	770,00
Bank	13 930,00
Eigenkapital	41 400,00
Darlehensverbindlichkeiten	2 300,00
Verbindlichkeiten bei Untervertretern	2 060,00
Sonstige Verbindlichkeiten	3 200,00

Geschäftsfälle

1. Gutschriftsanzeige der Direktion über Abschlussprovisionen 3 680,00 €.
2. Unserem Untervertreter werden 2 150,00 € dieser Abschlussprovisionen für von ihm vermittelte Versicherungen gutgeschrieben.
3. Ohne vorherige Gutschriftsanzeige überweist die Direktion 3 670,00 € an Folgeprovisionen.

4. Auf dem Bankkonto geht eine Abschlagszahlung der Direktion in Höhe von 3 200,00 € zu den bereits gutgeschriebenen Abschlussprovisionen ein.
5. Die Agentur überweist darauf an ihren Untervertreter ebenfalls eine Abschlagszahlung von 1 950,00 € auf die ihm bereits gutgeschriebenen Provisionen per Bank.
6. Provisionsbelastung von 465,00 € durch die Direktion für eine Lebensversicherung, zu der der VN den Widerruf nach § 8 VVG erklärt hat.
7. Die aufgehobene Lebensversicherung kam durch Vermittlung des Untervertreters zustande, der deshalb mit 408,00 € Provision wieder zu belasten ist.
8. Die Direktion überweist 2 000,00 € auf das Bankkonto der Agentur, aus denen zu erwartende Kleinschäden beglichen werden sollen.
9. Ein VN legt folgende Quittungen vor, die von der Agentur bar reguliert werden:
   - Beseitigung eines Einbruchschadens an der Terrassentür 700,00 €
   - Kostenvoranschlag (von der Agentur veranlasst) 65,00 €

3 Führen Sie folgende Buchführungsarbeiten durch:
- Richten Sie die Konten mit den angegebenen Vorträgen ein.
- Buchen Sie die Geschäftsfälle (Grundbuch und Hauptbuch), wobei weiter benötigte Konten einzurichten sind.

Vorträge	€
Kraftfahrzeuge	21 000,00
Betriebs- und Geschäftsausstattung	28 000,00
Forderungen gegen Direktion	3 100,00
Kasse	1 200,00
Bank	16 000,00
Eigenkapital	30 390,00
Darlehensverbindlichkeiten	20 000,00
Verbindlichkeiten bei Untervertretern	1 300,00
Provisionsaufwand	21 430,00
Verwaltungsaufwand	3 290,00
Kraftfahrzeugaufwand	2 980,00
Zinsaufwand	2 100,00
Energieaufwand	1 290,00
Werbe- und Reiseaufwand	5 480,00
HuG-Aufwand	600,00
Provisionsertrag	44 690,00
HuG-Ertrag	**10 000,00**
Zinsertrag	90,00

Geschäftsfälle

1. Provisionsgutschrift für die Agentur durch die Direktion 14 890,00 €.
2. Die Agentur schreibt ihrem Untervertreter 4 600,00 € an Provisionen gut.
3. Die Reinigung des Schornsteins im firmeneigenen Gebäude wird bar bezahlt 56,00 €.
4. Kauf von Büromaterial bar 60,00 €.

5. Kleinschadenregulierung durch Ausstellung eines Bankverrechnungsschecks
   - Entschädigung 490,00 €
   - Schadenregulierungsaufwand 60,00 €
6. Ein Büroschrank wird zum Buchwert von 360,00 € bar verkauft.
7. Eingang einer Überweisung von der Direktion auf das Bankkonto:
   - 10000,00 € Abschlagszahlung auf gutgeschriebene Provisionen
   - 550,00 € Erstattung für die Schadenregulierung (vgl. Fall 5)
8. Barabhebung vom Bankkonto 2000,00 €.
9. Mieter Corsten überweist die Monatsmiete von 1800,00 € auf das Bankkonto der Agentur.
10. Barzahlung für folgende Reparaturen:
   - Spülmaschine in der Büroküche 140,00 €
   - Waschmaschine in der Wohnung des Agenten 90,00 €
11. Banklastschriften lt. Kontoauszug:
   - Kfz-Steuer für den Geschäftswagen 280,00 €
   - Einkommensteuervorauszahlung 1470,00 €
12. Die Direktion überweist 6800,00 € Folgeprovision auf unser Bankkonto ohne vorherige Gutschriftsanzeige.

4 Führen Sie folgende Buchführungsarbeiten durch:

- Richten Sie die Konten mit den angegebenen Vorträgen ein.
- Buchen Sie die Geschäftsfälle (Grundbuch und Hauptbuch), wobei weiter benötigte Konten einzurichten sind.

Vorträge	€
Kraftfahrzeuge	9000,00
Betriebs- und Geschäftsausstattung	22300,00
Forderungen gegen Direktion	4250,00
Kasse	1450,00
Bank	5690,00
Eigenkapital	20390,00
Darlehensverbindlichkeiten	4000,00
Verbindlichkeiten bei Untervertretern	2340,00
Provisionsaufwand	18650,00
Verwaltungsaufwand	2450,00
Kraftfahrzeugaufwand	2310,00
Zinsaufwand	980,00
Energieaufwand	1430,00
Mietaufwand	25480,00
Werbe- und Reiseaufwand	4220,00
Provisionsertrag	71390,00
Zinsertrag	90,00

Geschäftsfälle

1. Banklastschriften lt. Kontoauszug:
   - Einkommensteuervorauszahlung 1 790,00 €
   - Garagenmiete für den Geschäftswagen 90,00 €
2. Abrechnungsmitteilung der Direktion:
   - Gutschrift an Abschlussprovisionen 12 960,00 €
   - Gutschrift der monatlichen Folgeprovision 6 300,00 €
   - Rückprovisionen wegen Vertragsstorni 420,00 €
3. Wir erstellen für unseren Untervertreter folgende Provisionsabrechnung:
   - Gutschrift von Abschlussprovisionen 4 230,00 €
   - Rückprovisionen zu stornierten Verträgen 110,00 €
4. Eingang einer Abschlagszahlung der Direktion auf dem Bankkonto 12 000,00 €.
5. Wir überweisen an unseren Untervertreter eine Abschlagszahlung per Bank 4 000,00 €.
6. Privateinlage auf dem Bankkonto 16 000,00 €.
7. Kauf eines weiteren Kraftfahrzeuges für 18 000,00 € gegen Bankverrechnungsscheck.
8. Kauf von Briefmarken bar 30,00 €.
9. Kleinschadenregulierung im Auftrag der Direktion bar:
   - Entschädigung 380,00 €
   - Regulierungsaufwand 20,00 €
10. Kauf von Büromaterial bar 120,00 €.
11. Kassenmanko 130,00 €

5 Führen Sie folgende Buchführungsarbeiten durch:

- Richten Sie die Konten mit den angegebenen Vorträgen ein.
- Buchen Sie die Geschäftsfälle (Grundbuch und Hauptbuch), wobei weiter benötigte Konten einzurichten sind.

Vorträge	€
Kraftfahrzeuge	33 000,00
Betriebs- und Geschäftsausstattung	42 600,00
Forderungen gegen Direktion	14 290,00
Kasse	2 340,00
Bank	5 780,00
Eigenkapital	37 680,00
Darlehensverbindlichkeiten	32 900,00
Verbindlichkeiten bei Untervertretern	8 950,00
Provisionsaufwand	140 430,00
Verwaltungsaufwand	12 350,00
Kraftfahrzeugaufwand	4 200,00

Vorträge	€
Zinsaufwand	1890,00
Energieaufwand	2360,00
Mietaufwand	46580,00
Werbe- und Reiseaufwand	14670,00
Provisionsertrag	370790,00
Zinsertrag	170,00
Privat (Soll)	130000,00

Geschäftsfälle

1. Provisionsgutschrift für die Agentur durch die Direktion 15380,00 €.
2. Die Agentur schreibt ihrem Untervertreter 9700,00 € an Provisionen gut.
3. Lastschriften lt. Kontoauszug der Bank:
   – Abonnement »Der Versicherungsbetriebswirt« 30,00 €
   – Tageszeitung »Dresdner Tageblatt« 130,00 €
   – Einkommensteuervorauszahlung 1460,00 €
4. Kleinschadenregulierung durch Ausstellung eines Bankschecks über 380,00 €.
5. Die Direktion überweist den von uns verauslagten Entschädigungsbetrag auf unser Bankkonto (vgl. Fall 4).
6. Abhebung vom Bankkonto bar 2000,00 €.
7. Abrechnungsmitteilung der Direktion:
   – Gutschrift an Abschlussprovisionen 14260,00 €
   – Gutschrift der monatlichen Folgeprovision 8400,00 €
   – Rückprovisionen wegen Vertragsstorni 920,00 €
8. Wir erstellen für unseren Untervertreter folgende Provisionsabrechnung:
   – Gutschrift von Abschlussprovisionen 6540,00 €
   – Rückprovisionen zu stornierten Verträgen 230,00 €
9. Eingang einer Abschlagszahlung der Direktion auf dem Bankkonto 17000,00 €.
10. Wir händigen unserem Untervertreter einen Bankbarscheck über 5600,00 € Abschlagszahlung aus.
11. Barzahlung für folgende Wartungsarbeiten:
    – Wartung des Bürocomputers 230,00 €
    – Wartung der Heizung in der Wohnung des Provisionsagenten 120,00 €
12. Die Direktion überweist 2300,00 € Abschlussprovision auf unser Bankkonto. Die Abrechnungsmitteilung ist noch nicht gebucht.
13. Überweisung der Büromiete für November und Dezember in Höhe von monatlich 670,00 €.
14. Kassenmanko 120,00 €

6 Betrachten Sie die nachstehende Eröffnungsbilanz und nehmen Sie zur Vermögens- und Finanzlage Stellung. Vergleichen Sie anschließend die Eröffnungsbilanz mit der nach einem Monat erstellten Zwischenbilanz und versuchen Sie herauszufinden, welche Geschäftsfälle zwischenzeitlich zu den teilweise erheblichen Abweichungen geführt haben könnten.

Aktiva	Eröffnungsbilanz		Passiva
	€		€
Kraftfahrzeuge	3 000,00	Eigenkapital	38 800,00
Betriebs- u. Gesch.Ausst..	22 000,00	Darlehensverb.	5 000,00
Ford. gg. Direktion	17 500,00	Verb. bei Untervertreter	2 000,00
Kasse	700,00		
Bank	2 600,00		
	45 800,00		45 800,00

Aktiva	Zwischenbilanz		Passiva
	€		€
Kraftfahrzeuge	30 000,00	Eigenkapital	38 800,00
Betriebs- u. Gesch.Ausst..	24 000,00	Darlehensverb.	20 000,00
Ford. gg. Direktion	2 600,00	Verb. bei Untervertreter	500,00
Kasse	900,00		
Bank	1 800,00		
	59 300,00		59 300,00

6 Personalaufwendungen

Beispiel:
Silvia Beier, ledig, 34 Jahre, kinderlos, römisch-katholisch, wohnhaft in Düsseldorf, ist nach 11 Berufsjahren bei einem Versicherungsmakler von der Agentur Baumgart als kaufmännische Angestellte mit der Gehaltsgruppe III eingestellt worden. Sie ist jetzt im 12. Berufsjahr. Aufmerksam studiert sie ihre erste Gehaltsabrechnung am neuen Arbeitsplatz.

Gehaltsabrechnung	Monat: Juli 2018	
für: Silvia Beier Fürstenwall 12 40218 Düsseldorf	Gehaltsgruppe: III (12. Berufsjahr)	
	Steuerklasse: I	Anzahl Kinder: 0
	Konfession: r.k.	Steuerfreibetrag: 0 €

	€	€
Tarifgehalt		2 528,00
+ VwL-Zulage		40,00
Gesamtbrutto		**2 568,00**
Abzüge:		
Steuerpflichtiges Brutto: 2 568,00 €		
Lohnsteuer	315,75	
Solidaritätszuschlag	17,36	
Kirchensteuer	28,41	361,52
Soz. Vers. Pfl. Brutto Renten-/ArbeitslosenV 2 568,00 €		
Rentenversicherung 9,3 %	238,82	
Arbeitslosenversicherung 1,5 %	38,52	
Soz. Vers. Pfl. Brutto Kranken-/PflegeV 2 568,00 €		
Krankenversicherung 8,3 %	213,14	
Pflegeversicherung	39,16	529,64
Nettoverdienst		1 676,84
Vermögenswirksame Anlage		40,00
Auszahlungsbetrag		**1 636,84**
Arbeitgeberanteil zur SozialV		497,54

6.1 Tarifvertragliche Leistungen

a) Gehaltstarif im Versicherungsvermittler-Gewerbe

Für ihre Arbeitsleistung erhalten Angestellte als Einkommen ein Gehalt.

Grundlage der Gehaltsberechnung in einer Agentur ist üblicherweise der Gehaltstarif im Versicherungsvermittler-Gewerbe (vgl. A 1.6.2).

In der Direktion basiert die Gehaltszahlung in der Regel auf dem Gehaltstarifvertrag für das private Versicherungsgewerbe.

Beispiel (1. Fortsetzung):

Für Silvia Beier, die sich im 12. Berufsjahr befindet und nach Gehaltsgruppe III eingestuft ist, beträgt das Tarifgehalt lt. Gehaltstabelle 2528,00 €.

Die **Gehaltstabelle** ist nach Berufsjahren und Gehaltsgruppen geordnet, beginnend mit Gehaltsgruppe I (Tätigkeiten, die nur eine kurze Einweisung erfordern) bis Gehaltsgruppe VI (Tätigkeiten mit hohen Anforderungen und erweiterter Fach- oder Führungsverantwortung).

Der **Gehaltstarifvertrag** weist u. a. ferner Verantwortungszulagen für Abteilungsleiter und stellvertretende Abteilungsleiter, Spesen für den Außendienst und einen Zuschuss für Fahrtkosten bei Benutzung des öffentlichen Linienverkehrs aus. Dieser Zuschuss ist keine steuerfreie Einnahme sondern steuerpflichtig.

Auszug aus der Gehaltstabelle für das Versicherungsvermittler-Gewerbe (BVK)

	I	II	III	V	VI
im 1. Berufsjahr	1687,00	1785,00	1834,00		
im 2. Berufsjahr	1771,00	1872,00	1975,00		
im 3. und 4. Berufsjahr	1834,00	1966,00	2107,00		
im 5. und 6. Berufsjahr	1892,00	2033,00	2205,00	2656,00	
im 7. und 8. Berufsjahr	1943,00	2104,00	2306,00	2778,00	3015,00
im 9. und 10. Berufsjahr	2051,00	2179,00	2416,00	2951,00	3224,00
im 11. und 12. Berufsjahr		2256,00	2528,00	3114,00	3445,00
im 13. Berufsjahr		2329,00	2633,00	3283,00	3664,00
vom 14. Berufsjahr an				3454,00	3883,00

Anmerkung: Die Tarifpartner haben für die nähere Zukunft u. a. eine neue Gehaltstabelle angekündigt. Als Ausgangsbasis für die Darstellung und Berechnung von Brutto- und Nettogehalt bleibt die abgebildete Tabelle aber brauchbar.

b) Vermögenswirksame Leistungen

Zusätzlich zum Tarifgehalt gewährt die Versicherungswirtschaft ihren Arbeitnehmern zzt. tarifvertraglich einen Betrag von monatlich 40,00 € als sog. vermögenswirksame Leistung. Tarifgehalt und vermögenswirksame Leistung bilden zusammen das Bruttogehalt.

Beispiel (2. Fortsatzung):

Für Silvia Beier ergibt sich durch Addition des Tarifgehalts von 2528,00 € und der vermögenswirksamen Leistung von 40,00 € ein monatliches Bruttogehalt von 2568,00 €.

Die vermögenswirksame Leistung ist in eine der zugelassenen **Anlageformen** anzulegen und wird vom Staat unter bestimmten Voraussetzungen durch eine **Zulage** gefördert. Der Arbeitnehmer bestimmt die Anlageform (z. B. Bausparvertrag) und der Arbeitgeber muss den Anlagebetrag an den Träger der gewählten Anlageform (z. B. Bausparkasse) überweisen.

Hinweis:

Wegen ihrer Komplexität sind die Einzelheiten in dem separaten Abschnitt **D 6.2.3 Vermögenswirksame Leistungen** dargestellt.

6.2 Berechnung der Gehaltsabzüge

Bei der Abrechnung von Arbeitsentgelten sind eine Vielzahl von gesetzlichen Vorschriften – insbesondere hinsichtlich der Steuern und Sozialabgaben – zu beachten.

6.2.1 Steuerliche Abzüge

An steuerlichen Abzügen fallen in der Regel an die **Lohnsteuer** und die Zuschlagsteuern, nämlich der **Solidaritätszuschlag** und die **Kirchensteuer**.

Primär ist die Lohnsteuer für das steuerpflichtige Gehalt nach der sog. **Tarifformel** (elektronisch) laut Einkommensteuergesetz (EStG) zu berechnen.

In der Praxis besteht jedoch weiterhin das Bedürfnis, die steuerlichen Abzüge in **Tabellen** nachschlagen zu können. Dieser Zweck wird mit **Lohnsteuertabellen** erfüllt, die allerdings noch eine Stufenbildung von 3 Euro monatlich kennen, damit die Tabellen keinen unvertretbaren Umfang annehmen. Bei den Tabellen wird nach dem Bundesland und dem dort gültigen Kirchensteuersatz unterschieden.

Im Rahmen dieses Lehrbuches wird eine solche **Lohnsteuertabelle** auszugsweise zugrunde gelegt (siehe nächste Seite).

Der geringfügige Unterschiedsbetrag, der sich zwischen elektronischer (also Euro genauer) und manueller Steuerermittlung (aufgrund der Stufenbildung in den Tabellen) ergeben kann, wird spätestens im Rahmen des Lohnsteuerjahresausgleiches oder aufgrund des Anrechnungsverfahrens im Rahmen der Einkommensteuererklärung ausgeglichen, so dass der Arbeitnehmer keinen Nachteil erleidet.

Auszug Lohnsteuertabelle (Schema gem. Stollfußtabelle)

Lohn/ Gehalt	Abzüge an Lohnsteuer, Solidaritätszuschlag (SolZ) und Kirchensteuer (9%) in den Steuerklassen																	
	I–IV				I, II, III, IV													
			ohne Kinderfreibeträge				mit Zahl der Kinderfreibeträge 0,5		1		1,5		2		2,5		3	
bis €		LSt	SolZ	KiSt		LSt	SolZ	KiSt	SolZ	KiSt	SolZ	KiSt	SolZ	KiSt	SolZ	KiSt	SolZ	KiSt
2528,99	I,IV	307,16	16,89	27,64	I	307,16	12,17	19,91	7,72	12,64	–	5,85	–	0,61	–	–	–	–
	II	262,41	–	–	II	262,41	9,85	16,12	4,00	9,09	–	2,90	–	–	–	–	–	–
	III	89,33	–	8,03	III	89,33	–	2,90	–	–	–	–	–	–	–	–	–	–
	V	581,16	31,96	52,30	IV	581,16	–	–	–	–	–	–	–	–	–	–	–	–
	VI	615,66	33,86	55,40	V	615,66	–	–	–	–	–	–	–	–	–	–	–	–
2570,99	I,IV	315,75	17,36	28,41	I	315,75	12,69	20,77	8,22	13,45	–	6,59	–	1,10	–	–	–	–
	II	272,25	–	–	II	272,25	10,36	16,95	5,78	9,86	–	3,51	–	–	–	–	–	–
	III	97,33	–	8,75	III	97,33	–	3,51	–	–	–	–	–	–	–	–	–	–
	V	595,16	32,73	53,56	IV	595,16	–	–	–	–	–	–	–	–	–	–	–	–
	VI	629,83	34,64	56,68	V	629,83	–	–	–	–	–	–	–	–	–	–	–	–

a) Ermittlung der Lohnsteuer anhand der Lohnsteuertabelle Monat

Beispiel (3. Fortsatzung):

Silvia Beier (siehe Eingangsbeispiel) ist in die Steuerklasse I eingruppiert.

Aus der Lohnsteuertabelle kann abgelesen werden:

Lohn/Gehalt bis	Steuerklasse	LSt (= Lohnsteuer)
2 570,99 €	I	**315,75 €**

Die Lohnsteuer ist eine besondere Erhebungsform der Einkommensteuer. Sie wird auch als Besteuerung an der »Quelle« bezeichnet, da der Arbeitgeber durch Gesetz verpflichtet ist, die Lohnsteuer des Arbeitnehmers zu ermitteln, einzubehalten und an das Finanzamt abzuführen. EStG § 38 ff.

Lohnsteuer-Abzugsmerkmale

Beim Bundeszentralamt für Steuern (BZSt) wird eine Datenbank geführt, die alle notwendigen Daten für die Steuerberechnung enthält und vom Arbeitgeber elektronisch abgerufen werden kann. Hierfür benötigt der Arbeitgeber nur die Steuer-Identifikationsnummer (IdNr.) und das Geburtsdatum seines Arbeitnehmers. Das Verfahren heißt **ELSTAM**, wobei der Name für **E**lektronische **L**ohn**St**euer**A**bzugs**M**erkmale steht.

Notwendige und daher beim BZSt gespeicherte Daten für die Steuerberechnung sind insbesondere:

- Lohnsteuerklasse
- Zahl der Kinderfreibeträge
- Steuerfreibetrag

Lohnsteuerklassen

In Abhängigkeit von seinen persönlichen Merkmalen wird der Arbeitnehmer in eine der Lohnsteuerklassen (§ 38 b EStG) eingereiht:

Steuer-klasse	Personenkreis
I	Ledige, Verwitwete sowie Geschiedene oder dauernd getrennt lebende Verheiratete.
II	Arbeitnehmer der Steuerklasse I, wenn ihnen der Alleinerziehendenfreibetrag zusteht. Der Entlastungsbetrag für Alleinerziehende beträgt für das erste Kind 1 908,00 € und für jedes weitere Kind 240,00 € im Kalenderjahr (§ 24 b EStG) und ist in die Steuerklasse II der Tabelle eingearbeitet. Er wird Alleinerziehenden gewährt, die mit mindestens einem Kind, das das 18. Lebensjahr noch nicht vollendet haben darf, eine Haushaltsgemeinschaft in einer gemeinsamen Wohnung bilden, wobei diese Wohnung der gemeldete Hauptwohnsitz sein muss.
III	Verheiratete, die beide unbeschränkt einkommensteuerpflichtig sind und nicht dauernd getrennt leben auf Antrag beider Ehegatten, dass ein Ehegatte in die Steuerklasse III und der andere Ehegatte dafür in die Steuerklasse V eingereiht wird. Diese Steuerklassenwahl sollte aus folgendem Grund getroffen werden, wenn einer der Ehegatten bedeutend mehr verdient als der andere Ehegatte: Der Steuersatz steigt in der Steuertabelle mit zunehmenden Einkommen überproportional an.

Steuerklasse	Personenkreis
III (Fortsetzung)	Verheiratete können aber für ihre Einkommensteuererklärung die Zusammenveranlagung wählen. Bei der endgültigen Festsetzung der Einkommensteuer werden dann die Einkünfte der Ehegatten zusammengefasst und für jeden Ehegatten nur die Hälfte davon als Grundlage der Steuerberechnung genommen. Das bewirkt, dass wegen des progressiv ansteigenden Steuersatzes ein niedrigerer Steuersatz zur Anwendung kommt. Da die Einkommensteuererklärung für ein Jahr erst im folgenden Kalenderjahr abgegeben wird, kann durch Wahl der Steuerklassenkombination III/V diese Zusammenveranlagung quasi schon vorweggenommen werden; denn in Steuerklasse III (diese Steuerklasse wird für den besser Verdienenden beantragt) sind die Steuersätze bedeutend niedriger als in Steuerklasse V (Steuerklasse, die für den weniger Verdienenden gewählt wird).
IV	Verheiratete, die beide unbeschränkt einkommensteuerpflichtig sind und nicht dauernd getrennt leben. Diese Steuerklasse gilt auch, wenn einer der Eheleute keinen Arbeitslohn bezieht und die beiden Ehegatten keinen Antrag auf Wechsel in die Steuerklassen III und V stellen.
V	Arbeitnehmer, deren Ehegatte in Steuerklasse III eingereiht ist.
VI	Steuerklasse für Arbeitslohn aus weiteren Arbeitsverhältnissen.

Anmerkung: Wegen ihrer Komplexität ist auf die Darstellung gewisser Besonderheiten verzichtet worden. Nähere Einzelheiten finden sich in §§ 24 b, 38 b EStG.

Anstelle der Steuerklassenkombination III/V können Ehegatten auch die Steuerklasse IV + Faktor **(Faktorverfahren)** wählen. Üblicherweise wählt der besser verdienende Ehepartner die günstigere Steuerklasse III und der andere Ehepartner die Steuerklasse V mit einem höheren Lohnsteuerabzug. Obgleich den Eheleuten dadurch keine steuerlichen Nachteile im Rahmen der Zusammenveranlagung entstehen, wird das Verfahren für den mitverdienenden Ehepartner in der Steuerklasse V als ungerecht empfunden, da er überproportional weniger und der andere Ehepartner im Verhältnis mehr netto verdient. Durch das Faktorverfahren soll dies vermieden werden.

➤ Kinderfreibeträge

Kinderfreibeträge werden bei der Berechnung des Solidaritätszuschlages und der Kirchensteuer berücksichtigt (siehe weiter unten bei b) und c).

➤ Lohnsteuerermäßigung durch Steuerfreibetrag

Beim Finanzamt kann unter bestimmten Voraussetzungen ein Antrag auf Lohnsteuerermäßigung gestellt werden. Ermäßigungsgründe können u. a. sein:

- Behinderung
- erhöhte Sonderausgaben und Werbungskosten
  Als Werbungskosten werden bestimmte Aufwendungen des Arbeitnehmers (z. B. Fahrtkosten zur Arbeitsstätte ab einer gewissen Entfernung) bezeichnet, die anfallen, um die steuerpflichtige Tätigkeit ausüben zu können.
- außergewöhnliche Belastungen (z. B. Unterstützung von Angehörigen, Ausbildungsfreibetrag für Kinder)

Das Finanzamt meldet den Lohnsteuerfreibetrag an das BZSt, so dass er im Rahmen des ELSTAM-Verfahrens bei der Berechnung des zu versteuernden Gehalts berücksichtigt wird.

Beispiel:

Bruttogehalt	2 300,00 €
monatlicher Steuerfreibetrag	300,00 €

Die Steuer wird nur noch von 2 000,00 € erhoben.

b) Ermittlung des Solidaritätszuschlages anhand der Lohnsteuertabelle Monat

Beispiel (4. Fortsatzung):

Für Silvia Beier ist kein Kinderfreibetrag auf der Lohnsteuerkarte vermerkt.

Aus der jeweiligen Tabelle kann abgelesen werden:

Lohn/Gehalt bis	Steuerklasse	SolZ (= Solidaritätszuschlag) ohne Kinderfreibeträge
2570,99 €	I	**17,36 €**

Erläuterungen:

Der Solidaritätszuschlag ist eine **Ergänzungsabgabe** (Zuschlagsteuer) im Zusammenhang mit der deutschen Einheit. Bei Arbeitnehmern werden derzeit **5,5% der Lohnsteuer** als Abgabe einbehalten.

Sind **Kinderfreibeträge** bei der BZSt gespeichert, wird der Solidaritätszuschlag von einer fiktiven Monatslohnsteuer berechnet, die geringer ist als die tatsächliche. Auf die Darstellung kann verzichtet werden, da der infrage kommende Solidaritätszuschlag unmittelbar aus den Lohnsteuertabellen abgelesen werden kann.

Arbeitnehmer mit geringem Einkommen zahlen einen gemilderten oder keinen Solidaritätszuschlag.

c) Ermittlung der Kirchensteuer anhand der Lohnsteuertabelle Monat

Beispiel (5. Fortsatzung):

Für Silvia Beier kann aus der jeweiligen Tabelle bei 0 Kinderfreibeträgen und einem Kirchensteuersatz von 9% aufgrund ihres Wohnsitzes abgelesen werden:

Lohn/Gehalt	Steuerklasse	9% Kirchensteuer ohne Kinderfreibeträge
2570,99 €	I	**28,41 €**

Erläuterungen:

Die Kirchensteuer ist eine **Zuschlagsteuer** zur Lohnsteuer, d. h., **sie wird von der Lohnsteuer** berechnet. Bei Steuerpflichtigen mit Kindern werden jedoch vor der Berechnung der Kirchensteuer **Kinderfreibeträge** von der Lohnsteuer abgezogen, sodass die Berechnung von einer **fiktiven Lohnsteuer** erfolgt. Die maßgeblichen Kinderfreibeträge sind in der Tabelle eingearbeitet.

Anmerkung: Der Solidaritätszuschlag ist nicht kirchensteuerpflichtig.

Der Kirchensteuersatz beträgt in Bayern und Baden-Württemberg 8% und in allen übrigen Bundesländern 9%.

6.2.2 Sozialabgaben

a) Beitragssätze

Aufgrund gesetzlicher Vorschriften ist ein Arbeitnehmer wie folgt sozialversichert:

- Rentenversicherung
- Arbeitslosenversicherung
- Krankenversicherung
- Pflegeversicherung
- Unfallversicherung

Die Beiträge zur **Unfallversicherung** werden vom Arbeitgeber allein getragen.

Die **Beiträge** zu den übrigen Zweigen der Sozialversicherung werden vom **Arbeitnehmer** und **Arbeitgeber** jeweils wie folgt **getragen**:

Zweig der Sozialversicherung	**Aktuelle Sätze 2018**	**Beitragssatz für Arbeitnehmer**	**Beitragssatz für den Arbeitgeber**
Rentenversicherung	18,6 %	9,3 %	9,3 %
Arbeitslosenversicherung	3,0 %	1,5 %	1,5 %
Krankenversicherung [1]	14,6 %	7,3 % + 1,0 %	7,3 %
Pflegeversicherung [2]	2,55 %	1,275 % + evtl. 0,25 % Kinderlosenzuschlag	1,275 %

[1] 14,6 % und wird vom Arbeitnehmer und Arbeitgeber je zur Hälfte getragen. Darüber hinaus kann die Krankenkasse einen einkommensabhängigen Zusatzbeitrag festlegen, den der Arbeitnehmer dann zusätzlich zahlen muss. Im Jahr 2018 beträgt der durchschnittliche Zusatzbeitragssatz in der gesetzlichen Krankenversicherung 1 Prozent. Er ist eine Richtgröße für die Festlegung des individuellen Zusatzbeitrages und wird hier für die beispielhafte Lohnberechnung übernommen.

Hinweis: Derzeit ist im Gesetzgebungsverfahren, dass auch der aktuelle Zusatzbeitrag ab 2019 je zur Hälfte vom Arbeitgeber und Arbeitnehmer getragen wird.

[2] Der Kinderlosenzuschlag von 0,25 % wurde eingeführt, da eine eventuelle Pflege mangels eigener Kinder von Dritten durchgeführt werden muss. Er gilt u. a. nicht für Personen vor Vollendung des 23. Lebensjahres, Arbeitslosengeld II-Bezieher sowie Wehr- und Zivildienstleistende (§ 55 (3) SGB XI).

Im Bundesland Sachsen trägt vom Beitragssatz von 2,55 % zur Pflegeversicherung der Arbeitnehmer 1,775 % und der Arbeitgeber 0,775 %. Für den Arbeitnehmer kommt ggf. noch der Zuschlag von 0,25 % wegen Kinderlosigkeit hinzu, sofern er älter als 23 Jahre ist. Die Regelung in Sachsen ist darauf zurück zu führen, dass dort seinerzeit kein Feiertag zur teilweisen Finanzierung des Arbeitsgeberanteils abgeschafft wurde.

Besonderheit:

(1) Jahresarbeitsentgeltgrenze in der Kranken- und Pflegeversicherung

Seit dem 01.01.2009 gilt die Krankenversicherungspflicht in Deutschland für alle Personen. Für Arbeitnehmer gilt, dass sie in der **gesetzlichen** Kranken- und Pflegeversicherung versicherungspflichtig sind, wenn ihr regelmäßiges Jahresarbeitsentgelt die Versicherungspflichtgrenze (sog. **Jahresarbeitsentgeltgrenze**) nicht übersteigt. Ansonsten können sie sich in der privaten Krankenversicherung versichern lassen (vgl. Band 2, E 1.3.1).

Die Jahresarbeitsentgeltgrenze beträgt im Kalenderjahr **2018** bundeseinheitlich **59 400,00 € (allgemeine Jahresarbeitsentgeltgrenze).** Von der Jahresarbeitsentgeltgrenze ist die Beitragsbemessungsgrenze zu unterscheiden, die als Obergrenze für die Beitragsberechnung vom beitragspflichtigen Arbeitsentgelt gilt (siehe nachstehend unter b)).

Für Arbeitnehmer, die am 31. Dez. 2002 wegen Überschreitens der Jahresarbeitsentgeltgrenze nicht mehr in der gesetzlichen Krankenversicherung krankenversicherungspflichtig waren und eine private Krankheitskostenvollversicherung abgeschlossen haben, gilt eine **besondere Jahresarbeitsentgeltgrenze.** Sie beträgt im Kalenderjahr **2018** bundeseinheitlich **53 100,00 €**. Der Arbeitgeber muss bei Neueinstellungen prüfen, ob diese Voraussetzungen für die dann mögliche Befreiung von der Krankenversicherungspflicht in der gesetzlichen Kranken- und Pflegeversicherung noch vorliegen.

(2) Pauschalbeiträge für geringfügig entlohnte Beschäftigungen

Für **geringfügig entlohnte Beschäftigungen bis 450,00 € (Mini-Job)** sind vom Arbeitgeber **Pauschalbeiträge** abzuführen. Liegt das **regelmäßige Arbeitsentgelt zwischen 450,01 und 850,00 € (Midi-Job) gilt eine Gleitzonen-Regelung.** Innerhalb der Gleitzone hat der Arbeitgeber seinen »vollen«

Beitragsanteil zu zahlen, der Arbeitnehmer jedoch nur einen reduzierten, progressiv ansteigenden Beitragsanteil. Die Gleitzonen-Regelung gilt u. a. jedoch nicht für Beschäftigte in Berufsausbildung (Auszubildende).

b) Beitragsbemessungsgrenzen

Die Beiträge zur Sozialversicherung werden aus dem tatsächlichen **(centgenauen) sozialversicherungspflichtigen Bruttogehalt** unter Anwendung der gültigen **Beitragssätze** berechnet, wobei jedoch eine Obergrenze in Form der **Beitragsbemessungsgrenze** (siehe Schaubild) beachtet werden muss. Für den Teil des Bruttogehalts, der die Beitragsbemessungsgrenze übersteigt, besteht keine Beitragspflicht zur Sozialversicherung.

Der Arbeitgeber behält den Arbeitnehmeranteil vom Arbeitsentgelt ein und muss diesen zusammen mit seinem Anteil an die zuständige Krankenkasse als Einzugsstelle überweisen.

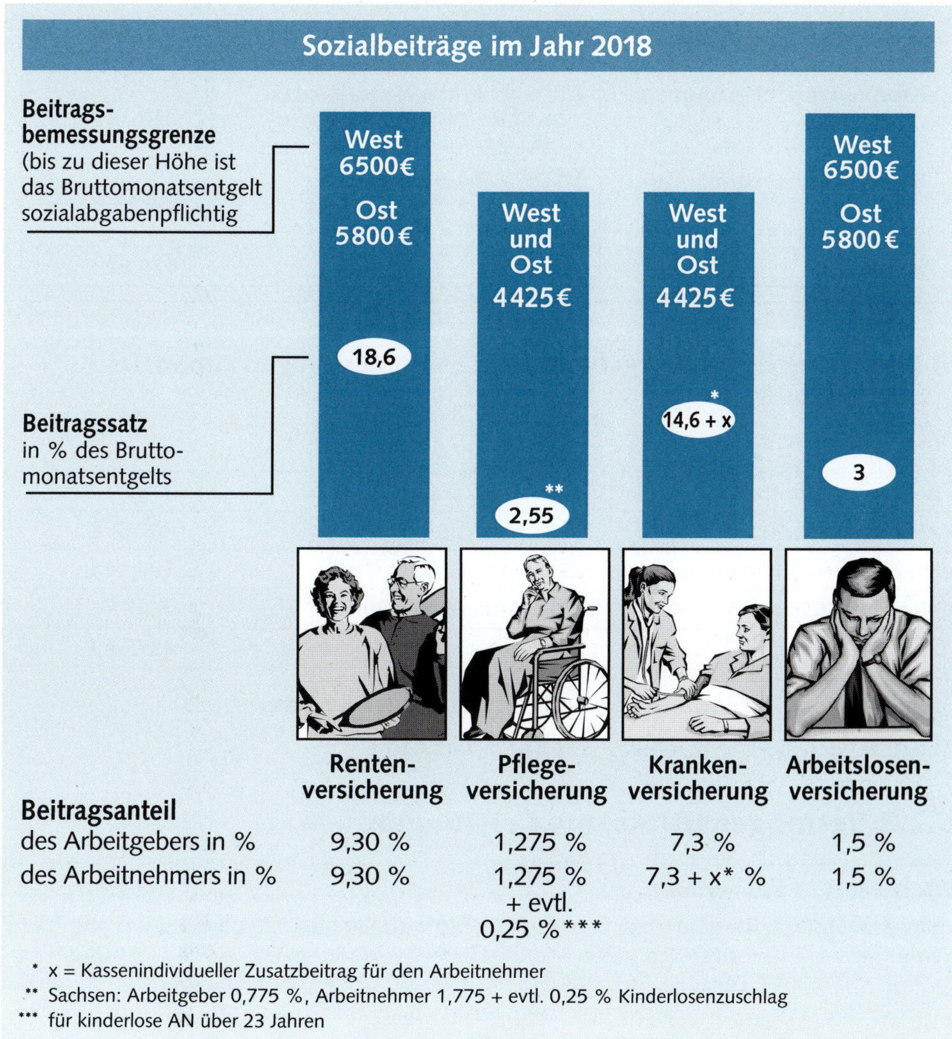

c) Ermittlung des Arbeitnehmeranteils an den Beiträgen zur Sozialversicherung

Beispiel (6. Fortsatzung):

Das sozialversicherungspflichtige Bruttogehalt von Silvia Beier (siehe Eingangsbeispiel) beträgt 2568,00 € und liegt unter den jeweiligen Beitragsbemessungsgrenzen für die Renten-/Arbeitslosen- sowie Kranken-/Pflegeversicherung.

Die Berechnung des **Arbeitnehmeranteils** (AN-Anteil) an den Beiträgen zur Sozialversicherung stellt sich wie folgt dar:

Rentenversicherung:	9,3 % (hälftiger Beitragssatz von 18,9%) von 2568,00 € =	**238,82 €**
Arbeitslosenversicherung:	1,5 % (hälftiger Beitragssatz von 3%) von 2568,00 € =	**38,52 €**
Krankenversicherung:	7,3 % (hälftiger Beitragssatz von 14,6%) + 1,0% = 8,3% von 2568,00 € =	**213,14 €**
Pflegeversicherung:	1,275 % (hälftiger Beitragssatz von 2,55%) + 0,25% = 1,525% von 2568,00 € =	**39,16 €**
Summe		**529,64 €**

d) Ermittlung des Arbeitgeberanteils an den Beiträgen zur Sozialversicherung

Der Arbeitgeber zahlt:

Rentenversicherung:	9,3 % von 2568,00 € =	**238,82 €**
Arbeitslosenversicherung:	1,5 % von 2568,00 € =	**38,52 €**
Krankenversicherung:	7,3 % von 2568,00 € =	**187,46 €**
Pflegeversicherung:	1,275 % von 2568,00 € =	**32,74 €**
Summe		**497,54 €**

Die Beiträge zur Sozialversicherung betragen demzufolge insgesamt:

AN-Anteil 529,64 € + AG-Anteil 497,54 € = **1027,18 €**

6.2.3 Vermögenswirksame Leistungen

Beispiel (7. Fortsatzung):

Silvia Beier (vgl. Eingangsbeispiel) hat ein Tarifgehalt von 2528,00 €. Ihr Arbeitgeber zahlt ferner tarifvertraglich jeden Monat 40,00 € vermögenswirksame Leistungen (= jährlich 480,00 €). Diesen Betrag lässt sie von ihrem Arbeitgeber auf einen vermögenswirksamen Bausparvertrag überweisen. Sie stellt später jedes Jahr bei ihrem Finanzamt einen Antrag auf Arbeitnehmer-Sparzulage und kann daraufhin eine staatliche Förderung von jährlich 43,00 (9 % von max. 470,00 €, gerundet auf volle €) erwarten.

Da Silvia Beier die staatliche Förderung für vermögenswirksame Leistungen voll ausschöpfen möchte, trägt sie sich mit dem Gedanken, auch noch vermögenswirksam in einen Aktienfonds zu sparen. Sie will ihren Arbeitgeber anweisen, jedes Jahr aus ihrem Weihnachtsgeld den maximal förderfähigen Betrag von 400,00 € an den Fonds zu überweisen. Auf Antrag könnte sie dann eine weitere jährliche Förderung von 80,00 € (20 % von max. 400,00 €) durch den Staat erwarten. Diese Förderung wird maximal 6 Jahre gewährt.

Merkmale

Vermögenswirksame Leistungen sind Geldleistungen, die der Arbeitgeber für den Arbeitnehmer **aus dessen Gehalt** in eine oder mehrere vom Arbeitnehmer ausgewählte Anlageformen tätigt. Grundlage ist das 5. Vermögensbildungsgesetz (VermBG), mit dem beabsichtigt ist, die Vermögensbildung bei Arbeitnehmern zu stärken.

In vielen Branchen übernimmt der Arbeitgeber einen Anteil an den vermögenswirksamen Leistungen, d.h., er erhöht das Gehalt lt. Tarifvertrag um die i.d.R. tarifvertraglich geregelte vermögenswirksame Leistung und zahlt dann diesen oder ggf. einen höheren Betrag, den der Arbeitnehmer bestimmt, in die vom Arbeitnehmer bestimmte Anlageform ein.

Tarifvertraglich hat sich die Versicherungswirtschaft verpflichtet, ihren Arbeitnehmern 40,00 € monatlich an vermögenswirksamen Leistungen zu gewähren. Zum Vergleich: Beamte erhalten monatlich nur 6,50 € an vermögenswirksamen Leistungen von ihrem Dienstherrn. Will ein Beamter die staatliche Förderung voll ausnutzen, muss er wesentlich mehr »aus eigener Tasche« aufbringen als ein Angestellter der Versicherungswirtschaft.

Eine vom Arbeitgeber gewährte vermögenswirksame Leistung ist als Teil des Arbeitsentgeltes anzusehen und damit lohnsteuer- und sozialversicherungspflichtig.

Anlageformen

Die Anlageformen für vermögenswirksame Leistungen (VL) sind vielfältig und in § 2 des Fünften Vermögensbildungsgesetzes (5. VermBG) geregelt.

Aus der nachstehenden Tabelle können die gebräuchlichsten Anlageformen entnommen werden:

Anlagemöglichkeit	VL-Zulage vom Staat	Höchstgrenze des zu versteuernden Einkommens für die Förderung	Maximale Förderung pro Jahr	Zielgruppe
• **Banksparplan**	nein	entfällt	entfällt	Sicherheitsorientierte Anleger ohne Anspruch auf VL-Zulage
• **Bausparvertrag**	ja	Alleinstehende: 17 900,00 € Zusammenveranlagte Ehegatten: 35 800,00 €	9 % von max. 470,00 € = 43,00 € (ger.)	Sicherheitsorientierte Anleger mit Anspruch auf VL-Zulage und der Option, das Geld zum Bauen oder Modernisieren zu verwenden
• **Aktienfonds-Sparplan**	ja	Alleinstehende: 20 000,00 € Zusammenveranlagte Ehegatten: 40 000,00 €	20 % von max. 400,00 € = 80,00 € für max. 6 Jahre	Risikobewusste Anleger mit Anspruch auf VL-Zulage
• **Kapital-Lebensversicherung**	nein	entfällt	entfällt	Anleger ohne Anspruch auf VL-Zulage, um die Steuervorteile zu nutzen

Staatliche Förderung

Der Staat begünstigt bestimmte Anlageformen, wie aus der vorstehenden Tabelle ersichtlich, mit einer Zulage, der sog. **Arbeitnehmer-Sparzulage.** Voraussetzung ist, dass das zu versteuernde Einkommen im Jahr der Sparleistung einen bestimmten Betrag nicht übersteigt (siehe hierzu § 13 Abs. 1 5. VermBG).

Die Arbeitnehmer-Sparzulage beträgt für Anlagen ab dem 1. April 2009:

- für Beteiligungen am Produktivkapital (z. B. Aktienfonds) 20 % von max. 400,00 € so angelegter vermögenswirksamer Leistungen. Die Höchstförderung bei diesen Anlagenformen beträgt demnach 20 % von 400,00 € = 80,00 € und wird maximal 6 Jahre gewährt.
- für alle übrigen geförderten Anlageformen 9% von max. 470,00 € an vermögenswirksamen Leistungen. Die maximale Arbeitnehmer-Sparzulage beträgt bei diesen Anlageformen demzufolge 9% von 470,00 € = 43,00 € (gerundet auf volle €).

Ein Mitarbeiter der Versicherungswirtschaft, der tarifvertraglich einen Anspruch auf vermögenswirksame Leistung von monatlich 40,00 € durch seinen Arbeitgeber hat und **nicht** mehr als diesen Betrag vermögenswirksam anlegen will, kann also durch entsprechende Anlagewahl entweder 80,00 € oder 43,00 € an Arbeitnehmer-Sparzulage jährlich erhalten.

Die beiden vorgenannten Förderbereiche können vom Arbeitnehmer aber auch **kumulativ** ausgeschöpft werden, um die höchstmögliche Förderung zu erzielen. Hierfür müsste der Arbeitnehmer sowohl eine der Anlagearten, die mit 9% (bis 470,00 €) gefördert wird (z. B. Bausparen), als auch eine Anlageart, die mit 20 % (bis 400,00 €) gefördert wird (z. B. Aktienfonds) vereinbaren und den Arbeitgeber anweisen, aus seinen Gehalt diese Anlageformen monatlich oder auch durch einmalige Zahlung (z. B. aus dem Weihnachtsgeld) in maximal förderbarer Höhe zu bedienen. Der Arbeitnehmer könnte dann jährlich 43,00 € und weitere 80,00 € an Förderung erhalten.

Die Arbeitnehmer-Sparzulage muss jährlich durch den Arbeitnehmer bei seinem Finanzamt beantragt werden. Der Antrag muss bis zum Ende des vierten Kalenderjahres nach dem Kalenderjahr gestellt werden, in dem die vermögenswirksamen Leistungen angelegt wurden (für 2018 also spätestens am 31. Dez. 2022).

Exkurs: Argumente für eine Kapital-Lebensversicherung als vermögenswirksame Anlageform

Die Kapital-Lebensversicherung ist insbesondere für Arbeitnehmer interessant, die aufgrund ihres Einkommens ohnehin keine Arbeitnehmer-Sparzulage erhalten. Die tarifvertraglich gewährte vermögenswirksame Leistung des Arbeitgebers wird so für die private Alters- und Hinterbliebenenvorsorge verwendet.

6.3 Buchen der Personalaufwendungen

Beispiel (8. Fortsatzung):

Als kaufmännische Angestellte in der Agentur Baumgart hat Silvia Beier auch ihre eigene Gehaltszahlung zu buchen. Sie muss beachten, dass die Auszahlung des Gehaltes und die Weiterleitung der vermögenswirksamen Leistung an das Anlageinstitut durch Banküberweisung erfolgten, während die einbehaltenen Steuern und Sozialabgaben erst später zu den Abrechnungsterminen durch Banküberweisung abgeführt werden.

➤ Buchung der Gehaltsabrechnung und des Arbeitgeberanteils zur Sozialversicherung

Buchungssätze	Soll €	Haben €
1. Gehälter an Verbindlichkeiten beim FA an Verbindlichkeiten beim SVT an Bank an Bank	2568,00	 361,52 529,64 40,00 1636,84
2. Sozialer Aufwand an Verbindlichkeiten beim SVT	497,54	 497,54

Erläuterungen:

Zu 1. Das sich aus dem Tarifgehalt und der vermögenswirksamen Leistung des Arbeitgebers zusammensetzende Bruttogehalt stellt für den Arbeitgeber einen **Aufwand** dar, der auf dem Aufwandskonto **Gehälter** erfasst wird. Die hiervon einbehaltenen Steuern und Sozialabgaben werden dem Finanzamt bzw. den Sozialversicherungsträgern geschuldet und bis zu ihrer Überweisung auf den passiven Bestandskonten **Verbindlichkeiten beim Finanzamt** und **Verbindlichkeiten beim Sozialversicherungsträger** erfasst. Die Überweisungen (vermögenswirksame Leistung, Auszahlungsbetrag) führen zu einem Abfluss aus dem Bankkonto der Agentur und werden entsprechend auf dem Konto **Bank** im Haben gebucht.

Zu 2. Da der Arbeitgeber verpflichtet ist, den **Arbeitgeberanteil** zur Renten-, Kranken-, Pflege- und Arbeitslosenversicherung zu tragen, entsteht neben dem Bruttogehalt ein weiterer Aufwand. Er wird auf dem Konto **Sozialer Aufwand** erfasst und bis zur Abführung ebenfalls auf dem Konto **Verbindlichkeiten beim Sozialversicherungsträger** gegengebucht.

Der Beitrag zur Unfallversicherung ist nach Anforderung (Beitragsbescheid) durch die Berufsgenossenschaft fällig. Zuvor erhobene Beitragsvorschüsse werden verrechnet.
Der Arbeitgeberanteil zur Sozialversicherung wie auch alle weiteren Leistungen des Arbeitgebers (z. B. bezahlte Urlaubs- und Krankheitstage, Beitrag zur gesetzlichen Unfallversicherung, Fahrtkostenzuschuss, Kantinenessen) werden als **Lohnnebenkosten** oder **zweiter Lohn** bezeichnet. Von der Wirtschaft wird immer wieder eine Senkung der Lohnnebenkosten gefordert, die u. a. mit der Sicherung des Wirtschaftsstandortes Deutschland begründet wird, da die Produktion sonst in kostengünstigere Länder ausweichen könnte.

➤ Buchung der Überweisungen an das Finanzamt und die Krankenkasse

Buchungssätze	Soll €	Haben €
1. Verbindlichkeiten beim FA an Bank	361,52	 361,52
2. Verbindlichkeiten beim SVT an Bank	1027,18	 1027,18

Erläuterungen:

Zu 1. Die einbehaltene Lohnsteuer ist spätestens am 10. Tag nach Ablauf eines jeden Lohnsteuer-Anmeldungszeitraumes (das ist i. d. R. der 10. Tag nach Ablauf des Monats, in dem die Lohnzahlung erfolgte) an das Betriebsstättenfinanzamt abzuführen. EStG § 41a

SGB IV § 23

Zu 2. Die Sozialversicherungsbeiträge (hier: Arbeitnehmer- und Arbeitgeberanteil) sind nach den Bestimmungen des SGB IV wie folgt fällig:

(1)... Beiträge, die nach dem Arbeitsentgelt oder dem Arbeitseinkommen zu bemessen sind, sind in vorraussichtlicher Höhe der Beitragsschuld spätestens am drittletzten Bankarbeitstag des Monats fällig, in dem die Beschäftigung oder Tätigkeit, mit der das Arbeitsentgelt oder Arbeitseinkommen erzielt wird, ausgeübt worden ist oder als ausgeübt gilt; ein verbleibender Restbeitrag wird zum drittletzten Bankarbeitstag des Folgemonats fällig. ...

(3) Geschuldete Beiträge der Unfallversicherung werden am Fünfzehnten des Monats fällig, der dem Monat folgt, in dem der Beitragsbescheid dem Zahlungspflichtigen bekanntgegeben worden ist; ...

Besonderheit: Beitragszuschuss des Arbeitgebers zur Kranken- und Pflegeversicherung von Arbeitnehmern, die freiwillig in der GKV oder privat in der PKV versichert sind.

Arbeitnehmer, deren Einkommen über der Jahresarbeitsentgeltgrenze (Versicherungspflichtgrenze) liegt (vgl. D 6.2.2 a), können freiwilliges Mitglied in der gesetzlichen Versicherung bleiben oder eine private Kranken- und Pflegeversicherung abschließen, um die allgemeine Krankenversicherungspflicht zu erfüllen. In beiden Fällen müssen sie die Beiträge selbst abführen.

Der Arbeitgeber gewährt jedoch den Arbeitgeberanteil in Form eines Beitragszuschusses auch weiterhin, wenn

- die freiwillige Krankenversicherung in der GKV nachgewiesen wird

  oder

- wenn das Bestehen einer privaten Krankenversicherung nachgewiesen wird und diese als substitutive Krankenversicherung im Sinne von § 195 (1) VVG angesehen werden kann.

Hinsichtlich der Höhe des Beitragszuschusses sind bestimmte Begrenzungen zu beachten.

Der Beitragszuschuss wird unmittelbar dem Arbeitnehmer ausgezahlt und erhöht insofern den Auszahlungsbetrag. Buchtechnisch wird er weiterhin als **Sozialer Aufwand** erfasst; an die Stelle der Gegenbuchung auf dem Konto Verbindlichkeiten beim Sozialversicherungsträger tritt jedoch die Buchung der Auszahlung an den Arbeitnehmer.

6.4 Gehaltsvorschuss

Beispiel:
Für eine Anschaffung gewährt die Agentur ihrer Angestellten Silvia Beier einen Gehaltsvorschuss von 500,00 €, der per Bank an sie überwiesen wird. Der Vorschuss soll in zwei Teilbeträgen durch Verrechnung mit den nächsten Gehaltszahlungen zurückbezahlt werden.

➤ **Buchung des Vorschusses**

Buchungssatz	**Soll €**	**Haben €**
Forderungen gegen AN an Bank	500,00	 500,00

Erläuterung

Der Vorschuss stellt ein kurzfristiges Arbeitgeberdarlehen dar, das zurückgezahlt werden muss und deshalb auf dem aktiven Bestandskonto **Forderungen gegen Arbeitnehmer** erfasst wird.

➤ Verrechnung der ersten Rückzahlungsrate von 250,00 € mit der nächsten Gehaltszahlung

Die Verrechnung führt zu einer um den Rückzahlungsbetrag verkürzten Auszahlung. Auf dem Konto **Forderungen gegen Arbeitnehmer** wird die Rückzahlung buchtechnisch auf der **Habenseite** erfasst.

Buchungssätze	Soll €	Haben €
1. Gehälter	2 568,00	
an Verbindlichkeiten beim FA		361,52
an Verbindlichkeiten beim SVT		529,64
an Bank		40,00
an Forderungen gegen AN		**250,00**
an Bank		1 386,84
2. Sozialer Aufwand	497,54	
an Verbindlichkeiten beim SVT		497,54

Zusammenfassung: Personalaufwendungen

Gehaltsabrechnung	*Buchung* Soll	Haben
Tarifgehalt		
+ tarifvertragliche VwL-Zulage 1)		
Gesamtbrutto (Bruttogehalt)	*Gehälter*	
Abzüge:	an	
Steuern (ggf. Steuerfreibetrag beachten) 2)		*Verb. beim FA*
– Lohnsteuer		
– Solidaritätszuschlag		
– Kirchensteuer		
Sozialabgaben (Arbeitnehmeranteil) 3)		*Verb. beim SVT*
– Rentenversicherung		
– Arbeitslosenversicherung		
– Krankenversicherung		
– Pflegeversicherung		
Vermögenswirksame Anlage 4)		*Bank bzw. Postbank*
Auszahlungsbetrag 5)		*Bank bzw. Postbank*
Sozialabgaben (Arbeitgeberanteil) 6)	*Sozialer Aufwand*	
	an	*Verb. beim SVT*

Erläuterungen und Hinweise:

[1] Vom Arbeitgeber gewährte vermögenswirksame Leistungen sind steuer- und sozialabgabenpflichtig und deshalb Bestandteil des Bruttogehaltes. Das Bruttogehalt wird auf dem Aufwandskonto *Gehälter* gebucht.

[2] Steuerklasse, Religionszugehörigkeit und Zahl der Kinderfreibeträge beachten. Lohnsteuer, Solidaritätszuschlag und Kirchensteuer können für das jeweilige Bruttogehalt unter Beachtung der vorstehenden Angaben direkt aus der Lohnsteuertabelle abgelesen werden. Solidaritätszuschlag und Kirchensteuer können mit ihren Prozentsätzen auch direkt von der Lohnsteuer berechnet werden, wenn Kinderfreibeträge nicht zu berücksichtigen sind.

Ist auf der Lohnsteuerkarte ein Steuerfreibetrag (z. B. 300,00 €) eingetragen, sind bei einem Bruttogehalt von z. B. 2 500,00 € nur 2 200,00 € steuerpflichtig. Es sind dann aus der Lohnsteuertabelle die genannten Steuern für ein Gehalt von nur 2 200,00 € abzulesen und in der Gehaltsabrechnung anzusetzen.

Einbehaltene Steuern stellen für den Arbeitgeber *Verbindlichkeiten beim Finanzamt* dar und werden daher sofort als solche gebucht.

[3] Die Beiträge zur Renten-, Arbeitslosen-, Kranken- und Pflegeversicherung werden vom Bruttogehalt, höchstens jedoch von der jeweiligen Beitragsbemessungsgrenze berechnet und vom Arbeitnehmer und Arbeitgeber getragen. Der Arbeitnehmeranteil wird vom Arbeitgeber direkt vom Gehalt einbehalten. Vom jeweils gültigen Beitragssatz (in der Krankenversicherung nur vom allgemeinen Beitragssatz) tragen Arbeitnehmer und Arbeitgeber jeweils die Hälfte (Ausnahme: Pflegeversicherung im Bundesland Sachsen).

In der Krankenversicherung hat der Arbeitnehmer zusätzlich den einkommensabhängigen Zusatzbeitrag zu leisten (Änderung ab 2019 ist im Gesetzgebungsverfahren).

In der Pflegeversicherung erhöht sich der Beitragssatzanteil für Arbeitnehmer, die älter als 23 Jahre und kinderlos sind, um 0,25 Beitragssatzpunkte.

Die einbehaltenen Arbeitnehmeranteile stellt für den Arbeitgeber *Verbindlichkeit beim Sozialversicherungsträger* dar und werden daher sofort als solche gebucht.

[4] Der Arbeitgeber ist verpflichtet, vermögenswirksame Leistungen vom Gehalt einzubehalten und an das vom Arbeitnehmer bestimmte Anlageinstitut sofort abzuführen. Die Überweisung stellt daher einen Abfluss auf einem Zahlungsmittelkonto des Arbeitgebers (*Bank* oder *Postbank*) dar und wird entsprechend gebucht.

[5] Der Auszahlungsbetrag wird auf das vom Arbeitnehmer bezeichnete Konto überwiesen. Diese Überweisung stellt ebenfalls einen Abfluss auf einem Zahlungsmittelkonto des Arbeitgebers (*Bank* oder *Postbank*) dar und wird entsprechend gebucht.

[6] Der Arbeitgeber ist verpflichtet sich an den Beiträgen zur Renten-, Arbeitslosen-, Kranken- und Pflegeversicherung zu beteiligen (sog. Arbeitgeberanteil). Der Arbeitgeberanteil stellt, wie das Bruttogehalt, für ihn einen Aufwand dar der auf dem eigens hierfür eingerichteten Aufwandskonto *Sozialer Aufwand* gebucht wird. Die Gegenbuchung erfolgt auf dem Konto *Verbindlichkeiten beim Sozialversicherungsträger*, da eine solche entstanden ist.

Überweist der Arbeitgeber die einbehaltenen Steuern an das Finanzamt und die Sozialabgaben (AN-Anteil und AG-Anteil) an die zuständige Krankenkasse als Einzugsstelle bucht er:

Verbindlichkeiten beim Finanzamt
an *Bank* bzw. *Postbank*

Verbindlichkeiten beim Sozialversicherungsträger
an *Bank* bzw. *Postbank*

Lernkontrollen zu D 6

Personalaufwendungen

1 Welche Gesichtspunkte sind für die Höhe

a) der Lohnsteuer,

b) des Solidaritätszuschlages,

c) der Kirchensteuer

maßgebend?

2 Welche Lohnsteuerklasse ist für die nachfolgenden Arbeitnehmer jeweils vorgesehen:

a) lediger Arbeitnehmer

b) Verheirateter Arbeitnehmer, der voll berufstätig ist. Der Ehepartner ist ebenfalls voll berufstätig. Die Eheleute haben in etwa jeder das gleiche Einkommen.

c) Verheirateter Arbeitnehmer, der voll berufstätig ist. Der Ehepartner befindet sich noch in Berufsausbildung.

3 Stellen Sie anhand des auf der nächsten Seite abgebildeten Auszuges aus einer »Lohnsteuertabelle Monat« fest, wie hoch jeweils die Lohnsteuer, der Solidaritätszuschlag, die Kirchensteuer für folgende Arbeitnehmer ist, die jeder ein steuerpflichtiges Bruttogehalt von 2 400,00 € haben.

a) Hans Schmitz, 24 Jahre, Köln, Steuerklasse I, 0; römisch-katholisch

b) Kerstin Schreiber, 32 Jahre, Koblenz, Steuerklasse II, 1; evangelisch

c) Mehmet Yussufi, 35 Jahre, Duisburg, Steuerklasse IV, 3; islamisch

---

Hinweis:

Die Steuerbeträge der nachstehend abgebildeten Tabellenauszüge können von der aktuellen Tabelle abweichen.

Monat

Lohn/ Gehalt	Abzüge an Lohnsteuer, Solidaritätszuschlag (SolZ) und Kirchensteuer (9%) in den Steuerklassen																	
	I–IV				I, II, III, IV													
			ohne Kinderfreibeträge				mit Zahl der Kinderfreibeträge											
							0,5		1		1,5		2		2,5		3	
bis €		LSt	SolZ	KiSt		LSt	SolZ	KiSt	SolZ	KiSt	SolZ	KiSt	SolZ	KiSt	SolZ	KiSt	SolZ	KiSt
2397,99	I,IV	353,91	19,46	31,85	I	353,91	15,52	25,40	11,79	19,30	8,26	13,52	1,78	8,09	—	3,26	—	—
	II	321,25	17,66	28,91	II	321,25	13,25	22,61	10,17	16,65	6,74	11,03	—	5,79	—	1,42	—	—
	III	97,—	—	8,73	III	97,—	—	4,41	—	0,59	—	—	—	—	—	—	—	—
	V	698,33	38,40	62,84	IV	353,91	17,47	28,58	15,52	25,40	13,63	22,31	11,79	19,30	10,—	16,37	8,26	13,52
	VI	732,83	40,30	65,95														
2400,99	I,IV	354,83	19,51	31,93	I	354,83	15,57	25,48	11,83	19,37	8,30	13,59	1,93	8,15	—	3,32	—	—
	II	322,16	17,71	28,99	II	322,16	13,86	22,69	10,22	16,73	6,78	11,10	—	5,85	—	1,46	—	—
	III	97,66	—	8,78	III	97,66	—	4,45	—	0,63	—	—	—	—	—	—	—	—
	V	699,66	38,48	62,96	IV	354,83	17,52	28,67	28,67	25,48	13,68	22,38	11,83	19,37	10,05	16,44	8,30	13,59
	VI	734,16	40,37	66,07														
2403,99	I,IV	355,75	19,56	32,01	I	355,75	15,62	25,56	11,88	19,44	8,35	13,66	2,06	8,21	—	3,37	—	—
	II	323,—	17,76	29,07	II	323,—	13,91	22,77	10,26	16,79	6,82	11,17	—	5,91	—	1,52	—	—
	III	98,33	—	8,86	III	98,33	—	4,51	—	0,67	—	—	—	—	—	—	—	—
	V	701,—	38,55	63,09	IV	355,75	17,56	28,64	28,74	25,56	13,72	22,46	11,88	19,44	10,09	16,51	8,35	13,66
	VI	735,50	40,45	66,19														

4 Für welche Zweige der Sozialversicherung wird ein Arbeitnehmeranteil vom Gehalt einbehalten und welche Gesichtspunkte sind bei der Beitragsberechnung zu beachten?

5 Ermitteln Sie den jeweiligen Arbeitnehmeranteil zur Sozialversicherung für die in Aufgabe 3 genannten Arbeitnehmer mit Hilfe der Beitragssätze in der Übersicht »Sozialbeiträge 2018« in Abschnitt D 6.2.2 b.

6 Mark Irmer ist leitender Angestellter in einer großen Bonner Generalagentur. Er erhält ein außertarifliches Bruttogehalt von monatlich 6600,00 € und 40,00 € vermögenswirksame Leistung. Für ihn ist ein Steuerfreibetrag von monatlich 600,00 € bei der BZSt gespeichert. Er ist freiwilliges Mitglied in der gesetzlichen Kranken- und Pflegeversicherung.

Von welchem Betrag wird

a) die Lohnsteuer,

b) der Arbeitnehmeranteil zur

- Rentenversicherung,
- Arbeitslosenversicherung,
- Krankenversicherung,
- Pflegeversicherung

berechnet, wenn die im Jahr 2014 gültigen Daten zugrunde gelegt werden?

7 Daniel Reiter (24 Jahre, ledig, römisch-katholisch) hat sich auf eine Stelle als Innendienstmitarbeiter in einer Versicherungsagentur in Düsseldorf beworben. Er ist im 2. Berufsjahr und soll nach Gruppe II des Gehaltstarifs im Versicherungsvermittler-Gewerbe (BVK) bezahlt werden. Der Abzug an Lohnsteuer wird 165,91 € betragen.

Berechnen Sie den Solidaritätszuschlag und die Kirchensteuer sowie die weiteren Abzüge (s. hierzu auch das Schaubild in Abschnitt D 6.2.2 b) und den Auszahlungsbetrag, wenn die Stelle im laufenden Jahr 2018 angetreten werden soll.

8 Helen Hochfeldt (40 Jahre, ledig, evangelisch), Wohnort Bonn, hat ein »Traumangebot« als Managerin erhalten: 6200,00 € monatlich brutto zuzüglich 40,00 € vermögenswirksame Leistungen. Für sie sind 500,00 € monatlich als Steuerfreibetrag bei der BZSt gespeichert. Sie möchte ausrechnen, was ihr nach allen Abzügen als Auszahlungsbetrag in etwa verbleibt.

Berechnen Sie den voraussichtlichen Auszahlungsbetrag, wenn der Lohnsteuersatz ohne SolZ und KiSt für das Bruttogehalt mit 23 % festgestellt wird. Legen Sie die Sozialversicherungsdaten für 2018 zugrunde.

9 Bilden Sie die Buchungssätze (Vermögenswirksame Leistungen sind nicht zu berücksichtigen):

a) Gehälter werden durch Banküberweisung ausgezahlt:

Bruttogehälter	15 200,00 €
Lohnsteuer	3 200,00 €
Solidaritätszuschlag	240,00 €
Kirchensteuer	288,00 €
Sozialversicherung Arbeitnehmeranteil	3 040,00 €
Sozialversicherung Arbeitgeberanteil	2 960,00 €

b) Gehälter werden durch Postbanküberweisung ausgezahlt:

Nettogehälter	6 338,00 €
Lohnsteuer	2 800,00 €
Solidaritätszuschlag	210,00 €
Kirchensteuer	252,00 €
Sozialversicherung Arbeitnehmeranteil	2 400,00 €
Sozialversicherung Arbeitgeberanteil	2 280,00 €

10 Andrea Krenz, 26 Jahre, ledig, evangelisch, wohnhaft in Köln, hat ein Stellenangebot ab dem am 01. Dez. d. J. erhalten. Ihr Tarifgehalt beträgt 2 594,00 € zuzüglich 40,00 € an vermögenswirksamen Leistungen.

Verwenden Sie

den nachfolgenden Auszug aus einer Lohnsteuertabelle,

die Übersicht »Sozialbeiträge 2018« in Abschnitt D 6.2.2 b.

a) Wie hoch wird ihr steuerpflichtiges Bruttogehalt sein?

b) Mit welchem Auszahlungsbetrag kann sie rechnen?

Monat

Lohn/Gehalt	Abzüge an Lohnsteuer, Solidaritätszuschlag (SolZ) und Kirchensteuer (9%) in den Steuerklassen																	
	I–IV				I, II, III, IV													
			ohne Kinderfreibeträge				mit Zahl der Kinderfreibeträge											
							0,5		1		1,5		2		2,5		3	
Versorgungs-Bezug bis €		LSt	SolZ	KiSt		LSt	SolZ	KiSt	SolZ	KiSt	SolZ	KiSt	SolZ	KiSt	SolZ	KiSt	SolZ	KiSt
2596,99	I,IV	319,75	17,58	28,77	I	319,75	13,74	22,49	10,10	16,53	6,67	10,92	—	5,69	—	1,34	—	—
	II	287,83	15,83	25,90	II	287,83	12,08	19,73	8,53	13,97	2,70	8,50	—	3,61	—	—	—	—
	III	74,16	—	6,67	III	74,16	—	2,57	—	—	—	—	—	—	—	—	—	—
	V	647,33	35,60	58,25	IV	319,75	15,63	25,58	13,74	22,49	11,89	19,46	10,10	16,53	8,36	13,68	6,67	10,92
	VI	681,50	37,48	61,33														
2636,99	I,IV	331,33	18,22	29,81	I	331,33	14,35	23,43	10,67	17,47	7,21	11,80	—	6,49	—	1,98	—	—
	II	299,16	15,45	26,92	II	299,16	12,67	20,73	9,09	14,87	4,61	9,36	—	4,33	—	0,27	—	—
	III	81,83	—	7,36	III	81,83	—	3,19	—	—	—	—	—	—	—	—	—	—
	V	664,66	36,55	59,81	IV	331,33	16,26	26,60	14,35	23,48	12,48	20,43	10,67	17,47	8,92	14,60	7,21	11,80
	VI	699,08	38,44	62,91														

c) Berechnen Sie den Prozentsatz der Abzüge an Steuern und Sozialversicherung vom Bruttogehalt (Tarifgehalt und vermögenswirksame Leistung) auf 2 Dezimalstellen nach dem Komma genau.

d) Andrea Krenz hat die ihr angebotene Stelle angetreten. Der Arbeitgeber überweist den Auszahlungsbetrag per Bank und die vermögenswirksamen Leistungen an das von Andrea Krenz bestimmte Anlageinstitut per Postbank. Die einbehaltenen Steuern und Sozialabgaben werden erst später abgeführt.

   Buchen Sie die Gehaltsabrechnung.

e) Bis zu welchem Zeitpunkt hat der Arbeitgeber die einbehaltenen Steuern und die Sozialabgaben jeweils abzuführen?

f) Die Überweisung der Steuern und Sozialversicherungsbeiträge erfolgt per Bank. Buchen Sie den Vorgang.

11 Buchen Sie folgende Vorgänge:

a) Andrea Krenz (vgl. Aufgabe 10) erhält von ihrem neuen Arbeitgeber einen Gehaltsvorschuss in Höhe von 400,00 € bar ausgezahlt.

b) Der Gehaltsvorschuss wird mit der nächsten Gehaltszahlung verrechnet. Im Übrigen gelten die Angaben in Aufgabe 10 d, Satz 2).

7 Vorbereitung des Jahresabschlusses

7.1 Notwendigkeit vorbereitender Abschlussbuchungen

Das HGB kennt im Zusammenhang mit dem Jahresabschluss spezielle Vorschriften. Sie werden im Rahmen der Buchführung u. a. durch vorbereitende Abschlussbuchungen erfüllt. Hierzu zählen: HGB § 246 ff.

- die planmäßige Abschreibung des Anlagevermögens (vgl. D 7.2),
- die periodengerechte Zuordnung von Erfolgsvorgängen
  - durch Rechnungsabgrenzung (vgl. D 7.3),
  - durch die Bildung von Rückstellungen (vgl. D 7.4).

7.2 Abschreibungen auf Anlagen

Situationsbeispiel:

Hilmar Krause kauft Anfang Januar 2018 den schon seit längerem geplanten neuen Firmenwagen, da der Fahrzeughändler im Rahmen eines Sonderverkaufs 5% Rabatt auf den Listenpreis gewährt.

Die Rechnung weist aus:

Listenpreis, netto	15650,00 €
– Sonderrabatt 5%	782,50 €
	14867,50 €
+ Überführungskosten	258,55 €
	15126,05 €
+ Umsatzsteuer 19%	2873,95 €
Rechnungsbetrag	18000,00 €

Für Hilmar Krause ergeben sich folgende Fragestellungen:

Mit welchem Betrag ist das neue Kfz auf dem Konto Kraftfahrzeuge als Anlagegut zunächst zu erfassen? siehe D 7.2.2.1

Welche Nutzungsdauer ist für die planmäßige Abschreibung des neuen Kfz zugrunde zu legen? siehe D 7.2.2.2

Mit welchem Betrag kann das Kfz am Ende eines Geschäftsjahres abgeschrieben werden? siehe D 7.2.2.3

Wie ist die Abschreibung buchungstechnisch durchzuführen? siehe D 7.2.2.4

7.2.1 Wesen der Abschreibung

7.2.1.1 Wertminderungen

Zu den Anlagegütern einer Agentur zählen:

- Grundstücke und Gebäude
- Kraftfahrzeuge
- Betriebs- und Geschäftsausstattung

Anlagegüter, ausgenommen Grundstücke, verlieren ständig an Wert und müssen von Zeit zu Zeit ersetzt werden.

Ursachen für die Wertminderung von Anlagegütern sind insbesondere:

- Technischer Verschleiß durch den ständigen Gebrauch
- Veralterung infolge technischen Fortschritts und Modewechsel
- Beschädigung und Zerstörung durch höhere Gewalt, Fehlbedienung u. dgl.

Durch **Abschreibung** wird die Wertminderung buchmäßig erfasst.

7.2.1.2 Gesetzliche Vorschriften zur Abschreibung

Gesetzliche Vorschriften zur Abschreibung finden sicht insbesondere im Handelsgesetzbuch (HGB) und im Einkommensteuergesetz (EStG).

Die nachstehenden Ausführungen haben folgende Vorschriften schwerpunktmäßig zum Inhalt:

- Planmäßige Abschreibung gemäß § 253 Abs. 3 HGB und § 7 EStG
- Abschreibung von geringwertigen Wirtschaftsgütern nach § 6 Abs. 2 und Abs. 2a EStG

7.2.2 Planmäßige Abschreibung von Anlagegütern

7.2.2.1 Anschaffungskosten als Ausgangsbasis für die Abschreibung

Situationsbeispiel (1. Fortsetzung):
Hilmar Krause stellt anhand der Vorschrift des § 255 Abs. 1 HGB fest, dass das neue Kfz mit seinen **Anschaffungskosten** bewertet und in der Buchführung gem. § 253 Abs. 1 HGB als Anlagegut mit diesem Betrag aktiviert werden darf. Er bucht deshalb auf dem Konto Kraftfahrzeuge im Soll den Rechnungsbetrag von 18 000,00 € als sog. Anschaffungskosten (AK).

S	**Kraftfahrzeuge**		H
AK	18 000,00		

HGB § 255 (1)

Zu den Anschaffungskosten zählen:

Listenpreis (ohne Umsatzsteuer)
– Anschaffungspreisminderungen (z. B. Rabatte)
+ Anschaffungsnebenkosten (z. B. Kosten für Transport, Versicherung des Transports, Installation, Inbetriebnahme)
+ Umsatzsteuer (wenn keine Berechtigung zum Vorsteuerabzug besteht)
= Anschaffungskosten

Die berufstypischen Umsätze des Versicherungsvertreters sind nicht umsatzsteuerpflichtig (vgl. C 6.2.2 b). Deshalb ist er auch nicht vorsteuerabzugsberechtigt, sodass die Umsatzsteuer für ihn zu den Anschaffungskosten zählt. Ansonsten würde sie nicht zu den Anschaffungskosten zählen.

Finanzierungskosten (z. B. Zinsen) zählen nicht zu den Anschaffungskosten. Eine Skonto, das vom Rechnungsbetrag abgezogen werden darf, mindert die Anschaffungskosten.

Bei Buchung des Kaufs werden die **Anschaffungskosten als Anschaffungswert** auf dem Bestandskonto erfasst (Aktivierung zu Anschaffungskosten). HGB §§ 253 (1), 255

Aufgrund der Vorschrift des HGB werden hierdurch auch die Nebenkosten, die im Grunde einen Aufwand darstellen, auf einem Bestandskonto gebucht. Dies lässt sich damit begründen, dass die Betriebsbereitschaft des Anlagegutes ohne die Nebenkosten regelmäßig nicht erzielt werden kann. Erst durch die Betriebsbereitschaft erhält die Anlage ihren »Wert« für den Betrieb.

➤ Die beim Kauf eines Vermögensgegenstandes anfallenden Nebenkosten werden auf dem jeweiligen Bestandskonto mit aktiviert.

7.2.2.2 Abschreibungsplan

Situationsbeispiel (2. Fortsetzung):

Der Steuerberater von Hilmar Krause empfiehlt, sich hinsichtlich der geplanten **Nutzungsdauer** für das neue Kfz an der **Afa-Tabelle** der Finanzverwaltung zu orientieren. Die betriebsgewöhnliche Nutzungsdauer für **Personenkraft- und Kombiwagen** beträgt nach dieser Tabelle **6 Jahre**.

Anlagegüter, deren Nutzungsdauer zeitlich begrenzt ist, sind **planmäßig** abzuschreiben. Hierfür ist ein **Abschreibungsplan** zu erstellen. Aus dem Abschreibungsplan zu den Anlagegütern einer Agentur müssen hervorgehen:

- Tag der Anschaffung,
- Anschaffungskosten (gebuchter Anschaffungswert beim Kauf),
- voraussichtliche betriebsgewöhnliche Nutzungsdauer,
- jährliche Abschreibungsbeträge (siehe D 7.2.2.3).

HGB § 253 (3) S. 1 u. 2

Die planmäßige Abschreibung wird im Steuerrecht als **Absetzung für Abnutzung** (AfA) bezeichnet. EStG § 7

Anhaltspunkte für die Bestimmung der **betriebsgewöhnlichen Nutzungsdauer** bieten die **AfA-Tabellen** der Finanzverwaltung.

Auszug aus der AfA-Tabelle:

Anlagegüter	**Nutzungsdauer (in Jahren)**	**Anlagegüter**	**Nutzungsdauer (in Jahren)**
Umzäunungen – aus Holz – Sonstige	 15 17	Vervielfältigungsgeräte	7
Personenkraft- und Kombiwagen	6	Fernsprechnebenstellenanlage	10
Workstation, Personalcomputer, Notebook und Peripherie	3	Büromöbel	13
		Panzerschränke	23

Neben der planmäßigen Abschreibung kennen Handels- und Steuerrecht noch eine außerplanmäßige Abschreibung in bestimmten Fällen (z. B. Abschreibung bei Wertminderung durch außergewöhnliche Beschädigung, gesetzlich zulässige Sonderabschreibungen zur Investitionsförderung).

Die Besonderheiten bei der Abschreibung von Gebäuden sind auszugsweise in Abschnitt D 4.7.2 dargestellt.

- Anlagegüter sind planmäßig abzuschreiben.
- Für die Abschreibung ist ein Abschreibungsplan zu erstellen.

7.2.2.3 Lineare Abschreibung (Abschreibung in gleich bleibenden Beträgen)

Situationsbeispiel (3. Fortsetzung):
Hilmar Krause entschließt sich, die Anschaffungskosten von 18000,00 € für das Anfang Januar 2018 gekaufte Kfz gleichmäßig über die Nutzungsdauer von 6 Jahren abzuschreiben. Er ermittelt 3000,00 € als jährlichen Abschreibungsbetrag und 16 ²/₃ % als jährlichen prozentualen Abschreibungssatz.

a) Jährlicher Abschreibungsbetrag und Abschreibungsverlauf

Bei der linearen Abschreibung werden die Anschaffungskosten (Anschaffungswert) gleichmäßig auf die Jahre der Nutzung verteilt.

$$\textbf{Abschreibungsbetrag in €} = \frac{\text{Anschaffungskosten}}{\text{Nutzungsdauer}}$$

$$\textbf{Abschreibungssatz in \%} = \frac{100\,\%}{\text{Nutzungsdauer}}$$

Im Beispielsfall beträgt der jährliche Abschreibungsbetrag der Anschaffungskosten von 18000,00 € für das Kfz bei einer voraussichtlichen Nutzungsdauer von sechs Jahren 3000,00 €. Das entspricht einem jährlich linearen (gleichbleibenden) Abschreibungssatz von $16\,^2/_3$ % der Anschaffungskosten. Bei der linearen Abschreibung wird also jedes Jahr von den **Anschaffungskosten** ausgehend abgeschrieben.

Es ergibt sich folgender **Abschreibungsverlauf**:

Jahr	Abschreibung	Buchwert
		18000,00 €
2018	$16^2/_3$ % von 18000,00 €	– 3000,00 €
		15000,00 €
2019	$16^2/_3$ % von 18000,00 €	– 3000,00 €
		12000,00 €
2020	$16^2/_3$ % von 18000,00 €	– 3000,00 €
		9000,00 €
2021	$16^2/_3$ % von 18000,00 €	– 3000,00 €
		6000,00 €
2022	$16^2/_3$ % von 18000,00 €	– 3000,00 €
		3000,00 €
2023	$16^2/_3$ % von 18000,00 €	– 3000,00 €
		0,00 €

Hinweis:

Man belässt ein vollständig abgeschriebenes Anlagegut mit einem **Erinnerungswert von 1,00 € in den Geschäftsbüchern, wenn das Anlagegut noch weiter genutzt wird.**

b) Zeitanteiliger Abschreibungsbetrag

Beispiel:

Angenommen, der in Rede stehende Versicherungsvertreter Hilmar Krause habe den neuen Firmenwagen zum Preis von 18 000,00 € einschließlich aller Nebenkosten nicht Anfang Januar d. J., sondern erst im Juli d. J. gekauft. Könnte er in diesem Fall die volle Abschreibung des ersten Jahres am Jahresende ansetzen?

Anlagegüter, die im Laufe des Geschäftsjahres gekauft werden, dürfen im Jahr der Anschaffung nur zeitanteilig abgeschrieben werden.

Die Bestimmung im EStG hierzu lautet:

EStG § 7 (1) S. 4

»Im Jahr der Anschaffung oder Herstellung des Wirtschaftsgutes vermindert sich für dieses Jahr der Absetzungsbetrag nach Satz 1 um jeweils ein Zwölftel für jeden vollen Monat, der dem Monat der Anschaffung oder Herstellung vorangeht.«

Im Beispielsfall gehen der Anschaffung im Juli d.J. sechs volle Monate voraus. Der lineare Abschreibungsbetrag von 3 000,00 € für ein Jahr ist also im Anschaffungsjahr um 6/12 = 1 500,00 € zu kürzen, so dass nur 1 500,00 € für die Abschreibung im ersten Jahr verbleiben.

In den Folgejahren wären dann jeweils 3 000,00 € und im 7. Jahr schließlich die verbliebenen 1 500,00 € aufgrund der reduzierten Abschreibung im ersten Jahr anzusetzen.

7.2.2.4 Buchung der planmäßigen Abschreibungen

Hinweis:

In Abhängigkeit vom **planmäßig** abzuschreibenden Anlagegut stehen folgende Abschreibungskonten zur Verfügung:

- Betriebs- und Geschäftsausstattung: Abschreibung auf Anlagen (AbA)
- Kraftfahrzeuge: Abschreibung auf Kraftfahrzeuge (AbKfz)
- Gebäude (vgl. D 4.5.4): Haus- und Grundstücksaufwand (HuGA)

Situationsbeispiel (4. Fortsetzung):

Hilmar Krause wird, wie dargestellt, die Anschaffungskosten für den neuen Firmen-Pkw linear über 6 Jahre abschreiben. Die Anschaffungskosten (AK) von 18 000,00 € wird er deshalb jährlich um 3 000,00 € in seiner Buchführung mindern.

Vorbereitende Abschlussbuchung

Buchungssatz	**Soll €**	**Haben €**
Abschreibungen auf Kraftfahrzeuge an Kraftfahrzeuge	3 000,00	 3 000,00

Abschlussbuchungen

Buchungssätze	**Soll €**	**Haben €**
GuV-Konto an Abschreibungen auf Kraftfahrzeuge	3 000,00	 3 000,00
SBK an Kraftfahrzeuge	15 000,00	 15 000,00

Das Konto **Abschreibungen auf Kraftfahrzeuge** (abgekürzt: AbKfz) wird über das **GuV-Konto** abgeschlossen. Es wird deutlich, dass jede Abschreibung zu einer Minderung des buchmäßigen Gewinns führt. Dies muss nicht unbedingt von Nachteil sein (vgl. D 7.2.4).

Kontodarstellung (mit Angabe der Gegenkonten)

S	Abschr. auf Kfz		H
Kfz	3 000,00	GuV-K	3 000,00

S	Kraftfahrzeuge		H
AK	18 000,00	AbKfz	3 000,00
		SBK	15 000,00
	18 000,00		18 000,00

S	GuV-Konto		H
AbKfz	3 000,00		

S	SBK		H
Kfz	15 000,00		

7.2.2.5 Verkauf eines planmäßig abgeschriebenen Wirtschaftsgutes des Anlagevermögens

> **Situationsbeispiel (5. Fortsetzung):**
> Der Geschäftswagen der Agentur wird nach dreijähriger Nutzung bar verkauft. Er wurde seinerzeit für 18 000,00 € angeschafft und im Laufe der Jahre linear abgeschrieben. Momentan steht er noch mit einem Buchwert von 9 000,00 € in den Geschäftsbüchern (in der Kontendarstellung mit AB (Anfangsbestand) gekennzeichnet).

Beim Verkauf sind drei Fälle denkbar:

1. Der Geschäftswagen wird zum Buchwert von 9 000,00 € verkauft.

Buchungssatz	**Soll €**	**Haben €**
Kasse an Kraftfahrzeuge	9 000,00	 9 000,00

Kontendarstellung

S	Kraftfahrzeuge		H
AB	9000,00	Kasse	9000,00

S	Kasse		H
Kfz	9000,00		

Der Verkaufserlös entspricht dem Buchwert, was zeigt, dass die Abschreibungen den Wertminderungen im Laufe der Jahre entsprachen.

2. Der Geschäftswagen wird für 10000,00 €, also über dem Buchwert von 9000,00 €, verkauft.

Es entsteht ein Ertrag aus »Abgang von Vermögensgegenständen«, der auf dem Ertragskonto **Außerordentlicher Ertrag** (abgekürzt: AoE) zu buchen ist, da ein anderes Konto im Kontenplan nicht zur Verfügung steht (vgl. D 4.5.2 a).

Buchungssatz	**Soll €**	**Haben €**
Kasse	10000,00	
an Kraftfahrzeuge		9000,00
an Außerordentlicher Ertrag		1000,00

Kontendarstellung

S	Kraftfahrzeuge		H
AB	9000,00	Kasse	9000,00

S	Kasse		H
Kfz/AoE	10000,00		

S	Außerordentlicher Ertrag		H
		Kasse	1000,00

Der Verkaufserlös spricht dafür, dass das Anlagegut durch die Abschreibungen unterbewertet wurde **(Unterbewertung von Aktiva)** und dadurch eine stille Rücklage entstanden ist, die jetzt durch den Verkauf ertragssteigernd und damit steuerpflichtig aufgelöst wird.

3. Der Geschäftswagen wird für 8500,00 €, also unter dem Buchwert von 9000,00 €, verkauft.

Es entsteht ein Aufwand aus »Abgang von Vermögensgegenständen«, der auf dem Aufwandskonto **Außerordentlicher Aufwand** (abgekürzt: AoA) zu buchen ist, da ein anderes Konto im Kontenplan nicht zur Verfügung steht (vgl. D 4.5.2 b).

Buchungssatz	**Soll €**	**Haben €**
Kasse	8500,00	
Außerordentlicher Aufwand	500,00	
an Kraftfahrzeuge		9000,00

Kontendarstellung

S	Kraftfahrzeuge		H
AB	9 000,00	Ka./AoA	9 000,00

S	Kasse		H
Kfz	8 500,00		

S	Außerordentlicher Aufwand		H
Kfz	500,00		

Der Verkaufserlös spricht dafür, dass die Abschreibungen nicht der Wertmindung entsprachen. Die Korrektur stellt sich als zusätzlicher Aufwand für das Geschäftsjahr dar.

7.2.3 Abschreibung auf Geringwertige Wirtschaftsgüter

Übersicht: Abschreibungsmöglichkeiten auf »Geringwertige Wirtschaftsgüter« (GWG)*

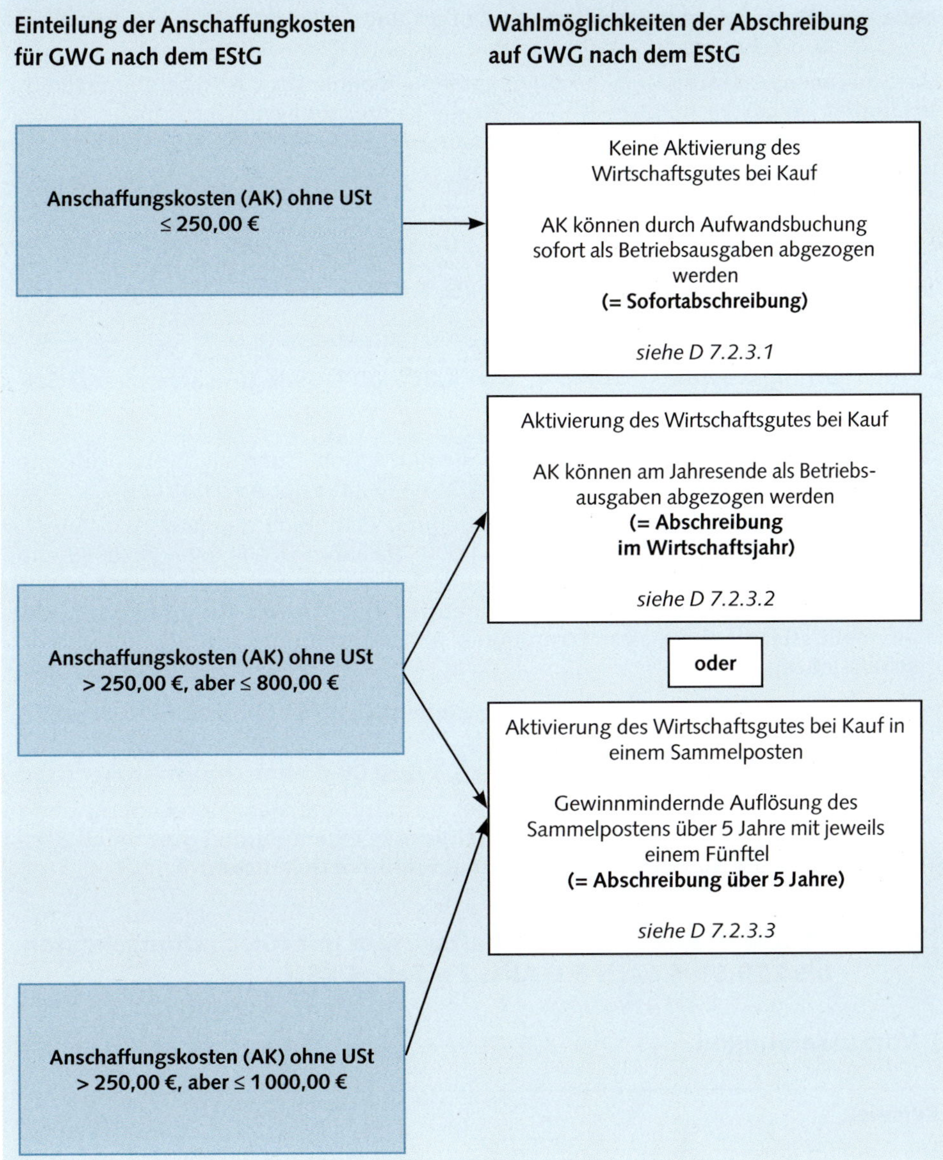

Hinweis:
GWG können wahlweise auch über die betriebsgewöhnliche Nutzungsdauer abgeschrieben werden.

*Die nachstehenden Wertgrenzen gelten für GWG, die ab 2018 angeschafft werden.

Als »**Geringwertige Wirtschaftsgüter**« bezeichnet man solche Anlagegegenstände,

- die selbstständig nutzbar sind,
- die aber bestimmte Anschaffungskosten (ohne Vorsteuer) nicht übersteigen.

Grundsätzlich ist auch für **geringwertige Wirtschaftsgüter** die **planmäßige Abschreibung** über die betriebsgewöhnliche Nutzungsdauer **zulässig**, wie sie in Abschnitt D 7.2.2 dargestellt wurde.

Das **Einkommensteuergesetz** (EStG) bietet jedoch **alternative Abschreibungsmöglichkeiten**, wobei für geringwertige Wirtschaftsgüter drei unterschiedliche Höhen von Anschaffungskosten (ohne Umsatzsteuer) und deren Abschreibung unterschieden werden.

➤ Anschaffungskosten ≤ 250,00 € ohne Umsatzsteuer (USt)

EStG § 6 (2a) S. 4

Die Anschaffungskosten können sofort als Betriebsausgabe abgezogen werden (= **Sofortabschreibung**).

➤ Anschaffungskosten > 250,00 €, aber ≤ 800,00 € ohne Umsatzsteuer (USt)

Es bestehen folgende **Wahlmöglichkeiten:**

§ 6 (2) S. 1

(1) Die Anschaffungskosten werden im Jahr der Anschaffung als Betriebsausgabe abgezogen (= **Sofortabschreibung im Wirtschaftsjahr** der Anschaffung).

§ 6 (2a) S. 1 u. S. 2

(2) Es wird vom Recht der Sammelpostenbildung Gebrauch gemacht, wie dies für Anschaffungskosten > 250,00 €, aber ≤ 1 000,00 € möglich ist (siehe nachstehend), da die Grenze von 800,00 € in diesen Bereich fällt. Der Sammelposten wird im Wirtschaftsjahr der Bildung und in den folgenden vier Wirtschaftsjahren mit jeweils einem Fünftel gewinnmindernd aufgelöst (= **Abschreibung, verteilt auf fünf Wirtschaftsjahre**).

Das Wahlrecht muss für ein Wirtschaftsjahr **einheitlich** ausgeübt werden.

➤ Anschaffungskosten > 250,00 €, aber ≤ 1 000,00 € ohne Umsatzsteuer (USt)

§ 6 (2a) S. 1 u. S. 2

- Es wird ein Sammelposten gebildet, der im Wirtschaftsjahr der Bildung und in den folgenden vier Wirtschaftsjahren mit jeweils einem Fünftel gewinnmindernd aufzulösen ist (= **Abschreibung, verteilt auf fünf Wirtschaftsjahre**).

7.2.3.1 Abschreibung von Wirtschaftsgütern mit Anschaffungskosten bis 250,00 € nach § 6 Abs. 2 a Satz 4 EStG

a) Voraussetzungen

Beispiel:

Die Agentur kauft einen Aktenrollwagen zum Preis von 243,00 € bar.

§ 6 (2a) S. 4

Die genannte Anschaffung zählt nach EStG zu den geringwertigen Wirtschaftsgütern und kann im Jahr der Anschaffung in voller Höhe als Betriebsausgabe abgesetzt, d. h. abgeschrieben werden.

Das Wirtschaftsgut muss folgende Voraussetzungen erfüllen:

- Die Anschaffungskosten dürfen 250,00 € ohne Umsatzsteuer nicht übersteigen.
- Es muss zum beweglichen Anlagevermögen gehören und abnutzbar sein.
- Es muss selbstständig bewertet und genutzt werden können.

Drucker, Scanner oder Tastatur eines Computers sind in der Regel nicht selbstständig nutzbar, wohl aber z. B. ein All-In-One-Gerät.

b) Buchung des Kaufs mit sofortiger Abschreibung

Buchungssatz	**Soll €**	**Haben €**
Verwaltungsaufwand an Kasse	243,00	 243,00

Der Kauf des Anlagegegenstandes wird also nicht auf einem Bestandskonto erfasst und erst am Jahresende abgeschrieben, wenn der Agenturinhaber die sofortige Abschreibungsmöglichkeit nach dem EStG wählt, sondern sofort auf einem Aufwandskonto (hier: Verwaltungsaufwand) gebucht (Betriebsausgabe lt. Steuerrecht).

7.2.3.2 Abschreibung von Wirtschaftsgütern mit Anschaffungskosten über 250,00 € bis 800,00 € nach § 6 Abs. 2 Satz 1 EStG

Beispiel:
Die Agentur kauft im Jahr 2014 einen Bürodrehstuhl zum Preis von 260,00 € bar.

Das Wirtschaftsgut erfüllt die Voraussetzungen gem. § 6 Abs. 2 Satz 1 EStG, d. h.

- es zählt zum abnutzbaren beweglichen Anlagevermögen,
- es ist selbstständig nutzbar,
- die Wertgrenze von 800,00 € wird nicht überschritten.

Es muss in ein laufend zu führendes Verzeichnis aufgenommen werden, soweit dies aus den Angaben der Buchführung nicht ersichtlich ist.

Die Abschreibung ist wahlweise wie folgt möglich:

(1) Vollständige Abschreibung im Wirtschaftsjahr der Anschaffung

Buchung des Kaufs

Buchungssatz	**Soll €**	**Haben €**
Geringwertige Wirtschaftsgüter (GWG) an Kasse	260,00	 260,00

Buchung der Abschreibung im Wirtschaftsjahr

Buchungssatz	**Soll €**	**Haben €**
Abschreibgungen auf GWG an Geringwertige Wirtschaftsgüter (GWG)	260,00	 260,00

(2) Sammelpostenbildung und Abschreibung

Die Anschaffungskosten des Wirtschaftsgutes liegen über 250,00 € aber übersteigen nicht die Wertgrenze von 1 000,00 €, so dass der Agenturinhaber auch von der Bildung eines Sammelpostens und dessen Abschreibung über fünf Wirtschaftsjahre Gebrauch machen kann (siehe nachstehend unter D 7.2.3.3). Die jährliche Abschreibung würde bei dieser Wahlmöglichkeit ein Fünftel von 260,00 € = 52,00 € betragen.

7.2.3.3 Abschreibung von Wirtschaftsgütern mit Anschaffungskosten über 250,00 € bis 1 000,00 € nach § 6 Abs. 2 a Satz 1 EStG

Beispiel:
Die Agentur kauft im Jahr 2018 einen Kopierer zum Preis von 850,00 € bar.

a) Voraussetzungen

EStG § 6 (2a) S. 1

Abnutzbare bewegliche Wirtschaftsgüter des Anlagevermögens, die einer **selbstständigen Nutzung** fähig sind und deren Anschaffungs- bzw. Herstellungskosten 250,00 €, nicht aber 1 000,00 € (ohne Umsatzsteuer) übersteigen, können in einem **Sammelposten** (Abschreibungspool) erfasst werden, der nur diese Anschaffungen des Wirtschaftsjahres enthalten darf. Dieser Sammelposten ist im Wirtschaftsjahr und in den folgenden Wirtschaftsjahren mit jeweils einem Fünftel gewinnmindernd aufzulösen.

Werden in folgenden Wirtschaftsjahren weitere entsprechende Anschaffungen getätigt, sind hierfür wieder eigene Sammelposten zu bilden.

Im Rahmen dieses Lehrbuches wird für die Sammelpostenbildung das Konto Geringwertige Wirtschaftsgüter (GWG) mit der Abkürzung Sammelposten (SP) und der jeweiligen Jahreszahl verwendet (z. B. GWG SP 2018).

b) Buchungen

Buchung des Kaufs

Buchungssatz	Soll €	Haben €
Geringwertige Wirtschaftsgüter (GWG SP 2018) an Kasse	850,00	 850,00

Buchung der jährlichen Abschreibung

Buchungssatz	Soll €	Haben €
Abschreibungen auf geringw. Wirtschaftsgüter an GWG SP 2018	170,00	 170,00

Anmerkung: Hätte der Kopiererpreis die Wertgrenze von 800,00 € nicht überschritten (z. B. 790,00 € statt 850,00 €), hätte die Agentur zwischen der sofortigen vollständigen Abschreibung oder der Sammelpostenbildung wählen können (s. D 7.2.3.2).

c) Buchung bei vorzeitigem Verkauf eines Wirtschaftsguts des Sammelpostens

Wird ein im Sammelposten (Abschreibungspool) geführtes Wirtschaftsgut vorzeitig verkauft, darf das Wirtschaftsgut **nicht** ausgebucht werden. Vielmehr ist der Erlös separat zu buchen.

Beispiel:
Der zum Preis von 850,00 € angeschaffte Kopierer wird bereits nach einem Jahr für 680,00 € bar verkauft.

Buchungssatz	Soll €	Haben €
Kasse an Außerordentlicher Ertrag	680,00	 680,00

Der Sammelposten (Abschreibungspool), in dem der Kopierer erfasst ist, ist weiterhin mit einem Fünftel pro Jahr (= 170,00 €) abzuschreiben.

- Geringwertige Wirtschaftsgüter bis 250,00 € dürfen nach EStG im Jahr der Anschaffung voll abgeschrieben werden.
- Geringwertige Wirtschaftsgüter mit Anschaffungskosten bis 800,00 € können nach EStG wie folgt abgeschrieben werden: Vollständig im Jahr der Anschaffung oder nach Erfassung in einem Sammelposten über 5 Wirtschaftsjahre gleichmäßig verteilt.
- Geringwertige Wirtschaftsgüter mit Anschaffungskosten über 250,00 €, aber höchstens 1 000,00 € können nach EStG wie folgt abgeschrieben werden:
  - Bei Anschaffungskosten bis 800,00 € vollständig im Jahr der Anschaffung oder nach Erfassung in einem Sammelposten über 5 Wirtschaftsjahre gleichmäßig verteilt.
  - Bei Anschaffungskosten über 800,00 € nur nach Erfassung in einem Sammelposten über 5 Wirtschaftsjahre gleichmäßig verteilt.

7.2.4 Betriebswirtschaftliche Auswirkungen der Abschreibung

Die Abschreibung wirkt sich in der Buchführung, wie aufgezeigt, folgendermaßen aus:

- Der Wert des Anlagegutes wird auf dem Bestandskonto und damit in der Bilanz gemindert.
- Die Abschreibung berührt als Aufwandsbuchung die Erfolgsrechnung (GuV-Konto).

Die Abschreibung führt im Jahr der Abschreibung zu einer Steuerminderung und Liquiditätsverbesserung. Sie kann zu einer sog. stillen Reserve **(stille Rücklage)** führen. Durch die Abschreibung wird Kapital für Finanzierungszwecke freigesetzt.

Die Zusammenhänge stellen sich im Einzelnen wie folgt dar:

➤ Steuerentlastung durch Abschreibung

Beispiel 1:

Erträge lt. GuV Rechnung	190 000,00 €
Aufwendungen (ohne Abschreibung)	90 000,00 €
Gewinn	100 000,00 €
Annahme:	
Höchstmögliche Abschreibungen nach EStG	20 000,00 €
Zu versteuernder Gewinn	80 000,00 €

Durch die Abschreibung werden 20 000,00 € steuerfrei. Bei einem angenommenen Steuersatz von 40 % würde der Agenturinhaber 8 000,00 € (40 % von 20 000,00 €) an Steuerminderung erzielen.

Schöpft der Agenturinhaber die Abschreibungsmöglichkeiten in einem Wirtschaftsjahr aus, kann er eine maximale Steuerersparnis erzielen, die seine **Liquidität** verbessert. Er muss aber bedenken, dass seine Abschreibungsmöglichkeiten für die Folgejahre dadurch beschränkt werden. Erzielt er in späteren Jahren höhere Erträge, trifft ihn die Steuerlast härter; denn der Steuersatz steigt mit höherem Einkommen progressiv an. Es kann deshalb sinnvoll sein, die momentan nicht höchstmögliche Abschreibung zu wählen.

Beispiel 2:

Der Agenturinhaber erwirbt ein geringwertiges Wirtschaftsgut für 400,00 €.

Er muss sich jetzt entscheiden, ob er im Wirtschaftsjahr 400,00 € abschreiben oder über die Sammelpoolbildung fünf Jahre lang je 80,00 € abschreiben will.

➤ Bildung von stillen Reserven durch Abschreibung

Beispiel:

Anschaffungskosten für die Betriebseinrichtung	26 000,00 €
Jährliche lineare Abschreibung	
(bei 13-jähriger Nutzungsdauer)	2 000,00 €
Buchwert nach vier jährlichen Abschreibungen	
26 000,00 € – (4 · 2 000,00 €)	18 000,00 €
Tatsächlicher Wert nach vier Jahren	20 000,00 €
Stille Reserve	**2 000,00 €**

Die Abschreibung erfasst nicht den tatsächlichen sondern nur den rechnerischen Werteverlust, so dass der tatsächliche Wert nicht exakt aus der Buchführung abgelesen werden kann.

Durch die vollständige Abschreibungsmöglichkeit bestimmter geringwertiger Wirtschaftsgüter im Jahr der Anschaffung wird dies besonders deutlich. Ist die Abschreibung nämlich höher als der tatsächliche Werteverzehr, werden die Anlagegüter vor allem in der Buchführung nach Steuerrecht mit einem zu niedrigem Wert oder überhaupt nicht in der Bilanz ausgewiesen, wie z. B. bei den sofort abgeschriebenen geringwertigen Wirtschaftsgütern bis 250,00 € bzw. bis 800,00 € Anschaffungskosten ohne

USt. Durch Verkauf könnte der tatsächliche Wert freigesetzt werden. Das Unternehmen hat also eine sog. stille Reserve **(= stille Rücklage)**.

➤ Finanzierung aus Abschreibungen

Beispiel:

Im vorangegangenen Beispiel werden jährlich 2000,00 € der Betriebseinrichtung (Anschaffungskosten 26000,00 €) abgeschrieben. Diese Abschreibung mindert in der Buchführung jährlich den Gewinn um den Betrag von 2 000,00 €, der so nicht zur Ausschüttung gelangt sondern im Unternehmen verbleibt. Erst in 13 Jahren ist die Betriebseinrichtung voll abgeschrieben und ggf. neu anzuschaffen. Bis dahin stehen die durch Abschreibung zurückbehaltenen Gewinnanteile der Geschäftsjahre für andere Finanzierungen zur Verfügung.

Da die Abschreibung eingesetztes Kapital über dessen Ertrag zurückfließen lässt und dieses zwischendurch für anderweitige Finanzierungen eingesetzt werden kann, spricht man auch von **Finanzierung aus freigesetztem Kapital** (vgl. C 5.1.2a).

➤ **Abschreibungen** führen zur **Steuerentlastung** und **Liquiditätsverbesserung**.

Zusammenfassung: Abschreibungen auf Anlagen

➤ Kauf eines Wirtschaftsgutes und planmäßige Abschreibung

Geschäftsfälle	Buchung Soll	 Haben
Kauf eines Anlagegegenstandes, dessen Anschaffungskosten über 1 000,00 € liegen[1]	Anlagekonto (= akt. Bestandskonto) an	Konto der Geldherkunft
	z. B. *Betr.- u. Gesch.-Ausst.* an	*Bank (bei Banküberweisung)*
Lineare[2] Abschreibung am Jahresende	Abschreibungskonto (= Aufwandskonto) an	*Anlagekonto*
	z. B. *Abschr. auf Anlagen* an	*Betriebs- und Gesch.-Ausstattung*

Erläuterungen und Hinweise:

[1] Zu den Anschaffungskosten zählt der Kaufpreis einschließlich aller Kosten, um den Anlagegegenstand in einen betriebsbereiten Zustand zu versetzen (z. B. Transport, Installation).

[2] Bei der linearen Abschreibung werden die Anschaffungskosten nach einem Abschreibungsplan auf die betriebsgewöhnliche Nutzungsdauer verteilt.

$$\text{Abschreibungsbetrag in €} = \frac{\text{Anschaffungskosten}}{\text{Nutzungsdauer}}\ ;\ \text{in \%} = \frac{100\ \%}{\text{Nutzungsdauer}}$$

➤ Vorzeitiger Verkauf eines Wirtschaftsgutes, das planmäßig abgeschrieben wird

Geschäftsfälle	Buchung Soll	 Haben
Es sind drei Fälle denkbar: 1. Verkauf zum Buchwert	Konto der Geldeinnahme an	 Anlagekonto
	z. B. *Kasse* an	 *Betriebs- und Gesch.-Ausstattung*
2. Verkauf über Buchwert	Konto der Geldeinnahme an an	 Anlagekonto Ertragskonto
	z. B. *Kasse* an an	 *Betriebs- und Gesch.-Ausstattung* *Außerordentl. Ertrag*[3)]
3. Verkauf unter Buchwert	Konto der Geldeinnahme Aufwandskonto an	 Anlagenkonto
	z. B. *Kasse* *Außerordentl. Aufw.*[4)] an	 *Betriebs- und Gesch.-Ausstattung*

Erläuterungen und Hinweise:

3) Verkaufserlös > Buchwert ➔ Sonstiger betrieblicher Ertrag (außerordentlicher Ertrag)

4) Verkaufserlös < Buchwert ➔ Sonstiger betrieblicher Aufwand (außerordentlicher Aufwand)

➤ Kauf eines geringwertigen Wirtschaftsgutes mit Anschaffungskosten bis 250,00 € und sofortige Abschreibung

Geschäftsfälle	Buchung Soll	 Haben
Kauf eines Anlagegegenstandes bar mit Anschaffungskosten bis 250,00 € und sofortige Abschreibung[5)]	Aufwandskonto an	 Konto der Geldherkunft
	z. B. *Verwaltungsaufwand* an	 *Kasse*

Erläuterungen und Hinweise:

5) Selbstständig nutzbare Anlagegegenstände mit einem Anschaffungswert ohne USt bis 250,00 € dürfen nach Steuerrecht sofort voll abgeschrieben werden.

➤ Kauf eines geringwertigen Wirtschaftsgutes mit Anschaffungskosten von 250,01 € bis 800,00 € und vollständige Abschreibung am Jahresende

Geschäftsfälle	Buchung Soll	Haben
Kauf eines Anlagegegenstandes bar mit Anschaffungskosten von 250,01 € bis 800,00 € [6]	Konto Geringw. Wirtschaftsgüter (= akt. Bestandskonto) an	Konto der Geldherkunft
	z. B. *Geringw. Wirtsch. Güter* an	*Kasse*
Vollständige Abschreibung am Ende des Wirtschaftsjahres	Abschreibungskonto an	Konto Geringw. Wirtsch. Güter
	z. B. *Abschr. auf Geringw. Wirtsch. Güter* an	*Geringw. Wirtsch. Güter*

Erläuterungen und Hinweise:

6) Selbstständig nutzbare Anlagegegenstände mit einem Anschaffungswert ohne USt von 250,01 € bis 800,00 € dürfen im Jahr der Anschaffung voll abgeschrieben werden. Sie werden zunächst auf dem Konto Geringwertige Wirtschaftsgüter erfasst. Am Ende des Wirtschaftsjahres wird die Abschreibung gebucht.

Alternativ kann auch die Bildung eines Sammelpostens mit Abschreibung über fünf Wirtschaftsjahre gewählt werden (siehe nachstehend).

➤ Kauf eines geringwertigen Wirtschaftsgutes mit Anschaffungskosten von 250,01 € bis 1000,00 € mit Sammelpoolbildung und Abschreibung

Geschäftsfälle	Buchung Soll	Haben
Kauf eines Anlagegegenstandes bar mit Anschaffungskosten von 250,01 € bis 1 000,00 €, der in einem Sammelpool geführt werden soll[7]	Konto Sammelposten (Jahr) (= akt. Bestandskonto) an	Konto der Geldherkunft
	z. B. *GWG SP 2018* an	*Kasse*
Abschreibung von einem Fünftel des Sammelpostens am Ende des Wirtschaftsjahres[8]	Abschreibungskonto an	Konto Sammelposten (Jahr)
	z. B. *Abschr. auf GWG* an	*GWG SP 2018*

Erläuterungen und Hinweise:

7) Für selbstständig nutzbare Wirtschaftsgüter mit Anschaffungskosten von 250,01 € bis 1 000,00 € darf nach dem EStG im Wirtschaftsjahr der Anschaffung ein Sammelposten (aktives Bestandskonto) gebildet werden, der als Grundlage für die Abschreibung über fünf Wirtschaftsjahre dient.

8) Die Anlagegegenstände im Sammelposten sind jährlich mit 20 % abzuschreiben, beginnend mit dem Wirtschaftsjahr der Anschaffung.

Lernkontrollen zu D 7.2

Abschreibungen auf Anlagen

Anschaffungskosten und planmäßige Abschreibung

1 Das HGB kennt den Begriff der Anschaffungskosten. Was ist hierunter zu verstehen und wie werden sie errechnet?

2 Die Versicherungsagentur Korting erhält folgende Rechnung über einen Büromöbelkauf:

Schreibtischkombination	2 800,00 €
Transportkosten	120,00 €
Montage vor Ort	100,00 €
	3 020,00 €
zzgl. 19% Umsatzsteuer	573,80 €
Rechnungsendbetrag	3 593,80 €

Bei Zahlung innerhalb von 8 Tagen 2% Skonto vom Warenwert ohne MwSt.

Die Agentur zahlt die Rechnung unter Ausnutzung des Skontos. Welcher Betrag darf als Anschaffungskosten bilanziert werden?

3 Begründen Sie die Notwendigkeit der Abschreibung.

4 Was versteht man unter einer planmäßigen Abschreibung?

5 Am 10. Jan. des Jahres kauft die Agentur eine neue Fernsprechnebenstellenanlage. Die Anschaffungskosten betragen 2 000,00 €.

a) Welche betriebsgewöhnliche Nutzungsdauer ist nach AfA-Tabelle anzusetzen?

b) Erstellen Sie den Abschreibungsplan für eine lineare Abschreibung.

6 Angenommen, die Fernsprechnebenstellenanlage wäre nicht am 10. Jan. d. J., sondern erst am 10. Juli d. J. angeschafft worden. Wie hoch wäre dann der Abschreibungsbetrag am Ende des ersten Jahres bei linearer Abschreibung gewesen?

7 Ein Anlagegut, das 3 Jahre hintereinander linear mit 20% abgeschrieben wurde, steht noch mit 6 600,00 € in der Bilanz. Wie hoch waren die Anschaffungskosten?

8 Auszug aus den Konten:

Kraftfahrzeuge	24 000,00 € (Anschaffungskosten)
Betriebs- und Geschäftsausstattung	13 000,00 € (Anschaffungskosten)

Für die Abschreibung wurden die Nutzungsdauern nach der AfA-Tabelle ermittelt.

a) Buchen Sie folgende Abschreibungen für ein volles Jahr zum Ende des Geschäftsjahres im Grundbuch (Buchungssätze):

Kraftfahrzeuge: Lineare Abschreibung (Ende 2. Nutzungsjahr)

Betriebs- und Geschäftsausst. (Büromöbel): lineare Abschreibung (3. Jahr)

b) Wie hoch ist der Buchwert der genannten Anlagengegenstände nach Durchführung der Abschreibungen?

9 Das Kraftfahrzeug des Versicherungsvertreters wurde seinerzeit für 30 000,00 € angeschafft. Der Wagen wird jährlich mit $16^2/_3$ % der Anschaffungskosten abgeschrieben.

Berechnen Sie

a) die vom Vertreter im Abschreibungsplan ausgewiesene Nutzungsdauer;

b) den Buchwert am Ende des 2. Jahres;

c) die Summe der Abschreibungen am Ende des 4. Jahres.

Verkauf von planmäßig abgeschriebenen Wirtschaftsgütern

10 Der Geschäftswagen mit einem Anschaffungswert von 25 000,00 € ist auf 9 000,00 € abgeschrieben worden. Er wird für 9 700,00 € bar verkauft.

a) Bilden Sie den Buchungssatz und buchen Sie auf den entsprechenden Konten.

b) Wie lautet der Buchungssatz, wenn bei dem Verkauf nur ein Barpreis von 7 300,00 € erzielt wurde?

11 Büromaschinen, deren Anschaffungswerte insgesamt 6 000,00 € betrugen und die mit 5 000,00 € abgeschrieben sind, werden bar verkauft

a) zum Preis von 1 300,00 €,

b) zum Preis von 800,00 €.

Bilden Sie die Buchungssätze und buchen Sie auf den entsprechenden Konten.

Abschreibung auf »Geringwertige Wirtschaftsgüter« nach EStG

12 Eine Computeranlage wird zum Preis von 930,00 € per Bankscheck Anfang Januar erworben. Buchen Sie den Kauf und die Abschreibung im Wirtschaftsjahr nach § 6 Abs. 2 a EStG.

13 Die Agentur hat gegen Rechnung Anfang des Jahres gekauft:

1 Aktenschrank	260,00 €
Telefon	60,00 €

Buchen Sie den Kauf und die sofortige Abschreibung

(1) des Aktenschranks,

(2) des Telefons

im Wirtschaftsjahr des Kaufs nach EStG.

14 Buchen Sie den Kauf und die Abschreibung des Aktenschranks zu vorstehender Aufgabe im Anschaffungsjahr, wenn von der Möglichkeit, diesen in einem Sammelposten zu erfassen und abzuschreiben, Gebrauch gemacht wird.

15 Der im Vorjahr zum Preis von 260,00 € erworbene Aktenschrank wird bar an den Untervertreter der Agentur für 180,00 € verkauft.

Bilden Sie den Buchungssatz zu diesem Verkauf für den Fall, dass

a) der Aktenschrank im Wirtschaftsjahr der Anschaffung voll abgeschrieben wurde,

b) der Aktenschrank in einem Sammelposten für die Abschreibung geführt wird.

Zusammenfassende Aufgaben

16 Bilden Sie die Buchungssätze:

a) Lineare Abschreibung der Büroeinrichtung am Ende des zweiten Geschäftsjahres (Anschaffungskosten 26 000,00 €, geplante Nutzungsdauer 13 Jahre)

b) Eine Aktenschrankwand im Anschaffungswert von 6 500,00 €, die in den letzten 3 Jahren mit jeweils 500,00 € pro Jahr abgeschrieben wurde, wird für 5 200,00 € bar verkauft.

c) Ein Aktenwagen, der im Jahr der Anschaffung voll abgeschrieben wurde, wird für 50,00 € bar verkauft.

17 Bilden Sie die Buchungssätze:

a) Kauf eines weiteren Personalcomputers für die Agentur zum Preis von 1 560,00 € durch Banküberweisung am 20. November d. J.

b) Barkauf einer zweiten Festplatte für den neuen Personalcomputer zum Preis von 240,00 € am 28. November d.J. Der Einbau wird vom Agenturinhaber selbst vorgenommen.

c) Kauf eines Computertisches am 5. Dezember d.J. für den neuen Computer gegen Bankbarscheck zum Preis von 290,00 €.

d) Buchen Sie die höchstmöglichen Abschreibungsbeträge am Jahresende zu den vorgenannten Anschaffungen.

Betriebswirtschaftliche Auswirkungen der Abschreibung

18 Erläutern Sie an einem Beispiel, warum durch Abschreibung eine stille Reserve entstehen kann.

19 Erläutern Sie die Finanzierung aus Abschreibungen.

7.3 Periodengerechte Erfolgsermittlung durch Rechnungsabgrenzung

7.3.1 Notwendigkeit zeitlicher Abgrenzungen

Während des Geschäftsjahres können Zahlungen für Aufwendungen und Erträge angefallen sein, die teilweise oder vollständig das neue Geschäftsjahr betreffen. Ferner können auch Zahlungen für Aufwendungen oder Erträge ausstehen, die noch dem abzuschließenden Geschäftsjahr zuzurechnen sind.

HGB § 249, § 250

Das HGB fordert eine periodengerechte Erfolgsermittlung, die im Rahmen vorbereitender Abschlussbuchungen eingeleitet wird.

7.3.2 Transitorische Posten der Rechnungsabgrenzung

a) Vorbetrachtung

§ 250 (1), (2)

Aufgrund der belegorientierten Buchung von Geschäftsfällen werden **Ausgaben** im laufenden Geschäftsjahr **für bestimmte Aufwendungen** und **Einnahmen** im laufenden Geschäftsjahr **aufgrund bestimmter Erträge** zunächst immer **mit dem aus dem Beleg ersichtlichen Betrag** gebucht. Das kann dazu führen, dass Vorgänge gebucht werden, die vollständig oder teilweise ins nächste Geschäftsjahr hineinragen (lat. transire = hinübergehen). Aufgrund der periodengerechten Erfolgsermittlung sind die in das nächste Geschäftsjahr gehörenden Aufwendungen und Erträge aus den bereits erfolgten Buchungen abzugrenzen.

b) Aktive Rechnungsabgrenzung

Beispiel:

Der Generalagent überweist Darlehenszinsen in Höhe von 240,00 € per Bank am 25. Nov. d.J. für die Zeit vom 01. Dez. d.J. bis zum 28. Febr. des nächsten Jahres.

Buchung am 25. November d. J.

Buchungssatz	**Soll** **€**	**Haben** **€**
Zinsaufwand an Bank	240,00	 240,00

Buchungen am 31. Dezember d. J.

- **Vorbereitende Abschlussbuchung** ①

Buchungssatz	**Soll** **€**	**Haben** **€**
Aktive Rechnungsabgrenzung (ARA) an Zinsaufwand	160,00	 160,00

- **Abschlussbuchungen** ②

Buchungssätze	**Soll** **€**	**Haben** **€**
Gewinn- und Verlustkonto (GuV-Konto) *an Zinsaufwand*	*80,00*	 *80,00*
Schlussbilanzkonto (SBK) *an Aktive Rechnungsabgrenzung (ARA)*	*160,00*	 *160,00*

Buchungen im neuen Geschäftsjahr

- **Eröffnung des Rechnungsabgrenzungskontos** ③

Anfangsbestand (AB) des Kontos Aktive Rechnungsabgrenzung:
160,00 € auf der Sollseite

- **Auflösung der Rechnungsabgrenzung**

Buchungssatz	**Soll** **€**	**Haben** **€**
Zinsaufwand an Aktive Rechnungsabgrenzung	160,00	 160,00

Erläuterungen:

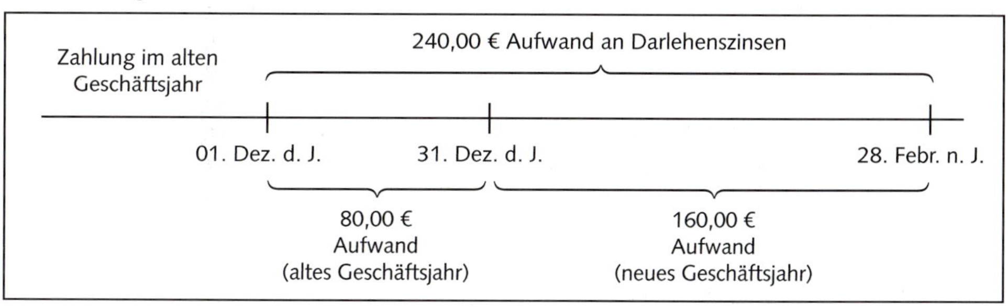

① Nur 80,00 € des am 25. Nov. gebuchten Aufwandes beziehen sich auf das alte Geschäftsjahr, während 160,00 € als Aufwand des neuen Geschäftsjahres anzusehen sind. Dieser Betrag darf nicht in die Gewinn- und Verlustrechnung des laufenden Geschäftsjahres eingehen. Im Rahmen der **vorbereitenden Abschluss-**

buchungen ist deshalb der das nächste Geschäftsjahr betreffende Aufwand abzugrenzen. Da die Ausgabe im alten Jahr für den Aufwand des neuen Geschäftsjahres eine Minderung des Vermögens des alten Geschäftsjahres, also der Aktivseite der Bilanz, bewirkt hat, erfolgt die Abgrenzung auf dem aktiven Bestandskonto **Aktive Rechnungsabgrenzung.**

② Die Position Aktive Rechnungsabgrenzung in der *Bilanz (SBK)* zeigt den Teil der Ausgabe, der für den Aufwand des Folgejahres getätigt wurde.
Auf dem *Gewinn- und Verlustkonto* erscheint nur der dem Geschäftsjahr zuzurechnende Aufwand.

③ Im neuen Geschäftsjahr wird das Konto Aktive Rechnungsabgrenzung mit einem *Anfangsbestand (AB)* von *160,00 €* eröffnet. Dann wird die aktive Rechnungsabgrenzung aufgelöst und der Betrag als Aufwand des neuen Geschäftsjahres gebucht.

Kontendarstellung für das alte Geschäftsjahr (ohne Konto Bank)

S	Zinsaufwand (ZA)		H
Bank	240,00	ARA	160,00
		GuV	*80,00*
	240,00		240,00

S	ARA		H
ZA	160,00	*SBK*	*160,00*

S	*GuV-Konto*		H
ZA	*80,00*		

S	*SBK*		H
ARA	*160,00*		

Kontendarstellung für das neue Geschäftsjahr

S	ARA		H
AB	*160,00*	ZA	160,00

S	Zinsaufwand (ZA)		H
ARA	160,00		

Hinweis:
Da die Abschlussbuchungen und auch die Kontoeröffnung nicht zur Rechnungsabgrenzung gehören, sind sie in allen Beispielen kursiv gesetzt.

➤ Eine gebuchte **Ausgabe im alten Geschäftsjahr,** die ganz oder teilweise **Aufwand des neuen Geschäftsjahres** betrifft, wird wie folgt abgegrenzt:

Aktive Rechnungsabgrenzung an Aufwandskonto

c) Passive Rechnungsabgrenzung

Beispiel:
Mieter Roth überweist die Garagenmiete für den Zeitraum vom 01. Sept. d.J. bis 28. Febr. n.J. in Höhe von 360,00 € am 31. Aug. d.J. auf das Bankkonto des Generalagenten.

Anmerkung: Mieteinnahmen aus Haus- und Grundbesitz der Agentur werden auf dem Konto **Haus- und Grundstücksertrag** gebucht (vgl. D 4.5.4).

Buchung am 31. August d. J.

Buchungssatz	Soll €	Haben €
Bank an Haus- und Grundstücksertrag (HuGE)	360,00	 360,00

Buchungen am 31. Dezember d. J.

- **Vorbereitende Abschlussbuchung** ①

Buchungssatz	Soll €	Haben €
Haus- und Grundstücksertrag an Passive Rechnungsabgrenzung (PARA)	120,00	 120,00

- **Abschlussbuchungen** ②

Buchungssätze	Soll €	Haben €
Haus- und Grundstücksertrag *an Gewinn- und Verlustkonto (GuV-Konto)*	*240,00*	 *240,00*
Passive Rechnungsabgrenzung *an Schlussbilanzkonto (SBK)*	*120,00*	 *120,00*

Buchungen im neuen Geschäftsjahr

- **Eröffnung des Rechnungsabgrenzungskontos** ③

Anfangsbestand (AB) des Kontos Passive Rechnungsabgrenzung:

120,00 € auf der Habenseite

- **Auflösung der Rechnungsabgrenzung**

Buchungssatz	Soll €	Haben €
Passive Rechnungsabgrenzung an Haus- und Grundstücksertrag	120,00	 120,00

Erläuterungen:

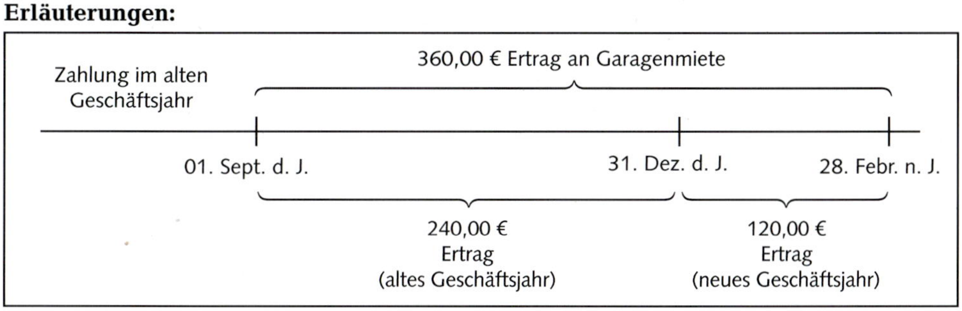

① 240,00 € der Einnahme sind als Ertrag des alten Geschäftsjahres anzusehen, während 120,00 € dem neuen Geschäftsjahr zuzurechnen sind (dem neuen Geschäftsjahr quasi »geschuldet« werden) und daher nicht in die Gewinn- und Verlustrechnung des laufenden Geschäftsjahres eingehen dürfen. Im Rahmen der **vorbereitenden Abschlussbuchungen** ist deshalb der das nächste Geschäftsjahr betreffende Ertrag abzugrenzen. Die Abgrenzung erfolgt auf dem passiven Bestandskonto **Passive Rechnungsabgrenzung.**

② Die Position Passive Rechnungsabgrenzung in der *Bilanz (SBK)* weist den Teil der Einnahme aus, der sich auf den Ertrag des Folgejahres bezieht.
Auf dem *Gewinn- und Verlustkonto* erscheint nur der dem Geschäftsjahr zuzurechnende Ertrag.

③ Im neuen Geschäftsjahr wird das Konto Passive Rechnungsabgrenzung mit einem *Anfangsbestand (AB)* von *120,00 €* eröffnet. Dann wird die passive Rechnungsabgrenzung aufgelöst und als Ertrag des neuen Geschäftsjahres gebucht.

Kontendarstellung für das alte Geschäftsjahr (ohne Konto Bank)

S	HuG-Ertrag		H
PARA	120,00	Bank	360,00
GuV	*240,00*		
	240,00		360,00

S	PARA		H
SBK	*120,00*	HuGE	120,00

S	*GuV-Konto*		H
		HuGE	*240,00*

S	*SBK*		H
		PARA	*120,00*

Kontendarstellung für das neue Geschäftsjahr

S	HuG-Ertrag		H
		PARA	120,00

S	PARA		H
HuGE	120,00	*AB*	*120,00*

➤ Eine gebuchte **Einnahme im alten Geschäftsjahr,** die ganz oder teilweise **Ertrag des neuen Geschäftsjahres** betrifft, wird wie folgt abgegrenzt:

Ertragskonto an Passive Rechnungsabgrenzung

Zusammenfassung (transitorische Posten)

Vorgang im alten Jahr	Vorgang im neuen Jahr	Abgrenzungskonto	Auswirkungen auf den Erfolg im alten Geschäftsjahr
Ausgabe (= jetzt)	Aufwand (= später)	Aktive Rechnungsabgrenzung	bereits gebuchter Aufwand wird gemindert
Einnahme (= jetzt)	Ertrag (= später)	Passive Rechnungsabgrenzung	bereits gebuchter Ertrag wird gemindert

7.3.3 Antizipative Posten der Rechnungsabgrenzung

a) Vorbetrachtung

Für die vorstehend dargestellte aktive und passive Rechnungsabgrenzung wurde geprüft, ob Ausgaben bzw. Einnahmen im Geschäftsjahr erfolgten, die Aufwand bzw. Ertrag des kommenden Geschäftsjahres darstellen.

Am Ende des Geschäftsjahres ist aber auch zu prüfen, ob Ausgaben bzw. Einnahmen noch nicht erfolgten, die sich auf Aufwand bzw. Ertrag des laufenden Geschäftsjahres beziehen. Im Rahmen der **vorbereitenden Abschlussbuchungen** sind diese zukünftigen Geschäftsfälle vorwegzunehmen, damit der Erfolg periodengerecht ausgewiesen wird (lat. anticipere = vorwegnehmen).

b) Sonstige Forderungen

Beispiel:
Einem Geschäftsfreund wurde ein Darlehen gewährt. Die Zinsen für das Halbjahr vom 01. Nov. d. J. bis zum 30. April n. J. in Höhe von 600,00 € werden vereinbarungsgemäß erst am 30. April n. J. gezahlt.

Buchungen am 31. Dezember d. J.

- **Vorbereitende Abschlussbuchung ①**

Buchungssatz	Soll €	Haben €
Sonstige Forderungen an Zinsertrag	200,00	 200,00

- **Abschlussbuchungen ②**

Buchungssätze	Soll €	Haben €
Zinsertrag *an Gewinn- und Verlustkonto (GuV-Konto)*	*200,00*	 *200,00*
Schlussbilanzkonto (SBK) *an Sonstige Forderungen*	*200,00*	 *200,00*

Buchungen im neuen Geschäftsjahr

- **Eröffnung des Rechnungsabgrenzungskontos ③**

Anfangsbestand (AB) des Kontos Sonstige Forderungen:
200,00 € auf der Sollseite.

- **Buchung des Zahlungseingangs und Auflösung der Rechnungsabgrenzung ④**

Buchungssatz	Soll €	Haben €
Bank an Sonstige Forderungen an Zinsertrag	600,00	 200,00 400,00

Erläuterungen:

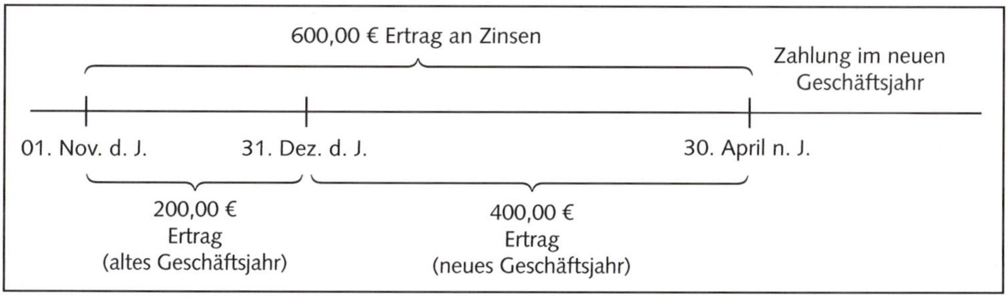

① Am Ende des Geschäftsjahres sind von der ausstehenden Einnahme 200,00 € als Ertrag des Geschäftsjahres zu buchen. Das Rechnungsabgrenzungskonto lautet **Sonstige Forderungen** (SoF), da dem alten Geschäftsjahr ein Teil der zu erwartenden Einnahme zusteht.

② Die Position Sonstige Forderungen (SoF) in der *Bilanz (SBK)* zeigt den Teil der zukünftigen Einnahme, die dem Geschäftsjahr zusteht. Der Zinsertrag auf dem *GuV-Konto* weist periodengerecht den Zinsertragsanteil des laufenden Geschäftsjahres aus.

③ Im neuen Geschäftsjahr wird zunächst nur das Konto Sonstige Forderungen mit seinem *Anfangsbestand (AB)* von *200,00 €* eröffnet.

④ Erst bei Zahlungseingang wird die Rechnungsabgrenzung auf dem Konto Sonstige Forderungen aufgelöst.

Kontendarstellung für das alte Geschäftsjahr

S	Sonstige Forderungen		H
ZE	200,00	*SBK*	*200,00*

S	Zinsertrag (ZE)		H
GuV	*200,00*	SoF	200,00

S	*SBK*		H
SoF	*200,00*		

S	*GuV-Konto*		H
		ZE	*200,00*

Kontendarstellung für das neue Geschäftsjahr

S	Sonstige Forderungen		H
AB	*200,00*	Bank	200,00

S	Zinsertrag (ZE)		H
		Bank	400,00

S	Bank		H
SoF/ZE	600,00		

➤ **Ein Ertrag des alten Geschäftsjahres,** der erst **im neuen Jahr zu einer Einnahme** führt, wird wie folgt erfasst:

Sonstige Forderungen an Ertragskonto

c) Sonstige Verbindlichkeiten

Beispiel:

Der Generalagent zahlt die Darlehenszinsen für das Vierteljahr vom 01. Dez. d.J. bis 28. Febr. n.J. in Höhe von 360,00 € vereinbarungsgemäß am Ende des vierteljährlichen Zinszeitraumes.

Buchungen am 31. Dezember d. J.

- **Vorbereitende Abschlussbuchung** ①

Buchungssatz	**Soll €**	**Haben €**
Zinsaufwand an Sonstige Verbindlichkeiten	120,00	 120,00

- **Abschlussbuchungen** ②

Buchungssatz	**Soll €**	**Haben €**
Gewinn- und Verlustkonto (GuV-Konto)	*120,00*	
an Zinsaufwand		*120,00*
Sonstige Verbindlichkeiten	*120,00*	
an Schlussbilanzkonto (SBK)		*120,00*

Buchungen im neuen Geschäftsjahr

- **Eröffnung des Rechnungsabgrenzungskontos** ③

Anfangsbestand (AB) des Kontos Sonstige Verbindlichkeiten:

120,00 € auf der Habenseite

- **Buchung der Zinszahlung und Auflösung der Rechnungsabgrenzung** ④

Buchungssatz	**Soll €**	**Haben €**
Sonstige Verbindlichkeiten	120,00	
Zinsaufwand	240,00	
an Bank		360,00

Erläuterungen:

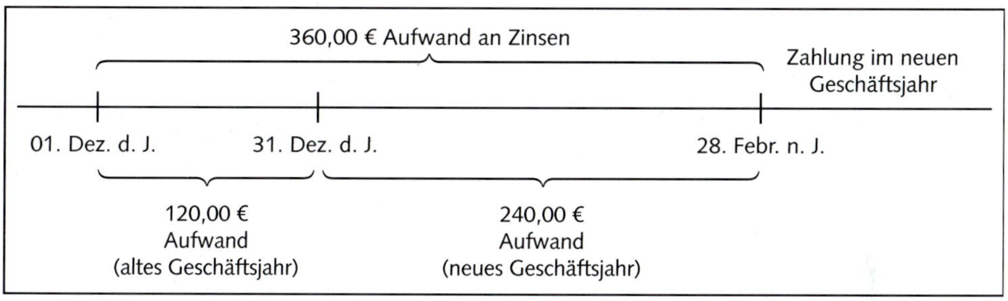

① Am Ende des Geschäftsjahres sind von der zu erwartenden Ausgabe 120,00 € als Aufwand des Geschäftsjahres zu buchen. Das Rechnungsabgrenzungskonto lautet **Sonstige Verbindlichkeiten** (SoV), da die entsprechende Ausgabe an sich zulasten des Geschäftsjahres erfolgen müsste.

② Die Position Sonstige Verbindlichkeiten (SoV) in der *Bilanz (SBK)* zeigt den Teil der in diesem Geschäftsjahr nicht erfolgten zukünftigen Ausgabe. Der Zinsaufwand auf dem *GuV-Konto* weist periodengerecht den Zinsaufwandsanteil des laufenden Geschäftsjahres aus.

③ Im neuen Geschäftsjahr wird zunächst nur das Konto Sonstige Verbindlichkeiten mit seinem *Anfangsbestand (AB)* von *120,00 €* eröffnet.

④ Erst bei Zahlung wird die Rechnungsabgrenzung auf dem Konto Sonstige Verbindlichkeiten aufgelöst.

Kontendarstellung für das alte Geschäftsjahr

S	Zinsaufwand (ZA)		H
SoV	120,00	*GuV*	*120,00*

S	Sonstige Verbindlichkeiten		H
SBK	*120,00*	ZA	120,00

S	*GuV-Konto*		H
ZA	*120,00*		

S	*SBK*		H
		SoV	*120,00*

Kontendarstellung für das neue Geschäftsjahr

S	Bank		H
Bestand	....	SoV/ZA	360,00

S	Sonstige Verbindlichkeiten		H
Bank	120,00	*AB*	*120,00*

S	Zinsaufwand (ZA)		H
Bank	240,00		

➤ Ein **Aufwand des alten Geschäftsjahres,** der erst **im neuen Jahr zu einer Ausgabe** führt, wird wie folgt erfasst:

Aufwandskonto an Sonstige Verbindlichkeiten

Zusammenfassung (antizipative Posten)

Vorgang im		Abgrenzungskonto	Auswirkungen auf den Erfolg im alten Geschäftsjahr
alten Jahr	**neuen Jahr**		
Ertrag (= jetzt)	Einnahme (= später)	Sonstige Forderungen	Ertrag wird erhöht
Aufwand (= jetzt)	Ausgabe (= später)	Sonstige Verbindlichkeiten	Aufwand wird erhöht

Lernkontrollen zu D 7.3

Rechnungsabgrenzung

1 a) Warum muss eine zeitliche Abgrenzung erfolgen?

b) In welchen Fällen der Rechnungsabgrenzung ist das Konto Aktive Rechnungsabgrenzung bzw. Passive Rechnungsabgrenzung zu verwenden?

c) Wann ist eine Rechnungsabgrenzung auf den Konten Sonstige Forderungen bzw. Sonstige Verbindlichkeiten zu buchen?

2 Generalagent Müller hat für seinen ausschließlich geschäftlich genutzten PKW einen Stellplatz in einer Tiefgarage angemietet. Vereinbarungsgemäß ist der Mietpreis für ein Jahr in einer Summe zu zahlen. Er beträgt 960,00 € und umfasst den Zeitraum vom 01. Okt. eines Jahres bis zum 30. Sept. des Folgejahres.

Buchen Sie zu den folgenden alternativen Fällen im Grundbuch (Buchungssätze) und Hauptbuch (Kontendarstellung)

- den Zahlungsvorgang im Zeitpunkt der Zahlung,
- die erforderliche Rechnungsabgrenzung,
- den Abschluss der Konten am Ende des Geschäftsjahres,
- die Auflösung der Rechnungsabgrenzung nach Kontoeröffnung im neuen Geschäftsjahr.

a) Die Miete wird im Voraus per Bank am 27. Sept. des Geschäftsjahres gezahlt.

b) Die Miete wird vereinbarungsgemäß erst nachträglich am 30. Sept. des nächsten Jahres gezahlt.

c) Die Miete wird vereinbarungsgemäß in der Mitte des Mietzeitraumes, also am 31. März, gezahlt.

3 Aus dem Bankkontoauszug vom 27. Dez. d. J. ist ersichtlich, dass Mieter Müller die ausstehende Wohnungsmiete von 630,00 € für Dezember zusammen mit der erhöhten Wohnungsmiete von 650,00 € für Januar des nächsten Jahres überwiesen hat.

Buchen Sie unter Verwendung des Kontos Haus- und Grundstücksertrag

a) den Kontoauszug (Beleg) vom 27. Dez. d. J.,

b) die zeitliche Abgrenzung am 31. Dez. d. J.,

c) die Auflösung der Rechnungsabgrenzung im neuen Geschäftsjahr.

4 Der Agentur wurde ein Darlehen von 20000,00 € zu 7% gewährt. Die Zinsen sind halbjährlich nachträglich am 30. Sept. und 31. März eines Jahres zu zahlen und werden zu den genannten Terminen vom Bankkonto der Agentur abgebucht.

Buchen Sie

a) die Abbuchung der Zinsen am 30. Sept. d. J.,

b) die zeitliche Abgrenzung zum 31. Dez. d. J.,

c) die Abbuchung der Zinsen am 31. März n. J.

5 Bilden Sie die Buchungssätze zur Rechnungsabgrenzung am Ende des Geschäftsjahres:

1. Am Jahresende wird der Wert des noch vorhandenen Heizölvorrates im Geschäftsgebäude mit 800,00 € festgestellt.
2. Die Betriebshaftpflichtversicherung in Höhe von 480,00 € wurde am 01. Sept. des Geschäftsjahres für ein Jahr im Voraus bezahlt.
3. Die Agentur hat 120,00 € Jahresgebühren für den Bezug einer Fachzeitschrift ab dem 01. Dez. d. J. überwiesen.
4. 400,00 € der im September gezahlten Kraftfahrzeugsteuer für ein Jahr entfallen auf das neue Geschäftsjahr.
5. Die Zahlung von 130,00 € für Büroreinigung ist am 31. Dez. d. J. noch nicht erfolgt.
6. Die Folgeprovision von jeweils 1480,00 € für die Monate November und Dezember steht am Ende des Geschäftsjahres noch aus.
7. Ein stiller Vermittler hat eine Rückprovision in Höhe von 140,00 € am 31. Dez. d. J. noch nicht an die Agentur zurückgezahlt.
8. Ein Untervertreter hat am 25. Nov. d. J. die halbjährlichen Zinsen von 300,00 € für die Zeit vom 01. Sept. d. J. bis 28. Febr. n. J. für ein von der Agentur gewährtes Darlehen bar gezahlt.
9. Mieter Höhn hat die Monatsmiete von 730,00 € für die Monate November und Dezember noch nicht überwiesen.
10. Mieter Wulf hat die Dezembermiete von 680,00 € irrtümlich zweimal überwiesen. Eine der Mietzahlungen soll als Januarmiete verrechnet werden.

6 Stellen Sie zu den folgenden Geschäftsfällen fest, welche der nachstehenden Beschreibungen (Kennziffer angeben) zutrifft.

- Einnahme, die zugleich als Ertrag für das abgelaufene Geschäftsjahr anzusehen ist (Kennziffer 1)
- Einnahme, die teilweise oder vollständig einen Ertrag für das nächste Geschäftsjahr beinhaltet (Kennziffer 2)
- Ausgabe, die zugleich als Aufwand für das abgelaufene Geschäftsjahr anzusehen ist (Kennziffer 3)
- Ausgabe, die teilweise oder vollständig einen Aufwand für das nächste Geschäftsjahr beinhaltet (Kennziffer 4)

– Aufwand des Geschäftsjahres, der bei Rechnungsabschluss noch nicht verausgabt wurde (Kennziffer 5)

– Ertrag des Geschäftsjahres, der bei Rechnungsabschluss noch nicht vereinnahmt wurde (Kennziffer 6)

1. Die Zinsgutschrift für den Monat Dezember wird mit dem ersten Kontoauszug der Bank im neuen Geschäftsjahr erwartet.
2. Der Verbandsbeitrag für das kommende Jahr wird im Dezember von der Generalagentur überwiesen.
3. Die Kraftfahrzeugsteuer für ein Jahr wurde am 27. Aug. des Geschäftsjahres an die zuständige Zollverwaltung überwiesen.
4. Ein Mieter hat die Mieten für November und Dezember noch nicht gezahlt.
5. Die Folgeprovision für den Monat Januar wird von der Direktion bereits vor Weihnachten abgerechnet und überwiesen.
6. Zahlung einer steuerfreien Sonderzuwendung an einen Angestellten wegen seines Dienstjubiläums.
7. Provisionsüberweisung durch die Direktion für vermittelte Versicherungsverträge.
8. Die Garagenmiete für den Geschäftswagen ist im Monat Dezember versehentlich von der Agentur nicht an den Vermieter überwiesen worden.
9. Am Ende des Geschäftsjahres ist noch ein unverbrauchter Vorrat an gekauftem Heizöl für das Geschäftsgebäude vorhanden.

7 Anfangsbestände:

Bank 18000,00 €, Eigenkapital 18000,00 €

a) Geben Sie zu den Geschäftsfällen die Buchungssätze an und buchen Sie auf Konten.
   1. Wir überweisen am 20. Dez. d. J. Hypothekenzinsen für das erste Halbjahr des nächsten Jahres, 600,00 €.
   2. Unser Darlehensnehmer überweist am 17. Dez. d. J. Zinsen für den Zeitraum Dezember d. J. bis einschließlich Februar n. J. 90,00 €.
   3. Wir überweisen am 03. Sept. d. J. die Kfz-Steuer des Geschäftswagens für ein Jahr (September dieses Jahres bis August nächsten Jahres) 360,00 €.
   4. Am 19. Dez. d. J. überweist Mieter Ahrend die Januarmiete des nächsten Jahres 450,00 €.
   5. Wir überweisen am 21. Dez. d. J. die Garagenmiete für den Geschäftswagen für Januar nächsten Jahres, 50,00 €.

b) Führen Sie die zeitliche Abgrenzung am 31. Dez. d. J. durch. In diesem Zusammenhang ist zu beachten,

   – dass Mieter Schmitz die Dezembermiete über 690,00 € noch nicht überwiesen hat,

   – dass versehentlich eine Rechnung von 460,00 € über Büromaterial noch nicht gebucht und nicht beglichen wurde.

c) Bilden Sie aus den Salden der Bestandskonten eine Bilanz.

d) Eröffnen Sie die Bestandskonten im neuen Jahr mit den Salden der Bilanz und lösen Sie die Rechnungsabgrenzungen auf.

   Die versehentlich nicht bezahlte Rechnung für Büromaterial wird bereits am 02. Jan. des neuen Jahres beglichen. Mieter Schmitz überweist die rückständige Miete am 05. Jan. des neuen Jahres.

7.4 Periodengerechte Erfolgsermittlung durch Bildung von Rückstellungen

Situationsbeispiel:

Starkregen ist kurz vor Weihnachten durch ein nicht ordnungsmäßig geschlossenes Fenster in die Agenturräume von Nicole Baumgart eingedrungen und hat den Parkettfußboden aufquellen lassen.

Der Schaden kann im zu Ende gehenden Jahr (= Geschäftsjahr) nicht mehr behoben werden, da die Reparaturfirma ab Weihnachten bis über den Jahreswechsel Betriebsferien macht. Die Reparatur ist daher für Januar des neuen Jahres geplant. Der Kostenvoranschlag weist voraussichtliche Reparaturkosten in Höhe von 5 000,00 € aus. Zulasten der Erfolgsrechnung des zu Ende gehenden Geschäftsjahres wird deshalb eine Rückstellung gebildet, um die Reparatur im neuen Geschäftsjahr daraus bezahlen zu können.

a) Buchung zur Bildung einer Rückstellung (dargestellt am Situationsbeispiel)

Buchungssatz	**Soll €**	**Haben €**
Verwaltungsaufwand	5 000,00	
an Sonstige Verbindlichkeiten		5 000,00

Der im Geschäftsjahr entstandene Schaden wird als Aufwand des Geschäftsjahres auf dem Konto Verwaltungsaufwand im Soll erfasst. Da die Instandhaltung noch nicht durchgeführt, die entsprechende Ausgabe also noch nicht erfolgt ist, erfolgt hierfür die Rückstellung auf dem angesprochenen passiven Bestandskonto.

b) Zulässige Möglichkeiten der Rückstellungsbildung

Das HGB sieht aus Gründen einer periodengerechten Erfolgsermittlung vor, dass in folgenden Fällen eine **Rückstellung** gebildet werden darf: HGB § 249 (1)

- für **ungewisse Verbindlichkeiten**

Beispiele:

1. Die Agentur hat einen Prozess verloren und sie muss die Prozesskosten tragen. Am Jahresende sind die Kosten aber noch nicht vom Gericht beziffert worden.
2. Der Arbeitgeber hat sich im Rahmen einer Direktzusage verpflichtet, seinem Arbeitnehmer später eine betriebliche Altersversorgung zu gewähren.

Die Agentur muss in beiden Fällen eine Rückstellung bilden (Prozesskostenrückstellung im Beispiel 1, Pensionsrückstellung im Beispiel 2), da jeweils eine ungewisse Verbindlichkeit entstanden ist.

- für **drohende Verluste aus schwebenden Geschäften**

Ein **Verlust** aus einem schwebenden Geschäft liegt vor, wenn Erträge und Aufwendungen **aus ein und demselben noch nicht abgewickelten Geschäft** sich nicht ausgleichen, sondern per Saldo ein Verpflichtungsüberschuss entsteht.

> **Beispiel:**
> Die Agentur hat mit einem Mieter einen Mietvertrag über Büroräume im agentureigenen Geschäftshaus, die nicht selber genutzt werden, geschlossen und diese nach den Vorgaben des Mieters umbauen lassen. Der Mieter stellt kurz vor Einzug einen Insolvenzantrag, so dass die Miete und damit die Deckung der Aufwendungen für den Umbau teilweise oder vollständig ausfällt.

- für **im Geschäftsjahr unterlassene Aufwendungen für Instandhaltung**, die **im folgenden Geschäftsjahr** innerhalb von **drei Monaten** nachgeholt werden
- für **Abraumbeseitigung**, die **im folgenden Geschäftsjahr** nachgeholt wird
- für **Gewährleistungen**, die **ohne rechtliche Verpflichtung** erbracht werden

> **Beispiel aus der Autoindustrie:**
> Rückruf von älteren Autos in die Werkstatt nach Garantieablauf

c) Nicht zulässige Rückstellungsbildung

HGB § 249 (2) Für andere Zwecke als die vorgenannten dürfen Rückstellungen nicht gebildet werden. **Aufwandsrückstellungen**, ausgenommen für die oben genannten Aufwendungen, sind deshalb **nicht zulässig**.

> **Beispiel:**
> Die Agentur möchte ihre Geschäftsräume moderner gestalten.

Die **Rückstellungsbildung ist unzulässig**, da keiner der obigen Fälle nach § 249 HGB vorliegt. Es handelt sich bei einer Modernisierung nicht um eine unterlassene Instandhaltung im Sinne von § 249 (1) HGB.

d) Rückstellungsbewertung

Die eigentliche Problematik besteht bei der Rückstellungsbildung darin, dass ihr **Grund** zwar bekannt ist, die **Höhe** und **Fälligkeit** jedoch noch ungewiss sind. Insofern unterscheiden sie sich von den reinen Verbindlichkeiten.

§ 253 (1) Bezüglich der **Höhe** verlangt das Gesetz, dass Rückstellungen (wie auch Verbindlichkeiten) mit dem **Erfüllungsbetrag** zu bewerten sind. Künftige Preis- und Kostensteigerungen sind also zu berücksichtigen.

Zukünftige Verpflichtungen lassen sich nicht immer exakt vorausbestimmen. Wird die Schätzung zu hoch angesetzt, entsteht bei der Rückstellungsbildung in finanzieller Hinsicht eine stille Reserve (= **stille Rücklage**). Bei der Auflösung der Rückstellung wird diese freigesetzt (vgl. hierzu nachstehend den Fall 2 in Unterabschnitt e).

§ 253 (2) **Rückstellungen** mit einer **Restlaufzeit von mehr als einem Jahr** sind verpflichtend auf der Grundlage des durchschnittlichen Marktzinssatzes der vergangenen sieben Geschäftsjahre **abzuzinsen**. Dieser Marktzinssatz wird von der Deutschen Bundesbank auf ihren Internetseiten monatlich veröffentlicht. Bei Pensionsrückstellungen, die einzeln zu bewerten sind, darf pauschal der durchschnittliche Marktzinssatz angesetzt werden.

e) Auflösung der Rückstellung

Rückstellungen dürfen nur aufgelöst werden, soweit der Grund hierfür entfallen ist. Im einführenden Situationsbeispiel zur Bildung von Rückstellung ist diese also aufzulösen, wenn die Reparaturrechnung vorliegt. HGB § 249 (2) S. 2

Auflösung der Rückstellung nach Instandsetzung innerhalb der ersten drei Monate des neuen Geschäftsjahres (dargestellt am Situationsbeispiel)

Es sind **drei Fälle** denkbar:

1. **Die Rückstellung entspricht der Zahlungsverpflichtung.** Die Rückstellung **kann** erfolgsneutral aufgelöst werden.

Beispiel:
Die Kosten für die Instandsetzung betragen exakt 5 000,00 € und werden per Bank überwiesen.

Buchungssatz	Soll €	Haben €
Sonstige Rückstellungen an Bank	5 000,00	 5 000,00

2. **Die Rückstellung ist größer als die Zahlungsverpflichtung.** Bei Auflösung der Rückstellung entsteht ein periodenfremder Ertrag, der auf dem Konto Außerordentlicher Ertrag zu erfassen ist.

Beispiel:
Die Kosten für die Instandsetzung betragen nur 4 700,00 €, die per Bank gezahlt werden.

Buchungssatz	Soll €	Haben €
Sonstige Rückstellungen an Außerordentlicher Ertrag an Bank	5 000,00	 300,00 4 700,00

3. **Die Rückstellung ist kleiner als die Zahlungsverpflichtung.** Es entsteht ein periodenfremder Aufwand, der auf dem Konto Außerordentlicher Aufwand zu buchen ist.

Beispiel:
Die Kosten für die Instandsetzung betragen 5 200,00 €, die per Bank gezahlt werden.

Buchungssatz	Soll €	Haben €
Sonstige Rückstellungen Außerordentlicher Aufwand an Bank	5 000,00 200,00	 5 200,00

Lernkontrollen zu D 7.4

Rückstellungen

1 Erläutern Sie den Unterschied

a) zwischen Rückstellungen und Verbindlichkeiten,

b) zwischen Rückstellungen und Rücklagen.

2 Für einen verlorenen Prozess ist Ende Dezember eine Rückstellung in Höhe von 700,00 € zu bilden; die im neuen Geschäftsjahr anfallenden tatsächlichen Prozesskosten betragen:

a) 800,00 €

b) 650,00 €

Wie lauten die Buchungen zu a) und b) jeweils am Ende des Geschäftsjahres und bei Zahlung durch Banküberweisung im folgenden Geschäftsjahr?

3 Die dringend erforderliche Renovierung der Geschäftsräume kann wegen einer Vielzahl von Kundenberatungen gegen Ende des Jahres nicht auch noch durchgeführt werden. Da die Renovierung aber zu Beginn des neuen Geschäftsjahres erfolgen soll, wird eine Rückstellung von 5 300,00 € gebildet.

a) Buchen Sie die Bildung der Rückstellung.

b) Im Februar des neuen Geschäftsjahres legt der ausführende Handwerksbetrieb eine Rechnung von 5 150,00 € für ausgeführte Renovierungsarbeiten vor. Buchen Sie die Rechnung, welche durch Banküberweisung beglichen wird.

4 Bilden Sie die Buchungssätze:

a) Der Agenturinhaber nimmt am Ende des Geschäftsjahres 500,00 € aus der Geschäftskasse und legt sie beiseite, da er mit einer Einkommensteuernachzahlung rechnet.

b) Am Jahresende wird festgestellt, dass Anstreichermeister Bunt noch 300,00 € für die im Dezember durchgeführte Renovierung eines Büroraumes der Agentur zu bekommen hat.

c) Laut Auskunft des Rechtsanwaltes wird die Agentur den Schadenersatzprozess eines Kunden wegen eines Beratungsfehlers teilweise verlieren. Die anteiligen Prozesskosten werden auf ca. 1 900,00 € geschätzt.

5 Worin unterscheidet sich die Rückstellung von der aktiven Rechnungsabgrenzung?

6 Ist die folgende Behauptung richtig (mit Begründung)?

»Rückstellungen stehen bis zu ihrer Auflösung als Quelle für Zwischenfinanzierungen zur Verfügung.«

8 Abschluss der Geschäftsbuchführung und Interpretation der Ergebnisse

8.1 Jahresabschluss

8.1.1 Grundlegende Betrachtung zum Kontenabschluss

Für den Kontenabschluss in den Hauptbüchern geht man in folgender Reihenfolge vor:

- Abschluss des Privatkontos und Saldoübertragung auf das Konto Eigenkapital.
- Abschluss der Konten Entschädigungen und Regulierungsaufwand auf das Konto Forderungen gegen Direktion.
- Abschluss der Erfolgskonten und Saldenübertragung auf das Gewinn- und Verlustkonto.
- Abschluss des Gewinn- und Verlustkontos und Saldoübertragung auf das Eigenkapitalkonto.
- Abschluss der Bestandskonten und Saldenübertragung auf das Schlussbilanzkonto (abgek.: SBK).
- Addition der beiden Kontenseiten des Schlussbilanzkontos und Abschluss.

a) Jahresabschluss als gesetzliche Vorschrift

Aufgrund gesetzlicher Vorschriften hat der Kaufmann am Schluss eines jeden Geschäftsjahres eine Bilanz und eine Gewinn- und Verlustrechnung aufzustellen. Bilanz und Gewinn- und Verlustrechnung bilden den Jahresabschluss. HGB § 242

b) Arbeitshinweise zum Abschluss eines Kontos

Beispiel:

S	Bank		H
AB	10 000,00	…	8 000,00
…	5 000,00	…	4 200,00
…	2 000,00	SBK ④	6 400,00 ③
…	1 600,00	⑥	
	① 18 600,00	⑤	18 600,00 ②

① Zunächst wird die Summe der größeren Kontoseite berechnet und eingetragen.

② Diese Summe wird dann auf die kleinere Kontoseite übertragen.

③ Es wird der Saldo berechnet und eingetragen.

④ Vor dem Saldo ist das aufnehmende Abschlusskonto zu vermerken.

⑤ Das Konto wird durch doppeltes Unterstreichen abgeschlossen.

⑥ Ein verbliebener freier Raum im Konto wird entwertet.

Jeder Saldo eines Kontos wird, von einem Buchungssatz im Grundbuch begleitet, auf das jeweilige Abschlusskonto übertragen.

Buchungssatz zum Beispielkonto	**Soll €**	**Haben €**
SBK an Bank	6400,00	 6400,00

8.1.2 Gesamtdarstellung von der Konteneröffnung bis zum Kontenabschluss an einem kurz gefassten Geschäftsgang

a) Buchungen im Grundbuch

I. Eröffnungsbilanz zu Beginn des Geschäftsjahres

Aktiva — Eröffnungsbilanz — Passiva

	€		€
Betr. u. Geschäftsausst.	24000,00	Eigenkapital	41600,00
Ford. gg. Direktion	12000,00	Verb. bei Untervertr.	6000,00
Kasse	2000,00		
Bank	9000,00		
Akt. Rechnungsabgrenzung	600,00		
	47600,00		47600,00

Die Aktive Rechnungsabgrenzung von 600,00 € wurde für den Teil des im letzten Geschäftsjahr gezahlten Versicherungsbeitrages von 800,00 € zur Betriebs-Haftpflichtversicherung gebildet, der auf das jetzige Geschäftsjahr entfällt.

Grundbuch: Auflösung einer aktiven und/oder passiven Rechnungsabgrenzung zu Beginn des Geschäftsjahres (nachdem die Konten eröffnet worden sind)

Buchungssatz	**Soll €**	**Haben €**
Verwaltungsaufwand an Aktive Rechnungsabgrenzung	600,00	 600,00

II. Geschäftsfälle im Geschäftsjahr

1. Regulierung eines Glasbruchschadens durch Banküberweisung
   Rechnung des Glasers 300,00 €; Kostenvoranschlag 20,00 €
2. Privatentnahme bar 60,00 €
3. Die Direktion schreibt Provisionen gut 5900,00 €.
4. Wir schreiben daraufhin dem Untervertreter 700,00 € Provision gut.
5. Begleichung des gegenüber dem Vorjahr gestiegenen Beitrages für die Betriebs-Haftpflichtversicherung auf 960,00 € durch Banküberweisung (Versicherungsperiode 1. Okt. d. J. – 1. Okt. n. J.).

Grundbuch: Buchung der Geschäftsvorfälle

Buchungssätze	Soll €	Haben €
1. Entschädigungen	300,00	
Regulierungsaufwand	20,00	
an Bank		320,00
2. Privat	60,00	
an Bank		60,00
3. Forderungen gegen Direktion	5 900,00	
an Provisionsertrag		5 900,00
4. Provisionsaufwand	700,00	
an Verb. beim Untervertreter		700,00
5. Verwaltungsaufwand	960,00	
an Bank		960,00

III. Vorbereitende Abschlussbuchungen am Ende des Geschäftsjahres

1. Von der Betriebs- und Geschäftsausstattung sind 2 000,00 € gem. HGB abzuschreiben.
2. 720,00 € des Beitrags zur Betriebs-Haftpflichtversicherung entfallen auf das nächste Geschäftsjahr.
3. Die Agentur rechnet mit Prozesskosten von ca. 500,00 € für einen Prozess im abzuschließenden Geschäftsjahr, der am Jahresende noch nicht entschieden ist.
4. Die Unterkonten »Entschädigungen« und »Regulierungsaufwand« sind abzuschließen.
5. Das Unterkonto »Privat« ist abzuschließen.

Grundbuch: Vorbereitende Abschlussbuchungen

Buchungssätze	Soll €	Haben €
1. Abschreibung auf Anlagen	2 000,00	
an Betriebs- und Geschäftsausstattung		2 000,00
2. Aktive Rechnungsabgrenzung	720,00	
an Verwaltungsaufwand		720,00
3. Verwaltungsaufwand	500,00	
an Sonstige Rückstellungen		500,00
4. Forderungen gegen Direktion	320,00	
an Entschädigungen		300,00
an Regulierungsaufwand		20,00
5. Eigenkapital	60,00	
an Privat		60,00

IV. Abschlussbuchungen am Ende des Geschäftsjahres

Grundbuch: Abschluss der Aufwandskonten

Buchungssätze	**Soll €**	**Haben €**
1. GuV-Konto an Provisionsaufwand	700,00	700,00
2. GuV-Konto an Verwaltungsaufwand	1 340,00	1 340,00
3. GuV-Konto an Abschreibung auf Anlagen	2 000,00	2 000,00

Grundbuch: Abschluss der Ertragskonten

Buchungssatz	**Soll €**	**Haben €**
Provisionsertrag an GuV-Konto	5 900,00	5 900,00

Grundbuch: Abschluss von GuV auf Eigenkapital

Buchungssatz	**Soll €**	**Haben €**
GuV-Konto an Eigenkapital	1 860,00	1 860,00

Grundbuch: Abschluss der aktiven Bestandskonten

Buchungssätze	**Soll €**	**Haben €**
1. SBK an Betriebs- und Geschäftsausstattung	22 000,00	22 000,00
2. SBK an Forderungen gegen Direktion	18 220,00	18 220,00
3. SBK an Kasse	1 940,00	1 940,00
4. SBK an Bank	7 720,00	7 720,00
5. SBK an Aktive Rechnungsabgrenzung	720,00	720,00

Grundbuch: Abschluss der passiven Bestandskonten

Buchungssätze	Soll €	Haben €
1. Eigenkapital an Schlussbilanzkonto	43 400,00	 43 400,00
2. Verbindlichkeiten beim Untervertreter an Schlussbilanzkonto	6 700,00	 6 700,00
3. Sonstige Rückstellungen an Schlussbilanzkonto	500,00	 500,00

b) Buchungen im Hauptbuch

Die Buchungen im Hauptbuch sind auf der **nächsten Seite** dargestellt.

Hauptbuch

(Kontoabkürzungen
gem. Kontenverzeichnis)

aktive Bestandskonten

BGA

S		H	
AB	24 000	AbA	2 000
		SBK	22 000
	24 000		24 000

FgDir

S		H	
AB	12 000	SBK	18 220
3)	5 900		
Entsch/RegA	320		
	18 220		18 220

Kasse

S		H	
AB	2 000	2)	60
		SBK	1 940
	2 000		2 000

Bank

S		H	
AB	9 000	1)	320
		5)	960
		SBK	7 720
	9 000		9 000

ARA

S		H	
AB	600	VerwA	600
VerwA	720	SBK	720
	1 320		1 320

AB = Anfangsbestand
Die Geschäftsfälle sind nummeriert.
Bei den vorbereitenden Abschlussbuchungen und bei den Abschlussbuchungen ist das jeweilige Gegenkonto vermerkt.

passive Bestandskonten

EK

S		H	
Privat	60	AB	41 600
SBK	43 400	GuV-K	1 860
	43 460		43 460

VbUV

S		H	
SBK	6 700	AB	6 000
		4)	700
	6 700		6 700

SoRst

S		H	
SBK	500	VerwA	500

Unterkonten

Entsch

S		H	
1)	300	FgDir	300

RegA

S		H	
1)	20	FgDir	20

Privat

S		H	
2)	60	EK	60

Aufwandskonten

VerwA

S		H	
ARA	600	ARA	720
5)	960	GuV-K	1 340
SoRSt	500		
	2 060		2 060

PA

S		H	
4)	700	GuV-K	700

AbA

S		H	
BGA	2 000	GuV-K	2 000

Ertragskonten

PE

S		H	
GuV-K	5 900	3)	5 900

Abschlusskonten

GuV-Konto

S		H	
VerwA	1 340	PE	5 900
PA	700		
AbA	2 000		
EK	1 860		
	5 900		5 900

SBK

S		H	
BGA	22 000	EK	43 400
FgDir	18 220	VbUV	6 700
Kasse	1 940	SoRst	500
Bank	7 720		
ARA	720		
	50 600		50 600

8.2 Materielle Maßgeblichkeit der Handelsbilanz für die Steuerbilanz

In Abschnitt D 4.2.1 wurde aufgezeigt, wann eine Buchführungspflicht nach Handelsrecht und/oder nach Steuerrecht besteht.

Nach § 5 Abs. 1 EStG gilt die **materielle Maßgeblichkeit**, d.h. die **Handelsbilanz ist Grundlage für die Steuerbilanz**. Die umgekehrte Maßgeblichkeit ist mit dem Bilanzrechtsmodernisierungsgesetz abgeschafft worden.

Materielle Maßgeblichkeit
(§ 5 Abs. 1 EStG):

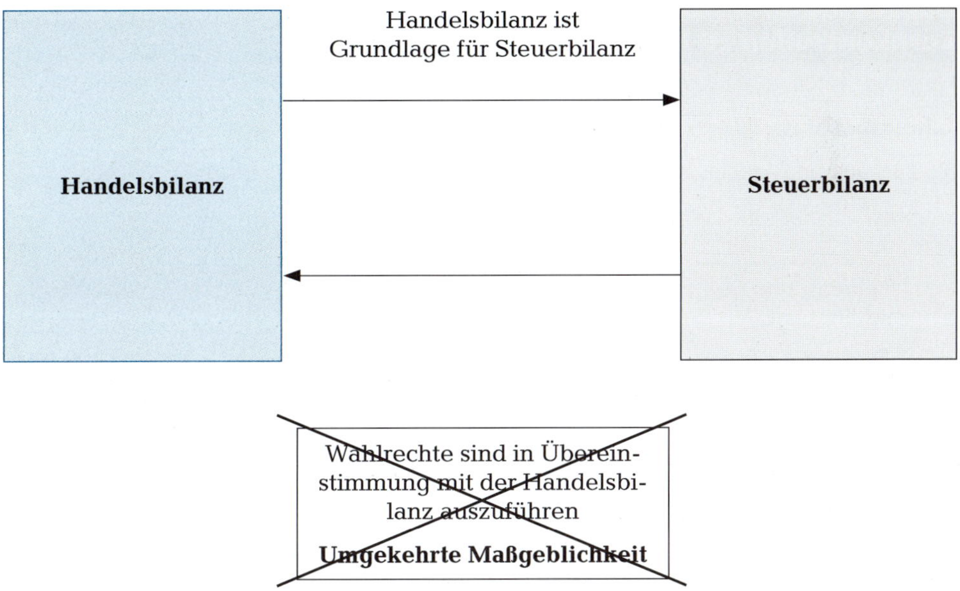

Nicht mehr erlaubt!

Aufgrund der materiellen Maßgeblichkeit ist das Betriebsvermögen in der Steuerbilanz nach den **handelsrechtlichen** Grundsätzen ordnungsmäßiger Buchführung auszuweisen, wenn nicht im Rahmen der Ausübung eines steuerlichen Wahlrechts ein anderer erlaubter Ansatz für die Steuerbilanz gewählt wurde.

Das bedeutet:

Auch wenn **nur** eine **Buchführungspflicht nach Steuerrecht** besteht, ist eine Buchführung nach Handelsrecht angezeigt, um die geforderten handelsrechtlichen **Grundsätze ordnungsmäßiger Buchführung** in der Buchführung nach Steuerrecht zu erfüllen.

Im Zusammenhang mit der Abschreibung auf Anlagen und Geringwertige Wirtschaftsgüter wurde gezeigt, dass die handelsrechtlich und steuerrechtlich zulässige Abschreibung voneinander abweicht. Durch den Fortfall der umgekehrten Maßgeblichkeit gibt es daher unterschiedliche Wertansätze in den beiden Bilanzen.

Das bedeutet:
Besteht Buchführungspflicht nach Handelsrecht und wird von den steuerlichen Wahlrechtmöglichkeiten Gebrauch gemacht, ist neben der **Handelsbilanz** eine **Steuerbilanz** zu erstellen. Ansonsten kann die Handelsbilanz wegen der materiellen Maßgeblichkeit nach EStG auch als Steuerbilanz dienen.

Die Abschaffung der umgekehrten Maßgeblichkeit hatte zum Ziel, dass die Werte in der Handelsbilanz gegenüber der Steuerbilanz exakter sind, was im Interesse Dritter (Gläubiger etc.) liegt.

Lernkontrollen zu D 8.1 und D 8.2

Jahresabschluss

1 Buchung und Abschluss eines kurzgefassten Geschäftsganges.

a) Eröffnen Sie die Konten der nachstehenden Eröffnungsbilanz:

A — Eröffnungsbilanz — P

Betriebs- und Geschäftsausst.	12 000,00 €	Eigenkapital	20 200,00 €
Ford. gg. Direktion	6 000,00 €	Pass. Rechnungsabgrenzung	300,00 €
Kasse	1 000,00 €	Verb. beim Untervertreter	3 000,00 €
Bank	4 500,00 €		
	23 500,00 €		23 500,00 €

Die Passive Rechnungsabgrenzung wurde im letzten Geschäftsjahr für den Teil der Zinserträge durchgeführt, der zum Ertrag des jetzigen Geschäftsjahres zählt.

b) Buchen Sie die folgenden Geschäftsfälle:

1. Barzahlung für Schadenregulierung durch die Agentur:
   Schaden 200,00 €; Regulierungsaufwand 25,00 €
2. Begleichung der Stromrechnung durch Banküberweisung 160,00 €
3. Provisionsgutschrift durch die Direktion 500,00 €
4. Provisionsgutschrift durch die Agentur für den Untervertreter 320,00 €
5. Privatentnahme bar 180,00 €
6. Die Büromiete für Dezember und Januar über je 500,00 € wird durch Banküberweisung an den Vermieter gezahlt.

c) Am Jahresende steht fest, dass ein von der Agentur in eigener Sache angestrebter Schadenersatzprozess verloren gegangen ist. Die Prozesskosten werden ca. 400,00 € betragen.

Führen Sie die vorbereitenden Abschlussbuchungen durch.

d) Führen Sie die Abschlussbuchungen durch.

Sie haben vermutlich alles richtig gebucht, wenn ihr GuV-Konto einen Verlust von 580,00 € aufweist und ihre Bilanzsumme 23 160,00 € beträgt.

2 Richten Sie die Konten mit den nachstehenden Anfangsbeständen ein, buchen Sie die Geschäftsfälle und führen Sie den Abschluss durch. Nicht aufgeführte Konten sind bei Bedarf einzurichten.

Kraftfahrzeuge	19 000,00 €
Betriebs- und Geschäftsausstattung	15 000,00 €
Forderungen gegen Direktion	8 400,00 €
Kasse	2 300,00 €
Bank	6 300,00 €
Eigenkapital	14 800,00 €
Darlehensverbindlichkeiten	32 000,00 €
Verbindlichkeiten beim Untervertreter	4 200,00 €

Geschäftsfälle

1. Gewährung eines Vorschusses an einen Mitarbeiter in bar 500,00 €.
2. Banklastschrift für Telefongebühren 360,00 € (davon privater Anteil 25%).
3. Gutschriftsanzeige der Direktion über 9 300,00 € an Abschluss- und Folgeprovisionen.
4. Wir schreiben dem Untervertreter davon 1 200,00 € an Abschlussprovisionen gut.
5. Kassenentnahme für
   - Privateinkäufe 125,00 €
   - Büromaterial 75,00 €
6. Banküberweisung für Kfz-Steuer 860,00 €
7. Die Direktion überweist auf unser Bankkonto eine Abschlagszahlung von 4 000,00 € auf bereits gutgeschriebene Provisionen.
8. Kauf einer Bürotischlampe gegen Bankverrechnungsscheck 290,00 €. Das Anlagegut wird in einen Sammelposten für das Wirtschaftsjahr eingestellt.
9. Privateinlage durch den Agenten auf das Bankkonto 1 500,00 €.
10. Die Bank schreibt Zinsen gut 230,00 €.
11. Banklastschrift für
   - Darlehenszinsen 180,00 €
   - Darlehenstilgung 2 000,00 €

Abschlussangaben

12. Der auf die beiden Geschäftswagen entfallende Abschreibungsbetrag wird mit 3 800,00 € ermittelt
13. Auf die Betriebs- und Geschäftsausstattung (Büromöbel und -maschinen) ist eine Abschreibung von 1 500,00 € vorzunehmen.
14. Abschreibung auf das geringwertige Wirtschaftsgut (vgl. Nr. 8) im Geschäftsjahr.
15. Von der gezahlten Kfz-Steuer entfallen 75% auf das nächste Geschäftsjahr.

16. Für Prozesskosten zu einem verlorenen Prozess wird eine Rückstellung von 800,00 € gebildet.

3 Richten Sie die Konten mit den nachstehenden Anfangsbeständen ein, buchen Sie die Geschäftsfälle und führen Sie den Abschluss durch. Nicht aufgeführte Konten sind bei Bedarf einzurichten.

Kraftfahrzeuge	9 400,00 €
Betriebs- und Geschäftsausstattung	15 400,00 €
Forderungen gegen Direktion	2 900,00 €
Sonstige Forderungen	1 800,00 €
Kasse	1 800,00 €
Bank	2 600,00 €
Aktive Rechnungsabgrenzung	1 000,00 €
Eigenkapital	32 000,00 €
Verbindlichkeiten beim Untervertreter	900,00 €
Sonstige Rückstellungen	2 000,00 €

Die aktive Rechnungsabgrenzung wurde wegen einer Zinszahlung im Dezember des letzten Jahres gebildet, die dieses Geschäftsjahr betrifft.

Geschäftsfälle

1. Gutschriftsanzeige der Direktion zu einer im alten Geschäftsjahr gebuchten und abgegrenzten Provision über 1 800,00 €.
2. Regulierung eines Kleinschadens per Kasse 350,00 €.
3. Gutschrift von Abschlussprovisionen durch die Direktion 2 700,00 €.
4. Wir schreiben dem Untervertreter 1 200,00 € der Abschlussprovisionen gut.
5. Die Direktion überweist eine Abschlagszahlung von 2 000,00 €.
6. Wir zahlen dem Untervertreter eine Abschlagszahlung von 1 000,00 € bar aus.
7. Prozesskostenzahlung für das letzte Geschäftsjahr in Höhe von 1 600,00 € durch Banküberweisung. Im letzten Geschäftsjahr wurde hierfür eine Rückstellung von 2 000,00 € gebildet.
8. Banklastschrift
   – Zeitschrift »Der Versicherungsvermittler« 120,00 €
   – Zeitschrift »Haus und Natur« 30,00 €
9. Zahlung der Monatsmiete von 1 200,00 € für die Monate Dezember d. J. und Januar n. J. per Banküberweisung.

Abschlussangaben

10. Die Betriebs- und Geschäftsausstattung (Büromöbel und -maschinen) ist um 2 200,00 € abzuschreiben.
11. Von den Geschäftswagen sind 1 880,00 € abzuschreiben.
12. Abgrenzung der bereits für Januar gezahlten Büromiete.
13. Die Zinsgutschrift der Bank über 140,00 € steht noch aus.

8.3 Interpretation des Jahresabschlusses

Aufgrund des Jahresabschlusses sind der Agenturinhaber und auch Dritte (z. B. Banken) in der Lage, die wirtschaftlichen Verhältnisse der Agentur zu beurteilen. Die absoluten Zahlen der Bilanz und Gewinn- und Verlustrechnung haben sicherlich schon eine gewisse Aussagekraft. Für eine detaillierte Analyse der Finanzlage und der wirtschaftlichen Entwicklung sind jedoch Vergleiche und weiter gehende Berechnungen anzustellen.

8.3.1 Bilanzzeitvergleich

Hierbei werden die Abschlusszahlen des Vorjahres bzw. mehrerer Vorjahre mit den Abschlusszahlen des Geschäftsjahres verglichen. Dadurch können Entwicklungstendenzen in der Agentur festgestellt werden.

Agenturen, die ihre Finanzbuchhaltung durch einen Steuerberater nach dem BVK-Kontenrahmen und über DATEV abwickeln lassen (vgl. Hinweis bei D 4.4.1), erhalten auf Wunsch eine grafische und tabellarische Übersicht, in der die aktuellen Zahlen mit den Zahlen des Vorjahres verglichen werden.

8.3.2 Kennzahlen anhand der Bilanz

Aufgrund der Bilanzzahlen lassen sich bestimmte Verhältniszahlen bilden, die die Aussagekraft der Bilanz erhöhen.

Einzelheiten hierzu und die Berechnung von Bilanzkennzahlen sind in Abschnitt E 3.3.1 dargestellt.

8.3.3 Beurteilung des Gesamterfolges

Beispiel:

GuV-Konto

Soll	€	Haben	€
Provisionsaufwand	68 900,00	Provisionsertrag	162 400,00
Mietaufwand	24 100,00	Zinsertrag	19 600,00
Gehälter	36 000,00	Außerordentl. Ertrag	6 000,00
Verwaltungsaufwand	11 000,00		
Zinsaufwand	6 000,00		
Außerordentl. Aufwand	500,00		
Gewinn	**51 500,00**		
	198 000,00		198 000,00

Das vom Agenturinhaber in die Agentur eingebrachte Eigenkapital soll 42 200,00 € betragen.

Der im Betrieb mitarbeitende Unternehmer (hier: der Agenturinhaber) muss berücksichtigen, dass der **Gewinn** mindestens abdecken muss:

- die Entlohnung für seine Mitarbeit,
- die Verzinsung seines eingesetzten Kapitals.

Für den Beispielsfall soll folgende Zielsetzung gelten:

12 Monate · 4 000,00 € brutto an Unternehmerlohn	=	48 000,00 €
5 %ige Verzinsung des eingesetzten Eigenkapitals von 42 200,00 €	=	2 110,00 €
Summe	=	50 110,00 €

Der in der GuV-Rechnung ausgewiesene Gewinn liegt über dieser Summe, sodass noch ein Gewinn als Ausgleich für das übernommene unternehmerische Risiko verbleibt.

Unter Einbezug der GuV-Rechnung lassen sich aussagekräftige Kennzahlen berechnen. Einzelheiten hierzu sind in Abschnitt E 3.3.2 dargestellt.

Lernkontrollen zu D 8.3

Interpretation des Jahresabschlusses

1 Eine Versicherungsagentur weist folgende GuV-Rechnung aus:

Soll — GuV-Konto — Haben

Soll	€	Haben	€
Provisionsaufwand	35 300,00	Provisionsertrag	180 400,00
Mietaufwand	26 000,00	Zinsertrag	25 600,00
Gehälter	30 000,00	Außerordentl. Ertrag	3 660,00
Sozialer Aufwand	8 000,00		
Verwaltungsaufwand	7 500,00		
Zinsaufwand	4 000,00		
Außerordentl. Aufwand	900,00		
Gewinn	97 960,00		
	209 660,00		209 660,00

Der Agenturinhaber hatte sich zu Beginn des Geschäftsjahres zum Ziel gesetzt, ein monatliches Unternehmereinkommen von 5 000,00 brutto sowie eine 6 %ige Verzinsung seines eingesetzten Eigenkapitals von durchschnittlich 40 000,00 € durch seine unternehmerische Tätigkeit aus dem zu erwartenden Gewinn zu erzielen. Darüber hinaus hofft er auf einen angemessenen »Restgewinn«, mit dem er das übernommene unternehmerische Risiko gedeckt sehen will.

Stellen Sie fest, ob der Agenturinhaber sein unternehmerisches Ziel erreicht hat und wie hoch ggf. der »Restgewinn« ist.

2 Der in Aufgabe 1 angesprochene Agenturinhaber sieht einen Überschuss von 3 % bis 5 % des angestrebten Gewinnes als angemessenen »Restgewinn« an.

Betrachten Sie den »Restgewinn« im Hinblick auf die Zielerwartung des Agenturinhabers und suchen Sie nach einer Begründung, warum hier eine solch erhebliche Abweichung vorliegt.

Lernsituationen

In einer Agentur arbeiten

Lernsituation 1:

»Wir müssen neue Kunden gewinnen!«

Sie haben Ihre Ausbildung in der Agentur Schneider & Krusenbaum begonnen und wurden von Anfang an von Max Krusenbaum ausgebildet. Vor kurzem haben nun die beiden Agenturinhaber beschlossen sich zu trennen. Mit Ihrer Zustimmung und der Zustimmung der IHK wurde Ihr Ausbildungsvertrag inzwischen auf die »Agentur Krusenbaum« umgeschrieben. Sie sind mit dieser Lösung sehr zufrieden, denn Sie fühlen sich von Herrn Krusenbaum hervorragend ausgebildet und verstehen sich auch gut mit der Kollegin, die als Teilzeitkraft ebenfalls in der neuen Agentur tätig sein wird.

Außerdem kann diese neue Agentur möglicherweise für Sie eine berufliche Zukunft nach der Prüfung darstellen. Max Krusenbaum hat sich in diesem Sinne geäußert, fügte jedoch hinzu: »Natürlich nur, wenn unser Bestand das zulässt. Mitnehmen kann ich nämlich nur einen Teil des Bestandes.«

Heute hat Ihr Chef Ihnen die Räume in der Kastanienstraße 12 gezeigt, in denen Sie ab dem nächsten Monat tätig sein werden. Bei dieser Gelegenheit hat er Ihnen und Ihrer Kollegin allerdings auch einen umfangreichen **Arbeitsauftrag** erteilt:

Sie sollen sich zunächst über Marketinginstrumente informieren und sollen dann ein Konzept entwickeln, wie Sie in der neuen Umgebung neue Kunden für Ihren Tätigkeitsschwerpunkt gewinnen und auch behalten können.

Das bedeutet für Sie, dass Sie mit einem »Interview« zum Thema Marketinginstrumente rechnen müssen und zum Stichwort »Kundengewinnung und Kundenbindung« ein Konzept in geeigneter Form werden präsentieren müssen.

Hintergrundinformationen:

- Die neuen Geschäftsräume (❶) liegen in einem Vorort einer Großstadt. Dieser Vorort hat ein kleines Geschäftszentrum mit einer Fußgängerzone. In dieser Fußgängerzone sind folgende Geschäfte angesiedelt: Zwei Bäckereien, ein Metzger, eine Schreibwarenhandlung, zwei Frisörgeschäfte, ein Café, eine Eisdiele, ein chinesisches Restaurant, eine Pizzeria, zwei Modegeschäfte für Damen. Ein kleines Kaufhaus (❸) befindet sich in der Nähe des Marktplatzes, auf dem mittwochs und samstags Wochenmarkt ist. Direkt neben der Agentur ist ein Blumenladen, in dem sich auch eine Postagentur befindet (❷)
- Tätigkeitsschwerpunkt der Versicherungsagentur ist das Privatkundengeschäft.

Lageplan:

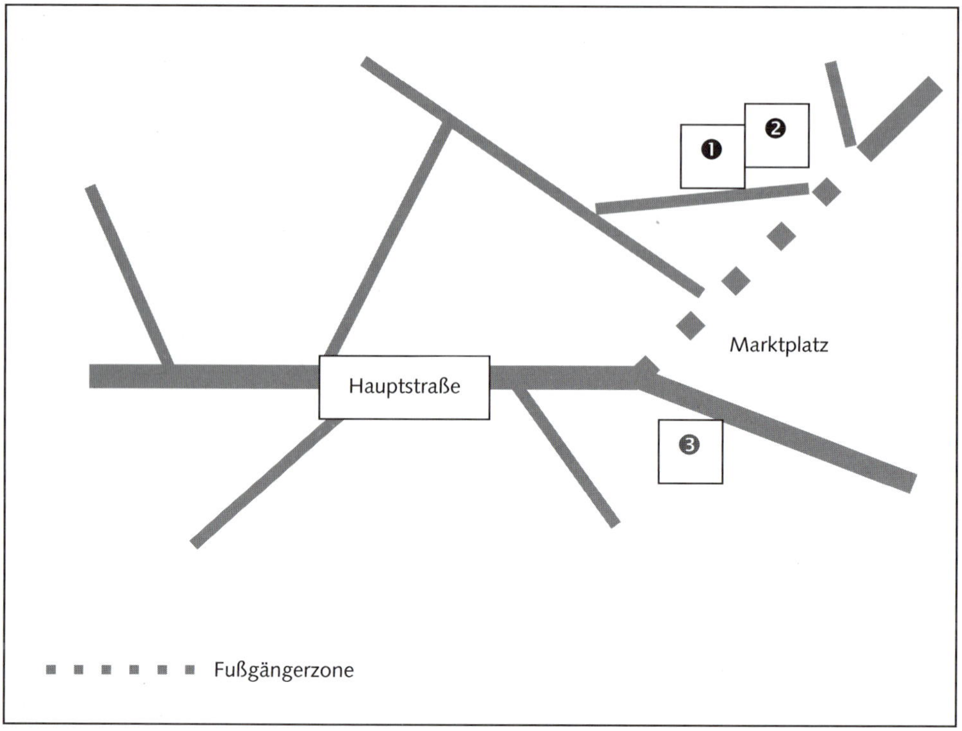

Lernsituation 2:

»Wenn das so weiter geht, brauchen wir dringend weitere Mitarbeiter.«

Die »Agentur Krusenbaum« ist am neuen Standort Kastanienstraße 12 ziemlich rasch bekannt geworden. Die Lage in der Seitenstraße des Einkaufszentrums hat diverse Laufkundschaft beschert, über die neue Geschäftsbeziehungen zu weiteren Kunden aufgebaut werden konnten. Ein neuer einflussreicher Kunde, der sich durch die Agentur sehr gut betreut sieht, hat bereits signalisiert, dass er die Agentur in seinem Freundes-, Bekannten und Mitarbeiterkreis weiter empfehlen will, was zu weiteren Kundenbesuchen bzw. -beratungen und damit Zeitbedarf führen wird.

Max Krusenbaum, die Teilzeitkraft und auch Sie können den derzeitigen Arbeitsanfall nur noch mit größter Mühe bewältigen. Nach Feierabend muss sich Max Krusenbaum noch um die Kasse und die Buchführung kümmern. Mit Grauen denkt er schon an den einmal jährlich durchzuführenden Jahresabschluss in der Buchführung; denn das kostet auch noch einmal gehörig Zeit, die ihm doch inzwischen überall fehlt. An steuerliche Überlegungen, die in diesem Zusammenhang üblicherweise angestellt werden, mag er schon gar nicht mehr denken.

Da Sie aufgrund der Pflicht, die Berufsschule zu besuchen, nicht immer in der Agentur anwesend sein können und die Teilzeitkraft auch nur halbtags zur Verfügung steht, denkt Max Krusenbaum daran, einen fest angestellten Mitarbeiter für das Büro einzustellen. Er soll einerseits für die Kundenberatung im Büro zur Verfügung stehen und andererseits Sie, die Halbtagskraft und Herrn Krusenbaum bei seinen

»Feierabendbeschäftigungen« entlasten. Herr Krusenbaum sähe am liebsten, dass er sich ausschließlich auf die Kundengewinnung und -betreuung konzentrieren könnte.

Wegen der zu erwartenden weiteren Kundenbesuche wünscht sich Herr Krusenbaum ferner noch einen Mitarbeiter, der ihn bei der Kundengewinnung und –betreuung unterstützt.

Herr Krusenbaum hat Ihnen ja schon zu früherer Zeit signalisiert, dass er Sie nach Abschluss Ihrer Ausbildung evtl. an seiner Agentur beteiligen will. Er meint deshalb, da sei es doch sicherlich angebracht, wenn Sie sich jetzt schon einmal Gedanken zu der geplanten Personalbeschaffung machen könnten.

Von Ihnen wird erwartet, dass Sie

- Vorschläge zur Personalbeschaffung, zum Aufgabenbereich und den erwarteten Qualifikationen der neuen Mitarbeiter sowie zum Inhalt der Vorstellungsgespräche machen können,
- dass Sie die entstehenden zusätzlichen Personalkosten beziffern können,
- die Auswirkungen der zusätzlichen Personalkosten auf die Ertragslage anhand des Geschäftsergebnisses vom letzten Geschäftsjahr und des erwarteten diesjährigen Geschäftsergebnisses beurteilen können.

Hintergrundinformationen:

Aktiva — Bilanz zum 31. Dezember 20… — Passiva

Aktiva	€	Passiva	€
Kraftfahrzeuge	15 200,00	Eigenkapital	45 370,00
Betriebs- und Geschäftsausstattung	15 500,00	Darlehensverbindlichkeiten	15 000,00
Forderungen gegen Direktion	9 000,00	Verb. beim Finanzamt	230,00
Aktive Rechnungsabgrenzung	5 000,00	Verb. beim Sozialvers. Träger	3 060,00
Kasse	9 860,00	Sonstige Rückstellungen	900,00
Bank	10 000,00		
	64 560,00		64 560,00

GuV-Konto siehe nächste Seite.

Soll	GuV-Konto zum 31. Dezember 20...		Haben
	€		€
Abschreibung auf Anlagen	1 500,00	Provisionsertrag	155 430,00
Abschreibung auf Kfz	3 800,00		
Kfz-Aufwand	4 950,00		
Gehälter	36 840,00		
Sozialer Aufwand	3 840,00		
Verwaltungsaufwand	11 230,00		
Mietaufwand	18 800,00		
Zinsaufwand	1 200,00		
Gewinn	73 270,00		
	155 430,00		155 430,00

Der Provisionsertrag setzt sich zu 60 % aus Bestandsprovisionen und zu 40 % aus Abschlussprovisionen zusammen. Der Bestand ist im letzten Jahr um 20 % gewachsen. Für dieses Jahr werden aufgrund des Geschäftsverlaufs eine weitere Bestandssteigerung und damit ein Provisionszuwachs (Abschluss- und Bestandsprovisionen) von durchschnittlich 25 % erwartet.

E Agentursteuerung

1 Kosten- und Leistungsrechnung (KLR)

1.1 Merkmale der Kosten- und Leistungsrechnung (Betriebsbuchhaltung)

1.1.1 Unterschiede zwischen der Betriebsbuchhaltung und der Finanzbuchhaltung

Die Agenturbuchführung zeichnet den Geschäftsverkehr mit der Außenwelt (Direktion, Kunden, Sonstige) auf. Durch Gegenüberstellung der **Aufwendungen** und **Erträge** des Geschäftsjahres wird das Gesamtergebnis (Gewinn oder Verlust) ermittelt.

Summe der Erträge – Summe der Aufwendungen = Gewinn lt. Finanzbuchhaltung

Als sog. **Finanzbuchhaltung** ist die Agenturbuchführung, wie jede Buchführung eines bilanzierungspflichtigen Kaufmanns, stark durch handels- und steuerrechtliche Vorschriften geprägt. Die gesetzlichen Vorschriften zielen insbesondere darauf, dass sich der Kaufmann und auch ein Außenstehender über die Lage der Unternehmung informieren kann und dass die Rechnungslegung vergleichbar ist.

In der Finanzbuchhaltung wird nicht dargestellt, inwieweit der Aufwand bzw. Ertrag in direktem Zusammenhang mit dem eigentlichen Betriebszweck steht. Diese Funktion nimmt u. a. die Kosten- und Leistungsrechnung (**Betriebsbuchhaltung**) wahr.

Die eigentliche **betriebliche Aufgabe einer Agentur für Versicherungen und Finanzen** ist, wie auch schon an früherer Stelle festgestellt, durch folgende Inhalte gekennzeichnet:

- **Vermittlung** von Versicherungs- und Finanzdienstleistungen sowie die damit im Zusammenhang stehende **Kundenberatung**
- **Kundenbetreuung** und -beratung während der Vertragslaufzeit der vermittelten Versicherungs- bzw. Finanzdienstleistung

Diese Kernaufgaben der betrieblichen Tätigkeit einer Agentur für Versicherungen und Finanzen werden durch Provisionen verschiedener Art (z. B. Abschlussprovision, Bestandsprovision) abgegolten. Man spricht in diesem Zusammenhang in der Betriebsbuchhaltung von **Leistungen**. Um diese Erträge erzielen zu können, hat der Agenturinhaber bestimmte Aufwendungen, wie z. B. Kraftfahrzeugaufwand, um den Kunden besuchen zu können. Auch setzt er eigenes Kapital zur Herstellung der Betriebsbereitschaft ein, das er sonst anderweitig hätte zinsbringend anlegen können. Schließlich stellt er seine Arbeitskraft dem Betriebszweck zur Verfügung, wofür eine Entlohnung erwartet werden darf. In der Betriebsbuchhaltung spricht man in diesem Zusammenhang von **Kosten**.

In der **Betriebsbuchhaltung** werden die **Kosten** und **Leistungen** der eigentlichen betrieblichen Tätigkeit erfasst. Anhand des **Betriebsergebnisses** lässt sich dann der Erfolg dieser betrieblichen Tätigkeit besser beurteilen.

Summe der Leistungen – Summe der Kosten = Betriebsergebnis lt. Betriebsbuchhaltung

Der Agenturinhaber (die Unternehmung) hat aber in der Regel noch weitere Informationsbedürfnisse, vor allem über innerbetriebliche Vorgänge, die aus der Finanzbuchführung auch nicht unmittelbar gewonnen werden können. So sind beispielsweise keine zuverlässigen Aussagen über die Wirtschaftlichkeit einzelner Teilbereiche der Agentur oder den Erfolg einzelner produktbezogener Werbemaßnahmen möglich, da entsprechende Detailaufzeichnungen in der Finanzbuchhaltung nicht vorgesehen sind. Die Kosten- und Leistungsrechnung kennt hierfür weitere Verfahren.

1.1.2 Aufbau und Zeitbezug der Kosten- und Leistungsrechnung

Aufbau der Kosten- und Leistungsrechnung

Erfassen der Kosten	Verteilung der Kosten auf die Betriebsbereiche	Zuordnung der Kosten auf die Leistungen
= Kostenartenrechnung	= Kostenstellenrechnung	= Kostenträgerrechnung

Grundsätzlich vermag die Kosten- und Leistungsrechnung Antworten auf die folgenden **Fragen** zu geben:

1. **Welche Kosten sind entstanden, um die angestrebten Leistungen zu erhalten?**

   Dieser Frage wird im Rahmen der **Kostenartenrechnung** nachgegangen (vgl. E 1.2). Leistungen einer Versicherungsagentur sind bekanntlich die Vermittlung von Versicherungsverträgen und ggf. Finanzdienstleistungen (kurz: Vermittlung) und die Betreuung von Kundenbeziehungen (kurz: Betreuung).

2. **Wo sind die Kosten verursacht worden?**

   Mit diesem Problem beschäftigt sich die **Kostenstellenrechnung** (vgl. E 1.3).

3. **Wodurch sind die Kosten gedeckt?**

   Diese Betrachtung wird im Rahmen einer **Kostenträgerrechnung** angestellt (vgl. E 1.4). Im Handel müssen die Kosten durch den Preis der angebotenen Waren (= Kostenträger) gedeckt werden. Bei einer Versicherungsagentur stellen im Wesentlichen die **Abschlussprovision** (Vermittlungsprovision) für die Leistung »Vermittlung« und die **Betreuungsprovision** für die Leistung »Betreuung« den jeweiligen Kostenträger dar.

Hinsichtlich des **Zeitbezugs der Kostenrechnung** wird unterschieden:

- **Istkostenrechnung**
  Sie ist vergangenheitsorientiert und erfasst die Kosten und Leistungen des letzten Abrechnungszeitraums, z. B. Monat Dezember oder letztes Geschäftsjahr.
- **Normalkostenrechnung**
  Sie ist ebenfalls vergangenheitsorientiert, wobei zum Zwecke der Kontrolle Durchschnittswerte vergangener Abrechnungszeiträume mit den Ergebnissen der Istkostenrechnung verglichen werden.
- **Plankostenrechnung**
  Sie ist zukunftsorientiert, indem aus den Erfahrungswerten der Vergangenheit die zukünftigen Planwerte entwickelt werden. Die späteren Istkosten können dann mit Plankosten verglichen werden und es sind Aussagen über den Erfolg oder Misserfolg von Planungen möglich.

1.2 Kostenartenrechnung

1.2.1 Vom Unternehmensergebnis lt. GuV zum Betriebsergebnis lt. KLR in drei Schritten

Situationsbeispiel:

Versicherungsvertreter Hilmar Krause muss feststellen, dass sein Gewinn am Ende des Geschäftsjahres im Verhältnis zum Gewinn des Vorjahres geringer war. Dabei hat er doch mehr Versicherungsverträge vermittelt als im Vorjahr und ferner zusätzliche Aufgaben von der Direktion übernommen, die mit einer höheren Bestandsprovision vergütet wurden. Enttäuscht wendet er sich an den betriebswirtschaftlichen Berater[1] der Proximus Versicherung AG.

»Sie müssen nicht das Unternehmensergebnis lt. GuV sondern das Betriebsergebnis einer Kosten- und Leistungsrechung betrachten, um festzustellen, ob sie wirtschaftlich gearbeitet haben. Dafür müssen Sie die Daten der Finanzbuchhaltung aufbereiten.

Gerne zeige ich Ihnen, wie sie das im Rahmen der sog. Kostenartenrechnung in drei Schritten bewältigen können.«

---

1 Seit geraumer Zeit zeichnet sich die Tendenz ab, Aufgaben von der Zentrale des Versicherers nach außen in den Vermittlerbetrieb zu verlagern **(Funktionsdezentralisierung).** Einige Versicherer haben in diesem Zusammenhang betriebswirtschaftliche Berater zur Unterstützung der Vermittlerbetriebe eingestellt.

Übersicht: Kostenartenrechnung in drei Schritten

Ausgangspunkt ist die **Gewinn- und Verlustrechnung** der Finanzbuchhaltung.

- **1. Schritt:** Die Aufwendungen und Erträge werden analysiert, ob sie betriebsbedingt oder betriebsfremd sind. Betriebsfremde Erfolge werden im Kosten- bzw. Leistungsermittlungsbogen ausgesondert (sog. **sachliche Abgrenzung**).
- **2. Schritt:** **Ermittlung der Kosten** (Grundkosten, Anderskosten) auf Basis der betriebsbedingten Aufwendungen, ferner der Zusatzkosten und Erfassung im **Kostenermittlungsbogen**
Ermittlung der Leistungen (Grundleistungen) auf Basis der betriebsbedingten Erträge, ferner der Zusatzleistungen und Erfassung im **Leistungsermittlungsbogen**
- **3. Schritt:** **Ermittlung des Betriebsergebnisses** durch Gegenüberstellung der Kosten- und Leistungsbogenergebnisse im **Betriebsergebnisbogen**

Die **Kostenartenrechnung** beschäftigt sich mit den Kosten und Leistungen der eigentlichen betrieblichen Tätigkeit. Genauer müsste es daher Kostenarten- und Leistungsartenrechnung heißen. Diese längere Begriffsbezeichnung ist in der Praxis aber unüblich.

Im Rahmen dieses Lehrbuches wird die Kostenartenrechnung, ausgehend von der Finanzbuchhaltung, in drei Schritten entwickelt, um das Betriebsergebnis zu erhalten.

Für die **praktische Durchführung** kommen folgendende Bögen zum Einsatz:

- **Kostenermittlungsbogen (KEB)** zur Erfassung der Aufwendungen und Kosten
- **Leistungsermittlungsbogen (LEB)** zur Erfassung der Erträge und Leistungen
- **Betriebsergebnisbogen (BEB)** für die Berechnung des Betriebsergebnisses und weiterer gewünschter Ergebnisse

1.2.2 Schritt 1: Sachliche Abgrenzung der Aufwendungen und Erträge

Übersicht: Vom Unternehmensergebnis zum betrieblichen Ergebnis und neutralen Ergebnis

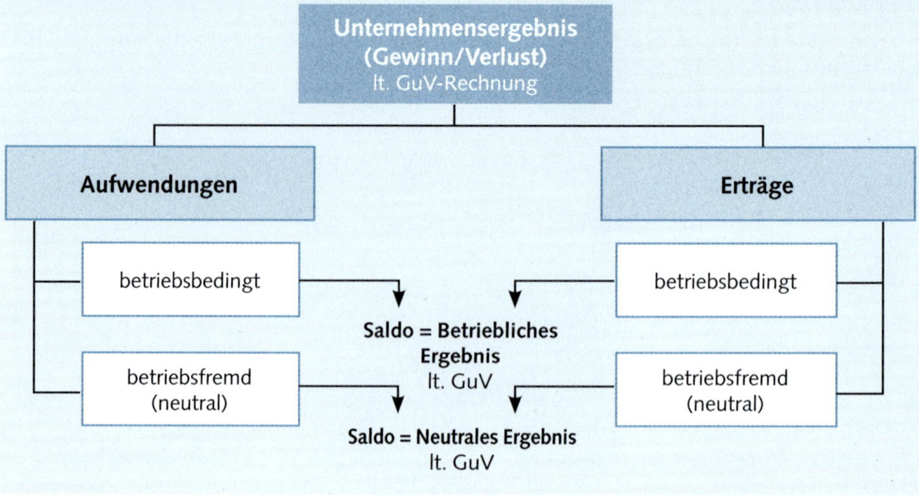

Situationsbeispiel (1. Fortsetzung):

»Wir werden jetzt im ersten Schritt die Aufwendungen und Erträge ihrer GuV-Rechnung des Geschäftsjahres analysieren, ob sie betriebsbedingt oder betriebsfremd sind. Betriebsfremde (neutrale) Aufwendungen werden wir im Kostenermittlungsbogen, betriebsfremde (neutrale) Erträge im Leistungsermittlungsbogen aussondern.«

Im ersten Schritt der hier vorgestellten Kostenartenrechnung für Agenturen sind die Aufwendungen und Erträge der GuV-Rechnung danach zu trennen, ob sie **betriebsbedingt** oder **betriebsfremd** sind. Aus dem so abgegrenzten Zahlenmaterial kann das **betriebliche Ergebnis** lt. GuV-Rechung ermittelt werden.

Anmerkung: Das **betriebliche Ergebnis** lt. GuV-Rechnung ist vom **Betriebsergebnis** (vgl. E 1.2.4) zu unterscheiden.

In einer **Agentur für Versicherungen und Finanzen** besteht die **eigentliche betriebliche Tätigkeit**, wie schon an früherer Stelle festgestellt, in der

- **Vermittlung** von Versicherungs- und Finanzdienstleistungen,
- **Kundenbetreuung** und -beratung.

Alle damit im Zusammenhang stehenden Aufwendungen und Erträge sind **betriebsbedingt**.

Erfolge aus **betriebsfremden** Tätigkeiten, wie z. B. Anlage von Kapitalien oder Vermietung von Objekten, gehören daher nicht zum Aufgabenbereich der Kostenartenrechnung.

GuV-Rechnung der Agentur Krause zum 31. Dezember (Ende des Geschäftsjahrs)

	€		€
Provisionsaufwand (PA)	57 695	Provisionsertrag (PE)	200 000
Mietaufwand (MietA)	26 000	Zinsertrag (ZE)	6 700
Werbe- und Reiseaufwand (WuRA)	6 100	Außerordentlicher Ertrag (AoE)	4 200
Verwaltungsaufwand (VerwA)	10 900		
Kraftfahrzeugaufwand (KfzA)	1 700		
Abschreibung auf Kfz (AbKfz)	2 000		
Zinsaufwand (ZA)	3 700		
Steueraufwand	7 505		
Außerordentlicher Aufwand (AoA)	5 900		
Betrieblicher Gewinn	89 400		
	210 900		210 900

a) Aussonderung der betriebsfremden Aufwendungen und Erträge (sog. Schritt 1)

Aussonderung der betriebsfremden Aufwendungen
↓
Kostenermittlungsbogen
Spalte: neutraler Aufwand der Finanzbuchhaltung

Aussonderung der betriebsfremden Erträge
↓
Leistungsermittlungsbogen
Spalte: neutraler Ertrag der Finanzbuchhaltung

Kostenermittlungsbogen (KEB)

KEB	Finanzbuchhaltung		Betriebsbuchhaltung		
	Aufwand lt. Erfolgsrechnung €	**davon neutraler Aufwand** €	**Grundkosten** €	**Anders-Kosten bzw. *Zusatzkosten*** €	**Ansatz in der Kostenrechnung** €
Provisionsaufwand	57 695,00		Die Ermittlung der Kosten erfolgt in Schritt 2 (siehe E 1.2.3)		
Mietaufwand	26 000,00				
Werbe- und Reiseaufwand	6 100,00				
Verwaltungsaufwand	10 900,00				
Kraftfahrzeugaufwand	1 700,00				
Abschreibung auf Kfz	2 000,00				
Zinsaufwand	3 700,00				
Steueraufwand	7 505,00				
Außer ordentl. Aufwand	5 900,00	5 900,00			
Kalk. Unternehmerlohn	keine Buchung				
Kalk. Zinsen	keine Buchung				
Summen:	**121 500,00**	**5 900,00**	**Summe der Kosten:**		

Erstes Zwischenergebnis: Betriebsbedingte Aufwendungen lt. GuV

121 500,00 € – 5 900,00 € = **115 600,00 €**

Leistungsermittlungsbogen (LEB)

LEB	Finanzbuchhaltung		Betriebsbuchhaltung		
	Ertrag lt. Erfolgsrechnung €	**neutraler Ertrag** €	**Grundleistungen** €	**Zusatzleistungen** €	**Ansatz in der Leistungsrechnung** €
Provisionsertrag	200 000,00		Die Ermittlung der Leistungen erfolgt in Schritt 2 (siehe D 1.2.3)		
Zinsertrag	6 700,00	6 700,00			
Außerordentl. Ertrag	4 200,00	4 200,00			
Summen:	**210 900,00**	**10 900,00**	**Summe der Leistungen (Erlöse):**		

Zweites Zwischenergebnis: Betriebsbedingte Erträge lt. GuV

210 900,00 € – 10 900,00 € = **200 000,00 €**

Betriebliches Ergebnis lt. GuV-Rechnung

Betriebsbedingte Erträge	200 000,00 €
– betriebsbedingte Aufwendungen	115 600,00 €
= Betriebliches Ergebnis	**84 400,00 €**

Man darf das vorstehende **betriebliche Ergebnis lt. GuV** nicht mit dem angestrebten **Betriebsergebnis** im Rahmen der **KLR** verwechseln.

b) Erläuterungen zur sachlichen Abgrenzung

Betriebsbedingte Aufwendungen und Erträge

Betriebsbedingte Aufwendungen sind alle die Aufwendungen, die in einem unmittelbaren Zusammenhang mit dem eigentlichen Betriebszweck (Vermittlung/Betreuung) stehen.

Hierzu zählen insbesondere:

- Provisionsaufwand
- Mietaufwand
- Werbe- und Reiseaufwand
- Gehälter
- Sozialer Aufwand
- Verwaltungsaufwand
- Steueraufwand

Betriebsbedingter Ertrag ist der

- Provisionsertrag

Betriebsfremde (neutrale) Aufwendungen und Erträge

Neutrale Aufwendungen bzw. Erträge stehen nicht in unmittelbaren Zusammenhang mit der Versicherungsvermittlung und Kundenberatung bzw. -betreuung.

Neutrale Aufwendungen sind:

- **Betriebsfremder Aufwand**
  Der Aufwand dient weder mittelbar noch unmittelbar dem Betriebszweck.

  Beispiel: Verluste bei Kapitalanlagegeschäften

- **Periodenfremder Aufwand**
  Es handelt sich um Aufwand, der in eine andere Rechnungsperiode gehört.

  Beispiel: Begleichung einer Handwerkerleistung aus dem Vorjahr, für die eine zu geringe Rückstellung gebildet wurde.

- **Betriebsgelegentlicher Aufwand**
  Es liegt zwar ein betrieblicher Umstand zugrunde, der aber nicht die eigentliche betriebliche Tätigkeit ausmacht und deshalb unberücksichtigt bleiben soll.

  Beispiel: Verlust aus dem Abgang von Anlagegegenständen beim Verkauf

- **Außerordentlicher Aufwand**

  Es handelt sich um einen betrieblichen Aufwand, der außergewöhnlich ist und nicht in die Kostenrechnung soll, da er das Betriebsergebnis verfälschen würde.

  > **Beispiel:** Aufwand infolge Geldunterschlagung durch einen Mitarbeiter

Hinweis:
Da im Schulkontenplan »Agenturbuchführung« geeignete Konten insbesondere zur Buchung des periodenfremden und betriebsgelegentlichen Aufwandes fehlen, wurde hilfsweise auf dem Konto »Außerordentlicher Aufwand« gebucht (vgl. D 4.5.2). Der gesamte Konteninhalt kann im Rahmen der Kostenrechnung als Neutraler Aufwand angesehen werden.

Neutrale Erträge sind:

- **Betriebsfremde Erträge,** z. B. Gewinne aus Kapitalanlagegeschäften
- **Periodenfremde Erträge,** z. B. Erstattung von im Vorjahr zuviel gezahlter Kfz-Steuer
- **Betriebsgelegentliche Erträge,** z. B. Verkauf von Anlagegütern über Buchwert
- **Außerordentliche Erträge,** z. B. Schenkung an die Agentur

Hinweis:
Da im Schulkontenplan »Agenturbuchführung« geeignete Konten insbesondere zur Buchung des periodenfremden und betriebsgelegentlichen Ertrages fehlen, wurde hilfsweise auf dem Konto »Außerordentlicher Ertrag« gebucht (vgl. D 4.5.2). Der gesamte Konteninhalt kann im Rahmen der Leistungsrechnung als Neutraler Ertrag angesehen werden.

1.2.3 Schritt 2: Ermittlung der Kosten und Leistungen in einer Agentur für Versicherungen und Finanzen

Übersicht: Vom betrieblichen Ergebnis lt. GuV zum Betriebsergebnis lt. KLR

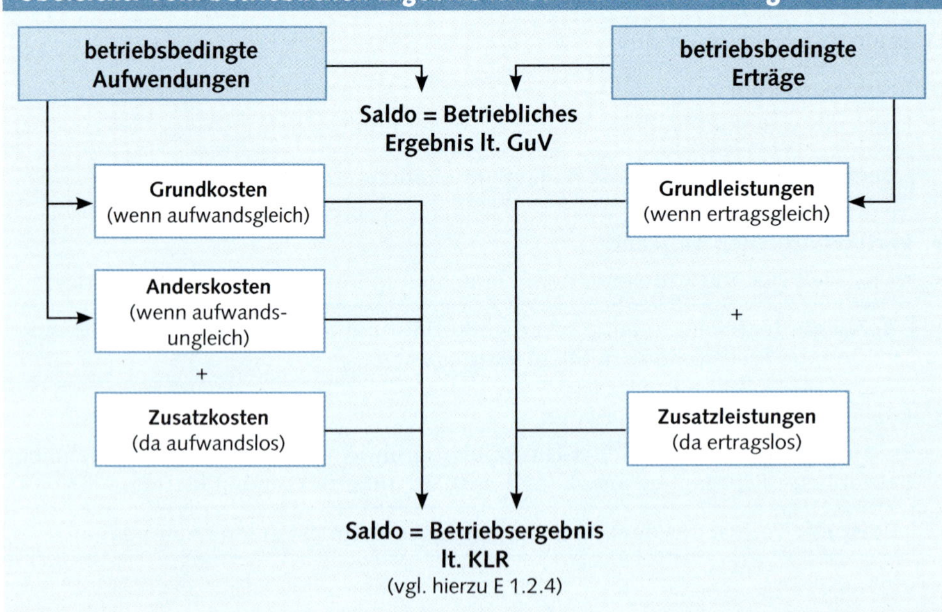

KLR = Kosten- und Leistungsrechnung

Situationsbeispiel (2. Fortsetzung):

»Ausgehend von der sachlichen Abgrenzung im Schritt 1 können wir nun unsere Betriebsbuchhaltung entwickeln«, erklärt der betriebswirtschaftliche Berater. »Wir gehen dabei wie folgt vor:

1. Wir prüfen zunächst, welche betriebsbedingten Aufwendungen bzw. Erträge unverändert als Kosten bzw. Leistungen in die Betriebsbuchhaltung übernommen werden können. Diese Kosten bzw. Leistungen bezeichnet man als Grundkosten bzw. Grundleistungen.
2. Dann prüfen wir, welche betriebsbedingten Aufwendungen nicht unverändert sondern nur anders übernommen werden sollten. Das sind die sog. Anderskosten.
3. Schließlich entscheiden wir, welche weiteren Kosten und ggf. Leistungen, für die es keine Buchungen in der Finanzbuchhaltung gibt, in die Betriebsbuchhaltung einfließen sollten. Das sind die sog. Zusatzkosten bzw. Zusatzleistungen.«

1.2.3.1 Kostenarten

Kosten sind der in Geld gemessene **betriebsbedingte** Güter- und Leistungsverkehr zur Erstellung betrieblicher Leistungen.

a) Grundkosten (aufwandsgleiche Kosten)

Die betriebsbedingten Aufwendungen, auch **Zweckaufwand** genannt, decken sich inhaltlich mit dem vorstehenden Kostenbegriff und werden im Rahmen der Kosten- und Leistungsrechnung als **Grundkosten** oder **aufwandsgleiche Kosten** bezeichnet.

Zweckaufwand und damit **Grundkosten** einer Versicherungsagentur sind beispielsweise:

- Provisionsaufwand
- Mietaufwand
- Verwaltungsaufwand
- Werbe- und Reiseaufwand
- Gehälter
- Kraftfahrzeugaufwand
- Steueraufwand

Sie können regelmäßig unverändert aus der Finanzbuchhaltung in die Kostenrechnung übernommen werden, soweit nicht eine Aufteilung geboten ist, da sie auch im Zusammenhang mit der Erzielung von neutralen Erträgen stehen.

Die **Gewerbesteuer** ist eine Betriebsteuer. Für Einzelkaufleute oder Personengesellschaften ist die Gewerbesteuer aufgrund steuerrechtlicher Bestimmungen **keine Betriebsausgabe.**

Gleichwohl ist durch die **EStÄR 2012** gestattet worden, die **Gewerbesteuer** in der Buchführung als betrieblichen **Steueraufwand** zu erfassen und erst im Rahmen der steuerlichen Erklärungen außerhalb der Buchführung zu neutralisieren.

In der **Kostenartenrechnung** ist die **Gewerbesteuer** in jedem Falle als **betriebsbedingt** zu berücksichtigen.

Allerdings darf richtigerweise nur der Anteil berücksichtigt werden, der auf den betriebsbedingten Gewinn entfällt. Die auf den neutralen Anteil entfallende Gewerbesteuer wäre also herauszurechnen. Aus Vereinfachungsgründen wird hier darauf verzichtet.

➤ Darstellung der ermittelten Grundkosten im Kostenermittlungsbogen (KEB)

KEB (Auszug)	Aufwand lt. Erfolgsrechnung €	neutraler Aufwand €	Grundkosten €	Anderskosten bzw. *Zusatzkosten* €	Ansatz in der Kostenrechnung €
Provisionsaufwand	57 695,00		57 695,00		57 695,00
Mietaufwand	26 000,00		26 000,00		26 000,00
Werbe- und Reiseaufwand	6 100,00		6 100,00		6 100,00
Verwaltungsaufwand	10 900,00		10 900,00		10 900,00
Kraftfahrzeugaufwand	1 700,00		1 700,00		1 700,00
Steueraufwand	7 505,00		7 505,00		7 505,00

b) Anderskosten (aufwandsungleiche Kosten)

➤ Kalkulatorische Abschreibung

Situationsbeispiel (3. Fortsetzung):
Hilmar Krause hatte zu Beginn des in Rede stehenden Geschäftsjahres einen Geschäftswagen zum Preis von 12 000,00 € erworben, der 6 Jahre lang mit 162/3 % (= 2 000,00 € jährlich) bilanziell abgeschrieben wird. Da neue Fahrzeuge regelmäßig im ersten Jahr einen höheren Wertverlust haben, soll kalkulatorisch ein Wertverlust von 20 % (= 2 400,00 €) für das erste Jahr berücksichtigt werden.

Die **kalkulatorische Abschreibung** dient in erster Linie dazu, den **tatsächlichen Wertverlust** zu erfassen; denn durch die rechtlich vorgesehenen Abschreibungsmöglichkeiten wird dieser häufig verfälscht.

Im Beispielsfall werden deshalb für die Abschreibung 2 400,00 € statt 2 000,00 € angesetzt. Da die kalkulatorische Abschreibung hier **anders** als die bilanzielle Abschreibung ist, bezeichnet man den Betrag von 2 400,00 € als **Anderskosten**.

Ferner kann gewünscht sein, dass nicht nur der tatsächliche Wertverlust, sondern auch das Mehr an Wiederbeschaffungskosten (z. B. infolge Preisanstieg) bei der zukünftigen Ersatzinvestion erwirtschaftet wird. Für diesen Fall wird die kalkulatorische Abschreibung von den zukünftigen Wiederbeschaffungskosten berechnet.

Insbesondere bei **geringwertigen Wirtschaftsgütern** weicht die kalkulatorische Abschreibung von der Abschreibung in der Buchführung häufig ab.

Beispiel:

Die Agentur erwirbt einen Büroschrank zum Preis von 910,00 € und schreibt diesen über einen Sammelpool (vgl. D 7.2.3.3) fünf Jahre lang mit einem Betrag von jährlich 182,00 € ab. Die Abschreibung wird auf dem Aufwandskonto »Abschreibung auf geringwertige Wirtschaftsgüter« im Soll und auf dem Bestandskonto »Geringwertige Wirtschaftsgüter (Sammelposten)« im Haben gebucht.

Nach AfA-Tabelle beträgt die Nutzungsdauer 13 Jahre (vgl. D 7.2.2.2) und dies ist auch von der Agentur angedacht. Das ist in der kalkulatorischen Abschreibung zu berücksichtigen. Lässt man einmal mögliche Preissteigerungen außer Acht, darf im Geschäftsjahr nur 1/13 von 910,00 € = 70,00 € kalkulatorisch abgeschrieben werden. Die Anderskosten (70,00 €) sind also für diesen Fall geringer als der betreffende Aufwand (182,00 €) in der GuV-Rechnung.

Jährliche **bilanzielle Abschreibung** des Büroschranks über 5 Jahre (= 1/5 jährlich)		Jährliche **kalkulatorische Abschreibung** des Büroschranks über 13 Jahre (= 1/13 jährlich)	
Anschaffungskosten davon 1/5	910,00 € **182,00 €**	Wiederbeschaffungskosten davon 1/13	910,00 € **70,00 €**
Bilanzieller Restwert nach dem ersten Jahr	728,00 €	Kalkulatorischer Restwert nach dem ersten Jahr	840,00 €

Hinweis:
Damit das Situationsbeispiel nicht zu unübersichtlich wird, ist die Darstellung der Anderskosten im Kostenermittlungsbogen (siehe weiter unten) nur auf die kalkulatorische Abschreibung im Zusammenhang mit dem Kfz gem. Situationsbeispiel (3. Fortsetzung) beschränkt. Richtigerweise müssten auch die Abschreibungen der weiteren Anlagegüter kostenrechnerisch beachtet werden.

Kalkulatorische Zinsen

Situationsbeispiel (4. Fortsetzung):

»Sie setzen Kapital ein, um Ihre Agentur für Versicherungen und Finanzen betreiben zu können. Hätten Sie dieses Kapital am Markt aufgenommen, wären Zinsen dafür zu zahlen«, erklärt der betriebswirtschaftliche Berater Herrn Krause. »Deshalb ist es angebracht, hierfür kalkulatorische Zinsen als sog. Anderskosten anzusetzen.«

Für die Berechnung der kalkulatorischen Zinsen ist das **betriebsnotwendige Kapital** aus der Vermögensseite der Bilanz zu ermitteln; denn nur dieses dient der eigentlichen betrieblichen Tätigkeit.

Das **betriebsnotwendige Kapital** wird wie folgt ermittelt:

Betriebsnotwendiges Anlagevermögen
(z. B. Betriebs- und Geschäftsausstattung, Kfz)

\+ **Betriebsnotwendiges Umlaufvermögen**
(z. B. Forderungen gegen die Direktion, Bankguthaben, Kassenbestand)

= **Betriebsnotwendiges Vermögen**

– **Abzugskapital**
(z. B. Vorschuss auf noch nicht verdiente Provisionen)

= **Betriebsnotwendiges Kapital**

Hilmar Krause stellt das nachstehend links abgebildete Zahlenmaterial aus seinen Geschäftsbüchern zur Verfügung. Der betriebswirtschaftliche Berater ermittelt daraus das rechts abgebildete betriebsnotwendige Kapital.

Zahlenmaterial aus den Geschäftsbüchern		Ermittlung des betriebsnotwendigen Kapitals	
Anlagevermögen		**Betriebsnotwendiges Anlagevermögen**	
Kraftfahrzeuge (Anschaffungskosten)	12 000,00 €	Kraftfahrzeuge	9 600,00 € ①
Buchwert am Ende des Geschäftsjahres	10 000,00 €	Betriebs- und Geschäftsausstattung	80 400,00 € ②
Betriebs- und Geschäftsausstattung	80 400,00 €	**Umlaufvermögen**	
Umlaufvermögen		Ford. gg. Dir. durchschnittlich	35 000,00 € ③
Ford. gg. Dir.	zwischen 30 000,00 € und 40 000,00 €	Forderungen gegen Arbeitnehmer	0,00 € ④
Forderungen gegen Arbeitnehmer	6 000,00 €	Kasse durchschnittlich	4 000,00 € ③
Kassenbestand	zwischen 3 000,00 und 5 000,00 €	Bank durchschnittlich	16 000,00 € ③
Bankguthaben	zwischen 14 000,00 und 18 000,00 €	Zwischensumme	145 000,00 €
5 000,00 € des Bankguthabens sind von der Direktion als Provisionsvorschuss gezahlt worden.		**Abzugskapital**	
		Provisionsvorschuss	5 000,00 € ⑤
		Betriebsnotwendiges Kapital	140 000,00 €

Erläuterungen:

zu ①: Beim **Anlagevermögen** ist zu beachten: Es dürfen nur solche Güter angesetzt werden, die **dauernd** dem eigentlichen **Betriebszweck** dienen. Ihr Ansatz erfolgt nicht mit dem Buchwert in der Bilanz sondern mit dem **kalkulatorischen Restwert** (= Anschaffungskosten – kalkulatorische Abschreibungen).

Der für das Kfz anzusetzende Kapitalbetrag berechnet sich daher wie folgt:

Anschaffungskosten zu Beginn des Geschäftsjahres	12 000,00 €
– kalkulatorische Abschreibung (siehe die hierfür ermittelten Anderskosten)	2 400,00 €
= kalkulatorischer Restwert	9 600,00 €

zu ②: Richtigerweise müsste hier auch geprüft werden, ob ein anderer kalkulatorischer Restwert anzusetzen ist. Um das Situationsbeispiel möglichst kurz und überschaubar zu halten, wird sich nur auf die Darstellung am Beispiel des Kfz beschränkt.

Der in einem der Beispiele zu den Anderskosten erwähnte Büroschrank (siehe weiter oben) wäre mit seinem kalkulatorischen Restwert von 840,00 € und nicht mit dem bilanziellen Restwert von 728,00 € anzusetzen.

zu ③: Beim Umlaufvermögen sind die infrage kommenden Positionen mit ihrem **Durchschnittswert** anzusetzen.

zu ④: Forderungen gegen Arbeitnehmer aus Gehaltsvorschüssen sind kein betriebsnotwendiges Umlaufvermögen und bleiben daher unberücksichtigt.

zu ⑤: Das **Abzugskapital** umfasst solche Kapitalposten, die der Agentur zinslos zur Verfügung stehen. Dies kann beispielsweise ein zinslos zur Verfügung gestelltes Startkapital durch die Direktion oder ein Vorschuss auf noch zu verdienende Provisionen sein.

Als **Zinssatz** für die Berechnung der kalkulatorischen Zinsen wird üblicherweise der Zinssatz für langfristige Kapitalanlagen zugrundegelegt (hier 6 %).

$$\text{Kalkulatorische Zinsen} = \frac{\text{Betriebsnotwendiges Kapital} \cdot \text{Kalkulatorischer Zinssatz}}{100}$$

Berechnung der Kalkulatorischen Zinsen
Betriebsnotwendiges Kapital 140 000,00 €
Kalkulatorischer Zinssatz 6 %
Kalkulatorische Zinsen 8 400,00 €

➤ Darstellung der ermittelten Anderskosten im Kostenermittlungsbogen (KEB)

KEB (Auszug)	**Aufwand lt. Erfolgsrechnung** €	**neutraler Aufwand** €	**Grundkosten** €	**Anderskosten bzw. *Zusatzkosten*** €	**Ansatz in der Kostenrechnung** €
Abschreibung auf Kfz	2 000,00			2 400,00 (kalk. Abschr.)	2 400,00
Zinsaufwand	3 700,00			8 400,00 (kalk. Zinsen)	8 400,00

c) Zusatzkosten (aufwandslose Kosten)

Für die ggf. in der Betriebsbuchhaltung anzusetzenden Zusatzkosten gibt es keine vergleichbaren Buchungen in der Finanzbuchhaltung.

Beispiel:

Der Agenturinhaber ist als mitarbeitender Unternehmer in seiner Agentur tätig. Die Gehälter seiner Mitarbeiter werden als Aufwand in der Gewinn- und Verlustrechnung geführt, während für seine Tätigkeit keine Aufwandsbuchung vorgesehen ist.

Die Tätigkeit des Agenturinhabers muss in der Kosten- und Leistungsrechnung **zusätzlich** berücksichtigt werden.

Folgende **Zusatzkosten** sind im Rahmen der Kostenrechnung für eine Versicherungsagentur ggf. zu berücksichtigen:

- Kalkulatorischer Unternehmerlohn
- Kalkulatorische Miete

➤ Kalkulatorischer Unternehmerlohn

Situationsbeispiel (5. Fortsetzung):

Der betriebswirtschaftliche Berater schlägt Herrn Krause vor, als kalkulatorischen Unternehmerlohn näherungsweise das durchschnittliche Bruttogehalt eines leitenden Angestellten im Versicherungsvermittlergewerbe zuzüglich Arbeitgeberanteile anzusetzen. Nach Aufrundung auf volle Tausend Euro einigt man sich schließlich auf einen jährlichen Betrag von 50 000,00 €.

Für Einzelunternehmer bietet es sich an, ein fiktives Gehalt als feste Kalkulationsgröße anzusetzen.

Exkurs: Berechnungsschema des BVK für den kalkulatorischen Unternehmerlohn

Der **Bundesverband Deutscher Versicherungskaufleute** (BVK) kennt im Zusammenhang mit dem Angebot zum Betriebsvergleich (vgl. E 2.3.2) ein **Berechnungsschema für den kalkulatorischen Unternehmerlohn**, das die **Gesamteinnahmen** als Faktor mitberücksichtigt

- Bei Einzelunternehmen, offenen Handelsgesellschaften (OHG), Kommanditgesellschaften (KG) sowie Gesellschaften des bürgerlichen Rechts (GbR) sind 25 000,00 € pro Inhaber/Teilhaber als Basis anzusetzen.
- Bei Gesamteinnahmen von mehr als 60 000,00 € pro Inhaber/Teilhaber ist der überschießende Betrag mit zusätzlich 20 % anzusetzen.

> **Beispiel:**
> Die Agentur wird von 2 Gesellschaftern in der Form einer offenen Handelsgesellschaft (OHG) betrieben.
> Die Gesamteinnahmen belaufen sich auf 150 000,00 €.
>
> **Berechnung:**
> 150 000,00 € – (2 · 60 000,00 €) = 30 000,00 € überschießender Betrag pro Gesellschafter
> 20 % von 30 000,00 € = 6 000,00 €
> (2 · 25 000,00 €) + (2 · 6 000,00 €) = 62 000,00 € kalkulatorischer Unternehmerlohn für beide Gesellschafter zusammen.

- Bei außerordentlich hohen Gesamteinnahmen sollte der Unternehmerlohn individuell angesetzt werden.

➤ Kalkulatorische Miete

> **Situationsbeispiel (6. Fortsetzung):**
> »Der Ansatz einer kalkulatorischen Miete können Sie in Ihrem Falle vernachlässigen; denn Ihre Agentur wird in gemieteten Räumen betrieben, wofür sie den entsprechenden Mietaufwand bereits als Grundkosten erfasst haben«, erläutert der betriebswirtschaftliche Berater Herrn Krause. »Gleichwohl will ich Ihnen das Wesen der kalkulatorischen Miete kurz erläutern; denn es ist von Interesse, wenn sie einmal die Absicht haben, Ihre Geschäftsräume in ein eigenes Haus zu verlegen.«

In der Finanzbuchhaltung erfolgt bekanntlich nur dann die Buchung eines Mietaufwandes, wenn die Geschäftsräume fremd angemietet wurden.

Soweit sich die **Geschäftsräume im betriebseigenen Geschäftsgebäude** befinden, entsteht kein Mietaufwand, andererseits aber auch keine Mieteinnahme durch mögliche Fremdvermietung. Die Agentur kann aber ohne Büroräume nicht betrieben werden, was kostenmäßig in der Betriebsbuchhaltung zu berücksichtigen ist.

Das gilt auch, wenn das **Geschäftsgebäude** zum **Privatvermögen** des Agenturinhabers zählt und unentgeltlich für die Agenturzwecke genutzt wird. Die Agentur wird in ihrer Betriebsbuchhaltung aus den vorgenannten Gründen Kosten für die **Nutzung der Büroräume** ansetzen müssen. Dies geschieht durch den Ansatz einer **kalkulatorischen Miete.** Hierbei orientiert man sich an der Miete, die für vergleichbare Büroräume zu zahlen wäre.

Das nachstehende Schaubild mag die buchmäßige Behandlung noch einmal verdeutlichen:

	Finanzbuchhaltung	**Betriebsbuchhaltung (Kosten- und Leistungsrechnung)**
• Miete für fremd angemietete Büroräume	Buchung des Geschäftsfalles als Mietaufwand	Übernahme des Mietaufwandes als Grundkosten
• Büroräume im Geschäftsgebäude der Agentur (Betriebsvermögen)	Kein Buchungsvorgang, da kein Geschäftsfall vorliegt	Ansatz einer kalkulatorischen Miete
• Büroräume im Geschäftsgebäude des Agenten (Privatvermögen)	Kein Buchungsvorgang, da kein Geschäftsfall vorliegt	

➤ Darstellung der ermittelten Zusatzkosten im Kostenermittlungsbogen (KEB)

KEB (Auszug)	**Aufwand lt. Erfolgsrechnung €**	**neutraler Aufwand €**	**Grundkosten €**	**Anderskosten bzw. *Zusatzkosten* €**	**Ansatz in der Kostenrechnung €**
Kalk. Unternehmerlohn	keine Buchung			*50 000,00*	50 000,00

Übersicht: Zuordnung von Aufwand und Kosten

Neutraler Aufwand	Betrieblicher Aufwand	Grundkosten	Anderskosten	Zusatzkosten
AoA HuGA KDiffA	AbA AbKfz AbGWG ZA EgieA Gehälter KfzA MietA PA SozA SteuA VerwA WuRA	EgieA Gehälter KfzA MietA PA SozA SteuA VerwA WuRA	kalk. AbA kalk. AbKfz kalk. AbGWG kalk. Zinsen	kalk. Unternehmerlohn kalk. Miete
			Abkürzungen gem. Kontenplan im hinteren Buchdeckel	

- **Grundkosten** sind aufwandsgleiche Kosten.
- **Anderskosten** sind aufwandsungleiche Kosten.
- **Zusatzkosten** sind aufwandslose Kosten.
- Anderskosten und Zusatzkosten werden kalkulatorisch festgesetzt (= **kalkulatorische Kosten**).

Zusammenfassung: Gemeinsamkeiten und Unterschiede zwischen Aufwand und Kosten

<table>
<tr><th colspan="2">Aufwendungen</th><td></td></tr>
<tr><td>Neutrale Aufwendungen
• betriebsfremd
• periodenfremd
• betriebsgelegentlich
• außerordentlich</td><td>Betriebsbedingte (betriebseigentliche) Aufwendungen</td><td></td></tr>
<tr><td></td><td>Grundkosten</td><td>Kalkulatorische Kosten
• Anderskosten
• Zusatzkosten</td></tr>
<tr><td></td><th colspan="2">Kosten</th></tr>
</table>

1.2.3.2 Leistungsarten

Leistungen entstehen durch die betriebliche Tätigkeit. Die abgesetzte Leistung führt zu einem Erlös, der in Geld ausgedrückt wird.

a) Grundleistungen (ertragsgleiche Leistungen)

Die betriebsbedingten Erträge (nachfolgend **Zweckertrag** genannt) decken sich inhaltlich mit dem vorstehenden Leistungsbegriff und werden in die Kosten- und Leistungsrechnung als Leistungen (Erlöse) übernommen.

Die **Leistungen** einer Versicherungsagentur (Vermittlung von Versicherungsverträgen, Kundenberatung und -betreuung) kommen **wertmäßig** vor allem in den **Provisionserträgen** (= **Zweckerlöse**) zum Ausdruck.

Im Rahmen dieses Lehrbuches wurden vereinbarungsgemäß als Provisionsertrag nicht nur Abschluss- und Folgeprovisionen, sondern auch Bonifikationen gebucht (vgl. D 4.5.2).

Zuschüsse/Garantien, die der Versicherer vertraglich zahlt, sind ebenfalls **Zweckertrag** und damit Erlös für erbrachte Leistungen.

b) Zusatzleistungen (ertragslose Leistungen)

Sie gelangen in die Betriebsbuchhaltung, wenn der Agenturinhaber beispielsweise für unentgeltliche Leistungen einen Betrag kalkuliert und ansetzt.

➤ **Darstellung der Leistungen im Leistungsermittlungsbogen (LEB)**

LEB (Auszug)	Finanzbuchhaltung		Betriebsbuchhaltung		
	Ertrag lt. Erfolgsrechnung €	**neutraler Ertrag** €	**Grundleistungen** €	**Zusatzleistungen** €	**Ansatz in der Leistungsrechnung** €
Provisionsertrag	200 000,00		200 000,00		200 000,00

Übersicht: Zuordnung von Ertrag und Leistung

<table>
<tr><th>Neutraler Ertrag</th><th>Betrieblicher Ertrag</th><th>Leistung</th></tr>
<tr><td rowspan="2">AOE
HuGE
KDiffE
ZE</td><td>PE</td><td>PE</td></tr>
<tr><td colspan="2">Abkürzungen gem. Kontenplan im hinteren Buchdeckel</td></tr>
</table>

➤ Die **Leistungen** (Erlöse) entsprechen den betriebsbedingten Zweckerträgen.

➤ Neutrale Erträge sind nicht das Ergebnis betriebsbedingter Leistungen.

Zusammenfassung: Gemeinsamkeiten und Unterschiede zwischen Ertrag und Leistung

<table>
<tr><th colspan="2">Erträge</th><th></th></tr>
<tr><td>Neutrale Erträge
● betriebsfremd
● periodenfremd
● betriebsgelegentlich
● außerordentlich</td><td>Betriebsbedingte Erträge</td><td></td></tr>
<tr><td></td><td>Grundleistungen (Erlöse)</td><td>Zusatzleistungen</td></tr>
<tr><td></td><th colspan="2">Leistungen</th></tr>
</table>

1.2.4 Schritt 3: Ermittlung des Betriebsergebnisses

Situationsbeispiel (8. Fortsetzung):

»Nachdem wir die Abgrenzungsrechnung durchgeführt und dann die Kosten und Leistungen in entsprechenden Bögen erfasst haben, können wir jetzt das Betriebsergebnis berechnen«, fährt der betriebswirtschaftliche Berater fort. »In dem hierfür entwickelten Ergebnisbogen sehen Sie das Betriebsergebnis, aber auch den Erfolg lt. GuV und das neutrale Ergebnis, so dass Sie vergleichen können.«

Kostenermittlungsbogen (KEB) nach Erfassung aller Kosten

KEB	Finanzbuchhaltung		Betriebsbuchhaltung		
	Aufwand lt. Erfolgsrechnung €	neutraler Aufwand €	Grundkosten €	Anderskosten bzw. *Zusatzkosten* €	Ansatz in der Kostenrechnung €
Provisionsaufwand	57 695,00		57 695,00		57 695,00
Mietaufwand	26 000,00		26 000,00		26 000,00
Werbe- und Reiseaufwand	6 100,00		6 100,00		6 100,00
Verwaltungsaufwand	10 900,00		10 900,00		10 900,00
Kraftfahrzeugaufwand	1 700,00		1 700,00		1 700,00
Abschreibung auf Kfz	2 000,00			2 400,00	2 400,00
Zinsaufwand	3 700,00			8 400,00	8 400,00
Steueraufwand (hier: Gewerbesteuer)	7 505,00		7 505,00		7 505,00
Außerordentl. Aufwand	5 900,00	5 900,00			
Kalk. Unternehmerlohn				*50 000,00*	50 000,00
Summen:	**121 500,00**	**5 900,00**	**Summe der Kosten**		**170 700,00**

Leistungsermittlungsbogen (LEB) nach Erfassung der Leistungen

LEB	Finanzbuchhaltung		Betriebsbuchhaltung		
	Ertrag lt. Erfolgsrechnung €	neutraler Ertrag €	Grundleistungen €	Zusatzleistungen €	Ansatz in der Leistungsrechnung €
Provisionsertrag	200 000,00		200 000,00		200 000,00
Zinsertrag	6 700,00	6 700,00			
Außerordentl. Ertrag	4 200,00	4 200,00			
Summen:	**210 900,00**	**10 900,00**	**Summe der Leistungen (Erlöse)**		**200 000,00**

➤ Betriebsergebnisbogen (BEB) mit Betriebsergebnis und weiteren Informationen

Die Ergebnisse werden durch Differenzbildung zwischen den Summen des Kostenermittlungs- und des Leistungsermittlungsbogens errechnet. Die Ergebnisse stellen sich wie folgt dar:

BEB	Finanzbuchhaltung		Betriebsbuchhaltung	
	Erfolg lt. Erfolgs-rechnung €	davon neutraler Erfolg €		Betriebs-ergebnis €
Summe der Erträge	210 900,00	10 900,00	Summe der Leistungen	200 000,00
Summe der Aufwendungen	121 500,00	5 900,00	Summe der Kosten	170 700,00
Gewinn lt. GuV	**89 400,00**	**5 000,00**	**Betriebsergebnis (Gewinn)**	**29 300,00**

Der vorstehende Ergebnisbogen weist für Analysezwecke auch den Gesamterfolg lt. GuV-Rechnung, sowie den Anteil des neutralen Erfolges am Gesamterfolg aus.

Mit dem **Betriebsergebnis** lässt sich die **Wirtschaftlichkeit des Betriebes als Ganzes** kontrollieren, da es frei ist von betriebsfremden und von buchtechnischen Einflüssen, wie sie in der Gewinn- und Verlustrechnung anzutreffen sind.

➤ Beurteilung des Betriebsergebnisses

Das Betriebsergebnis ist hier als sehr positiv zu beurteilen, wenn man bedenkt, dass mit der betriebsbedingten Tätigkeit der kalkulatorische Unternehmerlohn von 50 000,00 € gemäß Zusatzkosten und die kalkulatorischen Zinsen von 8 400,00 € gem. Anderskosten erwirtschaftet wurden und dennoch ein beträchtlicher Betriebsgewinn verbleibt.

Das neutrale Ergebnis gehört zwar nicht in die Kosten- und Leistungsrechnung. Für die Ergebnisbeurteilung ist es dennoch interessant; denn es kann vorkommen, dass die betriebsbedingte Tätigkeit zu einem negativen Betriebsergebnis geführt hat, die Finanzbuchhaltung aber einen Gewinn ausweist, da die betriebsfremde Tätigkeit, also das neutrale Geschäft, große Gewinne abwirft.

- ➤ Die Kostenartenrechnung ermöglicht die Beobachtung der Gesamtkosten und der einzelnen Kostenarten.
- ➤ Im Betriebsergebnis kommt die Wirtschaftlichkeit des Gesamtbetriebes zum Ausdruck.

Zusammenfassung: In 3 Schritten von der GuV zum Betriebsergebnis

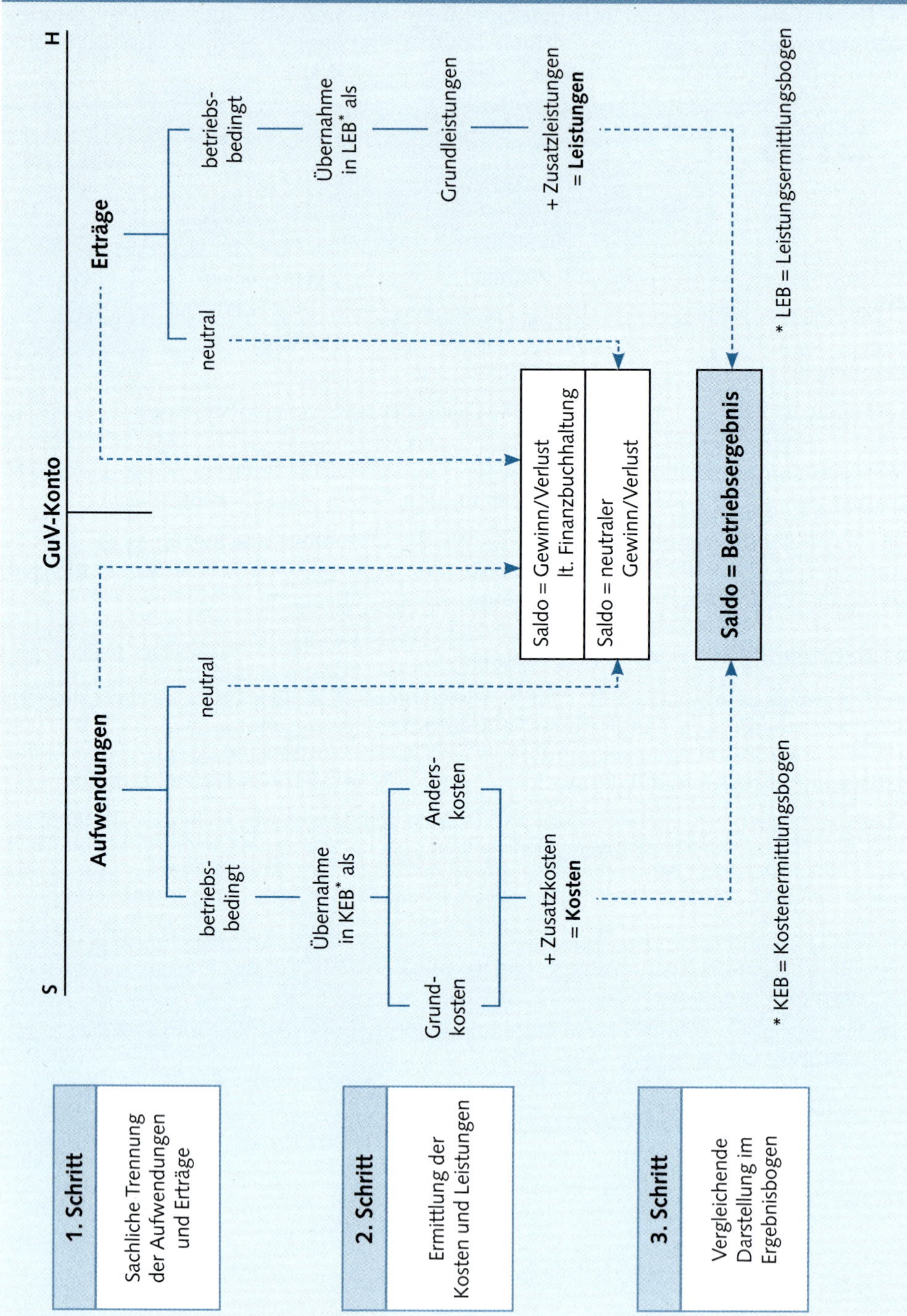

Lernkontrollen zu E 1.2.1 bis E 1.2.4

Kostenartenrechnung

Schritt 1: Sachliche Abgrenzung der Aufwendungen und Erträge

1 Im Situationsbeispiel zu Abschnitt E 1.2.1 erwähnt Hilmar Krause, dass die GuV-Rechnung vom Ende des vorigen Geschäftsjahres ein besseres Unternehmensergebnis als die GuV-Rechnung zum jetzigen Geschäftsjahr aufweist.

Trifft dies auch für das Betriebsergebnis zu? Dieser Frage wird mit der Kostenartenrechnung in drei Schritten nachgegangen. Schritt 1 ist in dieser Aufgabe durchzuführen. Das Ergebnis wird in Aufgabe 16, die den zweiten Schritt vorsieht, benötigt.

Nachstehend ist die GuV-Rechnung des vorigen Geschäftsjahres als Ausgangsbasis wiedergegeben:

S — GuV-Konto (Ende des vorigen Geschäftsjahrs) — H

S	€	H	€
Provisionsaufwand	53 578	Provisionsertrag	180 000
Mietaufwand	21 000	Zinsertrag	9 300
Werbe- und Reiseaufwand	5 400	Außerordentlicher Ertrag	6 500
Verwaltungsaufwand	9 400		
Kraftfahrzeugaufwand	1 900		
Abschreibung auf Kfz	2 000		
Zinsaufwand	1 600		
Steueraufwand	6 822		
Außerordentlicher Aufwand	2 600		
Gewinn	91 500		
	195 800		195 800

a) Führen Sie die sachliche Abgrenzung mit dem Kostenermittlungsbogen und dem Leistungsermittlungsbogen durch.

b) Ermitteln Sie das betriebliche Ergebnis und das neutrale Ergebnis.

c) Vergleichen und interpretieren Sie diese Ergebnisse mit den Ergebnissen der GuV-Rechnung zum Ende des jetzigen Geschäftsjahres, die aus Abschnitt E 1.2.2 entnommen werden können.

2 Bestimmen Sie zu jedem der folgenden Geschäftsfällen, ob

– betriebsbedingter Ertrag – betriebsfremder (neutraler) Ertrag

vorliegt.

1. Die Bank schreibt 200,00 € Zinsen gut.
2. Gutschriftsanzeige der Direktion über 500,00 € an Abschlussprovisionen.
3. In der Kasse wird ein Kassenüberschuss von 40,00 € festgestellt.
4. Ein vollständig abgeschriebener Farbdrucker wird für 40,00 € an einen Studenten verkauft.
5. Aufgrund der Zielerreichung erhält die Agentur von der Direktion eine Bonifikation über 1 200,00 €.
6. Gutschriftsanzeige der Bank über 1 000,00 €, die von der Direktion mit dem Vermerk »Zuschüsse/Garantien« überwiesen wurden.

3 Bestimmen Sie zu den folgenden Geschäftsfällen, ob
- betriebsfremder (neutraler) Aufwand,
- betriebsbedingter Aufwand vorliegt,
- weder betriebsfremder (neutraler) noch betriebsbedingter Aufwand

vorliegt.

1. Der Agenturinhaber verkauft seinen verunfallten Privatwagen an eine Autoverwertung weit unter Marktpreis vor dem Unfall.
2. Dem Untervertreter werden 250,00 € an Provisionen für einen vermittelten Vertrag bar ausgezahlt.
3. Ein Kleinschaden von 120,00 € wird bar reguliert.
4. Ein noch mit 150,00 € Restwert in den Büchern geführter Personalcomputer wird für 100,00 € bar an den Auszubildenden der Agentur verkauft.
5. Hypothekenzinsen in Höhe von 500,00 € für die auf dem Geschäftshaus lastende Hypothek werden per Bank gezahlt.
6. Ein Kassenüberschuss von 40,00 € wird ausgebucht.
7. Die Direktion belastet uns mit 100,00 € für geliefertes Werbematerial.
8. Die bei der Gehaltsabrechnung einbehalten Steuern und Sozialabgaben in Höhe von 1 400,00 € werden durch Banküberweisung abgeführt.

4 Führen Sie zur nachstehenden GuV-Rechnung der Agentur Wolfram Schneyder eine sachliche Abgrenzung.

S GuV-Konto der Agentur Wolfram Schneyder zum 31. Dezember 20.. H

	€		€
Provisionsaufwand (PA)	70000	Provisionsertrag (PE)	110000
Werbe- und Reiseaufwand (WuRa)	6000	Zinsertrag (ZE)	4200
Verwaltungsaufwand (VerwA)	10100	Außerordentlicher Ertrag (AoE)	3400
Gehälter	20900	Haus- und Grundst. Ertrag (HuGE)	40000
Sozialer Aufwand (SozA)	3700		
Abschreibung auf Anlagen (AbA)	1200		
Abschreibung auf Kfz (AbKfz)	2000		
Zinsaufwand (ZA)	2500		
Haus- und Grundst. Aufw. (HuGA)	9000		
Außerordentlicher Aufwand (AoA)	2900		
Gewinn	29300		
	157600		157600

a) Wie hoch sind das betriebliche und das neutrale Ergebnis?

b) Nehmen Sie zu den Ergebnissen Stellung.

Schritt 2: Ermittlung der Kosten und Leistungen

5 Stellen Sie fest, ob und ggf. mit welchem Betrag die nachstehenden, aus dem Grundbuch entnommenen Buchungssätze in eine Kosten- und Leistungsrechnung übernommen würden und welche der beiden Rechnungen ggf. angesprochen ist.

Buchungssätze (Beträge in €)	Soll	Haben
1. Haus- und Grundstücksaufwand an Bank	240,00	 240,00
2. Bank an Provisionsertrag	970,00	 970,00
3. Mietaufwand an Bank	1 350,00	 1 350,00
4. Bank Außerordentlicher Aufwand an Betriebs- und Geschäftsausstattung	3 950,00 450,00	 4 400,00
5. Kasse an Kassendifferenzenertrag	30,00	 30,00
6. Haus- und Grundstücksaufwand an Grundstücke und Bauten	5 700,00	 5 700,00
7. Provisionsaufwand an Verbindlichk. beim Untervertreter	1 320,00	 1 320,00

6 Stellen Sie zu den nachstehenden Kontenbezeichnungen der Agenturbuchführung fest,
- ob der jeweilige Konteninhalt als Grundkosten bzw. Leistungen weiterverrechnet werden kann
- oder
- ob es einer kostenrechnerischen Korrektur kalkulatorischer Art bedarf
  oder
- ob ein neutraler Aufwand bzw. Ertrag vorliegt.

a) Haus- und Grundstücksaufwand
b) Zinsertrag
c) Werbe- und Reiseaufwand
d) Mietaufwand
e) Provisionsertrag
f) Zinsaufwand
g) Gehälter
h) Abschreibung auf GWG
i) Kassendifferenzenertrag

7 Bestimmen Sie zu den folgenden Geschäftsfällen, ob
- Grundkosten (Zweckaufwand),
- Zusatzkosten,
- Anderskosten,
- neutraler Aufwand

angesprochen sind.

1. Durch herabfallende Ordner wird ein Teil der Betriebseinrichtung zerstört. Es müssen zusätzlich 400,00 € abgeschrieben werden.
2. Dem Untervertreter werden 250,00 € an Provisionen gutgeschrieben.
3. Die Höhe des Mietwertes der Büroräume im Gebäude, das zum Privatvermögen des Agenturinhabers zählt, wird mit 1 800,00 € festgestellt.
4. Ein Büroschrank (Buchwert 1 600,00 €) wird für 1 400,00 € verkauft.

5. Ein Angestellter erhält 30,00 € Fahrtkostenzuschuss.
6. Ein Kassenmanko von 50,00 € wird ausgebucht.
7. Der Agenturinhaber rechnet mit einer 6%igen Verzinsung des betriebsnotwendigen Kapitals.
8. Für die zu erwartenden Prozesskosten wird eine Rückstellung von 700,00 € gebildet.
9. Aufgrund steuerlicher Vorschriften wird der Laptop mit 20 % abgeschrieben. Der tatsächliche Werteverzehr beträgt jedoch 33 1/3 %.

8 Ein Kraftfahrzeug, das für 30 000,00 € angeschafft und dessen Nutzungsdauer auf 6 Jahre angesetzt wurde, ist in den ersten beiden Jahren wie folgt abgeschrieben worden:

- Finanzbuchhaltung: linear
- Kostenrechnung: 16 2/3 % vom geschätzten Wiederbeschaffungswert in Höhe von 33 000,00 €.

Wie hoch sind der bilanzielle und der kalkulatorische Buchwert

a) zu Beginn des dritten Jahres;

b) am Ende des dritten Jahres?

9 Die Agentur Nicole Baumgart hat im ersten Monat des laufenden Geschäftsjahres folgende Anschaffungen getätigt:

- 1 Schreibtischkombination 1 040,00 € (planmäßige Abschreibung)
- 1 Farblaserdrucker Preis 480,00 € (Abschreibung über Sammelposten)

Die geplante Nutzungsdauer der Schreibtischkombination wird mit 13 Jahren und die des Farblaserdruckers mit 3 Jahren angesetzt.

a) Berechnen Sie zunächst, mit welchem Betrag die genannten Gegenstände unter Beachtung steuerrechtlicher Vorschriften am Ende des Geschäftsjahres abzuschreiben sind.

b) In welcher Höhe sind die Abschreibungen als Grundkosten bzw. Anderskosten in die Kostenrechnung zu übernehmen, wenn zukünftigen Preissteigerungen unberücksichtigt bleiben sollen?

10 Wolfram Schneyder hat im laufenden Geschäftsjahr eine Papierschneidemaschine zum Preis von 130,00 € bar erworben.

Den Kauf hat er wie folgt gebucht: Verwaltungsaufwand 130,00 € an Kasse 130,00 €

Im Rahmen der Kostenartenrechnung fällt ihm bei der Kostenermittlung auf, dass er die Papierschneidemaschine mindestens 5 Jahre nutzen will. Das soll kostenmäßig berücksichtigt werden.

Machen Sie einen Vorschlag (mit Zahlen), wie er den Vorgang kostenmäßig erfassen soll. In seiner GuV-Rechnung weist das Konto Verwaltungsaufwand einen Saldo von 530,00 € auf. Auf dem Konto Abschreibung auf geringwertige Wirtschaftsgüter wurde im Geschäftsjahr nicht gebucht.

11 In einer Agentur wurden im Monat Dezember die unten stehenden Aufwendungen in der Geschäftsbuchhaltung erfasst. Ermitteln Sie aus diesen Geschäftsfällen

a) die Summe der betrieblichen Aufwendungen,

b) die Summe der neutralen Aufwendungen,

c) die Summe der Kosten.

1. Gutschrift von Provisionen für den Untervertreter 1 190,00 €.
2. Lineare Abschreibung (1. Jahr) am 31. Dez. d. J. auf ein im Januar d. J. gekauftes Anlagegut (Anschaffungskosten 1 600,00 €) mit geplanter 8-jähriger Nutzungsdauer (Annahme: Wiederbeschaffungspreis 1 760,00 €).
3. Bildung einer Rückstellung von 900,00 € für die zu erwartenden Prozesskosten.
4. Banklastschrift für Telefongebühren 330,00 € (davon Privatanteil 30 %).
5. Verkauf eines Schreibtisches (Anschaffungskosten 1 625,00 €, Buchwert 250,00 €) zum Preis von 190,00 €.
6. Banklastschrift
   - für Büromaterial, das durch Überweisungsauftrag bezahlt wurde 130,00 €,
   - für Hypothekenzinsen 420,00 €.
7. Kassenfehlbetrag 80,00 €.
8. Folgende Zahlungen werden erst im neuen Geschäftsjahr geleistet:
   - Garagenmiete für Dezember für den Geschäftswagen 50,00 €.
   - Rechnung für weiteres geliefertes Büromaterial 30,00 €.
   - Renovierungskosten für die Privatwohnung des Generalagenten im Geschäftshaus 1 680,00 €.
   - Fachschrift »Der Vermittler« für Dezember und Januar je 10,00 €.
9. Gehälter 3 400,00 € und sozialer Aufwand 480,00 €.
10. Zahlung der Büromiete durch Banküberweisung 1 450,00 €.

12 Ermitteln Sie das **betriebsnotwendige** Kapital anhand des folgenden Zahlenmaterials aus den Geschäftsbüchern und der zusätzlichen Angaben zum Anlagevermögen:

Anlagevermögen

Kraftfahrzeuge	24 000,00 €
Betriebs- und Geschäftsausstattung	40 000,00 €
Geringwertige Wirtschaftsgüter (Sammelposten)	800,00 €

Umlaufvermögen

Ford. gg. Dir.	zwischen 10 000,00 € und 20 000,00 €
Forderungen gegen Arbeitnehmer	4 000,00 €
Kassenbestand	zwischen 2 000,00 und 3 000,00 €
Bankguthaben	zwischen 8 000,00 und 10 000,00 €

5 000,00 € des Bankguthabens sind von der Direktion zinslos für die Agenturgründung als Startdarlehen gezahlt worden. Es steht zur Rückzahlung an.

Die Überprüfung des **Anlagevermögens** ergab:

Der kalkulatorische Restwert des Kfz entspricht dem Buchwert.

Der kalkulatorische Restwert ist bei der Betriebs- und Geschäftsausstattung um 2 000,00 € höher als der Buchwert.

Der Saldo auf dem Konto Geringwertige Wirtschaftsgüter ist wie folgt entstanden:

Anschaffungskosten 1 000,00 €, davon 20 % Abschreibung (nämlich ein Fünftel des Sammelpools).

Tatsächlich soll das geringwertige Wirtschaftsgut aber 10 Jahre lang genutzt werden.

13 Berechnen Sie die kalkulatorischen Zinsen anhand folgender Angaben:

Betriebs- und Geschäftsausstattung, Anschaffungskosten 13 000,00 €, angeschafft im Monat Januar des Geschäftsjahres, Abschreibung linear über 13 Jahre, kalkulierte Wiederbeschaffungskosten 14 300,00 €

Kraftfahrzeuge 6 000,00 € (Der kalkulatorische Restwert entspricht dem Buchwert.)

Forderungen gegen die Direktion durchschnittlich 2 500,00 €

Forderungen gegen Arbeitnehmer durchschnittlich 1 200,00 €

Verbindlichkeiten bei Untervertreter durchschnittlich 1 700,00 €

Bankguthaben zwischen 2 000,00 € und 2 400,00 €

Kassenbestand zwischen 1 500,00 € und 1 700,00 €

Der kalkulatorische Zinssatz wurde mit 6,5 % festgesetzt.

14 Ermitteln Sie den kalkulatorischen Unternehmerlohn.

Das Beitragsvolumen des von Generalagent Werner Arendt betreuten Bestandes betrug im letzten Jahr 1 500 000,00 €. Er kalkulierte mit 75 000,00 € Unternehmerlohn.

Welchen kalkulatorischen Unternehmerlohn muss er in diesem Jahr ansetzen, wenn er die Ausweitung des Beitragvolumens seines Bestandes auf 1 750 000,00 € anstrebt und der kalkulatorische Unternehmerlohn im gleichen Verhältnis wachsen soll?

15 Berechnen Sie den anzusetzenden kalkulatorischen Unternehmerlohn in der Kostenrechnung, wenn das in Anlehnung an die BVK-Empfehlung entwickelte Berechnungsschema in Abschnitt E 1.2.3.1 c) zugrunde gelegt wird.

Die Agentur wird vom Versicherungsvertreter als Einzelkaufmann betrieben. An Gesamteinnahmen rechnet der Vertreter mit 90 000,00 €.

16 In Aufgabe 1 haben Sie die sachliche Abgrenzung zur GuV-Rechnung (Ende des vorigen Geschäftsjahres) der Agentur Hilmar Krause durchgeführt.

Ermitteln Sie, ausgehend von den Ergebnissen der Aufgabe 1, nunmehr die Grundkosten, Anderskosten, Zusatzkosten und Grundleistungen und stellen Sie diese in tabellarischer Form dar.

Bei der Kostenermittlung sind zu berücksichtigen:

- Das Kfz (Anschaffungskosten 12 000,00 €) wird in der Finanzbuchhaltung jährlich mit 2 000,00 € abgeschrieben. Für die Kostenrechnung ist ein um 10 % höherer Wiederbeschaffungspreis zu berücksichtigen.
- Als kalkulatorischer Unternehmerlohn sind monatlich 4 000,00 € anzusetzen.
- Das betriebsnotwendige Kapital betrug in dem in Rede stehenden Geschäftsjahr 130 000,00 €. Der kalkulatorische Zins ist mit 6 % anzusetzen.

Schritt 3: Ermittlung des Betriebsergebnisses

17 Ermitteln Sie aus der unten stehenden, noch nicht saldierten GuV-Konto und den zusätzlichen Angaben

a) den in der Finanzbuchhaltung ausgewiesenen Gewinn;

b) die Kosten und Leistungen (Erlöse) im Rahmen der Kostenartenrechnung;

c) das Betriebsergebnis;

d) das neutrale Ergebnis;

Entwickeln Sie hierfür den Kosten-, Leistungsermittlungs- und Ergebnisbogen.

S	GuV-Konto		H
1. Provisionsaufwand	74 000,00	1. Provisionsertrag	165 000,00
2. Werbe- u. Reiseaufwand	4 200,00	2. Zinsertrag	1 900,00
3. Verwaltungsaufwand	2 680,00	3. Außerordentl. Ertrag	2 500,00
4. Mietaufwand	12 000,00	4. HuG-Ertrag	68 000,00
5. Abschreibungen auf Anl.	2 000,00		
6. Außerordentl. Aufwand	4 300,00		
7. HuG-Aufwand	27 600,00		

zu Pos. 5: Die Abschreibung erfolgt linear. Es wurden hier für das 1. Jahr 20 % (= 2 000,00 €) bei einer geplanten Nutzungsdauer von 5 Jahren abgeschrieben.

Die Kalkulation erwartet, dass der Wiederbeschaffungspreis den Anschaffungspreis um 800,00 € übersteigt.

Ferner gilt:

Der Agenturinhaber rechnet

- mit einer 6,5%igen Verzinsung des betriebsnotwendigen Kapitals von 50 000,00 €,
- mit einem monatlichen Unternehmerlohn (brutto) von 4 700,00 € für seine Agenturtätigkeit.

18 In den vorstehenden Aufgaben 1 und 16 haben Sie folgende vorbereitenden Arbeiten für die Kostenartenrechnung zur GuV-Rechnung (Ende des vorigen Geschäftsjahres) der Agentur Hilmar Krause durchgeführt:

In Aufgabe 1: Sachliche Abgrenzung der Aufwendungen und Erträge.

In Aufgabe 16: Ermittlung der Grundkosten, Anderskosten, Zusatzkosten und Grundleistungen.

a) Erstellen Sie nunmehr mit Hilfe des bereits entwickelten Zahlenmaterials den Ergebnisbogen.

b) Vergleichen und erläutern Sie die gewonnenen Ergebnisse (Ende des Geschäftsjahres) mit den Ergebnissen des jetzigen Geschäftsjahres der Agentur Hilmar Krause, die in E 1.2.4 dargestellt sind.

Zur Erinnerung: Im Situationsbeispiel mit seinen Fortsetzungen (vgl. E 1.2) wurde anhand der GuV-Rechnung (Ende des jetzigen Geschäftsjahres) der Agentur Hilmar Krause die Kostenartenrechnung bis hin zum Betriebsergebnis entwickelt.

19 Generalagentin Melanie Schneider ermittelte die folgenden Aufwendungen und Erträge in der Finanzbuchführung:

Aufwendungen und Erträge	Soll €	Haben €
Provisionsertrag		237 500,00
Zinsertrag		7 300,00
Außerordentlicher Ertrag		4 900,00
HuG-Ertrag		72 400,00
Provisionsaufwand	78 600,00	
Gehälter	60 000,00	
sozialer Aufwand	12 000,00	

Aufwendungen und Erträge	**Soll €**	**Haben €**
Werbe- und Reiseaufwand	14800,00	
Verwaltungsaufwand	18400,00	
Abschreibungen auf Anlagen	5400,00	
HuG-Aufwand	25800,00	
Außerordentlicher Aufwand	3500,00	

a) Wie hoch ist der in der Finanzbuchhaltung momentan ausgewiesene Gewinn?

b) Ermitteln Sie die Kosten mithilfe eines Kostenermittlungsbogens.

Hierbei sind zu berücksichtigen:

- Jeweils 10 % des ausgewiesenen Bruttogehaltes, des sozialen Aufwandes und des Verwaltungsaufwandes müssen noch umgebucht werden, da ein angestellter Mitarbeiter der Agentur auch die Hausverwaltung für das eigene Geschäftshaus durchführt.
- Der ausgewiesene Abschreibungsbetrag übersteigt den kalkulatorischen Betrag um 700,00 €, da der Wiederbeschaffungspreis günstiger sein wird.
- Die Miete für die selbst genutzten Büroräume im Geschäftshaus, das zum Betriebsvermögen der Versicherungsagentur zählt, ist mit monatlich 1 200,00 € festgesetzt worden.
- Die kalkulatorischen Zinsen sollen 5 % des betriebsnotwendigen Kapitals von 60000,00 € betragen.
- Der kalkulatorische Unternehmerlohn soll 12 % des Beitragvolumens von 960000,00 €, das den betreuten Bestand ausmacht, betragen.

c) Ermitteln Sie das Betriebsergebnis.

d) Erklären Sie das auffällige Missverhältnis zwischen den Ergebnissen der Finanz- und Betriebsbuchhaltung.

1.2.5 Ergänzende Informationen

1.2.5.1 Definitionen zu Ausgabe, Aufwand und Kosten

Ausgaben sind sämtliche baren und unbaren Geldabflüsse in einer Wirtschaftsperiode (Geschäftsjahr).

Beispiel:

Versicherungsvertreter Hilmar Krause erwirbt am 1. Juli des laufenden Geschäftsjahres einen Büroschrank für 1 300,00 €.

Der Geldabfluss am 1. Juli d. J. stellt für die Versicherungsagentur eine Ausgabe dar.

Als **Aufwand** bezeichnet man den **gesamten** in Geld gemessenen Werteverzehr an Gütern und Dienstleistungen während einer Wirtschaftsperiode (Geschäftsjahr).

Jeder Aufwand steht im Zusammenhang mit einer Ausgabe und häufig stellt die Ausgabe zugleich auch einen Aufwand dar, wie z. B. der Kauf von Büromaterial für 120,00 €. Ausgabe und Aufwand können aber auch zeitlich auseinanderfallen, wie die Fortsetzung des vorstehenden Beispiels zeigt.

Beispiel (1. Fortsetzung):

Steuerlich ist der Büroschrank über 13 Jahre linear abzuschreiben. Der jährliche lineare Abschreibungsbetrag beträgt 100,00 €. Da die Anschaffung im Juli erfolgte, dürfen in dem betreffenden Geschäftsjahr nur 6/12 von 100,00 € = 50,00 € als Aufwand abgeschrieben werden.

Bei einer Abschreibung über mehrere Geschäftsjahre fallen Ausgabe und Aufwand zeitlich stets auseinander.

Kosten sind hingegen der in Geld gemessene **betriebsbedingte** Güter- und Leistungsverzehr zur Erstellung betrieblicher Leistungen.

Als Kosten sind nur solche Aufwendungen des Geschäftsjahres anzusetzen, die unmittelbar dem eigentlichen Betriebszweck dienen.

Beispiel (2. Fortsetzung):

Hilmar Krause erwartet, dass der Büroschrankes in 13 Jahren, wenn er vollständig abgeschrieben ist, voraussichtlich nur gegen einen 10 % höheren Preis aufgrund der zu erwartenden Preissteigerungen neu erworben werden kann. Als jährliche kalkulatorische Abschreibung setzt er deshalb nicht 100,00 € sondern 110,00 € und für die Abschreibung im Anschaffungsjahr nicht 50,00 € sondern 55,00 € an.

Zusammenfassung: Ausgabe, Aufwand, Kosten

1. Juli Anschaffung	Abschreibung am 31. Dez.
Ausgabe von 1 300,00 € (Nutzungsdauer 13 Jahre)	**Aufwand** von 50,00 €, in den Folgejahren 100,00 €, im letzten Abschreibungsjahr 50,00 €
Voraussichtlicher Wiederbeschaffungspreis nach 13 Jahren: 1 430,00 €	**Kosten** (kalk. Abschreibung) 55,00 €, in den Folgejahren 110,00 €, im letzten Abschreibungsjahr 55,00 €

- Im Zusammenhang mit der Rechnungsabgrenzung (vgl. D 7.3) wurde festgestellt:

  Nicht jede Ausgabe ist zugleich Aufwand (zeitliche Abgrenzung ist erforderlich).
- Im Rahmen der Kostenartenrechnung (vgl. E 1.2.2) wurde festgestellt:

  Nicht jeder Aufwand ist zugleich Kosten (sachliche Abgrenzung ist erforderlich).

1.2.5.2 Definitionen zu Einnahme, Ertrag und Leistung bzw. Erlös

Einnahmen sind sämtliche baren und unbaren Geldzuflüsse in einer Wirtschaftsperiode (Geschäftsjahr).

Beispiel:

Die Direktion hat die Folgeprovision für die Monate Dezember in Höhe von 600,00 € und Januar in Höhe von 630,00 € am 27. Dezember d. J. überwiesen.

Der Geldzufluss in Höhe von 1 230,00 € am 27. Dezember stellt für die Versicherungsagentur eine Einnahme dar.

Als **Ertrag** bezeichnet man den **gesamten** in Geld gemessenen erfolgswirksamen Wertezugang während einer Wirtschaftsperiode (Geschäftsjahr).

Jeder Ertrag steht im Zusammenhang mit einer Einnahme, wobei Ertrag und Einnahme meistens zeitlich zusammenfallen. Im Beispielsfall stellt jedoch nur die Folgeprovision von 600,00 € für den Monat Dezember den Ertrag des Geschäftsjahres dar (vgl. D 7.3).

Leistungen entstehen durch die betriebliche Tätigkeit. Die abgesetzte Leistung führt zu einem **Erlös,** der in Geld ausgedrückt wird.

Als Leistung werden nur solche Erträge des Geschäftsjahres erfasst, die unmittelbar dem eigentlichen Betriebszweck dienen.

Beispiel (Fortsetzung):

Die Folgeprovision für den Monat Dezember aus dem vorangegangenen Beispiel ist zugleich eine Leistung des Geschäftsjahres.

Eine Kapitalanlagetätigkeit durch die Versicherungsagentur und die daraus erzielten Zinserträge zählen beispielsweise nicht zur eigentlichen betrieblichen Tätigkeit (Vermittlung, Kundenbetreuung). Es bedarf also auch hier, wie schon bei der Trennung von Aufwand und Kosten, einer sachlichen Abgrenzung.

- Im Zusammenhang mit der Rechnungsabgrenzung (vgl. D 7.3) wurde festgestellt:
  Nicht jede Einnahme ist zugleich Ertrag (zeitliche Abgrenzung ist erforderlich).
- Im Rahmen der Leistungsartenrechnung (vgl. E 1.2.2) wurde festgestellt:
  Nicht jeder Ertrag ist zugleich Leistung (sachliche Abgrenzung ist erforderlich).

Zusammenfassung: Einnahme, Ertrag, Leistung

27. Dez.: Folgeprovisionen für Dez. (600,00 €) und Jan. (630,00 €)	Rechnungsabgrenzung am 31. Dez.
Einnahme von 1 230,00 €	**Ertrag** von 600,00 €, für das Geschäftsjahr, 630,00 € sind Ertrag des nächsten Geschäftsjahres
	Leistung (deckungsgleich) 600,00 €, 630,00 € sind Leistung des nächsten Geschäftsjahres

1.2.5.3 Vergleich von Finanz- und Betriebsbuchhaltung

Finanzbuchhaltung	Betriebsbuchhaltung (Kosten- und Leistungsrechnung)
Aufwand • Güter- und Leistungsverzehr, der in Geld ausgedrückt wird • auf eine Abrechnungsperiode bezogen • beruht auf Ausgaben	**Kosten** • **betrieblich** bedingter Güter- und Leistungsverzehr, der in Geld ausgedrückt wird • perioden-, stück- oder leistungsbezogen • unabhängig von Ausgaben
Ertrag • Güter- und Leistungsentstehung, ausgedrückt in Geld • auf eine Abrechnungsperiode bezogen • führt zu Einnahmen	**Leistungen** • **betrieblich** bezweckte Güter- und Leistungsentstehung, ausgedrückt in Geld • perioden-, stück- oder leistungsbezogen • unabhängig von Einnahmen

1.2.6 Gliederung nach Kostenarten

Um die Wirkung der Kosten noch besser einschätzen zu können, kennt man verschiedene Gliederungen der Kostenarten.

1.2.6.1 Gliederung nach der Kostengruppe

Beispiel:
Die in der Finanzbuchhaltung getrennt erfassten Aufwendungen für Gehälter und Arbeitgeberanteil zur Sozialversicherung (Sozialer Aufwand) lassen sich zur Kostengruppe Personalkosten zusammenfassen.

Bei der Gliederungen nach der Kostengruppe werden verwandte Kostenarten zu einer bestimmten Kostengruppe zusammengefasst.

1.2.6.2 Gliederung nach der Zurechenbarkeit

Bei diesem Gliederungskriterium wird danach unterschieden, ob es sich um **Einzelkosten** oder **Gemeinkosten** handelt. Diese Trennung ist notwendig für die sich anschließende Zuordnung der Kosten auf die Kostenstellen (Kostenstellenrechnung) bzw. Kostenträger.

➤ Einzelkosten

Sie können einem Kostenträger (vgl. E 1.4), direkt zugerechnet werden (sog. direkt zurechenbare Kostenträgereinzelkosten).

Beispiel:
Kosten für Werbegeschenke an Neukunden
Vermittlungsprovisionen für Untervertreter

Bekanntlich wird im Rahmen dieses Lehrbuches nach den Leistungen Vermittlung (entlohnt durch Abschlussprovisionen) und Betreuung (entlohnt durch Folgeprovisionen) getrennt. Die Kosten für Werbegeschenke an Neukunden oder die Provisionen für einen Untervertreter, der das Geschäft vermittelt hat, stehen im direkten Zusammenhang mit der Leistung Vermittlung und müssen durch die Abschlussprovisionen (Kostenträger) gedeckt werden.

➤ Gemeinkosten

Sie entstehen in mehreren oder allen Kostenstellen und müssen mit einem Verteilungsschlüssel umgelegt werden. Dies geschieht im Rahmen der Kostenstellenrechnung (vgl. E 1.3).

Beispiele:
Versicherungsbeitrag für die Geschäftsversicherung, Energiekosten, Mietaufwand

1.2.6.3 Gliederung nach dem Beschäftigungsgrad

Der Beschäftigungsgrad drückt das Verhältnis von genutzter Kapazität zur Bezugsgrundlage (normale oder maximale Kapazität) aus.

$$\text{Beschäftigungsgrad} = \frac{\text{genutzte Kapazität}}{\text{normale (oder maximale) Kapazität}} \cdot 100$$

Beispiel:
Ein angestellter Vertreter der Agentur vermittelt monatlich Sachversicherungsverträge mit einem durchschnittlichen Neuprämienvolumen von 5 000,00 € (normale Kapazität). Nachdem sich im Geschäftsgebiet der Agentur die Vertretung eines anderen Versicherers niedergelassen hat, geht das durchschnittlich pro Monat vermittelte Neuprämienvolumen auf 3 000,00 € zurück.

$$\text{Beschäftigungsgrad} = \frac{3\,000}{5\,000} \cdot 100 = 60\,\%$$

Der **Beschäftigungsgrad** bzw. die erbrachten Leistungen wirken sich auf die Gesamtkosten aus. Die **Gesamtkosten** wiederum setzen sich aus **fixen Kosten** und **variablen Kosten** zusammen.

➤ Fixe Kosten

Sie entstehen unabhängig vom Grad der Beschäftigung bzw. der erbrachten Leistung.

Beispiele:
Gehälter der fest angestellten Mitarbeiter, Versicherungsbeiträge, Mieten

Angenommen, der in Rede stehende angestellte Versicherungsvertreter bezieht ein monatliches Festgehalt (Fixum) von 2 000,00 €, ferner eine Erfolgsbeteiligung.

Gleichgültig, wie hoch das vermittelte Prämienvolumen auch ist, die Fixkosten betragen dann monatlich 2 000,00 €.

Grafisch stellt sich der Kostenverlauf für die Fixkosten wie folgt dar:

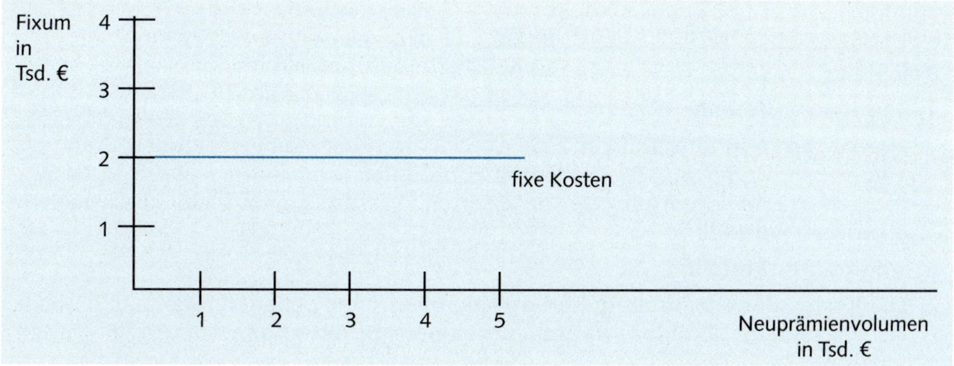

➤ Variable Kosten

Sie verändern sich mit dem Beschäftigungsgrad bzw. der erbrachten Leistung.

Beispiele:

Provisionsaufwand, Werbe- und Reiseaufwand, Verwaltungsaufwand

Angenommen, der in Rede stehende angestellte Versicherungsvertreter bezieht neben dem Fixum eine Erfolgsbeteiligung von 15 % des vermittelten Prämienvolumens als Erfolgsprovision. Bei normaler Kapazität wären dies 15 % von 5 000,00 € = 750,00 €. Da die genutzte Kapazität auf 3 000,00 € geschrumpft ist, beträgt die Erfolgsprovision jetzt nur noch 15 % von 3 000,00 € = 450,00 €. Die Erfolgsprovision ist ein variabler Kostenfaktor.

Grafisch stellt sich der Kostenverlauf für die variablen Kosten wie folgt dar:

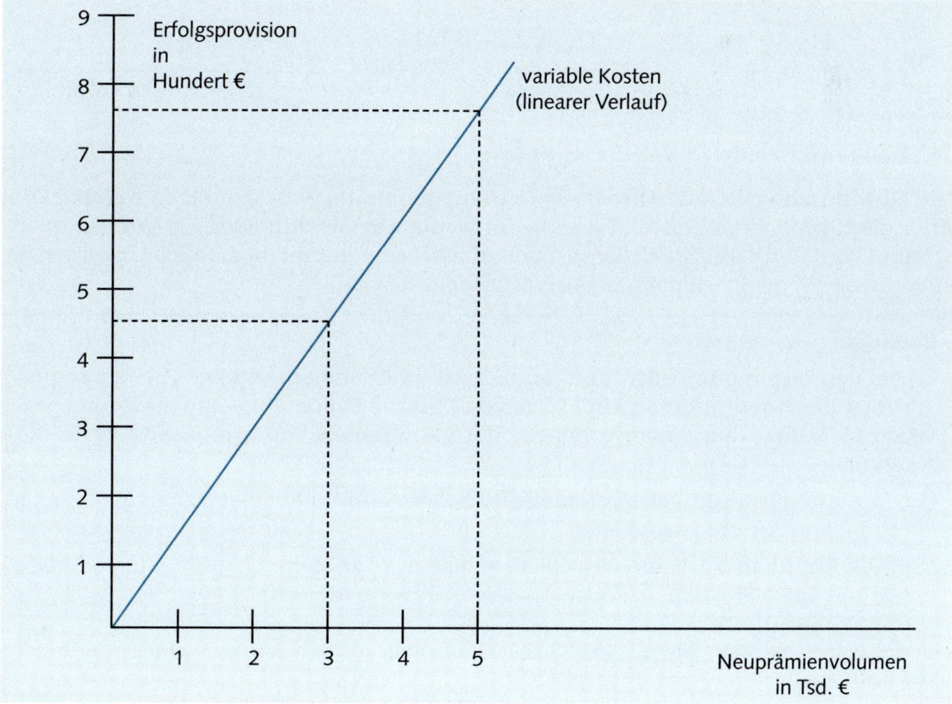

Die Kurve der variablen Kosten kann in der Praxis aber auch **degressiv** oder **progressiv** verlaufen.

Beispiele:

1. Degressiver Verlauf:

   Der Werbe- und Reiseaufwand steigt im Verhältnis zum vermittelten Prämienvolumen geringer an, da bei einem Kundenbesuch häufig weitere Versicherungsverträge vermittelt werden können, für die zuvor nicht ausdrücklich geworben wurde.

2. Progressiver Verlauf

   Die Kosten der Schadenregulierung sind bei großen Schäden regelmäßig höher als bei kleinen Schäden, da umfangreichere Ermittlungen angestellt werden müssen.

Grafisch stellt sich der degressive bzw. progressive Kostenverlauf wie folgt dar:

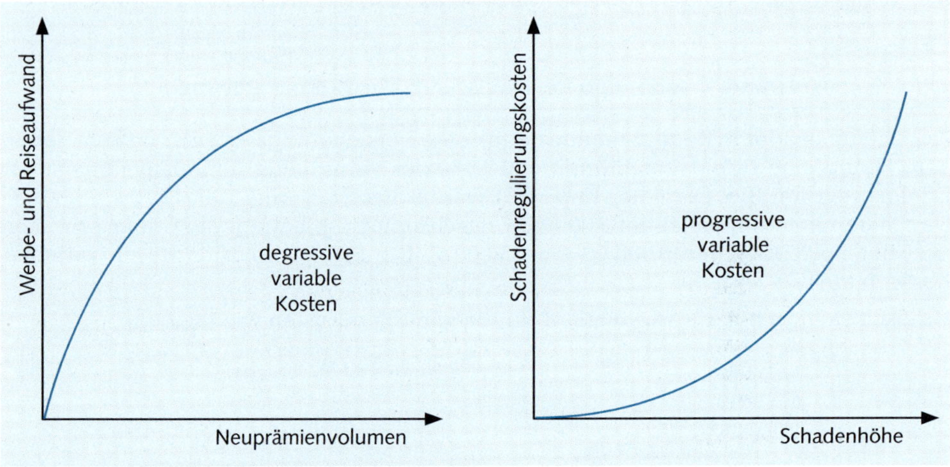

➤ Gewinnschwelle (Break-Even-Point)

Die **Gewinnschwelle** (auch Break-Even-Point genannt) ist der Punkt, an welchem der Erlös die Kosten einer Leistung deckt, also weder ein Gewinn noch ein Verlust erwirtschaftet wird. Wird der Break-Even-Point überschritten, erreicht man die Gewinnzone, zuvor befindet man sich noch in der Verlustzone.

Beispiel:

Der in den bisherigen Ausführungen in Rede stehende angestellte Versicherungsvertreter der Agentur erhält ein Fixum von 2000,00 € monatlich und als Erfolgsprovision 15 % des Neuprämienvolumens der vermittelten Verträge (= Kosten für die Agentur).

Die Agentur wiederum erhält einmalig 80 % des vermittelten Neuprämienvolumens als einmalige Abschlussprovision.

Der Agenturinhaber möchte wissen, ab welchem vermittelten Neuprämienvolumen die Arbeit des angestellten Vertreters einen Gewinn abwirft?

Weitere Personalkosten, wie z.B. der Soziale Aufwand, bleiben aus Vereinfachungsgründen unberücksichtigt.

Es ergeben sich folgende Erlöse und Kosten für das vermittelte Neuprämienvolumen (berechnet in Tausenderschritten):

Vermitteltes Neuprämienvolumen	**1 €**	**1 000 €**	**2 000 €**	**3 000 €**	**4 000 €**	**5 000 €**
Provisionsertrag 80 % (= **Gesamterlös**)	0,80 €	800,00 €	1 600,00 €	2 400,00 €	3 200,00 €	4 000,00 €
Erlös pro 1,00 € vermitteltes Prämienvolumen)*	*0,80 €*	*0,80 €*	*0,80 €*	*0,80 €*	*0,80 €*	*0,80 €*
Fixe Kosten	2 000,00 €	2 000,00 €	2 000,00 €	2 000,00 €	2 000,00 €	2 000,00 €
Variable Kosten 15 %	0,15 €	150,00 €	300,00 €	450,00 €	600,00 €	750,00 €
Gesamtkosten	2 000,00 €	2 150,00 €	2 300,00 €	2 450,00 €	2 600,00 €	2 750,00 €
Kosten pro 1,00 € vermitteltes Prämienvolumen)*	*2 000,15 €*	*2,15 €*	*1,15 €*	*0,82 €*	*0,65 €*	*0,55 €*

*) *Um besser vergleichen zu können, empfiehlt es sich, auch den Erlös und die Kosten für jeweils 1 Einheit zu berechnen.*
Erlös für 1 Einheit = Gesamterlös / vermitteltes Neuprämienvolumen
Kosten für 1 Einheit = Gesamtkosten / vermitteltes Neuprämienvolumen

Die Gewinnschwelle wird bei einem vermittelten Neuprämienvolumen erreicht, das knapp über 3 000,00 € liegt, nämlich bei ca. 3 077,00 €.

Der Erlös beträgt dann 2 461,60 € (80 % von 3 077,00 €), während die fixen Kosten bei 2 000,00 € und die variablen Kosten bei 461,55 € (15 % von 3 077,00 €), also die Gesamtkosten bei 2 461,55 € liegen.

Der Zusammenhang lässt sich grafisch wie folgt darstellen:

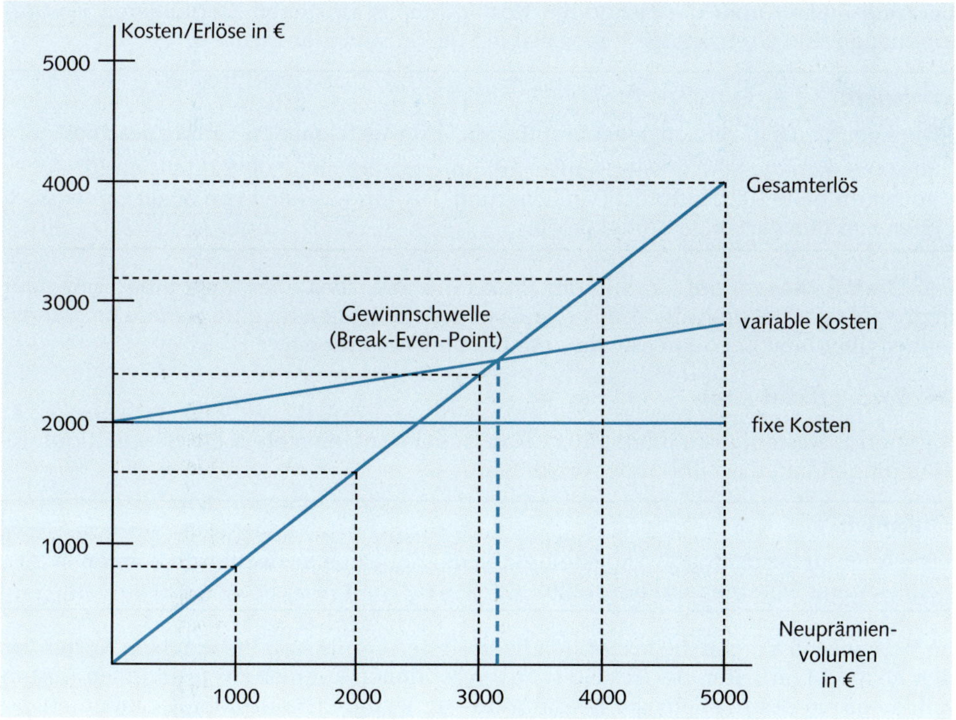

Ergebnis: Die normale Kapazität (Beschäftigungsgrad) des angestellten Vertreters wurde in den vorangegangenen Ausführungen mit 5 000,00 € pro Monat durchschnittlich vermitteltes Neuprämienvolumen festgestellt. Durch die neue Konkurrenz ist der Beschäftigungsgrad, wie an früherer Stelle festgestellt, auf 3 000,00 € gesunken. Der Agenturinhaber kann aufgrund der Analyse des Beschäftigungsgrades und der dabei entstehenden fixen und variablen Kosten feststellen, dass der angestellte Vertreter jetzt knapp unterhalb der Gewinnschwelle, also in der Verlustzone arbeitet, was auf Dauer nicht tragbar ist.

➤ Die Gewinnschwelle (auch Break-Even-Point genannt) ist der Punkt, an dem Erlös und Kosten einer Produktion gleich sind. Wird der Break-Even-Point überschritten, erreicht man die Gewinnzone.

1.2.6.4 Ergänzende Informationen

➤ Gemischte Kosten

Gemischte Kosten, auch **semivariable Kosten** genannt, sind Kosten die sowohl fixe als auch variable Bestandteile enthalten.

Beispiel:

Die Telefonkosten können aus der Grundgebühr (fixe Kosten) und den Kosten pro Gesprächseinheit (variable Kosten) bestehen, sofern keine Flatrate (= Fixkosten) vereinbart wurde.

➤ Grenzkosten

Als Grenzkosten bezeichnet man die Kosten, die durch die Erstellung einer weiteren Leistungseinheit über die bisherigen Kosten hinaus entstehen. Bei linearen Kostenfunktionen sind Grenzkosten und variable Stückkosten identisch.

Beispiel:

Die Agentur hat mit einem nebenberuflichen Vertreter folgenden Vertrag geschlossen:

300,00 € monatliche Aufwandsentschädigung zuzüglich 30,00 € Provision für jede neu vermittelte Kfz-Haftpflichtversicherung. Die Grenzkosten von 30,00 € entsprechen hier den variablen Stückkosten.

Der Grenzkostenverlauf kann in der Praxis grundsätzlich aber auch progressiv oder degressiv sein. Bei progressivem Verlauf steigen die Kosten für eine weitere Leistungseinheit über- und bei degressivem Verlauf unterproportional.

➤ Sprungfixe Kosten

Sprungfixe Kosten, auch intervallfixe Kosten genannt, entstehen bei Beschäftigungsänderungen und Erweiterungsinvestitionen.

Beispiel:

Die Agentur beschäftigt 5 Angestellte. Um die Kapazität ausweiten zu können, wird ein weiterer Mitarbeiter eingestellt.

Im Beispielsfall steigen die bisherigen fixen Kosten sprunghaft um die fixen Kosten für den neuen Mitarbeiter. Bei Erweiterungsinvestitionen kann es zu sprungfixen Kosten z. B. aufgrund des Anstiegs der Leasingraten für weitere Geräte oder Kfz kommen.

Lernkontrollen zu E 1.2.5 und E 1.2.6

Kostenarten

1 Die Versicherungsagentur Nagel & Weyer hat in ihrer Finanzbuchhaltung die unten stehenden Aufwendungen erfasst.

Stellen Sie fest, welche Aufwendungen (mit Betrag)

a) als fixe Kosten,

b) als variable Kosten

c) weder als fixe noch als variable Kosten

in die Kostenartenrechnung eingehen.

1.	Werbe- und Reiseaufwand	500,00 €
2.	Beitrag für die Betriebs-Haftpflichtversicherung	280,00 €
3.	Provisionszahlung an Untervertreter	1 600,00 €
4.	Zinszahlungen für ein Hypothekendarlehen	350,00 €
5.	Telefonrechnung (davon 40,00 € Mietkosten für die Telefonanlage)	270,00 €
6.	Geschäftsraummiete	1 350,00 €
7.	Verlust aus dem Abgang eines Anlagegegenstandes	310,00 €
8.	Gehaltszahlungen	14 000,00 €

2 Ein Laserdrucker kann lt. Herstellerangaben 17 Seiten pro Minute drucken. In der Agentur wird täglich von Montag bis Freitag 8 Stunden gearbeitet.

a) Wie groß ist die während der Arbeitszeit maximal ausnutzbare Kapazität des Laserdruckers?

b) Wie groß ist der Beschäftigungsgrad des Laserdruckers, wenn dieser im Wochendurchschnitt nur 25 Stunden in Betrieb ist?

3 Die Agentur hat im Monat Juni 40 Verträge vermittelt. Die Fixkosten (Kfz-Steuer usw.) wurden mit 210,00 € und die variablen Kosten (Werbe- und Reiseaufwand usw.) mit 400,00 € ermittelt. Der Provisionsertrag für die vermittelten Erträge betrug 680,00 €.

Berechnen Sie:

a) die durchschnittlich im Monat Juni auf einen Vertrag entfallenden variablen Kosten,

b) die durchschnittlich im Monat Juni auf einen Vertrag entfallenden Provisionserträge,

c) die durchschnittlichen Gesamtkosten für einen vermittelten Vertrag.

Im Monat Juli werden nur 20 Verträge vermittelt, da viele potenzielle Kunden verreist sind.

Die Fixkosten sind weiter unverändert, während die variablen Kosten und der Provisionsertrag (Erlös) im gleichen Verhältnis wie die vermittelten Vertragszahlen gesunken sind.

d) Berechnen Sie die durchschnittlichen Gesamtkosten für einen im Monat Juli vermittelten Vertrag.

e) Ermitteln Sie zeichnerisch gemäß nachstehender Grafik, wieviele Verträge im Monat Juli hätten vermittelt werden müssen, um Kostendeckung zu erreichen (sog. Gewinnschwelle bzw. Break-Even-Point).

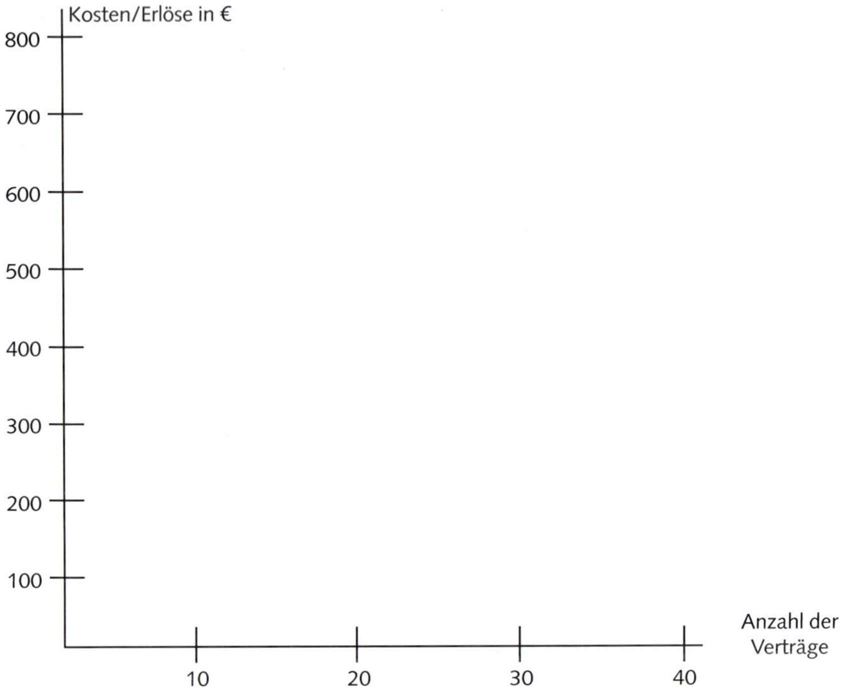

f) Ermitteln Sie ggf. auch rechnerisch (algebraisch) die zeichnerisch festgestellte Anzahl der zu vermittelnden Verträge, um Kostendeckung zu erreichen.

Lösungshinweis:

Der gesamte Provisionsertrag für die vermittelten Verträge muss den Gesamtkosten für die Vermittlung dieser Verträge entsprechen.

Der Provisionsertrag errechnet sich wie folgt:

Provision pro Vertrag · Anzahl der vermittelten Verträge.

Die Gesamtkosten errechnen sich wie folgt:

Fixkosten + (variable Kosten pro Vertrag · Anzahl der vermittelten Verträge).

In einer algebraischen Gleichung, die den vorgenannten Provisionsertrag den vorgenannten Gesamtkosten gegenüberstellt ist die Anzahl der vermittelten Verträge die gesuchte Größe x.

1.3 Kostenstellenrechnung

1.3.1 Vorbetrachtung

Übersicht: Kostenstellenrechnung als Bindeglied zwischen Kostenarten- und Kostenträgerrechnung

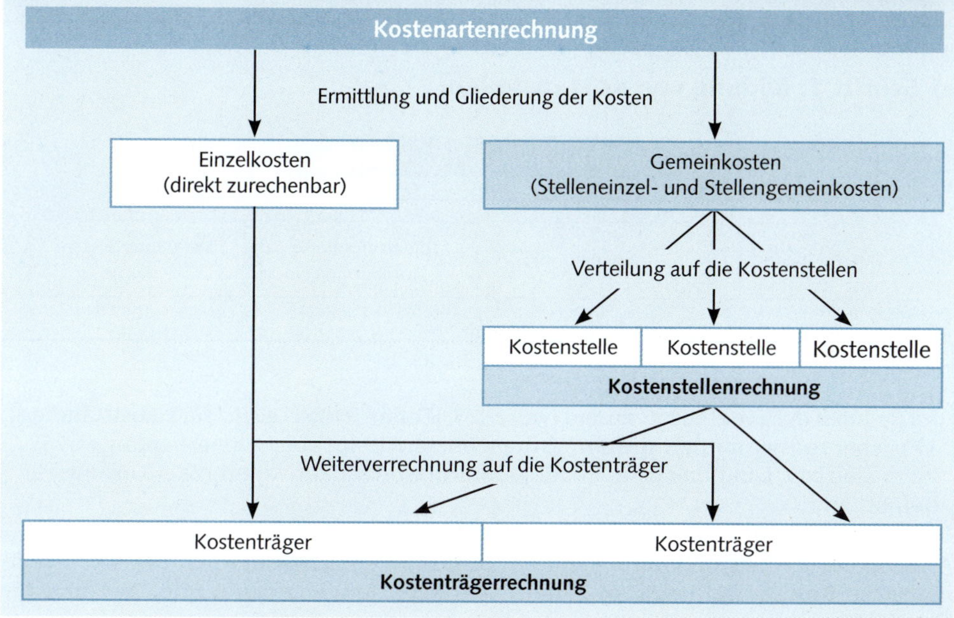

Die Kostenstellenrechnung ist das Bindeglied zwischen der Kostenarten- und der Kostenträgerrechnung, soweit es um die Verteilung der **Gemeinkosten** auf die Kostenträger geht.

In der Versicherungsagentur überwiegen die Gemeinkostenarten, sieht man einmal vom Provisionsaufwand für einen Untervertreter der Agentur ab, da diese Kosten in der Regel direkt zurechenbar sind.

Durch die Kostenstellenrechnung wird deutlich, an welchen Stellen im Betrieb die einzelnen Kostenarten entstanden sind und es ist eine wirksame Kostenkontrolle möglich **(Wirtschaftlichkeitskontrolle der Stellen).** Ferner ist die Kostenstellenrechnung Grundlage für die verursachungsgerechte Weiterverrechnung der einzelnen Kosten auf die Kostenträger. Eine Kostenstellenrechnung kommt in der Regel nur für größere Agenturen in Frage, die eine Vielzahl von Mitarbeitern beschäftigt.

1.3.2 Kostenstellenrechnung in drei Schritten

Situationsbeispiel:

»Wir haben bis jetzt die verschiedenen Kostenarten kennengelernt und Ihr Betriebsergebnis ermittelt«, fährt der betriebswirtschaftliche Berater bei der betriebswirtschaftlichen Beratung des Versicherungsagenten Hilmar Krause fort. »Von Interesse ist aber nicht nur, welche Kosten entstehen, sondern auch, wo sie entstehen. Hierfür kennt man die Kostenstellenrechnung.

Ich habe aus Übersichtsgründen eine vereinfachte Kostenstellenrechung in einem Betriebsabrechnungbogen als Beispiel mitgebracht, an der ich Ihnen zeigen will, wie Sie in drei Schritten eine solche aufstellen können.

In Schritt 1 bilden Sie auf Ihren Betrieb zugeschnittene Kostenstellen.

In Schritt 2 überlegen Sie, wie Ihre Kosten möglichst verursachungsgerecht auf diese Stellen zu verteilen sind.

In Schritt 3 führen Sie dann die Verteilung in einem Betriebsabrechnungsbogen durch.

Sie haben nun ein Mittel, um die Kosten der Stellen zu vergleichen und zu kontrollieren.«

a) Schritt 1: Bildung von Kostenstellen

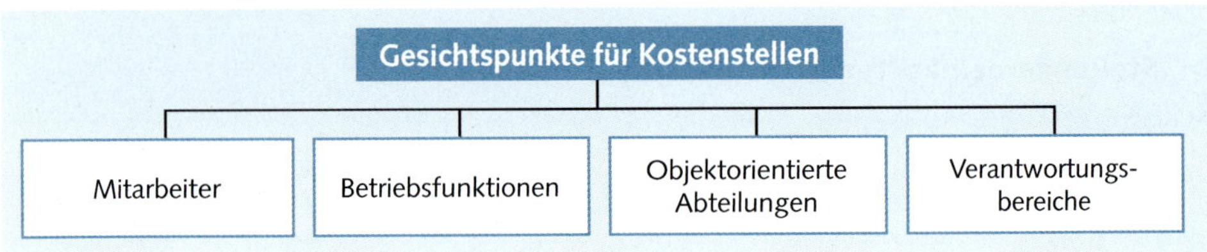

Beispiel:

Im Rahmen der Ergebnisrechnung (vgl. E 2.3.1) erstellt die DATEV für selbstständige Versicherungsvermittler, die ihre Finanzbuchhaltung über Steuerberater abwickeln, eine sog. Chefübersicht, in der jeder Mitarbeiter der Agentur als Kostenstelle geführt wird.

Anhand der im Beispielsfall erwähnten Kostenstellenrechnung kann der Agenturinhaber die Kosten und Leistungen der Mitarbeiter miteinander vergleichen und die Entwicklung beobachten.

Die Bildung einer Kostenstelle für jeden Mitarbeiter ist in kleineren Agenturen sinnvoll, wenn jeder Mitarbeiter alle Aufgaben wahrnimmt, also weitgehend keine Spezialisierung vorgesehen ist.

Für die **Direktion** und **große Versicherungsagenturen** stellen die Mitarbeiterkosten nur eine der bedeutenden Kostenarten dar, weshalb die **Gliederung der Kostenstellen** nach anderen Gesichtspunkten vorgenommen wird:

- Gliederung nach den **objektorientierten Abteilungen** bzw. Organisationsstellen (z. B. Abteilung Lebensversicherung, Abteilung Sachversicherung usw.)
- Gliederung nach den **betrieblichen Funktionen** (z. B. Antrag, Betrieb, Schaden usw.)
- Gliederung nach **Verantwortungsbereichen**
  Die Gliederung nach Verantwortungsbereichen gewinnt zunehmend an Bedeutung, da die Bereiche häufig als selbstständige Gewinnerzielungsbereiche **(Profitcenter)** ausgebildet sind und der Leiter dieses Profitcenters die Verantwortung für die Kosten- und damit Gewinnsituation in seinem Bereich trägt.

Im Betriebsabrechnungsbogen zum Situationsbeispiel sind die Kostenstellen aus einer Mischung von objektorientierten Abteilungen (hier: nach Versicherungszweigen) und einer funktionsorientierten Abteilung (hier: Allgemeine Verwaltung) gebildet worden.

b) Schritt 2: Überlegungen zur verursachungsgerechten Kostenverteilung

➤ Stelleneinzelkosten

Alle Kostenarten, die der jeweiligen Stelle direkt zugerechnet werden können, bezeichnet man als **Stelleneinzelkosten.**

Im Betriebsabrechungsbogen zum Situationsbeispiel sind dies die Gehälter und der Soziale Aufwand für die Mitarbeiter, **die ausschließlich in der jeweiligen Kostenstelle** arbeiten. Da üblicherweise Gehaltslisten existieren, ist die Zuordnung exakt möglich.

➤ Stellengemeinkosten

Kostenarten, die in einigen oder allen Kostenstellen anfallen, nennt man **Stellengemeinkosten.** Sie müssen aufgeschlüsselt, d. h. in einem geeigneten Verhältnis auf die Kostenstellen verteilt werden. Das Problem besteht in der Wahl des richtigen Verteilungsschlüssels; denn für die entstandenen Kosten muss eine möglichst verursachungsgerechte Aufteilung gefunden werden. So könnten beispielsweise Kraftfahrzeugkosten nach den gefahrenen Kilometern, Mietkosten nach der Größe des jeweiligen Büroraumes, Personalgemeinkosten (z. B. Hausmeister, Pförtner) im Verhältnis der Personaleinzelkosten auf die jeweiligen Stellen verteilt werden.

Im Betriebsabrechungsbogen zum Situationsbeispiel sind dies zunächst die Gehälter und der Soziale Aufwand für die Mitarbeiter, **die für alle Kostenstellen** arbeiten (wie z. B. ein Hausmeister). Die weiter aufgeführten Kostenarten fallen ebenfalls für alle Kostenstellen an.

Es wurden folgende Verteilungsschlüssel gebildet:

- ➤ Personalgemeinkosten (Gehälter, Sozialer Aufwand) prozentual im Verhältnis der Stelleneinzelkosten
- ➤ Mietaufwand nach der jeweiligen Bürofläche in Quadratmetern
- ➤ Verwaltungsaufwand anhand langjähriger Erfahrungssätze
- ➤ Abschreibungen im Verhältnis der Anschaffungswerte (AW) gemäß Anlagenkartei (Anlagenspiegel)

Der **Verteilungsschlüssel »prozentual im Verhältnis der Stelleneinzelkosten«** errechnet sich wie folgt:

Stelleneinzelkosten		**Personenversicherung**	**Sachversicherung**	**Vermögensversicherung**	**Allgemeine Verwaltung**
Gehälter	360 000	90 000	79 200	97 200	93 600
Soz. Aufwand	68 000	17 000	14 960	18 360	17 680
Summe	**428 000**	**107 000**	**94 160**	**115 560**	**111 280**
Berechnungsformel		$\frac{107\,000 \times 100}{428\,000}$	$\frac{94\,160 \times 100}{428\,000}$	$\frac{115\,560 \times 100}{428\,000}$	$\frac{111\,280 \times 100}{428\,000}$
Ergebnis in Prozent		**25 %**	**22 %**	**27 %**	**26 %**

Betriebsabrechnungsbogen (zum Situationsbeispiel)

Kostenarten	Zahlen der Kostenrechnung	Verteilungsgrundlage	Kostenstellen			
			Personen-versicherung	Sachver-sicherung	Vermögens-versicherung	Allgemeine Verwaltung
Stelleneinzelkosten						
Gehälter	360 000,00 €	Gehaltsliste	90 000,00 €	79 200,00 €	97 200,00 €	93 600,00 €
Sozialer Aufwand	68 000,00 €	Gehaltsliste	17 000,00 €	14 960,00 €	18 360,00 €	17 680,00 €
Stellengemeinkosten						
Gehälter	140 000,00 €	prozentual im Verhältnis der Stelleneinzelkosten (25 % : 22 % : 27 % : 26 %)	35 000,00 €	30 800,00 €	37 800,00 €	36 400,00 €
Sozialer Aufwand	26 000,00 €	prozentual im Verhältnis der Stelleneinzelkosten (25 % : 22 % : 27 % : 26 %)	6 500,00 €	5 720,00 €	7 020,00 €	6 760,00 €
Mietaufwand	48 000,00 €	nach Bürofläche ($19 m^2 : 23 m^2 : 38 m^2 : 20 m^2$)	9 120,00 €	11 040,00 €	18 240,00 €	9 600,00 €
Verwaltungsaufwand	76 000,00 €	prozentual nach Erfahrungssätzen (16 % : 28 % : 36 % : 20 %)	12 160,00 €	21 280,00 €	27 360,00 €	15 200,00 €
Abschreibungen	24 000,00 €	Anschaffungswerte gem. Anlagenkartei (21 000 € : 24 000 € : 23 000 € : 32 000 €)	5 040,00 €	5 760,00 €	5 520,00 €	7 680,00 €
Summe	**742 000,00 €**		**174 820,00 €**	**168 760,00 €**	**211 500,00 €**	**186 920,00 €**

c) Schritt 3: Verrechnung der Kosten im Betriebsabrechnungsbogen (BAB) gemäß Schritte 1 und 2 auf die Kostenstellen

Der BAB dient als Hilfsmittel, um die Kosten auf die gebildeten Kostenstellen gemäß den Überlegungen zur Kostenverteilung aufteilen und darstellen zu können.

Sinnvollerweise wird der BAB monatlich erstellt. Der Agenturinhaber kann sich dann nicht nur über die Kostensituation in den einzelen Stellen informieren und Vergleiche anstellen, sondern auch die Kostenentwicklung über größere Zeiträume verfolgen.

Der vollständige BAB ist auf der vorhergehenden Seite abgebildet.

- Die Kostenstellenrechnung erfolgt mit dem **Betriebsabrechnungsbogen.**
- **Stelleneinzelkosten** können den gebildeten Kostenstellen direkt zugerechnet werden.
- **Stellengemeinkosten** sind nach einem geeigneten Schlüssel auf die Stellen zu verteilen.

Lernkontrollen zu E 1.3

Kostenstellenrechnung

1 Die Kostenartenrechnung einer größeren Agentur weist folgende Kostenarten aus:

Provisionsaufwand	124 000,00 €
Gehälter	91 816,00 €
Sozialer Aufwand	17 976,00 €
Werbe- und Reiseaufwand	19 500,00 €
Verwaltungsaufwand	14 800,00 €
Kalkulatorischer Zins	8 100,00 €
Kalkulatorische Miete	28 500,00 €
Kalkulatorischer Unternehmerlohn	76 000,00 €

Erstellen Sie den Betriebsabrechnungsbogen für die gebildeten Kostenstellen Sachversicherung, Personenversicherung, Vermögensversicherung.

- Der Provisionsaufwand ist anhand der Provisionsabrechnungen zu verteilen. Es wurden ermittelt:
- Sachversicherung 36 000,00 €, Personenversicherung 64 200,00 €, Vermögensversicherung 23 800,00 €
- Von den Gehältern entfallen 408,00 € monatlich (400,00 € Gehalt und 8,00 € pauschale Lohnsteuer) auf eine geringfügig Beschäftigte, die ausschließlich für den Bereich Lebensversicherung arbeitet. Im sozialen Aufwand ist der Arbeitgeber-Pauschalbeitrag von 48,00 € monatlich für die geringfügig Beschäftigte enthalten. Ansonsten sind die Gehälter und der soziale Aufwand im Verhältnis 3 : 3 : 4 zu verteilen.
- Der Werbe- und Reiseaufwand ist im Verhältnis der Produktion, der am Beitragszugang gemessen wird, zu verteilen.
  Sachversicherung: 60 000,00 € Beitragszugang
  Personenversicherung: 140 000,00 € Beitragszugang
  Vermögensversicherung: 100 000,00 € Beitragszugang
- Der Verwaltungsaufwand ist nach den Erfahrungssätzen aufzuteilen.
  Sachversicherung 25 %, Lebensversicherung 35 %, Vermögensversicherung 40 %.

– Kalkulatorischer Zins und kalkulatorische Miete sind gleichmäßig zu verteilen.

– Der kalkulatorische Unternehmerlohn ist zu 60 % am Neugeschäft (Beitragszugang) und zu 40 % nach dem Verteilungsgrundsatz für den Verwaltungsaufwand zu verteilen.

2 In der Abgrenzungsrechnung ermittelte eine Direktion folgende Kosten für ihr Rechenzentrum:

Gehälter	384 000,00 €
Sozialer Aufwand	76 800,00 €
Verwaltungsaufwand	124 400,00 €
Energieaufwand	48 840,00 €
kalkulatorische Abschreibung	168 000,00 €
kalkulatorische Miete	63 700,00 €

Die Kosten sind auf die vier Kostenstellen Rechenzentrum Betrieb (Kostenstelle 1), Systembetreuung (Kostenstelle 2), Datenverwaltung (Kostenstelle 3), Netzmanagement (Kostenstelle 4) zu verteilen.

Folgende Verteilungsschlüssel wurden festgelegt:

	Stelle 1	Stelle 2	Stelle 3	Stelle 4
Gehälter lt. Gehaltsliste	92 160,00 €	99 840,00 €	103 680,00 €	88 320,00 €
Sozialer Aufwand	im Verhältnis der Gehälter			
Verwaltungsaufwand	15 %	30 %	35 %	20 %
Energieaufwand	179 100 kWh	22 400 kWh	30 500 kWh	12 200 kWh
Kalkulatorische Abschreibung	60 %	5 %	30 %	5 %
Kalkulatorische Miete	340 m²	80 m²	220 m²	60 m²

3 In einer Versicherungsagentur wurden die Kostenstellen Werbung, Betrieb, Schadenregulierung, Allgemeine Verwaltung gebildet.

Die Gesamtkosten in den Kostenstellen sind für das letzte Geschäftsjahr in der unten stehenden Übersicht quartalsmäßig zusammengestellt worden.

Berechnen Sie

a) die prozentuale Veränderung jeder Kostenstelle gegenüber dem jeweils vorhergehenden Quartal (auf 1 Stelle nach dem Komma runden);

b) den prozentualen Anteil des 4. Quartals gegenüber dem 1. Quartal;

c) die durchschnittlichen Kosten pro Kostenstelle im Geschäftsjahr.

d) Welche Trends bzw. Entwicklungen können aus der Kostenentwicklung abgeleitet/vermutet werden?

	Werbung	Betrieb	Schadenregulierung	Allgemeine Verwaltung
1. Quartal in €	8 900,00	4 900,00	4 400,00	2 600,00
2. Quartal in €	10 600,00	4 600,00	3 900,00	2 400,00
3. Quartal in €	12 900,00	4 800,00	4 300,00	2 100,00
4. Quartal in €	15 600,00	5 100,00	3 200,00	1 900,00

4 In der Agentur von Nicole Baumgart sind ihre drei inzwischen erwachsenen Kinder Mike, Arne und Julia als Untervertreter tätig geworden.

Folgende Kfz-Kosten sind im Monat Mai entstanden:

Kfz-Kosten für Mike 230,00 €,
Kfz-Kosten für Arne 350,00 €,
Kfz-Kosten für Julia 190,00 €.

An weiterem Werbe- und Reiseaufwand sind im genannten Monat 876,00 € angefallen.

Ermitteln Sie die jeweiligen Kosten der drei Untervertreter als sogenannte Kostenstellenrechnung. Der weitere Werbe- und Reiseaufwand ist im Verhältnis des vermittelten Neugeschäfts (Beitragszugang) zu verteilen.

Mike hat 4 600,00 €, Arne 3 200,00 € und Julia 6 800,00 € an Beitragszugang vermittelt.

1.4 Kostenträgerrechnung

a) Vorbetrachtung

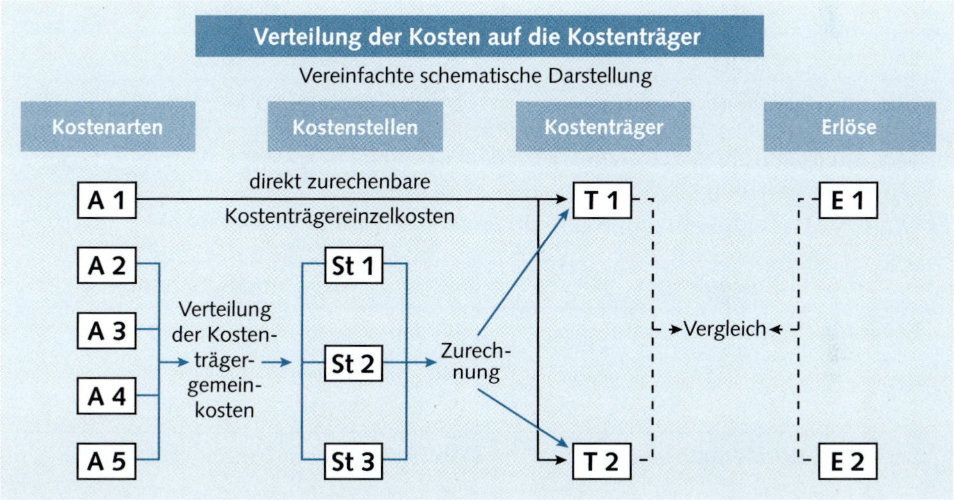

Im Rahmen der Kostenträgerrechnung werden die Kosten auf die Kostenträger weiterverrechnet.

Kostenträger in einer **Versicherungsagentur** sind die Erlöse für die erbrachten **Dienstleistungen** (Vermittlungsprovision in Form der Abschlussprovision, Betreuungsprovision in Form der Folgeprovision, Bonifikationen und Zuschüsse/Garantien).

Im **Direktionsbetrieb** können die einzelnen **Versicherungszweige** oder **-sparten** als Kostenträger angesehen werden. Die Erlöse aus den Versicherungszweigen oder -sparten müssen die ermittelten Kosten decken und einen angemessenen Gewinn erbringen.

Neben der Produktion und Bereitstellung von Versicherungsschutz bieten Versicherer mit ihren Kapitalanlagen eine weitere Leistung, indem sie Dritten dadurch die Möglichkeit eröffnen, dieses Kapital zu nutzen. Der von den Dritten hierfür bezahlte Zins stellt sich in einer Kosten- und Leistungsrechnung als Erlös dar, sodass die Kapitalanlagen ebenfalls einen bedeutenden Kostenträger bilden.

Für die Kostenträgerrechnung stellt sich das gleiche Problem wie für die Kostenstellenrechnung. Es muss ein geeigneter Verteilungsschlüssel gefunden werden, wobei diesmal die in der Kostenstellenrechnung ermittelten Kosten richtig den Kostenträgern zugeordnet werden müssen.

b) Verteilung der Kosten auf die Kostenträger

Beispiel:

Hilmar Krause hat folgende Kosten in seiner Agentur ermittelt:

Direkt zurechenbare Kostenträgereinzelkosten 20 000,00 €

Sie beruhen auf den Provisionsaufwendungen, die für die Vermittlungsleistungen der Untervertreter angefallen sind.

Kostenträgergemeinkosten

- in Stelle 1 40 000,00 €
- in Stelle 2 50 000,00 €
- in Stelle 3 60 000,00 €

Die Kostenträger hat er nach den Erlösquellen gebildet, nämlich:

Kostenträger	Erlöse
Leistung »Vertragsvermittlung«	Abschlussprovision: 85 000,00 €
Leistung »Kundenbetreuung«	Folgeprovision: 80 000,00 €

Die Kostenträgereinzelkosten von 20 000,00 € rechnet er zu 100 % dem Kostenträger Vermittlungsleistung zu.

Für die Kostenträgergemeinkosten gilt folgender Verteilungsschlüssel:

Kostenträger	Verteilungsschlüssel
Leistung »Vertragsvermittlung«	90 % der Kosten von Stelle 1 30 % der Kosten von Stelle 2 20 % der Kosten von Stelle 3
Leistung »Kundenbetreuung«	10 % der Kosten von Stelle 1 70 % der Kosten von Stelle 2 80 % der Kosten von Stelle 3

Es ergibt sich folgende Kostenträgerrechnung:

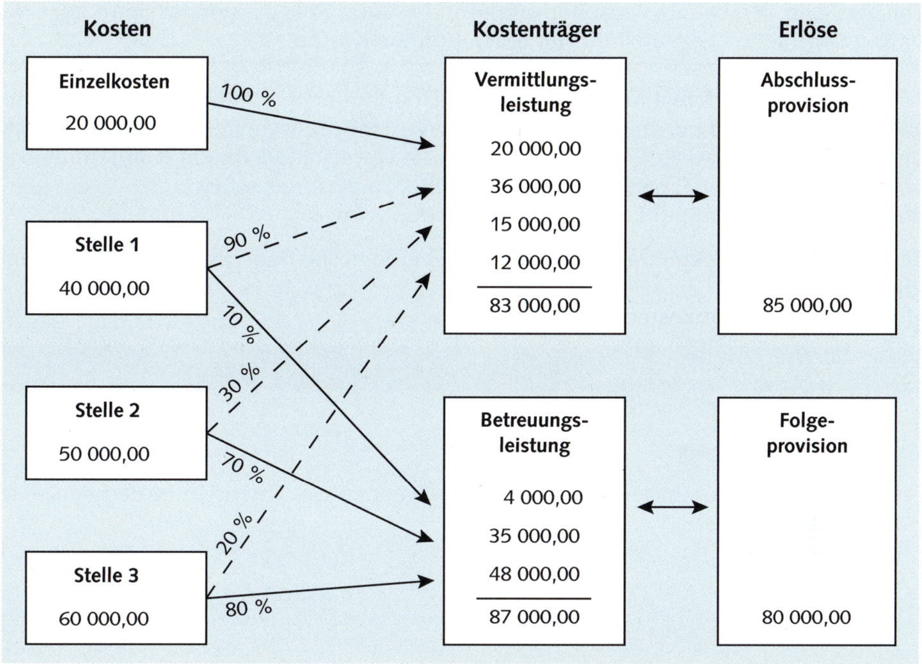

Hilmar Krause muss feststellen, dass die Erlöse für seine Vermittlungsleistungen kostendeckend sind, während die Erlöse aus der Betreuungsleistung seine Kosten nicht decken.

Er wird nach den Ursachen forschen und Maßnahmen ergreifen müssen.

In einer differenzierten Betrachtung kann die Kostenträgerrechnung auch dazu dienen, um die Wirtschaftlichkeit einzelner betrieblicher Teilleistungen zu erforschen. Man denke beispielsweise an die Kosten von Werbemaßnahmen und ihre Deckung durch entsprechende Vertragsabschlüsse.

c) Arten der Kostenträgerrechnung

In Bezug auf die Kostenträgerrechnung werden vor allem unterschieden:

➤ Kostenträgerzeitrechnung

Die Kosten werden für einen bestimmten Zeitabschnitt (z. B. Monat) ermittelt und den Kostenträgern zugerechnet.

Insofern kann sie als **Kontroll- und Planungsinstrument** dienen, indem beispielsweise Vergleiche mit Werten des Vormonats **(Zeitvergleich),** mit entsprechenden Werten vergleichbarer Kostenträger **(Betriebsvergleich)** oder mit Planzahlen **(Soll-Ist-Vergleich)** angestellt werden.

➤ Kostenträgerstückrechnung

Sie dient dazu, die Kosten der einzelnen Stückleistung zu ermitteln.

Beispiel:
Die Tarife in der Lebensversicherung kennen einen Stückkostenzuschlag zur Deckung der mit der Vertragsführung entstehenden Kosten.

Die Kostenträgerstückrechnung geht von der Überlegung aus, dass bestimmte Leistungen Kosten verursachen, die unabhängig von der Höhe der Versicherungssumme bzw. dem gezahlten Beitrag sind. So macht es keinen Unterschied, ob die Kundendaten zu einem Vertrag mit hoher oder niedriger Versicherungssumme erfasst bzw. ob ein hoher oder niedriger Beitrag per Lastschrift eingezogen wird.

Der Kostenträgerstückrechnung kommt damit eine große Bedeutung für die Beitragskalkulation zu.

Lernkontrollen zu E 1.4

Kostenträgerrechnung

1 In einer Versicherungsagentur wurden die folgenden Gesamtkosten in den gebildeten Kostenstellen ermittelt:

Kostenstelle Werbung	48 000,00 €
Kostenstelle Betrieb	19 400,00 €
Kostenstelle Schadenregulierung	15 800,00 €
Kostenstelle Allgemeine Verwaltung	9 000,00 €

An direkt zurechenbaren Einzelkosten sind 48 000,00 € Provisionsaufwand für den Untervertreter aufgrund der von ihm vermittelten Verträge entstanden.

Kostenträger in der Provisionsagentur sind die Leistungen

– Vermittlung, – Kundenbetreuung.

Der Agenturinhaber ermittelt im Rahmen seiner Erlösrechnung, dass folgende Provisionen erwirtschaftet wurden:

95 000,00 € Abschlussprovision, 10 000,00 € Bonifikation, 40 000,00 € Folgeprovision

Die Abschlussprovision, die Bonifikation und 10 % der Folgeprovision zählen aus betriebswirtschaftlicher Sicht zur Leistung Vermittlung, 90 % der Folgeprovision zur Leistung Kundenbetreuung.

a) Ordnen Sie die Kosten wie folgt den beiden Kostenträgern zu:

Kostenträger Vermittlung: 100 % der direkt zurechenbaren Einzelkosten; 100 % der Kosten für Werbung; 20 % der Kosten für Betrieb; 0 % der Kosten für Schadenregulierung; 30 % der Kosten für Allgemeine Verwaltung

Kostenträger Kundenbetreuung: Die bisher noch nicht zugerechneten Kosten entfallen auf diesen Kostenträger.

b) Vergleichen Sie die Zahlen der Kostenträger mit den Erlösen aus diesen Kostenträgern und interpretieren Sie das Ergebnis.

2 Die gesamten Betriebskosten für eine Leistung, die aus vier Teilleistungen besteht, wurden mit 136 800,00 € ermittelt. Aus der unten stehenden Tabelle sind die bearbeiteten Stückzahlen zu jeder Teilleistung ersichtlich.

Berechnen Sie

a) die anteiligen Betriebskosten je Teilleistung;

b) den Stückkostenzuschlag, mit dem die gesamte Leistung kalkuliert werden muss.

Teilleistung	Stück	Anteilige Betriebskosten
A	9200	
B	4800	
C	3600	
D	2400	

1.5 Deckungsbeitragsrechnung

1.5.1 Wesen der Deckungsbeitragsrechnung

Im Rahmen der bisherigen Betrachtung wurden sämtliche angefallenen Kostenarten über die Kostenstellenrechnung auf die Kostenträger verrechnet. Eine solche Kostenrechnung nennt man **Vollkostenrechung.** Sie ist für die Analyse der Kostenstruktur und Wirtschaftlichkeit von großer Bedeutung. Als Instrument zur Führung und Steuerung des betrieblichen Geschehens ist sie jedoch aufgrund folgender Überlegung nicht aussagekräftig genug:

Stellt man beispielsweise eine Zunahme der Kosten bei unverändertem Erlös fest, kann die Ursache in gestiegenen variablen oder fixen Kosten liegen. Die zutreffende Ursache wird in der Vollkostenrechnung nicht sofort sichtbar, da die fixen und variablen Kosten auf die Kostenträger verteilt sind. Sie sind damit zu einem Kostenbetrag verschmolzen und müssten jetzt für Analysezwecke zurückverfolgt werden.

1.5.2 Berechnung des Deckungsbeitrages

Die **Deckungsbeitragsrechnung**, auch **Teilkostenrechnung** genannt, kennt das folgende, stark vereinfachte Berechnungsschema:

	Erlös der Bezugsgruppe (Leistung bzw. Kostenträger)
–	variable Kosten
=	Deckungsbeitrag

Der Deckungsbeitrag drückt aus, welcher Anteil für die Deckung der **noch nicht verrechneten Fixkosten** aus dem jeweiligen Erlös zur Verfügung steht.

Beispiel:

Die Agentur von Nicole Baumgart hat für den Teilbereich »Vermittlung von Lebensversicherungen« im Rahmen ihrer Agenturtätigkeit folgende Zahlen ermittelt:

Erlöse (Abschlussprovisionen)		47000,00 €
abzüglich variable Kosten		
– Provisionen für Untervertreter	26000,00 €	
– Werbe- und Reiseaufwand	8000,00 €	
– Verwaltungsaufwand	4000,00 €	38000,00 €
= Deckungsbeitrag		9000,00 €

Aus dem Beispiel wird deutlich, dass der Teilbereich »Vermittlung von Lebensversicherungen« mit 9000,00 € zur Deckung der fixen Kosten beiträgt.

Unter der Annahme, dass dieses Ergebnis den Fixkosten des angesprochen Teilbereiches entspricht, sind jetzt **zwei Entwicklungsrichtungen** denkbar:

1. Es gelingt der Agentur, durch weiteren Werbe- und Reiseaufwand (weitere variable Kosten) bei unveränderten fixen Kosten eine Steigerung des Erlöses zu erzielen.
   - Ist die Steigerung des Erlöses überproportional, steigt der Deckungsbeitrag. Da er nicht benötigt wird, steigt der Gewinn.
   - Ist die Steigerung des Erlöses proportional, bleibt der Deckungsbeitrag unverändert. Es steigt aber auch nicht der Gewinn und man sollte prüfen, ob die zusätzlichen Aktivitäten vielleicht zukünftig lohnend sind.
   - Ist die Steigerung des Erlöses unterproportional, sinkt der Deckungsbeitrag und damit der Gewinn. Die Aktivität war nicht erfolgreich und sollte beendet werden.
2. Bei gleich bleibendem Erlös steigen die variablen Kosten (z. B. höhere Fahrtkosten aufgrund gestiegener Benzinpreise).

   Der Deckungsbeitrag wird geringer (im Extremfall wird er sogar negativ) mit entsprechender Auswirkung auf den Gewinn.

Im Gegensatz zur Vollkostenrechnung zeigt die Teilkostenrechnung diese Veränderungen rechtzeitig an, sodass gegengesteuert werden kann.

Im Rahmen einer zielorientierten Unternehmensführung werden die variablen Kosten häufig als Soll- bzw. Plankosten vorgegeben bzw. vereinbart. Die Deckungsbeitragsrechnung ermöglicht dann später den Vergleich mit den tatsächlichen Kosten (Istkosten).

Lernkontrollen zu E 1.5

Deckungsbeitragsrechnung

1 Worin unterscheidet sich die Teilkostenrechnung von der Vollkostenrechnung?

2 Was versteht man unter dem Deckungsbeitrag?

3 Eine Agentur erzielte im abgelaufenen Geschäftsjahr folgende Erlöse:

90000,00 €	Abschlussprovision
20000,00 €	Bonifikation
120000,00 €	Folgeprovision

Die Erlöse wurden den gebildeten Kostenträgern »Vermittlung« und »Kundenbetreuung« wie folgt zugeordnet:

Kostenträger Vermittlung
100 % der Abschlussprovision und Bonifikation
15 % der Folgeprovision

Kostenträger Kundenbetreuung
85 % der Folgeprovision

Die festgestellten variablen Kosten (Provisions-, Verwaltungs-, Kraftfahrzeug-, Energie-, Werbe- und Reiseaufwand) über insgesamt 171000,00 € wurden im Verhältnis 5 : 4 auf die Kostenträger verteilt.

a) Berechnen Sie, mit welchem Deckungsbeitrag die Kostenträger zur Deckung der noch nicht verteilten Fixkosten in Höhe von 50 000,00 € beitragen.

b) Die Analyse der Fixkosten ergab, dass diese nur zu 40 % dem Kostenträger Vermittlung, aber zu 60 % dem Kostenträger Kundenbetreuung zugerechnet werden müssen. Beurteilen Sie die Ergebnisse der Deckungsbeitragsrechnung unter diesem Gesichtspunkt.

4 Im Rahmen einer Kostenstellenrechnung wurden ermittelt:

Stelleneinzelkosten der Agentur-Innendienstmitarbeiter

– Kostenstelle Müller (Sachbearbeiter Antrag)	40 000,00 €
– Kostenstelle Meier (Sachbearbeiterin Kundenbetreuung)	46 000,00 €
– Kostenstelle Schmitz (Sachbearbeiter Schadenregulierung)	50 000,00 €

Stellengemeinkosten in der Agentur

– Provisionsaufwand	76 000,00 €
– Mietaufwand	24 000,00 €
– Verwaltungsaufwand	9 000,00 €
– Energieaufwand	3 000,00 €
– kalkulatorischer Unternehmerlohn	70 000,00 €

Der Provisionsaufwand ist in voller Höhe bei der Kostenstelle Müller anzusetzen.

Der Mietaufwand ist nach der qm-Bürofläche zu verteilen (Müller 15 qm, Meier 25 qm, Schmitz 20 qm).

Verwaltungs- und Energieaufwand sind jeweils im Verhältnis 3 : 5 : 4 auf die Kostenstellen weiterzuverrechnen.

Der kalkulatorische Unternehmerlohn ist wie folgt zu verteilen:

Kostenstelle Müller 60 %, Kostenstelle Meier 30 %, Kostenstelle Schmitz 10 %.

a) Berechnen Sie für jede der drei Kostenstellen die Summe der Kosten.

b) Kostenträger sind die Abschlussprovisionen von 150 000,00 € für die Vermittlungsleistungen und die Bestandsprovisionen von 170 000,00 € für die Betreuungsleistungen.

Der Agenturinhaber erwartet, dass die Kosten der Kostenstelle Müller durch die Abschlussprovisionen gedeckt werden.

Die Kosten der Kostenstellen Meier und Schmitz sollen durch die Bestandsprovisionen gedeckt werden, und zwar:

Kosten der Kostenstelle Meier aus 60 % der Bestandsprovision und Kosten der Kostenstelle Schmitz aus 40 % der Bestandsprovision.

Führen Sie für jede der Kostenstellen eine Kostenträgerrechnung als Vollkostenrechnung durch.

c) Der Agenturinhaber will im Rahmen einer Deckungsbeitragsrechnung (Teilkostenrechnung) prüfen, inwieweit die Kostenträger zur Deckung der Fixkosten beitragen.

Stellen Sie für jede der Kostenstellen eine Deckungsbeitragsrechnung (Teilkostenrechnung) nach dem vereinfachten Schema (Erlöse – variable Kosten = Deckungsbeitrag) unter folgenden Voraussetzungen auf:

Die Stelleneinzelkosten und der Anteil der jeweiligen Kostenstelle am Mietaufwand sind zu 100 % als fixe Kosten anzusehen.

Provisions-, Verwaltungs- und Energieaufwand sowie der kalkulatorische Unternehmerlohn gelten in vollem Umfang als variabel.

d) Erläutern Sie die Aussagekraft der durchgeführten Teilkostenrechnung im Vergleich zu der ebenfalls angestellten Vollkostenrechnung.

2 Controlling

2.1 Wesen des Controllings

Beispiel: Controlling in der Versicherungsagentur

»Auf einem Markt mit steigenden Kosten … ist eine betriebswirtschaftliche Standortbestimmung für jeden Vermittler, vor allem auch für Berufsanfänger und Neumitglieder, unverzichtbar. Der Betriebsvergleich des BVK wird … als erfolgreiches Informationsinstrument in vielen Vermittlerbetrieben eingesetzt. Er dient der einzelbetrieblichen Kontrolle, der Steuerung und Leistungssteigerung in den Agenturen und ist damit zu einem effizienten Controllinginstrument geworden.«

aus: Versicherungsvermittlung
Zeitschrift des Bundesverbandes Deutscher Versicherungskaufleute e.V. (BVK)

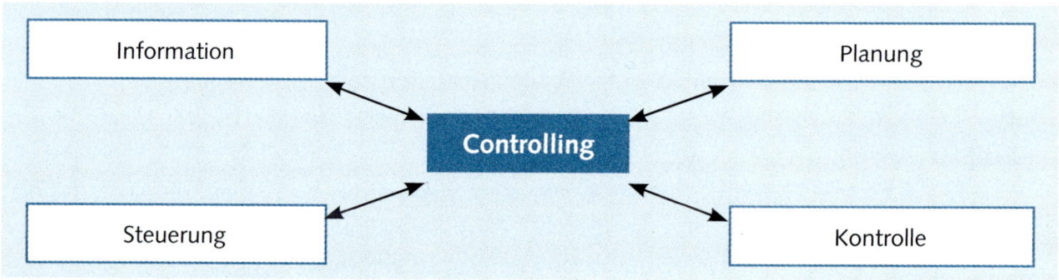

Man ist geneigt, den **Begriff Controlling** in Anlehnung an das angelsächsische Wort »to control« mit »kontrollieren« zu übersetzen und hierin die Aufgabe des Controllings zu sehen. Tatsächlich bedeutet Controlling jedoch nicht nur **kontrollieren,** sondern auch **steuern, planen** und **überwachen**.

Das Controlling unterstützt die Geschäftsleitung bei der Unternehmenssteuerung insbesondere durch

- **Koordination** der Planungen,
- **Analyse** von Abweichungen,
- Beschaffung und Aufbereitung von **Informationen**,
- Organisation eines übergreifenden **Berichtswesens**,
- **Erfolgskontrolle** und Berichterstattung.

Organisatorisch ist das Controlling in Versicherungsbetrieben in der Regel in Form von Stabsstellen bzw. Stabsabteilungen institutionalisiert, die unmittelbar der Geschäftsleitung unterstehen (siehe Abbildung auf der nächsten Seite).

Durch ihre Nähe zur Geschäftsleitung kommt einerseits die Funktion des Controllings für die Unternehmenssteuerung, andererseits seine Bedeutung als übergreifende Aufgabe zum Ausdruck.

Das Controlling ist nicht vergangenheitsorientiert, wie die Finanzbuchhaltung, sondern zukunftsorientiert, um die Existenz des Unternehmens langfristig zu sichern.

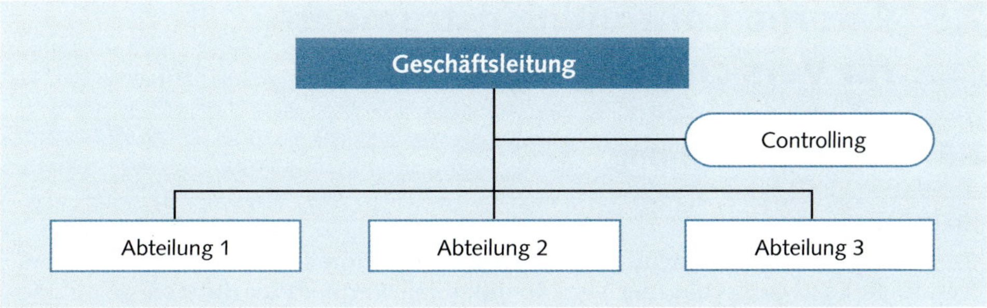

2.2 Strategisches und operatives Controlling

Im Rahmen der **strategischen Planung** legt die Unternehmensleitung die Ziele fest, die sie **auf längere Sicht** erreichen möchte. Es handelt sich in erster Linie um eine Grobplanung, die sich über einen Zeitraum von mindestens vier Jahren erstreckt. Das **operative Controlling** erstreckt sich dagegen in der Regel auf ein Geschäftsjahr. Es werden die **kurz- und mittelfristig** anzustrebenden Ziele festgelegt.

Angestrebte Ziele können beispielsweise sein:

- Gewinnsteigerung
- Kostensenkung

Für die anzustrebenden Ziele werden Planvorgaben (z. B. Kostensenkung um 10 % bei den Reisekosten) entwickelt. Die Planvorgaben können auch aus den Daten der Vergangenheit für die nahe liegende Zukunft transformiert werden. Das Controlling begleitet ferner die auf Zielerreichung ausgerichtete betriebliche Tätigkeit und unterstützt sie durch Information, Koordination u. dgl.

Controllinginstrumente können in diesem Zusammenhang sein:

➤ Kennzahlensysteme (vgl. E 3)

Aus den Istzahlen werden Kennzahlen berechnet und diese ausgewertet.

➤ Soll-Ist-Vergleich

Plandaten (Sollzahlen) werden mit den erwirtschafteten Istdaten verglichen und die Abweichungen werden untersucht.

➤ Budgetierung

Die Planung gibt Sollwerte in Form von Mengengrößen (z. B. Stückzahl des Neugeschäfts in einem Versicherungszweig) oder Wertgrößen (z. B. Senkung der Schadenkosten in einem Versicherungszweig) vor, die dann später mit dem Erreichten verglichen werden.

➤ Informations- und Berichtswesen

Informationen zu den angestrebten Zielen werden gesammelt, ausgewertet und präsentiert.

2.3 Externe Controllinginstrumente für Versicherungsagenturen

2.3.1 Ergebnisrechnung

Beispiel:
Den selbstständigen Versicherungskaufleuten wird durch die DATEV, eine Datenverarbeitungsorganisation der steuerberatenden Berufe, eine Ergebnisrechnung zur Verfügung gestellt, wenn sie ihre Finanzbuchhaltung über einen Steuerberater abwickeln.

Mit der Ergebnisrechnung der DATEV wird den selbstständigen Versicherungsvermittlern der Einstieg in das Controlling eröffnet.

So erhält die Ergebnisrechnung beispielsweise eine kurzfristige Erfolgsrechnung, die wichtige Beurteilungsmaßstäbe für unternehmerische Entscheidungen liefert. Ferner sind die Erlöse und Kosten differenziert aufgelistet, um ein exaktes Abbild der betrieblichen Leistungen und Kosten zu geben. Die Werte des laufenden Wirtschaftsjahres werden darüber hinaus mit den Werten des Vorjahres verglichen und ihre absoluten und relativen Veränderungen ausgewiesen, um Trends erkennen und Abweichungen feststellen zu können. Ein Liniendiagramm für die Zeitreihenanalyse und ein Balkendiagramm für den Vergleich mit dem Vorjahr runden das Controllingangebot ab.

Mit dem Angebot der Ergebnisrechnung wird auch für Geschäftsstellen (Agenturen) die Bedeutung des Controllings unterstrichen.

2.3.2 Betriebsvergleich

Hierbei werden die Abschlusszahlen des Geschäftsjahres einer Agentur mit den Abschlusszahlen anderer Agenturen verglichen. Da die Zahlen anderer Agenturen nur selten zur Verfügung stehen dürften, bietet der Bundesverband Deutscher Versicherungskaufleute e. V. (BVK) seinen Mitgliedern einen Betriebsvergleich an. Hierfür ist ein Fragebogen auszufüllen, der vom Institut für Handelsforschung an der Universität zu Köln ausgewertet wird.

Der Fragebogen umfasst u. a. folgende Positionen:

- **Versicherungsbestand,**
  berechnet nach der Beitragshöhe und getrennt nach Kraftfahrtversicherungen und sonstigen Versicherungen ohne Lebens- und Krankenversicherung;
- **Personalkosten,**
  getrennt nach Bruttogehältern zuzüglich Arbeitgeberanteile und freiwillige Leistungen, sowie Provisionen für Untervertreter;
- **Kosten angemieteter Geschäftsräume,**
  getrennt nach gezahlten Mieten und sonstigen Raumkosten (z. B. Heizung).

Die Vergleichsergebnisse werden der teilnehmenden Agentur mitgeteilt und sie kann erkennen, wo die Schwachpunkte im eigenen Betrieb liegen.

3 Controlling anhand statistischer Kennzahlen

3.1 Verhältniszahlen als statistische Maßzahlen

Statistische Maßzahlen verleihen den ermittelten Daten eine größere Aussagekraft, indem sie bestimmte Eigenschaften der Daten durch einen Zahlenwert beschreiben oder einen Vergleich mit anderen Daten ermöglichen.

Verhältniszahlen sind Maßzahlen, die die Relation einer Teilmasse zur Gesamtmasse oder von zwei verschiedenen Gesamtmassen ausdrücken und üblicherweise als Prozent- oder Promillezahlen dargestellt werden.

a) Gliederungszahl

Sie beschreibt das Verhältnis einer Teilmasse zur ihrer Gesamtmasse.

Beispiele:

- Anteil der Abschlussprovisionen an den gesamten Provisionseinnahmen
- Anteil des Mietaufwandes am gesamten betrieblichen Aufwand

$$\text{Gliederungszahl} = \frac{\text{Teilmasse} \cdot 100}{\text{Gesamtmasse}}$$

Rechenbeispiel:

Die gesamten Provisionseinnahmen betrugen im letzten Geschäftsjahr 186 000,00 €, davon wurden 123 000,00 € durch Vertragsvermittlungen als Abschlussprovision verdient.

$$\text{Gliederungszahl} = \frac{123\,000 \cdot 100}{186\,000} = 66{,}13\,\%$$ (gerundet auf 2 Nachkommastellen)

b) Beziehungszahlen

Die Beziehungszahl setzt verschiedene statistische Massen zueinander in Beziehung.

Beispiele:

- Verhältnis der Personalkosten zu den Gesamteinnahmen
- Verhältnis der Kosten zu den Leistungen (Kostenquote)

$$\text{Beziehungszahl} = \frac{\text{Gesamtmasse 1} \cdot 100}{\text{Gesamtmasse}}$$

Rechenbeispiel:

Text Im letzten Geschäftsjahr betrugen die gesamten Peronalkosten 85 000,00 € und die Gesamteinnahmen 235 000,00 €.

$$\text{Beziehungszahl} = \frac{85000 \cdot 100}{235\,000} = 36{,}17\,\% \text{ (gerundet auf 2 Nachkommastellen)}$$

Anmerkung: Der BVK-Betriebsvergleich (vgl. E 2.3.2) stellt die genannte Beziehungszahl aufgrund der Agenturvergleiche ebenfalls zur Verfügung, sodass der Versicherungsagent sein Ergebnis mit dem durchschnittlichen Ergebnis in anderen Versicherungsagenturen vergleichen kann.

c) Messzahlen

Die Messzahl setzt die statistische Masse des Betrachtungszeitpunktes bzw. -raumes (Berichtsmasse) mit einer sachlich gleichen statistischen Masse eines anderen Zeitpunktes oder -raumes (Basismasse) in Beziehung.

Aus mehreren Messzahlen mit Bezug zur gleichen Basismasse lässt sich ein **Trend** ableiten. Der Wert des Basisjahres wird durch 100 % ausgedrückt.

Beispiele:

- Schadenaufwand des Geschäftsjahres im Vergleich zum Vorjahr
- Entwicklung des Beitragszuwachses gegenüber dem Vorjahr

$$\text{Messzahl} = \frac{\text{Berichtsmasse 1} \cdot 100}{\text{Basismasse}}$$

Rechenbeispiel:

Im letzten Geschäftsjahr betrug der Beitragszuwachs durch Neuabschlüsse 230 000,00 €, in diesem Geschäftsjahr sogar 270 000,00 €.

$$\text{Messzahl} = \frac{270000 \cdot 100}{230\,000} = 117{,}39\,\% \text{ (gerundet auf 2 Nachkommastellen)}$$

Die Steigerung gegenüber dem Vorjahr (Messzahl 100 % als Basis) beträgt 17,39 %, so dass sich die neue Messzahl von 117,39 % ergibt.

d) Messzahlenreihe

Eine Messzahlenreihe liegt vor, wenn verschiedene Messzahlen sich auf dasselbe Basisjahr beziehen, das durch 100 % ausgedrückt wird.

Beispiel:

Jahr	Verwaltungsaufwand in Tsd. €	Messzahl in %
2012	30,2	100,0
2013	30,9	102,3
2014	31,5	104,3
2015	31,0	102,6
2016	32,1	106,3
2017	33,0	109,3

Aus den Messzahlen mit Bezug zur gleichen Basismasse lässt sich ein **Trend** ableiten. Hier ist erkennbar, dass der Verwaltungsaufwand bis auf eine kurze Trendwende im Jahr 2015 stetig steigt.

e) Indexzahlen

Eine Indexzahl wird wie eine Messzahl berechnet. Die Berichtsmasse und die Basismasse bestehen jedoch nicht jeweils aus einem einzelnen Wert, sondern aus dem Durchschnitt mehrerer betrachteter Werte. Die wohl bekannteste Indexzahl ist der Verbraucherpreisindex. Er misst die Preisentwicklung und Kaufkraftveränderung für deutsche Haushalte.

Versicherungsagenturen berechnen i. d. R. keine eigene Indexzahl. Bestimmte Indexzahlen, die veröffentlicht werden, stellen jedoch für sie eine Informationsquelle bei ihrem täglichen Geschäft dar.

Beispiel:
Steigt der Baupreisindex und hat der Kunde keine gleitende Neuwertversicherung vereinbart, muss er auf die sich anbahnende Unterversicherung aufmerksam gemacht und eine Summenerhöhung empfohlen werden.

3.2 Grafische Darstellung statistischer Daten

Grafische Darstellungen zeigen statistische Daten in anschaulicher Form und werden für die Information und Repräsentation gewählt. Tabellenkalkulationsprogramme bieten in der Regel die Möglichkeit, Grafiken aus den in Tabellen erfassten Daten zu erstellen.

a) Kurvendiagramm

Kurvendiagramme eignen sich insbesondere zur Darstellung von zeitlichen Abläufen, Messzahlenreihen und Trends.

Beispiel:

Anteile der Neuabschlüsse in % bei einer Agentur für Versicherungen und Finanzen							
	2011	**2012**	**2013**	**2014**	**2015**	**2016**	**2017**
Kraftfahrtversicherung	20,7	19,8	19,3	18,4	17,9	17,0	16,7
Lebensversicherung	24,1	24,3	25,2	25,4	25,7	26,0	26,1
Hausratversicherung	22,2	22,0	19,7	19,5	19,2	19,1	18,9
Wohngebäudeversicherung	18,5	18,7	19,1	20,2	21,4	22,8	23,9
Unfallversicherung	14,5	15,2	16,7	16,5	15,8	15,1	14,4

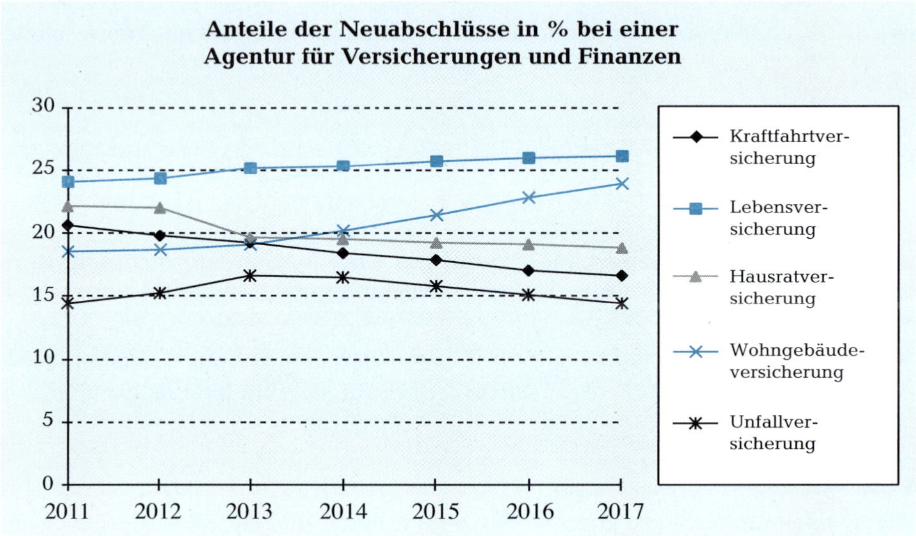

b) Stab- oder Säulendiagramm

Stab- oder Säulendiagramme finden vor allem dann Anwendung, wenn die Häufigkeitsverteilung eines Merkmals für einen bestimmten Zeitraum veranschaulicht werden soll.

Beispiel:

Entwicklung der Entschädigungszahlungen bei einer Agentur	
Jahr	**Tsd. €**
2011	18,4
2012	19,6
2013	20,1
2014	21,9
2015	23,8
2016	25,8
2017	27,9

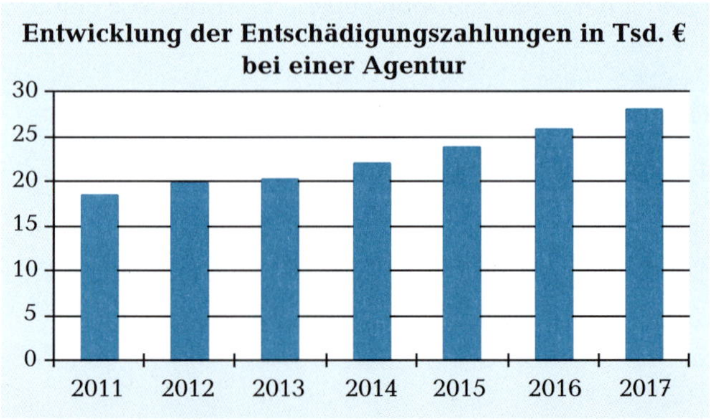

c) Kreisdiagramm

Durch diese Darstellungsform lassen sich Anteile gut veranschaulichen.

Beispiel:

Zusammensetzung des Versicherungsbestandes in % bei einer Agentur	
Unfallversicherung	16,7
Kraftfahrtversicherung	26,1
Hausratversicherung	18,9
Lebensversicherung	23,9
Wohngebäudeversicherung	14,4

Zusammensetzung des Versicherungsbestandes in % bei einer Agentur

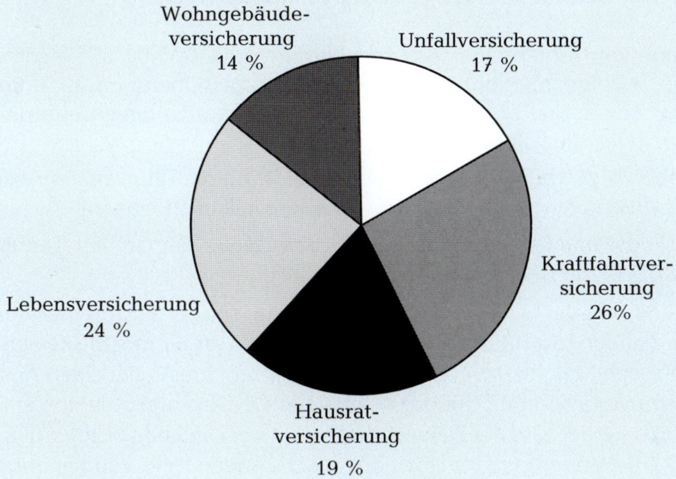

Lernkontrollen zu E 3.1 und E 3.2

Controlling anhand statistischer Kennzahlen

1 Die Gewinn- und Verlustrechnung einer Agentur für Versicherungen und Finanzen weist für das laufende Geschäftsjahr 70 480,00 € an Aufwendungen aus. Davon entfallen allein 32 640,00 € auf Provisionszahlungen an Untervertreter.

a) Berechnen Sie die Verhältniszahl, die die Relation zwischen Provisionszahlungen und Aufwendungen ausdrückt. (Ergebnis auf zwei Dezimalstellen nach dem Komma runden)

b) Wie wird die errechnete Verhältniszahl im Sprachgebrauch der Statistik bezeichnet?

2 Die Gewinn- und Verlustrechnung der in Aufgabe 1 zitierten Agentur weist 132 840,00 € an Erträgen aus.

a) Berechnen Sie die Verhältniszahl, die die Relation zwischen Aufwendungen und Erträgen ausdrückt. (Ergebnis auf zwei Dezimalstellen nach dem Komma runden)

b) Wie wird die jetzt errechnete Verhältniszahl im Sprachgebrauch der Statistik bezeichnet?

3 Bruttobeitragsaufkommen und Schadenaufwand in einem Geschäftsbereich

Jahr	Beitragseinnahmen in Mio. €	Leistungen für Versicherungsfälle in Mio. €
2013	6,965	5,282
2014	7,805	6,974
2015	8,537	7,498
2016	9,306	8,970
2017	10,121	10,654

a) Berechnen Sie zu den Beitragseinnahmen und zu den Leistungen für Versicherungsfälle jeweils eine Messzahlenreihe auf der Basis des Jahres 2013. Setzen Sie die Basis gleich 100 %.

b) Beschreiben Sie die jeweiligen Aussagen der durchgeführten statistischen Berechnungen.

c) Stellen Sie die beiden Messzahlenreihen als Kurvendiagramm dar.

4 Die gesamten Jahreseinnahmen einer Agentur betragen 200 000,00 €. Sie setzen sich zusammen aus 50 % Folgeprovisionen, 30 % Abschlussprovisionen und 20 % Bonifikationen. Sie werden erwirtschaftet vom Agenturinhaber, einem Untervertreter und einer Innendienstmitarbeiterin, die halbtags arbeitet.

Die Betriebsausgaben liegen bei 60 % der Erlöse; ferner ist für die Tätigkeit des Agenturinhabers ein fiktiver Unternehmerlohn von 35 % der Erlöse kalkuliert worden.

a) Stellen Sie die Erlöse und Kosten in einem Stab- bzw. Säulendiagramm gegenüber und berechnen Sie das Betriebsergebnis in € und in Prozent.

b) Im Folgejahr erkrankt der Untervertreter längerfristig, sodass der Agenturinhaber in Bezug auf die Kundengewinnung auf sich allein gestellt ist. Er möchte seinen bisher geplanten Unternehmerlohn unverändert erwirtschaften, muss aber einen Ausfall bei den Abschlussprovisionen von 50 000,00 € hinnehmen. Die Folgeprovision entspricht der des Vorjahres. Ferner wird der Zielerwartungsplan der Direktion nicht erfüllt, sodass nur 10 000,00 € der erwarteten Bonifikation fließen. Andererseits vermindern sich die Betriebsausgaben durch den fortfallenden Provisionsaufwand um 30 % gegenüber den Betriebsausgaben des Vorjahres.

Stellen Sie die jetzige Erlös- und Kostensituation gegenüber und berechnen Sie das Betriebsergebnis in € und in Prozent.

3.3 Bedeutende Kennzahlen einer Agentur für Versicherungen und Finanzen

3.3.1 Bilanzkennzahlen

a) Aufbereitung der Bilanz für Analysezwecke

Beispiel:

Aktiva	Bilanz zum 31.	Dezember ...	Passiva
Kraftfahrzeuge	31 000,00	Eigenkapital	42 200,00
Betriebs- u. Geschäftsausst.	47 000,00	Darlehensverb.	54 300,00
Ford. gg. Direktion	17 500,00	Verb. bei Untervertr.	9 200,00
Kassenbestand	1 570,00	Sonstige Verb.	3 400,00
Bankguthaben	12 030,00		
	109 100,00		109 100,00

Für die Berechnung von Kennzahlen sind die Bilanzpositionen zu Gruppen zusammenzufassen, die für die jeweilige Kennzahlenberechnung benötigt werden.

Nachstehend werden einfache Kennzahlen zur Vermögens-, Kapital-, Finanzierungs- und Liquiditätsstruktur berechnet. Hierfür sind zunächst **Gruppierungen der Bilanzzahlen** zu bilden nach

- Anlage- und Umlaufvermögen,
- kurzfristig flüssige und sofort flüssige Bestände,
- Eigen- und Fremdkapital,
- langfristige und kurzfristige Schulden.

Es entsteht die folgende aufbereitete Bilanz:

Aktiva		Bilanz zum 31.	Dezember ...		Passiva
Anlagevermögen (Kraftfahrzeuge, Betriebs- und Geschäftsausstattung)		78 000,00	Eigenkapital		42 200,00
Umlaufvermögen		31 100,00	Fremdkapital.		66 900,00
davon flüssig:			davon fällig		
– kurzfristig	17 500,00		– langfristig	54 300,00	
– sofort	13 600,00		– kurzfr.	12 600,00	
		109 100,00			109 100,00

b) Einseitige (vertikale) Bilanzkennzahlen

➤ Kennzahlen zur Vermögensstruktur

$$\text{Anteil des Anlagevermögens am Gesamtvermögen} = \frac{\text{Anlagevermögen} \cdot 100}{\text{Gesamtvermögen}}$$

$$\text{Anteil des Anlagevermögens am Gesamtvermögen} = \frac{78\,000{,}00 \cdot 100}{109\,100{,}00} = 71{,}49\,\%$$

$$\text{Anteil des Umlaufvermögens am Gesamtvermögen} = \frac{\text{Umlaufvermögen} \cdot 100}{\text{Gesamtvermögen}}$$

$$\text{Anteil des Umlaufvermögens am Gesamtvermögen} = \frac{31\,100{,}00 \cdot 100}{109\,100{,}00} = 28{,}51\,\%$$

Der Anteil des Umlaufvermögens am Gesamtvermögen ist geringer als der Anteil des Anlagevermögens, da Agenturen keinen dem Handel vergleichbaren Warenbestand halten müssen.

➤ Kennzahlen zur Kapitalstruktur

$$\text{Anteil des Eigenkapitals am Gesamtkapital} = \frac{\text{Eigenkapital} \cdot 100}{\text{Gesamtkapital}}$$

$$\text{Anteil des Eigenkapitals am Gesamtkapital} = \frac{42\,200{,}00 \cdot 100}{109\,100{,}00} = 38{,}68\,\%$$

$$\text{Anteil des Fremdkapitals am Gesamtkapital} = \frac{\text{Fremdkapital} \cdot 100}{\text{Gesamtkapital}}$$

$$\text{Anteil des Fremdkapitals am Gesamtkapital} = \frac{66\,900{,}00 \cdot 100}{109\,100{,}00} = 61{,}32\,\%$$

Der Fremdkapitalanteil überwiegt, was für Agenturen, die im Aufbau begriffen sind, typisch sein dürfte; denn sie sind für die Finanzierung ihrer Aufbauinvestitionen häufig auf Darlehen angewiesen. Für die Bedienung des Fremdkapitals (Zinsen, Darlehenstilgung) kommt es wesentlich darauf an, dass entsprechende Erträge aus der Geschäftstätigkeit erzielt werden.

➤ Einseitige (vertikale) Bilanzkennzahlen werden aus den Zahlen einer Bilanzseite gewonnen

c) Zweiseitige (horizontale) Bilanzkennzahlen

➤ Kennzahlen zur Finanzierungsstruktur

$$\text{Anteil des Eigenkapitals am Anlagevermögen} = \frac{\text{Eigenkapital} \cdot 100}{\text{Anlagevermögen}}$$

$$\text{Anteil des Eigenkapitals am Anlagevermögen} = \frac{42\,200{,}00 \cdot 100}{78\,000{,}00} = 54{,}10\,\%$$

$$\text{Anteil des EKs u. langfr. FKs am Anlagevermögen} = \frac{(\text{EK} + \text{langfr. FK}) \cdot 100}{\text{Anlagevermögen}}$$

$$\text{Anteil des EKs u. langfr. FKs am Anlagevermögen} = \frac{(42\,200{,}00 + 54\,300{,}00) \cdot 100}{78\,000{,}00} = 123{,}72\,\%$$

Die Analyse zeigt, dass das längerfristig genutzte Anlagevermögen nur zu etwas mehr als 50 % durch Eigenkapital finanziert ist.

Nach der **goldenen Bilanzregel** sollte langfristig genutztes Anlagevermögen mit langfristig verfügbarem Kapital (Eigenkapital, langfristiges Fremdkapital) finanziert sein. Betrachtet man unter diesem Gesichtspunkt die Finanzierung des Anlagevermögens, ist festzustellen, dass die goldene Bilanzregel mit 123,72 % mehr als erfüllt ist.

➤ Kennzahlen zur Liquiditätsstruktur

$$\text{Liquidität 1. Grades} = \frac{\text{sofort flüssige Mittel} \cdot 100}{\text{kurzfristig fälliges Fremdkapital}}$$

$$\text{Liquidität 1. Grades} = \frac{13\,600{,}00 \cdot 100}{12\,600{,}00} = 107{,}94\,\%$$

$$\text{Liquidität 2. Grades} = \frac{(\text{kurzfr. Ford.} + \text{sofort flüssige Mittel}) \cdot 100}{\text{kurzfristig fälliges Fremdkapital}}$$

$$\text{Liquidität 2. Grades} = \frac{(17\,500{,}00 + 13\,600{,}00) \cdot 100}{12\,600{,}00} = 246{,}83\,\%$$

Die Analyse der Finanzlage lässt darauf schließen, dass diese Agentur nicht in Zahlungsschwierigkeiten gerät. Sie hat sofort verfügbare liquide Mittel, um die kurzfristigen Verbindlichkeiten zu begleichen, und muss nicht den Eingang der Forderungen gegen die Direktion abwarten. Bedenkt man weiter, dass die Agentur ihre Provisionsverbindlichkeiten beim Untervertreter erst dann begleicht, wenn sie selbst die Provisionen von der Direktion erhalten hat, stellt sich die Liquiditätslage offensichtlich noch besser dar, als es die Kennzahlen ausdrücken können.

Dennoch ist Vorsicht geboten: Die Liquiditätskennzahlen gelten nur für den Bilanzstichtag. Unter Umständen sind schon kurz nach dem Bilanzstichtag Zahlungen an angestellte Mitarbeiter, für Geschäftsraummiete usw. zu leisten, die die Liquidität erheblich einschränken können.

Anmerkung: Aus Vereinfachungsgründen wurden keine Rückstellungen in die Bilanz einbezogen. Sie sind als Verbindlichkeiten bei der Liquiditätsbeurteilung zu berücksichtigen.

➤ Zweiseitige (horizontale) Bilanzkennzahlen werden aus den Zahlen der beiden Bilanzseiten gewonnen.

3.3.2 Kennzahlen unter Einbezug der Gewinn- und Verlustrechnung

a) Ermittlung der Kapitalrentabilität

Beispiel:

Soll	GuV-Konto		Haben
Provisionsaufwand	68 900,00	Provisionsertrag	172 400,00
Mietaufwand	24 100,00	Zinsertrag	19 600,00
Gehälter	36 000,00	Außerordentl. Ertrag	6 000,00
Verwaltungsaufwand	11 000,00		
Zinsaufwand	6 000,00		
Außerordentl. Aufwand	500,00		
Gewinn	51 500,00		
	198 000,00		198 000,00

Ferner sollen folgende Zahlen gelten:

- Eigenkapital lt. Bilanz 42 200,00 €
- Gesamtkapital (Eigen- + Fremdkapital lt. Bilanz) 109 100,00 €
- kalkulierter Unternehmerlohn
  12 Monate · 4 000,00 € monatlich 48 000,00 €

➤ **Eigenkapitalrentabilität**

$$\text{Eigenkapitalrentabilität} = \frac{(\text{Gewinn} - \text{Unternehmerlohn}) \cdot 100}{\text{Eigenkapital}}$$

(bei mitarbeitendem Unternehmer)

Anstelle des Eigenkapitals laut Bilanz könnte man auch den Durchschnitt aus dem jeweiligen Kapital zu Beginn und zum Ende des Geschäftsjahres ansetzen.

$$\text{Eigenkapitalrentabilität} = \frac{(51\,500{,}00 - 48\,000{,}00) \cdot 100}{42\,200{,}00} = 8{,}29\,\%$$

Das Eigenkapital hat sich im Beispielsfall unter Berücksichtigung des unternehmerischen Risikos (möglicher Kapitalverlust durch die unternehmerische Tätigkeit) angemessen verzinst.

➤ Gesamtkapitalrentabilität

$$\underset{\text{(bei mitarbeitendem Unternehmer)}}{\text{Gesamtkapitalrentabilität}} = \frac{(\text{Gewinn} + \text{Zinsaufw. für FK} - \text{U-Lohn}) \cdot 100}{\text{Gesamtkapital}}$$

$$\text{Gesamtkapitalrentabilität} = \frac{(51\,500{,}00 + 6\,000{,}00 - 48\,000{,}00) \cdot 100}{109\,100{,}00} = 8{,}71\,\%$$

Berechnet man die Gesamtkapitalrentabilität, müssen Zinsaufwendungen für Fremdkapital zum Gewinn hinzuaddiert werden, da sie bei der Gewinnermittlung als Aufwand abgezogen wurden.

Im Beispielsfall wird noch eine über der Eigenkapitalrentabilität liegende Gesamtkapitalrentabilität erzielt. Dies ist möglich, wenn der mit dem Fremdkapital erwirtschaftete Ertrag den Zinsaufwand für dieses Kapital übersteigt. Im umgekehrten Fall liegt die Gesamtkapitalrentabilität unter der Eigenkapitalrentabilität.

b) Ermittlung des so genannten Durchschnittseffektes

Wird eine Gesamtkapitalrentabilität erreicht, die über dem Zinssatz für Fremdkapital liegt, lohnt sich die Aufnahme von Fremdkapital für weitere Investitionen, da mit dem Gewinn aus der weiteren Investition nicht nur das weitere Fremdkapital bedient, sondern auch die Eigenkapitalrentabilität gesteigert werden könnte (sog. **Durchschnittseffekt**).

Beispiel:
Die Agentur hat eine Gesamtkapitalrentabilität von 9 % ermittelt. Sie kann Fremdkapital zu 7 % aufnehmen und investieren. Ist der aus dieser Investition erzielte Gewinn höher als die Zinsen für das zusätzlich aufgenommene Fremdkapital, steigt die Eigenkapitalrentabilität, denn es steht ja jetzt die Differenz zwischen Gewinn und Zinsen als Eigenkapitalzuwachs zur Verfügung.

c) Finanzanalyse mithilfe des Cashflow

Der **Cashflow** (wörtlich übersetzt: Kassenfluss) ist eine Messzahl, die die **Selbstfinanzierungsmöglichkeit** einer Unternehmung zeigt.

In Abschnitt D 7.2 wurde am Beispiel der Abschreibung dargestellt, dass diese zwar einen Aufwand, momentan aber noch keine Ausgabe bedeutet. Der gebuchte Aufwand minderte jedoch den ausgewiesenen Gewinn. Hier setzt die Überlegung zur Berechnung des Cashflow an. Nicht nur der Jahresüberschuss gemäß Gewinn- und Verlustrechnung, sondern alle gebuchten **Aufwendungen**, die **nicht** zugleich **Ausgabe** sind, stehen ggf. für Finanzierungszwecke zur Verfügung. Zur Erinnerung: Bei den Ausführungen zur Abschreibung von Anlagen wurde in diesem Zusammenhang von der »Finanzierung aus freigesetztem Kapital« gesprochen (vgl. D 7.2.4).

Umgekehrt stehen gebuchte Erträge, die noch zu keiner Einnahme geführt haben, momentan auch nicht zur Verfügung und müssen daher für die Berechnung des Cashflow vom ausgewiesenen Jahresüberschuss abgezogen werden.

Der **Cashflow** berechnet sich demnach wie folgt:

	Jahresüberschuss lt. GuV
+	gebuchte Aufwendungen, die noch zu keiner Ausgabe geführt haben (z. B. Abschreibungen, Rückstellungen)
–	gebuchte Erträge, deren Einnahme noch aussteht (z. B. ausstehende Zahlungen von Mietern)
=	Cashflow

Beispiel:

Gewinn (Jahresüberschuss lt. GuV)	56 000,00 €	
+ Betrag der Abschreibungen im Geschäftsjahr	6 000,00 €	①
– Betrag der Rechnungsabgrenzungen auf dem Konto Sonstige Forderungen	4 000,00 €	②
Cashflow	**58 000,00 €**	

Erläuterungen:

① Der Abschreibungsbetrag ist zwar ein Aufwand, hat aber nicht gleichzeitig zu einer Ausgabe geführt. Der um die Abschreibungsbuchung gekürzte Gewinnanteil erhöht also die Selbstfinanzierungsmöglichkeit.

② Auf dem Konto Sonstige Forderungen werden bekanntlich im Rahmen der periodengerechten Erfolgsermittlung jene abgegrenzten Erträge des Geschäftsjahres ausgewiesen, deren Einnahme noch aussteht (antizipative Posten der Rechnungsabgrenzung, vgl. D 7.3.3). Da der betreffende Ertrag im ausgewiesenen Gewinn zwar enthalten, aber noch nicht eingenommen ist, kann er nicht für die Selbstfinanzierung herangezogen werden.

- Bilanzkennzahlen verdeutlichen die Vermögens-, Kapital-, Finanzierungs- und Liquiditätsstruktur.
- Für die Analyse und Beurteilung des Erfolges ist nach betriebsbedingten und neutralen Aufwendungen und Erträgen zu trennen.
- Der betriebsbedingte Erfolg gibt Auskunft über das Ergebnis der Tätigkeit, die den eigentlichen Betriebszweck einer Versicherungsagentur ausmacht.

3.3.3 Abschlussquote, Stornoquote und Zuwachsrate an Beitrag bzw. Versicherungssumme

a) Abschlussquote

Beispiel:

Hilmar Krause beschäftigt in seiner Agentur die Untervertreterin Melanie Hassels und den Untervertreter Markus Scholten. Im Rahmen des Vertriebscontrollings möchte er die jeweilige Abschlussquote von Melanie Hassels und Markus Scholten sowie die Abschlussquote für das letzte Geschäftsjahr insgesamt ermitteln. Als Daten stehen die Anzahl der Kundentermine und die Anzahl der vermittelten Verträge zur Verfügung.

Untervertreter/-in	Kundentermine	Vermittelte Verträge
Melanie Hassels	320	130
Markus Scholten	280	106

Die Abschlussquote gibt an, wie erfolgreich die Kundentermine (= 100 %) verlaufen sind.

➤ Abschlussquote in Prozent

$$\text{Abschlussquote in \%} = \frac{\text{Vermittelte Verträge} \cdot 100}{\text{Kundentermine}}$$

$$\text{Abschlussquote Melanie Hassels} = \frac{130 \cdot 100}{320} = 40{,}63\,\%\ \text{(ger.)}$$

$$\text{Abschlussquote Markus Scholten} = \frac{106 \cdot 100}{280} = 37{,}86\,\%\ \text{(ger.)}$$

$$\text{Abschlussquote gesamt} = \frac{(130 + 106) \cdot 100}{(320 + 280)} = 39{,}33\,\%\ \text{(ger.)}$$

b) Stornoquote

Situationsbeispiel:

	Bestand (01. Jan.) in T€	Bestands-storno in T€	Neu-geschäft in T€	Storno im 1. Jahr in T€	Bestand (31. Dez.) in T€	Zuwachs-rate in T€
Sach: Beiträge	1 400,00	35,00	220,00	22,00	1 563,00	163,00
Kfz: Beiträge	750,00	270,00	60,00	3,00	537,00	– 213,00

Bekanntlich erhält der Versicherungsvertreter für die Produktion (das vermittelte Neugeschäft) eine Abschlussprovision und für den von ihm betreuten Bestand eine Folgeprovision. Darüber hinaus zahlen die Versicherer eine Bonifikation, wenn bestimmte Zielerwartungspläne oder Leistungsstaffeln erreicht werden.

Die Folgeprovision enthält allerdings auch einen Teil, der als Provision für die Vermittlung der längerfristigen Kundenbeziehung anzusehen ist. In einer differenzierten Kosten- und Leistungsrechnung gehört dieser Anteil daher zur Leistung »Vermittlung«.

Die Kennzahlen Stornoquote und Zuwachsrate in Prozent werden im Rahmen des Controllings sorgfältig beobachtet, da sie sich auf die Abschluss- und Folgeprovisionen auswirken. Ferner muss der Vertreter bedenken, dass er ggf. auch Zielerwartungspläne oder Leistungsstaffeln nicht erreicht und dadurch Einbußen bei Bonifikationszahlungen hinnehmen muss.

Die **Berechnung der Kennzahlen** kann auf der Basis von **Stückzahlen** oder **Werten** (Beitrag bzw. Versicherungssumme) erfolgen.

Stornoquote in Prozent

$$\text{Stornoquote in \%} = \frac{\text{Storno} \cdot 100}{\text{Bezugsgröße}}$$

Als Bezugsgrößen bieten sich an:

- Anzahl der Verträge
- Summe aller Beiträge (ohne VersSt), von der die Abschluss- bzw. Folgeprovision berechnet wird

Die Verwendung der zuletzt genannten Bezugsgröße zeigt zugleich, welcher prozentuale Ertragsausfall an Provisionen durch das Storno zu erwarten ist.

Stornoquote in Prozent (Bezugsgröße: Anzahl der Verträge)

Beispiel:

Von den im Beispiel zu a) Abschlussquote vermittelten Verträgen gingen die nachstehenden Vertragsanzahlen zum Storno:

Untervertreter/-in	Vermittelte Verträge	Stornierte Verträge
Melanie Hassels	130	14
Markus Scholten	106	10

Die Stornoquote, berechnet anhand der Anzahl der Verträge, zeigt an, inwieweit es nicht gelungen ist, eine Kundenbeziehung aufzubauen.

$$\text{Stornoquote Melanie Hassels} = \frac{14 \cdot 100}{130} = 10{,}77\,\%\ \text{(ger.)}$$

$$\text{Stornoquote Markus Scholten} = \frac{10 \cdot 100}{106} = 9{,}43\,\%\ \text{(ger.)}$$

$$\text{Stornoquote gesamt} = \frac{(14 + 10) \cdot 100}{(130 + 106)} = 10{,}17\,\%\ \text{(ger.)}$$

Die Zahlen zeigen, dass nur ca. jeder zehnte Neuvertrag storniert werden musste.

➤ Stornoquote in Prozent (Bezugsgröße: Beitragsvolumen)

Beispiel:

Berechnung der Stornoquote für den Bestand am Beispiel der Sachversicherung

Sachversicherungsbestand (Altbestand) am 1. Jan.	1 400,00 T€
(Alt-)Bestandsstorno im Geschäftsjahr	35,00 T€

$$\text{Stornoquote in \% für den Bestand} = \frac{35{,}00\ \text{T€} \cdot 100}{1\,400{,}00\ \text{T€}} = 2{,}5\ \%$$

Berechnung der Stornoquote für die Neuabschlüsse am Beispiel der Sachversicherung

Neugeschäft.	220,00 T€
Storno im ersten Jahr	22,00 T€

$$\text{Stornoquote in \% für die Neuabschlüsse} = \frac{22{,}00\ \text{T€} \cdot 100}{220{,}00\ \text{T€}} = 10\ \%$$

Stornoquoten werden insbesondere berechnet:

- **für den Bestand**

  Das Storno im Bestand wird in Beziehung zum Gesamtbestand gesetzt. Für eine differenzierte Analyse empfiehlt es sich, das Storno im Altbestand (= Bestand zu Beginn des Geschäftsjahres) und das Storno bei den Neuabschlüssen getrennt voneinander zu ermitteln. Bei den Beispielen und Aufgaben im Rahmen dieses Lehrbuches wird so verfahren.

- **für die Neuabschlüsse (Storno im ersten Jahr)**

  Das Storno bei den Neuabschlüssen wird in Beziehung zu den gesamten Neuabschlüssen gesetzt.
  Diese Stornoquote drückt aus, inwieweit es nicht gelungen ist, eine Geschäftsbeziehung aufzubauen, die neben der Abschlussprovision zu weiteren Folgeprovisionen führen würde. Falschberatungen, z. B. überhöhte Versicherungssummen im Hinblick auf die Provision, sind häufig die Ursache für ein frühes Storno.

  Für eine noch differenziertere Betrachtung empfiehlt es sich, die Stornoquoten der durch die Agentur betreuten Versicherungszweige (Wohngebäudeversicherung, Hausratversicherung, Unfallversicherung, Kapital-Lebensversicherung, Risikoversicherung usw.) zu berechnen.

c) Zuwachsrate in Prozent

Mit dieser Kennzahl wird der Bestandszuwachs in einem Zeitabschnitt (z. B. Geschäftsjahr, Monat) berechnet.

$$\text{Zuwachsrate in \%} = \frac{\text{absoluter Zuwachs} \cdot 100}{\text{Bezugsgröße (z. B. Bestand am 01. Jan.)}}$$

> **Beispiel:**
> **Berechnung der Zuwachsrate am Beispiel der Sachversicherung**

Sachversicherungsbestand (Altbestand) am 1. Jan.	1 400,00 T€
(Alt-)Bestandsstorno im Geschäftsjahr	35,00 T€
Neugeschäft	220,00 T€
Storno im ersten Jahr	22,00 T€

Absoluter Zuwachs = 220,00 T€ - 22,00 T€ - 35,00 T€ = 163,00 T€ ①

$$\text{Absoluter Zuwachs in \%} = \frac{163{,}00\ \text{T€} \cdot 100}{1\,400{,}00\ \text{T€}} = 11{,}64\ \%$$

Erläuterungen:

① Der **absolute Zuwachs** errechnet sich wie folgt:
Absoluter Zuwachs = Neugeschäft – Storno im 1. Jahr – Bestandsstorno.

3.3.4 Schadenquote

Die Schadenquote der einzelnen Versicherungszweige in dem vom Vertreter betreuten Bestand wird von Seiten des Versicherers aufmerksam registriert. Dies gilt in ganz besonderem Maße, wenn der Vertreter auch noch mit der Kleinschadenregulierung betraut ist. Es liegt deshalb im gegenseitigen Geschäftsinteresse, wenn die Schadenquote nicht wesentlich über dem branchenüblichen Durchschnitt liegt, um das Vertrauensverhältnis zwischen Vertreter und Direktion nicht zu stören. Der Vertreter muss daher den Mut haben, unberechtigte Schadenersatzforderungen zurückzuweisen und nicht aus falsch verstandener Kundenbetreuung heraus Anregungen zu geben, wie doch noch ein Ersatz für nicht ersatzpflichtige Schäden erreicht werden kann.

Die Schadenquote der einzelnen Versicherungszweige im Bestand einer Versicherungsagentur wird wie folgt berechnet:

$$\text{Schadenquote} = \frac{\text{Summe der Einzelschäden eines Versicherungszweiges im Bestand} \cdot 100}{\text{Beitragssumme des Versicherungszweiges im Bestand}}$$

3.3.5 Verwaltungskostenquote

Die Verwaltungskostenquote in Prozent drückt den Anteil der Personal- und Sachkosten im Agenturinnendienst an den Erlösen aus.

$$\text{Verwaltungskostenquote in \%} = \frac{\text{Personal- und Sachkosten} \cdot 100}{\text{Erlöse}}$$

Als Erlös wird zweckmäßigerweise der Teil der Folgeprovision angesetzt, der mit der Leistung »Kundenbetreuung« erwirtschaftet wird.

Die Berechnung der Verwaltungskostenquote gewinnt an Bedeutung, je mehr die Funktionsdezentralisierung von der Direktion auf die Agenturen an Umfang gewinnt.

Es wird häufig angeführt, dass auf die Agenturen aus folgenden Gründen keine zusätzlichen Kostenbelastungen zukommen:

- Die Informations- und Kommunikationstechnologien ermöglichen eine rationelle Arbeitsabwicklung durch direkten Zugriff auf den Datenbestand in der Direktion.
- Es ergeben sich nebenbei Abschlussmöglichkeiten für Neugeschäfte.

Gleichwohl wird die Agentur die Verwaltungskostenentwicklung sorgfältig im Auge behalten und ggf. steuernde Maßnahmen einleiten müssen.

Lernkontrollen zu E 3.3

Kennzahlen einer Agentur für Versicherungen und Finanzen

1 Was versteht man unter

a) horizontalen Bilanzkennzahlen;

b) vertikalen Bilanzkennzahlen?

2 Erläutern Sie die jeweilige Aussage der nachstehenden Bilanzkennziffern:

a) Anteil des Umlaufvermögens 75 %

b) Anteil des Eigenkapitals 45 %

c) Liquidität 2. Grades 110 %

d) Deckung nach der goldenen Bilanzregel 80 %

3 Die Schlussbilanz einer Versicherungsagentur weist folgende Zahlen aus:

Bilanz zum 31. Dezember ...

Aktiva			Passiva
Kraftfahrzeuge	29 000,00	Eigenkapital	32 200,00
Betr.- u. Gesch. Ausst.	46 000,00	Darlehensverb.	70 000,00
Ford. gg. Direktion	39 000,00	Verb. bei Untervertr.	27 800,00
Kassenbestand	2 300,00	Sonstige Verb.	2 800,00
Bankguthaben	16 500,00		
	132 800,00		132 800,00

a) Berechnen Sie die entsprechenden Bilanzkennzahlen (auf 2 Stellen nach dem Komma runden):

1. Anteil des Anlagevermögens am Gesamtvermögen;
2. Anteil des Umlaufvermögens am Gesamtvermögen;
3. Anteil des Eigenkapitals am Gesamtkapital;
4. Anteil des Fremdkapitals am Gesamtkapital;
5. Anteil des Eigenkapitals am Anlagevermögen;
6. Anteil des Eigenkapitals und langfristigen Fremdkapitals am Anlagevermögen;
7. Liquidität 1. Grades;
8. Liquidität 2. Grades.

b) Beurteilen Sie die Vermögens-, Kapital- und Finanzstruktur der Versicherungsagentur und begründen Sie Ihre Aussagen.

c) Weist die zur Liquidität 1. Grades berechnete Kennziffer auf einen möglichen Liquiditätsengpass in der Agentur hin? Begründen Sie Ihre Aussage.

d) Der Agenturinhaber möchte seine Geschäftsräume erweitern und benötigt hierfür ca. 50 000,00 €, die er als Kredit aufnehmen will. Welche Auswirkungen hätte diese Investition auf die Kapital- und Liquiditätsstruktur? Berücksichtigen Sie auch die goldene Bilanzregel.

4 Die Bilanz einer Versicherungsagentur weist ein Eigenkapital von 80 000,00 € und ein Gesamtkapital von 190 000,00 € aus.

Die GuV-Rechnung zeigt einen Zinsaufwand von 5 600,00 €, ferner einen Gewinn von 67 000,00 €.

Der Versicherungsagent setzt für seine Tätigkeit einen Unternehmerlohn von monatlich 5 300,00 € an.

a) Wie hoch ist die Eigenkapitalrentabilität?

b) Wie hoch ist die Gesamtkapitalrentabilität?

5 Im Rahmen des Vertriebscontrollings einer Agentur sind folgende Daten zu analysieren:

Unter-vertreter/-in	Kundentermine	Verträge	Stornierte Verträge	Prämie in € nach Storno
Dirk Schlömer	310	224	12	42 600,00
Tanja Müller	280	198	9	34 200,00

Zu Beginn des Geschäftsjahres betrug der Prämienbestand 900 000,00 €. Das Bestandsstorno betrug im Geschäftsjahr 86 000,00 €.

a) Ermitteln Sie die Abschlussquote im Neugeschäft.

b) Ermitteln Sie die Zuwachsrate beim Prämienbestand im Geschäftsjahr.

c) Ermitteln Sie die Stornoquote der Verträge im Neugeschäft.

6 Im Abschnitt E 3.3.3 wurden beispielhaft für die Sachversicherung anhand des Zahlenmaterials aus dem Situationsbeispiel berechnet:

- die Stornoquote in Prozent für den Bestand
- die Stornoquote in Prozent für die Neuabschlüsse
- die Zuwachsrate (absoluter Zuwachs in Prozent)

Berechnen Sie aus dem Zahlenmaterial zum Situationsbeispiel die vorgenannten Quoten für die Kfz-Versicherung.

7 Die Agentur von Nicole Baumgart sieht sich im Bereich der Kraftfahrtversicherung durch den Einfluss von Direktversicherern einem erheblichen Konkurrenzdruck ausgesetzt. Sie musste deshalb im letzten Jahr einen beträchtlichen Bestandsverlust hinnehmen, was sich auch auf das sonst übliche Anschlussgeschäft ausgewirkt hat. Ein Teil der abgewanderten Kraftfahrt-Versicherungskunden hat auch die bestehenden Sachversicherungen gekündigt und anderweitig plaziert.

Mit einer verstärkten Werbekampagne für den kundenorientierten Service will Nicole Baumgart dem weiteren Bestandsverlust begegnen und sogar wieder einen Zuwachs bei den Beiträgen in der Sachversicherung erreichen. Sie setzt deshalb folgende Ziele (Plandaten) zu Beginn des Geschäftsjahres fest:

Maximale Stornoquoten:

Bestandsstorno Sachversicherung maximal	5 %
Neugeschäftsstorno Sachversicherung maximal	3 %
Bestandsstorno Kraftfahrtversicherung maximal	15 %
Neugeschäftsstorno Kraftfahrtversicherung maximal	2 %

Zuwachsrate bei den Beiträgen:

Sachversicherung mindestens 4 %

Prüfen Sie anhand der unten stehenden Daten, ob die gesteckten Ziele erreicht wurden.

Berechnen Sie hierfür

a) die Stornoquote des Bestands und des Neugeschäftes im Sachbereich und im Kraftfahrtbereich;

b) den Bestand zum 31. Dezember im Sachbereich und im Kraftfahrtbereich;

c) die Zuwachsrate der Beiträge in der Sachversicherung.

	Beitragsbestand (01. Jan.) in T€	Bestandsstorno in T€	Neugeschäft in T€	Storno im 1. Jahr T€
Sach	1 560,00	73,32	163,35	1,58
Kfz	830,00	141,10	165,40	3,80

8 Berechnen Sie die Schadenquoten im Bestand der Versicherungsagentur Hilmar Krause.

Versicherungszweig	Beitragsbestand in T€	Schäden in T€
Hausratversicherung	840,00	72,24
Wohngebäudeversicherung	1 236,00	53,15
Privat-Haftpflichtversicherung	589,00	70,68

9 Berechnen Sie die Verwaltungskostenquote im Agenturinnendienst:

Erlöse aus der Leistung »Kundenbetreuung«	128 000,00 €
Gehälter der Innendienstmitarbeiter	72 400,00 €
Sachkosten	28 300,00 €

Lernsituationen

Eine Agentur steuern

Lernsituation 1:

»Können wir uns das denn überhaupt erlauben?«

Sie sind jetzt bereits im 3. Ausbildungsjahr bei der Agentur Krusenbaum und haben schon einen großen Einblick in die Geschäftstätigkeit bekommen. Da Herr Krusenbaum plant, Sie später als Partner in seine Agentur zu übernehmen, werden Sie auch immer häufiger in Überlegungen und unternehmerische Entscheidungen eingebunden.

Momentan soll eine Entscheidung zu folgender Situation getroffen werden:

Der Blumenladen mit Postagentur neben der Versicherungsagentur Krusenbaum (vgl. Lernsituation 1 in Abschnitt D) wird Ende des Monats geschlossen, da der Inhaber sich zur Ruhe setzen will. Ein Nachmieter konnte bisher nicht gefunden werden und deshalb wird das Ladenlokal jetzt zur Vermietung angeboten. Dieses Ladenlokal hat gegenüber dem Agenturbüro folgende Vorteile:

- Es stellt beim Betreten des Geschäftszentrums das erste Ladenlokal dar und kann auch vom Marktplatz aus direkt gesehen werden. Unter Standortgesichtspunkten wäre dies eine große Verbesserung.
- Es hat gegenüber dem Agenturbüro noch zwei weitere Räume im Hinterhaus, die zu Büroräumen umgebaut werden könnten. Dadurch wäre es möglich, in den hinteren Räumen (Backoffice) ungestört vom Kundenverkehr im vorderen Teil (Frontoffice) zu arbeiten.

Allerdings, so wendet Herr Krusenbaum ein, würde die Jahresmiete gegenüber dem bisherigen Mietaufwand um 40 % steigen. Der Umbau selbst einschließlich Einrichtung der neuen Räume wird voraussichtlich auch noch einmal 25 000,00 € kosten. Andererseits wird der Standortvorteil neue Kundschaft bringen und so den Ertrag steigern.

Herr Krusenbaum bittet Sie, doch einmal anhand der Ergebnisse der letzten Bilanz und GuV die finanziellen Möglichkeiten der Agentur und die möglichen Auswirkungen auf die Finanz- und Ertragslage auszuloten. Er selbst ist bereit, weitere 10 000,00 € aus seinem Privatvermögen für die Investition in die Agentur einfließen zu lassen.

Von Ihnen wird erwartet, dass Sie

- Vorschläge zur Finanzierung machen und die sich ergebende monatliche Mehrbelastung ermitteln, wenn die Agentur umzieht,
- die Auswirkungen auf die Vermögens- und Ertragslage analysieren und mit geeigneten Mitteln und Kennziffern darstellen (präsentieren) unter der Voraussetzung, dass die Investition zu einer Ertragssteigerung von 10 % durch die Gewinnung neuer Kunden führt.

Hintergrundinformationen:

Aktiva — Bilanz zum 31. Dezember 20… — Passiva

Aktiva	€	Passiva	€
Kraftfahrzeuge	19 060,00	Eigenkapital	44 370,00
Betriebs- und Geschäftsausstattung	15 500,00	Darlehensverbindlichkeiten	15 000,00
Forderungen gegen Direktion	9 000,00	Verb. beim Finanzamt	1 230,00
Aktive Rechnungs-abgrenzung	5 000,00	Verb. beim Sozialvers. Träger	3 060,00
Kasse	6 000,00	Sonstige Rückstellungen	900,00
Bank	10 000,00		
	64 560,00		64 560,00

Soll — GuV-Konto zum 31. Dezember 20… — Haben

Soll	€	Haben	€
Abschreibung auf Anlagen	1 500,00	Provisionsertrag	154 630,00
Abschreibung auf Kfz	3 800,00		
Abschreibung auf GWG	650,00		
Kfz-Aufwand	4 300,00		
Gehälter	36 840,00		
Sozialer Aufwand	3 840,00		
Verwaltungsaufwand	11 230,00		
Mietaufwand	18 800,00		
Zinsaufwand	1 200,00		
Gewinn	72 470,00		
	154 630,00		154 630,00

Betriebsnotwendiges Kapitel: 60 000,00 €

Kalkulatorischer Zinssatz: 5 % p. a.

Berechnung des kalkulatorischen Unternehmerlohns nach dem Berechnungsschema des BVK.

Aus Vereinfachungsgründen soll die kalkulatorische Abschreibung der bilanziellen Abschreibung entsprechen.

Lernsituation 2:

»Wir arbeiten zwar sehr erfolgreich, aber haben wir wirklich auch alles im Blick?«

Die Agentur Krusenbaum konnte bisher jedes Geschäftsjahr mit einem beachtlichen Gewinn abschließen. Dennoch ist der Agenturinhaber nicht ganz zufrieden, wie die Geschäftstätigkeit abläuft und das bringt er Ihnen gegenüber als geplantem zukünftigem Geschäftspartner auch wie folgt zum Ausdruck:

»Die Geschäfte laufen ja wirklich gut und wir können zufrieden sein. Das Jahresergebnis kann sich abermals blicken lassen, aber wenn wir ehrlich sind, dann müssen wir feststellen, dass wir beinahe pausenlos arbeiten. Darüber haben wir vergessen, zu prüfen, ob unsere Arbeit auch immer effizient ist. Wir sollten uns einmal die Zeit nehmen, zu überlegen, wie wir ein geeignetes Controllinginstrument entwickeln können, das uns z. B. aufzeigt, wo unsere Kräfte am sinnvollsten gebündelt werden. Kurz gesagt: Wir brauchen ein Steuerungsinstrument.«

Herr Krusenbaum bittet Sie, sich doch einmal Gedanken zu machen und einen Vorschlag auszuarbeiten und ihm und den Mitarbeitern/Untervertretern zu präsentieren. Für Ihre Tätigkeit hat er das unten aufgeführte Zahlenmaterial zusammen mit der Provisionstabelle zur Verfügung gestellt.

Man erwartet von Ihnen, dass Sie

- das Zahlenmaterial zu aussagefähigen Kennziffern verdichten und die Ergebnisse präsentieren,
- Vorschläge unterbreiten, was man aufgrund der Kennziffernaussagen in Zukunft stärker beachten bzw. verbessern sollte.

Zahlenmaterial aus dem Geschäftsjahr:

Bestandsentwicklung (Versicherungsentgelte bzw. Beitragssummen)

Versicherungszweig	Beitragsbestand (01. Jan ..) in T €	Bestandsstorno im Jahr	Neugeschäft im Jahr	davon vorzeitiges Storno
Sachversicherung	1 300,00	69,22	165,25	22,14
Kfz	850,00	465,33	225,00	4,15
Haftpflicht und Unfall	365,89	12,46	98,65	3,45
Leben	980,00	87,25 davon Storno im 2. Jahr: 15,30 im 3. Jahr: 8,70 im 4. Jahr: 5,10 im 5. Jahr: 1,90	110,15	im 1. Jahr: 25,25

Anmerkung: Lebensversicherungen, die sich im zweiten bis fünften Versicherungsjahr befinden und zum Storno gehen, sind hier wegen der Provisionsrückbelastung (siehe weiter hinten) separat ausgewiesen.

Verwaltungskosten (Agenturinnendienst)

Die Verwaltungskosten (bestehend aus Personal- und Sachkosten) in Höhe von 120 000,00 € wurden entsprechend der Anzahl der betreuten Kunden auf die Versicherungszweige wie folgt verteilt:

Versicherungszweig	Personalkosten	Sachkosten
Sachversicherung	30 000,00 €	12 000,00 €
Kfz	17 000,00 €	9 500,00 €
Haftpflicht und Unfall	20 000,00 €	10 300,00 €
Leben	16 000,00 €	11 000,00 €

Als Erlösquelle zur Deckung der vorstehenden Kosten dient die Bestandsprovision vom 1. Jan. d. J. sowie der erwartete Zuwachs zum 1. Jan. des Folgejahres aufgrund der Bestandszunahme durch Neugeschäft abzüglich Storno.

Provisionstabellen

Abschlussprovision	
Versicherungszweig	**Provisionssatz**
Sachversicherung	40 % des Versicherungsentgelts für das 1. Jahr
Haftpflicht- und Unfallversicherung	35 % des Versicherungsentgelts für das 1. Jahr
Lebensversicherung	25 ‰ der Beitragssumme über die gesamte Laufzeit
Kraftfahrtversicherung	Keine Abschlussprovision, nur Bestandsprovision

Voraussetzungen:

- Mindestvertragsdauer in der Nicht-Lebensversicherung 3 Jahre
- Die Abschlussprovision wird vom Versicherungsentgelt bzw. von der Beitragssumme des Neugeschäfts gezahlt.
- Provisionsrückbelastung bei Storno
  - in der Nicht-Lebensversicherung bei vorzeitigem Storno im ersten Jahr
  - in der Lebensversicherung jeweils 1/5 für jedes nicht voll erfüllte Versicherungsjahr, das vor dem Ablauf von 5 Vertragsjahren liegt (sog. vorzeitiges Storno)

Die Abschlussprovision wird zusätzlich zur Bestandsprovision gezahlt.

Bestandsprovision	
Versicherungszweig	**Provisionssatz**
Alle Sparten, ausgenommen Kraftfahrtversicherung und Lebensversicherung	12 % des Versicherungsentgelts für ein Jahr
Kraftfahrtversicherung	6 % des Versicherungsentgelts für ein Jahr
Lebensversicherung	0,25% des Versicherungsentgelts

- Die Bestandsprovision wird vom Beitragsbestand (1. Jan. ...) berechnet. Rückprovision wird vom Bestandsstorno berechnet. Für das Neugeschäft abzüglich vorzeitigem Storno wird ab dem 1. Jan. des nächsten Jahres Bestandsprovision gezahlt.

F Versicherungsaufsicht

1 Versicherungsaufsicht als Bestandteil der Finanzdienstleistungsaufsicht

1.1 Aufsichtsbereiche der Finanzdienstleistungsaufsicht

Bundesanstalt für Finanzdienstleistungsaufsicht (BaFin)		
Bankenaufsicht	**Versicherungsaufsicht**	**Wertpapieraufsicht/ Asset-Management**
• **Ziel:** Erhaltung der Funktionsfähigkeit des Kreditgewerbes • **Mittel:** – Erlaubnis zum Geschäftsbetrieb, – laufende Aufsicht – Meldepflichten	• **Ziele:** – Wahrung der Belange der Versicherten – Jederzeitige Erfüllbarkeit der Versicherungsverträge • **Phasen der Aufsicht:** – Erlaubnis zum Geschäftsbetrieb – Laufende Aufsicht (Missbrauchsaufsicht)	• **Ziel:** Funktionsfähigkeit deutscher Wertpapiere- und Derivatemärkte • **Aufgaben:** – Verfolgung von Marktmanipulationen und Insidergeschäften – Überwachungsfunktionen (z. B. Verhaltensregeln gegen Kunden und Aktionären) – Aufsicht über Finanzdienstleister und Investmentbereiche – Prüfung der Rechnungslegung kapitalmarktorientierter Unternehmen

Seit 1901 existiert in Deutschland für das Versicherungswesen eine Staatsaufsicht. Sie bestand bis 1994 als materielle Staatsaufsicht und hat sich mit der Einführung des EU-Binnenmarktes in eine **Missbrauchsaufsicht** gewandelt.

Die wichtigsten Änderungen mit Wirkung vom 29. Juli 1994 sind geradezu als Systemeinbrüche zu bewerten, vor allem die Abschaffung von Vorabkontrollen bzw. -genehmigungen von AVBen und Tarifen, da diese im EU-Binnenmarkt als wettbewerbshindernd galten.

1.2 Bundesanstalt für Finanzdienstleistungsaufsicht (BaFin) als Aufsichtsbehörde

Am 1. Mai 2002 wurden die früheren Aufsichtsämter für das Kreditwesen (BAKred), das Versicherungswesen (BAV) und den Wertpapierhandel (BAWe) zur **Bundesanstalt für Finanzdienstleistungsaufsicht (BaFin)** vereinigt. Die rechtliche Umsetzung erfolgte durch den Beschluss und der Veröffentlichung des Gesetzes über die Bundesanstalt für Finanzdienstleistungsaufsicht (Finanzdienstleistungsaufsichtsgesetz – FinDAG).

FinDAG § 1

Der Gesetzgeber folgte damit in aufsichtsmäßiger Hinsicht der Entwicklung am Finanzmarkt; denn Banken, Finanzdienstleistungsinstitute und Versicherungsunternehmen hatten bereits verstärkt Allfinanzkonzepte aufgrund von Kundenwünschen entwickelt und entsprechende Produkte angeboten. Damit existiert in Deutschland eine Sektor übergreifende staatliche Allfinanzaufsicht nach englischen Vorbild (Financial Service Authority).

Die BaFin ist eine selbstständige, bundesunmittelbare, rechtsfähige Anstalt des öffentlichen Rechts gemäß Art. 87 Absatz 3 GG und unterliegt der Rechts- und Fachaufsicht des Bundesministeriums der Finanzen. Sie vereinigt die Aufsicht über Banken und Finanzdienstleister, Versicherer und den Wertpapierhandel unter einem Dach. FinDAG § 2

Finanziert wird die Arbeit der BaFin aus Gebühren und Umlagen der beaufsichtigten Institute und Unternehmen. §§ 14 ff.

Beaufsichtigt werden etwa 630 Banken, 720 Finanz- sowie 40 Zahlungs- und Elektronische-Geldinstitute sowie knapp 90 deutsche Zweigniederlassungen ausländischer Kreditinstitute aus dem Europäischen Wirtschaftsraum, rund 540 Versicherer und 30 Pensionsfonds sowie 400 Kapitalverwaltungsgesellschaften und mehr als 6.300 inländische Fonds (Stand: 31. Dezember 2017).

Die Internetadresse lautet: **www.bafin.de**.

1.3 Ziele der Finanzdienstleistungsaufsicht

Es liegt im öffentlichen Interesse, ein funktionsfähiges und stabiles deutsches Finanzsystem zu gewährleisten, dem Bankkunden, Versicherte und Kapitalanleger vertrauen können. Das soll durch die Finanzdienstleistungsaufsicht erreicht werden. § 4

Mit ihrer **Solvenzaufsicht**[1] trägt die BaFin dazu bei, die Zahlungsfähigkeit von Kreditinstituten, Versicherern und Finanzdienstleistern sicherzustellen. Durch die **Marktaufsicht** werden ferner Verhaltensstandards gesetzt, die das Vertrauen der Anleger in die Finanzmärkte wahren. Zum **Anlegerschutz** gehört u. a., dass die BaFin unerlaubt betriebene Finanzgeschäfte bekämpft.

Ziele der Allfinanzaufsicht

- Funktionsfähigkeit des Finanzsektors
- Solvenzsicherung bei Banken, Finanzdienstleistungs- und Versicherungsunternehmen
- Schutz der Kunden, Versicherungsnehmer und Anleger

Seit 01. Januar 2018 ist der Aufgabenbereich der Nationalen Abwicklungsbehörde für Banken (NAB) auch in die BaFin integriert.

Gegenstand der weiteren Betrachtung im Rahmen dieses Lehrbuches ist die **Versicherungsaufsicht.**

---

1 **Solvenz** oder **Zahlungsfähigkeit** ist die Fähigkeit einer natürlichen oder juristischen Person, ihre Verbindlichkeiten bei Fälligkeit sofort oder in absehbarer Zeit zu erfüllen (Quelle: wikipedia).

2 Notwendigkeit der Modernisierung des Aufsichtsrechts

EU-Richtlinie 2014/51

Die Finanzkrise von 2007 und 2008 hat erhebliche Schwachstellen bei der Finanzaufsicht sowohl in Einzelfällen als auch hinsichtlich des Finanzsystems als Ganzem offenbart. Die Aufsichtsmodelle auf nationaler Ebene konnten mit der Globalisierung des Finanzsektors und mit der Realität der Integration und Verknüpfung der europäischen Finanzmärkte mit vielen grenzüberschreitend tätigen Finanzinstituten nicht Schritt halten.

Die Krise förderte Mängel bei der Zusammenarbeit, bei der Koordinierung und bei der zusammenhängenden Anwendung des Unionsrechts sowie einen Mangel an Vertrauen zwischen den zuständigen nationalen Behörden zutage.

In der Folge wurde auf europäischer Ebene beschlossen, die künftige Aufsichtsstruktur und die Aufnahme und Ausübung der Versicherungs- und der Rückversicherungstätigkeit (Solvabilität II) und der Ratingagenturen zu modernisieren, damit wirklich gleiche Wettbewerbsbedingungen für alle Akteure auf Unionsebene sichergestellt sind, und dass im Rahmen dieser Aufsicht der zunehmenden Integration der Finanzmärkte in der Union Rechnung getragen wird. Denn die Finanzmarktstabilität ist eine Grundvoraussetzung für die Schaffung von Arbeitsplätzen sowie für Kredite und Wachstum in der Realwirtschaft.

EU-Richtlinie 2014/51

Daraufhin wurde am 01. Januar 2011 ein Europäisches Finanzaufsichtssystem (ESFS) eingerichtet, das sich aus drei Europäischen Aufsichtsbehörden (ESA) zusammensetzt: einer Behörde für den Bankensektor mit Sitz in London (EBA), einer Behörde für den Wertpapiersektor (ESMA) in Paris sowie einer Behörde für den Versicherungssektor und die betriebliche Altersversorgung (EIOPA) in Frankfurt am Main. Sie erhielten den Auftrag, gemeinsam mit den nationalen Aufsichtsbehörden für eine verbesserte und harmonisierte Finanzaufsicht im europäischen Binnenmarkt zu sorgen.

EG-Richtlinie 2009/138

Um sicherzustellen, dass alle Versicherungs- und Rückversicherungsunternehmen gleich behandelt werden, bzw. um Marktentwicklungen Rechnung zu tragen, wurden von der EIOPA einige Durchführungsrechtsakte erlassen, in deren Folge auch das Gesetz über die Beaufsichtigung der Versicherungsunternehmen (Versicherungsaufsichtsgesetz – VAG) geändert werden musste. Das modernisierte VAG trat zum 01.01.2016 in Kraft.

Viele Bestimmungen des bis dahin gültigen VAG sind unverändert oder nur geringfügig modifiziert worden, allerdings aufgrund der neuen Gliederung an anderer Stelle zu finden.

3 Gründe und Zweck der staatlichen Versicherungsaufsicht

3.1 Besonderheiten der Versicherungswirtschaft

Die Versicherungswirtschaft ist gegenüber anderen Wirtschaftsbereichen durch eine Reihe von Besonderheiten gekennzeichnet. Aufgrund der Erfahrung im Laufe der Entwicklung des Versicherungswesens und aus Zweckmäßigkeitsüberlegungen liegt eine Einschränkung des allgemeinen Prinzips der Gewerbefreiheit nahe. Dafür lassen sich vor allem zwei Gründe anführen:

- Versicherungsschutz bedeutet Versprechen auf Gefahrentragung. Die Versicherungsleistung bleibt damit zunächst unsichtbar, während der VN seinerseits die Beiträge im Voraus zu entrichten hat. Er muss sich daher darauf verlassen können, dass das VU im Schadensfall auch leisten kann. Ob das VU aber hierzu allen Erfordernissen genügt, wird der VN – insbesondere im Hinblick auf die besondere Kompliziertheit der Versicherungstechnik sowie der Bilanzierung und Rechnungslegung – kaum beurteilen können. Selbst ein Fachmann hat häufig Mühe, wenn er sich ein wirklich fundiertes Urteil über den finanziellen Status, die Bonität und Qualität eines VU bilden will. Hinzu kommt, dass das VU auch Dritten (Bezugsberechtigte, Geschädigte) gegenüber leistungspflichtig ist, die selbst keinen Einfluss auf die Wahl des VU haben.
- Der Kapitaleinsatz eines VU betrifft überwiegend Sicherheitsmittel (Rückstellung, Rücklagen). Die Gefahr, dass das Versicherungsangebot über die eigene Leistungsfähigkeit hinaus ausgedehnt wird – insbesondere durch Beitragsunterbietung bis zur Beitragsschleuderei –, ist damit sehr groß. Die Insolvenz eines VR hätte aber über den Einzelfall hinaus einen Vertrauensschwund für das gesamte Versicherungswesen zur Folge. Es würden sich daraus auch erhebliche Nachteile für die Gesamtwirtschaft ergeben, insbesondere, wenn man die hohe volkswirtschaftliche Bedeutung und den sozialen Charakter des Versicherungswesens berücksichtigt.

Gründe und Zweck der Versicherungsaufsicht lassen sich daher wie folgt zusammenfassen:

»Unsichtbarkeit« und nahezu unbegrenzte »Vermehrbarkeit« des Versicherungsangebots machen eine übergeordnete Kontrollinstanz erforderlich. Ihre Aufgabe ist es,

- unsolide Gründungen von Versicherungsunternehmen zu verhindern, VAG § 11 (1)
- die dauernde Erfüllbarkeit von Versicherungsverträgen sicherzustellen,
- für eine Betriebsführung zu sorgen, die die Belange der Versicherten ausreichend absichert (Verbraucherschutz) bzw. zumindest eine unangemessene Benachteiligung der Versicherten verhütet,
- ein volkswirtschaftlich bedeutsames Kapitalsammelbecken zu kontrollieren.

3.2 Träger und Zuständigkeiten

a) Träger der Aufsicht

Träger der Versicherungsaufsicht auf Bundesebene ist die Bundesanstalt für Finanzdienstleistungsaufsicht (BaFin) mit ihren zwei Dienstsitzen (Bonn und Frankfurt/Main). FinDAG § 1 (2)

BaFin Satzung § 2 i. V. m. FinDAG § 6

Geleitet und verwaltet wird die BaFin durch die Mitglieder des Direktoriums in gemeinsamer Verantwortung. Es besteht aus einer Präsidentin bzw. einem Präsidenten und den fünf Exekutivdirektorinnen bzw. Exekutivdirektoren. Diese fünf verantworten die Geschäftsbereiche

- Innere Verwaltung und Recht,
- Bankenaufsicht,
- Versicherungs- und Pensionsfondsaufsicht,
- Wertpapieraufsicht/Asset-Management und
- Abwicklung.

BaFin Satzung

Bei Ihrer Arbeit unterstützen und beraten verschiedene Gremien die BaFin beziehungsweise sie kontrollieren ihre Arbeit.

FinDAG § 7, BaFin Satzung § 2

Dazu ist zunächst der **Verwaltungsrat** zu nennen. Er besteht aus 17 stimmberechtigten Mitgliedern: Sechs aus den jeweiligen Bundesministerien (BMF, BMWi, BMJV), fünf aus dem Deutschen Bundestag und sechs Personen mit Fachexpertise. Die letztgenannten können aktive Positionen in Interessenverbänden der Finanzindustrie oder einzelnen beaufsichtigten Unternehmen haben oder Vertreter der Wissenschaft sein. Die Deutsche Bundesbank kann mit einem Vertreter ohne Stimmrecht an den Sitzungen des Verwaltungsrats teilnehmen. Das gleiche Teilnahmerecht haben der Vorsitz des Personalrats der Bundesanstalt und seine Stellvertreter.

§§ 8, 8a

Hauptsächlich beratende Funktionen übernehmen verschiedene **Beiräte.** Der **Versicherungsbeirat** bspw. erörtert Fragen aus der Praxis der Versicherungsaufsicht und berät die BaFin bei der Anwendung und Weiterentwicklung des Aufsichtsrechts. In einigen Fällen schreibt das VAG auch eine Anhörung des Versicherungsbeirates vor.

§ 8, VAG § 325

Zum Versicherungsbeirat gehören: acht Vertreter der einzelnen Versicherungszweige, acht der Versicherungsnehmer und acht der Versicherungswissenschaft sowie fachwissenschaftlicher Vereinigungen. Die Vertreter der Versicherungsnehmer setzen sich zusammen aus vier Vertretern von Verbraucherschutzorganisationen sowie je einen Vertreter der Versicherungsmakler, der Industrie, der mittelständischen Vereinigungen und der Gewerkschaften. Die Mitglieder dieses Beirats werden für die Dauer von fünf Jahren berufen. Sie verwalten ihr Amt als unentgeltliches Ehrenamt.

Die BaFin ist zuständige Aufsichtsbehörde für

- private VU (Versicherungs-AG, VVaG) und Sicherungsfonds (§§ 1, 320 VAG),
- öffentlich-rechtliche Wettbewerbsanstalten, die über den Bereich eines einzelnen Bundeslandes hinaus tätig sind (§ 320 VAG),
- Pensionskassen (§ 232 VAG) und Pensionsfonds (§§ 1, 320 VAG).

VAG § 321

Träger der Versicherungsaufsicht auf Landesebene ist die jeweils dazu bestimmte Landesbehörde, die in der Regel dem Wirtschaftsministerium untersteht. Sie ist zuständig für

- öffentlich-rechtliche Wettbewerbsanstalten, deren Tätigkeit sich auf ein Bundesland beschränkt **(= ursprüngliche Zuständigkeit)**,
- private VU, die wegen ihrer geringen wirtschaftlichen Bedeutung (z. B. kleine VVaG) der Landesbehörde zur Aufsicht übertragen worden sind **(= abgeleitete Zuständigkeit)**.

SGB IV § 94

Gesetzliche Kranken- und Pflegekassen, gesetzliche Rentenversicherung, Berufsgenossenschaften, Arbeitslosenversicherung werden von anderen staatlichen Stellen, wie etwa vom Bundesversicherungsamt (BVA), kontrolliert. Für sie gilt das VAG nicht.

b) Aufsichtstatbestände

Inländische Versicherungsunternehmen

- Der **uneingeschränkten Aufsicht** unterliegen alle inländischen Erstversicherer. VAG § 1

  Sehr kleine VVaG können, wenn eine Aufsicht zur Wahrung der Versichertenbelange von der Art der betriebenen Geschäfte nicht erforderlich erscheint, von der Aufsicht zum Teil oder ganz freigestellt werden. Aufsichtsfrei sind auch die Unterstützungseinrichtungen und Unterstützungsvereine der Berufsverbände, da sie keinen Rechtsanspruch auf Leistungen einräumen. Das Gleiche gilt für gewisse örtlich begrenzt tätige VU, die gegen pauschales Entgelt Naturalersatz leisten (z. B. Wartungsverträge). § 5, § 3

- Inländische Rückversicherungsgesellschaften waren in der Vergangenheit von der Versicherungsaufsicht weitgehend ausgenommen, weil die Internationalität dieses Zweigs nicht eingeengt werden sollte und sich hier außerdem geschäftsgewandte Partner gegenüber stehen, die keines besonderen Schutzes, wie das für Verbraucherrisiken notwendig ist, bedurften. §§ 165 ff

  Inzwischen ist die Kontrolle der Erstversicherer und der Rückversicherungsunternehmen weitgehend angeglichen. Sonderregelungen für Rückversicherungen sind nur noch vereinzelt an verschiedenen Stellen des VAG zu finden.

Versicherungsunternehmen eines Drittstaates

VU eines Drittstaates bedürfen der Erlaubnis, wenn sie im Inland das Erstversicherungsgeschäft betreiben wollen. Sie haben hier eine Niederlassung zu errichten und für diese einen Hauptbevollmächtigten zu bestellen. §§ 61 ff.

Drittstaat im Sinne des VAG ist jeder Staat, der nicht Mitgliedsstaat der Europäischen Union (EU) oder Vertragsstaat des Abkommens über den Europäischen Wirtschaftsraum (EWR) ist.

Versicherungsunternehmen eines Herkunftsmitgliedstaates

VU aus Herkunftsmitgliedstaaten können seit Mitte 1994 unmittelbar grenzüberschreitend direkt vom Sitzland aus in Deutschland tätig werden, ohne hier eine Zweigniederlassung unterhalten zu müssen (freier Dienstleistungsverkehr).

Herkunftsmitgliedstaat im Sinne des VAG ist jeder Mitgliedstaat der Europäischen Union sowie jeder Vertragsstaat des EWR-Abkommens.

- Die **Zulassung zum Geschäftsbetrieb** für den gesamten EU-Binnenmarkt erfolgt durch die **Aufsichtsbehörde des Sitzlandes** (Aufsicht des Herkunftslandes). Mit der Zulassung in einem EU-Mitgliedstaat erwirbt das VU automatisch das Recht, in allen europäischen Mitgliedstaaten tätig zu werden **(sog. single-licence-Prinzip)**.

- Im Bereich der »**finanziellen Aufsicht**« gilt das Sitzlandprinzip auch uneingeschränkt für die **laufende Beaufsichtigung**, denn die Finanzaufsicht ist weitgehend harmonisiert.

  Der VN, der z. B. bei einem dänischen VR eine Versicherung abschließt, vertraut sich damit auch der Güte der finanziellen Aufsicht durch die dänische Aufsichtsbehörde an, die letztendlich über die dauernde Erfüllbarkeit der Versicherungsverträge wacht.

- Nur für die »**rechtliche Aufsicht**« behalten die Mitgliedsstaaten ihre Regelbefugnis auch für VU aus anderen EU-Ländern. Jedoch dürfen diesen VU nur solche Vorschriften entgegengehalten werden, die im »Allgemein-Interesse« geboten sind. Dabei sind von allgemeinem Interesse »Missstände, die die Belange der Versicherten gefährden«.

Beispiel:

Der Aufsichtsbehörde gehen wiederholt VN-Beschwerden über das Regulierungsverhalten eines französischen Krankenversicherers in Deutschland zu. Immer wieder wurde hier die Abwicklung der Leistungsabrechnungen verzögert.

Sollte tatsächlich ein Verstoß gegen Inlandsrecht (BGB, VVG) vorliegen, wird die Aufsichtsbehörde den französischen VR auffordern, dies abzustellen.

Eine zwangsweise Durchsetzung wäre jedoch grundsätzlich nur mit Hilfe der französischen Aufsichtsbehörde **(Sitzlandprinzip)** möglich.

Im Mittelpunkt der nachstehenden Ausführungen stehen die **Zulassung** und die **laufende Beaufsichtigung** der Versicherungsunternehmen anhand der aktuellen VAG-Gesetzeslage.

4 Aufgaben der Aufsichtsbehörde

4.1 Zulassung zum Versicherungsbetrieb

VAG § 8

Kriterien für die Zulassung eines inländischen VU

- Zuverlässigkeit und Eignung des Vorstandes
- Rechtsform: AG einschl. SE, VVaG, öffentlich-rechtliche Anstalt
- Spartentrennung für Lebensversicherung und Krankenversicherung
- Ordnungsgemäßer Geschäftsplan
  - Beschreibung von Risiken
  - Satzung
  - Ergebnisabführungs- und Funktionsausgliederungsverträge
  - Genügend Eigenkapital (Solvabilität)

Wer das Versicherungsgeschäft betreiben will, bedarf hierzu einer Erlaubnis durch die Aufsichtsbehörde (Konzessionssystem). Die Erlaubnis wird auf Antrag – i. d. R. für jede Sparte gesondert – erteilt.

a) Vorlage eines genehmigungspflichtigen Geschäftsplans

Mit dem Antrag ist der Geschäftsplan einzureichen. Aus ihm müssen sich der **Gegenstand des Unternehmens**, die **Organisationsstruktur**, das **Geschäftsgebiet** sowie die **Darstellung der Verhältnisse** ergeben, **wonach die künftigen Verpflichtungen dauernd erfüllbar sind**.

Der Geschäftsplan setzt sich aus mehreren Teilen zusammen.

- **Rechtlicher Teil:** Dazu gehört vor allem die Satzung des VU, soweit sie sich nicht auf AVB bezieht.
- **Versicherungstechnischer Teil**: Hier ist anzugeben, welche Versicherungssparten betrieben und welche Risiken einer Versicherungssparte gedeckt werden sollen (Tätigkeitsplan).

  Nicht genehmigungs- noch anmeldepflichtig sind dagegen die Tarife und die Rechnungsgrundlagen für die Beitragskalkulation.
- **Finanzieller Teil:** Die VU sind verpflichtet, zur Sicherstellung der dauernden Erfüllbarkeit der Verträge Eigenmittel (Solvabilität) in Höhe des Mindestgarantiefonds (absoluter Mindestbetrag) bereitzustellen. KapAusV § 1 ff.

  Die Höhe des in der EU einheitlich geregelten Mindestgarantiefonds ist für Versicherungszweige, je nach ihrer »Gefährlichkeit« und dem Umfang der übernommenen Risiken, unterschiedlich festgesetzt.

  Außerdem hat das VU Schätzungen für die ersten drei Geschäftsjahre vorzulegen. Dies betrifft die Beitragserträge, die Schadenaufwendungen und die Liquiditätslage.

VAG § 9 ➤ **Zusätzlich zum Geschäftsplan sind folgende nicht genehmigungspflichtige Unterlagen mit dem Antrag einzureichen:**

- Angaben über die **beabsichtigte Rückversicherung**
- Schätzung der Aufwendungen für den Aufbau der Verwaltung und des Vertreternetzes sowie der Nachweis der erforderlichen Finanzierungsmittel **(Organisationsfonds)**
- **Die AVBen für Pflichtversicherungen** (insbesondere die KH-Versicherung) und die Krankenversicherung, soweit sie die gesetzliche Krankenversicherung ersetzt **(substitutive Krankenversicherung)**

  Mit der Vorlage sind die AVBen aber durch das VU schon einsetzbar. Sie sind also nur noch anmeldepflichtig, aber nicht mehr genehmigungspflichtig, was sicherlich auch entbehrlich ist, weil der VN jetzt durch spezielle gesetzliche Regelungen geschützt wird. Es kommt also nur noch darauf an, dass deren Einhaltung durch die BaFin sichergestellt wird **(»Missstandsaufsicht«)**.

§ 150
- Die **Grundsätze** für die **Berechnung der Beiträge** und technischen **Rückstellungen** (insbesondere der Alterungsrückstellung) in der »substitutiven Krankenversicherung«

  Ebenso wie in der Lebensversicherung besteht auch in der Krankenversicherung eine Gewinnbeteiligungspflicht zugunsten des VN.

§ 18
- Angaben über die **Geschäftsleiter** und die Inhaber bedeutender Beteiligungen

  Die Aufsicht hat deren Zuverlässigkeit zu prüfen. Geschäftsleiter müssen außerdem fachlich geeignet sein.

§ 141
§ 156
- Angaben über den **Verantwortlichen Aktuar**, der in der Lebensversicherung und substitutiven Krankenversicherung als »Vorposten der Aufsicht« die ordnungsgemäße Berechnung der Prämien und technischen Rückstellungen sicherzustellen und im Interesse der Versicherten auch die Finanzlage des VU zu prüfen hat.

  Der Aktuar ersetzt damit im Wesentlichen die frühere aufsichtsbehördliche Tarifgenehmigung. Hinsichtlich seiner Zuverlässigkeit und fachlichen Eignung unterliegt er ähnlich wie der »unabhängige Treuhänder«, der vor allem in der Lebens- und Krankenversicherung bei der Änderung von Beiträgen und Gewinnbeteiligungen mitwirkt, aufsichtsbehördlicher Kontrolle. Der verantwortliche Aktuar kann Vorstandsmitglied oder Angestellter des VU sein. Er muss also nicht wie der unabhängige Treuhänder eine unternehmensexterne Person sein.

b) Versagungsgründe

§ 11 Nach der Prüfung des Antrags, des Geschäftsplans und der zusätzlichen Unterlagen erteilt die Aufsichtsbehörde die Erlaubnis – u. U. mit Auflagen – für das Gebiet aller EU-Länder. Die Erlaubnis wird dagegen u. a. versagt, wenn

- eine nicht **zulassungsfähige** Unternehmungsform vorliegt.

  Zulässig sind nur die Unternehmungsformen, die ein Höchstmaß an Sicherheit gegenüber den VN bieten. Dies trifft auf die AG einschl. der Europäischen Gesellschaft (SE), den VVaG und die öffentlich-rechtliche Anstalt bzw. Körperschaft zu.

- wenn neben den Versicherungsgeschäften ohne scharfe **juristische Trennung versicherungsfremde Geschäfte** betrieben werden (z. B. Bankgeschäfte).

  Zulässig sind ausdrücklich derivate Finanzgeschäfte (Termin- und Optionsgeschäfte), wenn sie der Absicherung gegen Kurs- oder Zinsänderungsrisiken bei vorhandenen Vermögenswerten oder dem späteren Erwerb von Wertpapieren dienen.

§ 67 (3)
- in der Lebens- und substitutiven Krankenversicherung das Prinzip der **Spartentrennung** nicht sichergestellt ist.

  Die Lebensversicherung ist durch Sparvorgänge (Deckungsrückstellung) und Gewinnbeteiligungssysteme gekennzeichnet. Würde sie zusammen mit der risikoreicheren Schadenversicherung betrieben, deren Schadenquote erfahrungsgemäß starken Schwankungen unterworfen ist, bestünde Gefahr, dass Verluste insbesondere in der Sachversicherung mit den – zwangsläufig beachtlichen – Überschüssen in der Lebensversicherung aufgerechnet werden. Auch mit der Krankenversicherung lässt die deutsche Versicherungsaufsicht vorerst noch keine Spartenkombination zu; denn hier geht es um die **Sicherung der Altersrückstellung**, die aus höheren Beitragszahlungen in jungen Jahren für das mit dem Alter zunehmende Krankheitsrisiko zu bilden ist.

Die Spartentrennung in der Kredit- bzw. Kautions- und in der Rechtsschutzversicherung ist mit Wirkung vom 01. Juli 1990 aufgehoben worden. Diese Versicherungszweige können seitdem auch im Kompositverband betrieben werden. Der Gefahr einer möglichen Interessenkollision, wenn die Rechtsschutzversicherung des Geschädigten und die Haftpflichtversicherung des Schädigers bei der gleichen Gesellschaft bestehen, wird jetzt in anderer Weise begegnet. Ein VU, das die Rechtsschutzversicherung mit anderen Sparten betreibt, hat die Leistungsbearbeitung in der Rechtsschutzversicherung einem besonderen rechtlich selbstständigen Schadenabwicklungsunternehmen zu übertragen.

- die **Unternehmensleiter nicht zuverlässig und fachlich geeignet** sind.
- ein **schädlicher Einfluss von Großaktionären auf das VU** zu befürchten ist.

  Zugrunde liegt hier auch die Besorgnis, das VU könnte für eigene Interessen missbraucht werden.
- der Geschäftsplan die **Zahlungsfähigkeit** und die **Belange der Versicherten** nicht ausreichend sicherstellt.

4.2 Laufende Beaufsichtigung

Laufende Aufsicht	
Finanzaufsicht (Dauernde Erfüllbarkeit der Verträge)	**Rechtsaufsicht** (Wahrung der Belange der Versicherten)
• Versicherungstechnische Rückstellungen und ausreichende Beiträge • Risikogerechte Kapitalanlagen • Solvabilität (Eigenmittelausstattung) • Einhaltung kaufmännischer Grundsätze • Geschäftsplan • Angemessenheit der Rückversicherung • Risikomanagement	• Gesetzesverstöße • Geschäftsplan • Überschussbeteiligung • Gleichbehandlungsgrundsatz • Aufklärung des VN • Unlauterer Wettbewerb • Korrekte Schadenregulierung • Bestandsübertragungen • Unerlaubter Geschäftsbetrieb • Kompetente Versicherungsvermittlung

a) Aufsichtsbereiche

Die Zugangskontrolle wird ergänzt durch ständige **Beaufsichtigung** des gesamten Geschäftsbetriebes des VU. Dabei unterscheidet das Gesetz zwischen einer **rechtlichen Aufsicht allgemein** und einer **Finanzaufsicht im Besonderen**. VAG § 294 (2)

Für Verträge, die vor dem 29. Juli 1994 abgeschlossen wurden (Altbestand), gelten die alten Geschäftspläne mit genehmigten AVB und Tarifen (Lebens-, Kranken- und KH-Versicherung) weiter, d. h., die Aufsicht hat hier auch noch ihre früheren Befugnisse. Für die Lebensversicherung ist dies sogar ausdrücklich im Gesetz klargestellt worden (Kontrolle der »Rückgewährquote«). § 336

Gegenstand der **Rechtsaufsicht** ist die ordnungsgemäße Durchführung des Geschäftsbetriebes, d.h. die **Einhaltung aller einschlägigen gesetzlichen Vorschriften** (VAG, VVG, PflVG, KfzPflVV, HGB, BGB, UWG, Geldwäschegesetz) **inkl. der rechtlichen Grundlagen des Geschäftsplans**.

VAG § 12 (1) § 13 Es bedarf der besonderen Genehmigung durch die Aufsicht, wenn der Geschäftsplan geändert werden soll. Dies gilt nicht für Satzungsänderungen, die nur eine Kapitalerhöhung zum Gegenstand haben. Genehmigungspflichtig ist auch die Übertragung des Versicherungsbestandes (d. h., sämtliche abgeschlossenen, noch nicht abgewickelten Versicherungsverträge werden auf ein anderes VU übertragen).

- **Die Aufsicht geht »Beschwerden« eines einzelnen VN nach.** Sie prüft, ob sich der betreffende VR gesetzes- bzw. geschäftsplanmäßig verhalten hat bzw. die Rechtsprechung – etwa die zum Nutzungsausfall in der Haftpflichtversicherung – berücksichtigt hat.

  Allerdings kann die Aufsichtsbehörde keinen privatrechtlichen Rechtsstreit entscheiden, sondern nur Feststellungen darüber treffen, ob ein zum Eingreifen zwingender Missstand vorliegt. Für die **Schlichtung von Streitigkeiten** mit dem VU kann sich der VN (Verbraucher) auch an den Verein »Versicherungsombudsmann e. V.« mit Sitz in Berlin wenden (vgl. Band 1, C 3.2 e). Private Rechtsstreitigkeiten sind ansonsten den ordentlichen Gerichten vorbehalten (z. B. der Streit, ob ein Vertrag tatsächlich zustande gekommen ist oder ob eine Obliegenheit grob fahrlässig verletzt wurde).

- **Im Rahmen von Amtsprüfungen lässt sich die Aufsichtsbehörde auch AVBen vorlegen** (unsystematische AVB-Kontrolle im laufenden Geschäftsbetrieb).

  Bei einer solchen Prüfung hat das VU überhaupt alle Druckstücke, die im Verkehr mit dem VN verwendet werden, vorzulegen. Die Aufsicht kontrolliert hier z. B., ob das VU seinen umfangreichen Belehrungspflichten nachgekommen ist.

WettbRili

- **Die Aufsicht überwacht die Einhaltung der besonderen Wettbewerbsregeln**, die in der Versicherungswirtschaft oft über die Bestimmungen des UWG hinausgehen.

  Dazu gehört z. B. das Auspannungsverbot (Verbot, den VN dazu zu veranlassen, Versicherungsverträge vorzeitig aufzulösen).

§ 298 (4)

- **Außerdem sind auch noch einige Sondertatbestände aufsichtsbehördlicher Kontrolle unterstellt.** Das VAG nennt hier das **Verbot von Sondervergütungen an die VN** (besonders das Provisionsabgabeverbot) und das **Verbot von Begünstigungsverträgen.**

  Begünstigungen sind unzulässig, wenn sachlich nicht gerechtfertigte Preisnachlässe gewährt werden. In ähnlicher Richtung wirkt auch das Gleichbehandlungsprinzip in der Lebens- und substitutiven Krankenversicherung, d. h., »bei gleichen Voraussetzungen dürfen Beiträge und Leistungen nur nach gleichen Grundsätzen bemessen werden«. Allerdings stehen diese aufsichtsrechtlichen Prinzipien in gewissem Widerspruch zum Prinzip des Wettbewerbs.

- Verboten ist auch die Verbindung von Darlehens- und Versicherungsgeschäften, wenn die Versicherungssumme den Darlehensbetrag übersteigt.

Im Rahmen der **Finanzaufsicht** hat die Aufsichtsbehörde auf die **wirtschaftliche Sicherstellung der dauernden Erfüllbarkeit aller Verpflichtungen aus den Versicherungsverträgen** zu achten, insbesondere auf

- die **Bildung ausreichender versicherungstechnischer Rückstellungen** und deren **Anlage in entsprechend geeigneten Vermögenswerten.**

  §§ 151 140 (2) In der Kranken- und Lebensversicherung sind die Versicherten auch in angemessenem Umfang am technischen Überschuss zu beteiligen.

- die **Einhaltung der kaufmännischen Grundsätze** (ordnungsgemäße Verwaltung bzw. Rechnungslegung).

  Deshalb sind nicht nur die Jahresabschlüsse unverzüglich einzureichen. Die Aufsicht fordert auch Zwischenberichte (interne Rechnungslegung) an und legt dazu Form und Fristen fest. Regelmäßig haben die VU über ihre gesamten Vermögensanlagen zu berichten, aufgegliedert in Neuanlagen und Bestände. Grundstückskäufe sind sogar sofort anzuzeigen.

- die Solvabilität der VU und die Einhaltung der übrigen finanziellen Grundlagen des Geschäftsplans **(Solvabilitätskontrolle)**.

  Im laufenden Geschäftsbetrieb sind über den »Mindestgarantiefonds« (absolute Kapitalausstattung) hinaus »Eigenmittel« mindestens in Höhe der »Solvabilitätsspanne« (relative Kapitalausstattung) zu bilden. Diese bemisst sich nach dem gesamten Geschäftsumfang des VU. **Ein Drittel der Solvabilitätsspanne gilt hierbei als Garantiefonds.** VAG § 89

b) Eingriffsbefugnisse der Aufsichtsbehörde

Werden Missstände sichtbar, ist die Aufsichtsbehörde zu entsprechenden Eingriffen berechtigt. Sie kann KapAusV § 81 (2)

- alle **Anordnungen treffen**, die geeignet und erforderlich sind, den Geschäftsbetrieb mit den gesetzlichen Vorschriften und dem Geschäftsplan in Einklang zu halten bzw. entsprechende Missstände zu vermeiden bzw. zu beseitigen.
- **Änderungen des Geschäftsplans verlangen**, und zwar auch mit Wirkung für bestehende Versicherungsverträge, wenn es zur Wahrung der Belange der Versicherten erforderlich ist.
- **einen Sonderbeauftragten einsetzen**, der die Geschäftsleitung ganz oder teilweise ersetzt, solange die Belange der Versicherten nicht auf andere Weise gewahrt werden können.
- **die Erlaubnis zum Geschäftsbetrieb widerrufen,**
  z.B. wenn die Eigenmittel eines VU geringer sind als die Solvabilitätsspanne und das VU außerstande ist, Maßnahmen eines zuvor genehmigten Finanzierungsplans zur Wiederherstellung gesunder Finanzverhältnisse fristgerecht durchzuführen.
- **Insolvenzantrag stellen.**

4.3 Besondere Regelungen

Die Einführung der neuen **Versicherungsvertriebsrichtlinie IDD** zum 23.02.2018 machte es auch erforderlich die Inhalte des VAG anzupassen.

Dem § 23 »Allgemeine Anforderungen an die Geschäftsorganisation« wurde das »**Produktfreigabeverfahren**« hinzugefügt. VAG § 23

Trug der 5. Abschnitt des 1. Kapitels von Teil 2 VAG bisher den Titel »Zusammenarbeit mit Versicherungsvermittlern«, wurde er neu in »**Versicherungsvertrieb**« unbenannt und von vier auf sieben Paragrafen erweitert. Damit sollte klargestellt werden, dass das VAG auch den **Direktvertrieb** durch den Versicherer und seine Angestellten umfasst. §§ 48 bis 51

a) Anforderungen an den Versicherungsvertrieb

§ 48, (1), GewO § 34d (2)

Versicherungsgesellschaften dürfen, wie bislang auch, nur mit bestimmten gewerbsmäßig tätigen gewerblichen Versicherungsvermittlern und Versicherungsberatern zusammenarbeiten, die dem Berufsausübungsrecht der GewO entsprechen (vgl. Kapitel C. 1.3.2).

Im neuen Absatz 2 wird deutlich gemacht, dass nunmehr der Vertrieb des Versicherers durch seinen **angestellten Außendienst** und auch der **Direktvertrieb** erfasst sind. VAG § 48 (2)

Nach Satz 1 müssen die Versicherer sicherstellen, dass ihre unmittelbar oder maßgeblich am Versicherungsvertrieb beteiligten Angestellten (sog. **vertriebsnahe Mitarbeiter**) bestimmte **Qualifikationsanforderungen** entsprechen. Sie müssen:

- **zuverlässig** sein,
- in **geordneten Vermögensverhältnissen** leben,
- über die zur Vermittlung der jeweiligen Versicherung **angemessene Qualifikation** verfügen,
- sich **regelmäßig fortbilden.**

GewO § 34d (5) Diese Anforderungen entsprechen grundsätzlich den Pflichten für ihre Ausschließlichkeitsvertreter (vgl. C.1.1.1).

Welcher Personenkreis mit dieser Regelung genau erfasst sein soll, kann nur gefolgert werden. Der klassische Außendienstangestellte fällt bestimmt darunter. Denn eigentlich übt er dieselbe Tätigkeit aus wie ein Ausschließlichkeitsvertreter – nur als Arbeitnehmer und nicht als selbstständiger Handelsvertreter. Auch klar erfasst sein sollten Mitarbeiter, die etwa in Telefon-Service-Centern Versicherungsprodukte direkt vertreiben.

§ 34d (1) Satz 3 Ob noch weitere Angestellte des Versicherers »unmittelbar oder maßgeblich am Versicherungsvertrieb beteiligt« sind, ist fraglich. Denn das »Mitwirken bei der Erfüllung von Versicherungsverträgen« ist gemäß GewO auch vom Begriff der Versicherungsvermittlung erfasst.

b) Anforderungen an die Geschäftsorganisation

VAG § 48 (2a) Versicherungsunternehmen müssen durch geeignete Maßnahmen sicherstellen, dass die Anforderungen durch ihre Angestellten und Vermittler sowie deren am Versicherungsvertrieb unmittelbar oder maßgeblich beteiligten Angestellten erfüllt, überwacht und dokumentiert werden. Hierzu müssen sie interne Leitlinien erlassen, angemessene interne Verfahren schaffen und eine Funktion einrichten, die die ordnungsgemäße Umsetzung sicherstellt.

c) Vertriebsvergütung und Vermeidung von Interessenkonflikten

VAG § 48a (1) i. V. m. VVG § 1a Versicherungsgesellschaften müssen ihre Vertriebsstruktur so ausrichten, dass sie im *bestmöglichen Interesse* des Kunden handeln. Es dürfen weder durch Vergütung oder Verkaufsziele noch auf andere Weise Vorkehrungen getroffen werden was Anreize schaffen könnte, einem Kunden eine Versicherung zu empfehlen, obwohl sie eine andere, den Bedürfnissen des Kunden besser entsprechende Versicherung anbieten könnten.

Daraus kann gefolgert werden, dass einem Versicherer nicht vorgeworfen werden kann, ein Produkt zu vertreiben, auch wenn die Konkurrenz bessere Produkte hat. Verboten beim Vertrieb unterschiedlicher eigener Produkte bleibt, Staffelprovisionen für bestimmte Produkte anzusetzen, um bspw. deren Absatz zu erhöhen.

d) Vertrieb von Versicherungsanlageprodukten

VVG §§ 7b und 7c Zu Versicherungsanlageprodukten, vgl. B 3.3.4.2 und die Bestimmungen im VVG im Zusammenhang mit dem Vertrieb dieser Produkte.

VAG § 48a (2) bis (6), i. V. m. VVG § 1a Es wurde ein System zum Management von *Interessenkonflikten,* deren Vermeidung sowie gegebenenfalls deren Offenlegung, errichtet, das auch für den Vertrieb von Versicherungsanlageprodukten gilt. Danach müssen Versicherer vor allem, wenn sie eine *Gebühr oder Provision* zahlen, dafür Sorge tragen, dass sich diese Zahlung nicht nachteilig für den Kunden auswirkt und dadurch die Verpflichtung verletzt wird, im besten Interesse seiner Kunden ehrlich, redlich und professionell zu handeln. Beim Versicherungsvertrieb im Allgemeinen **und** des Vertriebs von Lebensversicherungen im Besonderen sind damit einige Steuerungsinstrumenten der Vergangenheit verboten worden.

e) Durchleitungsgebot/Auskehrung

Diese Vorschrift wurde zur Stärkung der Honorarberatung für die Versicherungsberater eingeführt. Denn nach bisherigem Recht musste der Versicherungsnehmer den Dienst des Versicherungsberaters faktisch zweimal bezahlen. Einmal durch das vereinbarte Honorar, und zum anderen die in der Prämie einer Bruttopolice enthaltenen Zuwendungen. VAG § 48c

Zuwendungen sind die Kosten für die Versicherungsvermittlung, insbesondere Provisionen, Gebühren oder sonstige Geldleistungen sowie alle geldwerten Vorteile, unabhängig vom Zeitpunkt ihrer Fälligkeit. § 48c (3)

Hat der Versicherungsberater das Versicherungsunternehmen darüber informiert, dass er dem Versicherungsnehmer eine Versicherung mit Bruttotarif vermittelt hat, ist das Versicherungsunternehmen verpflichtet, diese Zuwendung unverzüglich an den Versicherungsnehmer auszukehren. Dies hat im Wege der Gutschrift auf einem für den Vertrag zu führenden **Prämienkonto** zu erfolgen. Dieses Guthaben ist ausschließlich zur Erfüllung der Pflicht des Versicherungsnehmers zur Prämienzahlung gemäß § 33 VVG zu verwenden, die für die jeweilige Versicherungsperiode zu leisten ist. § 48c (1)

Abweichend kann die Auskehrung auch im Wege einer allgemeinen Prämienreduzierung des vermittelten Vertrages erfolgen.

Neben der Meldung durch den Versicherungsberater ist es auch möglich, dass der VN im Fall einer Beratung dem Versicherer vor Abschluss des Vertrags eine vom Versicherungsberater auszustellende **Bescheinigung** über eine Beratung über die Versicherung vorlegt. Zwischen dem Tag der Beratung und dem Tag des Antrags auf Abschluss des Versicherungsvertrags dürfen nicht mehr als 6 Monate verstrichen sein.

Das Versicherungsunternehmen hat die Auskehrung in geeigneter Weise zu dokumentieren und den Versicherungsnehmer von der Auskehrung in Kenntnis zu setzen, mindestens durch jährliche Übermittlung eines Auszuges des Prämienkontos bis dessen Guthaben erloschen ist. § 48c (2)

f) Produktfreigabeverfahren

Die Unternehmen, die Versicherungsprodukte zum Verkauf konzipieren, damit sind i.d.R. die Versicherungsunternehmen gemeint, haben ein Verfahren für die interne Freigabe zum Vertrieb jedes einzelnen Versicherungsprodukts oder jeder wesentlichen Änderung bestehender Versicherungsprodukte zu unterhalten, zu betreiben und regelmäßig zu überprüfen. § 23 (1a) bis (1d)

Das Verfahren muss gewährleisten, dass für jedes Versicherungsprodukt, **bevor es an Kunden vertrieben** wird, ein bestimmter **Zielmarkt** festgelegt wird. Bei der Festlegung des Zielmarkts sind alle einschlägigen Risiken für den bestimmten Zielmarkt zu bewerten. Es ist sicherzustellen, dass die beabsichtigte **Vertriebsstrategie dem bestimmten Zielmarkt** entspricht. Die Unternehmen stellen im Rahmen einer angemessenen Geschäftsorganisation sicher, dass die Versicherungsprodukte an den bestimmten Zielmarkt vertrieben werden.

Die Unternehmen haben die Versicherungsprodukte **regelmäßig zu überprüfen.** Dabei haben sie alle Ereignisse zu berücksichtigen, die wesentlichen Einfluss auf das potenzielle Risiko für den bestimmten Zielmarkt haben könnten, und zumindest zu beurteilen, ob das Versicherungsprodukt weiterhin den Bedürfnissen des bestimmten Zielmarkts entspricht und die beabsichtigte Vertriebsstrategie immer noch geeignet ist.

Unternehmen, die Versicherungsprodukte konzipieren, haben allen **Vertreibern sämtliche sachgerechten Informationen** zu dem Versicherungsprodukt und dem Produktfreigabeverfahren, einschließlich des bestimmten Zielmarkts des Versicherungsprodukts, **zur Verfügung zu stellen.**

Vertreibt ein Unternehmen Versicherungsprodukte, die es nicht selbst konzipiert, oder berät es über solche Versicherungsprodukte, muss es über angemessene Vorkehrungen verfügen, um sich die genannten Informationen zu verschaffen und die Merkmale und den bestimmten Zielmarkt zu verstehen.

Diese Vorschriften gelten **nicht** für Versicherungsprodukte, die aus einer Versicherung für Großrisiken im Sinne des § 210 Absatz 2 des VVG bestehen, und nicht für Rückversicherer.

5 Sondervergütungs- und Provisionsabgabeverbot

Abweichend von den vorhergehenden Regelungen, die mit der Umsetzung der Versicherungsvertriebsrichtlinie zum 23.02.2018 Gültigkeit bekamen, ist der § 48b VAG bereits zum 29.07.2017 in Kraft getreten, weil diese Vorschriften allein vom Deutschen Gesetzgeber zu verantworten sind – also unabhängig von der EU. BGBl 2017 Teil I Nr. 52

Das bisher nur im Verordnungsweg aufgestellte Verbot, wurde nun rechtssicher neu gefasst. Es ist Versicherern und allen Versicherungsvermittlern – einschließlich ihrer Angestellten – untersagt, aus einem Versicherungsvertrag Sondervergütungen zu gewähren oder zu versprechen. VAG § 48b (1)

Versicherungsberater unterliegen diesem Verbot nicht. Sie müssen dagegen »auskehren« lassen (vgl. F 4.3 e).

Eine **Sondervergütung** ist jede unmittelbare oder mittelbare Zuwendung neben der im Versicherungsvertrag vereinbarten Leistung. Insbesondere ist dies jede vollständige oder teilweise Provisionsabgabe, jede sonstige Sach- oder Dienstleistung, die nicht die Versicherungsleistung betrifft, sowie jede Rabattierung auf Waren oder Dienstleistungen, sofern sie nicht eine Bagatellgrenze von 15,00 Euro je Versicherungsverhältnis und Kalenderjahr überschreitet. Damit sind kleine Geschenke erlaubt. § 48b (2)

Nicht als Sondervergütung gilt die Gewährung von Provisionen an VN, die gleichzeitig Vermittler des betreffenden Versicherers sind, es sei denn, das Vermittlerverhältnis wurde nur begründet, um diesen derartige Zuwendungen für eigene Versicherungen zukommen zu lassen. § 48b (3)

Erlaubt ist ausdrücklich eine Provisionsabgabe, soweit diese Sondervergütung zur dauerhaften **Leistungserhöhung** oder **Prämienreduzierung** des vermittelten Vertrages verwendet wird. In der Praxis ist diese Regelung wohl eher für Versicherungsvermittler relevant, als für Versicherer. § 48b (4)

Nicht klar ist, ob sich über den Verweis in § 34d Absatz 1 Satz 6 GewO auf § 48b VAG auch ein Vermittler auf diese Ausnahmebestimmung stützen kann. Denn es gilt zu beachten, dass es Weitergaben von Provisionen durch Vermittler geben kann, bei denen Fehlanreize ausgeschlossen sind, z. B. bei der Abgabe von Teilen der laufenden Provision.

Die BaFin ist nämlich der Ansicht, dass eine dauerhafte Reduzierung der Prämie oder Erhöhung der Leistung im Sinne dieser Ausnahmebestimmung nur vom Versicherer selbst gewährt werden kann. BaFin Journal 10/2017 Seite 22 ff.

Deshalb muss zu diesem Zweck differenziert werden, ob es sich um eine Leistungserhöhung oder um eine Prämienreduzierung handelt.

Bei der Leistungserhöhung ist die Mitwirkung des Versicherers immer nötig. Bei einer Prämienreduktion muss der Versicherer nicht notwendigerweise eingeschaltet werden. Denn es ist allein Sache des Vermittlers, eine entsprechende Vereinbarung mit dem Versicherungsnehmer zu treffen. Dafür benötigt er i. d. R. keine Erlaubnis des Versicherers. Technisch könnte die Prämienreduzierung z. B. durch Auskehrung auf verschiedenen Arten erfolgen.

Lernkontrollen zu F 3 bis F 5

Gründe, Zweck, Träger der Aufsicht

1 Erläutern Sie zwei Gründe für die Notwendigkeit staatlicher Aufsicht.

2 Welches Gesetz regelt die Versicherungsaufsicht?

3 Welche privaten Versicherungsunternehmen

a) unterliegen nicht der Versicherungsaufsicht?

b) werden nur in geringem Umfang (nur Rechnungslegung) beaufsichtigt?

Geben Sie jeweils nur eine kurze Begründung an.

4 Prüfen Sie, ob und inwieweit auch ausländische Erst-VR, die in Deutschland tätig werden wollen, der deutschen Aufsicht unterliegen.

5 a) Welche Behörden sind Träger der Versicherungsaufsicht?

b) Für welche VR sind sie jeweils zuständig?

Aufgaben der Aufsichtsbehörde

6 Es soll ein Versicherungsunternehmen gegründet werden.

a) Welche Unternehmensformen sind generell möglich?

b) Welche Unternehmensformen können Sie als Privatmann nicht gründen?

c) Was prüft die Aufsichtsbehörde im Rahmen der Erteilung der Erlaubnis zum Geschäftsbetrieb?

d) Aus welchen Gründen kann die Zulassung zum Geschäftsbetrieb verweigert werden?

7 a) Welche aufsichtsrechtlichen Besonderheiten gelten auch künftig für die Lebens- und Krankenversicherung?

b) Führen Sie Gründe für diese aufsichtsrechtliche Sonderstellung an.

8 Wenn Sie die bereits bestehenden Versicherungsunternehmen betrachten, können Sie feststellen, dass in der Versicherungswirtschaft verhältnismäßig viele Konzerne tätig sind. Ein Hauptgrund hierfür dürfte die so genannte »Spartentrennung« sein.

a) Was versteht man allgemein unter Spartentrennung?

b) Nennen Sie zwei Beispiele für eine Spartentrennung.

c) Wie wird die Forderung nach Spartentrennung begründet?

d) Warum haben die VR versucht, die Spartentrennung durch Konzernbildung, verbundene Unternehmen, Kooperationsverträge usw. zu überwinden?

9 a) Was überprüft die Aufsichtsbehörde im Rahmen ihrer laufenden Aufsicht?

b) Warum kommt der Finanzaufsicht eine besonders große Bedeutung zu?

10 Welche Möglichkeiten hat die Aufsichtsbehörde, um die Interessen der VN zu wahren bzw. Missstände bei Versicherern zu beseitigen?

Anhang: Kaufmännisches Rechnen

1 Dreisatzrechnen

Sollen bestimmte Fakten (z. B. Aufwandsminderungen oder Kostensenkungen), die ihren Niederschlag im Rechnungswesen finden, berechnet oder Prognosedaten aus dem Zahlenmaterial des Rechnungswesens gewonnen werden, bietet sich das Dreisatzrechnen an.

a) Dreisatz mit direktem Verhältnis

Beispiel:

Ein Versicherungsvertreter hat für das abgelaufene Geschäftsjahr eine Zusatzvergütung von 6 215,00 € für die von ihm betreuten 5 650 Kunden erhalten. Im laufenden Geschäftsjahr hat sich sein Kundenstamm auf 6 350 Kunden ausgeweitet. Welche Zusatzvergütung darf er erwarten, wenn der Vergütungssatz pro Kunde unverändert bleibt?

Lösung:

Angabesatz:	5 650 Kunden ≙	6 215,00 € Zusatzvergütung	①
Fragesatz:	6 350 Kunden ≙	x € Zusatzvergütung	②
Lösungssatz:	$x = \frac{6\,215{,}00 \cdot 6\,350}{5\,650} = \underline{\underline{6\,985{,}00}}$		③

Erläuterungen:

① Im Angabesatz stehen die Ausgangsbedingungen, also das, was vorgegeben ist.

② Der Fragesatz wird entsprechend dem Angabesatz aufgebaut, sodass gleiche Benennungen stets untereinander stehen.
Beachte: Die Einheit, nach der gefragt wird (hier die gesuchte Zusatzvergütung), steht immer am Ende des Fragesatzes, weshalb im Angabesatz die vorgegebene gleich lautende Einheit auch immer am Ende des Satzes stehen muss.

③ Der Lösungssatz wird wie folgt gebildet:

– Zunächst wird die Zusatzvergütung für eine Einheit, hier: für 1 Kunden, formuliert (sog. **Schluss auf 1**).

$$x = \frac{6\,215{,}00}{5\,650}$$

– Jetzt kann die Zusatzvergütung für 6 350 Kunden ausgedrückt und berechnet werden, indem man die als Bruch ausgedrückte Zusatzvergütung für 1 Kunden mit 6 350 multipliziert.

$$x = \frac{6\,215{,}00 \cdot 6\,350}{5\,650}$$

➤ Beim Dreisatz mit **direktem** (geradem) **Verhältnis** (hier: Kunden und Zusatzvergütung) verhalten sich die Größen **proportional** zueinander.

Allgemein gilt:

Je **mehr** – desto **mehr** bzw. Je **weniger** – desto **weniger**.

b) Dreisatz mit indirektem Verhältnis

Beispiel:

Für die Vorbereitung der Inventurarbeiten benötigen 3 Mitarbeiter 8 Arbeitstage. In wie viel Tagen wären die vorbereitenden Arbeiten abgeschlossen, wenn 4 Mitarbeiter zur Verfügung stünden?

Lösung:

Angabesatz:	3 Mitarbeiter benötigen 8 Arbeitstage	①
Fragesatz:	4 Mitarbeiter benötigen x Arbeitstage	①
Lösungssatz:	$x = \frac{8 \cdot 3}{4} = \underline{\underline{6 \text{ Tage}}}$	②

Erläuterungen:

① Angabesatz und Fragesatz werden nach den Regeln der Dreisatzrechnung formuliert.

② Der Lösungssatz wird wie folgt gebildet:

- Zunächst wird der Zeitbedarf bei Einsatz einer Einheit (hier: 1 Mitarbeiter) berechnet (sog. **Schluss auf 1**).

  $x = 8 \cdot 3$

  Anmerkung: Ein Mitarbeiter würde die 3-fache Zeit benötigen.

- Durch logische Überlegung kommt man zu dem Schluss, dass 4 Mitarbeiter für die gleiche Arbeit nur den 4. Teil der Zeit benötigen, die 1 Mitarbeiter brauchen würde.

  $x = \frac{8 \cdot 3}{4}$

➤ Beim Dreisatz mit **indirektem** (ungeradem) **Verhältnis** verhalten sich die Größen (hier: Mitarbeiter und Arbeitstage) entgegengesetzt zueinander.

Allgemein gilt:

Je **mehr** – desto **weniger** bzw. Je **weniger** – desto **mehr**.

Lernkontrollen zu 1

Dreisatzrechnen

1 Ein Werbeprospekt wird 6 Seiten im Format DIN A5 umfassen, wenn jede Seite mit 50 Zeilen bedruckt wird.

a) Auf wie viele Seiten DIN A4 lässt sich der Werbeprospekt bei einer Zeilenanzahl von 60 pro Seite drucken?

b) Welche Seitenzahl ist erforderlich, wenn jede Seite nur mit 15 Zeilen bedruckt werden soll?

2 Aus Kostengründen soll der Energieverbrauch in einer Agentur gedrosselt werden. Bisher wurden 7 200 Liter Öl für eine Heizperiode von 180 Tagen verbraucht.

a) Wie lange reicht der Heizölvorrat, wenn der Verbrauch während der Heizperiode auf 6 480 Liter gesenkt werden könnte?

b) Wie groß wäre die Kostenersparnis gegenüber der letzten Heizperiode, die mit 5 460,00 € zu Buche schlug? Es wird angenommen, dass der Heizölpreis unverändert bleibt.

3 Für eine innerbetriebliche Schulungsmaßnahme, an der insgesamt 25 Mitarbeiter aus den verschiedenen Abteilungen teilnehmen sollen, wurden pro teilnehmenden Mitarbeiter 75,00 € als Kosten kalkuliert. Welche Kosten sind pro Teilnehmer anzusetzen, wenn 5 Mitarbeiter an der Schulungsmaßnahme nicht teilnehmen können und die Gesamtkosten unverändert bleiben?

4 Eine Agentur benötigt weitere Aktenordner. Händler A verlangt bei Abnahme von 60 Aktenordnern einen Stückpreis von 3,60 €

Wie viel Ordner würde Händler B für den Gesamtpreis des Händlers A liefern, wenn bei ihm der einzelne Ordner nur 2,70 € kostet?

5 Bei einem Kraftstoffverbrauch von 9 l pro 100 km reicht die Tankfüllung des Pkws eines Vertreters 540 km.

a) Wie lange würde die Tankfüllung reichen, wenn durch verhaltene Fahrweise der Durchschnittsverbrauch pro 100 km um 1,5 l gesenkt werden könnte?

b) Um wie viel € reduziert sich sein Aufwand für 540 km Fahrtstrecke aufgrund der verhaltenen Fahrweise, wenn der Literpreis 1,30 € beträgt?

2 Verteilungsrechnen

Im Rechnungswesen gelangt das Verteilungsrechnen vor allem bei der Kostenstellen- und Kostenträgerrechnung zur Anwendung (vgl. E 1.4 und E 1.5). Aber auch in anderen kaufmännischen Zusammenhängen wird es häufig benötigt, z. B. bei der Gewinnverteilung, einer Verlustumlegung oder der Anteilsberechnung an einer Insolvenzmasse.

Im Bereich der Versicherungstechnik wird das Verteilungsrechnen vor allem bei der Mitversicherung, der Rückversicherung und der Mehrfachen Versicherung angewandt, da hier mehrere Versicherer an einem versicherten Risiko beteiligt sind.

2.1 Einfache Verteilung

a) Verteilung bei festgelegtem Verteilungsschlüssel

Beispiel:

Der Jahresgewinn von 153 000,00 € ist laut Gesellschaftsvertrag auf die 3 Gesellschafter Hansen, Meier, Müller der Agentur »Proximus Versicherungen Hansen & Co« im Verhältnis 4 : 3 : 2 zu verteilen.

Welcher Betrag steht jedem der Gesellschafter zu?

Lösung:

Gesellschafter	Verteilungsschlüssel	Wert 1 Teil	Gewinnanteil	
Hansen	4 Teile	17 000,00	68 000,00 €	③
Meier	3 Teile	17 000,00	51 000,00 €	③
Müller	2 Teile	17 000,00	34 000,00 €	③
	9 Anteile ①		153 000,00 €	

Nebenrechnung: 153 000,00 : 9 Teile = 17 000,00 € je Teil ②

Erläuterungen:

① Aus dem (hier vorgegebenen) Verteilungsschlüssel wird zunächst die Summe aller Teile ermittelt.

② Der zu verteilende Gewinn wird durch die Summe aller Teile dividiert. Man erhält den Wert eines Teils.

③ Für jeden Gesellschafter wird nun der Wert eines Teils mit der Anzahl seiner Teile multipliziert. Man erhält den jeweiligen Gewinnanteil.

b) Verteilung bei noch zu bestimmendem Verteilungsschlüssel

Beispiel:

In die Agentur »Proximus Versicherungen Hansen & Co.« ist ein weiterer Gesellschafter namens Speth eingetreten. Der neu geordnete Gesellschaftsvertrag sieht vor, dass ein Gewinn auf die Gesellschafter im Verhältnis ihrer Kapitaleinlagen verteilt wird.

Die Gesellschafter haben folgende Einlagen geleistet:

Gesellschafter Hansen	200 000,00 €
Gesellschafter Meier	350 000,00 €
Gesellschafter Müller	150 000,00 €
Gesellschafter Speth	100 000,00 €

Welchen Gewinnanteil erhält jeder Gesellschafter von einem Gewinn in Höhe von 160 000,00 €?

Lösung:

Gesellschafter	Einlage	Verteilungsschlüssel	Wert 1 Anteil	Gewinnanteil	
Hansen	200 000,00	4 Teile	10 000,00	40 000,00 €	③
Meier	350 000,00	7 Teile	10 000,00	70 000,00 €	③
Müller	150 000,00	3 Teile	10 000,00	30 000,00 €	③
Speth	100 000,00	2 Teile	10 000,00	20 000,00 €	③
	800 000,00	16 Teile ①		160 000,00 €	

Nebenrechnung: 160 000,00 € : 16 Teile = 10 000,00 € je Teil ②

Erläuterungen:

① Der Verteilungsschlüssel wird aus den Einlagen berechnet. Hier wurde jede Einlage durch 50 000 dividiert, um die dargestellten »handlichen« Teile zu bekommen. Die so ermittelten Teile werden aufsummiert.

② Der zu verteilende Gewinn wird durch die Summe aller Teile dividiert. Man erhält den Wert eines Teils.

③ Für jeden Gesellschafter wird nun der Wert eines Teils mit der Anzahl seiner Teile multipliziert. Man erhält den jeweiligen Gewinnanteil.

2.2 Verteilung unter Berücksichtigung von Vorauszahlungen und Sonderzahlungen

Im Rahmen der Verteilung sind Fälle denkbar, dass eine bereits geleistete Vorauszahlung (sog. **Vorleistung)** und/oder eine noch zu erbringende Sonderzahlung (sog. **Nachleistung)** zu berücksichtigen sind.

Beispiel:

In der Agentur »Proximus Versicherungen Hansen & Co.« sind vom Gewinn noch 150 000,00 € zu verteilen, nachdem der Gesellschafter Hansen bereits 20 000,00 € und der Gesellschafter Meier bereits 30 000,00 € vorweg erhalten haben. Gesellschafter Müller soll neben seinem Gewinnanteil für eine Sonderaufgabe 8 000,00 € aus dem Gewinn erhalten.

Im Übrigen wird der Gewinn im Verhältnis 4 : 7 : 3 : 2 an die Gesellschafter Hansen, Meier, Müller und Speth verteilt.

Lösung:

1. Berechnung des zu verteilenden Betrages

Restgewinn 150 000,00 €		
+ Vorauszahlung an Gesellschafter Hansen (Vorleistung)	20 000,00 €	①
+ Vorauszahlung an Gesellschafter Meier (Vorleistung)	30 000,00 €	①
= Erzielter Gewinn	200 000,00 €	
– Leistung an Gesellschafter Müller (Nachleistung)	8 000,00 €	②
= Zu verteilender Betrag	192 000,00 €	

2. Verteilung und Berechnung der Auszahlungsbeträge

Gesell-schafter	Vertei-lungs-schlüssel	Wert 1. Anteil	Gewinn-anteil	abzgl. Vorleistung	zuzgl. Sonder-zahlung	Auszahlung ③
Hansen	4 Teile	12 000,00	48 000,00	20 000,00 €		28 000,00 €
Meier	7 Teile	12 000,00	84 000,00	30 000,00 €		54 000,00 €
Müller	3 Teile	12 000,00	36 000,00		8 000,00 €	44 000,00 €
Speth	2 Teile	12 000,00	24 000,00			24 000,00 €
	16 Teile		192 000,00			150 000,00 €

Nebenrechnung: 192 000,00 € : 16 Teile = 12 000,00 € je Teil

Erläuterungen:

① Im Beispielsfall müssen die Vorleistungen zum Restgewinnbetrag hinzuaddiert werden, um den tatsächlichen Gewinn zu erhalten, der Grundlage für die Verteilung ist.

Hinweis: Soweit in der Aufgabenstellung nicht der Restgewinn, sondern der tatsächliche Gewinn ausgewiesen ist (im Beispielsfall wäre dies der erzielte Gewinn von 200 000,00 €), darf eine Vorleistung nicht hinzuaddiert werden. Wohl ist sie bei der Ermittlung des Auszahlungsbetrages zu berücksichtigen (siehe unter ③).

② Die 8 000,00 € sind vom tatsächlich erzielten Gewinn abzuziehen, da eine Sonderaufgabe des Gesellschafters Müller nachträglich aus dem Gewinn vergütet wird (Nachleistung).

③ Nach Berechnung der Gewinnanteile eines jeden Gesellschafters gemäß Verteilungsschlüssel sind die erhaltenen Vorleistungen abzuziehen und die Nachleistung hinzuzuaddieren. Man erhält den jedem Gesellschafter zustehenden Auszahlungsbetrag.

➤ Vorleistungen sind zum genannten Betrag, der zu verteilen ist,
- hinzuzuaddieren, wenn sie nicht mehr in ihm enthalten sind;
- nicht hinzuzuaddieren, wenn sie in ihm enthalten sind.

➤ Nachleistungen sind vom zu verteilenden Betrag abzuziehen.

➤ Nach der Verteilung gemäß vorgegebenem oder errechnetem Verteilungsschlüssel sind für die Ermittlung des Auszahlungsbetrages
- Vorleistungen vom Anteilsbetrag abzuziehen;
- Nachleistungen zum Anteilsbetrag hinzuzuaddieren.

Lernkontrollen zu 2

Verteilungsrechnen

1 Ein Verlust von 14790,00 € ist im Verhältnis 7 : 6 : 4 auf die Gesellschafter A, B und C zu verteilen.

Mit welchem Verlustanteil wird jeder Gesellschafter belastet?

2 Eine Generalagentur ermittelte folgende Kosten für ihr Kundenzentrum:

Gehälter	192000,00 €
Sozialer Aufwand	38400,00 €
Verwaltungsaufwand	62175,00 €
Energieaufwand	24420,00 €

Im Rahmen der Kosten- und Leistungsrechnung wurden für das Kundenzentrum 3 Kostenstellen gebildet und folgende Verteilungsschlüssel festgelegt:

	Verteilungs-schlüssel	Kostenstelle 1	Kostenstelle 2	Kostenstelle 3
Gehälter lt. Gehaltsliste und sozialer Aufwand	Zahl der Mitarbeiter	3	5	2
Verwaltungs-aufwand	Anzahl der betreuten Kunden	6400	9600	8000
Energie-aufwand	Energiever-brauch in den Kostenstellen	22400 kWh	31360 kWh	13440 kWh

Ermitteln Sie die Höhe der gesamten Kosten in den Kostenstellen.

3 Die von der Direktion insgesamt bereitgestellte Bonifikation in Höhe von 12600,00 € ist auf die 3 Vertreter Amelung, Kühn und Imseng zu verteilen. Vertreter Imseng hat bereits 2400,00 € vorweg erhalten, Vertreter Kühn soll wegen besonderer Leistungen 900,00 € zusätzlich erhalten.

Wie viel € erhält jeder Vertreter, wenn die Bonifikation ansonsten gleichmäßig verteilt wird?

4 Eine Generalagentur hat für ihre 5 Vertreter als Werbeanreiz 12000,00 € Zusatzprovision wie folgt ausgeschrieben:

Der Vertreter mit den meisten Vertragsabschlüssen erhält $^1/_2$, der Zweitplatzierte $^1/_5$, der Drittplatzierte $^1/_6$ und der Viertplatzierte den Rest. Der Vertreter mit den wenigsten Vertragsabschlüssen erhält keine Zusatzprovision.

Bilden Sie den Verteilungsschlüssel und berechnen Sie den Anteil der Platzierten an der Zusatzprovision.

5 Der ausgewiesene Gewinn einer Versicherungsagentur in der Rechtsform einer offenen Handelsgesellschaft (OHG) beträgt 220000,00 € und ist auf die 5 Agenturinhaber zu verteilen. Der Anteil von A beträgt das Vierfache des Anteils von B und der von C das Dreifache des Anteils von B. Der Anteil von D beträgt die Hälfte des Anteils von A. Der Anteil von E beträgt $^1/_3$ des Anteils von C.

Stellen Sie den Verteilungsplan auf.

3 Prozent- und Promillerechnen

Dem Prozentrechnen kommt aufgrund seiner Funktion als Vergleichs- und Verhältnisrechnen im Rahmen des Rechnungswesens eine besondere Bedeutung zu. Innerbetriebliche Ergebnisvergleiche, Geschäftsentwicklungen und Betriebsvergleiche lassen sich mit Prozentzahlen anschaulicher darstellen.

Das Promillerechnen kommt insbesondere in der Beitragskalkulation und der Beitragsberechnung von Versicherungsunternehmen zum Tragen.

a) Variablen der Prozentrechnung

Beim Prozentrechnen werden bestimmte Variablen (Zahlen, Werte, Größen) in das Verhältnis zur Zahl 100 gesetzt (pro centum = im Verhältnis zu 100).

Beispiel:

Im letzten Geschäftsjahr betrugen die Provisionseinnahmen 56 800,00 €. In diesem Geschäftsjahr soll eine Steigerung von 15 % erreicht werden. Das entspricht einem erwarteten absoluten Zuwachs von 8 520,00 €.

Die **Variablen** (Zahlen im Beispiel) werden wie folgt bezeichnet:

Grundwert	Prozentsatz	Prozentwert
Zahl, die mit der Vergleichszahl 100 gleichgesetzt wird; hier: 56 800,00 € (100 % entspricht 56 800,00 €)	Zahl, die das Verhältnis zur Vergleichszahl 100 ausdrückt; hier: 15 % (15 von 100)	Zahl, die den absoluten Betrag des Prozentsatzes vom Grundwert ausdrückt; hier: 8 520,00 € (15 % von 56 800,00 € entspricht 8 520,00 €)

b) Variablen der Promillerechnung

Beim Promillerechnen werden bestimmte Variablen ins Verhältnis zur Zahl 1 000 gesetzt (pro mille = Verhältnis zu 1 000).

Die **Variablen** werden bezeichnet als

Grundwert	Promillesatz	Promillewert

3.1 Prozent- und Promillewert

a) Berechnung des Prozentwertes

Beispiel:

20 % einer Forderung von 8 600,00 € müssen als uneinbringlich abgeschrieben werden.

Mit welchem Betrag schlägt sich der Forderungsausfall in den Geschäftsbüchern nieder?

Lösung mit Dreisatz:

Angabesatz: 100 % ≙ 8 600,00 €

Fragesatz: 20 % ≙ x €

Lösungssatz: $x = \frac{8\,600{,}00 \cdot 20}{100} = \underline{\underline{1\,720{,}00\ €}}$

Formel

$$\text{Prozentwert} = \frac{\text{Grundwert} \cdot \text{Prozentsatz}}{100}$$

b) Berechnung des Promillewertes

Beispiel:

Der Beitragssatz für eine Versicherung beträgt laut Tarifbuch 1,25 ‰.

Wie hoch ist der Beitrag (ohne VersSt) für eine VS von 60 000,00 €?

Lösung mit Dreisatz:

Angabesatz: 1000 ‰ ≙ 60 000,00 €

Fragesatz: 1,25 ‰ ≙ x €

Lösungssatz: $x = \frac{60\,000{,}00 \cdot 1{,}25}{1000} = \underline{\underline{75{,}00\ €}}$

Formel

$$\text{Promillewert} = \frac{\text{Grundwert} \cdot \text{Promillesatz}}{1\,000}$$

3.2 Prozent- und Promillesatz

a) Berechnung des Prozentsatzes

Beispiel:

Für die Vermittlung eines Versicherungsvertrages mit einem Jahresbeitrag ohne Versicherungsteuer von 2 610,00 € werden dem Versicherungsvertreter 652,50 € an Abschlussprovision gutgeschrieben.

Welchen Provisionssatz in % hat die Direktion zugrunde gelegt?

Lösung mit Dreisatz:

Angabesatz: 2 610,00 € ≙ 100 %

Fragesatz: 652,50 € ≙ x %

Lösungssatz: $x = \frac{100 \cdot 652{,}50}{2\,610{,}00} = \underline{\underline{25\ \%}}$

Formel

$$\text{Prozentsatz} = \frac{\text{Prozentwert} \cdot 100}{\text{Grundwert}}$$

b) Berechnung des Promillesatzes

Beispiel:

Statistische Beobachtungen zeigten, dass von 95 000 Männern im Alter von 40 Jahren durchschnittlich 244 in diesem Alter sterben.

Die Proximus Versicherung AG möchte diese Sterblichkeit mit der Sterblichkeit der 40-Jährigen ihres Bestandes vergleichen und benötigt den für Vergleichszwecke erforderlichen Promillesatz.

Lösung mit Dreisatz:

Angabesatz: 95 000 Männer ≙ 1000 ‰

Fragesatz: 244 Männer ≙ x ‰

Lösungssatz: $x = \frac{1000 \cdot 244}{95\,000} = \underline{\underline{2{,}568\ ‰}}$

Formel

$$\text{Promillesatz} = \frac{\text{Promillewert} \cdot 1\,000}{\text{Grundwert}}$$

3.3 Grundwert

a) Berechnung des Grundwertes (Prozentrechnung von hundert)

Beispiel:

Im laufenden Geschäftsjahr hat ein Versicherungsvertreter 14 760,00 € an Abschlussprovisionen für die Vermittlung von Lebensversicherungen erhalten, was einem Anteil von 60 % an den gesamten verdienten Provisionen entspricht.

Wie hoch waren seine Provisionseinnahmen insgesamt?

Lösung mit Dreisatz:

Angabesatz: 60 % ≙ 14 760,00 €

Fragesatz: 100 % ≙ x €

Lösungssatz: $x = \frac{14\,760{,}00 \cdot 100}{60} = \underline{\underline{24\,600{,}00\ €}}$

Formel

$$\text{Grundwert (Prozentrechnen)} = \frac{\text{Prozentwert} \cdot 100}{\text{Prozentsatz}}$$

b) Berechnung des Grundwertes (Promillerechnung von tausend)

Beispiel:
Bei einem Beitragssatz von 1,4‰ zahlt der VN jährlich 126,00 € (ohne VersSt). Wie hoch ist die Versicherungssumme?

Lösung mit Dreisatz:

Angabesatz: 1,4 ‰ ≙ 126,00 €

Fragesatz: 1 000 ‰ ≙ x €

Lösungssatz: $x = \frac{126{,}00 \cdot 1\,000}{1{,}4} = \underline{\underline{90\,000{,}00\ €}}$

Formel

$$\text{Grundwert (Promillerechnen)} = \frac{\text{Promillewert} \cdot 100}{\text{Promillesatz}}$$

3.4 Vermehrter Grundwert (Prozentrechnung auf hundert)

Beispiel:
Der jährliche Beitrag zu einer Haftpflichtversicherung beträgt 166,60 € einschließlich 19 % Versicherungsteuer. Wie hoch ist

① der Beitrag ohne Versicherungsteuer,

② die Versicherungsteuer?

zu ① : Lösung mit Dreisatz:

Angabesatz: 119 % ≙ 166,60 €

Fragesatz: 100 % ≙ x €

Lösungssatz: $x = \frac{166{,}60 \cdot 100}{119} = \underline{\underline{140{,}00\ €}}$

Formel (wenn vermehrter Grundwert gegeben ist)

$$\text{Grundwert} = \frac{\text{vermehrter Grundwert} \cdot 100}{(100 + \text{Prozentsatz})}$$

zu ② : Lösung mit Dreisatz:

Angabesatz: 119 % ≙ 166,60 €

Fragesatz: 19 % ≙ x €

Lösungssatz: $x = \frac{166{,}60 \cdot 19}{119} = \underline{\underline{22{,}40\ €}}$

Formel (wenn vermehrter Grundwert gegeben ist)

$$\text{Prozentwert} = \frac{\text{vermehrter Grundwert} \cdot \text{Prozentsatz}}{(100 + \text{Prozentsatz})}$$

3.5 Verminderter Grundwert (Prozentrechnung im Hundert)

Beispiel:

Im Vergleich zum Vorjahr nahm der Anteil der vom Untervertreter vermittelten Verträge um 5 % auf 760 Stück ab. Wie viele Verträge hat der Untervertreter

① im Vorjahr vermittelt,

② im Geschäftsjahr weniger als im Vorjahr vermittelt?

zu ① : Lösung mit Dreisatz:

Angabesatz: 95 % ≙ 760 Stück

Fragesatz: 100 % ≙ x Stück

Lösungssatz: $x = \frac{760 \cdot 100}{95} = \underline{\underline{800\ \text{Stück}}}$

Formel (wenn verminderter Grundwert gegeben ist)

$$\text{Grundwert} = \frac{\text{verminderter Grundwert} \cdot 100}{(100 - \text{Prozentsatz})}$$

zu ② : Lösung mit Dreisatz:

Angabesatz: 95 % ≙ 760 Stück

Fragesatz: 5 % ≙ x Stück

Lösungssatz: $x = \frac{760 \cdot 5}{95} = \underline{\underline{40\ \text{Stück}}}$

Formel (wenn verminderter Grundwert gegeben ist)

$$\text{Prozentwert} = \frac{\text{verminderter Grundwert} \cdot \text{Prozentsatz}}{(100 - \text{Prozentsatz})}$$

- Prozentwert (bzw. Promillewert)
  $$= \frac{\text{Grundwert} \cdot \text{Prozentsatz (bzw. Promillesatz)}}{100 \text{ (bzw. 1 000)}}$$
- Prozentsatz (bzw. Promillesatz)
  $$= \frac{\text{Prozentwert (bzw. Promillewert)} \cdot 100 \text{ (bzw. 1 000)}}{\text{Grundwert}}$$
- $$\text{Grundwert} = \frac{\text{Prozentwert (bzw. Promillewert)} \cdot 100 \text{ (bzw. 1 000)}}{\text{Prozentsatz (bzw. Promillesatz)}}$$
- Vermehrter Grundwert (Prozentrechnen) = Grundwert + Prozentwert
- Verminderter Grundwert (Prozentrechnen) = Grundwert – Prozentwert

Lernkontrollen zu 3

Berechnung des Prozent- bzw. Promillewertes

1 Berechnen Sie den Prozentwert

a) 25 % von 1 260,00 € b) 12 1/2 % von 14 000,00 € c) 44,3 % von 12,4 Mio. €

2 Berechnen Sie den Promillewert

a) 6 ‰ von 124 600,00 € b) 1,2 ‰ von 260 000,00 € c) 12,5 ‰ von 10 000,00 €

3 Für den Kauf von Büromaterial liegen 2 Angebote vor:

1. Angebot: 800,00 € abzüglich 20 % Mengenrabatt. Von dem errechneten Betrag werden noch einmal 5 % Kundenrabatt abgezogen. Bei Zahlung innerhalb von 8 Tagen 3 % Skonto. Die Anlieferung erfolgt kostenfrei.

2. Angebot: 780,00 € abzüglich 30 % Mengenrabatt. Für die Anlieferung werden 30,00 € berechnet.

Welches Angebot ist günstiger?

4 In der Lebensversicherung wurden früher die Abschlussprovisionen in Promille der Versicherungssumme gezahlt, während heute üblicherweise die während der Vertragslaufzeit zu zahlenden Beiträge zugrunde gelegt werden.

Für Vertreter Müller beträgt der Provisionssatz 25 ‰.

Er steht mit einem Versicherungsinteressenten vor dem Abschluss einer Lebensversicherung mit Berufsunfähigkeits-Zusatzversicherung (VS 150 000,00 €, Vertragsdauer 25 Jahre, Jahresbeitrag für die Lebensversicherung 5 100,00 €, Beitrag für die Berufsunfähigkeits-Zusatzversicherung 1 150,00 €).

Welche Provision würde bei erfolgreichem Vertragsabschluss gezahlt, wenn

a) die alte Regelung gilt,

b) die neue Regelung gilt und der Vertrag ohne die Zusatzversicherung zustande kommt,

c) die neue Regelung gilt und der Vertrag mit der Zusatzversicherung zustande kommt?

Berechnung des Prozent- bzw. Promillesatzes

5 Wie hoch ist der Provisionssatz in Prozent des Jahresbeitrages?

a) Jahresbeitrag 624,00 €, Provision 249,60 €

b) Jahresbeitrag 1 345,80 €, Provision 1 009,35 €

c) Jahresbeitrag 86,40 €, Provision 57,60 €

6 Welcher Beitragssatz in Promille wurde zugrunde gelegt?

a) Versicherungssumme 124 000,00 €, Beitrag 155,00 €

b) Versicherungssumme 81 000,00 €, Beitrag 108,00 €

c) Versicherungssumme 55 400,00 €, Beitrag 96,95 €

7 Ein Vertreter hat bisher bei einem Verbrauch von 9 Litern auf 100 km im Monat ca. 544,00 € für Benzinkosten ausgelegt. Aufgrund gestiegener Benzinkosten muss er heute im Monat durchschnittlich 576,00 € aufwenden.

a) Um wie viel Prozent sind seine Benzinkosten gestiegen? (Ergebnis auf 1 Stelle nach dem Komma runden)

b) Um wie viel Prozent müsste der Durchschnittsverbrauch auf 100 km durch energiesparende Fahrweise gesenkt werden, wenn auch weiterhin nur durchschnittlich 544,00 € an monatlichen Benzinkosten anfallen sollen? (Ergebnis auf 1 Stelle nach dem Komma runden)

Berechnung des Grundwertes

8 Die Bestandsprovision für einen Agenturinhaber richtet sich häufig nach dem Beitragsvolumen in dem von ihm betreuten Bestand.

Welches Beitragsvolumen hat der jeweilige Bestand bei folgenden Provisionssätzen und Bestandsprovisionen?

a) Provisionssatz 2,5 %, Bestandsprovision 15 625,00 €

b) Provisionssatz 1 $^2/_3$ %, Bestandsprovision 6 450,00 €

c) Provisionssatz 2 $^1/_4$ %, Bestandsprovision 8 478,00 €

9 Welche Lebensversicherungssumme kann geboten werden, wenn folgende Beitragssätze gelten sollen und ein Versicherungsinteressent den jeweils angegebenen Beitrag aufwenden will?

a) Beitragssatz 3,45 ‰, Beitrag 434,70 €

b) Beitragssatz 2,15 ‰, Beitrag 98,90 €

c) Beitragssatz 15,8 ‰, Beitrag 6 794,00 €

10 Die Versandbedingungen eines Computerzubehör-Lieferanten sehen 3 % Rabatt, max. jedoch 420,00 € als Rabatt, vor.

Bei welchem Bestellvolumen wird der Rabatt voll ausgeschöpft?

11 Die Provisionseinnahmen eines Untervertreters waren im Monat September um 3 560 € (= 12,5 %) größer als im August, im Oktober aber um 6 % geringer als im September.

Wie hoch waren die Provisionseinnahmen

a) im August, b) im September, c) im Oktober?

Berechnung vom vermehrten Grundwert

12 Die Energiekosten der Agentur sind gegenüber dem Vorjahr um 12,5 % auf 1 777,50 € gestiegen.

Wie hoch waren die Energiekosten im Vorjahr?

13 Der Gewinn des Geschäftsjahres beträgt 82 830,00 € und ist um 10 % höher als im Vorjahr.

Wie viel € betrugen der Gewinn des Vorjahres und die Steigerung?

14 Das Bruttogehalt eines Abteilungsleiters ist im Vorjahr um 5 % gestiegen. In diesem Jahr sieht der Tarifvertrag eine Steigerung von 2 %, mindestens aber 85,00 €, vor. Der Abteilungsleiter hat nach beiden Erhöhungen ein Bruttogehalt von 3 781,00 €.

Wie hoch war das Bruttogehalt vor den beiden Erhöhungen?

Berechnung vom verminderten Grundwert

15 Nach Abzug von 5 % Bearbeitungsgebühr vom Darlehensbetrag zahlt die Bank 61 750,00 € aus.

Wie hoch ist das gewährte Darlehen?

16 Im Rahmen eines Insolvenzverfahrens erhält ein Gläubiger 35 % seiner Forderung ausbezahlt. 52 455,00 € muss er als Forderungsausfall abschreiben.

Wie hoch war seine ursprüngliche Forderung?

17 Die Anzahl der von einer Versicherungsagentur betreuten Kunden mit einer Kraftfahrtversicherung ist gegenüber dem Vorjahr um 10 % zurückgegangen. Schon im Vorjahr betrug der Rückgang gegenüber dem Vorvorjahr 5 %. Zurzeit weist der Bestand noch 4 959 Kunden aus.

Wie hoch war die Kundenanzahl im Vorjahr und im Vorvorjahr?

4 Zinsrechnen

Das Zinsrechnen spielt im Rechnungswesen eine Rolle, wenn z. B. Finanzierungsüberlegungen anstehen oder die Rendite von Anlagen beurteilt werden soll.

Bei der Zinsrechnung handelt es sich um eine um den Faktor »Zeit« erweiterte Anwendungsform der Prozentrechnung.

Variablen der Prozentrechnung und **Zinsrechnung** im Vergleich:

Prozentrechnung	Zinsrechnung
Grundwert	Kapital (K)
Prozentsatz	Zinssatz (p)*
Prozentwert	Zins (Z)
	Zeit (j, m, t)**

* Der Zinssatz ist ein Jahreszinssatz, sofern nichts anderes angegeben ist. Häufig wird dies auch durch den Zusatz p. a. (pro anno), d. h. pro Jahr, vermerkt.

** In Abhängigkeit von der Dauer, für die Zinsen zu berechnen sind, kennt man Zinsformeln für Tageszinsen (Zeit t), Monatszinsen (Zeit m) und Jahreszinsen (Zeit j).

4.1 Berechnung der Zinsen

Beispiel:
Die Agentur benötigt dringend eine leistungsfähigere Computeranlage, die mit der in 80 Tagen zu erwartenden Bonifikationszahlung finanziert werden soll. Bis dahin wird ein Zwischenkredit von 8 600,00 € benötigt, den die Bank zu einem Zinssatz von 9 % p. a. (pro anno) gewährt. Wie hoch ist der Zins?

a) Lösung mit der Allgemeinen Zinsformel (für Tageszinsen)

$$Z\ (\text{Tageszinsen}) = \frac{K \cdot p \cdot t}{100 \cdot 360}$$

$$\text{Zinsen } (Z) = \frac{8\,600{,}00 \cdot 9 \cdot 80}{100 \cdot 360} = \underline{\underline{172{,}00\ €}}$$

Für **Monatszinsen** bzw. **Jahreszinsen** lauten die Zinsformeln:

$$Z\ (\text{Monatszinsen}) = \frac{K \cdot p \cdot m}{100 \cdot 12} \qquad Z\ (\text{Jahreszinsen}) = \frac{K \cdot p \cdot j}{100}$$

b) Lösung mit der Kaufmännischen Zinsformel

Aus der Allgemeinen Zinsformel (für Tageszinsen) ist durch Umformung die Kaufmännische Zinsformel entwickelt worden. Sie bietet Vorteile, wenn mehrere Kapitalien mit unterschiedlichen Laufzeiten, aber gleichem Zinssatz zu verzinsen sind (siehe weiter unten: Summarische Zinsrechnung).

$$\text{Zinsen} = \text{Zinszahl (\#)} : \text{Zinsteiler}$$

$$\text{Zinsen} = \frac{K}{100} \cdot t : \frac{360}{p}$$

$$\text{Zinsen} = \frac{8\,600{,}00 \text{ ①}}{100} \cdot 80 : \frac{360 \text{ ②}}{9}$$

$$\text{Zinsen} = \text{Zinszahl (\#) } 6\,880 : \text{Zinsteiler } 40 = \underline{\underline{172{,}00\ €}} \quad \text{③}$$

Erläuterungen:

① Der Teilausdruck $\frac{K}{100} \cdot t$ wird als **Zinszahl** (#) bezeichnet.
Es gelten folgende Rechenregeln:

- Das Kapital ist ohne Centbeträge anzusetzen.
  Anmerkung: In der Datenverarbeitung wird das Kapital häufig mit den Centbeträgen angesetzt.
- Die errechnete Zinszahl ist ggf. kaufmännisch auf eine ganze **Zahl** auf- bzw. abzurunden (Abrundung bis ...,49; Aufrundung ab ...,50).

② Vom Teilausdruck $\frac{p}{360}$ wird der Kehrwert $\frac{360}{p}$ gebildet, den man als **Zinsteiler** bezeichnet.

③ Die Division der Zinszahl durch den Zinsteiler ergibt die Zinsen.

Hinweis:

Ergibt die Division von 360 durch den Zinssatz keine ganze Zahl, sind die Zinsen wie folgt zu berechnen:

$$\text{Zinsen} = \text{Zinszahl (\#)} \cdot \frac{p}{360}$$

---

c) Regeln für die Zinstageberechnung

Beispiel:
Ein Kapital ist vom 15. Januar bis 31. März des Jahres zu verzinsen. Wie viele Zinstage sind anzusetzen?

Lösung:

Zinstage im Januar:	15	①
Zinstage im Februar:	30	②
Zinstage im März:	30	③
Zinstage insgesamt:	75	

Erläuterungen:

① Der 15. Januar (erster Tag) wird nicht mitgezählt, ebenso bleibt der 31. eines Monats (hier: 31. Januar) unberücksichtigt.

② Jeder Monat hat 30 Zinstage. Das gilt auch für den Februar. Endet die Zinsperiode aber am 28. oder 29. Februar, so werden nur 28 oder 29 Tage angesetzt.

③ Auch hier gilt: Jeder Monat hat 30 Zinstage. Ein Jahr hat demzufolge 360 Zinstage.

d) Summarische Zinsrechnung

Die Summarische Zinsrechnung bietet sich an, wenn mehrere Kapitalien mit unterschiedlichen Laufzeiten, aber einheitlichem Zinssatz zu verzinsen sind.

Beispiel:

Ein Darlehen von 20 000,00 €, das am 10. Januar gewährt wurde, wird vereinbarungsgemäß in folgenden Raten zurückgezahlt:

9 000,00 € am 10. März d. J.

6 000,00 € am 15. April d. J.

5 000,00 € am 25. Mai d. J.

Mit der letzten Zahlung sind 9 % Darlehenszinsen fällig.

Lösung 1:

Teilzahlung	am	Zinszeitraum	Tage	Zinszahlen	
9 000,00	10. März	10. Jan.–10. März	60	5 400	
6 000,00	15. April	10. Jan.–15. April	95	5 700	
5 000,00	25. Mai	10. Jan.–25. Mai	135	6 750	
				17 850	①

Zinszahlensumme (#) = 17 850

Zinsteiler für 9 % = 40

Zinsen = # 17 850 : 40 = <u>446,25 €</u>

Lösung 2:

Restschuld	am	Zinszeitraum	Tage	Zinszahlen	
20 000,00	10. März	10. Jan.–10. März	60	12 000	
11 000,00	15. April	10. März–15. April	35	3 850	
5 000,00	25. Mai	15. April–25. Mai	40	2 000	
				17 850	②

Zinszahlensumme (#) = 17 850

Zinsteiler für 9 % = 40

Zinsen = # 17 850 : 40 = <u>446,25 €</u>

Erläuterungen zu Lösung 1 und Lösung 2:

① Bei diesem Lösungsansatz wird für jede Rückzahlungsrate die Zinszahl für den Zeitraum von der Darlehensaufnahme bis zum Rückzahlungszeitpunkt berechnet. Die Summe der Zinszahlen wird durch den gemeinsamen Zinsteiler dividiert.

② Bei diesem Lösungsansatz wird jede Zinszahl für den Zeitraum aus dem Kapital berechnet, das bis zu einer Raten(rück)zahlung zur Verfügung stand. Die anschließende Zinsberechnung entspricht dem 1. Lösungsansatz.

➤ Bei der **Kaufmännischen Zinsformel** ist zu beachten:
- Das Kapital ist ohne Centbeträge anzusetzen (nicht runden).
- Die Zinsszahl ist immer auf eine ganze Zahl auf- bzw. abzurunden.

➤ Bei der **Zinstageberechnung** ist zu beachten:
- Der erste Tag einer Zinsperiode wird nicht mitgezählt.
- Der Monat wird mit 30 Tagen und das Jahr mit 360 Tagen angesetzt.

4.2 Berechnung von Zinssatz, Tagen und Kapital

Die genannten Größen lassen sich durch Umformung der Allgemeinen Zinsformel berechnen.

➤ Formel für den Zinssatz

$$\text{Zinssatz (p)} = \frac{\text{Zinsen (Z)} \cdot 100 \cdot 360}{\text{Kapital (K)} \cdot \text{Tage (t)}}$$

➤ Formel für die Tage

$$\text{Tage (t)} = \frac{\text{Zinsen (Z)} \cdot 100 \cdot 360}{\text{Kapital (K)} \cdot \text{Zinssatz (p)}}$$

➤ Formel für das Kapital

$$\text{Kapital (K)} = \frac{\text{Zinsen (Z)} \cdot 100 \cdot 360}{\text{Zinssatz (p)} \cdot \text{Tage (t)}}$$

Lernkontrollen zu 4

Zinsrechnen

1 Berechnen Sie die Zinsen mit der Allgemeinen Zinsformel:

	Kapital	Zeit	Zinssatz
a)	50 300,00 €	176 Tage	8,00 %
b)	21 230,00 €	8 Monate	7,50 %
c)	10 600,00 €	3 Jahre	6,00 %

2 Berechnen Sie die Zinsen mithilfe der Kaufmännischen Zinsformel:

	Kapital	Zeit	Zinssatz
a)	6 270,98 €	90 Tage	8,00 %
b)	15 347,00 €	123 Tage	7,50 %
c)	20 000,00 €	270 Tage	6,25 %

3 Berechnen Sie die Zinstage für folgende Zinsperioden:

a) 5. Januar d. J. – 11. November d. J.

b) 10. April d. J. – 31. August d. J.

c) 25. März d. J. – 2. Oktober d. J.

d) 28. Februar d. J. – 31. Januar n. J.

e) 31. Oktober d. J. – 28. Februar n. J.

4 Ein Darlehen über 40 000,00 € ist für die Zeit vom 31. August d. J. bis 28. Febr. n. J. mit 7,5 % zu verzinsen.

Berechnen Sie die Zinsen

a) mit der Allgemeinen Zinsformel,

b) mit der Kaufmännischen Zinsformel.

5 An einer Versicherungsagentur, die als Kommanditgesellschaft geführt wird, sind beteiligt:

Vollhafter A mit einer Einlage von 50 000,00 €,

Vollhafter B mit einer Einlage von 30 000,00 €,

Teilhafter C mit einer Einlage von 20 000,00 €.

Der Reingewinn des Geschäftsjahres beträgt 56 000,00 €.

Jeder Gesellschafter erhält zunächst die im HGB vorgesehene 4 %ige Kapitalverzinsung. Der verbleibende Gewinn wird laut Satzung im Verhältnis der Kapitaleinlagen aufgeteilt.

Berechnen Sie die Gewinnanteile der Gesellschafter.

6 Der Agenturinhaber hat neue Computertische gekauft. Bezahlt er die Rechnung von 4 500,00 € innerhalb von 10 Tagen, kann er 3 % Skonto vom Rechnungsbetrag abziehen, ansonsten ist die Rechnung innerhalb von 30 Tagen ohne jeden Abzug zu zahlen. Da er auch in 30 Tagen den Rechnungsbetrag noch nicht zur Verfügung hat, muss er in jedem Falle sein Konto im Rahmen des Kontokorrentkredits überziehen, wofür die Bank dann 9 % p. a. Zinsen verlangt. Er fragt sich nun, ob er schon jetzt sein Konto für die Ausnutzung des Skontos überziehen soll.

Helfen Sie ihm mit konkreten Zahlen bei seinem Entscheidungsproblem.

Anmerkung: In der Praxis ist es häufig üblich, dass der Lieferant ein Zahlungsziel (hier: 30 Tage) einräumt, in dem der Käufer das Geld für die Rechnungsbegleichung beschaffen kann (z. B. durch Weiterverkauf). Durch die Möglichkeit des Skontoabzuges soll der Zahlungspflichtige angeregt werden, die Rechnung schneller zu begleichen, damit der Lieferant eher zu seinem Geld kommt.

7 Ein Anschaffungsdarlehen von 12 400,00 €, das am 10. Jan. des Jahres zu einem Zinssatz von 7 $^1/_2$ % p. a. gewährt wurde, wird in folgenden Raten zurückgezahlt:

am 28. Febr. d. J.	3 000,00 €	am 10. Aug. d. J.	4 900,00 €
am 25. Apr. d. J.	1 600,00 €	am 20. Sept. d. J.	Restbetrag
am 31. Mai d. J.	2 700,00 €		

a) Berechnen Sie für jede der Rückzahlungsraten die Zinszahl?

b) Mit welchem Zinsteiler werden die Zinsen berechnet?

c) Wie groß ist der Zinsaufwand für das Darlehen?

8 Führen Sie die Zinsberechnung zu Ausgabe 7 dergestalt durch, dass für die jeweilige Restschuld die Zinszahl berechnet wird.

9 Am 10. März d. J. wurden 6 900,00 € zu 8 % p. a. ausgeliehen. Am Ende der Darlehenslaufzeit wurden 7 199,00 € einschließlich Zinsen zurückgezahlt.

Für wie viel Tage war das Kapital ausgeliehen und wann wurde es zurückgezahlt?

10 Ein Versicherungsvertreter hat zu Beginn des Geschäftsjahres 40 000,00 € an Eigenmitteln für den Aufbau seiner Agentur eingesetzt.

a) Welche kalkulatorischen Zinsen muss er für dieses eingesetzte Kapital pro Monat bei einem angestrebten Zinssatz von 6 % p. a. erwirtschaften?

b) Am Jahresende stellt der Vertreter fest, dass er insgesamt nur 2 100,00 € an kalkulatorischen Zinsen erwirtschaften konnte.

Welchem Zinssatz entspricht dieser Betrag p. a.?

c) Um wie viel Prozent hat der Vertreter sein Ziel verfehlt?

11 Die Agentur hat ihr Bankkonto in der Zeit vom 10. Aug. d. J. bis 10. Okt. d. J. mit insgesamt 6 000,00 € wegen eines Liquiditätsengpasses überzogen und hierfür 120,00 € an Überziehungszinsen belastet bekommen.

Welchen Zinssatz hat die Bank für die Berechnung der Überziehungszinsen zugrunde gelegt?

Abkürzungsverzeichnis

(Kontoabkürzungen: siehe hinteren Buchinnendeckel)

Abb.	Abbildung
aBK	aktive Bestandskonten
Abschn.	Abschnitt
ADAC	Allgemeiner Deutscher Automobilclub
a. F.	alte Fassung
AfA	Absetzung für Abnutzung
AG	Aktiengesellschaft
AGB	Allgemeine Geschäftsbedingungen
AGG	Allgemeines Gleichbehandlungsgesetz
AHB PR	Allgemeine Versicherungsbedingungen für die Haftpflichtversicherung privater Risiken
AGV	Arbeitgeberverband der Versicherungsunternehmen in Deutschland
AK	Anschaffungskosten
AKB	Allgemeine Bedingungen für die Kraftfahrtversicherung
AktG	Aktiengesetz
ALB	Allgemeine Bedingungen für die kapitalbildende Lebensversicherung
AN	Arbeitnehmer
AO	Abgabenordnung
AP	Abschlussprovision
ArbGG	Arbeitsgerichtsgesetz
ArbSchG	Arbeitsschutzgesetz
ArbZG	Arbeitszeitgesetz
AVAD	Auskunftsstelle über Versicherungs-/Bausparkasseaußendienst und Versicherungsmakler in Deutschland e.V.
AVB	Allgemeine Versicherungsbedingungen
BAB	Betriebsabrechnungsbogen
BaFin	Bundesanstalt für Finanzdienstleistungsaufsicht
BBiG	Berufsbildungsgesetz
BDA	Bundesvereinigung der Deutschen Arbeitgeberverbände
BDI	Bundesverband der Deutschen Industrie
BDSG	Bundesdatenschutzgesetz
BDVM	Bundesverband Deutscher Versicherungsmakler e.V.
BEB	Betriebsergebnisbogen
BEEG	Gesetz zum Elterngeld und zur Elternzeit
BeschSchG	Gesetz zum Schutz der Beschäftigten vor sexueller Belästigung am Arbeitsplatz (Beschäftigungsschutzgesetz)
BetrVG	Betriebsverfassungsgesetz
BGB	Bürgerliches Gesetzbuch
BGH	Bundesgerichtshof
BilMOG	Bilanzrechtsmodernisierungsgesetz
BUrlG	Mindesturlaubsgesetz für Arbeitnehmer (Bundesurlaubsgesetz)
BVK	Bundesverband Deutscher Versicherungskaufleute e. V.
BWV	Berufsbildungswerk der Deutschen Versicherungswirtschaft e. V.
BZSt	Bundeszentralamt für Steuern
bzw.	beziehungsweise
ca.	cirka
CEA	Comité Européen Des Assecurances
CD	Compact Disk
d. h.	das heißt
d. J.	des Jahres
DATEV	Datenverarbeitungsorganisation der deutschen Steuerberater
DIHK	Deutscher Industrie- und Handelskammertag
DIN	Deutsche Industrienorm
Doppik	Doppelte Buchführung in Konten
DrittelbG	Gesetz über die Beteiligung der Arbeitnehmer im Aufsichtsrat (Drittelbeteiligungsgesetz)
DSGVO	Datenschutz-Grundverordnung
DVA	Deutsche Versicherungsakademie
e. K. bzw.	
e. Kfm.	eingetragener Kaufmann
e. Kfr.	eingetragene Kauffrau
e. V.	eingetragener Verein

EBRG	Gesetz über Europäische Betriebsräte (Europäische Betriebsräte-Gesetz)
EDV	Elektronische Datenverarbeitung
EG	Europäische Gemeinschaft
ELSTAM	Elektronische Lohnsteuerabzugsmerkmale
ELSTER	Elektronische Steuererklärung
EntgFG	Gesetz über die Zahlung des Arbeitsentgelts an Feiertagen und im Krankheitsfall (Entgeltfortzahlungsetz)
ESt	Einkommensteuer
EStÄR	Einkommensteuer-Änderungsrichtlinie
EStG	Einkommensteuergesetz
EU	Europäische Union
EWR	Europäischer Wirtschaftsraum
Feb.	Februar
Ffm	Frankfurt am Main
GbR	Gesellschaft bürgerlichen Rechts
GDV	Gesamtverband der Deutschen Versicherungswirtschaft
GewO	Gewerbeordnung
GG	Grundgesetz für die Bundesrepublik Deutschland
GmbH	Gesellschaft mit beschränkter Haftung
GmbHG	Gesetz betreffend die Gesellschaften mit beschränkter Haftung
GoB	Grundsätze ordnungsmäßiger Buchführung
GuV	Gewinn- und Verlust
GWB	Gesetz gegen Wettbewerbsbeschränkungen
HGB	Handelsgesetzbuch
Id Nr.	Steuer-Identifikationsnummer
i. d. R.	in der Regel
IAS	International Accounting Standards
IFRS	International Financial Reporting
IHK	Industrie- und Handelskammer
inkl.	einschließlich
InsO	Insolvenzordnung
i. V. m.	in Verbindung mit
Jan.	Januar
Kfz	Kraftfahrzeug
JArbSchG	Gesetz zum Schutze der arbeitenden Jugend (Jugendarbeitsschutzgesetz)
KAusV	Kapitalausstattungsverordnung
KEB	Kostenermittlungsbogen
KfW	Kreditanstalt für Wiederaufbau
Kfz	Kraftfahrzeug
KG	Kommanditgesellschaft
KGaA	Kommanditgesellschaft auf Aktien
KiSt	Kirchensteuer
KStG	Körperschaftsteuergesetz
km	Kilometer
KSchG	Kündigungsschutzgesetz
LEB	Leistungsermittlungsbogen
LG	Landgericht
MB/KK	Musterbedingungen für die Krankheitskosten- und Krankenhaustagegeldversicherung
MitbestG	Gesetz über die Mitbestimmung der Arbeitnehmer (Mitbestimmungsgesetz)
Mio.	Millionen
MuSchG	Gesetz zum Schutz der erwerbstätigen Mutter (Mutterschutzgesetz)
Mrd.	Milliarden
MwSt	Mehrwertsteuer
NachwG	Gesetz über den Nachweis der für ein Arbeitsverhältnis geltenden wesentlichen Bedingungen (Nachweisgesetz)
n. J.	des nächsten Jahres
Nov.	November
Nr.	Nummer
Okt.	Oktober
OHG bzw. oHG	Offene Handelsgesellschaft
OLG	Oberlandesgericht
p. a.	pro anno (pro Jahr)
PAngV	Preisangabenverordnung
pBK	passive Bestandskonten
PC	Personalcomputer
PKV	Private Krankenversicherung
p. r. t.	pro rata temporis (zeitanteilig)
RechVersV	Versicherungsunternehmens-Rechnungslegungsverordnung

RP	Rückprovision
SE	Societas Europaea
Sept.	September
SGB	Sozialgesetzbuch
SigG	Gesetz zur digitalen Signatur (Signaturgesetz)
SKR	Standardkontenrahmen
sog.	sogenannt
SolZ	Solidaritätszuschlag
TVG	Tarifvertragsgesetz
TzBfG	Teilzeit- und Befristungsgesetz
u. Ä.	und Ähnliches
u. a.	unter anderem
u. dgl.	und dergleichen
UDV	Unfallforschung der Versicherer im GDV
u. U.	unter Umständen
UG	Unternehmergesellschaft
USt	Umsatzsteuer
UStG	Umsatzsteuergesetz
UWG	Gesetz gegen den unlauteren Wettbewerb
VAG	Versicherungsaufsichtsgesetz
VdS	Verband der Schadenversicherer (jetzt: GDV)
VDVM	Verband Deutscher Versicherungsmakler e.V.
VDZ	Vorläufige Deckungszusage
Ver.di	Vereinte Dienstleistungsgewerkschaft e.V.
VermBG	Vermögensbildungsgesetz
VersVermV	Versicherungsvermittlerverordnung
VersVermV-E	Entwurf VersVermV
VersSt	Versicherungsteuer
VHB	Allgemeine Hausrat-Versicherungsbedingungen
VGA	Bundesverband der Assekuranzführungskräfte
VGB	Allgemeine Wohngebäude-Versicherungsbedingungen
vgl.	vergleiche
vH	vom Hundert
VomVO	Verfahrensordnung des Versicherungsombudsmanns
VN	Versicherungsnehmer
VR	Versicherer
VS	Versicherungssumme
VU	Versicherungsunternehmen
VVaG	Versicherungsverein auf Gegenseitigkeit
VVG	Gesetz über den Versicherungsvertrag (Versicherungsvertragsgesetz)
VVG-InfoV	VVG-Informationspflichtenverordnung
VwL	Vermögenswirksame Leistung
WettbRili	Wettbewerbsrichtlinien
z. B.	zum Beispiel
Ziff.	Ziffer
ZPO	Zivilprozessordnung
ZVD	Zentralregister für Versicherungsvermittler

Sachwortverzeichnis